中国信息经济学会电子商务专业委员会 **推荐用书**

高等院校电子商务专业系列教材

电子商务法（第3版）

主编 秦立崴 秦成德 副主编 冯术杰 周庆山

重庆大学出版社

内容提要

本书阐述了电子商务交易过程涉及的法律问题、电子商务市场法制环境的问题。对最新的电子商务法律难题和电子商务法律新的进展,特别是解决电子商务法律纠纷的实务给予应有的重视。

本书根据国家"十四五"规划的要求和教育部高等学校电子商务类专业教学指导委员会的电子商务专业知识体系与核心课程教学大纲研讨会的精神,以及《电子商务类专业教学质量国家标准》,制订了"电子商务法"课程新的教材写作大纲。在系列教材编委会领导下,完成了《电子商务法》的撰写工作。作者力图为电子商务专业学生提供一本课程体系合理、学科理论深入、教学内容充实、支撑材料新颖、涉及范围宽广、叙述简明扼要、条理渐进清晰,适合电子商务专业教学需要的电子商务法律方面的教材。

本书不但适合电子商务、国际贸易、经济管理、信息技术、法学等专业本科生或研究生使用,也可供从事电子商务法律实务或科学研究的人员(如律师、法官、检察官)等一切对此有兴趣的人阅读。

图书在版编目(CIP)数据

电子商务法/秦立崴,秦成德主编. -- 3 版. --重庆:重庆大学出版社,2024.1
高等院校电子商务专业系列教材
ISBN 978-7-5689-4416-8

Ⅰ.①电… Ⅱ.①秦… ②秦… Ⅲ.①电子商务—法规—中国—高等学校—教材 Ⅳ.①D922.294

中国国家版本馆 CIP 数据核字(2024)第 075516 号

高等院校电子商务专业系列教材
电子商务法
(第 3 版)
主 编 秦立崴 秦成德
副主编 冯术杰 周庆山
责任编辑:龙沛瑶 版式设计:龙沛瑶
责任校对:关德强 责任印制:张 策

*

重庆大学出版社出版发行
出版人:陈晓阳
社址:重庆市沙坪坝区大学城西路 21 号
邮编:401331
电话:(023) 88617190 88617185(中小学)
传真:(023) 88617186 88617166
网址:http://www.cqup.com.cn
邮箱:fxk@cqup.com.cn(营销中心)
全国新华书店经销
重庆华林天美印务有限公司印刷

*

开本:787mm×1092mm 1/16 印张:29 字数:690 千
2004 年 9 月第 1 版 2024 年 1 月第 3 版 2024 年 1 月第 11 次印刷
ISBN 978-7-5689-4416-8 定价:69.00 元

总　序

重庆大学出版社"高等院校电子商务专业系列教材"出版近20年来,受到了全国众多高校师生的广泛关注,并获得了较高的评价和支持。国内外电子商务实践发展和理论研究日新月异,以及高校电子商务专业教学改革的深入,促使我们必须把电子商务最新的理论、实践和教学成果尽可能地反映和充实到教材中来,对教材进行内容修订更新,增补新选题,以适应新的电子商务教学的迫切需要,做到与时俱进。为此,我们于2022年启动了本套教材第4版修订和增加新编教材的工作。

电子商务是通过互联网等信息网络销售商品或者提供服务的经营活动,是数字经济和实体经济的重要组成部分,是催生数字产业化、拉动产业数字化、推进治理数字化的重要引擎,是提升人民生活品质的重要方式,是推动国民经济和社会发展的重要力量。我国电子商务已深度融入生产生活各领域,在经济社会数字化转型方面发挥了举足轻重的作用。"十四五"时期,电子商务将充分发挥高效连通线上线下生活学习、生产消费、城乡经济、国内国际经济的独特优势,全面践行新发展理念,以新动能推动新发展,成为促进形成强大国内市场、推动更高水平对外开放、抢占国际竞争制高点、服务构建新发展格局的关键动力。

商务部发布的《中国电子商务报告2021》指出,2021年全国电子商务交易额达到42.3万亿元,同比增长19.6%;网上零售额达13.1万亿元,同比增长14.1%;实物商品网上零售额10.8万亿元,占社会消费品零售总额比重达24.5%;跨境电商进出口额达1.92万亿元,5年增长近10倍;电子商务相关产业吸纳及带动就业超过6700万人,国内已连续9年保持全球最大网络零售市场地位。中国互联网络信息中心(CNNIC)数据显示,截至2022年12月,国内网络购物用户规模达8.45亿,较2021年12月增长319万,占网民整体的79.2%。

2012年,在教育部《普通高等学校本科专业目录》中电子商务被调整为一级学科,目前该专业类下辖电子商务、电子商务及法律、跨境电子商务3个专业。截至2021年,全国共有634所高校开办电子商务本科专业,1476所职业院校开办电子商务专科专业,随着专业开设院校的逐步增加,每年的招生规模也在快速增长,为我国电子商务产业和相关产业发展奠定了坚实的基础。

重庆大学出版社20余年一直致力于高校电商教材的策划出版,得到了"全国高校电子商务专业建设协作组""中国信息经济学会电子商务专业委员会"和"教育部高等学校电子商务类专业教学指导委员会"的大力支持和帮助,于 2004 年率先推出国内首套"高等院校电子商务专业本科系列教材",并于 2012 年修订推出了系列教材的第 2 版,2015 年根据教育部"电子商务类专业教学质量国家标准"修订推出了系列教材的第 3 版。本次 2022 年启动的第 4 次整体修订和增补,增加了新编教材 5 种,集中修订教材 15 种,电子商务教指委有十余名委员领衔教材主编,2023 年即将形成一个约 20 个教材品种、比较科学完善的教材体系。这是特别值得庆贺的事。

我们希望此套教材的第 4 版修订和新编能为繁荣我国电子商务教育事业和专业教材市场、支持我国电子商务专业建设和提高电子商务专业人才培养质量发挥更好更大的作用。同时我们也希望得到同行学者、专家、教师和同学们更好更多的意见和建议,使我们能够不断地提高本套教材的质量。

在此,我谨代表全体编委和工作人员向本套教材的读者和支持者表示由衷的感谢!

总主编　李　琪

2023 年 3 月 3 日

第 3 版前言

党的二十大报告指出，"加快发展数字经济，促进数字经济和实体经济深度融合"。中共中央政治局 2023 年 4 月 29 日在习近平总书记主持下召开会议，分析研究我国当前经济形势和经济工作时强调：平台经济是数字经济的重要组成部分，平台经济的健康发展是加快发展数字经济的重要内容。要促进平台经济健康发展，需要准确把握规范与发展的辩证关系，建立健全平台经济治理体系，推动平台企业更加自觉地履行法律责任与社会责任，形成开放包容的发展环境，激发市场主体创新创造活力，推动平台经济规范健康持续发展。

我国自 2021 年 1 月 1 日正式实施《中华人民共和国民法典》(简称《民法典》)以来，民商事活动有了一个较为全面系统的民事基本法依据，为以后的立法、司法和执法奠定了坚实而有效的基础。《中华人民共和国电子商务法》(简称《电子商务法》)颁布于 2018 年，处于我国民事基本法颁布前的立法观念和立法水平阶段，在诸多方面已显现出基本概念不清晰、制度逻辑不周严、立法定位公法化等缺陷，与党的二十大提出的优化营商环境，充分发挥市场机制和法治体系双重作用，激发网络平台履职尽责的内生动能，推动平台企业自觉守法经营的构建高水平社会主义市场经济体制战略目标差距较大，需要及时归纳总结以研究改进之策。

本书第 2 版修订出版于我国《电子商务法》《民法典》和《中华人民共和国个人信息保护法》(简称《个人信息保护法》)等重要立法成果之前。尽管内容翔实、材料丰富，具有历久的前瞻性，但是无论是从部门法学还是从法律学科建设角度看，都必须与时俱进地保持教材结构的完整性，教材内容的时效性，理论体系和规则解释的现实适应性，以及对法律未来发展的合理预期。

本书第 3 版基于国际国内最新的立法成果和现实状况，特别是结合我国《民法典》的解释和适用工作，将电子商务法纳入民商事法律体系和制度框架中整体考量，并重视司法判例的研究整理，探索民商合一基本立法模式下，作为特别法的《电子商务法》贯彻商人商事法精神和原理的路径。

本书第 3 版根据国家"十四五"规划的要求、《电子商务类专业教学质量国家标准》和教育部高等学校电子商务类专业教学指导委员会电子商务专业知识体系和核心课程教学大纲研讨会的精神,制订了"电子商务法"课程新的教材写作大纲。在重庆大学出版社电子商务系列教材编委会的领导下,完成了《电子商务法(第 3 版)》的撰写工作。本书由北京大学周庆山教授负责第 4、11 章的撰写;清华大学冯术杰副教授负责第 9、10、14 章的撰写;西安邮电大学秦成德教授负责第 5、6、7、8、12 章的撰写;四川文理学院秦立崴副教授负责第 1、2、3、13、15、16 章的撰写并统稿。

本书不但适合电子商务、国际贸易、经济管理、信息技术、法学等专业本科生或研究生使用,也可供从事电子商务法律实务或科学研究的人员(如律师、法官、检察官)等一切对此有兴趣的人阅读。

秦立崴

2023 年 5 月于柳林

目 录

第1章
电子商务法概论

📖 学习目标

学习完本章后,应了解电子商务法的概念,如什么是电子商务和法律、电子商务法的性质和地位等。全面理解电子商务法的渊源,包括国际渊源、地区性法律渊源、国内法渊源。重点掌握电子商务法的特点和基本原则。熟悉我国《电子商务法》的制定过程及其立法特征。

案例导入

俞彬华诉广州华多网络科技有限公司(以下简称华多公司)
网络服务合同案(2019)

——网络服务提供者和用户均应承担虚拟财产安全保护义务

基本案情

俞彬华是由华多公司运营的 YY 直播平台的实名认证消费者。2017 年 4 月 6 日上午 10 点,俞彬华账号显示在异地被登录并被盗刷了价值 1 180 元的红钻券。账户被盗后,俞彬华立即联系华多公司客服要求提供盗刷者的账户信息并采取相关冻结措施,但华多公司仅要求其向公安机关报案,未应允其要求。俞彬华主张 YY 软件的安全性存在问题,华多公司没有履行妥善保管义务且未及时协助追回被盗的网络虚拟财产,故请求法院判令华多公司赔偿其 1 180 000 红钻券,折合人民币 1 180 元。

广州互联网法院根据双方提交的证据并结合本案相关事实,确信俞彬华所称上述虚拟财产被盗事实的存在具有高度可能性,认定该事实存在。由此,法院认为:俞彬华作为用户,负有妥善保管自己账号、密码等信息的义务;华多公司作为网络服务提供者,应基于当时的技术条件,尽可能地防范 YY 账号被他人未经授权登录、使用,并在该情况一旦发生时,尽可能地依法协助用户减少损失。俞彬华在上述虚拟财产被盗前,密码比较简单,且未能充分选用华多公司提供的更高等级的安全保障方案,其未能妥善地保管账号、密码并采取充分措施防止财产被盗,对上述被盗结果应负主要责任;华多公司向用户提供的防盗措施特别是默认状态下的防盗措施不够周密,且在俞彬华通知其客服人员财产被盗后,未能提供或保存被盗财产的流向等信息,造成损失难以被追回,在技术和服务上存在一定疏漏,对俞彬华的损失负有次要的责任。

评论:本案裁判要旨在于:①对于网络虚拟财产被盗的事实,主张该事实存在的当事人对此负有举证责任。因此,争议双方须树立对作为电子商务客体的网络虚拟财产的权利意识和证据意识,妥善收集和保存此类权利凭据。②网络服务合同中,网络服务提供者和用户均应依法履行通知、协助、保密等附随义务,包括网络安全保护义务。在双方过错导致损害情况下,法官会衡量双方过错对损害后果的原因力大小,合理分配责任比例。

讨论:你如何看待电子商务中的虚拟财产及其保护问题?

1.1 电子商务法的概念

电子商务法,是随着计算机信息技术和网络技术在商事领域广泛而综合地应用而兴起的一个法律领域。要定义这一领域,必须先深刻认识电子商务的含义以及它与法律的关系。

1.1.1 电子商务和法律

电子商务的产生和发展,基于两个最基本的原因:经济全球化和全球信息化。可以说,电子商务从一开始就涉及技术和制度两个层面的问题。作为电子商务的物质基础,互联网平台本身就是通过协商统一技术标准的结果。至于电子认证、在线支付和各类数据交换,都离不开协议性和规定性制度的支撑。美国政府于1995年成立了电子商务工作组,进而提出了发展电子商务的战略框架和全球电子商务框架;中国也在1998年下半年开始起步,并于2018年制定并颁布了《电子商务法》;而欧盟于1999年发布关于电子签名的指令,敦促成员国通过立法贯彻。凡此种种,均显示出国家在引导、促进和保障电子商务的开展和运行中的重要作用。

究竟怎样定义电子商务呢? 一种狭义的观点认为,只有当交易标的(对象)可以通过网络获得时,才是真正的电子商务。这一定义完全将无法非物质化商品的运输等物流工作排除在电子商务范围之外。而目前最具代表性的定义,是由世界贸易组织在《电子商务与世界贸易组织的作用》中阐述的:"电子商务可以简单地定义为,通过电子通信网络进行产品的广告、销售和分配活动。"2004年6月,法国颁布的《关于数字经济中的信用》的法律认为:"电子商务是人们通过远程的电子途径推介或保证财产(或服务)供给的经济活动。"可以看出,上述两个定义均强调:任何人通过网络提供一件物品或一项服务要约,均被视为电子商务从业人员。这一观念反映出,电子商务的市场是建立在物质产品、绝对信息产品和富含信息产品的供应的基础上的。我国《电子商务法》第二条第2款规定:"本法所称电子商务,是指通过互联网等信息网络销售商品或者提供服务的经营活动。"

电子商务对经济的促进作用,使世界各国开始重视通过政策和法律手段规范这种新兴的商务活动,保障交易的安全和公平,从而使经济更持续、稳健地增长。但是,在立法方面,各国的考量却不尽相同。因为应该以何种立法规范电子商务活动的问题,涉及电子商务法的性质和它在各国现存法律体系中的地位。

1.1.2 电子商务法的性质和地位

如果依照长期习以为常的句型来定义电子商务法,或许可以将其称为:调整电子商务活动中所产生的社会关系的法律规范的总称。这种笼统的说法,也是出于对电子商务法打破现存部门法界限,跨越多部门、多学科的现实的认可。但是,这种状况使人们很难理解电子商务法的独立性和立法定位。

唯一毋庸置疑的是,电子商务法具备制定法的性质。各国立法者和法学家不约而同地采取了成文立法来表现它,即便是在以判例法为主要特征的英美法国家也不例外。此外,电子商务法不是纯粹的私法,它必须借助国家的适当介入来推行和运转,因而带上了一些公法的色彩。但是,电子商务法毕竟是规范商事活动的法律,这决定了它的主要特性是私法性质的,而公权力对其的介入应限定在辅助并维护其安全无害运行这一目的上。电子商务法的这种特性反映了当今商法发展所面临的问题,即商法的核心正由商人向专业业者转移。这一转变不再强调商事活动参与者的商人特性,而是从企业这种实体(而非抽象的商人概念)入手,去研究商务活动所涉及的法律关系。企业的活动扩展到哪里,商法的研究就触及哪里。电子商务法正是以网络域名为企业的符号,来规制其在线商务活动的。无论是 B2C 还是 B2B 交易模式,企业都成为电子商务的核心。

关键的问题是,怎样在现存法律体系中构建电子商务法的框架?事实上,各国采取的措施不尽相同。这直接决定了电子商务法在整个法律体系中所处的位置,即它应归属于哪一个法律部门的问题。

1)通过修改现行法律适用于电子商务活动

法国在 1996 年公布了一个关于互联网法律问题的研究报告,认为法国现行普通法已经为在线服务提供了充足的可用规则,从而无须立法机构再建一套特殊规则体系来适用于电子商务。因此,应该优先调整现行实在法中的特定条款,以使其适应在线服务的要求。而主要的困难是如何确定可适用法律、责任制度和证据规则。因此,法国民法典和消费法典成为适用于电子商务的最主要的普通法。为此,这两部法典先后作出特定调整,以适应在线服务、交易的要求。比如:2000 年法国《民法典》通过对第 1316 条至第 1316-4 条的修改,确认了电子形式的证据和电子签名的法律效力;在第 1108-1 条和第 1108-2 条中增加电子形式合同的有效性条款;2004 年在《民法典》中增加第 1369-1 条到 1369-3 条关于电子形式合同的专章规定。

中国起初采取了和法国类似的做法,将电子商务法纳入现行不同部门法律的调整范围。首先在 1997 年修改的《中华人民共和国刑法》(简称《刑法》)中增加了相关条款;又在 1999 年 3 月 15 日颁布的《中华人民共和国合同法》(简称《合同法》)中,承认了电子数据的书面效力;2000 年新修改的《中华人民共和国海关法》则确定了电子数据报关单的法律地位,承认其具有与纸质报关单相同的法律效力。

事实上,修改现行法律的做法并不足以满足电子商务发展对法律规范的需求。法国和中国都通过大量新制定的特别法律法规来适应不断变化的技术和商业环境,以及附着其上的电子商务。

2）通过专门的电子商务立法满足现实的需要

世界各国不同的立法选择，使我国电子商务法应归属何种法律部门的讨论出现分歧。目前主要有以下几种观点。

①归于民法：这种观点认为，电子商务法调整的是在互联网上进行的商品交易活动，它以当事人的意思自治为原则，主要体现的是当事人之间的财产关系，而民法是调整平等主体之间的财产关系和人身关系的法律。因此，电子商务法应归属于民法法律部门。

②归于商法：这种观点认为电子商务法应该属于商法的一部分。理由是，电子商务法主要规范的是交易主体从事的商事活动。这种观点与第一种观点的主要区别是民商合一还是民商分立。

③归于经济法：电子商务法中有国家干预的成分，也有经济主体的经济行为，体现了国家对经济行为的干预。所以，这种观点认为电子商务法属于经济法。

④电子商务法属于独立的法律部门：

电子商务法应该是在新形势下产生的一个新的法律部门。它的内容涉及信息社会生活的各个领域，绝非任何一个现有的法律部门可以完美地囊括。判断一个法律部门存在与否的标准，就是看它是否有特定的调整对象。电子商务的三个环节——信息流、物流和金融流所产生的社会生产生活关系就是电子商务法特有的调整对象。电子商务法调整对象的共性就在于它们都是通过计算机网络进行的活动，其他法律部门均不专门针对电子商务各个环节活动中所产生的社会关系作为调整对象。此外，由于电商网络平台日益成为信息社会治理的关键环节，作为特殊民事主体的电商承担着普通民事主体不具备的社会义务与责任，受到公权力的特殊监管并有限地拥有一定公共管理权限。因此，无论从行为的特殊性还是从主体的复杂性来看，电子商务法都是一个全新的、独立的法律部门。

笔者认为，电子商务法的概念有两层含义：①作为实在法的电子商务法；②作为法学学科的电子商务法学。作为实在法，它基本属于商法的范畴，是商法中的特别法。商法又是民法中的特别法，与民法的概念、原则、制度和逻辑均不矛盾。因此，电子商务法也必须遵循民法的基本规则。这种观点在大陆法系国家的电子商务立法策略上很容易找到例证。而经济法的观点只抓住了电子商务法的非主要特征，片面强调国家干预在其中的作用，所以此观点不可取。

作为一门法学学科，电子商务法的研究范围独特和广泛，这也体现了学术研究的自由延展性。电子商务法这门学科的确立和发展壮大，既有利于我国信息科学产业化的研究和实践，也丰富了法学研究的内容。即使成为实在法意义上的独立法律部门尚存争议，也丝毫不妨碍国家立法机关制定单行电子商务法律的步骤，更不会制约工信部作为行政主管，颁行相关规章的活动。

1.2 电子商务法的渊源

所谓电子商务法的渊源，是指电子商务法的具体立法形式和效力来源。首先应当明确的是，信息法的渊源虽然不具有商务性质，但可以直接适用于电子商务。因为它们为电子商务提供了技术支撑。例如,1991 年欧盟关于保护计算机程序的指令。而我们这里归纳的电子商务法的渊源主要包含国际法渊源、地区法渊源和国内法渊源。

1.2.1 电子商务法的国际法渊源

1)欧洲委员会制定的规范

1981 年 12 月 11 日,欧洲委员会的关于电子商务的一份推介性文件是目前发现的最早涉及电子商务的国际实体规则。这份推介文件旨在促使欧洲各国统一在法律形式主义方面的立法,尤其是在信息化证据和注册的承认方面。

此外,在欧洲委员会主导下,于 2001 年 11 月 23 日制定了一个重要的关于计算机犯罪的公约。这种电子商务面临的主要风险之一并不仅仅涉及欧洲委员会各成员国,因为日本和美国也签署了该公约。这一公约旨在总结出针对侵犯计算机系统和数据的保密性、完整性和自由存取性犯罪的指控和惩罚的共同原则,并对以下四类犯罪设置了剥夺自由刑:计算机信息篡改、计算机信息欺诈、涉及儿童淫秽物品的犯罪和侵害知识产权以及其关联权利的犯罪。此外,在程序规则方面,对储存的计算机数据的迅速保全措施,以及引渡犯罪嫌疑人的可能性等措施,使这一公约更具广泛的意义和价值。

2)联合国国际贸易法委员会(UNICTRAL 或 CNUDCI)制定的规范

联合国国际贸易法委员会在全球电子商务法的推广方面做出很大贡献。早在 1984 年,基于计算机技术已有相当发展,一些国家和企业开始大量使用计算机处理数据,从而引起了一系列计算机数据的法律问题的现实状况,该委员会向联合国秘书长提交了《自动数据处理的法律问题》的报告,建议审视有关计算机记录和系统的法律要求。1985 年 11 月 11 日,它又提倡国际社会支持新型信息化文件的国际交换。20 世纪 90 年代以后,随着因特网商业化和社会化的发展,以因特网为基础的电子商务萌芽并迅速成长。联合国国际贸易法委员会先后制定并颁布了两部示范性法律,邀请相关各国参考吸收到本国立法当中。一部关于电子商务,另一部关于电子签名。

（1）电子商务示范法

1996 年 12 月 16 日通过的这部《电子商务示范法》,虽然不具有强制力,但它对电子商务在国际社会的推广产生了极大的影响,许多国家和非政府组织都将其视为事实上的准则。

2000 年 6 月 8 日颁布的关于在欧洲内部市场中信息社会的服务,尤其是电子商务的特定法律问题的欧盟指令,就吸收了上述示范法的众多规则;而法国 2004 年 6 月 22 日颁布的《关于数字经济中的信用》的法律,正是将上述欧盟指令贯穿于国内法,因此也在众多方面受益于联合国国际贸易法委员会颁布的《电子商务示范法》。

《电子商务示范法》的特色是:①大量的除外条款。这样使得援引联合国《电子商务示范法》作为参考制定法律的国家,可以在其适用范围上利用这些除外规定做出有利于本国所需要的限制。②采用了功能等同的处理原则。只要信息资料符合书面的要求,就赋予该信息资料与书面文件同等的法律效力。③合同的方式。《电子商务示范法》在制定过程中,对于大部分使用电子传输方式所引起的法律困难,认为可以以合同方式解决。

《电子商务示范法》内容分为两个部分,共 17 条。第一部分涉及电子商务总的方面;第二部分涉及特定领域的电子商务,其中只有一章涉及货物运输中使用的电子商务。《电子商务示范法》"对数据电文适用的法律要求",包括对数据电文的法律承认、书面形式、签字、原件、可接受性和证据力、留存、合同的订立和有效性、当事人各方对数据电文的承认、归属、确认收讫、发出和收到数据电文的时间和地点等作了详细规定。

(2)电子签名示范法

尽管这部 2001 年 7 月 5 日颁布的示范法,晚于欧盟 1999 年 12 月 13 日发布的关于建立电子签名欧洲框架的指令和法国 2000 年 3 月 13 日出台的《电子签名法》,影响了其首创和示范作用,但这部示范法的贡献在于定义了一项计算机良性操作的规则,以帮助所有在实施操作前,忽视检查计算机信息系统安全性,并因这种粗心大意而直接遭受损害的人。

3)世界贸易组织框架内涉及电子商务的国际协议

1986 年开始的关贸总协定乌拉圭回合谈判最终制定了《服务贸易总协定》。该协定共 6 章 29 条和 8 个附录,其中包括电信服务和基础电信谈判。该协定的主要内容为最惠国待遇、透明度、国内法规不得对正常国际服务贸易构成不必要的壁垒、市场准入、国民待遇等。它的出台确定了第一个有关电子商务的国际法和多边承诺的法律框架,并对国际电子商务规则的建设起到基础性作用。《服务贸易总协定》的谈判产生了一个"电信业附录",从而开始了全球范围内电信市场的开放。

世界贸易组织 WTO 就有关电子商务方面通过了三项具有突破性意义的国际协议:①《信息技术协议(ITA)》;②《全球基础电信协议》;③《开放全球金融服务市场协议》。这三项协议为电子商务和信息技术稳步有序地发展确立了新的法律基础。

4)经济合作与发展组织的指导性文件

经济合作与发展组织(简称 OECD)是由北美、欧洲和亚太地区的 29 个国家组成的国际性组织。1997 年 11 月,由 OECD 发起召开了以"为全球电子商务扫清障碍"为主题的国际会议,发表了题为《克服全球电子商务障碍》的文件,并通过《加密政策指南》提出指导各成员国制定其相关立法与政策的原则。此外,OECD 还制定了《保护隐私和跨国个人资料指南》。OECD 的消费者政策委员会制定了在电子商务活动中保护消费者权益的国际法则。

1998 年 10 月,OECD 渥太华电子商务部部长级会议公布三个重要文件:《OECD 全球电子行动计划》《有关国际组织和地区组织的报告:电子商务活动和计划》以及《工商界全球商务行动计划》。这一系列文件有力地促进了各个参与国间电子商务的合作。

5)世界知识产权组织相关条约

1996 年 12 月 20 日,世界知识产权组织(WIPO)通过《WTO 版权条约》和《WIPO 表演与录音制品条件》(WPPT),统称为《因特网条约》。WIPO 提出《互联网名称和地址管理及其知识产权问题》的报告,建立了全球性的有效解决域名纠纷的机制,域名注册规范程序和域名排分等程序,并妥善处理域名与驰名商标保护之间的关系。

6）国际商业习惯

（1）编辑分类的习惯

国际商会（ICC）是主要致力于实施数据交换和非物质交易方面一致性规则的非政府组织。它最主要的贡献就是对国际电子商务习惯进行了编录分类，并在其中选择推荐那些能够改善交易安全但尚未普遍适用的关键性习惯。

国际商会 1997 年月 11 月 6 日通过了《国际数据保证商务通则（GUIDEC）》，该通则试图平衡不同法律体系的原则，为电子商务提供指导性政策。

国际商会目前正在制定的还有《电子贸易和结算规则》等交易规则。

（2）默认的习惯

长期以来，人们接受这样的事实：即在国际关系中，由于行为人国家归属的差异性特征，设置和实施各国法律规则时，必须保持一定的灵活性。这就是国际习惯法的 *lex mercatoria*。正如它的名字所指明的那样，*lex mercatoria* 只适用于国家商务中的专业从业者，而非消费者。也就是说它仅是 B2B 模式的参考，而非 B2C。对于后者采用术语 *lex retis* 或 *lex electronica*。

发生诉讼的情况下，这些建立在国际条约和公约、仲裁判决、类型合同、操作惯例、习惯和法律基本原则基础上的国际习惯的意义就会显现出来。这些习惯极为普遍地被开放国际贸易的国家的司法机关所尊重，国际仲裁机构也认可它们的效力。

7）关于国际货物买卖的维也纳公约

1980 年 4 月 11 日颁布的这部全称为《联合国国际货物（商品）销售合同公约》的规范性文件，共获得了六十多个国家的签署。2020 年 5 月 28 日，十三届全国人大三次会议表决通过了《中华人民共和国民法典》（简称《民法典》），自 2021 年 1 月 1 日起施行，《中华人民共和国合同法》同时废止。《中华人民共和国民法通则》（简称《民法通则》）和《合同法》都极大地获益于这部公约，并将实在法中对这一公约内容的贯彻情况，视为衡量我国法律与国际接轨程度的标准。

虽然这部公约设计的规则只部分地与电子商务相关（因为电子商务还流通无须运输的非物质商品），但其中确立的许多有实用性的原则，能够帮助法官或仲裁者确定来自不同国家的当事人之间订立电子化协议所应适用的法律，并保护网络消费者的合法权益。

1.2.2　电子商务的地区性法律渊源

1）欧盟电子商务立法

欧盟电子商务立法的思路，始自 1994 年 7 月 1 日制定的《建设欧洲信息社会的行动计划》。这个行动计划是建立在一份关于欧洲和全球信息社会的调研报告所得出的结论的基础上。此报告主张：为了支持信息社会在欧洲的发展，必须建立清晰而稳定的规则框架。这个规则框架原则上应当允许通过基础结构自由化而创立一个自由竞争的环境。但是在实践中，这种想法迅速让位于在自由交易主义和特定利益的保护之间寻找平衡的中庸的做法。因为仅对知识产权和私生活进行保护，似乎证明将制约个人的创造精神。

欧盟委员会在 1996 年 11 月 21 日确认了涉及信息社会的新的优先政策方针，即在两种倾向之间重新分配欧盟政策:一种是电信领域自由化,竞争能使欧洲企业跻身世界市场,并有利于欧洲内部市场的改善;另一种倾向是,企业、产品使用者和消费者的基本权利和自由的保障应居于优先位置。同时,欧盟强调一个一致和协调的法律框架对于欧洲和世界市场的重要性。很显然,欧盟不同于美国的政策立场,反映出欧洲的社会模式是同时奠基于企业自由和公民团结的基础之上的。

欧盟在公权力介入信息社会的强度上的这种微妙的态度,能够从1999年1月25日采纳一个旨在通过与互联网上传播的违法和侵害性内容的信息作斗争,来保证和促进欧洲对互联网更安全地使用的多年行动计划上,得到明显的展示。

简单地说,欧盟法中的两项措施直接涉及电子商务:一是1999年12月13日颁布的关于电子签名的欧盟指令;另一个就是前面提到的欧盟于2000年6月8日颁布的关于电子商务的特定法律问题的欧盟指令。

不过,众多其他的欧盟指令也与形成中的欧盟电子商务法有着特定的关联。比如:1997年5月20日关于保护远程合同的消费者的欧洲指令;2002年9月23日关于消费者金融服务的远程商业化的欧盟指令;有关电子通信与私生活的欧洲指令;2000年3月20日关于参与电子货币的建设活动并谨慎监督的欧盟指令等。

此外,一项有关著作权的欧盟指令(2001年5月22日,欧洲议会和欧盟委员会关于整合信息社会著作权及其相邻权的特定方面的指令),虽然原则上不涉及电子商务问题,但却导致众多后果:对可能单独享有某项著作权的任何计算机信息条(包括软件、数据库、音乐、图片和文档等)的商业化,必须对该独立的著作权予以尊重并采取相应保护措施。

2022年7月5日,欧洲议会以压倒性多数分别通过了《数字服务法》和《数字市场法》,这两部法案先后在今年4月和3月由欧洲委员会提出,并与欧盟理事会达成一致。法案通过后,两部法律将于2024年1月前后生效实施。

应该注意的是,欧盟的有关电子商务的各项指令仍需欧盟各成员国通过本国国内立法予以贯彻(移转)才能真正产生应有的效力。

2)东南亚国家联盟(ASEAN)的相关协定

1999年,东盟经济部长根据工作组的建议通过了关于加强法律、社会和经济基础设施等方面的建设,形成东盟电子信息区的全面计划。1999年11月,东盟首脑第三次非正式会议批准东盟电子信息区的全面计划,并同意建立东盟信息科技自由贸易区。2000年11月,东盟各国领导人以纸笔和电子签名双重方式签署"电子东盟"框架协定,确定将东盟十国建设成为无国界的统一市场,实行贸易、服务和投资自由区。分别在2000年前和2000年取消信息类产品的关税,实现无障碍贸易,敦促各国通过立法,使电子签名与纸笔签名具有同等法律效力,以保证商业安全和效率。

1.2.3 电子商务的国内法渊源

1)美国电子商务立法

美国的电子商务立法,是以各州的立法行动为先导的。犹他州1995年颁布的《数字签名法》,是美国乃至全世界范围的第一部全面确立电子商务运行规范的法律文件。从数量上看,美国州一级关于电子商务的法律文件有近百部之多。其原因在于有些州在主干电子商务法之外,还有些配套的法规。比如伊利诺伊州除了《电子商务安全法》,还有《金融机构数字签名法》;佛罗里达州在《电子签名法》之外,另有《数字签名与电子公证法》。这些仅是正式制定、颁布的法律,而目前各州已经提交审议的有关电子商务的法律文件的数目,加起来有数百个之多。从法律文件的名称上看,有的叫《电子商务法》,如北卡罗来纳州、南卡罗来纳州;有的叫《电子商务安全法》,如艾奥瓦、伊利诺伊州;还有的叫《电子文件认证法》。美国大部分有关电子商务的法律文件都称为《电子签名法》或《数字签名法》。

2000 年 6 月,克林顿签署了国会参众两院一致通过的电子签名法案。但到目前为止,联邦立法机关只通过了屈指可数的与电子商务仅有表层联系的法律,还没有一部综合性的电子商务法问世。由于美国宪法中的"商事条款"已经赋予了联邦立法机关对跨州的商事活动进行规范的权力,美国联邦立法按照《全球电子商务框架》的思路,对电子商务问题做出全面规定,只是时间问题。美国加利福尼亚州于 2020 年颁布《加州隐私权法》(CPRA),对数据信息中的消费者个人隐私加强了保护。该法将于 2023 年开始生效。美国弗吉尼亚州议会在 2021 年特别会议上通过了《消费者数据保护法》,也将于 2023 年生效。

当然,必须强调美国属于判例法国家。法官对有关电子商务性质的诉讼所做出的判决,也仍然是电子商务法的正式的法律渊源。

2)法国电子商务立法

法国的电子商务立法采取调整普通法的相关规定和颁布单行的特别法相结合的做法。因此,法国民法典和消费法典成为电子商务法主要的普通法渊源。

在单行法方面,目前有三部法律是典型的电子商务法律。

①2000 年 3 月 13 日颁布的关于电子证据的法律。这部法律主要规定了与电子签名和信息科技相关的证据法的适用问题;

②2004 年 6 月 21 日关于数字经济中的信用的法律。

这部法律的颁布打破了多年来由普通法规制电子商务活动的状况。有法国学者甚至将其称为法国互联网法的奠基之作。这部法律专门在第二章设置电子商务专章(第 14 条至第 27 条)。按照基本原则、电子途径的广告和电子形式的债三部分安排法律条款。

③2004 年 8 月 6 日关于私人性质的数据的处理方面对自然人保护的法律。

此外,考虑到欧洲议会和理事会在 2014 年 7 月 23 日颁布的关于《电子身份识别和电子信托服务》的(EU)No 910/2014 条例的相关规定,法国于 2015 年 8 月 18 日颁布修改《商法典》相关内容的法令,对"电子门户"等一系列监管制度作出修改和补充。

3)澳大利亚的电子商务立法

澳大利亚与美国类似,采取了单独为电子商务立法的方式。

澳大利亚颁布的《电子交易法》,其内容主要是依据澳大利亚电子商务专家小组的报告制定的。澳大利亚电子商务专家小组是澳大利亚律政部在 1997 年 7 月宣布成立的,该小组的代表主要是来自商界、法律专家以及政府的代表。1998 年澳大利亚颁布《私权利保护法》,确立信息私权保护原则。1998 年其财政部部长还提交了一份题为"政府使用公开密钥技术的策略"的报告。澳大利亚颁布《计算机和证据法》。在 1998 年 3 月澳大利亚电子商务专家小组公布了《电子商务:法律框架的构造》,在该报告中,电子商务专家小组大量参考了各国的电子商务立法和国际组织的建议,同时与澳大利亚的本国法律进行分析比较,并提出对本国立法的建议。

1999 年 6 月,由国家总检察长向联邦议会提出一份《电子交易法案》。该草案在 1999 年 12 月获得皇室的同意并在 2000 年 3 月 15 日正式公布。该法案参考了联合国贸易法委员会制定的《电子商务示范法》,在电子认证方法方面,采取了市场导向与技术中立的原则。

《电子商务:法律框架的构造》共有四章:第一章是概述;第二章介绍了联合国国际贸易法委员会的《电子商务示范法》,比较和研究了各国有关电子商务立法,及其对澳大利亚国内法的影响;第三章介绍了世界上主要国家对电子签字的立法规定,并从法律和科技的角度研究各国的立法;在第四章电子商务专家小组提出了多项建议,每项建议都包括要解决的问题、立法的范围和方式等。

2022 年 11 月 28 日,澳大利亚议会正式通过《2022 年隐私法修订案(执行和其他措施)》强化了对数据泄露的规制和惩治。

4)新加坡的电子商务立法

为建立有利于电子商务发展的法律与政策环境,新加坡于 1997 年 1 月成立电子商务政策委员会。该委员会辖下的法规与执行研究组,在 1998 年 4 月间提出电子交易法草案,希望能为新加坡创造安全可信赖的电子商务环境,并清楚地界定交易当事人间的权利义务关系。

1998 年 4 月,新加坡政府发布了"电子商务政策框架",并设立了"新加坡一号"示范项目。新加坡为展现其积极成为区域电子商务中心的决心,在 1998 年 6 月 29 日通过《电子交易法》,成为一个以整体立法规范电子交易的国家。该法不仅在条文中对"电子签名"和"安全电子签名"都给出了定义,从法律上承认了电子签名、数字签名,以及电子记录的效力,而且还规定了认证机构及其限定性责任。

1999 年颁布的新加坡"电子交易(认证机构)规则",是其《电子交易法》的配套法律。它任命了认证机构的管理署,而国家计算委员会,则是认证管理署的主管机关。该规则规定了认证机构的内部管理结构、评估标准、申请费用、证书的证据推定效力,以及限定性责任等,其目的是在新加坡建立一个符合国际水准的市场型认证服务体系。

2020 年 11 月,新加坡议会通过《个人数据保护法(修正案)》,并于次年生效。

5)我国电子商务立法

我国电子商务的发展是随着互联网在我国的迅速发展而蓬勃发展起来的。我国关于电子商务的立法主要是针对互联网络的管理、安全和经营。由于电子商务的迅速发展,同时冲击到传统的各个部门法。

在全国人大的立法层面上,1997 年修改的《中华人民共和国刑法》中增加了相关条款;在 1999 年 3 月 15 日颁布的《中华人民共和国合同法》中,承认了电子数据的书面效力;我国已于 2004 年颁布实施与电子商务密切相关的《中华人民共和国电子签名法》(简称《电子签名法》),确认了电子签名的法律效力和电子认证的规范;另外,国务院颁布了一系列行政法规与规章,如:《中华人民共和国计算机信息系统安全保护条例》(1994 年 2 月 18 日颁布并实施),《中华人民共和国计算机信息网络》,《国际联网管理暂行规定》(1997 年 2 月 1 日颁布,1997 年 5 月 20 日修改并实施),《中华人民共和国计算机信息网络国际联网管理暂行规定实施办法》(1998 年 3 月 6 日颁布实施),《中华人民共和国网络域名注册暂行规定》和《中国互联网络域名注册实施细则》。此外还有公安部《计算机信息网络国际联网安全保护管理办法》,邮电部《中国公用计算机互联网国际联网管理办法》,《计算机信息网络国际联网出入口信息管理办法》等。

2018 年 8 月 31 日,《中华人民共和国电子商务法》由中华人民共和国第十三届全国人民代表大会常务委员会第五次会议通过,习近平主席于同日签署中华人民共和国主席令(第七号)颁布此法。经过三年的司法和执法实践,国务院市场监管总局于 2021 年 8 月起草了《关于修改〈中华人民共和国电子商务法〉的决定(征求意见稿)》,向社会公开征求意见。

香港立法会于 2000 年初颁布了《电子交易条例》。《电子交易条例》由香港特区政府委托资讯科技及广播局研究制定。在制定过程中,资讯科技及广播局广泛听取了香港大律师公会、香港电脑学会、香港会计师公会、香港电讯等各界团体及人士的意见,并参酌吸收了联合国的电子商务示范法、新加坡的《电子交易法》及加拿大、澳大利亚、美国等国的有关法条。

《电子交易条例》共有 12 部、51 条及附表二则。其最主要内容,是给予数码签署及电子档案以等同于人手签署及文件档案的法律地位。由认可核证机构发出的认可数码证书所作的数码签署将获法律认可。同时,条例也确立了香港邮政作为核证中心的认可地位,同时亦缔造一个非专营环境,容许其他机构向资讯科技署署长申请,成为核证机关。此外,条例亦考虑到一些特别的文件,如遗嘱、信托、法定声明、誓章、授权书、法庭命令、手令、汇票、有关土地或楼宇交易的文件或文书等,具有独特的性质,所以获豁免不受有关法例内的条文影响。

1.3 电子商务法的特点和基本原则

1.3.1 电子商务法的特点

1)它是规范虚拟世界的法律

电子商务法规范的是网络经济下的虚拟空间的市场。在这个空间里,买卖双方都是以不同于传统商业的交易主体的形象出现。虽然交易双方也可以彼此发现对方,但绝不是现实世界彼此的会面,而是活跃的数字符号的碰撞。一方摆出一大堆家当,让另一方尽情地挑选,然后点击鼠标就付了账。这种好似儿童过家家的游戏,现在正吸引着越来越多的人参与进来,并给国家带来税收收益,真是不可思议!虚拟的店铺、虚拟的商品或服务模型、虚拟的广告、虚拟的合同、虚拟的采购过程、虚拟的售后服务等,似乎还在考验人类的想象力和创造力。没有任何一部法律能像电子商务法这样,驾驭一种无形的,仅靠联想就付诸行动的商品、服务交换。说它是虚拟世界,并不是指所有的行为都徒劳无益,而是为形容这种数字空间里的生活,以及为这种生活制订的规则。

2)它是随着科学技术进步建立、发展和不断完善的法律

电子商务法与电子科技的发展密切相关。可以说,正是电子科技为这一新兴商业模式提供了技术可能,电子商务法才得以诞生。回顾发展的历程,几乎每一步都是技术突破带来的制度规则完善。比如:电子签名技术的改善大大增加了电子合同的可利用性;而电子支付制度的建立,正是在网络加密技术足以保证网站与银行系统的安全对接时实现的。随着大数据、区块链和智能算法等一系列迭代科技的扩展和革新,电子商务法的未来不可限量。

3)它是一个综合服务的规则构架

电子商务法规则构架的各个环节都需要相应的第三方服务的介入,这是保障其安全、稳定和良性发展的必要条件。比如:电子商务主体域名的申请取得和网络空间的租用需要ICANN 的支持协助;电子合同签名需要政府赋予资质的认证机构的配合;电子支付需要银行的合作;而最后履行合同中,商品的物流配送则少不了物流中心和运输单位的支持。可见,电子商务法几乎所有法律关系环节,都与第三方服务相关。

4)它有多元的利益保护群体

电子商务法的首要任务是保证电子商务活动的安全。与传统商业不同的是,电子商务法不仅要保障交易过程安全稳定,保护交易双方利益公平(也包括维护消费者权益等),还要保护私人数据信息不被泄露,第三方知识产权不受侵犯,并保障政府税收利益的实现。如此多的利益群体接受保护,这在其他法律中还很少发现。

5)它是面向国际的国内法

电子商务法属于国内法,但是由于电子商务打破传统商业时空界限的本质和跨越国界的必然,使电子商务法也必须面向国际。通过协商,统一国际上适用于电子商务的各地区、各组织和各个国家的法律规则,为电子商务全球化运作创造条件。这既是发展全球经济的需要,也是解决国际争端、跨国纠纷的需要。由此,电子商务法与国际商法和国际私法都有密切的关系。

1.3.2 电子商务法的基本原则

1)维护网络交易安全的原则

电子商务网络交易的安全,是电子商务法承担的最重要的任务。因为这一问题将决定电子商务的生存和发展。一个不安全、没有信用的商业模式注定要走向衰亡。在人们尚未对电子商务充分信任的时候,营造和维护网络交易的安全便成为电子商务立法的初衷和理由。

2)自由交易原则

电子商务和传统商业的相似之处在于,都需要赋予交易的参与人以充分的自由。这是市场经济规律的选择,法律必须予以尊重。只有如此,才能确保电子商务蓬勃地发展壮大。

而且,电子商务给参与者提供了远远大于传统商业模式的想象空间,充分发挥个人自由是丰富交易内容,活跃交易秩序的关键。

3)标准开放和信息透明原则

网络要实现最大限度地互联,就必须开放和统一技术标准。今天的电子商务正是得益于这种合作。随着科技和电子技术的不断进步和发展,新的技术产品和新的技术标准必将服务于电子商务,因此,确立标准开放的原则是很有必要的。

此外,作为电子产品和服务的供应者,必须保证向用户开放诸如姓名、商号、经营地址、注册模式等必要的信息,以方便网络用户在不上门的情况下,自由选择和认知交易对象。随着研究与实践的深入,电子商务底层算法逻辑也被赋予公平、诚信和透明的法定义务。

4)保护消费者的原则

法律对消费者的保护,是通过赋予其特定权利和增加专业从业者(销售者或提供服务者)特定义务来实现的。电子商务活动中的消费者依然享有传统商业模式下消费者的各项权利。此外,由于电子商务是不能上门挑选的远程消费,网络消费者还应享有对交易合同更深入的知情权、反思权和反悔权等特权。发生纠纷时,法官应依法做出有利于消费者的法律安排。

5)电子产品和服务供应商的整体责任原则

电子商务不像传统商务那样,客户可以面对面地咨询、挑选供应商的产品和服务。供应商在其网站上的产品介绍也多用枚举的方式对外宣传,客户对购买或消费对象的了解相对较少。因此,应保障用户在因生产商、供应商或第三人不履行相关产品服务质量保障义务受到损害时,至少能将供应商作为追诉对象。

1.4　我国电子商务法概述

2013 年 12 月 27 日,全国人大常委会正式启动了电子商务法的立法工作。制定这部法律的目的在于规范政府调整企业和个人以数据电文为交易手段,通过信息网络所产生的,因电子交易形式所引起的各种商事关系,以及与这种商事交易关系密切相关的社会关系、政府管理关系。经过近五年的起草、修改和论证,2018 年 8 月 31 日,第十三届全国人民代表大会常务委员会第五次会议表决通过了《中华人民共和国电子商务法》,自 2019 年 1 月 1 日起施行。

1.4.1　基本概念

电子商务是指通过电子行为进行的商事活动。这种观点以 1996 年《联合国电子商务示范法》为代表。广义的电子商务是指通过电子行为进行民商事活动。商事活动的范围被民商事活动所覆盖。商事活动是以营利为目的、具有营业性的民事行为,而民商事行为的外延显然大于商事行为,它不仅包括商事行为,也包括非商事主体之间的民事活动。事实也是如此,电子商务中的"商务"并非"名副其实",他不仅包括"商事行为",也包括非商事行为,例如自然人之间的电子商务。

电子商务法是指调整平等主体之间通过电子行为设立、变更和消灭财产关系和人身关系的法律规范的总称;是政府调整、企业和个人以数据电文为交易手段,通过信息网络所产生的,因交易形式所引起的各种商事交易关系,以及与这种商事交易关系密切相关的社会关系、政府管理关系的法律规范的总称。

1)立法背景

《电子商务法》颁布前,《世界电子商务报告》对 2017 年前全球电子商务发展做了梳理和总结,显示全球电子商务市场在过去十多年中快速增长,全球网民人数已达 41.57 亿人,互联网普及率达 54.4%,亚洲网民数占全球网民数的比重最高,达 48.7%。从市场规模来看,报告称,我国是全球规模最大、最具活力的电子商务市场。与电子商务迅猛发展的实践相比,我国当时尚未对电子商务进行专门立法,实践中规范、指导电子商务发展主要依靠部门规章。电子商务的持续健康发展迫切需要加强立法。

以 2005 年国务院办公厅出台了《关于加快电子商务发展的若干意见》为开端,2007 年、2012 年、2016 年和 2021 年,中华人民共和国国家发展和改革委员会等相关部委先后联合发布了我国电子商务发展的"十一五""十二五""十三五"和"十四五"规划。国家市场监督管理总局于 2021 年 5 月颁布了《网络交易监督管理办法》,废止了其 2014 年制定实施的《网络商品交易及有关服务行为管理暂行办法》。

2)立法进程

2000 年 12 月,全国人大常委会审议通过了《关于维护互联网安全的决定》;2004 年 8 月通过了《电子签名法》;2012 年 12 月,通过了《关于加强网络信息保护的决定》。

2013 年 12 月 7 日,全国人大常委会在人民大会堂上召开了《电子商务法》第一次起草组的会议,正式启动了《电子商务法》的立法进程。12 月 27 日,全国人大财经委在人民大会堂召开电子商务法起草组成立暨第一次全体会议,正式启动电子商务法立法工作。根据十二届全国人大常委会立法规划,电子商务法被列入第二类立法项目,即需要抓紧工作,条件成熟时提请常委会审议的法律草案。

2014 年 11 月 24 日,中国全国人大常委会召开电子商务法起草组第二次全体会议,就电子商务重大问题和立法大纲进行研讨。起草组已经明确提出,《电子商务法》要以促进发展、规范秩序、维护权益为立法的指导思想。

2015 年 1 月至 2016 年 6 月,开展并完成电子商务法草案起草。

2016 年 3 月 10 日,全国人大财政经济委员会副主任委员乌日图透露,电子商务立法已列入十二届全国人大常委会五年立法规划,目前法律草案稿已经形成,将尽早提请审议。

2016 年 12 月 19 日,十二届全国人大常委会第二十五次会议上,全国人大财政经济委员会提请审议电子商务法草案。

2016 年 12 月 27 日至 2017 年 1 月 26 日,电子商务法在中国人大网向全国公开电子商务立法征求意见。

2018 年 6 月 19 日,电子商务法草案三审稿提请十三届全国人大常委会第三次会议审议。

2018年8月27日至8月31日举行的十三届全国人大常委会第五次会议对电子商务法草案进行四审。

2018年8月31日,全国人大常委会表决通过电子商务法,其中明确规定:对关系消费者生命健康的商品或者服务,电商平台经营者对平台内经营者的资质资格未尽到审核义务,或者对消费者未尽到安全保障义务,造成消费者损害的,依法承担相应的责任。电商平台经营者对平台内经营者侵害消费者合法权益行为未采取必要措施,或者对平台内经营者未尽到资质资格审核义务,或者对消费者未尽到安全保障义务的,由市场监督管理部门责令限期改正,可以处五万元以上五十万元以下的罚款;情节严重的,责令停业整顿,并处五十万元以上二百万元以下的罚款。

2021年8月31日,市场监管总局起草了《关于修改〈中华人民共和国电子商务法〉的决定(征求意见稿)》,向社会公开征求意见。

3)立法特点

(1)严格范围

《电子商务法》把调整范围严格限定在中华人民共和国境内,并限定其为通过互联网等信息网络销售商品或者提供服务领域。而将金融类产品和服务,利用信息网络提供的新闻、信息、音视频节目、出版以及文化产品等内容服务排除在自己的调整范围之外。

(2)促进发展

《电子商务法》把支持和促进电子商务持续健康发展摆在首位,积极拓展电子商务的空间和模式创新,推进电子商务与实体经济深度融合,在发展中规范,在规范中发展。

(3)包容审慎

《电子商务法》不仅重视开放性,而且也更加重视前瞻性,以鼓励创新和竞争为主,同时兼顾规范和管理的需要,为我国电子商务未来的发展奠定了制度框架。

(4)平等对待

电子商务技术中立、业态中立、模式中立。在立法过程中,各个方面逐渐对线上线下在无差别、无歧视原则下规范电子商务的市场秩序,达成了一定的共识。所以法律明确规定,国家平等地对待线上线下的商务活动,促进线上线下融合发展。

(5)均衡保障

多年的实践证明,在电子商务有关三方主体中,最弱势的是消费者,其次是电商经营者,最强势的是平台经营者,所以《电子商务法》在均衡保障电子商务这三方主体的合法权益方面,适当加重了电子商务经营者,特别是第三方平台的责任义务,适当地加强对电子商务消费者的保护力度。这种制度设计是基于我国的现实,反映了中国特色,体现了中国智慧。

(6)协同监管

根据电子商务发展的特点,《电子商务法》完善和创新了符合电子商务发展特点的协同监管机制和具体制度。国家承担建立符合电子商务特点的协同管理体系义务,各级政府按照职责分工,协同负责电子商务发展、促进、监督、管理等方面的工作。由此,监管的要义就在于依法、合理、有效、适度，既非任意地强化监管，又非无原则地放松监管，而是宽严适度、合理有效。

（7）社会共治

电子商务立法运用互联网思维，充分发挥市场在配置资源方面的决定性作用，鼓励支持电子商务各方共同参与电子商务市场治理，充分发挥电子商务交易平台经营者、电子商务经营者所形成的一些内生机制，来推动形成企业自治、行业自律、社会监督、政府监管这样的社会共治模式。

（8）法律衔接

《电子商务法》是电子商务领域的一部基础性的法律，但因为制定得比较晚，所以其中的一些制度在其他法律中间都有规定，所以《电子商务法》不能包罗万象。电子商务立法中就针对电子领域特有的矛盾来解决其特殊性的问题，在整体上能够处理好《电子商务法》与已有的一些法律之间的关系，重点规定其他法律没有涉及的问题，弥补现有法律制度的不足。比如在市场准入上与现行的商事法律制度相衔接，在数据文本上与《中华人民共和国民法典》合同编和电子签名法相衔接。在纠纷解决上，与现有的消费者权益保障法相衔接。在电商税收上与现行税收征管法和税法相衔接。在跨境电子商务上，与联合国国际贸易法委员会制定的电子商务示范法、电子合同公约等国际规范相衔接。

电子商务法是一门跨越多领域、多专业的综合性法学学科，它的研究范围绝不仅限于以上罗列和简述的内容。比如，电子商务物流配送、电子金融、电子商务市场秩序、网络安全和信息技术犯罪等方面的内容，都是值得研究和探讨的问题。本章囿于篇幅所限，只能简明扼要地略作介绍，幸有其后专章详细讨论上述诸多内容，唯愿不负读者。

本章案例

基本案情

张某（化名）是红彤彤公司（化名）的法定代表人。叮叮咚咚平台（化名）是叮叮咚咚公司（化名）运营的企业信用信息查询平台。红彤彤公司、张某发现叮叮咚咚平台将与张某无关的大量信息错误关联至其名下，上述错误关联信息包括失信被执行人信息、限制高消费信息以及终止执行案件信息等。同时，红彤彤公司在叮叮咚咚平台主页的法定代表人任职信息一栏也被错误关联了上述信息。

张某、红彤彤公司认为，叮叮咚咚公司的上述行为侵害了其名誉权和个人信息权益，故提起诉讼，请求判令叮叮咚咚公司依法承担赔礼道歉、赔偿经济损失等民事责任。

叮叮咚咚公司辩称，案涉关联行为是由于平台算法对与本案原告张某同名同姓但不同身份证号的另一主体识别错误造成，并非人为导致，要求驳回原告的全部诉讼请求。

争议焦点

一、叮叮咚咚公司是否侵害张某和红彤彤公司的名誉权？

二、叮叮咚咚公司是否侵害张某的个人信息权益？

三、如存在前述侵权,叮叮咚咚公司应如何承担民事责任?

裁判结果

广州互联网法院判决:

一、叮叮咚咚公司在其平台官方网址、App、微信公众号以及张某、红彤彤公司在该平台的主页内分别刊登对张某、红彤彤公司的致歉声明,声明内容须经法院审查,声明保留时间不少于十五日;如叮叮咚咚公司逾期未履行上述判决义务,法院将采取在报刊、网络等媒体上发布公告或者公布生效裁判文书等方式执行,产生的费用由叮叮咚咚公司负担。

二、叮叮咚咚公司向张某赔偿经济损失 30 000 元。

三、叮叮咚咚公司向红彤彤公司赔偿经济损失 30 000 元。

四、叮叮咚咚公司向张某、红彤彤公司赔偿律师费和公证费损失共计 31 200 元。

五、驳回张某、红彤彤公司的其他诉讼请求。

广州市中级人民法院判决:驳回上诉,维持原判。

上述判决已发生法律效力。

裁判理由

法院认为,叮叮咚咚公司作为有资质的企业征信机构,其运用算法进行大数据利用,应对利用结果承担相应责任。本案中,叮叮咚咚公司对案涉错误关联未尽到与其能力、义务相匹配的注意义务。案涉有关张某、红彤彤公司的信用报告,因同名同姓主体的身份识别问题而出现错误,该错误类型非常典型、明显,是开展征信业务所必须解决的基础问题。无论是叮叮咚咚公司明知相关技术不能避免此类错误而不予解决,或是因疏忽大意未注意到该类典型错误问题,均应认为叮叮咚咚公司对案涉错误关联未尽到合理注意义务,主观上具有过错。综合考量促进征信类平台发展及信息主体信用权利、公众信赖利益三者价值判断,法院认定叮叮咚咚公司对案涉错误关联未尽到相应注意义务,主观上存在过错。案涉错误关联已造成对张某、红彤彤公司名誉权的损害,依法应当承担相应民事责任。

叮叮咚咚公司作为个人信息的处理者,其从公开渠道抓取张某的各类个人信息进行加工,形成案涉信用报告并以此获利,其对个人信息的处理应负审慎注意义务,避免因其处理行为造成个人信息的不完整、不准确。现叮叮咚咚公司提供的案涉信用报告将与张某无关的信息错误关联至张某名下,损害了张某的个人信息权益。现其提供的证据不足以证明其对案涉个人信息的处理没有过错,故应由其承担举证不能的不利后果,故法院认定叮叮咚咚公司对案涉个人信息的处理行为存在过错,应承担相应的法律责任。

本章小结

本章应了解电子商务法的概念,世界贸易组织在《电子商务与世界贸易组织的作用》中阐述的:"电子商务可以简单地定义为,通过电子通信网络进行产品的广告、销售和分配。"关于电子商务法的性质和地位,电子商务法的概念有两层含义:①作为实在法的电子商务法;②作为法学学科的电子商务法学。作为实在法,它基本属于商法的范畴,是商法中的特别法。全面理解电子商务法的渊源,所谓电子商务法的渊源,是指电子商务法的具体立法形式和效力来源。首先应当明确的是,信息法的渊源虽然不具有商务性质,但可以直接适用于电子商务。因为它们为电子商务提供了技术支撑,包括电子商务法的国际渊源、地区性法律渊源、国内法渊源。重点掌握电子商务法的特点:①它是规范虚拟世界的法律;②它是随着技术进步建立、发展和不断完善的法律;③它是一个综合服务的规则构架;④它有多元的利益保护群体;⑤它是面向国际的国内法。其基本原则为:①维护网络交易安全的原则;②自由交易原则;③标准开放和信息透明原则;④保护消费者的原则;⑤电子产品和服务供应商的整体责任原则。熟悉我国《电子商务法》的主要内容及其立法主旨。

本章习题

1. 试述电子商务法的概念和性质。
2. 试论电子商务法的基本原则。
3. 电子商务法的渊源有哪些?
4. 欧盟电子商务立法有何特点?
5. 我国电子商务立法历程及特点是什么?

第 2 章
电子商务法律关系

📖 学习目标

通过本章内容,学生应了解电子商务法律关系的概念和特征;电子商务法律关系的要素;电子商务交易主体的概念与设立条件;电子商务企业的网络权利和电子商务交易主体的法律关系;电子商务法律关系的内容与客体。掌握网络服务提供商的责任,区别网站经营者、网络服务提供商、网络中介服务商及在线个人用户的概念及有关能力制度和身份制度。

案例导入

主播未经许可直播游戏画面被判侵权并承担惩罚性赔偿

案情介绍

广州网易计算机系统有限公司(以下简称网易公司)是《梦幻西游》游戏权利人,其发现王某未经许可,在某直播平台上直播、录播《梦幻西游》画面,并在直播过程中为竞品游戏持续宣传导量,侵害网易公司复制权、信息网络传播权及其他权利。李某不仅为王某提供平台账号用以直播,还提供了多个游戏账号,并协助王某转移游戏角色以逃避网易公司处罚,构成帮助侵权。网易公司多次对王某、李某作出游戏账号封号处罚,并书面通知其直播违规,但二人仍变更账号持续侵权。

据此,网易公司向广州互联网法院提起诉讼,诉请法院判令王某、李某承担惩罚性赔偿责任,赔偿网易公司经济损失及合理支出共计 200 万元,在直播平台首页醒目位置连续 10日刊登声明,向网易公司赔礼道歉、消除影响。

庭审中,王某辩称:游戏直播画面没有独创性,不是著作权法意义上的作品,被诉行为不构成著作权侵权。所推广的第三方游戏不构成对案涉游戏的侵权,故推广行为本身亦不构成侵权。游戏直播已获网易公司许可,属于对原游戏作品的转换性使用,且客观上对网易公司游戏起到了正向的推广、宣传作用,游戏录播属于合理使用。

王某还提出,收到网易公司起诉材料前已经停止直播和上传案涉游戏短视频。并且,网易公司的索赔金额畸高。

该案的另一名被告李某则辩称:游戏直播画面没有独创性,不是著作权法意义上的作品。案涉直播账号系王某借用自己的手机号进行注册,自己未参与或实施任何侵权行为,不应承担相关法律责任。

承审法官认为:"虽然游戏直播必然包含主播的个性化特征,但游戏整体画面的艺术价值功能在游戏直播中并未发生质的转变,仍是通过玩家或观众的视听体验得以实现。"主播通过游戏直播获得观众打赏并与第三方直播平台进行分成,具有明显的商业性使用性质,无疑挤占游戏权利人在游戏直播市场的潜在市场份额,侵害游戏权利人的合法权利。

法院同时指出,李某明知需要通过实名登记注册游戏账号及直播平台账号,仍允许王某使用其直播账号及游戏账号直播案涉游戏,可见其具有明显的直播合意。在两人多个游戏账号均因违规直播被网易公司封停后,李某明知王某未经允许进行的游戏直播被网易公司所禁止,还与王某通过网易公司藏宝阁指定交易的方式将王某直播常用角色从王某名下账号转移至李某名下账号,客观上实施了多项帮助行为,与王某构成共同侵权。

在赔偿数额的认定方面,广州互联网法院指出,该案中,王某、李某明知不得进行案涉游戏直播,在收到网易公司处罚通知后,却未停止侵权行为,而是通过实施指定交易方式转换游戏角色、更换游戏账号等方式继续进行案涉游戏直播。侵权行为持续长达9个多月,直播次数接近500场,直播账号粉丝数最高时近34万,在部分游戏直播中同时推广其他游戏,且通过原告举证、被告披露以及法院调查,足以查实侵权行为所获取的收入巨大。

法院认为,王某、李某的行为已满足惩罚性赔偿各要件,本案依法适用惩罚性赔偿予以惩处。法院根据已查明的侵权获利情况,扣除主播的个人贡献,以民法典施行日2021年1月1日为界进行分段计算,将之前的违法所得作为该案补偿性赔偿数额,之后的违法所得作为本案惩罚性赔偿的基数,并结合案情,酌情认定本案惩罚性赔偿倍数为4倍。

对于网易公司提出的关于赔礼道歉、消除影响等其他诉请,法院表示:"本案中,王某、李某侵害网易公司案涉作品的著作财产权并不涉及人身权,且直播中推广其他游戏的行为并无证据显示给网易公司的声誉或信誉造成损害,故网易公司的该项诉讼请求依据不足,法院不予支持。"

据此,广州互联网法院判决被告王某、李某于判决发生法律效力之日起10日内向原告网易公司支付经济损失及维权合理开支合计541 648.6元。驳回原告网易公司的其他诉讼请求。

2.1 电子商务法律关系概述

2.1.1 电子商务法律关系的概念

电子商务法律关系是指电子商务法律规范确认和调整的以电子商务活动参与人权利义务为内容的社会关系。

在社会生活中,个人和组织为了满足自身的各种需要,必须从事社会活动,相互之间要发生各种社会关系,为了使社会关系的确立和发展符合国家和社会公共利益,国家运用不同的法律规范来调整社会关系。由于调整社会关系的法律规范不同,其所形成的法律关系也就不同,比如,由行政法调整的社会关系是行政法律关系;由诉讼法调整的社会关系是诉讼法律关系;由民法规范调整的社会关系就是民事法律关系;而由电子商务规范调整的社会关系就是电子商务法律关系。因此,电子商务法律关系是电子商务法调整社会关系的具体法律形式。

2.1.2　电子商务法律关系的特征

电子商务法律关系具有如下特征。

1）电子商务法律关系是一种人与人之间的社会关系

电子商务法律关系属于人与人的关系,不是人与自然、人与物的关系,更不是物与物的关系。诚然,民事法律关系多涉及物或信息,亦即与物或信息有直接或间接的关系,但是,它所反映的是通过物或信息而发生的人与人的关系。例如买卖关系,既不是买方或卖方与出卖物的关系,更不是出卖物与货币的关系,而是通过出卖物和货币交换而发生的买方和卖方的关系。在电子商务活动中,物或信息尽管十分重要,但终究只能是处于被人管领、被人支配的地位,它不会自动参与电子商务活动,而只能是人参与电子商务关系的附属。在所有权关系中,所有人有权依法对自己的财产占有、使用、收益和处分,所有人以外的任何人(非所有人),有义务不妨碍所有人行使自己的权利,可见,所有权关系体现的也是人与人之间的关系。

2）电子商务法律关系是一种意志关系

电子商务法律关系不是一般的社会关系,是按照国家意志建立起来的社会关系,是依法律形式表现的社会关系,所以,电子商务法律关系体现着国家的意志,只有在交易者的行为符合电子商务法中体现的国家意志时,国家才能确认并保护交易者建立起来的电子商务法律关系,并用国家强制力保证电子商务法律关系中的权利义务内容的实现。然而,电子商务法律关系作为一种意志关系,不仅体现了国家的意志,而且体现了交易者的意志。在许多情况下,电子商务法律关系的产生、变更和消灭,电子商务法律关系的内容,都是取决于交易者的意志。这也是电子商务法律关系不同于其他法律关系的显著特点。因而,电子商务法律关系不是物质关系,而是一种意志关系,属于上层建筑的范畴。

3）电子商务法律关系是一种具体的电子商务权利义务关系

电子商务法律关系是电子商务法调整的结果。电子商务法调整社会关系,赋予当事人电子商务主体的权利和义务。但是法律规定的权利义务是抽象的,它只是标志着国家保护什么,反对什么。而电子商务法律关系才是现实的,具体的,电子商务法律关系一经建立,当事人一方便享有某种权利,另一方即负有相应的义务,或者双方当事人均享有权利,又都负有相应的义务,因而,电子商务法律关系中的权利义务是具体的权利义务。通过这种权利与义务的约束,确认和保护当事人的合法权益,满足他们生产和生活上的需要,以此建立起社会的经济生活秩序。

4)电子商务法律关系具有平等性

电子商务法律关系是平等主体之间的财产关系和人身关系在法律上的表现。因此,这种法律关系具有平等的特点,主要表现为:

①主体地位平等。电子商务法律关系的交易人双方各自有着独立的平等的法律地位,不论何人参与电子商务法律关系,与对方地位都是平等的,双方之间不存在不平等的命令与服从、管理与被管理的隶属关系。不是建立在平等基础上的法律关系,不属于电子商务法律关系。

②电子商务法律关系中的权利义务一般对等。在大多数电子商务法律关系中,交易双方往往都享有权利,并且都负有义务,一方的权利是对方的义务,反之亦然。但是,权利义务的对等并非电子商务法律关系的根本特征,只要当事人双方的法律地位是平等的,是在平等的基础上设立的,即使在一些法律关系中只有一方享有权利,另一方仅负有义务,该法律关系也为电子商务法律关系。

5)电子商务法律关系具有复合性

电子商务的交易和服务关系主要由电子商务法中的民商法部分来调整,由于电子商务法具有私法和公法相结合的性质,国家为推进电子商务的发展实行宏观调控,行政部门对电子商务主体、市场秩序、电子认证、网络安全、网络税收的监管等,因此,违反电子商务法的法律责任不但有民事责任,还有行政责任和刑事责任。

2.2 电子商务法律关系的要素

电子商务法律关系的要素是指构成电子商务法律关系的必要因素。任何电子商务法律关系都有构成要素,要素发生变化,具体的电子商务法律关系就随之变更。电子商务法律关系包括主体、内容和客体三个要素。

2.2.1 电子商务法律关系的主体

电子商务法律关系的主体,是指参加电子商务法律关系享受权利或承担义务的人,即电子商务法律关系的参与人。企业如企业网站、在线商店、在线商城、在线交易中心、网络公司等,还有顾客个人及第三方等。电子商务法律关系是人与人之间的关系,因此必须有作为法律关系主体的人参加,才能在主体之间建立法律关系。故主体是构成法律关系不可缺少的一个要素。

电子商务法律关系的主体资格是由法律规定的。根据我国《民法通则》和现行其他有关立法的规定,如《互联网信息服务管理办法》,可以作为电子商务法律关系主体的有公民、法人和非法人组织。非法人组织,是指那些不具备法人条件的组织,如各种合作型的组织以及以户为单位的家庭成员的共同经营体等。非法人组织是介于公民和法人之间的另一类电子商务主体。国家是国家主权的代表者,同时又是国家财产所有权的享有者,在特定的情况下,国家还直接参与债的法律关系,因此,它是特殊的电子商务主体。

在电子商务法律关系中,享有权利的一方是权利主体,承担义务的一方是义务主体。在多数电子商务法律关系中,双方当事人都既享有权利,又承担义务。例如,在买卖关系中,买方有请求交付出卖物的权利,又有支付价款的义务,卖方有交付出卖物的义务,又有收取价款的权利。因此,在这些电子商务法律关系中,每一方当事人既是权利主体,又是义务主体。当事人的这种双重主体身份,是由这些关系的有偿性决定的。

电子商务法律关系的双方主体可以是单一的,也可以是多数的。例如,在债权关系中,债权人和债务人既可以是一个人,也可以是几个人。另外,电子商务法律关系的主体还有特定和不特定之分。电子商务法律关系的权利主体都是特定的;而义务主体可以是特定的,也可以是不特定的。例如,在相对法律关系中,每一方主体都是特定的,在绝对法律关系中,承担义务一方是不特定的任何人。

2.2.2 电子商务法律关系的内容

电子商务法律关系的内容是指电子商务主体在电子商务法律关系中所享有的权利和负担的义务。这种权利义务内容是电子商务法调整的社会关系在法律上的直接表现。任何个人和组织作为电子商务主体,参与电子商务法律关系,必然要享受电子商务权利和承担电子商务义务。

1)电子商务主体的权利

(1)电子商务主体的权利的概念

电子商务主体的权利,是指电子商务主体为实现某种利益而依法为某种行为或不为某种行为的可能性,主要是民事权利。它具体包括:①权利人依法直接享有某种利益,或者实施一定的行为的可能性;②权利人可以请求义务人为一定行为或不为一定行为,以保证其享有或实现某种利益的可能性;③在权利受到侵犯时,有权请求有关国家机关予以保护。

(2)电子商务主体的权利的分类

电子商务主体的权利按其内容、性质,可以依据不同的标准进行分类。其中,常见的分类有以下几种:①财产权和人身权。②绝对权与相对权。③支配权、请求权、形成权和抗辩权。④主权利与从权利。从民事权利的相互关系上,可分为主权利与从权利。⑤既得权与期待权。民事权利根据其成立要件是否全部实现,可以分为既得权与期待权。既得权是指成立要件已全部实现的权利,一般的权利都是既得权。期待权是指成立要件尚未全部实现,将来有可能实现的权利。如附延缓条件的电子商务法律关系,在延缓条件成就前,债权人享有的债权,即属于期待权。

(3)电子商务主体权利的行使

电子商务主体权利的行使主要是民事权利内容的实现。权利人通过实施行使权利的行为,可以实现权利所体现的利益,以满足自身的需要。电子商务法律关系的主体作为电子商务权利和义务的享有者与承担者,直接影响到电子商务行为的效力与履行。任何法律关系中,对当事人身份的认定,都是非常重要的,而电子商务法律关系主体的身份认证则显得尤为重要。在传统的纸面交易中,我们可以通过查验身份证、营业执照等方式判断对方当事人是否具有相应的缔约能力,然而在电子交易中,交易者一方如何能得知对方具有相应的行为能力呢？我们认为,由于电子商务领域是一个全新的领域,虚拟化、便捷性是其重要特征,但高效便捷的电子商务需要安全来维护。在当前诚信原则还未深入人心的情况下,对电子交易中主体资格进行认定就显得尤为重要。如上述的电子签名与电子认证,二者都是电子商务安全的保障机制。

在权利行使的方式上,可以分为事实方式和法律方式两种。所谓事实方式是指权利人通过实施某种事实行为来行使权利,如所有人通过使用自己的财产来行使所有权。所谓法律方式是指权利人通过实施某种民事法律行为来行使权利,例如,所有人通过赠与来行使对自己财产的处分权。在一般情况下,电子商务主体权利和义务是由权利人自己行使权利、义务人自己履行义务的。但是,大多数权利并不要求必须由权利人自己来行使,法律允许权利人通过代理人来行使自己的权利。如无民事行为能力人、限制民事行为能力人,可以由其法定代理人代理或协助其行使权利。

任何权利的实现,不仅涉及权利人的利益,而且也涉及义务人的利益,涉及国家和社会的利益。因此,电子商务主体在行使其权利时,应尊重他人的利益,不得滥用权利。

(4)电子商务主体权利的保护

权利是由法律赋予的,也是由法律保护的。电子商务主体权利的保护措施按其性质可以分为自我保护和国家保护两种。

电子商务主体权利的自我保护是指权利人自己采取各种合法手段来保护自己的权利不受侵犯,例如,依法向侵权行为人提出请求,依法采取正当防卫和紧急避险等,这种保护措施由于是当事人自己采取的,因此称为自我救济。权利主体自己采取一定的方式保护其权利,是法律赋予权利本身所具有的属性。权利主体采取自我保护手段是受到法律严格限制的,权利人只能以法律许可的方式在法律许可的限度内保护自己的权利,否则就是滥用权利,应依法承担相应的责任。

电子商务权利的国家保护是指权利受到侵犯时,由国家机关给予保护。这种保护手段是国家机关采取的,所以又称公力救济。电子商务主体的民事权利受宪法、行政法、刑法、民法以及其他部门法的保护,在权利受到侵犯时,权利人可以请求主管机关给予保护。国家将根据情况采取行政的、刑事的、民事的以及其他各种法律保护手段。

任何电子商务主体在民事权利受到他人非法侵犯时,都有权向人民法院提起诉讼,请求依法保护。一般说来,当事人提起的民事诉讼请求有如下三类:

①确认之诉,即请求人民法院确认某种权利是否存在的诉讼。②给付之诉,即请求人民法院责令对方履行某种行为,以实现自己的权利的诉讼。③形成之诉,即请求人民法院通过判决变更现有的某种民事权利义务,形成某种新的民事权利义务的诉讼。如请求分割共有财产、变更合同等。

2)电子商务主体的义务

(1)电子商务主体的义务的概念

电子商务主体的义务是指义务人为满足权利人的利益而为一定的行为或不为一定的行为的必要性。它具体包括:①义务人必须依据法律的规定或合同的约定,为一定的行为或不为一定的行为,以便满足权利人的利益;②义务人只承担法定的或约定的范围内的义务,而不承担超出这些范围以外的义务;③义务人必须履行其义务。民事义务是一种受到国家强制力约束的法律义务,如果义务人不履行其义务,须依法承担法律责任。

(2)电子商务主体的义务的分类

电子商务主体的义务从不同的角度可作不同的分类,主要有以下几种:

①法定义务与约定义务。②积极义务与消极义务。③主义务与从义务。

3)电子商务主体权利和义务的统一

在电子商务法律关系中,权利和义务是相互对立、相互联系的,并统一地影响着电子商务主体。在任何一个电子商务主体法律关系中,权利和义务都是一致的,权利的内容要通过相应的义务表现,而义务的内容则由相应的权利限定。当事人一方享有权利,必然由另一方负有相应的义务,并且权利和义务往往是同时产生、变更和消灭的。因此,电子商务主体权利和义务是从不同的角度表现电子商务法律关系的内容的。

2.2.3　电子商务法律关系的客体

电子商务法律关系的客体是指电子商务法律关系的主体享有的权利和承担义务所共同指向的对象。电子商务法律关系的客体包括四大类:有形商品、数字化商品或信息商品、知识产权和信息产权、在线服务。

2.3　电子商务法律关系主体

所谓电子商务主体,即电子商务经营者,就是通过电子方式进行商业交易的企业、个人和其他组织。事实上,互联网只是一种工具,是一种高级形态的信息存储、处理、传递的工具。只要接入互联网设备,就可以成为网络用户,就有可能发生商业交易。因此,在一定意义上,所有的网络用户都是电子商务的交易主体。

2.3.1　电子商务主体的概念

电子商务经营者,是指通过互联网等信息网络从事销售商品或者提供服务的经营活动的自然人、法人和非法人组织,包括电子商务平台经营者、平台内经营者以及通过自建网站、其他网络服务销售商品或者提供服务的电子商务经营者。

所谓电子商务平台经营者,是指在电子商务中为交易双方或者多方提供网络经营场所、交易撮合、信息发布等服务,供交易双方或者多方独立开展交易活动的法人或者非法人组织。

所谓平台内经营者,是指通过电子商务平台销售商品或者提供服务的电子商务经营者。

2.3.2　电子商务经营者的合规要点

①电子商务经营者应当依法办理市场主体登记。

②电子商务经营者应当依法履行纳税义务。

③电子商务经营者从事经营活动,依法取得相关行政许可。

④电子商务经营者销售的商品或者提供的服务应当符合保障人身、财产安全的要求和环境保护要求。

⑤电子商务经营者销售商品或者提供服务应当依法出具纸质发票或者电子发票等购货凭证或者服务单据。

⑥电子商务经营者应当在其首页显著位置,持续公示营业执照信息、与其经营业务有关的行政许可信息或者上述信息的链接标识。

⑦电子商务经营者自行终止从事电子商务的,应当提前三十日在首页显著位置持续公示有关信息。

⑧电子商务经营者应当全面、真实、准确、及时地披露商品或者服务信息,保障消费者的知情权和选择权。

⑨电子商务经营者根据消费者的偏好的搜索结果,应当同时向该消费者提供不针对其个人特征的选项。

⑩电子商务经营者不得将搭售商品或者服务作为默认同意的选项。

⑪电子商务经营者应当按照承诺或者与消费者约定的方式、时限向消费者交付商品或者服务,并承担商品运输中的风险和责任。

⑫电子商务经营者按照约定向消费者收取押金的,应当明示押金退还的方式、程序,不得对押金退还设置不合理条件。

⑬电子商务经营者因其技术优势、用户数量等因素而具有市场支配地位的,不得滥用市场支配地位,排除、限制竞争。

⑭电子商务经营者收集、使用其用户的个人信息,应当遵守法律、行政法规有关个人信息保护的规定。

⑮电子商务经营者应当明示用户信息查询、更正、删除以及用户注销的方式、程序。

⑯有关主管部门依照法律、行政法规的规定要求电子商务经营者提供有关电子商务数据信息的,电子商务经营者应当提供。

⑰电子商务经营者从事跨境电子商务,应当遵守有关规定。

2.3.3 电子商务平台经营者合规要点

①电子商务平台经营者应当要求申请进入平台销售商品或者提供服务的经营者提交其身份等真实信息,并定期核验更新。并为进入平台销售商品或者提供服务的非经营用户提供服务。

②电子商务平台经营者应当按照规定向市场监督管理部门报送平台内经营者的身份信息,为应当办理市场主体登记的经营者办理登记提供便利及办理税务登记。

③电子商务平台经营者发现平台内的商品或者服务信息存在违反本法规定的,应当依法采取必要的处置措施。

④电子商务平台经营者应当采取技术措施和其他必要措施保证其网络安全、稳定运行。

⑤电子商务平台经营者应当记录、保存平台上发布的商品和服务信息、交易信息,并确保信息的完整性、保密性、可用性。

⑥电子商务平台经营者应当制定平台服务协议和交易规则,明确进入和退出平台、商品和服务质量保障、消费者权益保护、个人信息保护等方面的权利和义务。

⑦电子商务平台经营者应当在其首页显著位置持续公示平台服务协议和交易规则信息或者上述信息的链接标识。

⑧电子商务平台经营者修改平台服务协议和交易规则,应当在其首页显著位置公开征求意见。

⑨电子商务平台经营者不得利用服务协议、交易规则以及技术等手段,对平台内经营者进行不合理限制。

⑩电子商务平台经营者依据平台服务协议和交易规则对平台内经营者违反法律、法规的行为实施警示、暂停或者终止服务等措施的,应当及时公示。

⑪电子商务平台经营者应当以显著方式区分标记自营业务和平台内经营者开展的业务,不得误导消费者。

⑫电子商务平台经营者知道或者应当知道平台内经营者侵害消费者合法权益行为,未采取必要措施的,依法与该平台内经营者承担连带责任。

⑬电子商务平台经营者应当建立健全信用评价制度,公示信用评价规则。

⑭电子商务平台经营者应当向消费者显示商品或者服务的搜索结果;对竞价排名的商品或者服务,应当显著标明"广告"。

⑮电子商务平台经营者应当建立知识产权保护规则。

⑯知识产权权利人认为其知识产权受到侵害的,有权通知电子商务平台经营者采取必要措施。通知应当包括构成侵权的初步证据。电子商务平台经营者接到通知后,应当及时采取必要措施。

⑰平台内经营者接到转送的通知后,可以向电子商务平台经营者提交不存在侵权行为的声明。电子商务平台经营者接到声明后,应当将该声明转送发出通知的知识产权权利人,并告知其可以向有关主管部门投诉或者向人民法院起诉。

⑱电子商务平台经营者应当及时公示收到的本法规定的通知、声明及处理结果。

⑲电子商务平台经营者知道或者应当知道平台内经营者侵犯知识产权的,应当采取必要措施;否则,与侵权人承担连带责任。

⑳电子商务平台经营者为经营者之间的电子商务提供服务,应当遵守法律、行政法规和国家有关规定。

2.3.4　在线个人用户

1)在线个人用户的概念

所谓在线个人用户是指通过向网站经营者申请注册登记,付费或免费获得网站提供的信息或信息传输服务的个人。每个人均可以从事电子商务,在线个人用户是构成电子商务交易活动的重要主体之一。与在线企业相比,无须取得工商管理部门核发的营业执照,因为,在线个人用户更多的情况下是以在线消费者的身份出现的,但是,仍然需要履行一定的手续。一般而言,如果用户请求网站提供某种信息或者提供某种信息传输服务,必须进行登记注册,将姓名、性别、年龄、国籍、身份证号、住址、电话等个人信息登记于网站的信息库中。

在线个人用户注册登记时,一般来说,服务商会提醒用户阅读服务协议、各种政策规则等,甚至会把这些阅读浏览作为一个步骤。服务协议是网络服务提供商给出的电子格式合同,当事人确认或签字后发生法律效力,因此,服务协议是确定用户与网络服务提供商之间法律关系的基础,也是成为在线个人用户的必经程序和手续。

2）在线个人用户的身份制度

在网络环境下,在线个人用户以数字或网页等电子化方式表现出来,其真实身份并不能直观地判断出来。由于网上注册登记非现场面对面进行,如果服务提供商不要求注册人提供身份证号码、社会保障卡号等据以确认其真实身份的登记,那么,在出现用户侵权或违约时,就难以找到真正的当事人。因此,建立在线个人用户的身份制度十分重要。

目前,我国尚没有相应的立法,根据传统民商法原理,建立在线个人用户的身份制度应当遵循以下法律原则:①身份真实原则:在线个人用户的身份必须是真实存在的,而不应当是"虚拟"的或不存在的。就法律而言,不存在虚拟主体,所以网上在线个人必须真实存在。实名制是解决方案之一。②主体公示原则:在网络环境下,许多在线个人用户,在网站交易平台的统一管理和经营下,以谁的名义进行交易就显得非常重要。所以,主体公示原则要求在线个人用户必须在网上显示其真实主体。

3）在线个人用户的能力制度

所谓在线个人用户的能力制度是指在线个人用户上传、下载和进行在线交易的主体资格和责任能力制度。需要说明的是,在线个人用户本来就是现实中的公民个人,因此,其能力制度与现实社会中的个人能力制度并无不同。

（1）民事责任能力

民事主体资格法定是民法的一个基本原则,即哪些主体可以参与民事法律关系,享有的民事权利、承担的民事义务都由法律规定。

在我国,公民个人的民事行为能力分为三种情况。

①不满十周岁的为无行为能力人;②十周岁以上不满十八周岁的人为限制行为能力人。③年满十八周岁的人为完全行为能力人;另外,年满十六周岁不满十八周岁,但以自己的劳动收入为主要生活来源的人,视为完全行为能力人。

在线个人用户只有具备了相应的能力资格,才能使其完成的交易发生法律效力,如买卖、支付等。民事主体资格同样是构成承担民事法律责任的基础。比如承担违约、侵权等责任。

（2）刑事责任能力

在线个人用户的刑事责任能力,应依据我国《刑法》规定来确认。

2.3.5　电子商务交易的第三方

1）网络交易中心

网络交易中心在网络商品中介交易中扮演着介绍、促成和组织者的角色。这一角色决定了交易中心既不是买方的卖方,也不是卖方的买方,而是交易的居间人。它是依照法律的规定、买卖双方委托业务的范围和具体要求进行业务活动的。

网络交易中心应当认真负责地执行买卖双方委托的任务,并积极协助双方当事人成交。网络中心在进行介绍、联系活动时要诚实、公正、守信用,不得弄虚作假,招摇撞骗,否则需承担赔偿损失等法律责任。

网络交易中心必须在法律许可的范围内进行活动。网络交易中心经营的业务范围、物品的价格、收费标准等都应严格遵守国家的规定。法律规定禁止流通物不得作为合同标的物。对显然无支付能力的当事人或尚不确知具有合法地位的法人,不得为其进行居间活动。

2)电子银行

在电子商务中,银行也变为电子银行。网络交易客户与电子银行的关系变得十分密切。除少数邮局汇款外,大多数交易要通过电子银行的电子资金划拨来完成的。电子资金的划拨依据的是电子银行与网络交易客户所订立的协议。这种协议属于标准合同,通常是由电子银行起草并作为开立账户的条件递交给网络交易客户的。所以,网络交易客户与电子银行之间的关系仍然是以合同为基础的。

在电子商务中,电子银行同时扮演发送银行和接受银行的角色。其基本义务是依照客户的指示,准确、及时地完成电子资金划拨。作为发送银行,在整个资金划拨的传送链中,承担着如约执行资金划拨指示的责任。一旦资金划拨失误或失败,发送银行应向客户进行赔付,除非在免责范围内。作为接受银行,其法律地位似乎较为模糊。一方面,接受银行与其客户的合同要求它妥当地接收所划拨来的资金,也就是说,它一接到发送银行传送来的资金划拨指示便应立即履行其义务。如有延误或失误,则应依接受银行自身与客户的合同处理。另一方面,资金划拨中发送银行与接受银行一般都是某一电子资金划拨系统的成员,相互负有合同义务,如果接受银行未能妥当执行资金划拨指示,则应同时对发送银行和受让人负责。

在实践中,电子资金划拨中常常出现因过失或欺诈而致使资金划拨失误或迟延的现象。如系过失,自然适用于过错归责原则。如系欺诈所致,且电子银行安全程序在电子商务上是合理可靠的,则名义发送人需对支付命令承担责任。

3)认证机构

认证中心扮演着一个买卖双方签约、履约的监督管理的角色,买卖双方有义务接受认证中心的监督管理。在整个电子商务交易过程中,包括电子支付过程中,认证机构都有着不可替代的地位和作用。

在网络交易过程中,认证机构(Certificate Authority,CA)是提供身份验证的第三方机构,由一个或多个用户信任的、具有权威性质的组织实体。它不仅要对进行网络交易的买卖双方负责,还要对整个电子商务的交易秩序负责。

4)第三方物流

第三方物流是物流专业化的一种重要形式。第三方物流(Third Party Logistics,TPL)是指由商品的供方和需方之外的第三方提供物流服务，第三方不参与商品供、需方之间的直接买卖交易，而只是承担从生产到销售过程中的物流业务，包括商品的包装、储存、运输、配送等一系列服务活动。作为专业化、社会化的第三方物流的承担者就是物流服务企业。

在国外，物流业近年来有很大的发展，有些国家已经形成了一条比较完整的产业链。美国将在第二次世界大战中的"后勤供应"手段用于物流业管理，并且在公路、铁路、管道、航空五种运输业中广泛使用信息技术等手段，早在20世纪70年代，仅汽车货运及相关行业的产值就达到国民经济总值的7%以上。

与第三方物流有关的另一个概念是物流代理。物流代理是物流业务的一种运作方式，指的是由专业的物流企业受需方企业的委托，并与需方企业签订合同，承担货物由托运方到达收货方的全程物流。物流企业可以再委托其他从事运输、仓储等企业完成物流过程，也可以自己完成其中部分物流业务。

从事物流代理的企业，可以不进行固定资产投资而采取委托代理的形式，运用自己成熟的物流专业知识、管理经验和物流技术，为客户提供高质量的服务。它们通过与客户签订合同，可以集中为特定的几家客户提供个性化的全方位物流服务，比如为客户制定最优化的物流路线，选择最合适的运输工具，并围绕客户的需求提供诸如存货管理、生产准备等特殊服务以提高客户的效益，在为客户提供附加值的过程中也创造了自身的价值。我国也可以大力发展物流业及其代理模式，这将有助于提高物流业的运营质量，降低物流费用，从而创造良好条件，在更好地满足社会的需求的同时提高整个国民经济的效率和效益。

5）电子商务法律关系中的政府

电子商务的发展是政府、企业和消费者等各类主体协同努力的结果，不能缺少任何一方的参与和支持。

美国政府在《全球电子商务框架》中表示，企业是电子商务的主体，但框架的发表本身已经表明，政府对电子商务的发展是负有责任的，是电子商务发展过程中的重要角色。美国政府表示，对电子商务采取积极的扶持政策，极力主张各州及当地政府限制那些强加于互联网之上的不必要的法律规章，而且认为以市场竞争的方式来推动电子商务，对电子商务的发展更为有利。所以美国联邦通讯局采取了"对互联网放手"的政策，包括允许私人企业在互联网及电子商务中起主导作用；如果有必要参与电子商务方面的指导，也只是预见性地、最低限度地和推动性地；政府不应该支持一种技术而限制另一种技术；鼓励公民和商业用户广泛地接入宽带网；对所有的用户保持尽可能低的接入成本；目前只按照传统贸易活动的税种、税率进行征税等。还通过了电子签名法案。

上述内容包含美国政府推动电子商务发展的明确意思表示，也包括两个基本的部分——政策和法规。而政策和法规的内容涉及主体地位、市场机制、网络设施、价格、税收管理、技术取向等内容。由此可见，在电子商务的发展过程中，政府应是倡导者和支持者，是政策、法规的缔造者，是市场经济活动的宏观调控者。

而对电子商务活动中的另外两类主体而言，很显然，企业是市场的主体，是电子商务的主力军，既是发起者，又是响应者，同时还是结果的承受者；消费者则是电子商务最终的服务对象。而作为生产力中最活跃的要素，消费者也是商务模式的创新之源。

通过每一个角色完成各自的任务,特别是在政府积极有效的支持和推动下,可以克服制约电子商务发展的种种障碍,创造出整个电子商务应用的繁荣和经济的持续发展。

2.4 电子商务法律关系的内容

在电子商务的交易过程中,买卖双方、客户与交易中心、客户与银行,客户、交易中心、银行与认证中心都将彼此发生业务关系,从而产生相应的法律关系。

2.4.1 电子商务企业的网络权利

关于电子商务企业的网络权利,至少应包括网络接入权和域名享有权。

1)互联网接入权

(1)直接接入

电子商务企业是以网站或网页形态出现的企业,而设立网站首先必须接入互联网,这是开展电子商务活动的前提条件。因此,电子商务企业的计算机和其他通信终端通过接入网络进行国际互联,是其最基本的网络权利。企业可以通过专线或通过公用电信交换网接入网络。接入中国公用互联网的条件是:①依法设立的企业、事业单位或机关、团体;②具有由计算机主机和在线信息终端组成的局域网络及相应的联网装备;③具有相应的技术人员和管理人员;④具有健全的安全保密管理制度和技术保护措施;⑤符合国家法律、法规和工业和信息化部规定的其他条件。

互联网的接入在电信总局与接入单位之间的关系具有双重性,既具有电信服务合同关系,又具有管理关系的内容;电信局既为其提供性能良好、安全可靠的服务,又负责互联网内接入单位和用户的联网管理。接入单位负责对其接入网内用户的管理,并按规定与用户签订协议,明确双方的权利、义务和责任。但接入单位与用户之间的基础关系是服务关系,双方的权利和义务基本上可以适用合同法,管理主要是技术上的,而不纯粹是行政上的。

(2)间接接入

设立网站并不是都需要办理接入手续。只有互联网接入服务提供商和大型网站需要直接接入互联网才需要办理接入手续。对于一般的网站而言,只需通过互联网服务提供商(ISP)连接到因特网的服务器上。实际上是,这些网络服务提供商为一般网站提供虚拟空间和其他技术服务,达成直接接入的同样效果。可供选择的方式有三:虚拟主机服务(Web Hosting Service);服务器租用服务(Hosting Service);主机托管服务(Co-location Service)。

2)域名享有权

互联网是无数个站点互联形成的,这些站点由一台主机(服务器)等设备构成,其内容表现为该主机提供的信息服务。为了区分每一个站点以及为了使整个站点连为一个整体,每一个网络和每一台服务器主机都分配了一个地址,这便是互联网协议地址(Internet Protocol Address),简称 IP 地址。

IP 地址构成计算机通往互联网的必经之路,要进入某个网站或访问某人的计算机必须使用这个数字地址。采取英文字母来表示站点地址(现在也有了中文域名、数字域名等),这便是域名(Domain Name)。域名有语词意义,易于理解和记忆。

域名作为一种地址在全世界具有唯一性,其目的在于保障在一台电脑上搜索而不发生重复。这种唯一性实质上使得域名在全世界具有排他效力,只要一域名被注册就排除了全球范围内其他相同域名的可能性。因此,域名就构成了电子商务企业享有的又一基本网络权利。

(1)域名命名的规则

域名命名规则主要针对三级域名。三级域名由字母、数字和连接符组成,各级域名之间用实点(.)连接。域名长度不超过20个字符,且不能与已注册域名、行业名称、地名、二级域名、专用术语等冲突。也就是说,单位名称、商标等并不理所应当地能够注册为域名,因为有时单位名称缩写或在先权利与已有域名完全一致。另外,单位选择域名不能违反下列规定:

未经国家有关部门的正式批准,不得使用含有"China""Chinese""cn""National"等字样的域名。不得使用公众知晓的其他国家或地区名称、外国地名、国际组织名称。未经各级地方政府批准,不得使用县级以下(含县级)行政区划名称的全称或缩写。不得使用行业名称或商品的通用名称。不得使用他人已在中国注册过的企业名称或商标名称。不得使用对国家、社会或公共利益有损害的名称。

(2)域名的申请和注册

域名申请的途径有两种:一种是到美国国家科学基金会委托美国网络方案公司(简称NSI公司)或其授权的代理机构注册国际通用域名,如com、net、org、edu、gov;一种是在中国政府指定的中国互联网络信息中心(简称CNNIC)注册cn顶级域名下的域名。

NSI公司对域名注册主要审查:域名是否已经发放,即是否与已经注册的域名重复;域名是否明显含有法律禁止的内容。

根据《中国互联网络域名注册暂行管理办法》,在这些机构注册的域名(顶级域名称为cn)且在中国接入互联网的,必须在CNNIC备案,以保证其合理而有效地运行。

中国国家代码域名(cn,也称为国内域名)由中国科学院计算机网络信息中心承担CNNIC具体的运行和管理工作。相关的域名规范《中国互联网络域名注册暂行管理办法》和《中国互联网络域名注册实施细则》等对cn下的域名注册有详细的规定。

根据《中国互联网络域名注册暂行管理办法》,在注册登记程序上我国基本上采纳了国际上通行的"先申请先注册原则"和"由申请人选择和负责原则"。域名注册机构只审查域名命名是否规范和与在先域名是否重复,而对域名是否侵犯了他人的在先权利(商标权、商号权或其他无形财产权)注册登记机构并不作实质审查,因而对因侵犯他人在先权利的域名注册所产生的一切法律责任和经济纠纷均与各级域名管理单位无关。

域名申请应提交的材料主要有:域名注册申请表;本单位介绍信;承办人身份证复印件;本单位依法登记文件的复印件,如营业执照或批准文件。代理域名注册申请还应提交代理委托书和受托单位介绍信。用企业名称全称或缩写作为域名的用户,需提供企业营业执照复印件;以本单位注册商标作为域名的用户,也必须提供注册商标证书复印件或国家商标局出具的受理书复印件。在我国,域名的申请者必须是法人单位而不能是个人;外国企业或机构要在 cn 的二级域名下注册域名,必须在中国境内设有分支机构或办事处,并且其主域名的服务器在中国境内。

2.4.2　电子商务交易双方的权利和义务

买卖双方之间的法律关系实质上表现为双方当事人的权利和义务。买卖双方的权利和义务是对等的。卖方的义务就是买方的权利,反之亦然。

1)卖方的义务

在电子商务条件下,卖方应当承担三项义务。

①按照合同的规定提交标的物及单据。提交标的物和单据是电子商务中卖方的一项主要义务。为划清双方的责任,标的物实物交付的时间、地点和方法应当明确规定。如果合同中对标的物的交付时间、地点和方法未作明确规定的,应按照有关合同法或国际公约的规定办理。

②对标的物的权利承担担保义务。与传统的买卖交易相同,卖方仍然应当是标的物的所有人或经营管理人,以保证将标的物的所有权或经营管理权转移给买方。

卖方应保障对其所出售的标的物享有合法的权利,承担保障标的物的权利不被第三人追索的义务,以保护买方的权益。如果第三人提出对标的物的权利,并向买方提出收回该物时,卖方有义务证明第三人无权追索,必要时应当参加诉讼,出庭作证。

③对标的物的质量承担担保义务。卖方应保证标的物质量符合规定。卖方交付的标的物的质量应符合国家规定的质量标准或双方约定的质量标准,不应存在不符合质量标准的瑕疵,也不应出现与网络广告相悖的情况。卖方在网络上出售有瑕疵的物品,应当向买方说明。卖方隐瞒标的物的瑕疵,应承担责任。买方明知标的物有瑕疵而购买的卖方对瑕疵不负责任。

2)买方的义务

在电子商务条件下,买方同样应当承担三项义务。

①买方应承担按照网络交易规定方式支付价款的义务。由于电子商务的特殊性,网络购买一般没有时间、地点的限制,支付价款通常采用信用卡、智能卡、电子钱包或电子支付等方式,这与传统的支付方式也是有区别的。但在电子交易合同中,采用哪种支付方式应明确规定。

②买方应承担按照合同规定的时间、地点和方式接收标的物的义务。由买方自提标的物的,买方应在卖方通知的时间内到预定的地点提取。由卖方代为托运的,买方应按照承运人通知的期限提取。由卖方运送的,买方应做好接收标的物的准备,及时接收标的物。买方迟延接收时,应负迟延责任。

③买方应当承担对标的物验收的义务。买方接收标的物后,应及时进行验收。规定有验收期限的,对表面瑕疵应在规定的期限内提出。发现标的物的表面瑕疵时,应立即通知卖方,瑕疵由卖方负责。买方不及时进行验收,事后又提出表面瑕疵,卖方不负责任。对隐蔽瑕疵和卖方故意隐瞒的瑕疵,买方发现后,应立即通知卖方,追究卖方的责任。

3）对买卖双方不履行合同义务的救济

卖方不履行合同义务主要指卖方不交付标的物或单据或交付迟延；交付的标的物不符合合同规定以及第三者对交付的标的物存在权利或权利主张等。当发生上述违约行为时，买方可以选择以下救济方法：要求卖方实际履行合同义务，交付替代物或对标的物进行修理、补救；减少支付价款；对迟延或不履行合同要求损失赔偿；解除合同，并要求损害赔偿。买方不履行合同义务，包括买方不按合同规定支付货款和不按规定收取货物，在这种情况下，卖方可选择以下救济方法：要求买方支付价款、收取货物或履行其他义务，并为此可以规定一段合理额外的延长期限，以便买方履行义务。损害赔偿，要求买方支付合同价格与转售价之间的差额；解除合同。

2.4.3 在线个人用户的权利与义务

1）在线个人用户的权利

在线个人用户，指以有形介质的形式从经营者处取得信息的拷贝，并供其自己使用，而不是供销售、许可、传输给第三方或有偿公开展示或演示之用的被许可方。在线个人用户的主要权利应包括以下内容。

第一，系统使用权和获取适当信息的权利。这是用户最基本权利，也是其他权利最基本的保障。

第二，修改个人资料、密码、账号和保护个人信息不受侵犯的权利。这些既是个人隐私的一部分，也是进行电子交易所必需的最基本的安全的需要。

第三，对不合格产品的退还使用权。对于不合格产品用户既有要求修补的权利，同时在合理的期间和次数内没能修好的，用户也应享有退还请求权。

第四，对经营者不适当的电子监控和电子自助及故意或重大疏忽导致的直接和间接损失的有限求偿权。这一项权利是对经营者和出版商电子监控权和电子自助权的有力制约，让他们慎重使用这一具有巨大潜在危害性的权利。美国统一州法委员会最近在修改《统一计算机信息交易法》时，对这一权利又作出了严格的限制，同时也赋予了用户对不当使用这一权利所造成的损失的赔偿请求权。

2）在线个人用户的义务

在线个人用户的主要义务应包括以下内容。

第一，按照协议约定遵守网络规则的义务。

第二，不得在未经许可的情况下，擅自对所使用系统再次转让许可、拷贝或转交所使用系统的全部的部分。几乎所有的经营者为保护自己的利益在协议中都约定这一条款，这是理所当然的，也是经营者的正当权益，是用户依靠高度自觉性所遵守的义务。

第三，不得对所使用系统进行逆向工程、反汇编或解体拆卸。

第四，不得将信息使用权用于非法用途。如传播黄色、淫秽的内容，利用网络进行诈骗等。

2.4.4 网络服务提供商(Internet Service Provider)的义务

国际互联网是由不同层次的大大小小的网络互联而成。应当说每个网站或主机本身都是互联网的组成部分。但是,在国际互联网中,有一些网站是专门为他人网络用户提供诸如网络链接、访问以及信息服务活动,这些网站的经营者就被称为网络服务提供商(Internet Service Provider,ISP)。本节论述网络服务提供商及其在提供各种服务中的责任。

根据《互联网信息服务管理办法》(简称《办法》)的规定,网站经营者的义务大致可分为三方面:一是服务行为合法义务;二是保证信息内容合法义务;三是注意义务及协助调查义务。

1)服务行为合法义务

网站经营者,首先应当按照经营许可范围提供服务。《办法》第11条规定:互联网信息服务提供者应当按照经许可或者备案的项目提供服务,不得超出经许可或者备案的项目提供服务。这是我国对网络服务提供商实行管制的必然结果。这意味着网站服务内容必须依照许可证上列明的服务事项从事活动,特别是非经营性互联网信息服务提供者不得从事有偿服务。

《办法》第12条明确规定,互联网信息服务提供者应当在其网站主页的显著位置标明其经营许可证编号或者备案编号。这一规定实际上要求网站公示其服务身份的合法性。如果没有这样的公示,那么其身份就不合法,消费者不宜接受这些网站的服务,否则正当的权益可能得不到法律的保护。

2)保证信息内容合法义务

《办法》第13条规定:"互联网信息服务提供者应当向上网用户提供良好的服务,并保证所提供的信息内容的合法。"这一条有两层含义,一层含义是规定信息服务提供者应当履行的一般性义务,即提供良好的服务。至于什么是良好的服务,需要根据具体情况具体分析,至少要包括在现有技术范围内一般网站所能做到的水平。

另一层含义是网站应保证提供的信息内容的合法性。《办法》第15条规定了九种不合法的信息。因此,保证提供信息的合法性义务至少要求服务提供者提供的信息不包含下面九种不合法信息:①反对宪法所确定的基本原则的;②危害国家安全,泄露国家秘密,颠覆国家政权,破坏国家统一的;③损害国家荣誉和利益的;④煽动民族仇恨、民族歧视,破坏民族团结的;⑤破坏国家宗教政策,宣扬邪教和封建迷信的;⑥散布谣言,扰乱社会秩序,破坏社会稳定的;⑦散布淫秽、色情、赌博、暴力、凶杀、恐怖或者教唆犯罪的;⑧侮辱或者诽谤他人,侵害他人合法权益的;⑨含有法律、行政法规禁止的其他内容的。

3)网络服务商的注意义务

(1)传播有害信息者的法律责任

网络空间并不是法律真空,不仅网站经营者自己不能利用网络传播法律禁止的信息,而且其他人也不能利用网络的开放性传播有害信息。一旦认定网站或第三人上网传播法律禁止的信息,根据法律的一般原理,这属于公共利益或社会利益的侵犯,其责任形式可分为两种:一种是行政责任,一种是刑事责任。

《中华人民共和国计算机信息系统安全保护条例》第 23 条规定了故意传播有害信息的行政责任:"故意输入计算机病毒以及其他有害数据危害计算信息系统安全的,或者未经许可出售计算机信息系统安全专用产品的,由公安机关处以警告或者对个人处以 5 000 元以下的罚款、对单位处以 15 000 元以下的罚款;有违法所得的,除予以没收外,可以处以违法所得 1 至 3 倍的罚款。"

根据公安部关于《中华人民共和国计算机信息系统安全保护条例》中涉及的"有害数据"问题的批复,"有害数据"是指计算机信息系统及其存储介质中存在、出现的以计算机程序、图像、文字、声音等多种形式表示的,含有攻击人民民主专政、社会主义制度,攻击党和国家领导人,破坏民族团结等危害国家安全内容的信息;含有宣扬封建迷信、淫秽色情、凶杀、教唆犯罪等危害社会治安秩序内容的信息,以及危害计算机信息系统运行和功能发挥,应用软件、数据可靠性、完整性和保密性,用于违法活动的计算机程序。

因此,任何传播有害信息者均适用《中华人民共和国计算机信息系统安全保护条例》等相关法规,公安机关可以对违反者进行行政处罚。

至于刑事责任,视传播内容和情节,可能涉及危害国家安全罪、扰乱公共秩序罪、制作、贩卖、传播淫秽物品罪等。

(2)网站的注意义务和责任

网站经营者自己传播有害信息的责任是确定的,但在他人传播有害信息的情形下,网站经营者应当承担什么责任,目前并不明确。《办法》第 16 条规定,互联网信息提供者发现其网站传输的信息明显属于上述九种内容之一的(有害信息),应当立即停止传输,保存有关记录,并向国家有关机关报告。但没有明确网络服务提供者是否有监控其所传输的内容是否合法的义务,更没有规定注意到什么程度。这些尚需要今后立法加以明确或由司法判例加以确定。

需要根据中介服务提供者的服务内容及其对被动上传的信息的监控能力来确定。中介服务商的监控义务应当包括两个方面:其一,事先审查义务,即在被明确告知侵权信息存在之前,主动对其系统或网络中信息的合法性进行审查;其二,事后控制义务,即在知道侵权信息的存在后及时采取删节、移除等措施阻止侵权信息继续传播。

网络中介服务者知道侵权一般有三种情况:A. 经事先审查或其他方式得知;B. 接到权利人确有证据的通知;C. 权利人向法院起诉。

在为网络中介服务者设定监控义务时,首先不能脱离其实际监控能力,包括技术可行性、法律判断力和经济承受能力等,同时还应当做出有利于平衡社会公共利益的考虑。

(3)接入服务提供商的监控义务

接入服务提供者的地位类似于邮电、电信等运营商,只是为信息在网络上传播提供"传输管道",不能对信息进行编辑,因此要求接入服务提供者履行事先审查义务在技术上是不可能的,故法律不应要求其进行事先审查。因此,接入服务提供者事后监控能力也有限,即使要求承担事后监控义务,也只是在负有技术可能、经济许可的范围内采取阻止违法、侵权信息继续传播的义务。

（4）主机服务提供商的监控义务

主机服务提供者的法律地位介于发布者和传播者之间，对其监控义务的设定主要看对什么时段对传输信息具有监控能力。

在用户信息发布（上传）之前，主机服务者在技术上无法获悉该信息的内容，无法行使编辑控制权，主机服务不负有任何事先监控的义务。

在用户信息发布（上传）之后，主机服务提供者在技术上具备了边界控制能力，因此，主机服务者负有两项监控义务：一项是主动审查义务；另一项是应请求中止传播义务。

①主动审查义务。

由于网络信息数量巨大以及主机服务提供者法律判断能力有限，主机服务的主动审查义务只能限定在合理限度之内。所谓合理限度，指"合理时间内"和"表面合理标准"。

合理时间是指用户信息发布后至信息依据表面合理标准被删节或删除之间的时段。

表面合理标准是指主机服务提供者只负有对信息表面依据常理进行审查的义务。应当删除明显违法、含有侮辱或诽谤等给社会或他人造成不良后果的字句、段落，即审查的主要对象是用语而非内容本身。

②应请求中止传播义务。

在接到权利人确有证据的通知时，主机服务者负有立即中止违法或侵权信息传播的义务，称为应请求中止传播义务。当有人提供充分的证据表明主机服务器上传播的某个信息违法或侵权时，应当视主机服务提供者知道其侵权或违法，因此，中介服务提供商负有中止继续传播的义务。但是，对于权利人通知的程序、条件和效力同样也应当加以合理的界定，否则就会使网络服务商陷入两难境地：一方面，如果网络中介服务商得到了权利人关于侵权信息存在的通知，而不立即采取措施控制该信息在其系统或网络中继续传播，就会面临着承担侵权责任的风险；另一方面，如果网络中介服务商收到通知后，不对通知的侵权指控做法律上的分析判断即采取控制措施或披露被控侵权人的情况，则一旦侵权指控不能成立，则擅自清除用户上载的信息或披露用户资料，可能要承担合同责任甚至侵权责任的风险。

为解决这一问题，对通知的形式要件作如下规范：首先，通知必须是书面的，不能采用电话、电子邮件等方式；

其次，通知必须具备三个内容：一是身份证明，即权利人的身份证、法人执照、营业执照等有效身份证件及其住址、电话等联系方式；二是权利证明，即权利人享有其所主张的权利证明，例如有关著作权登记证书、创作手稿等；三是侵权情况证明，即在网络中介服务者所运营的系统或网络上确实发生了侵权事件的证明，包括被控侵权信息的内容、所在位置等。

只要权利人或经其授权的人发出的通知符合上述形式要件，就应当视为权利人已发出了确有证据的通知。网络中介服务者在接到这样的通知后，应当采取相应的措施阻止被控侵权信息的继续传播。如果权利人的侵权指控实际并不成立，或通知不符合上述形式要件，应当视为未发出通知，网络中介服务商可以置之不理。

4）网络服务商的协助调查义务

网络服务商的协助调查义务是指网络服务商负有协助权利人或有关机关收集侵权行为证据的义务。直接实施侵权行为的人一般就是网络服务商的注册用户，在一般情况下用户信息及其一定时段的读写记录等会储存于服务商的服务器中。一旦发生侵权行为,由于网络服务商一般掌握有关侵权行为的直接证据。因此,要求网络服务商履行协助调查义务是合理的,也是可行的。

网络服务商协助提供的证据一般应当包括:被控侵权人身份情况的证明材料以及上传、下传情况记录等有关侵权行为的证明材料。网络服务商的协助调查义务具体表现为:在用户信息发表后的任何时间,服务商明知某信息为侵权信息或经权利人发出了确有证据的通知后,或者经法院等权威机构发出调查令,服务商在技术可能、经济许可的范围内负有向权利人或有关机关提供上述证据的义务。

由于网络服务提供商并非属于传统法意义上的信息发布者角色,因此,在其所经营的服务器上传到网络中的信息被认定为违法或侵权时,服务商并非当然地承担责任,即承担出版者的严格责任;而只有违背其应当承担的义务时,也就是存在过错时才应当承担相应的责任。根据不同情形,网络服务商的责任主要有直接侵权责任或共同侵权的连带责任。

2.4.5 网络内容服务提供商

一般说来,任何人都能成为网络内容提供者,不论是普通的个人或企业用户,不论是否设立或经营网站,只要通过接入设备通过特定服务器发布某种信息,就是在向网络提供"内容",就属于内容提供者。这些内容提供者要在网站上发布内容有两种渠道:一是提供给网络服务提供商,经其审查后,上传,这相当于过去的投稿;二是利用网络的开放性特性,通过网站上开通的 BBS 或类似可以直接发布信息的渠道发布某种信息。

1)网络内容服务提供商的概念

网络内容服务提供商专指领有网络信息服务许可证和营业执照的网络服务经营者,如新浪、网易等综合性网络公司,其中一些服务即内容服务;另外,还有大量的专门从事在线视听、在线影院、在线阅读服务的网站属于专门的内容服务提供商。

网络内容服务提供商主要是提供各种信息供消费者浏览、访问、下载、阅读、欣赏等。一般来说,提供商即这些信息的直接发布者,在信息传播中充当了发布者的角色。发布者是以自己的名义向他人发布信息的主体,如出版社、报社、杂志社、广播电台、电视台等;网络经营者,如果自己上传了某种信息,那么他就成为信息的发布者。

2)网络内容服务提供商侵权行为

网络作为一种新型的信息传播媒体,在其上可能发生多种侵权或违法行为,这些侵权行为大多以传播的信息违法或侵犯他人权利为特征。这些违法或侵权行为包括:

①侵犯他人的著作权(如未经著作权人许可将其作品上传到网络);

②发布侵害他人人格权的信息(如在网络上散布不实信息侮辱、诽谤他人),侵害他人名誉权,将他人的个人资料、隐私上传,侵害他人隐私权;

③发布虚假广告、误导消费者的信息导致的侵权,如发布不实商品信息,侵害消费者权益;

④发布信息侵犯他人商业秘密,如擅自在网上披露他人的商业秘密;

⑤传播非法或有害信息,即违反《互联网信息服务管理办法》第15条所列举的信息的行为,如色情信息或图片等。

一旦网络中存在上述违法和侵权信息,首先应当澄清的是,网络内容服务提供者虽然是在虚拟世界中提供有关服务,但其行为也应遵守真实世界里的法律规定,并对侵权行为承担相应的法律责任。2000年12月28日全国人大常委会通过的《关于维护互联网安全的决定》第6条第2款首次明确了网上侵权责任:"利用互联网侵犯他人合法权益的,构成民事侵权的,依法承担民事责任。"该决定明确了互联网上的任何侵权行为,可以适用传统法律,追究侵权人的民事责任。既然如此,利用网络侵权仍然应当适用传统民法中"谁侵权、谁担责"的基本规则。也就是说,谁在网上发布了侵犯他人权益的信息,那么就由谁来承担由此而引起的侵权责任。但是,网络上信息侵权行为人的认定要比现实更加复杂和困难。

3)网络信息侵权行为的复杂性

尽管所有网络信息的发布均通过网站服务器,但是任何人或企业均可能成为网络信息内容的发布者或提供者。因此,对于网络上的侵权行为而言,每一行为均涉及直接实施侵权行为的网络内容提供者,包括网络内容提供商及企业、个人等,同时还涉及为侵权信息的传播提供媒介服务的网络中介服务提供商。

为了更准确地区分侵权主体,我们可以将利用互联网侵犯他人权利的主体分为两类:网站经营者和非网站经营者。探讨网络经营者责任,就是要回答两个问题:一是网站经营者利用自己的网站侵犯他人权利时应当承担什么责任;二是在他人通过网站上传信息实施侵权时,网站经营者应承担什么责任。

内容服务提供商或网站经营者在经营过程中上传信息侵害他人权利或违法,网站经营者承担责任。这是传统法律谁侵权、谁承担责任的具体运用。但是,对于只为用户网上信息交流提供通道、空间及技术服务的中介服务提供商,就不能简单地要其承担责任或不承担责任。因为在许多情形下,中介服务提供商不能事先选择、改变传输信息的内容,也不能选择信息的接受者,在用户利用其系统或网络发送侵权或违法信息,侵犯他人的合法权益或危害社会公益时,要其承担责任是不合理的;而另一方面,侵权信息毕竟是从该网站上传的,权利人往往只能先找到网络中介服务提供者,而难以找到网络内容的提供者,完全解脱网络服务提供商的责任,似乎又不利于保护民事权利。

2.5　电子商务法律关系的客体

电子商务法律关系的客体是指电子商务法律关系的主体享有的权利和承担义务所共同指向的对象。电子商务的客体包括四大类:有形商品、数字化商品或信息商品、知识产权和信息产权、在线服务。

2.5.1　有形商品

从理论上来说,现实世界中的所有货物都可以通过网络进行交易,几乎不存在任何障碍。如网上书店可以像现实世界中的书店一样售书,网上超市可以将所有的日用消费品陈列于网络供消费者选购。即使是不动产,如房屋,也可以在网上缔结合同,在网下履行必要的手续。因此,凡是可以转让的商品均可以通过网络缔结买卖合同进行交易。不过,有形商品的买卖还得依赖传统的手段完成配送或交付,如手机、数码产品、体育用品、电脑、图书、服装、化妆品、汽车用品等。

2.5.2　数字化商品或信息产品

数字化商品是以0或1构成的二进制数字形式存在的无形商品,这种无形商品的使用是以电子许可合同的方式进行的。消费者在经许可后,可通过网络直接下载信息化商品或信息,如电子书刊、影音资料、电脑软件、游戏等,不再需要邮寄或专人配送。

2.5.3　知识产权和信息产权

知识产权在法律性质上为著作权、专利权、商标权等的许可使用,包括域名、数据库、软件、虚拟财产及其他信息产权等。我们认为用信息产权的概念来解释和定义诸如网络虚拟财产、软件、数据库、密码、IP地址、域名等是合适的,可以避免将这些概念归入知识产权中所遇到的尴尬。信息产权是信息化社会中各种信息产品的法律化表现,是信息所有者对于自己独创性的脑力劳动成果所享有的权利。它包括知识产权、相关的信息权利以及其他非知识性的信息权利。因此,知识产权只是信息产权的核心组成部分。

2.5.4　在线服务

在线服务是通过网络向消费者提供某种信息或其他服务,如房屋租赁信息、法律咨询、财经咨询、健康咨询、远程医疗、旅游服务、位置服务、人才招聘、留学手续、远程教育等。

本章案例

抖音诉小葫芦网非法抓取、使用直播数据的不正当竞争案

基本案情

原告北京微播视界科技有限公司(简称微播公司)诉被告上海六界信息技术有限公司(简称六界公司)、厦门市扒块腹肌网络科技有限公司(简称扒块腹肌公司)、浙江淘宝网络有限公司(简称淘宝公司)不正当竞争纠纷一案,本院于2021年2月1日立案后,依据《全国人民代表大会常务委员会关于授权最高人民法院在部分地区开展民事诉讼程序繁简分流改革试点工作的决定》,由审判员依法适用普通程序独任审理。

微播公司于2021年2月1日向本院申请行为保全,请求责令六界公司立即停止涉案不正当竞争行为,即立即停止抓取"抖音"平台打赏及收益数据,并删除存储于服务器中的上述非法抓取自微播公司的涉案数据。本院于2021年3月2日举行了听证,并于2021年3月8日作出(2021)浙0110民初2914号民事裁定书,裁定责令六界公司立即停止获取"抖音"平台用户打赏及主播收益数据,并删除存储于服务器中的上述数据。

六界公司不服,于同年 3 月 16 日向本院提出复议申请。本院经审查后于同月 19 日作出(2021)浙 0110 民初 2914 号之一民事裁定书,裁定驳回其复议请求。因经审查后认为本案属于新类型案件,本院于同年 3 月 24 日作出(2021)浙 0110 民初 2914 号之二民事裁定书,裁定将本案转为合议庭审理。六界公司在提交答辩状期间提出管辖异议,本院经审查后于同年 3 月 25 日作出(2021)浙 0110 民初 2914 号之三民事裁定书,裁定驳回其管辖异议。

六界公司不服,上诉于浙江省杭州市中级人民法院,该院于同年 5 月 17 日作出(2021)浙 01 民辖终 408 号民事裁定书,裁定驳回上诉,维持原裁定。因可能涉及商业秘密和个人数据,经当事人申请,本案于 2021 年 5 月 27 日不公开开庭进行了第一次审理。原告微播公司的委托诉讼代理人江文娟、郑金晶,被告六界公司的委托诉讼代理人黄璞虑、是软群(现已撤销委托),被告扒块腹肌公司的委托诉讼代理人周京林,被告淘宝公司的委托诉讼代理人滕卫兴到庭参加诉讼。本院于 2021 年 7 月 30 日至六界公司住所地组织现场勘验。本案于 2021 年 9 月 15 日不公开开庭进行了第二次审理。原告微播公司的委托诉讼代理人江文娟、郑金晶,被告六界公司的委托诉讼代理人黄璞虑、潘莹,被告淘宝公司的委托诉讼代理人金镝斐到庭参加诉讼,被告扒块腹肌公司经本院传票传唤无正当理由拒不到庭参加诉讼。本案现已审理终结。

裁判理由

法院认为:本案系因六界公司在其经营的"小葫芦官网"提供"抖音"主播直播收益数据及用户直播打赏数据而引发的纠纷。根据原告的主张与被告的答辩,本案的争议焦点为:一、原告诉讼主体资格是否适格;二、六界公司的行为是否对微播公司构成不正当竞争;三、如构成,六界公司所应承担的责任。

一、原告诉讼主体资格是否适格

六界公司在庭审中称"抖音"软件的著作权人为北京字跳网络技术有限公司,并非微播公司,且大部分抖音用户都不可能仔细阅读用户协议和隐私政策,导致在不知情情况下被采集数据,故微播公司对涉案数据不享有任何权益。对此,本院认为,首先,在案证据显示"抖音"App 的运营者系微播公司。用手机下载"抖音"App 后查看应用详情,显示微播公司系"抖音"App 的开发者;下载后点击"设置"→"关于抖音"→"营业执照",显示微播公司营业执照;在"抖音"App 显示的多份与用户的协议,包括《"抖音"用户服务协议》《用户充值协议》《直播主播入驻协议》等,均明确载明协议一方为微播公司。

其次,涉案数据具备商业价值。抖音微信公众号发布的《2020 抖音数据报告》显示,截至 2020 年 8 月,抖音日活跃用户突破 6 亿人;截至 2020 年 12 月,日均视频搜索次数突破 4 亿。中国人民大学国家发展与战略研究院发布的《抖音平台促进就业研究报告》显示:"对 2019 年 8 月至 2020 年 8 月的数据测算结果显示,共有 2 097 万人通过抖音平台从事创作、直播、电商等工作而直接获得收入,其中许多都是从事互联网营销师和直播销售员的新职业。""围绕主播而形成的创业团队,衍生出运营管理、直播服务、视频服务、直播电商、辅助后勤等五大类 20 余种职业,包括策划、助播、场控、品控、客户服务等多种新兴就业形态。综合测算,抖音平台共计创造了 3 561 万个直接就业岗位。"尽管单一的直播系由具体的用户开展,其权益应当归属于具体用户,但微播视界公司作为抖音产品的运营者,就该些直播数据投入了大量运营成本,并通过运营该些数据实现其商业策略,该些数据整体能够为微播视界公司带来竞争优势,微播视界公司就直播数据整体享有竞争法上的合法权益。就抖音产品的运营及该些数据资源能够为其带来的商业价值及竞争利益应予以保护。

最后,微播公司主张这些数据权益具备合法性基础。用户注册登录"抖音"App、在"抖音"App上进行充值、直播时均需同意相应协议。《"抖音"隐私政策》明确载明"抖音"可能收集点击、关注、收藏、搜索、浏览、分享等用户必要的行为信息、用户主动发布的信息及其昵称、头像等;《用户充值协议》明确载明"抖音"平台会收集记录用户充值购买抖币并在平台相关产品或服务中使用抖币所产生的数据,包括但不限于充值、购买虚拟礼物、打赏主播及创作者等行为信息;《直播主播入驻协议》明确载明平台对主播个人的人身形象、身份标识以及账号内容拥有权利,且有权保留主播因使用平台而存储在服务器中的数据。鉴于直播收益数据和用户打赏数据系"抖音"直播功能运行中必然产生的数据,且微播公司收集涉案数据征得了用户同意,微播公司基于其与用户的相关协议及抖音产品的运营需要,对涉案数据亦具有相应的管理责任,故微播公司主张这些数据权益具备合法性基础。

综上,微播公司作为原告主体适格。六界公司的相应抗辩,本院不予采纳。

二、六界公司的行为是否对微播公司构成不正当竞争

微播公司系"抖音"App的运营者,六界公司系小葫芦官网的经营者,二者皆为互联网产品经营者,均属《中华人民共和国反不正当竞争法》(简称《反不正当竞争法》)规定的行为主体。本案中,微播公司主张六界公司利用技术手段非法获取、使用抖音用户直播打赏记录(具体到每位用户每一笔打赏的时间、打赏对象及金额)及主播打赏收益相关数据(包括主播单场收入、日收入、月收入、年收入等),违反《反不正当竞争法》第二条、第十二条第四项之规定,构成不正当竞争。六界公司认为其获取、使用涉案数据的手段合法合理,并未构成不正当竞争。关于法律适用,《反不正当竞争法》第二条属于该法的一般条款,其适用应具有"谦抑性",在该法第二章的具体条款能够规制被控行为的情形下,不应再适用第二条的规定。故首先应考察被控行为是否违反《反不正当竞争法》第十二条的规定,由于案涉行为不属于《反不正当竞争法》第十二条前三项情形,故考察是否违反该条第四项的规定。该条规定:"经营者不得利用技术手段,通过影响用户选择或者其他方式,实施下列妨碍、破坏其他经营者合法提供的网络产品或者服务正常运行的行为:……(四)其他妨碍、破坏其他经营者合法提供的网络产品或者服务正常运行的行为。"因此,评判六界公司被控行为是否构成不正当竞争,应审查六界公司是否"利用技术手段",其获取、使用涉案数据的行为是否属于"影响用户选择或者其他方式"的行为,以及该行为有无妨碍、破坏抖音产品和服务的正常运行。

本案中,首先,就行为方式而言。利用技术手段获取数据具有隐蔽性,数据运营方难以掌握数据获取方通过何种手段获取数据的直接证据,而数据获取方对此清楚知晓且掌握其自身使用该种技术手段的证据。因此,在数据运营方已经穷尽所有其所能掌握的证明材料,初步证明数据获取方采用不当技术手段获取其数据的高度可能性时,应当由数据获取方就此给出合理解释并提供相应证据证明。本案中,根据六界公司的自述,六界公司"利用技术手段"获取抖音直播间数据当无疑问。尽管并无在案证据显示六界公司系通过突破微播公

司技术防护措施直接从其后台抓取涉案数据,但就具体通过何种技术手段获取直播间数据,六界公司并未给出令人信服的说明。

其次,就行为后果而言。某种行为是否正当,应结合该行为对经营者利益、消费者利益及社会公共利益的影响作整体利益衡量和判断。就本案而言,第一,经营者利益方面。微播公司对"抖音"用户打赏和主播收益的真实数额均未公开展示,以此保护用户、主播数据安全。该种数据展示规则,系微播公司为维持用户隐私与用户黏性之间的平衡所采取的设置,从而保持其竞争优势;而六界公司将"抖音"平台上非公开的数据通过自行整理计算后予以公开展示,使得本来无法通过自然人为方式获得的数据能够通过公开途径获取,破坏了"抖音"产品的数据展示规则及其运营逻辑和秩序,进而破坏该种平衡,容易引发主播与普通用户的不满,破坏用户黏性,进而损害微播公司该种竞争优势。第二,消费者利益方面。本案中,六界公司获取相应基础数据并未征得打赏用户及主播同意,其行为本就丧失合法性基础,其对该些数据进行分析、对外展示的行为,侵犯了包括打赏用户和主播在内的抖音用户的个人信息权利,进而影响用户对微播公司数据安全保护的期待和信任,最终造成微播公司用户流失,损害微播公司利益。第三,社会公共利益方面。六界公司的基础数据直接来源于"抖音",并经简单计算得出,对数据的使用行为没有任何创新,涉案数据展示的透明化一定程度上反而会带来平台之间的恶性竞争、家庭与社会不稳定等,使得社会福祉总体降低。

综上,六界公司的行为具有不正当性,侵害了微播公司、"抖音"主播及打赏用户的合法权益,扰乱了市场竞争秩序,违反《反不正当竞争法》第十二条第四项规定,构成不正当竞争。六界公司的相应抗辩,本院不予采纳。

三、六界公司应承担的法律责任

六界公司获取、使用涉案数据的行为构成不正当竞争,应承担停止侵权、消除影响、赔偿损失等民事责任。由于六界公司获取相应基础数据并未征得"抖音"打赏用户及主播同意,侵犯其个人信息权利,故六界公司还应删除存储于服务器中的上述涉案数据。考虑到在案证据显示的六界公司侵权的行为方式与范围,其应在其经营的小葫芦官网发布声明、消除影响,微播公司主张的在其他载体上刊登声明的诉请,本院不予支持。关于赔偿数额,因微播公司被侵权所受到的实际损失及六界公司因侵权所获得的利益均难以确定,本院根据六界公司主观过错程度、侵权行为性质、情节、期间及微播公司为本案支出的合理费用综合确定。同时考虑到以下事实:①根据小葫芦官网更新公告,"抖音"平台直播收入榜、直播土豪榜于2020年4月8日更新,本院对六界公司作出行为禁令时间为2021年3月8日,六界公司自述2021年3月10日删除涉案数据,但2021年3月17日小葫芦官网的"平台礼物排行"项下仍有"抖音"平台上一日礼物总收入金额显示;②小葫芦数据产品分为免费版、基础版(99/月)、高级版(199/月)、豪华版(899/月)、专业版(1 699/月)、全家桶(3 999/月),另有包含抖音数据的两种数据服务套餐(同时包含其他平台)分别为50 000/月、23 000/月;③2020年9月,微播公司已通知六界公司停止获取、展示涉案数据,六界公司收到通知后并未停止侵权;④微播公司明确合理费用仅主张公证费,但本案存在部分重复公证或并非必要公证的情形。综上,本院酌定赔偿数额为1 000 000元(含合理费用)。

微播公司已在庭审中放弃针对扒块腹肌公司及淘宝公司的诉请,故对其责任,本院不予评判。

裁判结果

综上,依据《中华人民共和国反不正当竞争法》第十二条第四项、第十七条,《中华人民共和国民事诉讼法》第六十四条第一款之规定,判决如下。

一、被告上海六界信息技术有限公司立即停止涉案不正当竞争行为,即停止获取、使用"抖音"平台用户打赏及主播收益数据,并删除存储于服务器中的上述涉案数据;

二、被告上海六界信息技术有限公司于本判决生效之日起十日内在"小葫芦"官方网站(www.xiaohulu.com)刊登声明,消除影响(内容须事先经本院审核,如逾期不履行,本院将根据原告北京微播视界科技有限公司的申请将本判决的主要内容在相关媒体上刊登,所需费用由被告上海六界信息技术有限公司承担);

三、被告上海六界信息技术有限公司于本判决生效之日起十日内赔偿原告北京微播视界科技有限公司经济损失(含合理费用)1 000 000 元;

四、驳回原告北京微播视界科技有限公司的其他诉讼请求。

如果未按本判决指定的期间履行给付金钱义务,应当依照《中华人民共和国民事诉讼法》第二百五十三条之规定,加倍支付迟延履行期间的债务利息。

本案案件受理费 42 800 元,由原告北京微播视界科技有限公司负担 16 644 元;被告上海六界信息技术有限公司负担 26 156 元。

本章小结

电子商务法律关系是指电子商务法律规范确认和调整的以电子商务活动参与人权利义务为内容的社会关系。电子商务法律关系是一种具体的电子商务权利义务关系;电子商务法律关系包括主体、内容和客体三个要素。

每个企业、个人和其他组织都可以成为电子商务的交易主体。

电子商务企业,具有以下两个特征:第一,主体表现虚拟性;第二,主体属性难以判断。电子商务企业的种类大致可以分为:企业网站、在线商店、在线商城、在线交易中心和网络公司等。

关于网络服务提供商的义务如下:第一,网站作为公共信息服务提供者,承担两项义务,一是服务行为合法义务,二是保证信息内容合法义务。第二,网站作为向特定用户信息服务提供者,其义务根据服务内容由合同加以约定,没有约定,按照合同性质和目的解释提供商义务及其违反义务的责任。

在线个人用户是电子商务交易的重要主体之一,主要特征是利用网络环境和手段进行交易,其参与主体仍然是现实主体,仍然是实体社会中存在的自然人,其身份制度和能力制度适用我国民法、刑法等法律的规定,只不过在虚拟环境下显得更为重要。所有在线个人用户必须在现实社会中真实存在并拥有相应的权利能力和责任能力。

本章习题

1. 试述电子商务法律关系的概念。
2. 电子商务法律关系的特征有哪些？
3. 试述电子商务法律关系的要素。
4. 电子商务企业的特征有哪些？
5. 如何确认网络服务提供商的共同侵权问题？

第3章
电子合同

📖 学习目标

学生通过学习本章内容,应了解电子合同的基本概念与性质,电子合同的订立和生效,电子合同履行中的法律问题;掌握电子合同违约的处理方法与原则。了解电子代理人的法律特点,掌握电子合同法的宗旨与特色,熟悉国际电子合同的运用特点,掌握我国电子合同立法现状与发展趋势。

案例导入

平台作出的更有利于消费者承诺的效力

——朱某诉某电商平台网络服务合同纠纷案

(杭州互联网法院(2019)浙 0192 民初 11144 号)

案情介绍

原告在"双十一"大促期间通过被告运营的网络服务平台,向案外人卖家购买国际机票。后案外人卖家未实际出票,其向原告解释为卖家在"双十一"大促期间因存在严重的技术失误,故导致其投放的机票价格存在错误,需要作交易撤销,愿意给原告补偿 500 元,原告并未同意。后原告另行购买了同日同航空公司同航班同时段的机票并实际出行。原告就其产生的差价诉至法院要求被告履行出票保障,承担原告的机票差价损失及赔偿金 500 元。

裁判内容

1. 本案中存在三个合同关系。一是买家与平台之间订立的网络服务合同关系是显性的,是买家赖以起诉的基础和依据,也是本案审理的核心。二是买家与商家之间订立的网络购物合同关系,因为商家并非本案当事人,商家在本案中所处的身份是案外人,所以该合同关系是隐性的,三是商家与平台之间订立的网络服务合同关系,该合同关系同样也是隐性的,以上两个隐性的合同实质性的界定和影响平台责任的认定。

2. 关于平台主张的买家和商家之间的网购合同是否存在可撤销情形。撤销权是形成权,是指依照权利人单方意思表示就可以使已经成立的民事法律关系发生变化的权利,必须依据撤销权人一方的意思表示才能使得法律关系发生、变更或消灭。形成权的行使必须经过权利人的明确起诉,才能由人民法院作出相应的形成判决。意思自治是民法的核心原则。对自己的行为负责本系意思自治的题中之义,因此,如表意人的错误是其自身原因造成的,理应由其自行承担错误所带来的后果。商品标价错误系商家过失所致,不影响合同的效力。在商家并未就行使撤销权提起诉讼的情况下,人民法院无权主动撤销合同。

3. 平台作出了更有利于消费者的承诺在买家购票订单上明确写明了"出票保障"的字样,平台向买家展示的出票保障的机票基础保障内容中明确写明了"出票保障:机票预订并支付成功后,如卖家未保障出票,平台协调出票,要求卖家承担差价并额外赔付买家500元(每笔订单)"。平台针对商家的《机票服务保障标准》中对通过平台销售的商家有类似的约定和表述。如果不存在出票保障的情形下,网络交易平台只是为买家和商家的交易提供线上的交易场所和便捷的支付方式,在存在出票保障的情形下,平台明确表示如商家未保障出票,平台协调出票,要求商家承担差价及补偿金,可以认定平台作出了更有利于消费者的承诺,为自己附加了一个合同义务即"协调出票,要求卖家承担差价并额外赔付"。审理过程中,双方当事人达成和解。

裁判要旨

1. 关于平台主张的买家和商家之间的网购合同是否存在可撤销情形。撤销权是形成权,形成权的行使必须经过权利人的明确起诉,才能由人民法院作出相应的形成判决。意思自治是民法的核心原则,对自己的行为负责本系意思自治的题中之义,因此,如表意人的错误由其自身原因造成,在其并未就撤销权提起诉讼的情况下,人民法院无权主动撤销合同,理应由其自行承担错误标价所带来的后果。

2. 平台作出更有利于消费者的承诺的司法认定。本案中,平台在针对商家的《机票服务保障标准》中,对通过平台销售的商家有"出票保障"的约定和表述,可以认定平台作出了更有利于消费者的承诺。在没有出票保障的情形下,网络交易平台只是为买家和商家的交易提供线上的交易场所和便捷的支付方式,但在出票保障的情形下,平台明确表示如商家未保障出票,平台协调出票,要求商家承担差价及补偿金,则为自己附加了一个合同义务即"协调出票,要求商家承担差价并额外赔付"。

讨论:1. 网络平台在平台交易中的法律地位如何?
　　　　2. 可撤销合同中的撤销权的行权特征有哪些?

3.1　电子合同的概述

3.1.1　电子合同的概念

1)合同的概念

关于合同的概念,大陆法与英美法一直存在着不同的理解。大陆法认为,合同是一种

"协议"(或合意),即采取协议说来解释合同的概念。在罗马法中,契约法被定义为"得到法律承认的债的协议"。这一概念基本上为大陆法系各国所接受。《法国民法典》第 1101 条规定:"契约为一人或数人对另一人或数人承担给付某物、做或不做某事的义务的合意。"《意大利民法典》第 1321 条规定:"契约是双方或多方当事人关于他们之间财产法律关系的设立,变更或者消灭的合意。"《德国民法典》第 305 条规定:"以法律行为发生债的关系或改变债的关系的内容的,除法律另有规定外,必须有当事人双方的协议。"《瑞士债法典》第一条规定:"当缔约人相互以吻合的方式表示了他们的意思时,合同成立。"可见,在大陆法中,协议或合意构成了合同的本质,合同法重保护当事人之间的协议或合意。

英美法传统理论认为,合同是一种"允诺",即采取允诺解释合同的概念。在英美法中,一个通行的定义是:合同是能够直接或间接地由法律强制执行的允诺。这一定义将重心放在合同当事人双方的守信义务上。但是,为了防止将合同片面理解为单方行为,后颁布的美国《统一商法典》规定:"合同是指当事人依本法及其他法律规则达成的合意所产生的全部合法债务。"由此可见,英美法也采纳了大陆法对合同概念的理解,这反映了两大法系相互融合的发展趋势。

在我国民法理论中,由于对大陆法系中不同流派学说的偏好,也就存在两种代表性的表述:一是认为,合同是指当事人之间设定、变更、终止债权债务关系的合意。对此可以称为"合意说",二是认为,合同是当事人之间产生、变更、终止民事权利义务关系的意思表示一致的法律行为,对此,可以称为"法律行为说"。这两种合同概念的差别在于:合意说的侧重点在于表明当事人的内心意思一致,而法律行为说的侧重点在于表明合同的外在表示行为一致。

《中华人民共和国民法通则》第 85 条规定:"合同是当事人之间设立、变更、终止民事关系的协议。"《中华人民共和国合同法》第 2 条则更明确地规定:"本法所称合同是平等主体的自然人、法人、其他组织之间设立、变更、终止民事权利义务关系的协议"。《中华人民共和国民法典》第 464 条规定:"合同是民事主体之间设立、变更、终止民事法律关系的协议。"因此,合同的概念包含以下几层含义:

第一,合同是一种协议。协议是两个以上当事人对于某种过去或将来的事实或行为,在有关权利和义务的理解和认识上相一致。合同就是当事人之间为实现一定的目的而协商的结果。

第二,合同是平等民事主体之间的协议。任何个人或机构之间都可能通过协商而取得认识上的一致,但只有平等民事主体之间的协议,才被称为民法上的合同。根据《合同法》的规定,平等主体包括自然人、法人以及其他组织。

第三,合同是设立、变更、终止民事权利义务关系的协议。一个协议的内容可能多种多样,只有以设立、变更、终止民事权利义务为内容的协议,才是民法上的合同。

2)电子合同

1996 年 6 月 14 日,联合国国际贸易法委员会第二十九届年会通过了《电子商务示范法》。《电子商务示范法》第 2 条 a 项规定:"'数据电文'系指经由电子手段、光学手段或类似手段生成、储存或传递的信息。数据电文包括但不限于电子数据交换、电子邮件、电报或传真所传递的信息。"第6条第(1)款规定:"如果法律要求信息须采用书面形式,则假若一项数据电文所含信息能够调取以备日后查用,即满足了该项要求。"该法虽未对电子合同有明确的定义,但从这两条规定来看,示范法允许交易双方通过电子手段传递信息、签订买卖合同和进行货物所有权的转让。这样,以往不具法律效力的数据电文将和书面文件一样得到法律的承认。该法律的通过和采纳将为实现国际贸易的"无纸操作"提供法律保障。

美国统一州法委员会于1999年7月制定的《统一电子交易法》(UETC)对合同和电子方式定义为:"合同"系指当事人根据本法案和其他适用法订立的能够产生法律义务的所有协议。"电子方式"系指采用电学、数字、磁、无线、光学、电磁或相关手段的技术。2000年8月修正的《统一计算机信息交易法》(UCITA)第二条(a)款(17)项和(26)项采用了与《统一电子交易法》相同的定义。这两部法案与联合国《电子商务示范法》的定义方式是类似的,即不明文规定电子合同的定义,而是强调了"电子"的内涵,凡符合以"电子"形式订立的合同即属电子合同。

1999年我国《合同法》也引入了数据电文形式,从而在法律上确认了合同可以采用电子手段缔结。这部法律能在合同形式上大胆吸收数据电文,并将之视为文本合同,可以说是世界上第一部采纳电子合同形式的正式的合同法。《民法典》继承了《合同法》的此项成果。

传统的合同形式主要有两种,口头形式和书面形式。口头形式是指当事人采用口头或电话等直接表达的方式达成的协议。而书面形式是指当事人采用在纸面上书写文字的方式来表达协议的内容。

我国目前对电子合同尚未做出明确的法律定义,但结合国际通行观念,可将其概念理解为:从广义上讲,电子合同是指所有通过电子技术手段如电报、电传、传真、电子数据交换(Electronic Data Interchange,EDI)、电子邮件(E-mail)等缔结的合同。从狭义上讲,电子(商务)合同则是指在网络空间通过电子方式缔结的合同。

实际上,对电子合同概念应作广义与狭义两种理解。广义的电子合同是指当事人利用电子手段、光学手段或其他类似手段订立的合同。在当前具体表现为当事人利用网络,采用电子数据交换、电子邮件等方式订立的合同。狭义的电子合同就是指以电子数据交换方式(Electronic Data Interchange, EDI)订立的合同。这主要是因为EDI已经广泛应用于商业实践,其传递的是标准化信息,且有固定的程序,已经形成了一整套规则和运行体系。目前,国际上的电子商务示范法及各国电子商务方面的法律规定,主要是调整依据EDI系统缔约所涉及的法律问题。所以,从狭义角度理解电子合同,是指依据EDI订立的合同。但是随着电子商务的发展,当事人之间并不完全采用EDI订立合同。原来广泛应用于个人之间的文件通信方式——电子邮件,现在已经用来传递商务信息和订立合同。此种方式不仅简便,而且费用低廉,所以电子合同的适用范围也相应扩大了。此外,利用互联网发布各种商业信息并订立合同逐渐成为电子合同成立的方式。因此,从狭义上理解电子合同显然是不妥当的。

电子合同是随着计算机和互联网技术的发展和应用而产生的一种全新的合同形式,虽就其意义和作用本身来看,并未超出传统民商事合同的范围,但由于其借助了特殊的媒介和技术手段,因而导致其在很多方面都不同于传统的民商事合同,并进而对传统的合同法律制度产生了强烈的冲击和影响。

3.1.2 电子合同的特征

电子合同作为一种崭新的合同形式,它与传统合同所包含的信息大体相同,即同样是对签订合同各方当事人的权利和义务作出约定的文件,其成立同样要具备要约和承诺两个要件。在订立电子合同的过程中,合同的意义和作用并没有发生改变,但其签订过程和载体已不同于传统的书面合同,其形式也发生了很大的变化。通过将电子合同与传统合同进行比较,我们可以清楚地看到它的特征。具体如下。

1）电子合同的交易主体具有虚拟性和广泛性

电子合同是采用数据电文(Deta Message)的形式签订的合同。联合国贸法会所制定的《电子商务示范法》赋予了数据电文以书面功能,而我国《民法典》在第469条亦将数据电文、电子邮件等列为合同的书面形式。订立合同的双方或多方在网络上各自以数字的面貌运行,无须相互谋面,并以网络中的域名作为交易对象或媒介进行民事活动。这些电子合同的缔约人就是虚拟化了的自然人、法人和其他组织,而且作为网络上供应商的一方可以同时与大量客户缔结电子合同,交易对象范围很广。

2）合同的订立过程均是通过计算机互联网进行

电子合同是利用网络和计算机设备发布各种信息,也即电子合同都储存在电脑中,并通过网络传输信息流,同时格式合同占有很大的比例,这在一定程度上威胁到合同当事人平等和自愿地订立合同的原则。

3）电子合同生效的时间和地点与传统合同有所不同

传统合同一般以当事人签字或者盖章的方式表示合同生效,而在电子合同中,表示合同生效的传统的签字盖章方式被电子签名所代替。合同成立的时间和地点对于确定当事人的权利与义务以及合同应适用的法律具有重要的意义,但各国合同法对承诺生效的时间并不一致。一般认为,电子合同采取到达生效的原则更为合理,联合国《电子商务示范法》亦采取此种做法。传统合同的生效地点一般为合同成立的地点,而采用数据电文等形式所订立的合同,一般以收件人的主营业地为合同成立的地点;没有主营业地的,其经常居住地为合同成立的地点。

4）电子合同订立成本低廉,费用较少

因为电子合同的订立是利用网络,而目前的互联网提供了广泛的客户市场和交易空间,尤其是电子商务不受时空限制,交易速度快,商户与客户处理交易的手续简单。因此采用电子合同这种方式,运营成本低廉,交易费用也得到降低。

5）电子合同的交易安全问题突出

传统的书面合同一般以是纸质等有形材料作为载体,而电子合同的信息记录用磁性介质保存,易修改且不留痕迹。电子合同的保存和复制也十分方便,并且复制件可以与原件完全一致,以至于没有区分的必要,也无法加以区分。在电子商务中,双方整个交易过程可能自始至终不见面,因此双方的身份很难加以确认;其次,网络基础设施不完善,信息在网络间传递过程中,有可能因网络自身特性而出现失误。同时,"电脑病毒""网络黑客"的存在,会导致电脑内存的数据丢失和程序出现混乱,这都将对网络交易构成严重威胁,使其作为证据具有一定的局限性。

3.1.3　电子合同法律关系

1)电子合同法律关系的概念

电子合同法律关系是指由民事法律规范确认的以电子手段签订的具有合同权利和合同义务为内容的社会关系。电子合同法律关系的要素是指构成一个电子合同法律关系必不可少的基本因素。由于电子合同法律关系是人与人之间为了实现一定的物质和精神利益而发生的具有合同权利义务内容的社会关系,因此,任何一个电子合同法律关系的构成,都必须包括主体、内容、客体这三个不可缺少的基本要素。其中,电子合同法律关系中的双方当事人,是该电子合同法律关系的主体。电子合同法律关系中包含的合同权利与合同义务,是该电子合同法律关系的内容。电子合同法律关系中涉及的物质和精神利益,是该电子合同法律关系的客体。

2)电子合同法律关系的主体

电子合同法律关系的主体是指在电子合同法律关系中享受权利、承担义务的人。电子合同法律关系既然是一种人与人之间的社会关系,其关系的发生必须有作为该法律关系主体的至少双方当事人参加。比如,电子合同法律关系的发生,必须有买方和卖方当事人参加。由于电子合同是合同的一种特殊形式,因此,电子合同法律关系的主体,虽然同样包括公民(自然人)、法人或其他组织,但是他们必须借助网络定义自己的身份,表达自己的意思,从而达到缔结合同的目的。

电子合同法律关系的主体作为合同权利和义务的享有者与承担者,直接影响到合同的效力与履行。任何法律关系中,对当事人身份的认定,都是非常重要的,而电子合同法律关系主体的身份认证则显得尤为重要。由于电子合同是在虚拟世界中进行的,合同双方当事人缺乏面对面的洽谈,也就是说合同双方当事人对对方的年龄、精神状态等与行为能力密切相关的因素无从知晓,当通过电子交易方式订立合同时,在大多数的情况下,数字信息上显示出的发信人,与实际制作并发出信息者是否同一,并无法按传统书面交易方式以对照印鉴或署名来确认,取而代之的是电子签名与电子认证。

虽然电子签名和电子认证都是电子商务安全的保障机制,但二者的手段与目的却有所不同。电子签名是对电子合同当事人的确认,也是其对合同内容无法抵赖的认可,是一种技术手段上的保障。法律规范对之所作的调整,主要表现为对电子签名技术能否起到签名基本功能的判断和认定,进而确认其法律效力,其相当于传统合同中的签字盖章对合同的确认,具有较强的客观性。而电子认证则是对电子商务的一种组织上的保障,它不仅需要一定的标准,还需要有一定的社会组织机构与之配套,认证机构的设置、职责、管理均是电子认证法律制度规范的重点。从目的上看,电子签名着重保护数据电信的安全,不使其被仿冒、篡改或被否认;而电子认证则主要确认交易者的身份,使数据电信的发、收相一致。

在合同一般生效要件中,通常要求当事人应当具有完全的民事行为能力,如我国的《民法典》第143条规定"民事法律行为的行为人具有相应的民事行为能力"。当事人订立合同,应当具有相应的民事权利能力和民事行为能力。当事人在缔约时须有相应的缔约能力,对自然人而言,一般是与其民事行为能力相适应。完全民事行为能力人除法律有特别限制外,具有完全的缔约能力;限制民事行为能力的人只能进行与其年龄、智力状况相适应的民事活动,其他民事活动由他的法定代理人代理或征得其法定代理人的同意,也即,限制民事行为能力人的缔约能力受到一定限制。无民事行为能力人只有在纯获利的场合下才具有缔约能力,其他民事活动也由其法定代理人代理。对法人而言,其缔约能力与其民事行为能力是一致的。在传统的纸面交易中,我们可以通过查验身份证、营业执照等方式判断对方当事人是否具有相应的缔约能力,然而在电子交易中,当事人一方如何能得知对方具有相应的行为能力呢? 这确实存在判断上的困难。我们认为,由于电子商务领域是一个全新的领域,虚拟化、便捷性是其重要特征,但高效便捷的电子商务需要安全来维护。如上述的电子签名与电子认证,二者都是电子商务安全的保障机制。

在我国应当建立一个由官方管理的因特网认证机构,在用户进入电子商务市场时,由认证机构按网上交易的要求核实该用户的真实身份,即签发一份"电子证书",其中包括身份证明,网上交易种类、支付能力证明等,以此说明它作为电子商务主体的合法性。对于法人,我们可以通过电子证书来判定其有无缔约能力,而对于自然人,对其缔约能力的判断比较困难,因为在网络交易中,很难辨明交易对象真正的性别、年龄、身份。尤其在当前的信息时代,许多十岁左右的孩子便成为网络高手,甚至可以破译密码,攻击他人网站,对其所从事的网上购物或者是冒用第三人名义发送的信息行为如何认定,对此应参考日本法规的规定来处理。日本法认为,使用电信者有此情况时,若欲将无行为能力人或限制行为能力人视为有行为能力人,仍须其限制:①须利用者为多数;②须有一符合合同的制度;③利用人负担轻且具有利用上利益;④利用关系具有暂时性。

3)电子合同法律关系的内容

电子合同法律关系的内容,是指电子合同法律关系的主体所享有的权利和所承担的义务。由于电子合同的种类不同,故电子合同法律关系的内容也各异。在此重点阐述电子信息许可使用合同双方的权利与义务。

(1)经营者的权利与义务

①权利。

电子信息许可使用合同涉及两方当事人即经营者和终端用户。UCITA第613条规定,"经营者,指直接或间接地从许可方处收取信息以销售或许可给终端用户的商业被许可方。"经营者就是合同的提供方。其权利主要表现如下。

第一,有限的电子监控权。所谓电子监控权是指经营者对许可使用的有关信息进行监督控制的权利。但这项权利必须是有限的,不得侵害被许可方的个人隐私权等私人权利。

第二,有限的电子自助权。电子自助权,是在被许可方违约而使电子合同被取消后,法律赋予许可方利用电子的方式进行自我救济的权利。它不适用于依据合同本身条款的规定而到期或其他没有违约的情况。这项权利一直具有极大的争议,因为它严重威胁到消费者的利益,直到现在美国统一州法委员会还对电子自助进行不断的修订,作出更严格的限制措施。

第三,对协议的修改权和终止权。经营者是格式合同的提供者,享有格式合同的制定权,修改权事实上是制定权的进一步延伸,因而经营者应当享有对协议的修改权和终止权。尽管经营者有修改权和终止权,但是这种权利的行使应受到程序的限制,不应当为所欲为,如应在合理的期间前通知用户。

第四,对游戏规则的制定权。除了对许可使用合同享有制定权,信息系统中还设有各种社区和其他平台(如拍卖平台),经营者有权对拍卖制定规则。

第五,对协议法院的选择权等。

②义务。

经营者的主要义务如下。

第一,提供安全的信息运行平台。这应是经营者最主要的义务,因为电子信息许可合同的本质就是给被许可方提供安全的信息使用系统。

第二,对客户的注册资料和交易信息负有保密的义务。这是尊重个人隐私权的要求,开放的网络时代,更需要人文关怀,尊重隐私权是人文关怀最基本的要求。

第三,对由于经营者的原因,尤其是故意或重大的疏忽而导致的用户直接和间接的损失负有限赔偿责任。经营者在提供格式合同时总是尽可能地免除自己的责任,这对被许可方是极其不公平的。因而从法律最基本的原则来讲,经营者应对此负责。

第四,做对用户利益有重大影响的改变时负有提前告知的义务。经营者享有制定、修改、终止协议和游戏规则的权利,这是无疑的。但是,总不应该为所欲为,否则,被许可方的权利会置于极其危险的境地。因而至少经营者在作出改变前应负有通知的义务,给许可方一个合理的准备期间。

(2)终端用户的权利与义务

①权利。

"终端用户,指以有形介质的形式从经营者处取得信息的拷贝,并供其自己使用,而不是供销售、许可、传输给第三方或有偿公开展示或演示之用的被许可方。"终端用户的主要权利应包括以下内容。

第一,系统使用权和获取适当信息的权利。这是用户最基本权利,也是其他权利最基本的保障。

第二,修改个人资料、密码、账号和保护个人信息不受侵犯的权利。这些既是个人隐私的一部分,也是进行电子交易所必需的最基本的安全的需要。

第三,对不合格产品的退还的权利。对于不合格产品用户既有要求修补的权利,同时在合理的期间和次数内没能修好的,用户也应享有退还请求权。

第四,对经营者不适当的电子监控和电子自助及故意或重大疏忽导致的直接和间接损失的有限求偿权。这一项权利是对经营者和出版商电子监控权和电子自助权的有力制约,让他们慎重使用这一具有巨大潜在危害性的权利。美国统一州法委员会最近在修改 UCITA

时，对这一权利又作出了严格的限制，同时也赋予了用户对不当使用这一权利所造成的损失的赔偿请求权。

②义务。

终端用户的主要义务应包括以下内容。

第一，按照协议约定遵守网络规则的义务。

第二，不得在未经许可的情况下，擅自对所使用系统再次转让许可、拷贝或转交所使用系统的全部或部分。几乎所有的经营者为保护自己的利益在协议中都约定这一条款，这是理所当然的，也是经营者的正当权益，是用户依靠高度自觉性所遵守的义务。

第三，不得对所使用系统进行逆向工程、反汇编或解体拆卸。

第四，不得将信息使用权用于非法用途。如传播黄色、淫秽的内容，利用网络进行诈骗等。

4）电子合同法律关系的客体

电子合同法律关系的客体是指电子合同法律关系的主体享有的权利和承担义务所共同指向的对象。电子合同的客体包括三大类：有形商品、数字化商品或信息商品、在线服务。有形商品：从理论上来说，现实世界中的所有货物都可以通过网络进行交易，几乎不存在任何障碍。如网上书店可以像现实世界中的书店一样售书，网上超市可以将所有的日用消费品陈列于网上供消费者选购。即使是不动产，如房屋，也可以在网上缔结合同，在网下履行必要的手续。因此，凡是可以转让的商品均可以通过网络缔结买卖合同进行交易。不过，有形商品的买卖还得依赖传统的手段完成配送或交付。

数字化商品或信息产品：数字化商品是以0或1构成的二进制数字形成存在的无形商品，这种无形商品的使用是以电子许可合同的方式进行的，在法律性质上为著作权、专利权、商标权等的许可使用。消费者在经许可后，可通过网络直接下载信息化商品或信息，如电子书刊、影音资料、电脑软件、游戏等，不再需要邮寄或专人配送。

在线服务是通过网络向消费者提供某种信息或其他服务，如房屋租赁信息、法律咨询、财经咨询、健康咨询、远程教育等。

3.2　电子合同的订立

3.2.1　电子合同的书面形式

订立电子合同，首先在法律上遇到的是形式上的效力问题，即电子合同是否为书面形式，它是否具有纸张文书所具有的证据功能和文书功能等。如果不承认其为书面形式，而事实上它又不是口头形式，则电子合同作为一类特殊合同的存在将没有意义。

1）书面形式的普遍含义

《现代汉语词典》对书面的定义是："以文字表达的（区别于'口头'）。"词典从人类书写行为所隐含的内容推论出了文字的表达形式。从用法来讲，"书面"是个修饰词，很少单独使用,常用的搭配有:书面材料、书面通知、书面语言等。可见,书面是以固体物质为介质,作用于人的视觉器官的;而口头则是以声波为介质,作用于人的听觉器官的。这便是书面与口头二者在客观方面的区别。

人类曾在金属上铸字,竹简上刻字,随着书写手段和材料科学的发展,书写文字的物质载体也会越来越多样化。在现代社会,纸张成为最常见的书写材料,因而,书面可指作为书写文字载体的纸张。当人们提到书面时,往往是指书写于纸面。从书面中所表现的文字与纸张的关系看,该词是造纸业发达时期的产物。

2)法律对合同订立书面形式的要求

合同的订立方式符合法律的规定是一个合同在法律上有效的必要条件,这在大陆法系和英美法系的法律中都有相应的规定。

(1)英美法系关于书面形式的要求

英美契约法理论,将契约分为两大类,即签字蜡封契约(Contract Under Seal)和简式契约(Simple Contract)。对于前者,法律要求其订立必须遵守特定的形式,主要是必须以书面形式订立,当事人签名、加盖印戳并将文书交给对方当事人。这类合同即使没有对待给付也有效。英美法中有 3 种契约必须以蜡封契约完成,否则无效。这 3 种契约是:①转让船舶的契约;②转让地产或地产权益的契约,包括租赁房屋超过 3 年的契约;③抵押契约。不过目前这种契约已大大减少,国际贸易中的契约也多非此类。

商事交易中的契约多为简式契约。英美法对简式契约一般不要求用特定的形式,即依据当事人的意愿而定。但是对于特定的简式合同,法律有书面形式的要求。这种有书面形式要求的简式契约,按其法律意义的不同,又可分为两大类:一类是以书面形式作为合同有效成立的要件,如保险契约、债务承认、消费者信贷契约等,此类契约必须以书面形式订立,否则无效或不能被强制执行;另一类则是以书面作为契约证据,如为他人承担债务、有关土地买卖或处分土地权益的契约等。此类契约如未采用书面形式并不意味着合同无效,而只是不能以口头证据来证明合同的存在及其内容,因而不能强制执行。这主要源于英国历史上形成的"防欺诈法"。其基本原理是,为了防止欺诈,对一部分契约必须用书面形式订立,并由承担义务一方签名,方可构成证据,进而方能请求法院强制执行。除非当事人自愿执行。美国法律不像英国法律那样将书面契约与书面证据分开来,而主要强调有书面证据的规定。

(2)大陆法系关于书面形式的要求

大陆法系国家一般以法国和德国为代表。这两个国家的法律对合同订立书面要求规定不尽相同。

德国在合同形式上,一般以不要式为原则。根据《德国民法典》之规定,必须以书面形式为有效要件的合同,仅仅是一种例外,只限于赠与合同、保证合同、土地买卖、遗产买卖等少数几种,至于其他大多数合同,都可依当事人的意愿而为之。

在书面形式问题上,德国视之为合同有效的基本要件,而法国强调其作为合同存在及其内容的证据价值。法国以书面形式为有效要件的合同,仅限于赠与、夫妻财产、协议抵押等少数几种。但关于证据意义上的书面形式要求,在法国则适用广泛。

（3）我国法律关于书面形式的要求

我国《民法通则》第56条规定："民事法律行为可以采用书面形式，口头形式或其他形式。法律规定用于特定形式的，应当依照法律规定。"

我国《合同法》第10条规定："当事人订立合同，有书面形式、口头形式和其他形式。法律、行政法规规定采用书面形式的，应当采用书面形式。当事人约定采用书面形式的，应当采用书面形式。"第11条规定："书面形式是指合同书、信件和数据电文（包括电报、电传、传真、电子数据交换和电子邮件）等可以有形地表现所载内容的形式。"虽然作此规定，但并未从根本上改变以书面形式进行重大交易行为的规范体系。尽管如此，其明显的进步性是不能否认的。我国《民法典》第469条基本继承了《合同法》的规定，其第469条确认："当事人订立合同，可以采用书面形式、口头形式或者其他形式。书面形式是合同书、信件、电报、电传、传真等可以有形地表现所载内容的形式。以电子数据交换、电子邮件等方式能够有形地表现所载内容，并可以随时调取查用的数据电文，视为书面形式"。

我国《电子签名法》第4条规定："能够有形地表现所载内容，并可以随时调取查用的数据电文，视为符合法律、法规要求的书面形式。"

3）电子合同对传统的书面形式提出的挑战

订立电子合同，实际上是在计算机中传送电子媒介上的信息，这些信息可以通过纸张打印出来，但毕竟不同于纸张文书。美国学者对存在于电子媒介上的信息是否可以理解为书面形式存在着两种不同的观点。其一，否定说。该观点认为，《美国统一商法典》规定，书面是指印刷、打字或手写等将当事人的意思表达于有形（Tangble Form）的媒介。因此，在计算机中储存的电子信息，不管是在软盘上还是硬盘上储存的，如果没有机器设备的辅助，便无法为人们所阅读，在将其打印为纸张形式之前并不具有有形性，所以不属于《美国统一商法典》规定的书面形式。其二，肯定说。此种观点认为，任何当事人无论借助何种手段来表达其订立合同的意思，只要这种意思能为对方所了解，双方达成合意，便可以形成合同。电子合同只是在显示器上短期显示，本身不具有书面形式的特点，并不属于《美国统一商法典》规定的书面形式，但在将该电子信息存入具体的存储器中，在必要时可以通过纸张将合同内容打印出来，为人们所了解，则应当属于《美国统一商法典》规定的书面形式。因此，电子媒介中所储存的信息虽然只能借助机器来阅读，但如果能由机器的辅助转化为人们可以阅读的形式，即属于书面的。

我们认为，电子合同本身并不具备有纸化的特点，电子合同的内容是储存在电脑中的，需要借助于电脑来阅读，至于输出来打印在纸上的信息尽管与储存在电脑中的信息是一致的，但严格来讲，它和电脑中的信息不能完全等同。这种形式并不存在原件，即从电脑中下载的内容并不是真正的原件。

3.2.2 电子合同的法律认可

联合国欧洲经济委员会促进国际贸易程序工作小组从1970年起便开始极力促进电子形式传送贸易资料，替代传统上以纸张为基础的贸易文件。该小组曾于1979年建议各国政府于必要的范围内对相关的法律给予适当修正。联合国国际贸易法委员会国际支付工作组

（EDI 工作组）在专门研究了 EDI 能否成为书面形式的基础上,于 1992 年提交一份研究报告提出:应当设法使 EDI 电子合同被视为书面形式。该报告提出两条解决途径:一是对书面形式作扩大解释,使书面形式能够包容 EDI 在内。该报告认为书面形式的概念在各国法律中本身是值得争议的问题,其内涵是可以扩大的。采纳此种办法既不必取消对书面形式的要求,又适应了新技术的发展。二是由当事人协商确定 EDI 的书面形式效力。即由当事人在电子合同中特别约定 EDI 本身为书面形式,或者由当事人共同放弃其所依据的法律规定,确认 EDI 的合法性。

许多国家和地区的合同立法以及国际公约和示范法,并没有采纳允许当事人特别约定书面形式的方式,而是扩大了书面形式的概念。如《联合国国际货物买卖合同公约》第 20 条已作了这种尝试,承认以电话、电传或其他快速通信方式进行的要约。所谓"其他快速通信方法"显然应当包括 EDI 在内。罗马统一私法研究会草拟的《国际商事合同通则》第 1 条（10 款）则将书面形式定义为:保持其中所载信息记录并能以有形形式复制的任何通信方式。1985 年,联合国国际贸易法委员会所采纳的《国际商务仲裁模范法》第 7 条第 2 款规定,仲裁契约若包含于经双方当事人签署之文件或经过当事人交换之信件、电报、电传或者其他足以提供契约存在记录之电传通信方式时,均符合书面的要件。1996 年联合国国际贸易法委员会通过的《电子商务示范法》第 6 条规定:如法律要求信息必须采用书面形式,则若一项数据电文所含信息可以调取以备日后查用,即满足了该项要求。无论该要求是否采取一项义务的形式,或者无论法律是否规定了信息不采用书面形式的后果,该规则均将适用。我国香港立法会于 2000 年 1 月 7 日通过的《电子交易条例》（Electronic Transactions Ordinance）规定:"除某些情形外,如果一项电子记录是可读的、可再现的和可事后检索的,就符合任何法律规定的书面要求。""在任何诉讼程序中,不得仅仅以电子记录为理由,拒绝采用电子记录作为证据。"

我国《民法典》第 469 条第二款和第三款规定:"书面形式是合同书、信件、电报、电传、传真等可以有形地表现所载内容的形式。以电子数据交换、电子邮件等方式能够有形地表现所载内容,并可以随时调取查用的数据电文,视为书面形式。"这一规定,正是借鉴国际上合同立法经验的结果,将电子合同纳入书面形式范畴,符合世界各国商业发展与立法的趋势,也是和国际电子商务的立法与实务相衔接的。

我国《电子签名法》第 4 条规定:"能够有形地表现所载内容,并可以随时调取查用的数据电文,视为符合法律、法规要求的书面形式。"同时第 7 条规定:"数据电文不得仅因为其是以电子、光学、磁或者类似手段生成、发送、接收或者储存的而被拒绝作为证据使用。"

根据《电子商务示范法》第 6 条之规定,为了使数据电文信息,达到"书面"保存或提交的法律要求,该条界定了电子商务环境中"书面"的基本标准:即"可以调取以备日后查用"。这就是说数据电文要能够成为书面的形式,仅仅只是可以有形地表现所载内容是不够的,还必须可以调取以备日后查用。而我国《民法典》第 469 条仅仅只是在列举了书面形式的各种形态以后,概括地规定这些形态只要是"可以有形地表现所载内容的形式",都可以成为书面形式,而并没有强调这些形式所载的内容是否"可以调取以备日后查用",缺少此特点,也就不能真正达到法律承认其作为书面形式的目的。

3.2.3　电子合同订立的程序

电子合同是合同的一种特殊形式,因此,电子合同的订立仍然遵循合同订立的基本程序——要约和承诺。

1)要约

我国《民法典》第 472 条规定:"要约是希望和他人订立合同的意思表示。"可见,要约是指订约人一方以订立合同为目的,向对方所作出的意思表示。在要约关系中,发出要约的人称为要约人;接受要约的人称为受要约人。要约是一种意思表示,应当具有一定条件才能成立,始能发生法律效力。关于要约的成立条件,理论上存在不同的观点。

根据《国际商事合同通则》第 2.2 条的规定建议:订立一项合同构成要约须具备两个条件:一是内容十分确定,二是表明要约人在得到承诺时也受其约束的意旨。我国《民法典》第472 条也规定,作为要约的意思表示应当符合下列条件:①内容具体确定;②表明经受要约人承诺,即要约人受该意思表示的约束。根据这一规定,我们认为,要约的条件包括以下几项。

(1)要约必须是以订立合同为目的的意思表示

要约人发出要约的目的在于订立合同。所以,只有以订立合同为目的的意思表示,才能构成要约。如果一方向他方发出提议,但该提议并不欲发生订立合同的法律后果,则该提议就不是要约。我国《民法典》将要约必须表明经受要约人承诺,即要约人受拘束的意旨作为要约的一个成立条件,实际上只是表明了要约人必须要拥有订立合同的目的。

(2)要约必须是特定人的意思表示

要约的目的在于订立合同,而合同的订立必须有双方当事人参加。所以,尽管要约人可以是未来合同的任何一方当事人,但要约人必须是特定的,即必须在客观上是可以确定的。只有这样,受要约人才能对其承诺而成立合同。如果要约人不特定,则受要约人就无法对要约做出承诺,合同也就无法订立。要约人的特定有两种表现形式:一是通过表明要约人的身份而确定。如说明公民的姓名、住址、身份证明等,或者向他人说明法人的情况等;二是通过无须要约人表明身份的订约行为而确定,只要通过欲购买或出售物品的订约行为,就可以使要约人特定。

(3)要约必须是向受要约人发出的意思表示

要约人订立合同的目的,只有通过受要约人对要约表示承诺才能实现。因此,要约人只有向受要约人发出时,才能成立。要约人向谁发出要约,也就是希望与谁订立合同。只有受要约人为特定的人,才能说明要约人选择了将来与之订立合同的相对人。如果受要约人不特定,则要约人就无法确定真正的相对人,合同也就不能订立。但是,在某些特殊情况下,受要约人也可以是不特定的人。不特定的人能否成为受要约人,应当根据法律的规定或者交易习惯加以确定。

(4)要约的内容具体确定

要约的内容具体确定包括两个方面的内容:要约的内容必须具体,即要约必须包括能够决定合同成立的主要内容。由于要约具有一经受要约人的承诺,合同即告成立的效力。而合同的成立,必须具备得以履行的主要内容,也即通常所称的主要条款。因此,要约内容必须具体,包括能够决定合同成立的主要内容。如果要约不能包括合同的主要条款,那么,受要约人就无法承诺,即使其作了"承诺",也会因合同不具备主要条款而不能成立。二是要约的内容必须确定,即要约所包括的合同的主要条款必须是明确的。否则,受要约人也无法对之做出承诺。一般地说,要约的确定性除可以根据合同的主要条款确定外,还可以根据当事人之间业已建立的习惯做法或惯例加以确定。

要约的法律效力是要约生效后所发生的法律后果。要约自何时起生效,理论上有两种不同的观点:一是发信主义,二是受信主义,又称到达主义。大陆法系国家如:德国、日本、瑞士等采纳受信主义。《国际商事合同通则》也采用到达主义,规定要约于送达受要约人时生效(第2.3条第(1)项)。

我国《民法典》第 137 条规定:"以对话方式作出的意思表示,相对人知道其内容时生效。以非对话方式作出的意思表示,到达相对人时生效。以非对话方式作出的采用数据电文形式的意思表示,相对人指定特定系统接收数据电文的,该数据电文进入该特定系统时生效;未指定特定系统的,相对人知道或者应当知道该数据电文进入其系统时生效。当事人对采用数据电文形式的意思表示的生效时间另有约定的,按照其约定"。

要约对于要约人和受要约人均具有拘束力。要约对要约人的拘束力表现为要约人不得随意撤销或变更要约;要约对受要约人的拘束力表现为要约生效后,受要约人取得承诺的资格。

在要约的撤回和撤销方面,联合国《电子商务示范法》没有涉及,而我国《民法典》却规定得相当清楚。我国《民法典》第 475 条规定"要约可以撤回。要约的撤回适用本法第一百四十一条的规定",即"撤回意思表示的通知应当在意思表示到达相对人前或者与意思表示同时到达相对人"。第 476 条规定:"要约可以撤销。有下列情形之一的,要约不得撤销:①要约人确定了承诺期限或者以其他形式明示要约不可撤销;②受要约人有理由认为要约是不可撤销的,并已经为履行合同作了准备工作。"第 477 条规定:"撤销要约的意思表示以对话方式作出的,该意思表示的内容应当在受要约人作出承诺之前为受要约人所知道;撤销要约的意思表示以非对话方式作出的,应当在受要约人作出承诺之前到达受要约人。"

在一般情况下,要约人可在到达受要约人之前撤回其要约。但是,要约人采用快速通信的方法发送信息,就很难撤回了。同样,在线交易中,要约能否撤销则取决于交易具体方式。如果是通过电子邮件方式订立合同,在一般情形下,要约是可以撤销的。因为要约人通过以电子邮件方式发出要约后,受要约人并不一定立即承诺,因而在发出要约与最终做出承诺之间可能会有一定间隔,在此间隔期间内,要约人可以撤销要约。

关于要约的消灭。要约的消灭,是指要约丧失其法律效力,要约人和受要约人均不再受其约束。根据我国《民法典》第 478 条之规定,有下列情形之一的,要约失效。

①拒绝要约的通知到达要约人;

②要约人依法撤销要约;

③承诺期限届满,受要约人未作出承诺;

④受要约人对要约的内容做出实质性变更。

2）承诺

《民法典》第 479 条规定："承诺是受要约人同意要约的意思表示。"可见，承诺是指受要约人向要约人作出的同意按要约的内容订立合同的意思表示。承诺是订立合同的最后一个阶段。承诺必须具备一定条件，才能产生法律效力。关于承诺，必须具备下列条件。

（1）承诺必须由受要约人向要约人做出

受要约人是由要约人所选定的，是要约人准备订立合同的对方当事人。同时，要约也使受要约人取得了承诺的资格。因此，只有受要约人才有权做出承诺，无论受要约人是特定的人，还是不特定的人。受要约人作出的承诺，可以由其本人进行，也可以授权其代理人进行。

受要约人做出的承诺必须向要约人为之。如果受要约人向要约人以外的其他人做出同意要约的表示，则不是承诺，不产生承诺的效力，而只能视为一种新的要约。

（2）承诺的内容必须与要约的内容相一致

承诺是对要约的同意，非对要约的同意不构成承诺。承诺人对要约表示同意，即意味着受要约人具有与要约人订立合同的意思。但承诺人对要约的同意必须是完全同意，即承诺的内容必须与要约的内容相一致。承诺的内容与要约的内容相一致，英美法称为"镜像原则"，就是要求承诺必须像照镜子一样照出要约的内容。如果受要约人对要约的内容并非完全同意，而是对要约的内容有所变更，如扩张或限制要约的内容，则这种意思表示不构成承诺，而应视为一种新的要约，或称为反要约。

一般认为，承诺的内容与要约的内容相一致，只要求实质内容相一致即可，而对于要约的非实质内容的变更，并不影响承诺的成立。这种处理方法已经被《联合国国际货物买卖合同公约》和《国际商事合同通则》所接受。

我国《民法典》第 488 条规定："承诺的内容应当与要约的内容一致。受要约人对要约的内容做出实质性变更的，为新要约。有关合同标的、数量、质量、价款或者报酬、履行期限、履行地点和方式、违约责任和解决争议方法等的变更，是对要约内容的实质性变更。"第 31 条规定："承诺对要约的内容做出非实质性变更的，除要约人及时表示反对或者要约表明承诺不得对要约的内容做出任何变更的以外，该承诺有效，合同的内容以承诺的内容为准。"

（3）承诺必须在要约的有效期限内做出

要约的有效期限是要约效力的存续期间，也就是承诺的期限。超过了要约的有效期限，要约即失去效力，要约人不再受要约的拘束。因此，承诺必须在要约的有效期限做出，才能产生承诺的效力。受要约人在要约的有效期限届满后所作出的对要约同意的意思表示，不成立承诺，而只是一种新要约。

我国《民法典》第 481 条规定：承诺应当在要约确定的期限内到达要约人；如果要约没有确定承诺期限的，承诺应当依照下列规定到达：①要约以对话方式作出的，应当及时作出承诺，但当事人另有约定的除外；②要约以非对话方式作出的，承诺应当在合理期限内到达。

承诺的法律效力在于，承诺生效后，合同即告成立。我国《民法典》第 483 条明确规定："承诺生效时合同成立。"可见，承诺的生效时间直接决定着合同成立的时间。一般情况下，承诺生效之时就是合同成立之时。关于承诺的生效时间，各国法律存在着不同的规定。

我国《合同法》采取了到达主义。《民法典》第 137 条和第 484 条规定:承诺通知生效时间依意思表示(通知)的方式是对话方式还是其他方式而定。承诺不需要通知的,根据交易习惯或者要约的要求做出承诺的作为生效时间。

关于承诺的撤回问题:我国《民法典》第 141 条规定:承诺可以撤回。撤回承诺的通知应当在承诺通知到达要约人之前或者与承诺通知同时到达要约人。采取电子数据交换、电子邮件等方式作出的承诺能否撤回,电子信息在现实生活中存在迟延到达和中途丢失的可能性,既然如此,以电子数据交换、电子邮件等方式所作出的承诺,就存在撤回的可能性和必要性。

3)要约与要约邀请

要约邀请又称为要约引诱,是合同订立中需要特别注意的一个问题。我国《民法典》第473 条规定:"要约邀请是希望他人向自己发出要约的意思表示。"可见,要约邀请是指一方向对方发出的希望其向自己提出要约的一种提议,即一方邀请对方向自己发出要约。要约与要约邀请是不同的:首先,二者的目的不同。要约的目的在于与受要约人订立合同,其作用在于唤起受要约人的承诺;要约邀请的目的在于唤起别人的注意,其作用在于希望他人发出订立合同的要约。其次,二者的性质不同。要约是一种意思表示,要约发出后即会产生一定的法律拘束力。要约人违反有效的要约,应承担法律责任;要约邀请是行为人订立合同的预备行为,性质上属于事实行为,行为人在法律上无须承担责任。可见,区别要约与邀请要约是有现实意义的。

要约和要约邀请虽然在理论上比较容易区分,但在法律未作明确规定时,一项意思表示是要约还是要约邀请需要根据具体情形认定,尤其是通过因特网订立合同,这里列举两种情形进行具体的分析。

(1)网络广告

在电子商务中,所有的商务信息均以电子化形式发布在网络上。因此,分析网络上各种广告或类似于广告的商品信息属于要约还是要约邀请就具有非常重要的意义。一般认为,分析网络广告性质仍然要遵循合同法的规定。我国《民法典》第 473 条第 1 款规定:"要约邀请是希望他人向自己发出要约的意思表示。寄送的价目表、拍卖广告、招标公告、招股说明书、商业广告等为要约邀请。"第 2 款规定:"商业广告和宣传的内容符合要约规定的,视为要约。"

实际上,我们认为不应笼统地将网络广告都看作要约或者要约邀请对待,在确定网上广告以及发布的商业信息是要约还是要约邀请时,仍然需要采用一般的要约和承诺规则来确定。首先必须要根据当事人的意图来确定。如果广告和商业信息的发布不承担合同责任,或提出该广告和信息仅供参考等,表明发布人并不希望仅依此便与他人订约,而只能视为要约邀请。其次,要考虑信息的内容,确定网上的广告和信息在内容上是否确定,是否包含未来合同的主要条款以及是否表明经受要约人承诺,要约人即受该意思表示约束。广告,这类网上信息与商店里的商品橱窗展示的功能是类似的,其目的是宣传和推销某种商品,一般并没有提出出售该商品的主要条款,而且这种广告发出以后,并不能因任何人接受广告的条件而使合同成立,否则登载该广告者将会收到许多无法预见的"承诺"。

（2）商品标价陈列

在现实生活中，当顾客步入商店，对商店柜台内陈列的商品、货架上放置的标价商品，如果要求购买，商店不得拒绝。因为对于商品标价陈列，大陆法系以及我国合同法均认为是要约。但是在网络主页上陈列的商品，只能视为要约邀请。这是因为它们在网络上表现为图形，从可能性上来说，当有多人同时点击同一商品时，该图形所表示的商品可能会立即售完。如果认定为要约，就意味着商家必须保证该商品无限多或者即可删去该图形，这对商家来说是过于苛刻的，也是不可能的。

3.2.4　电子商务合同订立与履行的合规要点

①电子商务当事人订立和履行合同，适用《电子商务法》第三章和《民法典》合同编，以及《电子签名法》等法律的规定。

②电子商务当事人使用自动信息系统订立或者履行合同的行为对使用该系统的当事人具有法律效力。

③电子商务经营者发布的商品或者服务信息符合要约条件的，用户选择该商品或者服务并提交订单成功，合同成立。当事人另有约定的，从其约定。

④电子商务经营者应当清晰、全面、明确地告知用户订立合同的步骤、注意事项、下载方法等事项，并保证用户能够便利、完整地阅览和下载。

⑤合同标的为交付商品并采用快递物流方式交付的，收货人签收时间为交付时间。

⑥电子商务当事人可以约定采用快递物流方式交付商品。

⑦电子商务当事人可以约定采用电子支付方式支付价款。

⑧电子支付服务提供者提供电子支付服务不符合国家有关支付安全管理要求，造成用户损失的，应当承担赔偿责任。

⑨用户在发出支付指令前，应当核对支付指令所包含的金额、收款人等完整信息。

⑩电子支付服务提供者完成电子支付后，应当及时准确地向用户提供符合约定方式的确认支付的信息。

⑪用户应当妥善保管交易密码、电子签名数据等安全工具。用户发现安全工具遗失、被盗用或者未经授权的支付的，应当及时通知电子支付服务提供者。

3.3　电子合同的效力

3.3.1　电子合同效力的概念与内容

1）电子合同法律效力的概念

电子合同的法律效力是指依法成立的电子合同，即有效电子合同的法律效力。但是因电子合同是当事人之间设定民事权利和民事义务的民事行为，其能否发生法律效力还取决于其是否符合法律规定的条件。电子合同的成立并非立即发生法律效力，因此，已经成立的电子合同也就会产生不同的法律后果：有的在当事人之间产生法律拘束力，有的则不然。要确定电子合同的效力,首先应当确定该电子合同是否能够发生法律效力,然后才能确定该电子合同将发生何种法律后果。对已经成立的电子合同而言,符合法律规定的条件的,为有效的电子合同,即发生电子合同的法律效力,不符合法律规定条件的电子合同,因其欠缺规定的条件,则不能当然地发生合同法律效力。欠缺法律规定的有效要件的电子合同,依其欠缺有效要件的情况不同,又有不同的法律后果:有的自始就不能生效,此为无效合同;有的成立后为有效的,但当事人可以撤销而使之无效,此为可撤销合同。因此,确定合同的法律效力就是要确定某一电子合同属于何种,从而才能确定该电子合同会发生何种特殊的法律后果。基于以上认识,我们认为电子合同的生效不但需要具备一般的生效要件,如主体合格、意思表示真实、不违反法律法规与公众利益等,而且在法律有特别规定或当事人之间有特别约定生效条件的,也应一并满足,方能生效。

2)电子合同法律效力的内容

《民法典》第 465 条规定:"依法成立的合同,受法律保护。"受法律保护,也就意味着当事人依合同设定的权利义务关系受法律保护,这也就是通常所说的对合同双方当事人的拘束力。我国《民法典》第 502 条规定:"依法成立的合同,自成立时生效,但是法律另有规定或者当事人另有约定的除外。"电子合同是合同的一种特殊形式,电子合同法律效力的内容表现为:

(1)在当事人之间产生合同之债

电子合同虽为当事人之间的约定,是当事人自愿作出的意思表示,但因其约定是符合法律规定的,因而,当事人依电子合同约定的权利义务也就成为法律上的权利义务,当事人之间产生合同债权债务。

(2)当事人不得随意变更、解除电子合同

电子合同为法律所确认,遵守合同就是遵守法律,在电子合同成立之后任何一方都须受其一致的意思表示的约束,不得随意变更、解除电子合同。只有在当事人双方协商一致,或出现当事人约定的或法律规定的可变更、解除电子合同的事由时,才可变更、解除电子合同。

(3)当事人须履行电子合同

依法成立合同,受法律保护。这就意味着合同中设定的权利受法律保护。合同债权的实现,依赖于合同债务的履行。因此,合同债的当事人必须履行自己的义务,这是合同效力的必然要求。我国《民法典》第 509 条规定:"当事人应当按照约定全面履行自己的义务。"任何一方违反合同的约定,不履行合同债务或履行债务不符合要求,都应承担相应的民事责任即违约责任。

(4)电子合同是处理当事人纠纷的依据

电子合同既是合同债权债务发生的法律事实,也是处理当事人间纠纷的事实根据。按照合同确定当事人之间的权利义务,按照合同确定当事人的责任,是承认合同法律效力的必然结果,也是"私法自治原则"的主要体现。

3.3.2 电子合同的生效要件

如上所述,已经成立的电子合同,只有具备法律规定的条件才能发生法律效力。这些要件就是合同有效的要件。根据《民法典》第 143 条的规定,电子合同的生效要件包括合同当事人应具有相应的民事行为能力、意思表示真实、不违反法律、行政法规的强制性规定,不违背公序良俗。下面将这些要件分别叙述。

①合同当事人应具有相应的民事行为能力。民事行为能力是民事主体以自己的行为设定民事权利义务的资格,合同作为民事法律行为,只有具备相应的民事行为能力的人才有资格订立,不具有相应民事行为能力的所订立的合同不能生效。

②意思表示真实。订约当事人双方的意思表示一致,合同即可成立,但只有当事人的意思表示是真实的,合同才能有效。那么,什么是意思表示真实?所谓意思表示真实是指行为人表示于外部的意思与其内在意志是一致的。因此,当事人意思表示真实是合同有效的必要要件。在电子合同中,电子意思表示是否真实,同样也是判断电子合同是否有效的一个核心要件。电子意思表示是指利用资讯处理系统或电脑而为的意思表示的情形。对于电子意思表示,一个重要问题是,计算机是否可以真实地"代理"合同当事各方的意愿,即计算机能否取得适当的"人格"。我们认为,对于电子传达的意思表示,我们不难认定其附属特定人的意思表示,因为它只不过是特定人作成意思表示后,再利用电脑经由网络予以表达,电子媒体只不过是一种传达工具而已。因此,计算机的自动处理可以被视为当事人的真实的意思表示。但是,在出现电子错误的情况下,计算机自动处理就不是当事人真实的意思表示,关于此问题在后面的电子错误中加以论述。

③不违反法律、行政法规的强制性规定,不违背公序良俗,是指合同的目的和内容不违反法律、法规的强制性或禁止性规定,不违背公共秩序和善良风俗。否则,该电子合同不能生效。

3.3.3 电子错误、电子代理人与合同效力

1)电子错误与合同效力

所谓错误是指表意人所表示出来的意思与其真实意思不一致。合同的订立以双方意思表示一致为基础,如果当事人对订立合同的标的、当事人的身份等发生误解,那么,这种误解会对合同的效力发生一定的影响。

关于电子错误的概念,美国《统一计算机信息交易法》定义为:"电子错误指如没有提供检测并纠正或避免错误的合理方法,消费者在使用一个信息处理系统时产生的电子信息中的错误。"因此,电子错误即指因计算机信息处理系统不完善而产生的错误。

从以上定义可以看出,电子错误的构成要件有二:①电子信息需经当事人使用或指定的计算机信息处理系统进行信息传递或信息处理;②该计算机信息处理系统的程序设置不完善。在发生电子错误的情况下,有可能会给一方或双方造成损害,该损害应由谁承担?一般来说,如果自动交易系统是由商家提供的,而该系统没有提供必要的错误更正设施,显然就不符合商业惯例,由此产生的责任不能由消费者承担。应当指出的是,在因特网上购物,如果网络经营者已经向通过因特网交易的当事人收取了网络使用费,因而网络经营者没有按照法定或约定的标准提供服务,造成信息传递失误,网络经营者应当承担法律责任。

2）电子代理人与合同效力

所谓电子"代理人"（Electronic agent），是指"不需要人的审查或操作，而能用于独立地发出、回应电子记录，以及部分或全部的履行合同的计算机程序、电子的或其他自动化手段"。

美国是电子"代理人"概念的创始者，不仅在其《统一电子交易法》和《统一计算机信息交易法》中，同时给出了统一的定义，而且在《统一计算机信息交易法》中对其做了较为详细的规定，形成了一套完整的制度。首先，该法规定了电子"代理人"作为缔约工具的合法性。其第 202 条专门将电子"代理人"列为一种订约的方式："合同可以以任何能充足地表示同意的方式订立，包括承认合同存在的要约和承诺，或双方当事人的行为或其电子代理人的运作。"其次，该法第 206 条"要约与承诺：电子代理人"中规定，合同可以通过电子代理人之间的相互交流而订立，如果该交流导致正在运行的电子代理人在一定环境下表示承诺，合同就成立了。但是，该运行若产生了欺诈、电子错误或类似情况的话，法院可给予适当的免责；并在第 107 条在关于"电子记录与鉴别的法律承认：电子代理人的使用"中规定了电子"代理人"行为的效力归属："不得仅仅以某项记录或认证是电子形式为理由而否定其法律有效性或可执行性。"

从以上规定可以看出，电子"代理人"的本质，即并非具有法律人格的主体，只是一种能执行人的意思的智能化的交易工具。但它作为一种交易工具，被预先设置了常用的商事意思表示的模式，使之能够代替电子被代理人发出或接受要约。因而具有辅助当事人订立、履行合同的能力，因而它发送、接收、处理信息实际上就是当事人在发送、接收和处理信息。虽然根据我国《民法典》允许采用根据电文形式订立合同，但并未明确规定通过电子"代理人"订立合同的效力。

从以上分析可知，应承认电子"代理人"订立合同与履行合同的效力。

3.4　电子合同的履行

由于电子合同与传统合同的区别在于缔结合同手段和形式，因此，电子合同的履行基本上可以直接适用我国《民法典》关于合同履行的规定。

3.4.1　电子合同履行的概念

我国《民法典》第 509 条第 1 款规定："当事人应当按照约定全面履行自己的义务。"可见，合同的履行是指债务人按照合同的约定或法律规定，全面地、正确地履行自己所承担的义务。合同履行是合同效力的重要表现，是当事人订立合同追求的目的。

3.4.2　电子合同履行的基本原则

合同履行的原则是当事人在履行合同的过程中所应遵循的基本规则。

关于合同履行的原则，学者们的观点不一。一般认为，合同履行的原则主要包括实际履行原则、适当履行原则和协作履行原则。这些基本原则仍是适用于电子合同的履行。

实际履行原则是指当事人应当按照合同的标的履行合同义务,即合同标的是什么,当事人就应当履行什么,不能任意用其他标的所代替。电子合同的标的可以是信息产品,也可以是非信息产品,不管电子合同的标的属于哪一种,均要求当事人按照合同标的来履行。当然,实际履行原则的适用也不是绝对的。在有些情况下,当事人也可以无须实际履行。如当实际履行成为不可能时,当事人无须实际履行。在这种情况下,合同的目的已经无法达到,只能用其他方法加以代替。同时,当事人经过协商,也可以用其他标的代替履行。

适当履行原则是指当事人应当按照合同的约定或者法律的规定全面、适当地履行合同。因此,适当履行原则又称为正确履行或全面履行原则。根据此原则,当事人除按合同的标的履行外,还应当按照合同标的数量、质量、履行期限,履行地点、履行方式等履行合同,适当履行原则要求当事人在履行合同时,履行合同的各种要素,如履行标的,履行主体,履行期限、履行地点等都应当是正确的或者适当的。当事人是否适当履行了合同,是决定当事人是否承担违约责任的界限。

协作履行原则是指合同双方当事人不仅应履行自己的义务,而且还应当协助对方履行义务。协作履行原则是诚实信用原则在合同履行方面的具体体现。合同的履行虽然是债务人履行义务的行为,但因债权与债务是相互对应的,因此,债务人在履行义务时,就需要债权人予以协助。如果只有债务人履行债务,而没有债权人接受履行,则合同的履行目的就难以达到。协作履行原则贯穿于合同的整个履行过程中。我国《民法典》第509条规定:"当事人在履行合同中,负有通知、协助等义务。"协作履行原则是合同履行的保障,是合同双方当事人的利益所要求的。

3.4.3 电子合同履行的基本方式

从我国当前开展电子商务的情况看,基本上有3种履行方式。

第一种是在线付款,在线交货;

第二种是在线付款,离线交货;

第三种是离线付款,离线交货。

3.5 电子合同的违约责任

违约责任是合同当事人一方或各方不履行合同或没有完全履行合同时,违约方应当对守约方承担的民事责任。违约责任是为了保证合同能够顺利、完整履行而由双方自主约定或法律直接规定的。它可以给合同各方形成压力,促使合同如约履行。违约责任是合同法上的一项最重要的制度,而违约责任的归责原则成为该制度的本质和核心内容。

3.5.1 违约的归责原则

违约责任的归责原则,是指在追究合同当事人的违约责任中应遵循的基本准则。归责原则直接决定着违约责任的构成要件,当事人的举证责任以及责任的范围。根据《民法典》的规定,对于不同的违约纠纷应当适用严格责任原则、过错责任原则来处理。

1）**严格责任原则**

严格责任原则，也称为无过错责任原则，是指当事人违反合同义务即应承担责任。在违约发生后，确定违约当事人的责任，应主要考虑违约的结果是否是由被告的行为造成的，而不是被告的故意和过失。《民法典》第577条规定："当事人一方不履行合同义务或者履行合同义务不符合约定的，应当承担继续履行，采取补救措施或者赔偿损失等违约责任。"该规定是关于合同责任归责原则的规定。从这一规定可以看出，我国《民法典》在违约责任归责原则上采取了严格责任原则，在法律无例外规定的情况下，普遍适用于合同领域，清晰地表明了归责原则的法定性本质。然而遵循严格责任原则并不排除以过错为归责事由，因而，存在不可抗力等免责事由及《民法典》所规定的其他以过错行为承担违约责任条件的条款等例外规定。

2）**过错责任原则**

过错责任原则，是指合同当事人违反合同义务且存在过错时才承担违约责任。这一原则仅在少数合同关系中适用，如《民法典》中规定的赠与合同、无偿保管合同、无偿委托合同等；以及保管合同和仓储合同中，保管人保管不善即相当于保管人有过错，故应承担违约责任；还有《民法典》第824条客运合同财产损失和第841条多式联运托运人责任规定中明确规定了债务人有过错才承担责任等。

在电子商务中买卖的标的主要有三种，一是商品交易，二是知识产权交易，三是提供约定的服务，而其中最常见、最主要的是商品交易。支付价款和交付货物是各自的主要责任，是合同履行的核心，任何一方不履行合同义务或者履行合同义务不符合约定的，均构成违约，都应按照《民法典》的规定承担继续履行、采取补救措施、赔偿损失等违约责任，在这一点上电子合同与普通合同并没有什么区别。

需要注意的是对违约行为的认定，以 B2C 方式为例，消费者在最后对订单予以确认以前，有权变更或撤销订单以阻止合同的成立，这是允许的，也不存在争议。有争议的是，合同成立以哪个阶段作为标准？是以对订单的确认作为合同成立的标志还是以实际支付货款作为合同成立的标志？鉴于电子商务是一种特殊形式的商品交易活动、出于对消费者的保护，有一种观点认为应以货款的实际支付作为合同成立的标志，即当消费者完成对订单的确认进入支付环节后，如果采用的是持卡支付的方式，则一旦系统完成对持卡人身份的认证和对卡上金额的划拨，则合同成立，不允许撤销；而如果消费者选择的是汇款的支付方式，则只要顾客的撤销请求先于或与汇款同时到达收款人处，应视为撤销有效，消费者无须承担违约责任，因为合同尚未成立。另一种观点认为合同自消费者确认定单时起生效，如果消费者的卡上金额不足以支付价款而又不同意采用其他付款方式或者承诺付款却拒不付款的，均构成违约，应继续履行合同或对企业的"预期利润"进行赔偿。尤其当双方约定采用"货到付款"的方式时，消费者无正当理由拒不付款的还将构成欺诈，除承担上述违约责任外，还需赔偿企业由此造成的一切损失。同样，如果企业不能提交顾客订购的商品，或者交付的商品与介绍的外观、功能、用途、质量等实质性标准有较大出入，则消费者一方有权主张取消交易并获得相应的赔偿。这种观点，可能更符合立法的宗旨和权利义务均等的原则，对违约责任采取严格责任原则有利于促进电子商务的健康发展,督促交易双方认真履行合同义务,减少和避免违约行为的发生。

目前,虚拟物品交易现象十分普遍。对虚拟物品交易行为,在仅有游戏开发商授权代理经营游戏的情况下,如为了获得虚拟物品,利用一些非法手段,如复制、篡改编号等买卖虚拟物品,这也应属于合同违约行为;甚至情节严重的还可以纳入刑法调整范围。

3.5.2 严格责任下的免责事由

严格责任告诉我们责任可以在没有过错的情况下存在,并通过法律承认的免责事由而免除其责任,因而,何种情形可以成为免责事由就成为严格责任原则中一个极为重要的问题。根据我国《民法典》的规定,严格责任下的免责事由包括不可抗力、债权人的过错、法定免责事由及合同中约定的免责条款等。不可抗力,是指不能预见、不能避免并不能克服的客观情况,通常包括自然灾害、战争、国家行使立法、司法、行政等职能等,因不可抗力不能履行合同的,根据不可抗力的影响,部分或者全部免除责任,但法律另有规定的除外。根据《民法典》的规定,当事人因不可抗力不能履行合同的,应当及时通知对方,以减轻可能给对方造成的损失,并应在合理期限内提供证明。

在网络中,非因自身原因所引起的网络中断、传输错误或黑客攻击、计算机病毒侵入或发作、因政府管制而造成的暂时性关闭等造成合同无法正确履行,且许可方尽到了合理注意的义务,并对此无法预见和控制的,均应不承担责任。

3.5.3 责任形式

我国《民法典》第577条规定:"当事人一方不履行合同义务或者履行合同义务不符合约定的,应当承担继续履行、采取补救措施或者赔偿损失等违约责任。"

电子合同的违约责任形式可以归纳为实际履行,继续使用,停止使用,终止访问和损害赔偿等措施。

实际履行又称为继续履行,意味着当事人不得以其他方式代替合同义务的履行。

停止使用,停止使用是指因被许可方的违约行为,许可方在撤销许可或解除合同时,请求对方停止使用并交回有关信息。

继续使用,继续使用是指许可方违反合同,被许可方在未撤销合同的情况下可以继续使用合同项下的信息和信息权。继续使用与继续履行不同,继续履行是由法律强制违约方履行其义务来保护守约方,它是违约方的一种责任,而继续使用是从守约方的角度来保护守约方的利益。同时被许可方可以寻求就未被弃权的违约行为导致的救济。

终止访问。终止访问适用于信息许可访问合同。在访问合同发生重大违约或协议中有特别规定的情形下,一方可以终止违约方所有的访问权并指示协助合同履行的任何人终止其协助行为。

损害赔偿,它是最基本的和最重要的违约救济方式。它与上述几种违约救济方式是互补的,一方违约后,除了要求其采取特定补救方式外如拒收或退回信息,并不阻止要求损害赔偿。

具体地来看买卖双方不履行合同义务的情形,如卖方不履行合同义务主要指卖方不交付标的物或单据或交付迟延;交付的标的物不符合合同规定以及第三者对交付的标的物存在权利或权利主张等。当发生上述违约行为时,买方可以选择以下补救方法。

要求卖方实际履行合同义务,交付替代物或对标的物进行修理、补救;

减少支付价款;

对迟延或不履行合同要求损失赔偿;

解除合同,并要求损害赔偿。

买方不履行合同义务,包括买方不按合同规定支付货款和不按规定收取货物,在这种情况下,卖方可选择以下救济方法:

要求买方支付价款、收取货物或履行其他义务,并为此可以规定一段合理额外的延长期限,以便买方履行义务;

损害赔偿,要求买方支付合同价格与转售价之间的差额;

解除合同。

本章案例

流量劫持的司法认定

——陈某诉杭州某软件服务公司网络服务合同纠纷案

案情介绍

原告陈某于 2017 年 4 月 27 日在被告杭州某软件服务公司运营的某网站申请注册了账户。随后,原告利用自己注册的 www.q×××t.com 域名搭建了内含多个页面的导航平台网站用以进行某网站的推广业务,即网络用户通过该导航平台网站的不同页面可进入相应的知名购物平台进行浏览和购买,原告在此过程中可对于该些订单的金额提取一定比例的佣金。2017 年 6 月,被告通知原告,因原告运营的导航平台网站内流量异常,冻结了原告的某网站账户。截至 2017 年 6 月 26 日已冻结金额为人民币 185 480.71 元,另有预估未结算收入为人民币 151 745.31 元,后原告将 151 745.31 元提现。原告按照被告规定的程序提交申诉,被告认为申诉无法解释流量异常,原告提供的证据自相矛盾,并且暴露流量的关联作弊属性,因此不予解冻,驳回申诉。

裁判内容

杭州互联网法院经审理后认为:关于被告判定原告的推广行为存在流量异常依据是否充分,相关数据库准确记录某网站相关网页的 cookie 记录,用户先通过 www.hao123.com 导航网站访问了 www.t××××o.com,然后在短时间内访问路径变成了从原告的 www.q×××t.com 到 www.t××××o.com。原告认为页面的跳转是因为用户在 www.hao123.com 网站点击访问 www.t××××o.com 网页并进入 www.t××××o.com 网页后,用户被收藏夹中的标签标题(即原告在预装 PE 系统时导入浏览器收藏夹中的标签)所吸引继而选择点击收藏夹中标签的方式来访问原告的导航网站。本院认为，上述路径跳转方式不符合正常用户的访问习惯，需要到 www.t××××o.com 购物的消费者，已经进入 www.t××××o.com 后，无须再专门通过某推广页面去进入 www.t××××o.com 选购商品。从被告提供的其他 cookie 记录来看，部分用户是通过 www.hao123.com 等导航网站已经访问了 www.t××××o.com，然后在短时间内访问路径变成从 www.q×××t.com 到 www.t××××o.com，部分用户是已经访问了其他平台用户，在短时间内访问路径变成从 www.q×××t.com 到 www.t××××o.com，能够说明上述异常路径跳转并非个别现象。关于流量劫持行为的认定依据，杭州某软件服务公司认为，为保障卖家合法利益不因淘宝客的不当推广行为而受到损害，其投入了大量人力和成本研发处理涉案反作弊系统，系统经过长期实际运营使用具有高度的科学性和有效性，能够准确识别淘宝客推广过程中存在的明显异常行为。最后，杭州某软件服务公司的反作弊系统得出的判断结果作为淘宝客存在不当推广行为的依据，既具有高度的科学性，又具有合同依据。

关于服务协议中隐私条款是否有效，被告杭州某软件服务公司作为服务提供商，负有管理职责，需要根据 cookie 记录对原告等某网络平台进行流量监管、结算费用，原告等在内的用户点击确认《法律声明等隐私权政策》，同意被告收集其 cookie 记录，故被告收集 cookie 记录是在用户同意授权的情况下进行的，用户可以根据自己的偏好管理或删除 cookie，也可以清除计算机上保存的所有 cookie，所以被告杭州某软件服务公司在本案中使用 cookie 有合理性，原告诉称被告搜集用户 cookie 记录侵犯隐私权，不能成立。本案厘清了用户 cookie 记录具备能够单独或者与其他信息结合识别特定自然人个人身份的可能性，根据网络安全法第七十六条的规定，属于个人信息。同时比照网络安全法第四十一条、第四十二条关于网络用户个人信息保护的规定，网络交易平台向网络用户明示收集并取得同意后，遵循正当、合法、必要、最低限度原则加以使用，不侵犯个人隐私权。

关于服务协议中商业秘密条款是否有效，人工认定涉嫌违规的，杭州某软件服务公司可视是否涉及商业秘密等而独立决定是否披露具体认定依据的条款属于网络交易平台单方拟定，且符合内容具有定型化和相对人在订约中处于服从地位的特点，故属于格式条款的范畴，如果排除了合同相对方的主要权利，并有违合同目的的实现，应当无效。

杭州互联网法院于 2018 年 7 月 27 日作出（2017）浙 8601 民初 3306 号民事判决：判决被告杭州某软件服务公司于本判决生效之日起十日内支付原告陈某佣金 23 611.69 元，并赔偿原告陈某差旅费、餐饮费损失 755 元，驳回原告陈某的其他诉讼请求。被告杭州某软件服务公司不服提出上诉，浙江省杭州市中级人民法院经审理后作出判决：驳回上诉，维持原判。

裁判要旨

通过技术手段强制网络用户访问指定网站造成用户流量被迫流向指定网页的流量劫持行为，侵犯了网络用户的服务自主选择权，应承担相应的违约责任或侵权赔偿责任。

讨论：1. 电商网络平台内经营者规避技术违约或技术侵权应注意哪些方面的法律问题？

2. 电商网络平台服务合同或交易规则的合法性审查应如何进行？

本章小结

通过本章学习要掌握电子合同的概念和特征。电子合同是指所有通过电子技术手段如电报、电传、传真、电子数据交换（EDI）、电子邮件等缔结的合同。从狭义上讲，电子商务合同则是指在网络空间通过电子方式缔结的合同。

电子合同订立，是指缔约人做出意思表示并达成合意的行为和过程。它必须经过要约与承诺这两个环节。电子合同成立时间是指电子合同当事人产生法律约束力的时间。一般情况下电子合同的成立时间就是电子合同的生效时间，合同成立的时间是对双方当事人产生法律效力的时间。电子合同的成立地点，是指电子合同成立的地点。确定电子合同成立的地点涉及发生合同纠纷后，由何地、何级法院管辖及其适用法律问题。

电子合同能否产生法律效力，是否受法律保护还需要看他是否符合法律的要求，即合同是否符合法定的生效要件，这些问题包括主体相应的行为能力、电子代理人、意思表示一致性、格式合同以及电子签名的效力与电子合同的成立等。

合同的履行是指合同的当事人按照合同的约定，全面或适当地完成各自应承担的合同义务，使合同关系得以全部终止的整个行为过程。电子合同履行的原则有全面履行原则和诚实信用原则。而电子合同的履行方式可概括为三种：在线支付在线交货、在线支付离线交货、离线支付离线交货。

电子合同的违约责任一般遵循严格责任原则、过错责任原则，同时还存在严格责任下的免责事由。电子合同的违约救济可以归纳为实际履行，继续使用，停止使用，终止访问和损害赔偿等措施。

本章习题

1. 什么是电子合同？电子合同与传统书面合同有何区别？
2. 试述要约与要约邀请的区别。
3. 试述电子合同的订立过程。
4. 试述电子合同生效的要件。
5. 简述电子合同成立与生效的区别。
6. 电子合同的履行一般遵循哪些原则？
7. 电子合同的履行有哪些？请举例。
8. 试讨论电子合同的违约责任的归责原则。
9. 电子合同的违约责任形式有哪些？

第4章
电子签名与认证法律制度

📖 学习目标

本章首先介绍电子签名法概述,要求掌握电子签名和数据电文的法律效力;熟悉数据电文作为证据使用时的可采性和真实性,以及数据电文的发送地点和接收地点;理解可靠的电子签名的条件;掌握电子认证业务规则,熟悉电子签名人和电子认证服务提供者的有关义务,掌握电子认证服务管理办法制定及监管;熟悉电子签名人未履行法定义务造成他人损失的责任和电子认证服务提供者因过错造成损失承担赔偿责任。

案例导入

刘健诉陈菲借款合同纠纷案
——网络借贷中电子签名的效力

裁判要旨

网络借贷纠纷中,由于电子证据举证难、认定难等特点,应适当减轻举证方举证责任或加强电子证据的采信力度。如果被告未提出抗辩或提供相应证据,综合关联证据加以印证以及根据证据的高度盖然性原理,应推定该电子证据具有法律效力。

基本案情

原告:刘健。

被告:陈菲。

刘健诉称,被告于2016年4月30日通过第三方支付平台支付宝向其借款16 100元后,至今未偿还借款本息,遂向法院提起诉讼,要求被告偿还借款本金及利息。

陈菲未作答辩。

浙江省平阳县人民法院经审理查明,原告被告通过第三方支付平台支付宝应用中的合同服务,以电子合同方式签订个人借款合同向原告借款15 000元,约定借款期限从2016年4月30日起至2016年5月7日止,若被告逾期还款,则每天按逾期部分的万分之二计收逾期利息。2016 年 5 月 1 日,双方再次签订个人借款合同补充协议,约定在 4 月 30 日借款外,被告陈菲再向原告借款 1 500 元,并于同年 5 月 8 日前偿还。原告以支付宝转账方式向被告支付借款共 16 100 元后,被告至今未偿还借款本息。

审判

浙江省平阳县人民法院经审理认为:原告刘健与被告程菲签订借款合同及其补充协议,双方存在借贷合意,借款事实清楚、证据充分。现借款期限届满,原告要求被告程菲偿还借款本金 16 500 元及利息(利息从起诉之日起至实际偿还之日止按中国人民银行同期贷款利率 4 倍计算)。法院认为,借款金额应当以实际给付金额为准,本案中双方虽然在借款合同及补充协议中约定的借款金额合计为 16 500 元,但原告实际交付的金额为 16 100 元,且原告在庭审中自认预扣了 400 元利息。故认定本案借款本金为 16 100 元,对预扣的借款本金不予认定。双方在借款合同中约定逾期利息按日万分之二计收,即月利率 0.6%,未超过法律强制性规定,应按双方书面约定计收利息。浙江省平阳县人民法院判决:被告陈菲于本判决生效后 10 日内偿还原告刘健借款本金 16 100 元及利息(以未还本金为基数,从 2016 年 8 月 2 日起按月利率 0.6% 计算至实际偿还之日止)。

宣判后,双方均未提起上诉,判决已发生法律效力。

评析

本案争议焦点在于电子合同中的电子签名效力如何认定。根据电子签名法第十三条规定,电子签名符合一定条件可视为可靠的电子签名,综合电子合同及补充协议的鉴定检验报告、支付宝转账凭证及借款电子回单,可以认定电子签名的效力。

《中华人民共和国电子签名法》是为了规范电子签名行为,确立电子签名的法律效力,维护有关各方的合法权益而制定的法律。

《中华人民共和国电子签名法》被认为是中国首部真正电子商务法意义上的立法。因为自 1996 年联合国颁布《电子商务示范法》以来,世界各国电子商务立法如火如荼,有的国家颁布了电子商务法或交易法,有的国家颁布了电子签名或数字签名法,也有的国家兼采两种立法方式。而我国电子商务立法最终在国家信息化战略的引导下出台,受到了各相关企业乃至政府部门的高度关注。被称为"中国首部真正意义上的信息化法律",《电子签名法》是我国推进电子商务发展,扫除电子商务发展障碍的重要步骤。

4.1　电子签名法概述

4.1.1　电子签名立法目的

1)规范电子签名行为

在传统的交易过程中,为了保证交易安全,交易中的文件一般都要由当事人签字或者盖章,以便能够确认签名人的身份,并保证签字或者盖章的人认可文件的内容。当交易通过电子的形式进行时,传统的手写签字和盖章无法进行,必须依靠技术手段替代。这种在电子文件中识别交易人身份,保证交易安全的电子技术手段,就是电子签名。

随着电子商务和电子政务的迅猛发展,电子签名的应用范围愈加广泛。但是,电子签名是一个新兴事物,在传统的法律环境下,电子签名的应用也遇到了一些法律上的问题:一是电子签名、数据电文是否具有法律效力无明文规定,造成了电子商务和电子政务发展的法律障碍,客观上制约了电子商务和电子政务的发展;二是电子签名的规则不明确,对电子签名人的行为缺乏规范,发生纠纷后责任难以认定;三是电子认证服务提供者的法律地位和法律责任不明确,行为不规范,认证的合法性难以保证;四是电子签名的安全性、可靠性没有法律保障,交易方对电子交易的安全没有保障。

本法通过确立电子签名的法律效力和签名规则,设立电子认证服务市场准入制度,加强对电子认证服务业的监管,规定电子签名安全保障制度等,来规范各方当事人在电子签名活动中的行为,确立其行为准则。

2)确立电子签名的法律效力

电子签名的法律效力是电子签名法所要解决的最重要问题。确立电子签名的法律效力,关键在于解决两个问题:一是通过立法确认电子签名的合法性、有效性;二是明确满足什么条件的电子签名才是合法的,有效的。

在对法律应该承认什么样的电子签名具有法律效力的问题上,联合国示范法和各国电子签名法采用了不同的立法模式,主要有以下三种:第一,技术中立模式。这种模式以联合国《电子商务示范法》(1996年)为代表,即规定只要符合一定的确定性条件,电子签名就具有与传统签名同等的法律效力,而不限制实现确定性条件的电子签名应该采用的技术类型,如联合国电子签名示范法。第二,技术特定模式。即法律只明确采用某种特定技术的电子签名的法律效力,对采用其他技术的电子签名的法律效力未作规定。如韩国电子署名法只承认数字签名为合法的电子签名。第三,技术中立与技术特定的折中模式。这种模式承认所有安全电子签名都具有与手写签名同等效力,同时以目前国际上比较公认的成熟技术为基础,推荐一定的安全条件和标准,如联合国《电子签名示范法》(2000年)、新加坡《电子交易法》、《菲律宾电子商务法》、我国台湾地区的《电子签章法》等。

本法在电子签名的法律效力问题上,也采取了折中式的立法模式。一是规定当事人约定使用电子签名的文书,不得仅因为其采用电子签名而否定其法律效力;二是规定可靠的电子签名具有与手写签名或者盖章具有同等的法律效力;三是规定当事人可以选择使用符合其约定的可靠条件的电子签名;四是以目前国际上比较公认的成熟技术为基础,推荐一定的安全条件和标准,作为可靠的电子签名的标准。按照本法的规定,一个电子签名如果符合法定或者当事人约定的可靠的电子签名的条件,就具有与手写签名或者盖章同等的法律效力。

3)维护有关各方的合法权益

这里讲的有关各方包括电子签名人、电子认证服务提供者以及与电子签名人进行交易的电子签名依赖方等参与电子签名活动的当事人。有关各方在电子签名活动中的合法权益都受到法律的保护。电子签名法规定了各方在电子签名活动中的权利义务,明确了电子签名活动规则,确立各方当事人在电子签名活动中的行为准则,并规定违反法定义务和约定义务的当事人要承担相应的法律责任,以达到平等保护各方当事人合法权益的目的。

4.1.2 电子签名和数据电文的概念

1)电子签名的概念

签名,一般是指一个人亲笔在一份文件上写下名字或留下印记、印章或其他特殊符号,以确定签名人的身份,并确定签名人对文件内容予以认可。传统的签名必须依附于某种有形的介质,而在电子交易过程,文件是通过数据电文的发送、交换、传输、储存来形成的,没有有形介质,这就需要通过一种技术手段来识别交易当事人、保证交易安全,以达到与传统的手写签名相同的功能。这种能够达到与手写签名相同功能的技术手段,一般就称为电子签名。

本条对电子签名的概念作了与联合国电子签名示范法相类似的规定。根据本条的规定,电子签名的概念包含以下内容。

①电子签名是以电子形式出现的数据。

②电子签名是附着于数据电文的。电子签名可以是数据电文的一个组成部分,也可以是数据电文的附属,与数据电文具有某种逻辑关系、能够使数据电文与电子签名相联系。

③电子签名必须能够识别签名人身份并表明签名人认可与电子签名相联系的数据电文的内容。

电子签名具有多种形式,如:附着于电子文件的手写签名的数字化图像,包括采用生物笔迹辨别法所形成的图像;向收件人发出证实发送人身份的密码、计算机口令;采用特定生物技术识别工具,如指纹或是眼虹膜透视辨别法等。无论采用什么样技术手段,只要符合本条规定的要件,就是本法所称的电子签名。

2)数据电文的概念

数据电文,也称为电子信息、电子通信、电子数据、电子记录、电子文件等。一般是指通过电子手段形成的各种信息。数据电文一词最早在国际法律文件中出现是在1986年联合国欧洲经济委员会和国际标准化组织共同制定的《行政、商业和运输、电子数据交换规则》。该规则规定,贸易数据电文是指当事人之间为缔结或履行贸易交易而交换的贸易数据。1996年联合国《电子商务示范法》采用了这一概念,该法规定,"数据电文"是指经由电子手段、光学手段或者类似手段生成、储存或者传递的信息,这些手段包括但不限于电子数据交换、电子邮件、电报、电传或者传真。各国电子签名法或电子商务法也对数据电文作出了类似的规定。如美国国际国内商务电子签名法规定,"电子记录"是指由电子手段创制、生成、发送、传输、接收或者储存的合同或其他记录;韩国电子商务基本法规定,"电子信息"是指以使用包括计算机在内的电子数据处理设备的电子或类似手段生成、发送、接收或者储存的信息。

根据本法的规定,数据电文的概念包含两层意思:第一,数据电文使用的是电子、光、磁手段或者其他具有类似功能的手段;第二,数据电文的实质是各种形式的信息。

4.1.3 电子签名的适用

1)电子签名活动中的意思自治原则

当事人意思自治,是民事法律中的一项基本原则。即在民事活动中,除法律有强制性规定外,各民事主体可以自主决定自己的行为,交易各方可以自愿约定之间的权利义务关系。当事人意思自治的核心是尊重当事人自主的意思选择,从法律上承认当事人可以自由决定相互之间的法律关系。民事领域的活动虽然通过电子形式进行,但在本质上与一般的民事交易活动并没有区别,因此同样应当遵循意思自治原则,由当事人自主约定是否使用数据电文、电子签名。有关国家的电子签名法一般都承认当事人意思自治,如美国统一电子交易法规定,"本法仅适用于每一方均同意以电子手段进行交易的当事人之间的交易。当事人是否同意以电子手段进行交易,由上下文和周围情势,包括当事人的行为来确定"。因此,本条第一款明确规定,民事活动中的合同或者其他文件、单证等文书,当事人可以约定使用或者不使用电子签名、数据电文。

应该注意的是,电子签名、数据电文的使用并不仅限于民事活动,还会用于电子政务活动和其他社会活动。本法已授权国务院或者国务院规定的部门可以依据本法制定政务活动和社会活动中使用电子签名、数据电文的具体办法。因此,在这些活动中使用电子签名、数据电文,还应遵循国务院或者国务院有关部门的具体规定。

2)电子签名、数据电文的法律效力

电子签名、数据电文虽然以电子形式出现而与手写签名、书面文件不同,但是法律不应仅因为这一点而不承认其法律效力。只要符合法律规定的条件,电子签名、数据电文与手写签名、书面文件具有同等的法律效力。因此,有关国际组织、国家和地区的电子商务法或电子签名法一般都对电子签名、数据电文的法律效力问题作出规定,要求不得以其采用电子形式而加以歧视。如联合国《电子商务示范法》规定,不得仅仅以某项信息采用数据电文形式为理由而否定其法律效力、有效性或可执行性。韩国《电子商务基本法》规定,除非法律另有特别规定,不得因为信息采用电子形式而否认其相对于其他的纸面信息形式具有法律效力。美国《国际与国内商务电子签章法》规定,一项交易中的合同,不得仅因为其在缔结过程中使用了电子签名或电子记录而否定其法律效力或可执行性。此外美国《统一电子交易法》、澳大利亚《电子交易法》、新加坡《电子交易法》、我国台湾地区《电子签章法》等也作了类似规定。

根据本条第二款的规定,当事人约定使用电子签名、数据电文的文书,不得仅因为其采用电子签名、数据电文的形式而否定其法律效力。即在当事人约定使用电子签名、数据电文的情况下,不能以该文书中某项信息或签名采用了电子形式,作为否定其法律效力的唯一理由。

3)适用范围

电子交易是一种新兴的交易方式,电子签名、数据电文并未在社会活动中获得广泛应用,广大民众的认知度不高。同时,电子签名、数据电文的应用需要借助于一定的技术手段,物质条件也会限制一部分民众使用这种交易方式。由于上述原因,并基于交易安全因素的考虑,一些国家和地区的电子签名法或电子商务法规定某些领域不适用这种交易方式。一般包括以下几种情况:第一,与婚姻、家庭等人身关系有关的文件。如美国《电子签章法》规定,"关于遗嘱、遗嘱修改书或遗产信托的制定法、条例或者其他法律规则""关于收养、离婚

或家庭法其他事项的州的制定法、条例或者其他法律规则",不适用该法关于电子签名效力的规定。我国香港地区电子交易条例规定,"遗嘱、遗嘱更改附件或任何其他遗嘱性质的文书的订立、签立、更改、撤销、恢复效力或更正",不适用本条例。第二,与诉讼程序有关的文书。如美国《电子签章法》规定,该法关于电子签名效力的规定不适用于"与诉讼程序有关的需经签章的法庭传票或通知,或正式法庭文书(包括诉状、答辩状以及其他书面文件)"。第三,与公用服务事业有关的文书。可以排除其适用。

4.2 数据电文

4.2.1 数据电文符合法定书面形式要求

①本条解决两个相关联的问题:一是,数据电文是否符合法律、法规要求的书面形式;二是,什么样的数据电文才符合法律、法规要求的书面形式。我国有很多法律要求法律文件采用书面形式。例如,《中华人民共和国担保法》第十三条规定:"保证人与债权人应当以书面形式订立保证合同。"第二十三条规定:"保证期间,债权人许可债务人转让债务的,应当取得保证人书面同意,保证人对未经其同意转让的债务,不再承担保证责任。"第三十八条规定:"抵押人和抵押权人应当以书面形式订立抵押合同。"《中华人民共和国仲裁法》(简称《仲裁法》)第十六条规定:"仲裁协议包括合同中订立的仲裁条款和以其他书面方式在纠纷发生前或者纠纷发生后达成的请求仲裁的协议。"《草原法》第十四条规定:"承包经营草原,发包方和承包方应当签订书面合同。"《海商法》第一百二十八条规定:"船舶租用合同,包括定期租船合同和光船租赁合同,均应当书面订立。"关于数据电文是否符合法律、法规要求的书面形式,现在已经形成一种共识,即应当平等对待书面文件的用户和电子文件的用户。法律中的种种形式要件,例如书面形式、签名、原件等要求,只不过是意思表示的形式。如果信息技术能提供一种同样有效的意思表示形式,就没有理由拒绝承认它在法律上的效力。

②1999 年 3 月 15 日第九届全国人民代表大会第二次会议通过的《合同法》第十一条规定:"书面形式是指合同书、信件和数据电文(包括电报、电传、传真、电子数据交换和电子邮件)等可以有形地表现所载内容的形式。"这一条通过扩大解释"书面形式",使之包含数据电文,在解决电子商务法律障碍方面做了有益的探索。同时,由于《合同法》并不是专门调整电子商务的法律,这一条规定仍嫌不足:一是,数据电文与我们通常所理解的"书面形式"毕竟有很多显而易见的区别。例如,后者可用肉眼阅读,而前者除非使其变为书面文字或者显示在屏幕上,否则是不可识读的。因此,并不能简单把"数据电文"等同于"书面形式"。二是,本条所列举的数据电文的形式为电报、电传、传真、电子数据交换和电子邮件几种形式。事实上,这只是目前比较常见的几种形式。参考国际习惯用法,并考虑到技术不断发展的现状和前景,"数据电文"一词的外延,应远远超过以上几项。基于此,本法将"数据电文"定义为"以电子、光学、磁或者类似手段生成、发送、接收或者储存的信息"。第三,不否定"数据电文"的法律效力,并不就意味着所有的"数据电文"都符合法律、法规要求的书面形式要求。电子商务立法中采用了"功能等同"的方法来确定什么样的形式才是合适的表现形式。

按照这种方法,为了确定什么样的数据电文可以被视为满足书面形式要求,首先需要分析书面形式履行了哪些功能,然后确定数据电文需要采取什么形式,才能履行相同的功能。功能相同,则法律效力也应该相同。联合国国际贸易法委员会《电子商务示范法及其颁布指南》列举的书面形式的功能包括:确保有可以看得见的证据;引起当事人的注意;保证所有利益相关人都可读到该文件;提供一份永久记录;便于复制;使之可以通过签字方式进行验证等。但是,对于书面形式的功能,无须作过分全面的概括,因为许多功能是由书面形式和其他形式要求(如签字和原件)相结合加以实现的。对于书面文件有多种层次的形式要求,各个层次提供不同程度的可靠性、可查核性和不可更改性。信息应采用书面形式的要求(即最低要求)不应混同于更为严格的要求,如"经签署的书面文件"的要求。确定可被视为满足书面形式要求的数据。

电文的基本标准只需考虑书面形式的最低要求。关于不可更改性是否为书面形式本身应当具有的功能,有不同的认识。例如,美国律师协会《数字签名指南》规定:附有数字签名的数据电文才具有书面文件的效力。这实际上是将不可更改性作为书面文件的固有属性。联合国《电子商务示范法》则认为:不可更改性不应视为书面形式固有功能,因为按照某些现有法律的定义,以铅笔写成的也视为书面。按照目前在书面环境中对于数据完整性以及对于防止作弊等问题的处理方式,一份弄虚作假的文件也会被当作"书面"看待。因此,联合国《电子商务示范法》规定:当一项数据电文所含信息可以调取以备日后查用时,即满足法律关于书面形式的要求。

③由于立法中通常分别规定书面形式、签名、原件等要求,《电子商务示范法》提出的只考虑书面文件的最低要求的思路是合适的。很多时候,不可更改性是通过书面形式和签名两个要件共同实现的,并不是书面形式独有的功能。根据以上考虑,如果一项数据电文具有如下两项功能,即可认为具有与书面形式相同的功能:一是能够有形地表现所载内容,二是可以随时调取查用。这样的数据电文可以视为符合法律、法规要求的书面形式。

4.2.2　数据电文符合法定原件形式要求

①原件形式要求,主要是在诉讼法中提出的。《中华人民共和国民事诉讼法》(简称《民事诉讼法》)第六十八条规定:"书证应当提交原件。物证应当提交原物。提交原件或者原物确有困难的,可以提交复制品、照片、副本、节录本。"此外,原件还与物权凭证和流通票据有关,因为原件的独一无二概念对这种单据特别重要。涉及"原件"要求的文件还有:贸易文件,如重量证书、农产品证书、质量或数量证书、检查报告、保险证书等。原件形式要求构成电子商务的一个主要障碍。通常意义上的"原件"是指信息首次固定于其上的媒介物。如果这样界定"原件",则几乎说不上数据电文有什么"原件",因为数据电文的收件人所收到的总是"原件"的拷贝,而不是载有原始信息的那张软盘、光盘之类的媒介物。

解决这个问题,同样依靠功能等同分析方法。交易文件以"原件"形式传递,能更有效地保证信息的完整性,使其他当事人对其内容具有信心。因为使用纸张时,要求原件形式可以减少被改动的可能,而如果是复印件,则难以发现是否被改动。如果数据电文能保证同等程度的完整性,并能够有效地表现所载内容并可供随时调取查用,那可以认为该数据电文满足法律、法规规定的原件形式要求。

②本条第二项明确了完整性的标准:能够可靠地保证自最终形成时起,内容保持完整、未被更改。应注意的是,这只是一个比较简单的标准。在具体应用时,应采取灵活的态度来评估是否能"可靠"地保证完整性。例如,要考虑该内容是出于什么目的生成的,该交易的标的额以及其他有关情况等。对于一笔标的上亿美元的交易来说,所要求的可靠性当然应比在网上购买一件小玩具所要求的可靠性高得多。因为可靠性的判定需要根据个案的不同情况来具体确定,很难通过一般性的规则作出整齐划一的规定。因此,在适用这个标准时,应当具有适当的灵活性。

③完整性要求内容保持完整、未被更改。但是,应当将数据电文上增加背书以及数据交换、储存和显示过程中发生的形式变化,与其他改动区别开。只要一份数据电文的内容保持完整,未被改动,对该数据电文作必要的添加并不影响其"原件"性质。例如,转让票据或者海运提单时在该票据或者提单上作背书,并不影响其原件性质。除了这种由交易方所作的添加外,还有一些形式变化是由数据传输的技术特点决定的。例如,通过互联网传输数据时,根据互联网协议,需要将一份数据电文进行解码、压缩或者转换等一系列作业,然后传输到指定的信息系统。这些都是信息系统自动进行的,是这种传输方式的一个内在特点,它当然会引起数据的形式变化,但是只要不改变数据的本来内容,我们不认为其改变了数据电文的完整性。另外一个明显的例子是,假设一份数据电文是利用 Word 字处理软件编辑的.doc 文档,当它在 WPS 系统中显示时,其形式(如字体、字号、页面设置等)显然会发生变化,但这些变化并不影响该文档内容的完整性。

4.2.3 数据电文可以满足法律、法规规定的文件保存的要求

①文件保存要求通常是为审计或者出于税收目的提出的。本条规定的三项条件中,第一项是重复了第四条的规定,因为文件保存要求必然要求文件是"书面形式",符合本条规定第一项条件的数据电文,就可以视为满足了"书面形式"要求。

②第二项条件强调了数据电文的完整性。这里规定的完整性可以通过两种方式予以保证:一是,保持数据电文形式的高度一致,即数据电文的格式与其生成、发送或者接收时的格式相同,形式相同的数据电文,其内容也必定相同;二是,虽不能保证形式的同一,如果能保证内容的同一,仍然可以确认其完整性。实际上,在很多情形下,要求保证数据电文格式的同一性是难以实现的。因为如前所说,数据电文在储存、传递过程中,要经过一系列的自动解码、压缩或者转换。一味地要求格式不变,与技术要求相悖。

③第三项条件所设定的标准实际上高于对文件保存所作的一般要求。它规定除了保存数据电文本身外,还能识别数据电文的来源,包括发件人、收件人以及发送、接收的时间等信息。这样规定是为了涵盖可能需要保存的所有信息。满足了这三项条件,即可视为满足了文件保存的要求。

4.2.4 数据电文作为证据使用时的可采性

我国现行诉讼法列举了证据的种类。例如,《民事诉讼法》第六十三条规定:"证据有下

列几种:(一)书证;(二)物证;(三)视听资料;(四)证人证言;(五)当事人的陈述;(六)鉴定结论;(七)勘验笔录。"《中华人民共和国行政诉讼法》《中华人民共和国刑事诉讼法》也都作了类似的规定。由于这些法律明确列举的证据种类中没有数据电文,因此数据电文是否可以作为证据在法庭上出示,曾经引起不确定性。

本条通过否定的形式肯定了数据电文的证据地位,从而消除了这一不确定性。用否定陈述的方式,表明裁判活动中,不得仅仅以所提供的证据是数据电文为由而否定其证据地位。但这并不意味着,在具体的个案中,以数据电文形式提出的证据就是认定事实的根据。

根据证据学的一般理论,任何证据材料要作为认定事实的根据,必须具有三个特性:客观性、与待证事实的关联性及其合法性。

①所谓客观性,包括两个方面的含义,其一是证据必须有客观的存在形式;其二是证据的内容必须具有客观性,即必须是对客观事物的反映,而不是主观臆断和猜测。关于客观的存在形态,我们知道数据电文是以一种电子形式存在的数据,保存在一定的介质之上,可以借助于一定的工具和设备以人们能感知的形式显现,因此,其客观的存在形态是没有疑问的。关于其内容的客观性,这与本法第八条的规定有密切联系,稍后详细阐述。

②所谓关联性,是指作为证据的一切材料必须与具体案件中的待证事实之间有内在的、客观的联系,即能够全部或者部分地证明案件的有关事实存在或不存在。数据电文与待证事实之间有无关联性,需要在具体个案中加以判断。

③所谓证据的合法性,是指对证据必须依法加以收集和运用。包括收集、运用证据的主体要合法,证据的来源要合法,证据必须具有合法的形式,必须经法定程序查证属实。证据的合法性是证据客观性和关联性的重要保证,也是证据具有法律效力的重要条件。公安部《公安机关办理刑事案件程序规定》第215条规定:"扣押犯罪嫌疑人的邮件、电子邮件、电报,应当经县级以上公安机关负责人批准,签发扣押通知书,通知邮电部门或者网络服务单位检交扣押。"第217条规定:"对于扣押的物品、文件、邮件、电子邮件、电报,应当指派专人妥善保管,不得使用、调换、损毁或者自行处理。……"这体现了证据收集程序的合法性。虽然这里所举的是刑事诉讼中的例子,但证据应当具有合法性这一基本要求是普遍的。

如果提出数据电文作为证据的一方同时能证明其上述三种属性,那么裁判者就可以将其作为认定事实的根据。

4.2.5 数据电文作为证据使用时如何判断其真实性

《电子签名法》第七条明确了数据电文作为证据时的可采性,即可以在裁判活动中出示。但是,如前所述,裁判者在作出是否认同该证据材料的决定之前,还需要审查其证明力。我国《民事诉讼法》第六十三条第二款规定:"以上证据必须查证属实,才能作为认定事实的根据。"所谓证明力,是指证据在证明待证事实上体现其价值大小与强弱的状态或程度。考察电子证据的证明力,就是要认定电子证据本身或者电子证据与案件中其他证据一起能否证明待证事实,以及在多大程度上能够证明待证事实。

现代法治国家普遍实行的是"自由心证"制度,即法律一般不对各种证据的证明力预先作出规定,而由法官根据法庭审理过程中形成的内心信念自由裁断证据证明力的大小。因为,证明力只能由法官根据长期裁判活动中形成的经验,结合个案的具体情况作出判断,而无法由一条一般性的规则事先规定。但是考虑到信息技术的大规模应用还是一个比较新鲜的现象,信息技术本身又具有很强的专业性,多数法官对技术本身并不熟悉,不具备相关经验,在裁判活动中难以准确判断数据电文的证明力,因此,在电子商务立法中明确数据电文证明力的判断标准,具有积极意义。联合国国际贸易法委员会制定的《电子商务示范法》以及南非、菲律宾、加拿大等国家都对此作了或详或略的规定。

审查数据电文作为证据的真实性,一般可以从操作人员、操作程序、信息系统三者的可靠性方面入手。本条规定即是循着这样一种分析思路。例如,在审查生成、储存或者传递数据电文方法的可靠性时,可以审查数据电文是否由合法操作人员生成、储存、传递,是否经未授权者侵入、篡改;数据电文是否严格按照操作程序来生成、储存、传递,有无违规改动、删除;用以生成、储存、传递数据电文的信息系统是否稳定、可靠,是否容易招致非法侵入等。在判断保持内容完整性方法的可靠性,以及用以鉴别发件人方法的可靠性时,还需要对所用技术方法进行审查。例如,数字签名比单纯在文件上输入自己的姓名要可靠些,经过加密的数据电文比未经加密的数据电文更难于被他人篡改等。

仍然需要强调的是,法律不可能规定出一套巨细无遗的规则使法官能简单地适用于一切案件。一项证据是否真实,主要仍要靠法官根据职业经验及案件的具体情况来判断。

4.2.6　数据电文归属

本条所谓发件人,即数据电文以其名义发送的那个人。这里所说的发件人,不一定是实际完成发送行为的人。例如,数据电文上显示该数据电文是甲发送的,但实际上这份数据电文可能是乙遵照甲的指示来发送的,或是冒用甲的名义发送的。在这两种情况下,甲仍然是我们这里所说的发件人。

正如书面文件可能会被他人冒名签署一样,在电子环境下,也可能出现冒名发出的数据电文。如果谁是发件人不明确,或是有争议,如何判断该数据电文的归属呢? 通过本条确立的规定,在三种情况下,数据电文可以视为发件人发送。这样,可以使法律关系变得稳定,有利于保护交易对方当事人的合理信赖。

①第一种情况是代理。发件人如果明确授权他人发送一项数据电文,则成立一种代理关系。发件人为被代理人,被授权者为代理人。

②本条规定的第二种情况是发件人的信息系统自动发送数据电文。这在电子商务法中也叫作"自动交易",这种信息系统也被称为"电子代理人"。计算机的控制者就应当为其自动交易负责。

③除了上述两种情况外,还有一种情况,数据电文也被视为发件人发送的:收件人按照发件人认可的方法对数据电文进行验证后结果相符的。发件人与收件人可以事先约定:如果收件人采用某种验证程序对所收到的数据电文进行验证后,验证结果表明该数据电文是发件人发出的,则收件人可以认定该数据电文归属于发件人。

本条第二款规定:"当事人对前款规定的事项另有约定的,从其约定。"这样规定,主要是出于民法上的当事人意思自治原则,当事方享有就他们的交易适用的规则在他们之间达成一致的权利。这是各国电子商务立法中公认的原则。

4.2.7 数据电文确认收讫的情形及其法律作用

确认收讫类似于邮政系统中的回执制度。确认收讫有两种情形:一种是强制性确认收讫,即法律、行政法规规定数据电文须经确认收讫。这种情形最有可能发生于电子政务活动中,立法者出于某种考虑,要求确认收讫。另一种是当事人约定数据电文须经确认收讫。在第二种情况中,还包括发件人要求确认收讫的情况。发件人可以在发送数据电文之时或之前提出该要求,也可以通过该数据电文本身提出该要求。除了上述情形外,确认收讫不是数据电文产生法律效力的要件。

确认收讫可以有许多方式。如果发件人与收件人约定必须采用某种特定形式或方法确认收讫,或发件人单方面要求如此,则收件人应以该方式确认收讫。如果未约定特定方式,则收件人可以通过任何一种方式确认收讫,包括由其信息系统自动发出确认收讫函,只要该方式能明确表示该数据电文已经收到。有时发件人要求得到一项确认收讫,但并未明确表示在收到确认之前,该数据电文无效。如果在约定的时间内,未收到确认收讫,或者在没有约定时间的情况下,经过一段合理时间仍未收到确认收讫,发件人可以向收件人发出通知,说明并未收到确认收讫,并定出必须收到该项确认的合理时限。在该时限内仍未收到该项确认的,发件人可以通知收件人,将该数据电文视为从未发送。通过这样处理,可以使法律关系趋于明确。稳定的状态。

对于必须经过确认收讫的,在收到确认之前,数据电文可视为从未发送。发件人收到确认的,可以推定有关数据电文已经由收件人收到。但这并不表明收件人收到的信息与发件人发送的信息相符。也不能将确认收讫理解为收件人对发件人作出的承诺。确认收讫是否可以视为承诺,要看该确认收讫的具体内容而定。

4.2.8 数据电文发送和接收时间

数据电文何时发出,又是何时收到,在法律上有着重要意义。

数据电文的发送时间为该数据电文进入发件人控制之外的某个信息系统的时间。

基于当事人意思自治原则,当事人对数据电文的发送时间、接收时间另有约定的,从其约定。

4.2.9 数据电文的发送地点和接收地点

同发送和接收时间一样,发送和接收地点也有很重要的法律意义。《合同法》规定,承诺的生效地点为合同成立的地点;《民事诉讼法》规定,合同的双方当事人可以在书面合同中协议选择被告住所地、合同履行地、合同签订地、原告住所地、标的物所在地人民法院管辖。在冲突法中,地点还影响到准据法的选择。

法律倾向于赋予那些与交易有密切联系的地点以法律意义。因此,本条规定发件人的主营业地为数据电文的发送地点,收件人的主营业地为数据电文的接收地点,没有主营业地的,其经常居住地为发送或者接收地点。至于数据电文的实际发送和接收地点,即信息系统所在地,并不具有法律意义。因为信息系统所在地与交易本身没有关系,而且在很多情况下,我们不一定知道接收我的数据电文的那台服务器究竟放在哪里,或者根本就不在我们所在的国家或地区。网络技术的发达,使得信息处理十分灵活方便。我们可以利用办公室的信息系统发送数据电文,也可以在全球任何一个接入网络的地方发送数据电文。无论何处接入网络,就交易来说,其功能都是一样的。

基于当事人意思自治原则,当事人对数据电文的发送地点和接收地点另有约定的,从其约定。

4.3 电子签名

4.3.1 可靠的电子签名

《电子签名法》第十三条规定:电子签名同时符合下列条件的,视为可靠的电子签名:

(一)电子签名制作数据用于电子签名时,属于电子签名人专有;

(二)签署时电子签名制作数据仅由电子签名人控制;

(三)签署后对电子签名的任何改动能够被发现;

(四)签署后对数据电文内容和形式的任何改动能够被发现。

当事人也可以选择使用符合其约定的可靠条件的电子签名。

【释义】 本条是关于可靠的电子签名应当具备的条件的规定。

本条第一款规定了可靠的电子签名应当具备以下法定条件。

①电子签名制作数据用于电子签名时,属于电子签名人专有。电子签名制作数据是指在电子签名过程中使用的,将电子签名与电子签名人可靠地联系起来的字符、编码等数据。它是电子签名人在签名过程中掌握的核心数据。唯有通过电子签名制作数据的归属判断,才能确定电子签名与电子签名人之间的同一性和准确性。因此,一旦电子签名制作数据被他人占有,则依赖于该电子签名制作数据而生成的电子签名有可能与电子签名人的意愿不符,显然不能视为可靠的电子签名。

②签署时电子签名制作数据仅由电子签名人控制。这一项规定是对电子签名过程中电子签名制作数据归谁控制的要求。这里所规定的控制是指一种实质上的控制,即基于电子签名人的自由意志而对电子签名制作数据的控制。在电子签名人实施电子签名行为的过程中,无论是电子签名人自己实施签名行为,还是委托他人代为实施签名行为,只要电子签名人拥有实质上的控制权,则其所实施的签名行为,满足本法此项规定的要求。

③签署后对电子签名的任何改动能够被发现。采用数字签名技术的签名人签署后,对方当事人可以通过一定的技术手段来验证其所收到的数据电文是否是发件人所发出,发件人的数字签名有没有被改动。倘若能够发现发件人的数字签名签署后曾经被他人更改,则该项签名不能满足本法此项规定的要求,不能成为一项可靠的电子签名。

④签署后对数据电文内容和形式的任何改动能够被发现。电子签名的一项重要功能在于表明签名人认可数据电文的内容,而要实现这一功能,必须要求电子签名在技术手段上能

够保证经签名人签署后的数据电文不能被他人篡改。否则,电子签名人依据一定的技术手段实施电子签名,签署后的数据电文被他人篡改而却不能够被发现,此时出现的法律纠纷将无法依据本法予以解决。电子签名人的合法权益难以得到有效的保护。因此,要符合本法规定的可靠的电子签名的要求,必须保证电子签名签署后,对数据电文内容和形式的任何改动都能够被发现。

一项电子签名如果同时符合上述四项条件,可以视为可靠的电子签名。

本条第二款规定当事人可以约定选择可靠的电子签名应当具备的条件和采用的技术方案。尽管本条第一款规定了可靠的电子签名应当具备的法定条件,但并没有对达成上述法定条件的电子签名所需采取的技术作出统一规定。由于电子签名技术手段的多样性,当事人在从事电子商务或者其他活动中所约定采用的电子签名技术如能够满足当事人对于保障交易安全性的需求,本法同样承认其法律效力并予以保护。

4.3.2　可靠的电子签名法律效力

《电子签名法》第十四条规定:可靠的电子签名与手写签名或者盖章具有同等的法律效力。

【释义】

随着现代科学技术的发展,越来越多的技术手段被运用于电子签名领域。这些技术和手段主要包括计算机口令、眼虹膜网识别技术以及数字签名技术等。在电子商务交易中以何种技术生成的电子签名才是安全可靠的,才具有法律效力,这是电子签名法应当解决的问题。从世界各国的规定来看,主要有三种模式:一是采用技术特定化方案,即只承认数字签名的法律效力;二是技术中立方案,即在法律上不规定某种技术方案,而将技术方案的选择留给当事人各方约定;三是折中方案,即一方面规定了安全可靠的电子签名应当具备的条件,另一方面则没有限定采用何种技术的电子签名才具有法律效力。采纳这一模式的理由在于:随着科技的发展,电子签名技术也会不断地发展。电子签名技术手段的优劣,应由市场和用户作出判断,立法者只需要规定原则性标准;政府直接对具体技术作出选定,风险过大,并可能导致电子商务市场的萎缩。另一方面,目前数字签名的技术已趋于成熟并且被广泛运用于电子签名领域,需要以法律手段加以推行,以利于电子商务市场的成长。

本条的规定借鉴了联合国国际贸易法委员会《电子商务示范法》以及一些国家电子商务、电子签名立法的有关规定,并与本法第十三条规定相联系,确认了可靠的电子签名具有与手写签名或者盖章同等的法律效力。

4.3.3　电子签名人法律义务

《电子签名法》第十五条规定:电子签名人应当妥善保管电子签名制作数据。电子签名人知悉电子签名制作数据已经失密或者可能已经失密时,应当及时告知有关各方,并终止使用该电子签名制作数据。

【释义】

电子签名制作数据是将电子签名与电子签名人可靠联系起来的重要手段。电子签名人应当妥善保管电子签名制作数据,一旦电子签名制作数据失密,他人有可能利用电子签名人的电子签名制作数据从事违法行为或者牟取非法利益,给电子签名人和电子签名依赖方造成损失。在实践中,电子签名制作数据的载体包括磁盘、光盘等,尽管这些载体在使用过程中需要加入电子签名人的安全指令才能启动,但是这些载体一旦丢失或者为他人窃取,则他人通过破解这些相对简单的安全指令就可以在互联网上以电子签名人的名义从事交易活动。与传统交易不同,网上交易过程中当事人之间往往并不见面,当事人之间主要凭借的是对方当事人的电子签名来验证和核实相互间的身份,电子签名制作数据的丢失会给不法分子提供可乘之机。因此,电子签名人应当妥善保管电子签名制作数据,防止丢失或者为他人所窃取,以免给自己和对方当事人造成不必要的损失。

即便电子签名人尽到妥善保管的义务,电子签名制作数据仍然存在泄密的可能。本条中的"知悉电子签名制作数据已经失密或者可能已经失密"包含两层意思:一是电子签名人已经明确知道电子签名制作数据已失密,例如电子签名人发现未经自己允许,有人在互联网上以电子签名人的名义从事商业活动;二是电子签名人知悉电子签名制作数据有可能已经失密,例如电子签名人发现自己存放电子签名制作数据的磁盘丢失,在这种情况下,丢失的磁盘中的安全指令有可能被破译,电子签名制作数据有可能被他人用于非法活动。在这两种情况下,依据本条的规定,电子签名人应当做到:一是立即停止使用电子签名制作数据。因为在电子签名制作数据已经失密或者可能已经失密的情况下,电子签名人继续使用其电子签名制作数据有可能使电子签名依赖方更加难以确认电子签名的真伪,给交易安全带来更多的不确定性。二是及时告知有关各方当事人,避免有关各方当事人因继续信赖电子签名人的签名而造成损失或者损失的进一步扩大。

4.4　电子认证

电子签名可以依赖于很多技术来实现,有些电子签名可能并不需要认证,例如一些以生物识别技术生成的电子签名,其直接依据签名人的生理特征就可以辨别电子签名的真伪。目前,各国电子商务或者电子签名立法中确认的需要认证的电子签名一般指的是数字签名。数字签名是指通过使用非对称密码加密系统对电子记录进行加密、解密变换来实现的一种电子签名,目前它在各国的电子商务实践中得到了广泛的应用。作为第三方的数字签名认证机构通过给从事交易活动的各方主体颁发数字证书、提供证书验证服务等手段来保证交易过程中各方主体电子签名的真实性和可靠性。提供电子认证服务的机构必须是依法设立的,本法对电子认证服务提供者的设立条件、设立程序作出了明确规定。

4.4.1　电子认证服务提供者应当具备的条件

电子认证服务提供者应当具有与提供电子认证服务相适应的专业技术人员和管理人员。提供电子认证服务是一项复杂的技术工程。仅从数字签名技术的实现来看,它运用了一系列复杂的加密算法。电子认证服务提供者在提供电子认证服务的过程中涉及多级认证和交叉认证等多种技术手段。这就需要有一批懂技术的专门人才从事电子认证服务工作,才能保障电子认证活动的开展。同时,作为权威的第三方认证机构,不仅应当具备可靠的技术条件,更重要的是在策略、管理、运营等诸多方面具备良好的条件,具有合格的管理人员也是电子认证服务提供者应当具备的一个重要条件。

电子认证服务提供者应当具有与提供电子认证服务相适应的资金和经营场所。具备必要的资金是电子认证服务提供者开展业务的前提条件,也是电子认证服务提供者承担法律责任的重要保证。同时,由于提供电子认证服务对于安全性、保密性的要求较高,电子认证服务提供者相比较于一般企业,对经营场所的防火、防盗、防电磁辐射等方面的要求更高。电子认证机构对经营场所的安全条件一般都制定有严格的标准,以保障电子认证服务的顺利开展。

电子认证服务提供者应当具有符合国家安全标准的技术和设备。国家为了保障信息技术产品的安全性,先后制定了一系列的国家标准。电子认证服务提供者在提供电子认证服务过程中使用的技术和设备,应当符合国家已经制定的安全标准。

电子认证服务提供者提供电子认证服务应当具有国家密码管理机构同意使用密码的证明文件。我国商用密码条例规定,商用密码技术属于国家秘密。国家对商用密码产品的科研、生产、销售和使用实行专控管理。任何单位或者个人只能使用经国家密码管理机构认可的商用密码产品。由于电子认证服务提供者在经营过程中必然要使用密码技术和密码产品,电子认证服务提供者必须具有国家密码管理机构同意使用密码的证明文件。

法律、行政法规可以对电子认证服务提供者应当具备的条件作出其他必要的规定。本法第二十五条还规定,国务院信息产业主管部门依照本法制定电子认证服务业的具体管理办法。因此,国务院信息产业主管部门在制定具体管理办法时,可以就电子认证服务提供者应当具备的条件作出进一步具体和明确的规定。

4.4.2　电子认证服务活动的申请及申请人义务

申请人提出申请,是行政许可的前提条件,是申请人从事某种特定行为之前必须履行的法定义务。行政许可是依申请而进行的行政行为,即申请程序因相对人行使其申请权而开始。申请权是一种程序上的权利,相对人有权通过合法的申请,要求行政机关作出合法的应答。无论申请人在实体法上是否符合获得许可的条件,在程序上都享有这种权利。按照《中华人民共和国行政许可法》第二十九条的规定,公民、法人或者其他组织从事特定活动,依法需要取得行政许可的,应当向行政机关提出申请。本条第一款依照《中华人民共和国行政许可法》明确规定,从事电子认证服务,应当向国务院信息产业主管部门提出申请,并提交符合本法第十七条规定条件的相关材料。第十七条规定了提供电子认证服务应当具备的五个条件:一是具有与提供电子认证服务相适应的专业技术人员和管理人员;二是具有与提供电子认证服务相适应的资金和经营场所;三是具有符合国家安全标准的技术和设备;四是具有国家密码管理机构同意使用密码的证明文件;五是法律、行政法规规定的其他条件。申请人申请从事电子认证服务的,应当备齐符合上述条件的相关资料,以证实其具有从事电子认证服务活动的能力。依照《中华人民共和国行政许可法》第三十一条的规定,申请人申请行政许可,应当如实向行政机关提交有关材料和反映真实情况,并对其申请材料实质内容的真实性负责。行政机关也不得要求申请人提交与其申请的行政许可事项无关的技术资料和其他材料。

依照《中华人民共和国行政许可法》的规定,行政许可符合以下条件,行政机关应当予以受理:一是申请事项属于该机关行政职权范围;二是申请资料齐全、符合法定形式。依照本条规定,国务院信息产业主管部门受理申请人从事电子认证服务活动的申请后,依法进行审查,即行政程序进入审查阶段。国务院信息产业主管部门既审查申请材料是否齐全,是否符合法定形式,还要审查申请材料的实质内容是否符合法定条件。在审查阶段,国务院信息产业主管部门还要征求国务院商务主管部门等有关部门的意见。依照《中华人民共和国行政许可法》第四十二条的规定,行政许可采取统一办理或者联合办理、集中办理的,办理的时间不得超过四十五日,四十五日内不能办结的,经本级人民政府负责人批准,可以延长十五日,并应当将延长期限的理由告知申请人。本条第一款也规定国务院信息产业主管部门自接到申请之日起四十五日内作出许可或者不予许可的决定,在期限上与《中华人民共和国行政许可法》的规定相一致。予以许可的,颁发电子认证许可证书。不予许可的,应当书面通知申请人并告知理由。依照《中华人民共和国行政许可法》第三十八条的规定,“申请人的申请符合法定条件、标准的,行政机关应当依法作出准予行政许可的书面决定。”“行政机关依法作出不予行政许可的书面决定的,应当说明理由,并告知申请人享有依法申请行政复议或者提起行政诉讼的权利。”说明理由作为行政程序的一项制度十分必要。首先,行政机关将行政决定的理由明白、令人信服地向行政相对人说明,可以增强公众对政府的信任感,避免对立。对于行政机关而言,通过说明理由,可以促使其事先充分考虑行政许可决定的事实根据和法律依据,慎重决定,促进行政机关的自我监督,从而保证行政决定的正确性。其次,行政机关作出行政决定,特别是对行政相对人作出不利处理后,要考虑到行政相对人可能会对行政决定不服。行政相对人了解行政机关作出该决定的理由,才能认真考虑请求行政救济的可能性,确定是否提起和如何提起行政复议或者行政诉讼。再次,对于行政复议的受理机关或者人民法院来讲,通过行政决定的理由,可以了解行政机关作出该决定的动机和依据,便于对其进行审查。另外,在行政许可决定中说明理由,还可以使行政机关在以后处理同类案件时有据可循,促成平等保护。公众也可以通过了解行政机关对特定事务在事实上和法律上的意见或者态度,提高预测性,对公众的行为具有一定的引导作用、说明理由内容应当包括事实方面和法律方面以及自由裁量是否符合法定目的。说明理由应当以明文方式作出,叙述时应当简洁、清楚。

依照本条第二款的规定,申请人应当持电子认证许可证书依法向工商行政管理部门办理企业登记手续。申请人取得电子认证许可证书后,还需要到工商行政管理部门进行企业登记,依法办理确定主体资格的事项,才可能开始电子认证服务活动。

依照本条第三款的规定,取得认证资格的电子认证服务提供者,应当按照国务院信息产业主管部门的规定在互联网上公布其名称、许可证号等信息。电子认证服务提供者应当遵守这一规定,公布相关信息。

4.4.3　电子认证业务规则

电子认证服务提供者应当制定、公布符合国家有关规定的电子认证业务规则,并向国务院信息产业主管部门备案。电子认证服务是专业性很强的活动,由电子认证服务提供者制定有关业务规则是合理的,也是符合实际的。当然,电子认证服务者不能制定损害电子签名人和电子签名依赖方利益的、不公平的"霸王条款"。为了防止这种情况出现,本条第一款规定了两项要求:一是电子认证服务者制定的电子认证业务规则要符合国家有关规定,而且还要公布;二是电子认证业务规则要向国务院信息产业主管部门备案,以接受监督。有些国家和地区的电子签名法也规定了电子认证服务提供者制定认证业务规则的义务。例如,韩国电子签名法规定,认证机构应拟订包括下列各项内容的认证业务通则,并应向信息通信部长官申报:认证业务种类、认证业务的执行方法及步骤、认证服务的利用条件及费用其他必需事项。信息通信部长官认为认证业务通则规定的内容有碍于确保认证业务的安全和可依赖性或损害用户利益的,可命令认证机构改正。我国台湾地区《电子签章法》规定,认证机构应制定认证实务作业基准,认证实务作业基准应载明以下事项:足以影响认证机构所签发认证的可靠性或其业务执行的重要资讯;认证机构径行废止认证的事由;验证认证内容相关资料的留存;保护当事人个人资料的方法及程序;其他经主管机关订定的重要事项。

电子认证业务规则主要包括以下事项。

①责任范围。电子认证服务提供者在提供认证服务过程中,由于未履行其应尽义务,尤其是保证其签发证书的真实、可靠性的义务,既可能产生对电子签名人的责任,也可能产生对电子签名依赖方的责任。电子认证服务提供者与电子签名人即电子签名认证证书持有者是民事合同关系,电子认证服务提供者依照合同约定承担责任。电子认证服务提供者对电子签名依赖方的责任是基于法律规定而产生的,即两者是法律上的信赖关系,电子认证服务提供者对电子签名依赖方的法定义务是其承担责任的基础。同时也应当看到,电子认证服务是一个高风险的行业,既有内部风险又有外部风险,并且一旦发生风险往往会造成非常严重的后果。电子认证服务提供者在从事电子认证服务活动时当然应当尽合理的注意,承担相应的义务,但在无过错的情况下,不应承担责任,而无过错的举证责任要由认证机构承担。这是因为电子认证服务提供者处于中立的第三方,其行为和信誉直接关系到电子签名人与电子签名依赖方的利益,且相对于电子签名人及电子签名依赖方又处于强势地位,一些国家均规定了较为严格的责任制度,且设立了举证责任倒置的制度,即电子认证服务提供者如能证明其对于责任事项无任何过错方可免责。本法第二十八条也明确规定:"电子签名人或者电子签名依赖方因依据电子认证服务者提供的电子签名认证服务从事民事活动遭受损失,电子认证服务提供者不能证明自己无过错的,承担赔偿责任。"

②作业操作规范。电子认证作业操作规范包括的内容非常广泛。如对数字证书申请身份审查的内容、提供相应的身份有效证件和审查流程;数字证书类别及证书申请、签发、撤销、更新等新的操作流程;以及信息公开的要求,主要是发布相关认证信息,如证书生效、失效等公开信息。

③信息安全保障措施。电子认证服务提供者是为互联网用户提供身份认证服务的。由于其负责接受证书申请、审核申请人身份、签发证书及管理证书等服务,与其他 Internet 服务提供商一样,电子认证服务提供者所提供的服务也是通过互联网,也存在安全威胁,存在被攻击的可能,如非法入侵、植入病毒、窃取密钥等外部攻击。另外,认证系统内部也存在威胁,如内部工作人员的管理,机房的安全管理,软件的管理等。这些都需要制定具体的信息安全保障措施,防范风险。例如,电子认证服务提供者的机房是整个认证系统控制核心,机

房的正常运作是所有电子商务活动的基础,必须采取足够的措施保证机房的安全。如必须设置独立的机房用于安全认证管理,该机房必须受到严格的、高等级的安全保护,至少应该设置三层安全控制保护层。类似这样的信息安全保障措施应当体现在电子认证业务规则中。

4.4.4 电子签名人和电子认证服务提供者的有关义务

在电子认证关系中,电子签名人是电子认证服务提供者的客户,是接受电子认证服务的一方。电子签名人除了应履行一般的支付费用义务外,还应当履行一些与电子认证服务关系的特性相应的义务。本条第一款规定的真实诚信义务就是其中的重要方面。电子签名人申请电子签名认证证书,要担负起保证所提供的信息的真实性、准确性和完整性的义务。诚实信用义务最直接的表现是真实陈述的义务,即真实陈述电子认证服务提供者颁发证书时要求其提供的事项。这是电子签名人在申请证书时所应当履行的基本义务,因为就其身份、地址、营业范围、证书信赖等级的真实陈述,是证书可信赖性产生的前提,否则将构成对证书体系信赖性的损害,应承担相应的法律责任。

本条第二款规定了电子认证服务提供者的谨慎审核义务。这要求电子认证服务提供者在收到电子签名认证证书申请后,对申请者所提交的有关材料的真实性,应当谨慎地加以审核,因为证书的颁发、信赖方的信赖都依赖于对这些材料真实性的审查。另外,还要严格查验申请人的身份。这些都是为了保证其所发放的证书具有可靠的权威性和信任度。对个人电子签名认证证书申请者,电子认证服务提供者一般要求其提供个人的姓名、个人身份证的原件以及复印件、身份证号、联系电话、住址、通信地址、邮政编码、电子邮箱等个人资料;对单位电子签名认证证书申请者,除对具体的经办人要求提供上述个人资料外,还要求提供申请单位资料:如单位名称、单位所属行业类别、单位地址、单位注册号码、单位组织机构代码、单位电子邮箱、电话、传真、单位有效证件的原件与复印件等资料。

4.4.5 电子签名认证证书的内容

电子签名认证证书是电子认证服务提供者签发的用以证明证书持有人的电子签名、身份、资格及其他有关信息的电子文件,它是电子交易当事人在互联网上从事电子商务活动的身份证和通行证。在电子商务交易中互不认识的双方当事人用其证书证明各自签名的真实性,可以在双方之间建立相互信任的基础。因此,电子签名认证证书不仅具有证明电子签名的真实性与完整性的作用,还可以为交易当事人提供身份及从事交易的资格、权限等方面的证明。基于电子签名认证证书的重要作用,电子认证服务提供者签发的电子签名认证证书应当准确无误,否则就可能产生损害电子认证、电子交易的后果,影响电子签名认证证书的权威性和信任度。

依照本条规定,电子签名认证证书应当载明的内容包括电子认证服务提供者和证书持有人的名称、证书序列号、证书有效期、证书持有人的电子签名验证数据和电子认证服务提供者的电子签名,以及国务院信息产业主管部门规定的其他内容。这是法律规定的电子签名认证证书应当载明的内容。电子认证服务提供者还可以根据实际需要载明其他内容,如载明证书的种类与等级等信息。

4.4.6 电子认证服务提供者的保证义务

电子认证服务提供者最重要的任务就是制作、发放和管理电子签名认证证书,所以其首要义务就是保证认证证书的真实性、完整性和准确性,即所发放认证证书的公共密钥同某个确定身份的人是一一对应的,以保证发放的证书具有可靠的权威性和信任度。电子认证服务提供者要使发布的认证信息及时可靠,其中还包括要让有关当事人能够随时证实证书申请人所拥有的身份证、许可证或者营业执照等关系该人行为能力的文书或者证件的效力。因此,本条规定了电子认证服务提供者的两项保证义务:一是保证电子签名认证证书内容在有效期内完整、准确;二是保证电子签名依赖方能够证实或者了解电子签名认证证书所载内容及其他有关事项。

联合国国际贸易法委员会电子签名法示范法对本条规定的内容作出了更具体的规定,要求验证服务提供商应当采取合理谨慎措施,确保其作出的有关证书整个周期内的或需要列入证书内的所有重大表述均精确无误和完整无缺。

4.4.7 电子认证服务提供者的业务承接要求

电子签名与电子认证都是电子商务的保障。电子签名的目的是保护数据电文的安全,防止其内容的仿冒、更改或者否认。法律强调对电子签名安全技术标准的认定。电子认证的目的是把电子签名和交易联系起来,确保对方得到的电子签名不是其他人假冒的。为此,法律强调对电子认证机构的组织结构和权利、义务的分配,对认证机构的设立和监管,以及确立认证机构的归责原则及其赔偿责任。如果说电子签名主要用于数据电文本身的安全,使之不被否认或者篡改,是一种技术手段上的保证,那么电子认证是以特定的机构对电子签名及其签署者的真实性进行验证服务,主要应用于交易安全方面,主要是一种组织制度上的保证。而电子商务交易活动具有连续性的特点,法律必须对电子认证服务提供者的业务事项的维持予以特别规定,才能有效地保护电子签名人和电子签名依赖方的利益。

电子认证服务提供者拟暂停或者终止电子认证服务的,将会影响到相关方的利益,因此本条第一款规定,应当在暂停或者终止服务九十日前,就业务承接及其他有关事项通知有关各方。此外,电子认证服务提供者拟暂停或者终止电子认证服务的,还应当履行以下义务。

①报告。电子认证服务提供者应当在暂停或者终止服务六十日前向国务院信息产业主管部门报告,使其了解情况。

②协商承接。电子认证服务提供者除在法定期限内向国务院信息产业主管部门报告外,还要与其他电子认证服务提供者就业务承接进行协商,协商达成一致意见的,对业务承接事项作出妥善安排。

③指定承接。电子认证服务提供者未能就业务承接事项与其他电子认证服务提供者达成协议的,应当申请国务院信息产业主管部门安排其他电子认证服务提供者承接其业务。

对于电子认证服务提供者被依法吊销电子认证许可证书的,其业务承接事项的处理按照国务院信息产业主管部门的规定执行。

4.4.8　电子认证服务提供者保存认证信息及保存期限

依照本法第二十条的规定,电子签名人向电子认证服务提供者申请电子签名认证证书,应当提供真实、完整和准确的信息。这些信息涉及的面比较广,既可能包括申请人的个人隐私,也可能涉及申请人的商业秘密,如果这些信息被泄露,可能会损害电子签名人的利益,因此,本条规定了电子认证服务提供者妥善保存与认证相关的信息的义务,并规定信息保存期限至少为电子签名认证证书失效后五年。如果电子认证服务提供者违反上述规定,依照本法第三十一条的规定,由国务院信息产业主管部门责令限期改正;逾期未改正的,吊销电子认证许可证书,其直接负责的主管人员和其他直接责任人员十年内不得从事电子认证服务。

4.4.9　电子认证服务管理办法制定及监管

电子认证是基于数据电文的收件人需要对收讫的数据电文发送人身份及数据电文的真实性、完整性进行核实而产生的。

电子认证通过电子认证机构颁发电子认证证书,据以确认数据电文发送人制作数字签名的密钥对与发送人的联系来实施认证确认活动。鉴于电子认证机构在电子交易中的重要作用,关于其设置、资格、行为规范等,始终是各国电子商务立法关注的重点。符合一定标准的电子认证机构,才能保证其运营符合电子商务的需要。电子认证机构的运营受到切实有效的监督,才能更好地保护电子签名人和电子签名依赖方的利益。

从国外看,对电子认证机构进行监管的内容主要包括与证书发放有关记录的保存、发证、证书更新、中止和撤销、认证业务声明、安全准则和保密等。如新加坡《电子交易法》规定,为保证本法或其细则的需要,通过书面通知,监管人可以指示认证机构或其工作人员采取通知书中指定的行为,对于不遵守指示的,要追究相应的法律责任。马来西亚《数字签名法》规定,对于特许认证机构,应当每年进行一次检查,以评价其遵守本法案的情况。

从我国实际情况看,对电子认证服务业主要靠市场引导和行业自律的条件尚不具备,由政府部门实施适度监管是必要的。本法规定了提供电子认证服务应当具备的条件,规定了对提供电子认证服务实施行政许可制度,规定了有违法行为的电子认证服务提供者应承担的法律责任,这些规定是必要的、可行的。另外,由于我国的电子认证业务还处于发展起步阶段,政府部门对电子认证机构如何实施有效的、适度的监管,还需要在实践中进一步总结经验。为此,本条授权国务院信息产业主管部门制定电子认证服务业管理的具体办法。

4.4.10　境外电子签名认证证书的法律效力

在跨国境的电子商务中,最重要一个环节是对处于不同司法管辖范围内的交易人的身份进行认证。这就要涉及电子证书的跨境认证。实现跨境认证有几种方式。第一,允许境外的认证机构在本地提供服务。第二,境内的认证机构出境提供认证服务。第三,不同司法管辖范围内的认证机构达成相互认证协议。第一、第二种方式,都是服务贸易的延伸。一旦境内的认证机构出境或境外的认证机构进境,都可以被视为本地的认证机构,都应当受到本地法律的管辖。本条所称的境外的电子认证服务者是指不受本地法律管辖的电子认证服务提供者。在认证过程中出现争议时,会涉及两种法律体系和两种司法制度协调。因此,不同国别的电子认证服务的相互认证必须由两国政府根据国际法原则协商确定解决。

本法规定的有关协议是指,根据两国政府间的协议,而对等原则是指别国政府或法律对中国境内的电子认证服务提供者提供的认证服务的态度。依据这两点,信息产业主管部门可以核准确认,哪些境外的认证机构签发的认证证书可以在我国境内使用。

4.5 法律责任

4.5.1 电子签名人未履行法定义务造成他人损失承担赔偿责任

电子签名人作为电子签名活动中的一方当事人,除了享有法律赋予的权利外,还应当履行法律规定的义务。按照本法规定,电子签名人应当妥善保管电子签名制作数据。电子签名人知悉电子签名制作数据已经失密或者可能已经失密时,应当及时告知有关各方,并终止使用该电子签名制作数据。如果电子签名人未妥善保管电子签名制作数据,知悉电子签名制作数据已经失密或者可能已经失密时,未及时告知有关各方,并终止使用电子签名制作数据,则可能使电子签名活动中的其他各方当事人因信赖所使用的电子签名制作数据而遭受损失,对于所造成的损失,电子签名人应承担赔偿责任。

按照本法规定,电子签名人向电子认证服务提供者申请电子签名认证证书,应当提供真实、完整和准确的信息。电子签名人由于提供的信息不真实、不完整、不准确,给电子签名活动的其他各方当事人造成损失的,应承担赔偿责任。

电子签名人由于自己的过错给电子签名依赖方、电子认证服务提供者造成损失的,承担赔偿责任。联合国贸法会电子签名示范法对于电子签名人也规定了类似本法规定的义务,按照示范法的规定,签名人知悉签名制作数据已经失密或者签名人知悉导致签名制作数据可能已经失密的重大风险情况时,应毫不迟疑地作出合理的努力,向签名人按合理预计可能依赖电子签名或提供支持电子签名服务的任何人发出通知。如果未满足以上要求,应承担由此引起的法律后果。在这方面本法的规定与联合国贸法会电子签名示范法的规定是一致的。按照民法通则的规定,公民、法人由于过错侵害国家的、集体的财产,侵害他人财产、人身的,应当承担民事责任。本条规定的承担民事责任的方式是赔偿损失。这是适用最广泛的一种责任形式。在我国法律上的赔偿损失,专指以金钱的方式赔偿对方的损失。侵犯财产权和侵犯人身权都可能发生这种责任。赔偿损失的民事责任,除法律有特别规定外,应当赔偿受害人的全部损失。损失除了包括财产的直接损失外,还包括间接损失,或者说是可得利益的损失。

按照本条规定,电子签名人承担赔偿责任的前提条件是主观上必须有过错。可以看出,本法对电子签名人承担民事责任实行的是过错责任原则。如果电子签名人主观上没有过错,则不承担赔偿责任。

4.5.2 电子认证服务提供者因过错造成损失承担赔偿责任

由于电子商务的开放性,交易各方不相识、不了解,彼此不信任,因而不具备达成交易所必需的信任基础。这在客观上就需要一个既为各方所信任,又具备专业技能,同时又管理严格的机构。于是,电子认证服务便应运而生。电子认证是一种用于确定一个人的身份或者特定信息真实性的程序。对于一个数据电文,认证涉及确定其来源并确定其在传送过程中没有被修改或替换。也就是特定的机构对电子签名及其签署者的真实性进行验证的过程。电子认证的主要功能就是对内防止否认,对外防止欺诈。而且从事电子认证业务的电子认证服务提供者是具备法律规定的条件,依法设立并经国务院信息产业主管部门予以许可的。正是基于对电子认证服务提供者的信任,民事活动中的电子签名人、电子签名依赖方才会信赖电子认证服务提供者颁发的电子认证证书。如果电子签名人或者电子签名依赖方自己本身没有任何过错,只是由于信赖电子认证服务提供者提供的服务,依据电子认证服务提供者提供的电子认证服务而遭受损失的,电子认证服务提供者应当承担赔偿责任。

按照本条的规定,电子认证服务提供者如果不能证明自己无过错的,承担赔偿责任。也就是说,如果电子认证服务提供者能够证明自己没有过错,则不承担赔偿责任。在通常情况下,对原告提出的事实,是由原告先举证,只有原告尽到了自己的举证责任,被告予以反驳,才由被告对反驳意见提供证据并加以说明。本条规定的是举证责任倒置,即对原告提出的侵权事实,电子认证服务提供者如果予以否认,则应负举证责任,证明自己没有过错。

按照本法规定,电子认证服务提供者应当制定、公布符合国家有关规定的电子认证业务规则,并向国务院信息产业主管部门备案。电子认证业务规则应当包括责任范围、作业操作规范、信息安全保障措施等事项。按照目前一些电子认证服务提供者制定的电子认证业务规则的规定,电子认证服务提供者承担赔偿责任实行的是限额赔偿,且各个电子认证服务提供者所制定的电子认证业务规则有所不同,对于责任范围规定的也不同。多数是根据电子认证证书申请者的性质以及所交费用的不同而有所不同。

4.5.3　未经许可提供电子认证服务应承担的法律责任

按照本法规定,从事电子认证服务,应当向国务院信息产业主管部门提出申请,并提交具有相应的专业技术人员和管理人员、相应的资金和经营场所、符合国家安全标准的技术和设备、国家密码管理机构同意使用密码的证明文件以及法律、行政法规规定的其他条件的相关材料。国务院信息产业主管部门接到申请后经依法审查,征求国务院商务主管部门等有关部门的意见后,自接到申请之日起四十五日内作出许可或者不予许可的决定。予以许可的,颁发电子认证许可证书。申请人应当持电子认证许可证书依法向工商行政管理部门办理企业登记手续。如果没有按照以上规定的程序取得电子认证从业许可,就构成本条规定的未经许可提供电子认证服务的违法行为。

按照本条规定,对于未经许可提供电子认证服务的,应当承担以下行政责任。

①责令停止违法行为。即由国务院信息产业主管部门责令违法行为人停止提供电子认证服务的行为。由于电子认证服务涉及民事合同有关各方的交易安全,为了使电子签名人以及电子签名依赖方免受损失,国务院信息产业主管部门一旦发现未经许可从事提供电子认证服务的行为,应当立即责令违法行为人停止违法行为。

②对于有违法所得的,没收违法所得。这里讲的违法所得是指由于非法提供电子认证

服务行为而获得的全部经营收入。

③违法所得三十万元以上的,对其处以罚款。罚款是指有行政处罚权的行政机关强制行为人承担金钱给付义务,即在一定期限内交纳一定钱款的处罚形式。按照本条规定,行使行政处罚权的机关是国务院信息产业主管部门。即由国务院信息产业主管部门对违法行为人处以罚款。罚款的幅度为违法所得一倍以上三倍以下。

④没有违法所得或者违法所得不足三十万元的,处十万元以上三十万元以下的罚款。

4.5.4　电子认证服务提供者暂停或者终止电子认证服务未按规定报告的法律责任

按照本法规定,电子认证服务提供者拟暂停或者终止电子认证服务的,应当在暂停或者终止服务六十日前向国务院信息产业主管部门报告,并与其他电子认证服务提供者就业务承接事项进行协商,作出妥善安排。由于认证机构的业务涉及到公众利益,是一般交易的基础条件,其业务的终止不能像一般的营利性企业一样,而是应当建立使其营业持续进行的机制,即业务承接。因此,要求电子认证服务提供者按照本法的规定向国务院信息产业主管部门报告,就是为了保证这种业务的持续,及时报告便于国务院信息产业主管部门及时作出安排,保护用户的权益。电子认证服务提供者如果打算暂停或者终止电子认证服务,没有在暂停或者终止服务六十日前向国务院信息产业主管部门报告,则构成本条的违法行为,应依照本条规定承担法律责任。

按照本条规定,对于有本条规定的违法行为,由国务院信息产业主管部门对其直接负责的主管人员处一万元以上五万元以下的罚款。本条规定的实施行政处罚的机关是国务院信息产业主管部门。本条规定的处罚对象是电子认证服务提供者的直接负责的主管人员。这里讲的"直接负责的主管人员",是指在单位违法行为中负有直接领导责任的人员,包括违法行为的决策人,事后对单位违法行为予以认可和支持的领导人员,以及由于疏忽管理或放任,因而对单位违法行为负有不可推卸的责任的领导人员。本条规定的行政处罚的种类是罚款。罚款的幅度是一万元以上五万元以下。

4.5.5　电子认证服务提供者违法行为应承担的法律责任

按照本法规定,电子认证服务提供者应当制定、公布符合国家有关规定的电子认证业务规则,并向国务院信息产业主管部门备案。电子认证业务规则,是电子认证服务提供者制定的,用于约束电子认证服务提供者以及电子签名人、电子认证证书的信赖者的业务声明。各方当事人必须遵守,特别是认证服务提供者。如果电子认证服务提供者不遵守认证业务规则的规定,就构成了本条规定的违法行为。如按照某电子认证服务提供者制定的电子认证业务声明的规定,电子认证服务提供者应当对认证证书申请者的身份进行鉴别,如必须检查文件的复印件,包括工商执照、组织机构代码、税务登记等。认证服务提供者可以通过查询第三方数据库或咨询相应的政府机构等方式,来对申请者及其申请材料进行验证。如果电子认证服务提供者对申请者所提供的材料没有进行验证,就会影响认证证书的真实性与安全性,构成本条规定的违法行为,应依照本条规定承担法律责任。

按照本法规定,电子认证服务提供者应当妥善保存与认证相关的信息。这是本法对电子认证服务提供者规定的一项义务。与认证相关的信息涉及电子签名人的一些个人资料,还要保证电子签名依赖方能够证实或者了解电子签名认证证书所载内容及其他有关事项,电子认证服务提供者应当采取有效的措施予以保存,如应采取物理安全保障措施,免遭恶劣环境或者突发事件等的破坏。如果未妥善保存信息,不能确保这些信息在规定的期限内满足查阅的需要。则构成本条的违法行为,应承担相应的法律责任。

按照本法规定,国务院信息产业主管部门有权制定电子认证服务业的具体管理办法。电子认证服务提供者对于国务院信息产业主管部门依法制定的电子认证服务业管理办法必须遵守,如果未遵守就构成本条规定的其他违法行为,也应依照本法规定追究其法律责任。

按照本条规定,电子认证服务提供者不遵守认证业务规则、未妥善保存与认证相关的信息,或者有其他违法行为的,首先由国务院信息产业主管部门责令限期改正。即责令违法行为人在规定的期限内纠正违法行为。如果电子认证服务提供者在规定的期限内未纠正违法行为,则由国务院信息产业主管部门吊销电子认证许可证书。这是比较严厉的能力罚。这里讲的"吊销许可证书",是指有关行政执法机关依法取消经营单位从事经营活动的合法凭证。即由国务院信息产业主管部门取消有违法行为的电子认证服务提供者所取得的许可从事电子认证服务的合法凭证,剥夺有违法行为的电子认证服务提供者从事电子认证服务的资格。同时,要对电子认证服务提供者的直接负责的主管人员和其他直接责任人员处以资格罚。即在十年内不得从事电子认证服务。这里讲的"其他直接责任人员",是指直接实施单位违法行为的人员。对于吊销电子认证许可证书的,国务院信息产业主管部门应当予以公告。公告应当在大众媒体上,目的是让广大用户都能知晓,避免造成不必要的损失。在公告的同时,还应当通知工商行政管理部门。由工商行政管理部门吊销违法行为人的营业执照。

4.5.6 伪造、冒用、盗用他人的电子签名的法律责任

网络的特点是公开、便捷、资源共享,极大地方便了各种人员在网上这个虚拟的空间自由沟通,也有利于社会使用多种公共的或私人的服务,这无疑大大提高了生活质量和经济效益。网络的发展带动了电子商务的发展。由于电子商务活动中,交易各方彼此不见面,这也为形形色色的违法犯罪行为提供了条件。本条所讲的伪造、冒用、盗用他人的电子签名,就是一种扰乱市场秩序,侵犯他人权益的行为;同时,这种行为也严重影响了电子交易的安全,法律对这些行为应当严厉制裁。本条所讲的伪造他人的电子签名,是指未经电子签名合法持有人的授权而创制电子签名或者创制一个认证证书列明但实际并不存在用户的签名等。本条所讲的冒用他人的电子签名,是指非电子签名持有人未经电子签名人的授权以电子签名人的名义实施电子签名的行为。本条所讲的盗用他人的电子签名,是指秘密窃取并使用他人电子签名的行为。

按照本条规定,伪造、冒用、盗用他人电子签名,构成犯罪的,依法追究刑事责任。构成本条的犯罪,主要是指构成刑法第二百八十条关于妨害国家机关公文、证件、印章的犯罪,伪造公司、企业、事业单位、人民团体印章的犯罪。构成该条的犯罪,必须具备以下条件:一是

主观上是故意;二是客观上实施了伪造他人的电子签名的行为。对于构成犯罪的,依照刑法第二百八十条的规定,伪造、变造国家机关的公文、证件、印章的,处三年以下有期徒刑、拘役、管制或者剥夺政治权利;情节严重的,处三年以上十年以下有期徒刑。伪造公司、企业、事业单位、人民团体的印章的,处三年以下有期徒刑、拘役、管制或者剥夺政治权利。这里的"情节严重",主要是指多次实施伪造他人电子签名的行为;造成政治影响很坏、经济损失很大等严重后果的等。行为人在实施伪造电子签名等违法行为过程中,也可能利用计算机实施金融诈骗等的犯罪。即利用计算机实施金融诈骗、盗窃、贪污、挪用公款、窃取国家秘密或者其他犯罪的,诈骗,主要是指以非法占有为目的,用虚构事实或者隐瞒真相的方法,骗取公私财物的行为。构成诈骗罪,必须具备以下条件:一是行为人主观上应当是故意,而且具有非法占有公私财物的目的;二是诈骗公私财物数额较大。数额较大的具体数额,由司法机关根据各地的具体情况作出具体规定。对于构成诈骗罪的,依照刑法第二百六十六条的规定处罚。

给他人造成损失的,依法承担民事责任。民事责任,是指进行了民事违法行为的人在民法上承担的对其不利的法律后果。合法的民事权益受法律保护,如果受到他人的非法侵害,则需要给权利人以充分的法律救济,这就是民事责任制度。根据民事违法行为所侵害的权利不同,民事责任分为违约的民事责任与侵权责任。本条所讲的民事责任,指的是侵权的民事责任。给他人造成损失的,应当承担民事责任。按照民法通则的规定,承担民事责任的方式主要包括停止侵害、排除妨碍、消除危险、返还财产、恢复原状、赔偿损失、赔礼道歉等。对于所规定的承担民事责任的几种方式,可以单独适用,也可以合并适用。

4.5.7　电子认证监管部门的工作人员法律责任

按照本法规定,国务院信息产业主管部门应当制定电子认证服务业的具体管理办法,对电子认证服务提供者依法实施监督管理。这是本法赋予国务院信息产业主管部门的法定职责。为了保证电子认证机构以公正第三方的身份对电子签名提供真实可信的认证服务,应当加强政府部门对电子认证服务的监督管理。国务院信息产业主管部门是依照本法负责电子认证服务业管理工作的部门,具体负责电子认证服务机构的从业许可,在电子认证服务机构拟暂停或者终止电子认证服务、未能就业务承接事项与其他电子认证服务提供者达成协议时,要安排其他电子认证服务提供者承接其业务,并负责对违反本法规定的行为行使行政处罚权。如果不很好履行本法赋予的这些职责,就要承担相应的法律责任。

依照本法负责电子认证服务业管理工作的部门的工作人员,不依法履行行政许可、监督管理职责的,应当承担相应的法律责任。

①不依法履行行政许可职责。不依法履行行政许可职责,可以表现为对不符合法定条件的电子认证服务提供者准予行政许可或者超越法定职权作出准予行政许可决定。

②不依法履行监督管理职责。主要表现为:一是对经其许可的电子认证服务提供者没有实施经常性的监督;二是监督不力,对监督中发现的违法行为没有依法予以查处,如国务院信息产业主管部门在监督中发现电子认证服务提供者未妥善保存与认证相关的信息,按照本法规定,应当责令其限期改正,逾期未改正的,吊销电子认证许可证书。如果对于逾期

未改正的,没有吊销电子认证许可证书,构成本条的违法行为。

对不依法履行行政许可、监督管理职责的工作人员,依照下列规定追究法律责任:

①依法给予行政处分。行政处分,是指国家机关依法给隶属于它的犯有较轻违法行为人员的一种制裁性处理。按照《国家公务员暂行条例》的规定,对于公务员有玩忽职守,贻误工作等违法行为,尚未构成犯罪的,应当给予行政处分。行政处分分为:警告、记过、记大过、降级、撤职、开除六种。根据行为的轻重决定。行政处分应当按照干部管理权限分别由任免机关或者行政监察机关决定。

②构成犯罪的,依法追究刑事责任。这里讲的构成犯罪,主要是指构成刑法第三百九十七条规定的玩忽职守犯罪和滥用职权犯罪。构成犯罪的前提条件是造成严重后果。"造成严重后果",是指致使公共财产、国家和人民利益遭受重大损失的行为。滥用职权是指行使了不该自己行使的职权,即国家机关工作人员超越法律、法规赋予的职权,擅自处理其无权决定、处理的事项,或者在行使职权时,以权谋私,假公济私,不正确地履行职责,或者随心所欲地做出处理决定等。玩忽职守,是指国家机关工作人员严重不负责任,不履行或者不正确履行职责的行为。如果由于滥用职权、玩忽职守而造成严重后果的,则构成滥用职权犯罪和玩忽职守犯罪。依照刑法第三百九十七条的规定,对玩忽职守、滥用职权的犯罪,处三年以下有期徒刑;情节特别严重的,处三年以上七年以下有期徒刑。情节特别严重,主要是指造成的经济损失数额特别巨大;造成特别严重的政治影响等情形。

本章案例

使用电子签名方式订立合同是否有效?

——京东小贷公司诉帝耐仕公司借款合同纠纷案

基本案情

2017 年 9 月 1 日,原告京东小贷公司经重庆市巴南区金融发展中心批复开业,经营范围为开展各项贷款等。其中自营贷款可通过市委金融办核准和备案的网络平台在全国范围内开展(已核准平台是"京东商城",网址为×××.com,京 ICP 证 070359 号)。原告在互联网贷款中所采用的数字证书及电子签名认证服务均由天威公司提供,该公司系由国家密码管理局、工业和信息化部批准的电子认证服务机构。被告帝耐仕公司通过提交公司营业执照、开户许可证、法定代表人身份证及银行账号等资料与信息在京东网站(×××.com)上实名注册并认证京东账户。

2017 年 9 月 3 日,被告帝耐仕公司通过 loan.jd.com 京东金融产品服务网站与原告签订《京东用户金融服务合同》,双方约定:被告帝耐仕公司在授信额度内以《借款申请书》对贷款本金、贷款期限、还款方式做出选择并向原告申请贷款,贷款利率以原告最终核定为准;被告帝耐仕公司同意原告将贷款资金通过其在网银在线(北京)科技有限公司营运的网站(×××.com)开立的商户号账户划入被告帝耐仕公司京东钱包账户,网银在线(北京)科技有限公司的转账记录、回单或出具的证明系证明原告已发放贷款的有效凭证。被告帝耐仕公司未按合同约定偿还原告借款本金或利息的,视为逾期,原告有权要求贷款提前到期;贷款逾期的罚息按(逾期贷款本金+未还利息)×日罚息利率(贷款执行利率加收50%)×逾期天数标准计算;若被告未按合同约定及时足额偿还贷款本息或其他应付款的,原告以合法手段追偿贷款所产生的费用(包括但不限于诉讼费、财产保全费、律师代理费及拍卖费等)由被告承担等内容;被告帝耐仕公司确认其司法文书的有效送达地址为在工商行政机关登记的注册地址等内容。

被告帝耐仕公司遂向原告申请借款,涉案借款产生于2017年9月3日至2019年1月26日期间,涉案借款金额共800 000元,被告帝耐仕公司在每笔《借款申请书》中对借款金额、借款日执行利率、借款期限及还款方式等内容均予以明确,原告已按约定将前述款项800 000元划入被告帝耐仕公司在网银在线(北京)科技有限公司(以下简称网银在线公司)开立的京东钱包账户。网银在线公司就前述款项划转的真实性出具证明予以证实。

在履行还款义务中,被告帝耐仕公司未按约定及时足额向原告履行还款义务,截至2020年9月28日,被告尚欠原告借款本金188 952.92元、利息5 498.76元、逾期罚息38 856.92元。原告京东小贷公司向法院提出诉讼,要求被告帝耐仕公司偿还贷款本金、利息、罚息及律师费。

庭审中,原告陈述其诉请的利息系按中国人民银行授权全国银行间同业拆借中心公布的贷款市场报价利率进行调减后通过系统固定公式计算得出,合同约定的贷款利率标准超过年利率15.4%(该利率标准为原告起诉时中国人民银行授权全国银行间同业拆借中心公布的一年期贷款市场报价利率的四倍)的借款期内利息按照年利率15.4%计算,合同约定的贷款利率标准低于年利率15.4%的借款期内利息按合同约定贷款利率计算,因合同约定的逾期罚息利率系在贷款执行利率上加收50%,该罚息利率标准超过了年利率15.4%,故原告诉请的逾期罚息均以欠付的借款本金为基数按年利率15.4%计算。另查明,原告为实现本案所涉债权,委托重庆华立万韬律师事务所向被告起诉催收欠款,产生律师费6 000元。还查明,网银在线公司成立于2003年6月13日,经营范围为互联网支付等,并于2017年8月30日取得中国人民银行颁发的支付业务许可证书,许可证编号为××,有效期截至2021年5月2日。

裁判要旨

本案法律关系是因自然人、法人之间进行资金融通产生,案由应为民间借贷。根据《中华人民共和国电子签名法》第三条"民事活动中的合同或者其他文件、单证等文书,当事人可以约定使用或者不使用电子签名、数据电文。当事人约定使用电子签名、数据电文的文书,不得仅因为其采用电子签名、数据电文的形式而否定其法律效力……"之规定,当事人在民事活动中可以选择使用电子签名等方式订立合同。被告帝耐仕公司在京东网站实名认证后与原告签订的《京东用户金融服务合同》其内容系双方真实意思表示,内容不违反法律法规禁止性规定,合法有效,原、被告双方均应按照约定严格履行合同。本案中,原告按约向被告发放贷款,被告帝耐仕公司应及时足额向被告履行借款本息的偿还义务。截至本案法庭终结,被告帝耐仕公司仍欠原告借款本金188 952.92元及相应利息,已构成违约,应当继续履行还款义务,并承担违约责任。

讨论: 1. 实在法上电子签名合同效力与普通纸质手签合同效力的认定?

      2. 电子签名在诉讼法上的意义和作用?

本章小结

随着电子商务和电子政务的迅猛发展,电子签名的应用范围愈加广泛。学习本章内容后,应掌握电子签名和数据电文的法律效力;熟悉数据电文作为证据使用时的可采性和真实性;掌握电子认证业务规则,电子认证服务提供者是为互联网用户提供身份认证服务的。由于其负责接受证书申请、审核申请人身份、签发证书及管理证书等服务。各国电子商务或者电子签名立法中确认的需要认证的电子签名一般指的是数字签名。数字签名是指通过使用非对称密码加密系统对电子记录进行加密、解密变换来实现的一种电子签名,目前它在各国的电子商务实践中得到了广泛的应用。熟悉电子签名人和电子认证服务提供者的有关义务,掌握电子认证服务管理办法制定及监管。要掌握电子签名人未履行法定义务造成他人损失的责任和电子认证服务提供者因过错造成损失承担赔偿责任。

本章习题

1. 试述电子签名和数据电文的法律效力。

2. 数据电文法定书面形式要求是什么?

3. 试阐述可靠的电子签名的条件。

4. 简述电子签名认证证书的内容。

5. 分析电子认证服务提供者违法行为应承担的法律责任。

第 5 章
网络交易的规制

📖 学习目标

本章首先阐述网络商品交易的含义和网络商品交易的基本特征,要求学生熟悉网络商品交易现状,包括网站功能建设、商品配送及网店信誉度,注意商品质量与交易风险防范;掌握各种网络交易模式的法律问题,理解网络商品交易的监管,掌握保护消费者权益的具体政策。

案例导入

上海熊猫互娱文化有限公司诉李岑、昆山播爱游信息技术有限公司合同纠纷案
(最高人民法院审判委员会讨论通过 2022 年 12 月 8 日发布指导案例 189 号)

裁判要点

网络主播违反约定的排他性合作条款,未经直播平台同意在其他平台从事类似业务的,应当依法承担违约责任。网络主播主张合同约定的违约金明显过高请求予以减少的,在实际损失难以确定的情形下,人民法院可以根据网络直播行业特点,以网络主播从平台中获取的实际收益为参考基础,结合平台前期投入、平台流量、主播个体商业价值等因素合理酌定。

相关法条

《中华人民共和国民法典》第 585 条(本案适用的是自 1999 年 10 月 1 日起实施的《中华人民共和国合同法》第 114 条)

基本案情

被告李岑原为原告上海熊猫互娱文化有限公司(以下简称熊猫公司)创办的熊猫直播平台游戏主播,被告昆山播爱游信息技术有限公司(以下简称播爱游公司)为李岑的经纪公司。2018 年 2 月 28 日,熊猫公司、播爱游公司及李岑签订《主播独家合作协议》(以下简称《合作协议》),约定李岑在熊猫直播平台独家进行"绝地求生游戏"的第一视角游戏直播和游戏解说。该协议违约条款中约定,协议有效期内,播爱游公司或李岑未经熊猫公司同意,擅自终

止本协议或在直播竞品平台上进行相同或类似合作，或将已在熊猫直播上发布的直播视频授权给任何第三方使用的，构成根本性违约，播爱游公司应向熊猫直播平台支付如下赔偿金：①本协议及本协议签订前李岑因与熊猫直播平台开展直播合作熊猫公司累计支付的合作费用；②5 000 万元人民币；③熊猫公司为李岑投入的培训费和推广资源费。主播李岑对此向熊猫公司承担连带责任。合同约定的合作期限为一年，从 2018 年 3 月 1 日至 2019 年 2 月 28 日。

2018 年 6 月 1 日，播爱游公司向熊猫公司发出主播催款单，催讨欠付李岑的两个月合作费用。截至 2018 年 6 月 4 日，熊猫公司为李岑直播累计支付 2017 年 2 月至 2018 年 3 月的合作费用 1 111 661 元。

2018 年 6 月 27 日，李岑发布微博称其将带领所在直播团队至斗鱼直播平台进行直播，并公布了直播时间及房间号。2018 年 6 月 29 日，李岑在斗鱼直播平台进行首播。播爱游公司也于官方微信公众号上发布李岑在斗鱼直播平台的直播间链接。"腾讯游戏"微博新闻公开报道："BIU 雷哥（李岑）是全国主机游戏直播节目的开创者，也是全国著名网游直播明星主播，此外也是一位优酷游戏频道的原创达人，在优酷视频拥有超过 20 万的粉丝和 5 000 万的点击……"

2018 年 8 月 24 日，熊猫公司向人民法院提起诉讼，请求判令两被告继续履行独家合作协议、立即停止在其他平台的直播活动并支付相应违约金。一审审理中，熊猫公司调整诉讼请求为判令两被告支付原告违约金 300 万元。播爱游公司不同意熊猫公司请求，并提出反诉请求：①判令确认熊猫公司、播爱游公司、李岑三方于 2018 年 2 月 28 日签订的《合作协议》于 2018 年 6 月 28 日解除；②判令熊猫公司向播爱游公司支付 2018 年 4 月至 2018 年 6 月之间的合作费用 224 923.32 元；③判令熊猫公司向播爱游公司支付律师费 20 000 元。

裁判结果

上海市静安区人民法院于 2019 年 9 月 16 日作出（2018）沪 0106 民初 31513 号民事判决：一、播爱游公司于判决生效之日起十日内支付熊猫公司违约金 2 600 000 元；二、李岑对播爱游公司上述付款义务承担连带清偿责任；三、熊猫公司于判决生效之日起十日内支付播爱游公司 2018 年 4 月至 2018 年 6 月的合作费用 186 640.10 元；四、驳回播爱游公司其他反诉请求。李岑不服一审判决，提起上诉。上海市第二中级人民法院于 2020 年 11 月 12 日作出（2020）沪 02 民终 562 号民事判决：驳回上诉，维持原判。

裁判理由

法院生效裁判理由如下。

第一，根据本案查明的事实，熊猫公司与播爱游公司、李岑签订《合作协议》，自愿建立合同法律关系，而非李岑主张的劳动合同关系。《合作协议》系三方真实意思表示，不违反法律法规的强制性规定，应认定为有效，各方理应依约恪守。从《合作协议》的违约责任条款来看，该协议对合作三方的权利义务都进行了详细约定，主播未经熊猫公司同意在竞争平台直播构成违约，应当承担赔偿责任。

第二，熊猫公司虽然存在履行瑕疵但并不足以构成根本违约，播爱游公司、李岑并不能以此为由主张解除《合作协议》。且即便从解除的方式来看，合同解除的意思表示也应当按照法定或约定的方式明确无误地向合同相对方发出，李岑在微博平台上向不特定对象发布的所谓"官宣"或直接至其他平台直播的行为，均不能认定为向熊猫公司发出明确的合同解除的意思表示。因此，李岑、播爱游公司在二审中提出因熊猫公司违约而已经行使合同解除权的主张不能成立。

第三，当事人主张约定的违约金过高请求予以适当减少的，应当以实际损失为基础，兼顾合同的履行情况、当事人的过错程度以及预期利益等综合因素，根据公平原则和诚实信用原则予以衡量。对于公平、诚信原则的适用尺度，与因违约所受损失的准确界定，应当充分考虑网络直播这一新兴行业的特点。网络直播平台是以互联网为必要媒介、以主播为核心资源的企业，在平台运营中通常需要在带宽、主播上投入较多的前期成本，而主播违反合同在第三方平台进行直播的行为给直播平台造成损失的具体金额实际难以量化，如对网络直播平台苛求过重的举证责任，则有违公平原则。故本案违约金的调整应当考虑网络直播平台的特点以及签订合同时对熊猫公司成本及收益的预见性。本案中，考虑主播李岑在游戏直播行业中享有很高的人气和知名度的实际情况，结合其收益情况、合同剩余履行期间、双方违约及各自过错大小、熊猫公司能够量化的损失、熊猫公司已对约定违约金作出的减让、熊猫公司平台的现状等情形，根据公平与诚实信用原则以及直播平台与主播个人的利益平衡，酌情将违约金调整为 260 万元。

网络领域的商品交易，是在互联网技术的日益成熟中迅速发展起来的一种新型交易模式，是现实市场交易的拓展和延伸，是商业文明和交易文化在网络环境中的进一步体现。其鲜明的交易特征和得以双赢的经济利益，着实给消费者带来前所未有的体验和服务。同时，网络信息技术的日益普及和人们对时尚生活态度的不断追求，为网络商品交易在生存和发展的空间上提供了更为广阔的平台。

5.1 网络商品交易概述

近些年，在互联网技术日益发展推动下，网络商品交易作为一种新型贸易方式依托互联网并随之兴起，逐渐成为推动经济发展的新增长点。2012 年 3 月初，最新统计的 IDC 信息数据显示，2011 年中国网民进行网络商品交易额高达 7 849.3 亿元，与 2010 年比增长了 66%，与往年我国同期范围相比，社会消费品零售总额增长了 11.6%。由此可见，我国的网络商品交易从对个人、企业消费方式的改变已经蔓延至对产业、经济甚至整个社会的影响，它的产生与发展使得网络信息技术进程发展快速，推动了我国市场经济的繁荣，同时，也体现了社会对新生事物的容纳性增强。受连续的经济危机的影响，2012 年全球经济发展存在较大的不确定性，在外部需求疲软的形势下，网络商品经济无疑是提振内需的一个重要推手。

网络商品交易在迅猛发展的同时，网购消费投诉量也在急剧上升，最新监测报告显示，2011 年"中国电子商务投诉与维权公共服务平台"接到的全年电子商务投诉案例约 10 万宗，其中网络购物投诉占总投诉的 52%。因此，如何规范网络商品交易，降低日益增长的网购投诉量,成为当务之急。

5.1.1 网络商品交易的含义

随着网络、通信和信息技术的突破性发展,互联网技术在全球迅速普及,网络商品交易也广泛用于公众的社会生活中,已经逐渐发展成为大众的消费方式。目前,我国对网络商品交易没有统一的专门法,学界对网络商品交易的概念仁者见仁。笔者认为,网络商品交易涵盖两个方面的内容,一是以电子网络的方式,二是进行的是商品交易活动。具体而言,指的是现代人们利用计算机、通信以及信息技术,在买卖过程中通过电子、数字和网络来实现整个商品交易活动的一种新型的商品和服务交易方式。它广泛地存在于企业和企业之间、个人和个人之间、企业和个人之间、企业和政府之间。

在网络商品交易过程中,交易的双方或者多方可能互不相识,可能相隔万里,甚至在交易过程中始终不曾谋面。而所交易的商品,消费者也仅通过网站上发布的图片和数字信息来判断商品的质量状况。同时,在价款的支付和商品的送达方式上,也有别于传统靠纸介质单据和现场交货的形式。然而,利用网络进行的商品交易越发被消费者接受和认可,甚至可以与传统的商品交易方式进行抗衡。简单而言,这与其高效率、低价位、厚利润是密不可分的。当然,这种新型的商品交易方式能够极大地满足 e 时代人们的多元化商业活动需求。

5.1.2 网络商品交易的基本特征

网络商品交易,其依托于电子、数字和网络来实现公众的商品交易,同时还包括物流配送系统和电子支付系统的完善配备,为经营者与消费者带来双赢。

据 CNNIC 分析,网络商品交易具有一些明显的优势:首先,具有时空上的绝对优势。传统的交易一般在经营者的经营场所经营时间进行,在时间和空间上均会受限,而网络交易可以在任何时间和任何地点进行,扩大了消费者的选择权。其次,便捷省时高效。对现代社会而言,人们的生活节奏日益加快,时间贵比黄金,新型的网络交易可以使他们足不出户就完成交易行为,甚至购得国外商品,购物更加便捷,既节约交易时间,又可以及时购得自己需要的商品。再者,交易网络提供的商品种类全价格廉,可以为买受方提供较大的选择空间。最后,有效降低经营者的经营成本。网络商品销售因其节省了实体销售店所需支付的店面租金、工商管理费、人工成本费、水电费、库存费以及与之相关的其他开支,因而使得销售商品的附加费用大大降低,有利于其降低营销价格提升市场竞争力。

当然,网络商品交易也非神秘难测的。与传统意义上的商品交易合同相比,两者存在着诸多的相似之处,如参与商品交易合同的当事人都是经营者与消费者,其签订的合同也是以确定双方当事人的权利和义务为内容的法律文件。因此,传统商品交易的特征同样适用于网络商品交易过程中。然而由于网络自身的特殊性,使得网络商品交易展现出自身鲜明的特征。

1)电子化介质的存储形式

网络商品交易的特有介质是区别于传统商品交易最为显著的标志。网络商品交易的合同不是靠纸介质单据而完成的,其内容存储于计算机内存、磁盘或其他等非纸质中介物上,依托于数据电文的传送，通过计算机网络通信技术来完成对合同的要约和承诺。买卖双方当事人亦是通过传递电子数据的形式进行。具体而言体现在以下内容。

①合同的成立、变更和解除均采用电子化形式。由于信息数据在输入、接收、识别、交换、送达、更改和取消等整个过程中具有自动审断的功能，因此网络商品交易合同的签订过程是通过网络的操作而实现的。

②合同生效方式、时间和地点的电子化。在传统合同进行书面签订时，当事人签字或者盖章的方式是合同生效的必要条件。相对而言，网络商品交易合同的生效无须通过传统的签字，由电子签名的形式所替代。

③在最后的货款结算上，也显现出鲜明电子化特征：消费者要通过第三方支付、银行在线支付、邮局电汇等形式支付消费额。

2）日趋普及的适用范围

我国网络商品交易的发展，始于20世纪的80年代，当时的中国政府已经正式表明了对发展网络商品交易的态度，认为网络商品交易将会成为互联网时代带动经济增长的一大动力，无论在政策出台上还是立法实践上均给予了支持和推广。因此，网络商品交易这一新生事物是在我国政府的高度重视和积极扶持中成长起来的。就数据分析来看，网络商品交易发展与使用网络的人数密不可分。因此，在互联网近乎全民化的普及时代，网络商品交易的人数也在激增，且广泛地存在于任何的自然人、法人或其他组织之间的工作、学习、生活中。

3）方便快捷的时空要求

网络商品交易的便捷性集中体现在商品交易的便利与所付劳动量的轻微。在现代社会工作生存的压力驱使下，人们愈加地习惯与适应简单快捷的生活方式，而网络商品交易行为使得消费者在家就可以完成购买行为，不必拥挤在商场的嘈杂烦琐中。总体来讲，网络商品交易所提供的便捷性分别体现在以下两个方面：

①时间上的便捷。传统的商品交易，常常因为时间的限制而受阻，网络商品交易行为则不存在此种困扰。无论在节时上还是在物品上市的快捷速度上，均体现出极大的优势。

②空间上的便捷。网络商品交易可以满足消费者足不出户就能大范围地无地域无国界线制地选择商品，而传统的商场的容纳量都是有限的，同时，对于交通落后和郊区偏远地区的消费者而言，网络商品交易无疑是上乘的选择。

4）成本低廉的资源配置

因为节省了实体商店应当支付的店面租金、工商管理费、人工成本费、水电库存费以及其他开支，网络商品交易附加在商品上的额外费用很少甚至没有，其营销成本很低，价格普遍低于商场的同类商品，具有不可比拟的优势。

消费者在进行商品的选择时，商品价格不是决定其购买的单一因素，然而却能影响其购买时的判断，而网络商品交易价格低廉这一优势往往成为吸引消费者的一大原因；对于网络经营者而言，在金融危机的蔓延下，在压缩成本同时，要进行市场的进一步拓展是必要的。此时，网络经营者可以通过对网络信息的统计调查，依据消费者的需求，审时度势地做出对经营战略的调整，实现资源的优化配置。

5）虚拟开放的交易模式

互联网的虚拟性特征与生俱来并反映在网络商品交易上，集中表现在商品交易的过程中买卖双方的交易环节都是非面对面虚拟进行的。在传统的商品交易中，消费者在对商品的购买时可以对商品质量和商店信息进行直观的感受，然而，在网络商品交易中，消费者只能依靠虚拟的信息数据对商品进行模糊的判断。同时，网络商品交易是通过网络信息技术来进行的，其所承载的数据信息保存方式是以磁性作为介质的，都是虚设无形的，其更改变动和伪造隐匿证据，相对于传统以纸质为媒介的形式而言更容易进行操作，因此，网络商品交易自身所表现出的虚拟性会导致其在交易过程中存在较大的风险。

5.2 网络商品交易现状

网络商品交易的发展，对产业、经济乃至社会产生层层影响，形成一股不可估量的力量，推动了信息社会进程。据 CNNIC 统计，截至 2011 年底，中国网民规模达到 5.13 亿，全年新增网民 55 800 万，2011 年一年中国网络商品交易用户总规模达到 1.94 亿人，使用率提升 37.8%。值得我们关注的是，2012 年 3 月 1 日国际数据公司 IDC 数据显示，2011 年中国网民在线商品交易额达到 7 849.3 亿元，已占到社会消费品零售总额的 4.3%。比 2010 年增长了 66%，远远超过同期中国社会消费品零售总额实际增长率的 11.6%。然而，比较国外网络商品交易同期的发展状况，韩国网民的网络商品交易比例为 60.6%，美国为 71%，均高于中国网络商品交易所占的比重。

由此可见，我国目前的网络商品交易市场虽然持续上升，但相对于发达国家而言，仍处于落后阶段。业内人士认为，虽然从整体来看，网络商品交易仍然火爆，但是我国网络商品交易的增长远远没有触顶。

网络商品交易是依托网络的进步而发展的，网络信息技术创新发展速度变化极快，加之自身的虚拟不确定性，新情况新问题层出不穷，一个政策的变动或一项技术的革新均会给网络商品市场经济带来振幅，很多问题不能简单定性甚至量化分析。然而处在网络经济时代，网络商品交易又是国家倾心培育的战略性产业之一，是实现经济方式转变、优化经济结构的重要举措之一。为建立规范有序的网络交易环境，促进网络商品交易的健康发展，有必要考察网络商品交易的发展现状，分析其发展中存在的问题及其成因，做到未雨绸缪。

5.2.1 网站功能建设、商品配送及网店信誉度现状

（1）网站自身功能建设缺失

在传统的商品交易过程中，自然不会涉及网站建设的问题。而网络商品交易作为新型交易方式出现，消费者在进行交易时只能通过网站的基础功能建设来考量，一般而言，网络经营者在自己的网站上会对商品进行分类、图片展示、信息介绍、网店信誉度展示、购买者评论以及商品链接等基础功能。然而，随着网络商品交易的普及，很多网络经营者对商品功能无穷扩大、发布不实信息、盗用图片资料、制作虚假商品评论等来欺骗消费者。同时，由于网络商品交易人数日益激增，常常导致商品供应不足，缺货现象严重。因此，基于网络虚拟开

放性特点的考量,网络经营者必然要在网站功能建设及其相关的配套设施设计上进行相应建设和完善。

（2）商品配送管理落后

网络商品交易合同签订后都会涉及配送问题。一般而言,网络商品交易会选择物流或者快递的形式送货上门。这有别于传统意义上付款与收货同步的形式。目前确实出现了很多物流快递公司,他们在如今"网购热"的时代起到不可估量的作用。然而,也存在耗时长、易毁损、运费高以及工作人员态度差等问题,这使得网络购买者在进行商品买卖的时候会产生不信任感,望而却步。这已经无形地阻碍着网络商品交易前进的步伐。

（3）网店信誉度不实

在传统商品交易时,消费者可以面对面地对商品的质量、外形以及对商家的诚信度进行直观判断。而网络商品交易中,消费者只能根据数字信息对商品进行识别,这时网店的信誉度将是很多网络购买者选择购买的重要依据。目前,我国的网店信誉度矛盾突出体现在两方面,即网络经营者虚假不实信息发布与网络购买者签订交易合同后无故解除。长此以往,网络经营者对信息和图片进行虚假的发布,造成网络购物者的恐惧排斥心理,与此同时,网络消费者对网络合同的签订持无所谓态度,嬉戏而为之,再加上网络交易双方利用所谓的虚假欺骗性的网络评价来达到各自所需的目的。这些情况的长期存在,势必造成网络购物量下降、资源浪费的后果,影响网络商品交易的发展。

5.2.2 商品质量与交易风险防范现状

（1）交易商品质量质疑

网络商品交易发展到今天,能够独树一帜有其不言而喻的优势,然而反对和犹豫的声音不断。究其原因,很大程度上应当归结于商品质量存在的诸多问题。一直以来,商品的质量是消费者进行交易选择的首要考量因素,这在网络商品交易活动中也同样适用。倘若对商品质量产生怀疑,将成为消费者进行网络商品交易的最大阻碍。相对于传统商店而言,网店的成立简单易行。以淘宝网为例,只需通过淘宝会员注册、获取支付宝账号、有效身份认证、完善商品信息这些步骤就可开设淘宝店铺。这样一来,很多不法分子有了钻空子的机会,以无充有、以假充真、以次充好。而消费者却不能对商品有身临其境的感受,往往被低廉的价格吸引,被琳琅满目的图片信息欺骗。无论是传统的市场经济还是网络商品经济,对商品质量的保证都是消费者首选的要素。因此,商品质量问题已成为限制网络商品交易的最大瓶颈。

（2）网络支付安全难保

网络商品交易有虚拟性的特质,然而交易却是真实的。目前我国网络商品交易最重要的一个环节就是货款的结算,消费者一般通过第三方支付、银行在线支付、邮局电汇等形式支付消费额。由于计算机网络具有记忆的功能,因此消费者在进行交易合同签订的过程中势必会将个人情况、银行账号、联系方式、家庭地址以及购物记录等信息存储于计算机上。这便为网络不法分子欺骗敲诈消费者提供了许多有用信息,使网络消费者的财产权和隐私权受到严重侵犯。这一安全隐患成为网络商品交易发展的一大阻碍。

（3）风险防范技术薄弱

由于市场本身存在自发性和诸多不确定性因素,在传统的商品交易过程中,消费者在财物、身体、时间、心理以及商品功能上都可能存在风险。网络商品交易作为一种新型年轻的交易方式,其成长发展时间短、制度法规不完善、虚拟开放性强,因此,所面临的风险考验更是有增无减。在传统交易环境的风险感知基础上,又被赋予了新的风险因子。这种风险不仅源于网络安全技术本身,同时,也表现在网络环境下经营者的不正当竞争行为、计算机网络黑客的侵入以及消费者自身风险防范意识有限。因此,对网络商品交易的风险防范无疑成为网络商品交易面临的又一问题。

5.2.3 网络商品交易监管现状

网络商品交易是市场经济迅速发展和互联网技术进步的产物,由于市场自身的开放性与自发性,加之在计划经济转型过程中本身存留着各种疑难问题,特别在税收、广告、物流行业等方面的监管上更是法律的盲点。因此,网络商品交易在监管方面存在诸多的难点问题。与此同时,给市场经济监管者的工作提出了新的挑战。

（1）市场准入制度模糊

市场准入制度是政府利用其权利干预市场,参与市场管理的多层次制度体系。在传统意义市场中,市场准入制度根据市场类别的异同也会有不同的制度标准,如一般市场的工商登记制度、特殊市场的审批许可制度以及涉外市场的准入制度。然而,目前我国在制度法规上对网络准入制度存在法律上的滞后性,同时,交易主体营业执照的办理无统一规定。因此,在网络商品交易过程中的买卖双方可以出入自由,畅通无阻。网络交易双方在进行买卖活动时没有后顾之忧,其言论和行为均不能得到有效的监管,这给监管工作带来了前所未有的挑战。此外,受网络商品交易虚拟场所的限制,使得对网络不法行为进行网络监管整治时难以确定违法行为地。这大大地增加了监管的工作量。

（2）监管调查取证困难

无论是传统的商品交易还是网络商品交易,进行监管处理时,都要进行证据信息材料的调查获取工作。而网络商品交易无论从合同的要约、承诺、签订还是到产品货款的电子支付,都是凭借电子、磁盘等无形物进行记录和存贮的。这种存储方式极易被更改、毁损,网络商品交易双方可以根据自己掌握的信息来进行操作,甚至可以借助网络黑客对信息进行盗取,这与传统意义上的以纸质为媒介的合同相比,取证难度极大。这为网络商品交易的监管工作增加了难度。与此同时,我国没有专门的网络监管工作队伍,也没有接受相关技术知识的培训,在面对网络复杂情况时往往举步维艰,影响监管工作的开展。

（3）监管范围内容局限

市场监管是政府对经济进行宏观调控的手段之一,其监管内容也并非单一。对网络商品交易的监管,从纵向来看,我们通常所说的市场监管包括:第一,对市场准入、经营、退出和价格方面的经济监管;第二,对市政公共设施的技术监管;第三,对服务义务的监管。显然,传统意义上的市场监管工作范围相对比较狭窄,不能满足网络商品交易活动中行为多样性的要求。这对我国网络商品交易在监管工作的范围上提出了全新的挑战和要求。综合网络商品交易的广泛性考量,目前,我国网络商品交易中的市场监管工作展现出力不从心的局面:网络经营者广告发布责任审查不严、知识产权屡屡侵犯、消费者欺诈行为层出不穷、税收制度规定不明晰、网购物流行业起步发展晚等。综合考量网络商品交易的监管内容,我国在法律规定上涉及极少,有的领域几乎存在法律盲点。网络商品监管范围收缩,相关的监管部门的职能发挥也会受到影响,自然对其监管工作带来阻力。

从监管的横向角度来分析,笔者认为,目前阻碍网络商品交易监管制度进程的集中体现在对网络广告、物流业以及税收管理秩序方面的监管不严,存在很多法律上的空白、盲点和漏洞。因此,应亟须对网络商品交易的税收法律制度、广告法律制度、物流监管法律制度等进行相应的规制。

5.2.4　观念意识和社会信用体系现状

1）观念意识参差不齐

网络商品交易逐渐趋于平民化,庞大的网络消费群体拉动着网络商品经济的增长,多数人们开始接受并且青睐于网络商品交易这种消费方式。据相关调查,网络商品交易活动集中在年轻并受过良好教育的人群中,高校学生尤为突出。与之相反,"40后""50后"等中老年人大多数对网络商品交易嗤之以鼻,对其存在很大程度的误解,提起网络商品交易谈虎色变。认为其是欺骗、虚假的代名词。在互联网时代,人们的学习、工作和生活都不能离开网络信息技术而独自发展,如果一味地以旧观念来对网络商品交易进行评判论断,势必会使其发展缺少应有的力量支持。

2）社会信用体系紊乱

由于网络商品交易存在诸多的不确定因素,加之目前社会信用体系发展不完善,因此,网络商品交易环境下的社会信用更为混乱。当下看来,虽然很多网站已经与网络经营者建立了信誉评价制度,然而,这些网站和经营者存在着千丝万缕的利益关系,因此权威可靠性很难保证。这样一来,仅存的信用评价制度也在实际的操作过程中被扭曲,导致网络社会信用评价体系紊乱,严重阻碍了网络商品交易健康、和谐的发展。同时,因为网络信用现状的不断蔓延,也造给现实市场经济中信用体制的造成了极大的挑战。

5.3　网络交易模式的法律问题

5.3.1　闪　购

闪购,这个词有两种意思。第一种意思是指闪购软件,可以进行扫码下单购物的手机软件,应该说闪购这个词最主要的定义是这个软件,其他的定义是后来才出现的。第二种意思是指一种网上购物方式,比如聚尚网的闪购,它的定义是即B2C网站以限时特卖的形式,定期定时推出国际知名品牌的服饰商品,以原价1~5折的价格供专属会员限时抢购,每次特卖时间仅延续5~10天,先到先买,售完即止。

所谓"秒杀",就是网络卖家发布一些超低价格的商品,所有买家在同一时间网上抢购的一种销售方式。由于商品价格低廉,往往一上架就被抢购一空,有时只用一秒钟。

裸购来源于互联网,即无成本投入便可购买到任何想要的物品,换句话说就是消费者可以不用钱来购买物品。随着 WEB 3.0 时代的到来,裸购概念的提出一方面顺应了消费者对网络化、便捷化生活的一种需求,消费者可以通过赚取积分来换购自己需要的商品,不用再支付任何费用,省去了很多的购物环节。另一方面,裸购所延伸出的"裸文化"更进一步展示出社会对环保的需求,提倡消费者绿色消费、绿色生活的全新理念。

F2C 模式即工厂直接到消费者的商业模式,就是闪购搭建一个平台让消费者直接和厂家进行交易。并且广州闪购研发出了二维"真知码",此码可以追溯产品原料采购的源头、成品时间、产品类型、出厂时间、仓库位置等一系列消费者关注的商品信息。与企业到消费者,消费者到消费者是差不多的意思,就是两个对象的不同而已。通过与商品条形码和多维营销系统,闪购建立了一个强大的手机物联网平台。通过这个平台,企业可以轻松实现 F2C 商业模式。

闪购模式又称限时抢购模式,起源于法国网站 Vente Privée。闪购模式是以互联网为媒介的 B2C 电子零售交易活动,以限时特卖的形式,定期定时推出国际知名品牌的商品,一般以原价 1 ~ 5 折的价格供专属会员限时抢购,每次特卖时间持续 5 ~ 10 天。

闪购是手机物联网电子商务平台,相比较而言,闪购通过见物购物、杂志、报纸、户外媒体等方式接触消费者,是产品体验后的消费行为,无限延展终端卖场,拥有 9 亿手机终端用户群,具有更广阔的消费空间。

闪购是移动电子商务的一种。或许我们听过很多什么网购、团购、竞拍等都属于电子商务的多元化的销售模式,闪购最近在国外日渐火爆,作为互联网电子商务新销售模式的新贵。闪购模式其实和国内淘宝旗下的聚划算等多家团购类型性质一样。

闪购模式,这不是一个新概念,但是它的效果不能被忽略。闪购已经成为网购消费者的习惯和期望,特别是在一些特定时期。虽然不能保证闪购一定成功,不过假设闪购流行起来,消费者会很乐意全心全意投入到拼抢当中。不过当消费者对过多的商品期望都有折扣时,要注意最后不要为了闪购而损害品牌价值。

5.3.2　团　购

随着 2010 年我国第一个团购网站满座网的建立,随后数以千家网站纷纷效仿,相继推出"网络团购"这种网络购物方式,因其有着方便、便宜、快捷等优点,迅速在诸多城市推广开来。

网络团购是借助网络而产生的一种团购形式,有着方便、快捷、低价、优质等特点,网络团购的初衷是让消费者以低价格买到高质量优服务的商品,然而,在网络团购蓬勃发展的同时,消费者反映的被欺诈、服务差等现象时有发生,给网络团购行业的健康发展带来了巨大阻力,成为网络团购行业发展道路上的绊脚石,同时,在网络团购中出现的不及时履行、索赔难、交易不安全等问题也屡见不鲜。

随着我国的电子商务的不断发展,市场经济模式下的网络团购应运而生,对于这种新兴电子商务模式,虽然发展时间不长,但是发展速度确实异常迅猛。如今网络团购的规模已经十分庞大,但是现在其受众范围却还不是很广,对于我国很多消费者而言,网络团购到底是什么意思,在我国发展状况又是如何,这些问题并不十分了解。

1)网络团购的含义

网络团购作为一种新兴的交易模式或者社会现象,在现实生活中有很大一部分人未必能完全了解其含义,更不用说参与或体验这种新兴的交易模式了。但是随着互联网在社会交流、社会发展中占据的地位越来越重要,以及网络团购自身存在的区别于普通消费与生俱来的优越性这一特性,其在社会消费中所占据的位置必将会越来越重要,因此在研究之初,对于"网络团购"这个概念的解释还是很有必要的。参考现在部分学者的相关文献,对于网络团购的定义学者们各有见解,下面针对较为流行的几种网络团购的定义总结如下。

①游超、姚振晔对网络团购如此进行定义:"所谓的网络团购,对特定商品或服务有购买意愿的消费者联合在一起组成'团',通过'团'的形式将购买数量集合起来,以'团'的形式然后通过网络团购这一平台进行购买,享受大宗采购优惠价格,并通过'团'的集体力量保护消费者权益的一种全新的交易模式。"

②范永娟对网络团购如下进行定义:"所谓团购又可以称为团体采集和购买。按照实质内容来说,就是集合对同种商品或服务具有采集和购买意愿的单个的消费者的方式,形成较为强大的讨价还价能力,继而向供应商进行规模性的采购,通过这种方式获取远远低于市场零售价的一种采集行为。"究其本质,团购对供应商而言网络团购是一种促销手段,对消费者而言是一种购买方式,团购目前主要集中于企事业单位对日常商品或服务的集体采购。最近两年,因互联网的不断发展,网络技术也不断更新,通过网络平台的网络团购便应运而生。

③陈静怡学者将网络团购分为两种形态,通过对两种形态进行一定的表述最终对网络团购进行定义。陈静怡将网络团购定义分为以下两种形态。

a. 自发团购,因网络平台未提供某种特殊商品或服务团购信息,但是一些消费者却对该种特殊商品或服务有较强商业欲望,这些消费者中会有一个或几个会对这一特殊的商品或服务利用互联网工具如 BBS、论坛等创建相应的团购内容的方式汇集那些具有相同意愿的消费者,然后进行团体采购,通集体消费者的共同购买来形成一定的规模效应,继而增添集体消费者与供应商进行讨价还价的力度,最终以实现获得更为优惠购买价格的目标。

b. 商业团购,所谓商业团购一般是指一些专门的网络团购平台通过提供平台的方式来促成网络团购。与上述自发团购最大的区别就是网络团购过程中有第三方的介入或者协助,最终也是通过第三方力量促成交易。当然,这种网络团购的最终结果也是享受到了一定的优惠价格。

④通过对网络团购进行归类方式进行定义的学者,也存在其他分类方式,例如王雪将网络团购分类成三种模式:a.借助互联网消费者自发进行的团购。对于这种网络团购模式,所有参与网络团购的都是消费者,而组织者的作用就是通过互联网集合相同购买意愿的消费者,利用团体存在的优势向供应商进行谈判,最终通过团购优势获得比单独购买更为优惠的价格。b.供应商通过互联网组织消费者的团购。对于这种网络团购模式,供应商通过互联

网发布其预进行团购的消息,通过邀请消费者参与的方式集中消费者,当然作为供应商为促成其商品或服务的大批量售出,供应商自愿零售价格降至更低水平。因为这种采购方式销售数量较大,故而供应商也能通过这种方式一次性赚取更多利润。c.专业团购组织借助互联网组织的团购。对于这种网络团购模式,参与者除了供应商和消费者之外,还需要专业的团购企业参与。专业的团购企业在这种模式中并不是消费者也不是供应商,而是通过互联网这种平台为有意愿购买的消费者及有意向销售的供应商提供服务的一种特殊组织。当然,这种模式的组织者既可能是自然人也可能是企业。

2)网络团购的发展现状

网络团购始于美国,而且通过对网络团购的发展情况进行研究发现,美国网络团购模式最为齐全,因此,对于外国网络团购发现现状进行研究过程中重点主要集中在对美国网络团购模式。

网络团购属于社会新兴事物,故其发展历程不是很长,最早使用这种交易方式进行市场交易的是美国的安德鲁·梅森(Andrew Mason),他本人在 2008 年创立了世界上第一家网络团购平台 Groupon,该种交易模式除了方式独特属首创之外,交易模式也是除 B2B,B2C,C2C 三种交易模式外的另一种特殊属首创的模式:BusinessToTeam(简称 B2T)。Groupon 却与现在我国网络团购平台运营模式不同,它的运营策略是:网站通过与商家进行合作,每天只推出一种折扣力度较大的商品或服务,当然也需要消费者达到一定的数量方可成功团购。对于每天推出的团购商品或服务,每人限制购买一次,而且 Groupon 推出的服务类的团购是有一定的地域性的,并且 Groupon 不仅是通过网站进行运营,现在它的线下营销团队规模远大于网站营销团队规模。LivingSocial、Gilt City、Tippr、Juice in the City、WGTG 等网络团购平台继 Groupon 后相继成立,但是交易模式还是大不相同,LivingSocial 的运营模式与 Groupon 恰恰是相反的,团购过程对消费者的人数不进行限定,但是与 Groupon 相同的是 LivingSodal 也创建了很多的激励措施,增加其用户数量。Gilt City 与 Groupon 等其他平台有所区别:Gilt City 每推出的一项团购后,该项团购时间持续 7 天,也就是说对于团购消息,Gilt City 一周更新一次,而不是每天进行更新。Tippr 的经营特点与上述的网站也存在区别,该网站会在页面发布最近的 3 个团购项目,这 3 个团购项目一天最少更新一个。对于团购的价格也是不固定的,越多的消费者参加团购,团购的价格就会越低,但是为了防止出现亏损问题,Tippr 都会在团购价格后标注该项团购的最低价格。Juice in the City 每天只提供一项团购内容,但是可以无数次地参与该项团购。WGTG 每天仅仅提供一项团购内容,也没有参与数量的限制,服务范围仅在芝加哥。WGTG 与其他团购平台不同的是,它的服务与慈善有关。每当团购的消费者在 WGTG 进行注册时,这些注册的内容同时会注册到一家慈善机构(www.actofgood.org),而且当消费者团购成后,团购价格的 10% 会自动被捐到该慈善机构。

以上就是国外团购发展模式及历史,当然相关模式及分析仅仅是针对美国网络团购模式进行的阐述,美国作为第一个开始运用网络进行团购的国家,不同团购平台发展的模式却是不尽相同的,有的是针对不同的受众对象,有的是针对不同的商品或服务,有的是运用差异的营销策略,有的却持有不同的各项专利。在针对这些模式进行分析的过程中我们不难发现,虽然美国作为网络团购这种新兴交易模式的创始国家,但是美国网络团购市场存在不同的多种模式。我国网络团购市场到底发展情况如何，下面就针对我国网络团购市场进行阐述。

纵然我国互联网在世界中起步较慢，但是互联网发展的速度却异常迅猛。尤其是网络电子商务拓展的速度更是让人吃惊。在最近两年多的时间里，网络团购作为电子商务的一种新型形态，发展速度不仅飞快，而且越来越占领电子商务的大部分领域。

目前，我国的网络团购平台背后的企业主要存在4种竞争力量，一种是传统电子商务企业、一种是社交网络商家、一种是独立团购网站、一种是商务信息类服务企业。以上的4种网络团购模式各有特点而且优势互补。

2010年，我国网络团购市场发展最为迅猛，各大企业纷至沓来，外加资本的助推，当年的网络团购市场可谓腥风血雨。也同样是在这一年，第一家我国的团购网站"满座网"上线运营以后，拉手、美团等网站随之上线，短暂时间里形成了百花齐放的场面。截至2011年底，仅在我国团购网站已达到3 909家，月均增长速度为30%，网站数量的增多加剧了竞争，导致部分中小型团购网站被市场淘汰，部分被同业收购。

2010年至2011年，我国网络团购市场发展呈陡形直线上升，艾瑞咨询当时发布的《2011年中国网络团购市场研究报告》相关的数据显示：2010年我国的网络团购市场中总交易达到14.5亿元，2011年达到216余亿元。中国电子商务研究中心发布的《2012年（上）中国网络团购市场数据监测报告》显示：我国的网络团购市场交易额在2012年上半年达到146.5亿元，而在2011年上半年仅是65.4亿元，同比增长124%。

虽然2010年网络团购发展态势较猛，但是《2012年（上）中国网络团购市场数据监测报告》相关数据内容统计，截至2012年6月底，我国团购网站数量已达到3 210家，但是在2011年我国网络团购网站数量为3 600余家，明显出现下滑趋势。该报告中显示，2012年6月底，我国网络团购网站累计诞生数高达6 069家，共关闭2 859家，网络死亡率达到48%，截至统计数据时，3 201家在运营中。截至2012年6月，我国的网络团购交易额为146.5亿元，虽然2011上半年仅为65.4亿元，同比大增124%，但与2011下半年的150.6亿元相比却下跌了2.74%。

从我国的网络团购市场的发展情形来看，虽然网络团购发展时间不长，但是发展速度是非常迅猛的，尤其是2010年及2011年两年的时间里，不论是从团购网站的数量来看，还是从交易额度来看，发展速度都是让人叹为观止的，几乎都是呈几倍甚至几十倍地增长。在高度的发展状态下，诞生了许多的团购的网站，从一线城市到二线城市，从单一行业到几乎全行业，现在网络团购市场在我国居民消费总额度中占据了几乎一个百分点，这样的发展速度，这样的发展态势，按照常理来说不应该马上遇到瓶颈，实际情况是发展过程中的确遇到了一些问题。从上述的数据来看，我国团购网站在2010年及2011年的确一直呈现直线上升趋势，但在2012年却出现一点儿萎缩，那到底问题出在哪里呢？

虽然任何行业发展都有一定的趋势，但从实际案例角度出发，在汇总相关网络团购问题后，笔者发现，其实网络团购中超过40%的人或多或少遇到了相关问题，如维权难、质量差、交易方面的漏洞等。这些问题的存在其实是导致网络团购发展遇到瓶颈的一个重要因素，因此亟待对网络团购进行法律规制。

3）进一步加强消费者权益保护

从前面所叙述的我国网络团购发展的实际状况来看,我国网络团购虽然发展时间较短,发展速度却是飞快的,而且现今的网络团购市场由于处在初步发展阶段,网络团购作为网络时代发展的一种新兴的产物,可以说是一种新兴的一种社会关系。新的社会关系的产生就需要新法律法规进行一定的规范,否则可能出现侵犯相关法律关系后却没有相关的法律依据进行维权的情形发生。那按照这种逻辑,针对新兴的网络团购这种新兴的可能会存在不规范行为的市场一定需要制定相关的法律法规进行完善。

4）团购的模式

根据团购发起者的不同可以分为三种模式。

①由买家自发组织发起的网络团购。这种团购形式的发起者是消费者,即具有同样消费需求的消费者自发地组织起来,选出一个或几个代表,与卖家进行协商,以追求最低的价格。此种模式是网络团购交易最原始的模式,组织者对欲购买的商品会有比较多的了解,在与卖家洽谈时也会从自身利益出发,从一定程度上保证了交易的公平性,但此种网络团购模式具有很强的随意性与偶然性,不会形成一个长期存在的团购模式,而且团购的规模也不可能很大,种种因素均制约了这一模式的普及。

②由卖家发起的网络团购。卖家有时会自发地组织网络团购,在自家的网站上开展此类活动,以回馈或吸引消费者购买,对自身产品的宣传有一定的好处,但缺点也显而易见,此种团购模式可选的商品种类比较单一,消费者自身选择的机会少,同时也不是一个长期性的模式,交易的自主性与灵活性不高。

③由专业的团购网站发起团购。如今经过几年的发展,我国的团购网站数量呈几何倍数增长,专业化的团购网站日益增多,此种模式下,一般团购网站会与实体卖家签订协议,达成一致后由团购网站进行宣传与推广,消费者在经过注册成为团购网站的会员后,可自愿参加团购活动成为买家。此种模式与前两种相比具有很多优越性,一般此类团购网站都有比较高的准入门槛,网站不仅有专业的技术服务人员和商务经营专家,还会设有专业的服务保证技术系统。由于此种团购网站具有规范性、便捷性等特点,因此它在我国占用很大的市场份额。

5.3.3 微 商

一个近些年很流行的词,成就了一些人,估计也"坑"了一大批人。我们姑且将那些以微信朋友圈为主要渠道来销售产品的人称为微商,他们大多数通过微信联系确认,直接转账付款,或者拥有一个微店(口袋购物)来完成交易,他们或者自己卖货,或者成为别人的分销商(囤货)。我相信移动互联网时代每个人的影响力都能通过自媒体渠道(微博/微信)得以一定的释放,自然会产生一些价值。卖货是最简单的人际关系变现手法,微商就是其中之一。从 2013 年有货就可以卖,到 2014 年的微商只要有授权,就可以卖,层出不穷的新品牌打入微商行列,开始打造团队,升级,所以导致很多微商囤货。2015 年几乎成为一个微商产品泛滥的时代,99.9% 的人打开朋友圈都会有卖产品的朋友,其中以护肤品为主,只要你能想到的,在微信中都可以买到。2015 年微商遇到了转折。护肤品走不动了,健康系列保健产品出来了,细心的朋友会发现,到 2015 年下半年越来越多的人卖酵素、阿胶糕、玛卡片等保健产品,这让刚开始做保健产品的微商赚得盆满钵满。但是微商真的就只能这样不停地更换产品吗?

在这个当前"全民创业"时代的常态下,与互联网相结合的项目越来越多,这些项目从诞生开始就是"互联网+"的形态,因此它们不需要再像传统企业一样转型与升级。"互联网+"正是要促进更多的互联网创业项目诞生,从而无须再耗费人力、物力及财力去研究与实施行业转型。所以在这个大环境下,一个事物的发展往往都要走向正规化,而电商平台无疑是 2016 年发展的必然趋势。为什么呢?

在电商方面,平台型电商及生态型电商会广受关注,包括大型平台及地方平台,无论是淘宝、京东还是某地的小型商城,将会有更多的传统企业与其接洽,甚至这些平台会专门成立独立的"互联网+"服务公司,更深入到企业内部。对于传统企业而言,在初期的转型实操上,更多企业会选择加入一个平台或者生态。一来可以从平台或者生态上积累部分资源并学习其运营模式,二来可以避免自搭平台运营失败的情况出现。加上平台或生态,也能更好地认知自身的资源优势与不足,通过与其他商家合作,了解整体产业链布局,建立格局观。平台或生态不只是线上、线下的资源整合,更多的平台或者生态出现以后,"互联网+"要做的只是平台的连接,更有利于行业的整体升级。

全民微商的风潮如火如荼,于是这种新兴的网络营销模式大量占据了市场,微商的迅速崛起,让很多的朋友们看到了潜力和趋势。而俗话说物极必反,随着微商竞争市场的饱和和行业的不正当竞争,微商陷入了一种上家把产品卖给下家,下家卖不出货,也招不到代理的尴尬境地。说到底,囤货、压货、多级分销的传统微商模式已经落后了,在市场的变革大时代,想做微商就得有新的方向。

5.3.4　网上拍卖

网上拍卖是以互联网为平台、以竞争价格为核心,建立生产者和消费者之间的交流与互动机制,共同确定价格和数量,从而达到均衡的一种市场经济过程。所谓网上拍卖(Auction Online)是指通过互联网实施的价格谈判交易活动,即利用互联网在网站上公开发布将要招标的物品或者服务的信息,通过竞争投标的方式将它出售给出价最高或最低的投标者。其实质是以竞争价格为核心,建立生产者和消费者之间的交流与互动机制,共同确定价格和数量,从而达到均衡的一种市场经济过程。

1)简介

它通过互联网将过去少数人才能参与的贵族式的物品交换形式,变成每一位网民都可以加入其中的平民化交易方式。网上拍卖不仅是网络消费者定价原则的体现,更重要的是拍卖网站营造了一个供需有效集结的市场,成为消费者和生产商各取所需的场所,因此是一种典型的中介型电子商务形式。相对于传统拍卖,网上拍卖的特点在于每个商家都可以制定一套适合自己的拍卖规则,并且通过网上拍卖还可以使定价达到更准确的水平,同时能够参与拍卖的人的范围也大大增加了。

最早的拍卖网站是由欧米达在 1995 年建立的,他最初建立这个小网站是为了向人们提供变种的埃博拉病毒代码。他在网站上加了一个小的拍卖程序,帮助人们交换各自的收藏品。后来他辞掉工作,全心全意投入到网上拍卖业务中去,于是现在网上拍卖老大——eBay 诞生了。较早开展网上拍卖还有 Onsale(创建于 1995 年 5 月),它和 eBay 开了利用网站提供的技术进行拍卖的先河,并创立了电子形式的自动化投标代理、搜索引擎和分类目录等网上拍卖技术。随着电子商务的发展,网上拍卖已经成为一种日渐流行的电子交易方式。

2)优势

通过网络平台跨越了地域局限,虚拟集成了商家和消费者,大大降低了集体竞价的成本;网上拍卖可以由消费者出价,买方对价格的影响力大大增加;买卖各方在竞价过程中可自由交流;不必事先缴付保证金,凭借网站自建的信用评价系统,借助所有用户的监督力量来营造一个相对安全的交易环境,买卖双方都能找到可信赖的交易伙伴。

3)运营模式

(1)公司不参加拍卖过程,仅只提供交易平台

例如,雅宝公司是 1999 年成立的成长最快的网络拍卖公司。雅宝竞价交易网于 1999 年 6 月 16 日开通,率先在国内开创了竞价交易平台的互联网商务模式。雅宝竞价交易网以消费者为核心,目标是建立国内最大、最高效的 C2X(消费者对消费者或企业)的电子商务平台。在雅宝竞价交易网,消费者处于核心地位。

(2)公司自己经营网上拍卖业务

例如,eBay 的业务是一个永不停息的虚拟的跳蚤市场,具有宅前销售市场的特征,拥有低廉的商品,也有真正的古董。任何一个 eBay 的访问者都可以浏览 200 万以上的待售商品,其中许多都是独一无二的或者在别的地方很难找到的,它们被划分为 1 600 个产品类别。出售者们登记他们的商品时要交纳从 25 美分到 50 美元的费用,具体金额取决于商品将要出现的位置。然后网站以一个由销售者指定的最低起价开始邀请对一件商品进行竞价。当拍卖结束时——这一般需要一个星期——eBay 通过电子邮件通知最高出价者和销售者,买卖双方就可以自己完成交易了。当交易完成时,eBay 要向出售者收取成交价的 1.25% ~ 5% 的佣金。

(3)综合型

例如,大中华拍卖是由深圳市易威电子商务实业有限公司与广东省拍卖业事务公司联合推出的,是中国第一家专业拍卖网,实现了 B2B、B2C、C2C 全部流程。它的业务不仅包括提供网上拍卖活动,同时还为企业或个人拍卖和竞买业务提供了全套电子商务解决方案。

4)拍卖类型

(1)增价拍卖和减价拍卖

"增价拍卖"又称"英格兰拍卖",也称"低估价拍卖"。是指在拍卖过程中,拍卖人宣布拍卖标的的起叫价及最低增幅,竞买人以起叫价为起点,由低至高竞相应价,最后以最高竞价者以三次报价无人应价后,响槌成交。但成交价不得低于保留价。

"减价拍卖"又称"荷兰式拍卖"也称"高估价拍卖"。是指在拍卖过程中,拍卖人宣布拍卖标的的起叫价及降幅,并依次叫价,第一位应价人响槌成交。但成交价不得低于保留价。

(2)强制拍卖和任意拍卖

"强制拍卖"是指国家机关依照法律规定,将其查封、扣押的标的进行的拍卖。

"任意拍卖"是指民事法律关系当事人根据本身意愿将其所有或者具有处分权的特定标的进行的拍卖。

(3)动产拍卖和不动产拍卖

"动产拍卖"是指以动产为拍卖标的的拍卖。

"不动产拍卖"是指以不动产为拍卖标的的拍卖。

(4)有底价拍卖和无底价拍卖

"有底价拍卖"是指拍卖前设定最低售价或者保留价的拍卖。

"无底价拍卖"是指拍卖前不设立最低售价或保留价的拍卖。

(5)投标式拍卖和非投标式拍卖

"投标式拍卖"又称"密封递价拍卖",是反映拍卖人事先公布拍卖标的相关情况以及拍卖条件,其中又有公开底价和不公开底价两种形式,但竞买人均在规定时间内将其竞价载入密封标单交拍卖人,再由拍卖人在规定时间内统一开标,择优选取中标者。

"非投标式拍卖"是指普通拍卖,即公开形式的拍卖。

(6)一次性拍卖和再拍卖

"一次性拍卖"是指只经过一次拍卖程序就拍定的拍卖。

"再拍卖"是指必须经过两次以上拍卖程序才拍定的拍卖。

(7)密封递价拍卖

它指出价人各自递交自己的出价,通常不允许互相协商。

5)交易方式

(1)竞价拍卖

最大量的是 C2C 的交易,包括二手货、收藏品,也可以使普通商品以拍卖方式进行出售。如 HP 公司也将一些库存积压产品放到网上拍卖。

(2)竞价拍买

它是竞价拍卖的反向过程。消费者提出一个价格范围,求购某一商品,由商家出价,出价可以是公开的或隐藏的,消费者将与出价最低或最接近的商家成交。例如,想要乘飞机的乘客们在 Priceline 网站上出价购买机票,由航空公司自己决定是否接受乘客的出价。

(3)集体议价

在互联网出现以前,这种方式在国外主要是多个零售商结合起来,向批发商(或生产商)以数量还价格的方式进行。互联网出现后,普通的消费者使用这种方式集合竞价来购买商品。提出这一模式的是 Price line 公司,在国内,雅宝率先将这种模式引入自己的网站。1999 年 12 月 23 日,在雅宝的拍卖竞价交易网站上,500 多个网民联合起来集体竞价,《没完没了》电影票价由原来的 30 元变为 5 元。

（4）竞价模式

正向竞价、逆向竞价、浮动价格（包括竞价拍卖、竞价拍买和集体竞价等竞价模式）、固定价格（一口价）。

（5）交易模式

在拍卖关系中，根据交易双方关系，可以将交易关系抽象化为交易模式 $x:y$，它的含义为达成交易时供需者数量的对比。根据数量对比关系，有以下四种模式。

①$1:1$ 的交易模式

大部分的个人交易（C2C），企业以拍卖方式出售商品，传统拍卖企业进行的对单个购买者的拍卖交易都是这种模式。1999 年 9 月 13 日，一辆二手丰田家美轿车在雅宝竞价交易网以 35.5 万元的价格成交。这是 C2C 的电子商务、$1:1$ 的交易模式中以浮动价格方式成交的例子。

②$1:n$ 的交易模式

多数企业对个人的交易（B2C）是这种模式。这一模式中价格的形成，既有供方主导的正向定价法，也有通过集体议价由需方主导的逆向定价法。

③$m:1$ 的交易模式

当任何一个供应方无法满足需求方批量要求时，将有多个商家提供商品或服务，这将导致 $m:1$ 的交易模式的使用。

④$m:n$“的交易模式

当集体议价模式盛行，参与集体议价的需方数量又超过了单一供应方的供给能力时，$m:n$ 交易模式将会出现。1999 年 12 月 12 日，600 台 TCL 精彩电脑在雅宝竞价交易网开始进行集体议价（分组分地区进行）。这是雅宝竞价交易网在 B2C 的电子商务中，采取 $1:n$ 的交易模式（交易供应方只有一家，卖方多于 600 人），以浮动价格方式来促成交易的第一次尝试。

6）拍卖程序

第一步：发布商品信息。需输入拍卖品的名称、细节描述、拍卖价、拍卖的天数或拍卖商品的图片。

第二步：标记商品为可卖。在拍卖过程中，买家可以随时检查投标情况，买家根据卖家的 E-mail 地址，有可能询问卖家拍卖品的情况；在拍卖结束时，网站将自动用 E-mail 通知卖家。卖家在收到网站的通知后，卖家应该在 3 天内和中标人联系。

第三步：提供结算和货运方式。

7）网拍跑车

2014 年 3 月 13 日 22 时 04 分，坐在电脑前的无锡市北塘区人民法院执行局局长张啸明又一次刷新淘宝网司法拍卖网页，一辆兰博基尼跑车的成交价被锁定在"1 790 000 元"，这一成交价，超出起拍价格 27 万元。据悉，这位成功拍得兰博基尼跑车的，是一位上海网友。

5.3.5 网上代购

网上代购（Bought on the net）就是当你选择了自己想要带的东西，自己很喜欢，却没有办法买到,或者即使买到价格也比较高。在现实社会中往往不好找到代购公司,买家如果需要购买外国产品而不去商品所在国,就需要用到代购公司。主要是盼达网上可以淘到"好而不贵"的正品外国货,而且省时省力。

1)代购原因

因为便宜。因为我们的身边也许买不到。比如,日本生产的化妆品,因为没有关税,所以比我们的要便宜很多,美国生产的也是。这个就是化妆品代购,而且中国也有很多没有的东西。如果我们想要,只能从其他地方带回。但是不可能身边的朋友刚好又去那个地方,这个时候,就需要代购了。代购只收取代购费用,就可以给你带回想要的东西。

代购商是在买家与卖家之间的第三方,出于种种原因,买家买不到卖家的东西,代购商正好在其中能和两头沟通,作为以营利为目的的公司,代购商往往要向买家收取一定金额的代购服务费。

在现实社会中往往不好找到代购公司,由于中国大陆种种关于此类方面的限制,买家如果需要购买外国产品而不去商品所在国,就需要用到代购公司,代购公司也往往在网上可以找到。主要是盼望达网上可以淘到"好而不贵"的正品外国货,而且省时省力。但随着淘宝等网上购物平台的发展,代购渐渐变成消费者通过网络第三方代自己买外国货并寄回国内。

2)代购模式

①买家在网上浏览外国网络购物网站(代购商一般不提供外国实体店铺的代购)。

②买家看好商品后,将商品的外语名称和链接(URL,要完整链接,不要首页链接)记下,交给代购公司。

③代购公司下单购买,运到本国,再发给买家。

3)代购渠道

目前代购有三种。

(1)淘宝代购

淘宝购物现在很多人都比较熟悉,因为淘宝是国内本土的网站,货到付款,信誉度高。代购的店家也多,可以货比三家,淘到最便宜的货。而且他们已经养成了在淘宝购物的习惯。但淘宝代购的缺点是,代购店家数量众多,鱼龙混杂,消费者需要挑选信誉度高的代购。

(2)中国专业代购网站

专业代购网站的优点在于有正规的代购平台,专业的客服团队,良好的售后体系。可以给大家提供完善的代购服务。比如美国购物网可以提供国外网站的折扣优惠信息,每天更新国外最新款商品和最受欢迎的代购商品,站内优惠活动丰富,往往能淘到非常便宜的国外货。代购网站一般提供的代购品类比较丰富,服装鞋子、箱包手表配饰、户外运动系列、电子产品、母婴玩具等。消费者可以将在外国网站看到的商品委托其代购。

(3)外国网站直接购买

这类代购方式的优点在于商品的种类最为齐全。缺点在于语言障碍,还有一个不便利的地方就是售后服务的问题,如果产品质量有问题,要享受售后服务就不容易了。正是因为这个考虑,不少消费者宁愿多花点代购服务费,也要把在外国网站发现的商品名称和链接

(URL),转交给代购公司代购。

5.3.6　网上大宗商品交易

1)大宗商品电子交易

大宗商品电子交易也称网上现货交易或现货仓位交易,是采用计算机网络组织的同货异地、同步集中竞价或单向竞价、统一撮合、统一结算、价格行情实时显示的交易方式。大宗商品电子交易根据我国现货市场具体情况采用独特的 B2B2 商业模式,是一种网上和网下相结合,现实和虚拟相结合,传统经济与新经济相结合的双赢模式,充分解决了信息来源、客户源、在线结算、物流等电子商务的瓶颈问题。

2)发展阶段

我国的批发市场发展是从 20 世纪 80 年代开始的,到现在为止,经历了几个阶段。在计划经济体制下,我国的批发市场完全掌握在国营企业的手里,依靠完全的行政手段,通过分配的方式,进行资源的配置。

随着改革的深入,1985 年在重庆率先提出了建设工业和农产品的贸易中心,拉开了批发领域改革的序幕,把产品的商业批发模式改为自由贸易流通模式,产生了贸易中心,这是第一个阶段。

1989 年,商业部决定在国内建立批发市场,并开始组建郑州粮食批发市场的建设领导小组,从那时开始批发市场进入了的第二个阶段。从展销摆摊的交易方式发展到可以开展中远期合约订货的交易方式,与此同时产生了期货交易所。

批发市场发展的第三个阶段是在 1998 年,时任国家主席江泽民在亚太经合组织领导人非正式会议上提出了要用电子商务的方法来推进中国的流通业现代化。国务院“十一五”经济发展规划也提出要稳固发展大宗商品交易,并经国家技术监督局发布了大宗商品电子交易规范。国内相继建立了广西食糖、吉林玉米,湖南金属等“大宗商品电子交易中心批发市场“,批发市场开始从一个局域性的有形市场转向全国甚至一个国际性的市场。

“大宗商品电子交易中心批发市场”把有形的市场和无形的市场结合起来,既有网上拍卖和网上配对的即期现货交易,又有中远期的合同订货交易。2003 年,国家质量监督检疫总局发布了国家标准《大宗商品电子交易管理规范》。这一法规明确规定了大宗商品电子交易可采取保证金制度、每日无负债结算制度,把 T+0、双向交易机制的一些手段引用到批发市场的建设和发展中,为批发市场的发展提供了一个广阔的空间。《大宗商品电子交易管理规范》这一国家法规的发布,也标志着批发市场的发展进入了一个崭新时代——电子商务时代。2005 年,国务院办公厅发布了《关于大力发展电子商务的若干意见》。2006 年,中共中央办公厅、国务院办公厅又通过了《2006—2020 年国家信息化发展战略》。2007 年,国家发展改革委、国务院信息办推出了《电子商务发展“十一五”规划》。

3)地位作用

(1)为买卖双方提供资金在线结算业务,避免了企业的“三角债”问题

采用先进的交易结算智能网络体系,在网上开展集中竞价交易,由市场进行统一撮合、

统一资金结算,保证交易的公开、公平和公正。交易后,市场为买卖双方进行资金结算,实时交收和现在及时入账,保证双方收益的共同利益,从而避免了我国企业现存的严重的"三角债"问题。

(2)现货仓单的标准化,杜绝了"假冒伪劣"商品

市场严格按照国家标准划分商品等级,以每一种商品交易最大的等级为标准等级,同时挑选专业化仓库,向其授权代为定点交易仓库,由定点仓位对卖方出具符合市场交易标准的标准化仓单。可以做到不合格产品不入库,货真价实。

(3)完善的物流体系,满足不同交易商物流需求

采用市场调剂,就近提货的方式替代自办配送的方法,方便买卖双方又充分利用定点仓库的地域优势,进一步巩固网下的物流基础。

(4)大宗商品电子交易行业形成,对我国现货贸易流通发展起到不可替代作用

生产企业需要采购,生产原料的企业需要销售,这就给"大宗商品电子交易中心"的产生和发展奠定了一个很好的客观基础。这些原料大部分都属于季节性生产全年消费或局地生产全国消费的大规模原材料,企业要靠自己对商品的价格进行判断,按照供求情况变化,决定生产多少,消费多少,很多的流通企业也都通过批发市场采购原料,特别是中小企业。大宗商品电子交易中心的建立就是为了服务大宗原料商品的流通,成为行业的信息中心、交流中心、物流配送中心和结算中心。

4)五大特点

(1)现货仓单标准化

现货交易的所有条款包括商品的等级、质量、数量、色泽等都是预先规定好的,具有标准化的特点。

(2)网上交易集中化

电子交易市场是一个具有高度组织化、严格管理制度的市场,交易最终在网上集中完成。

(3)双向交易和对冲机制灵活的交易方式

因为现货仓单的标准化,所以绝大部分交易可以通过反向对冲操作解除履约责任,交易者可以在价格低时买进现货仓单,等价格上涨后卖出对冲平仓;也可以在价格高时先卖出,然后价格下跌后买进对冲平仓,双向获利。

(4)可自由调节履约金的杠杆机制

履约金制度是众多交易商参与市场需要面对的首要问题。电子交易市场通常提供的是20%~100%履约金制度,这样参与市场的交易商就可以根据自己的实际情况选择不同的履约金方式。

(5)T+0当日交易机制

交易商可以根据自己的意愿,可以实现当天买进当天便可以卖出。

5)优点

(1)市场规模巨大

从1997年开始,国内已经纷纷成立各种商品的专业交易市场,各现货商品交易市场交

易金额呈几何级增长。这充分说明,大宗商品电子交易让我们拥有了一个无限发展的空间。

（2）参与成员众多

①现货生产商。大宗现货商品电子交易有利于生产商降低现货的中转成本,杜绝了"三角债",加速了资金周转,是生产商最好的商品销售大渠道。

②现货使用商。电子交易市场指定仓库按国家标准检验商品入库,杜绝了"假冒伪劣"商品上市,同时具备了完善的全国网下配送体系,是使用商最节省也是最放心的购物渠道。

③套利投机商。电子交易市场上市的交易品种在现货市场中有较大的价格波动幅度,完善的交易机制有利于投机者灵活买卖、风险控制,充分博取价格波动中的差价,从而获得投资回报。

（3）信息明确、规律明显

大宗商品电子交易是利用国际互联网进行集中竞价、统一撮合、在线结算、价格行情实时显示,有利于交易商准确快速判断行情波动趋势。

（4）操作简单、投资见效快

交易商可以通过交易市场服务机构委托下单,也可以通过服务机构申请交易市场摊位直接交易。交易商只需要选择好交易品种,了解该品种近期价格波动情况,不必考虑商品质量,资金债券债务等问题,交易中可先买后卖,也可以先卖后买,投资者可长线持有现货商品进行交收,也可短线即时买卖对冲交易,套取差价,正所谓投资小、风险小、回报快、收益高。

6）交易规范

《中华人民共和国国家标准大宗商品电子交易规范》（下称"本标准"）是我国物流领域及仓储、商品交易、增值服务方面的标准之一,与本标准同时制定及前后制定的相关标准还有数码仓库应用系统规范、物流业仓储业务服务规范以及物资银行业务服务规范。

本标准适用范围:

标准规定了大宗商品电子交易中参与方的功能、参与方的要求与管理、具体的业务规则、风险责任以及信息披露。

本标准适用于规范大宗商品电子交易中心的建设和运营,也可作为其他商品电子交易中心建设和运营的参考。并于 2003 年、2012 年进行了修订。

7）大宗商品电子交易要求

交易商参与电子交易应遵守以下要求:

①交易商只能代理业内交易,不得代理社会公众投资;

②交易商应守法、履约、公平买卖;

③交易商应保护好自己的交易商账号和密码,并对因其账号在电子交易中心使用所产生的后果全权负责;

④交易商应遵守电子交易中心的章程、交易业务规则及有关规定;

⑤交易商应与结算银行签订相应协议书,在电子交易中心的结算银行开户;

⑥交易商保证提供材料的真实性,并承担相应责任;

⑦接受电子交易中心业务管理。电子交易中心行使管理职权时，可以按照电子交易中心规定的权限和程序对交易商进行调查，交易商应当配合；

⑧遵守相关法律、规定以及电子交易中心的相应规定。

8）未来发展

大宗商品电子交易未来发展任重道远。

2011、2012 年，国务院相继出台了清理整顿交易所的相关文件，有关部门也相继开始处理。据《2012 中国大宗商品交易市场研究报告》，抽样调查国内 400 家规模较大的电子交易市场后发现，经历前期整顿之后，其中 41 家已经关闭，关停数量占总体的 10% 左右，仍有 300 多家交易市场继续运营。

业内人士认为，大宗商品电子交易市场具有迫切的现实需求，加之我国期货市场发展相对滞后，导致此类市场发展过快、监管滞后、存在不少问题和风险隐患。如交易所遍地开花、盲目扩张、重复建设现象严重；上市交易品种五花八门、缺乏科学论证；违规炒作和过度投机的市场风险；交易资金安全和交易制度不规范的风险等。

对于大宗商品市场存在的突出问题，中国物流与采购联合会科技信息部主任何辉认为，首先是缺乏规范的行业组织，相关法律法规、行业规范标准建设滞后，其次缺乏行业自律，交易市场良莠不齐，行为不规范，违法违规的现象也越来越突出。与产业链的结合、标准化、一体化、行业体系仍有待加强，但这些是发展过程当中必然经历的，也是发展中要付出的代价。

专家呼吁，大宗商品电子交易市场清理整顿之后的规范发展，总体方向应立足现货、提升现货、服务现货、回归现货。首先，明确地方政府作为清理整顿的主体和作为监管的主体。其次，尽快出台规范市场的管理办法，成立行业协会，规范市场交易制度的规则。另外，要保障市场平稳运行，整合同类市场、关停并转并举。

5.3.7 电商直播带货

据艾媒咨询，截至 2020 年 3 月，中国网络直播用户规模达 5.6 亿人，其中直播电商用户规模约为 2.7 亿人，即约一半（48.2%）的直播用户都有电商购买行为。2020 年的疫情，让直播带货走向热潮。无论是网红直播带货，还是政府领导、企业老板亲自上阵，直播带货都是今年的主题。随着大量商家的涌入，直播带货成为直播电商的亮点。本节主要分为五个部分：从直播带货产生的背景入手，介绍了直播带货的概念、特点，以及主流直播带货平台：抖音平台、快手直播平台、微信直播平台以及淘宝直播平台的优势、操作步骤等进行了详细介绍，并在每个直播平台的介绍后分享相应平台的典型案例，让读者对直播带货这种新型电子商务销售服务方式有清晰的认识。

1）直播带货的产生背景

2020 年，疫情让大中小企业在项目招商、投融资、洽谈、落地、实施等工作均受到了不同程度的影响，几个月的时间不少企业陷入亏损，宣布破产并进行人员遣散，但是部分企业也在寻求出路，纷纷开启"线上工作模式"：开展网上招商和项目推介，直播带货成为一新潮流，全民线上营销成为主流,这也产生了多个明星主播和网红主播,当然也不乏草根主播,名人、政府官员的加入,让直播带货更是进入了一个新境界。在此期间,网络直播用户规模激增,调查显示有近 3 成受访者几乎每天都看带货直播。艾媒咨询分析师认为,经过几年的市场教育,直播电商的接受度明显提高,成为用户网购的重要组成部分。

2)直播带货的概念界定

直播带货是指通过一些互联网平台,使用直播技术进行商品的线上展示、讲解、咨询答疑及导购销售的新型电子商务销售服务方式,最终吸引粉丝购买商品的一种不见面网络销售模式。

具体表现形式是由店铺自己开设直播间,或由职业主播集合进行商品推介。

2020 年 6 月,中国商业联合会发布通知,要求由该会下属媒体购物专业委员会牵头起草制定《视频直播购物运营和服务基本规范》和《网络购物诚信服务体系评价指南》等两项标准。这是行业内首部全国性标准,于 2020 年 7 月正式发布执行。制定实施两项标准,有利于引领和规范我国直播购物和网络购物行业的发展方向,杜绝直播行业乱象,重塑行业生态,提升新零售行业的技术管理水平,维护广大消费者利益。

3)直播带货的特点

(1)新型电子商务网络销售模式

直播带货是电子商务营销的一种不见面的网络销售模式,播主通过互联网平台进行的产品推介、销售的新型销售和服务模式。

(2)互动性和亲和力强,高粉丝转化率

电子商务的飞速发展,各大企业均开启了线上模式,而传统的线上淘宝和线下购物已经远远不能满足大众需求,而直播带货,消费者可以像在大卖场一样,跟卖家进行交流甚至讨价还价,可以不出门,随时随地进行交流,互动性和亲和力更强,也极大地提升了粉丝的转化率。

(3)群体效应,价格低

直播带货减少了经销商等传统中间渠道,直接实现了商品和消费者对接。特别是对一些网红主播而言,直播的本质是让观众们看广告,只有通过"秒杀"等手段提供最大优惠力度,才能吸引消费者注意力,同时消费者也可以进行全网搜索进行比较,群体效应也非常明显,容易达成购买意向。

(4)方便、快捷,带动经济新增长

直播已经打破了传统的面对面的销售模式,用户可以利用碎片时间进行参与,方便、快捷,电商直播带货都是要求播主尽可能短的时间内讲解并描述好一款商品,并持续、循环地讲解,使用户能够保持很快的节奏并且新来的用户能够尽可能地触及到直播的爆点,而这样的节奏也能够更好地利用用户的碎片时间,更能带动经济的新增长。

4)主流直播带货的平台介绍

(1)抖音直播平台

2016 年 9 月 26 日,抖音版本 1.0 上线,当时短视频正处于高热度阶段,这种比文字、图片更加低门槛、低成本的分享信息的方式广受用户喜爱。2016 年 11 月 3 日,抖音短视频第一条微博的发布从无人问津,到 2017 年 3 月 13 日岳云鹏转发一条带有抖音水印的视频微博,让抖音初次大规模曝光。2017 年 4 月 27 日,抖音进入了免费榜第 58 名,摄影与录像第 9 名。

2017 年 8 月抖音进入第二阶段,专注传播运营,促进用户的增长,在这期间,抖音的广告大幅增长,抖音通过大量赞助国内主流综艺节目引入明星等,用户激增,但是视频质量参差不齐,导致评论区出现了不和谐的声音。

2018 年 1 月 8 日,抖音发布了 2018 年第一个版本更新,新增了私信与抖友可以直接互动,这标志着抖音进入到了第三阶段,2018 年春节,抖音彻底火爆全国,最高日活动量达到了 6 646 万,2018 年 3 月 30 日"直达淘宝"上线,抖音上出现了购物框按钮,点击后会出现商品推荐信息,且该信息直接连接到淘宝。这一阶段抖音长居 iOS 下载量总榜前三,摄影与录像门类第一。

因为用户的激增、评论的不和谐,抖音开始加大了监管力度,构建和谐社区。相信在不久的将来,抖音会发展得更好。

(2)快手直播平台

快手在 2011 年 3 月诞生。当时叫 GIF 快手,是一款用来制作、分享 GIF 图片的手机应用。2012 年 11 月 GIF 快手转型,将制作的内容存储为视频,只有在分享到其他平台,如微博时,才转换成 GIF 图片。2013 年 10 月确定短视频社交属性,强化社交能力。2014 年 11 月,正式改名为"快手"。同年,快手在 App Store 连续 4 个月居前 50。2015 年 6 月快手总用户突破 1 亿。快手是一个记录与分享的平台,快手 CEO 宿华希望今天的人能通过快手"读懂中国",让一千多年以后的人,也能看到今天的时代影像。宿华曾说,几百年以后,快手会是一个记录博物馆。

(3)微信直播平台

微信是一款全方位的手机通信应用,帮助你轻松连接全球好友。微信可以群聊、视频聊天、与好友一起玩游戏,以及分享自己生活到朋友圈,让你感受耳目一新的移动生活方式。

而微信公众号本身是不能实现视频直播功能的,目前公众号支持的内容显示主要有图文、音频、视频的形式,并不能直接用于视频直播,但是公众号可以借助第三方工具进行视频直播功能的搭建,通过 H5、小程序、菜单链接跳转的形式进行。其中小程序是最稳定的视频直播方式之一,且微信小程序是一种不需要下载安装即可使用的应用,它实现了应用"触手可及"的梦想,用户扫一扫或搜一下即可打开应用。

(4)淘宝直播平台

淘宝直播是阿里巴巴推出的直播平台,定位于"消费类直播",用户可边看边买,涵盖的范畴包括母婴、美妆等。

淘宝直播定位于"消费类直播"手淘平台,2020 年 3 月 30 日,在淘宝直播盛典上,淘宝内容电商事业部总经理俞峰宣布,2020 年,要打造 10 万个月收入过万的主播,100 个年销售过亿的 MCN 机构,并发布 500 亿资源包,覆盖资金、流量和技术。其中针对技术,俞峰表示,将整合阿里巴巴经济体内所有资源,将投入百亿级别流量,让优质内容和直播间被发现。

5）直播带货中的法律问题

"直播带货"中的"主播"不是商品或服务的生产者、销售者或电子商务经营者,原则上不对商品或服务质量承担责任。但如果"主播"参与商品或服务的生产、销售或经营行为,同时兼具商品或服务的生产者、销售者或电子商务经营者身份,此时是否需要对商品或服务承担责任? 商品质量的主体责任又如何认定? 现行的《民法典》《中华人民共和国消费者权益保护法》(简称《消费者权益保护法》)《中华人民共和国广告法》(简称《广告法》)《电子商务法》等法律法规对从事网络交易的经营者的责任和义务均有所涉及,但对"直播带货"中"主播"的法律主体身份认定、经营者与"带货主播"责任划分等没有明确规定。"带货主播"的法律地位和法律责任的明晰对"直播带货"行业的健康发展至关重要。"带货主播"具有场景化的特征,应针对不同场景,界定"带货主播"的法律主体身份,进一步厘清整个"直播带货"流程中各主体的法律责任,为"直播带货"提供更加明确的法律保障,以进一步优化法治化营商环境。

明确"带货主播"准入资格,建立从业考核机制。目前,"直播带货"注册门槛低,只要年满 18 周岁的个人,拥有一定数量的粉丝,就可以成为一名"带货主播"。"带货主播"水平参差不齐,部分"带货主播"法律知识淡薄,对构建法治化营商环境造成一定影响。建议明确"带货主播"准入资格,建立从业考核机制。

"主播"应通过相关从业考核,具备专业能力,知晓法律知识才能进行"直播带货",这可以在一定程度上保证其内容的正确导向。此外,应引导"直播带货"的主体加强合规管理,在法律框架下进行"直播带货"活动,防范法律风险。例如,"直播带货"的平台经营主体可以建立行业内部统一标准,设置"带货主播"信用评价体系,所有加入直播平台的"主播"每月进行考核,并对其信用评价体系的信息及考核情况进行公示,在行业协会以及相关监管机构之间共享。只有提高"直播带货"行业的准入门槛,提升"带货主播"的素质水平,才可以从根本上解决"直播带货"诸多乱象的局面。"直播带货"为经济发展带来了新机遇,具有广阔的发展前景和空间,但其中衍生的法律问题不能忽视。

5.4 网络商品交易的监管

《网络交易管理办法》是为规范网络商品交易及有关服务行为,保护消费者和经营者的合法权益,促进网络经济持续健康发展,依据《中华人民共和国合同法》《中华人民共和国侵权责任法》《中华人民共和国消费者权益保护法》《中华人民共和国产品质量法》《中华人民共和国反不正当竞争法》《中华人民共和国商标法》《中华人民共和国广告法》《中华人民共和国食品安全法》和《中华人民共和国电子签名法》等法律法规制定。《网络交易管理办法》经中华人民共和国国家工商行政管理总局局务会审议通过,于 2014 年 1 月 26 日以国家工商行政管理总局令第 60 号文件发布,自 2014 年 3 月 15 日起施行,同时废止 2010 年 5 月 31 日发布的国家工商行政管理总局令第 49 号《网络商品交易及有关服务行为管理暂行办法》。《网络交易管理办法》要求,网络商品经营者销售商品,消费者有权自收到商品之日起七日内退货,且无须说明理由;鲜活易腐、定作等四类商品除外。消费者的网购"后悔权"将在法律和部门规章层面都获得支持。

5.4.1 《网络交易管理办法》的出台背景

伴随着信息时代的疾进步伐,中国的网络交易已从最初的"新生事物"发展成全社会参与、采用先进信息技术的交易方式。尤其是网络交易已影响到我们每一个人,并改变着人们的消费习惯。

由于交易过程的数字化和虚拟化,信用瓶颈始终是网络交易发展进程中的一个障碍,参与交易的双方、第三方机构都应为维护交易的安全与便利而遵循"游戏规则",以促进和规范网络商品交易及相关服务。从这个意义上看,国家工商总局2010年5月颁布的《网络商品交易及有关服务行为管理暂行办法》(以下简称《暂行办法》)无疑是该领域制度建设的"首规"。

网络市场飞速发展,网络交易新形式、新业态不断涌现,《暂行办法》中的部分规定已相对滞后,无法适应网络市场规范发展的需要。在这一新形势下,国家工商总局对《暂行办法》进行修订,出台《网络交易管理办法》,(以下简称《办法》)将于2014年3月15日起正式施行。

从《暂行办法》到《办法》,行政规章的名称缩短,涵盖的范围却更加广泛。新办法充分适应了网络交易发展的新特点,还细化了对消费者合法权益的各项保护措施。相关媒体调查发现,消费者对新办法中的7日无理由退货、卖家实名制、消费者个人信息保护及建立信用评价体系等内容格外关注,表明这些条款确实是准确"击中"了网购过程中消费者最关心的问题。

中国消费者网络购物的习惯逐渐形成,移动购物时代更是释放了购买力,随着无线宽带和智能手机的普及,越来越多人加入到网络购物的队伍中来。网络交易的发展与相关政策法规的完善,呈现出良性互动效果。一方面,为适应网络交易日新月异的发展,相关政策只有进一步完善、创新,才能保障网络交易的诚信和健康发展;另一方面,相关政策的出台,也为网络交易注入"强心剂",消费者的权益得到保障,信心指数也会得到进一步提升。

新办法中的相关细则让不少网络消费者"点赞",也表明一个更加完善的政策法规是营造更加成熟、规范的网购环境的基础,并将由此带动更多人尝试网购。可以预见的是,随着中国网络交易政策法规的不断完善,网络购物环境将更加"清新",网络交易也将迎来更加广阔的前景。

5.4.2 保护消费者权益的具体政策

1)网络购物享受7天后悔权

2014年3月15日起伴随《消费者权益保护法》开始实施的新《办法》,对网络购物七天无理由退货、利用技术手段不正当竞争、经营网店需要实名认证以及消费者维权细化措施等方面有了细化的补充性规定。与修订前的《暂行办法》相比,修订后的《办法》第十六条明确规定了网络购物中,除网上购物的消费者定制的、鲜活易腐的商品、拆封的音像数码商品以及交付的报纸、期刊外,有权自收到商品之日起七日内退货,且无须说明理由。此项规定与同日开始实施的新《消费者权益保护法》中对于网购商品过程中保护消费者权益的条款一致。

此外,《办法》还规定,网络商品经营者销售商品或者提供服务,应当按照国家有关规定或者商业惯例向消费者出具发票等购物凭证或者服务单据。由此,消费者在购物索要发票等购物凭证或服务单据时,网络商品经营者必须出具,在产生纠纷时,可作为消费投诉的依据。

2）严禁泄露消费者个人信息

进入电子商务时代,网购信息泄露的现象屡见不鲜,对此《办法》里明确规定采集信息应当遵循合法、正当、必要三原则,收集、使用目的、方式和范围应当公开并经被收集者同意。对于个人信息或者商业秘密等具有保密义务,不得任意披露。

此外,为了能更好地避免以及解决网购过程中产生的纠纷,《办法》规定从事网络商品交易的自然人,应当通过第三方交易平台开展经营活动,并向第三方交易平台提交其姓名、地址、有效身份证明、有效联系方式等真实身份信息。具备登记注册条件的,依法办理工商登记。

3）管辖范围更广监管力度加大

《办法》监管的范围更加广泛,包含了对网络交易主体、客体和行为三方面的规范,涵盖了网络销售商品以及提供服务的经营活动、支付结算、物流、第三方交易平台、宣传推广等各种营利性行为。

恶意给同行打差评、虚假交易、刷单是近年来伴随电子商务而产生的新型不正当竞争行为,扰乱了网络市场的经营秩序,消费者也深受其害。对此,《办法》针对网络市场中的不正当竞争等行为作出了明确规定:不得以虚构交易、删除不利评价等形式,为自己或他人提升商业信誉;以交易达成后违背事实的恶意评价损害竞争对手的商业信誉;对于上述的相关行为以及法律、法规规定的其他不正当竞争行为将进行警告并处 1 万元以上 3 万元以下的罚款。

4）电子发票和凭证可作为投诉依据

《办法》对网购发票和凭证进行了规定,第十三条明确,网络商品经营者销售商品或者提供服务,应当按照国家有关规定或者商业惯例向消费者出具发票等购货凭证或者服务单据;征得消费者同意的,可以以电子化形式出具。电子化的购货凭证或者服务单据,可以作为处理消费投诉的依据。消费者索要发票等购货凭证或者服务单据的,网络商品经营者必须出具。

5）第三方交易平台终止服务应提前公示

随着互联网的快速发展,一些网站出于各种原因关停和重组。比如 2012 年团购网站出现了倒闭潮,致使很多已经团购的消费者得不到赔偿。《办法》针对网络交易中第三方支付平台的行为也做出了规范。特别强调,第三方交易平台经营者拟终止提供第三方交易平台服务,应当至少提前三个月在其网站主页面醒目位置予以公示并通知相关经营者和消费者,采取必要措施保障相关经营者和消费者的合法权益。

6)微博推销商品应注明是否为广告

日常生活中,消费者在网上总是看到不少网络大V通过微博、微信等发送广告信息。此次《办法》第三十七条规定,为网络商品交易提供宣传推广服务应当符合相关法律、法规、规章的规定。《办法》第三十七条指出,网络交易中,通过博客、微博等网络社交载体提供宣传推广服务、评论商品或者服务并因此取得酬劳的,应当如实披露其性质,避免消费者产生误解。

本章案例

网络"直播带货"合同纠纷案

基本案情

原告想通过直播销售家纺用品,但对于直播电商行业缺乏了解,经介绍与两家服务机构洽谈后签约,为原告在抖音直播平台提供网络直播营销服务,并安排主播、明星进行带货。但最终销售额与承诺销售额相差悬殊,协商未果后诉至法院,原告要求被告按比例退还服务费。

审理中,原告认为:被告仅来公司开过一次会,让主播熟悉产品;全部选品工作均由原告自行完成,被告未提供相应的辅导;直播前被告对明星加盟直播间未进行充分宣传引流。综合被告的以上行为,导致了销售额未达标。

被告认为:未完成目标原告亦过错,双方应分担损失。首先,原告在直播过程中存在直播产品用词不当,如"全网最低价"之类的用语,被平台禁播两小时;其次,直播当天原告因一项爆款商品无库存而处于下架状态长达4小时;最后,原告未开通微信支付方式而导致一定程度的客单流失。

第三方直播平台:为查明直播销售额未达标的过错主体,上海普陀法院依法追加了第三方平台经营方作为第三人参加诉讼。第三人表示,直播当天,直播间因用词不当而被处罚6次,确实对商品销量产生一定影响。

争议焦点

被告是否要对销售额未达标负责?

法庭审理认为,被告作为一家专业的直播服务机构,面对原告这样首次接触直播领域的商家时,应积极履行合同主要义务,包括:就直播平台规则、网络直播营销规范用语进行充分告知提示;就包括开通支付渠道在内的品牌营销提供相匹配的指导培训;以及合同附随义务,如直播前帮助原告选品,合理预估销售目标并审慎匹配筛选主播人员、明星以及优化宣发方案。但由于被告方疏于提示,未能积极履行合同约定义务而导致销售额未达标,因此被告应承担相应责任。最终,法院判决被告退还原告专场费75万元并支付违约金。

裁判要旨

在平台、主播、商家、消费者共同参与的直播产业生态中,网络直播服务机构扮演着规范行业准入、提升直播品质、净化行业生态的枢纽角色。考虑到其盈利模式及直播行业监管要求,网络直播服务机构更应充分地履行合同主要义务及包括协助、通知、注意义务在内的合同附随义务,与商家一同打造高质量直播内容,推动直播产业健康有序发展。

本章小结

通过本章的学习,首先应熟悉网络商品交易的含义、网络商品交易的基本特征。了解网络商品交易现状,如网站功能建设、商品配送及网店信誉度现状,商品质量与交易风险防范现状,网络商品交易监管现状,以及网络交易观念意识和社会信用体系现状。本章重点是掌握网络交易模式的法律问题,包括闪购、团购、微商、网上拍卖、网上代购、网上大宗商品交易等商业模式。熟知网络商品交易的监管,如《网络交易管理办法》的出台背景,保护消费者权益的具体政策等。

本章习题

1. 简述网络商品交易的基本特征。
2. 试论网络商品交易监管现状。
3. 以案例说明团购的概念和特点。
4. 试阐述微商的产生背景和发展前景。
5. 试分析《网络交易管理办法》的出台背景。

第6章
电子支付法律制度

📖 学习目标

通过学习本章内容,应了解电子支付的概念与性质,电子支付在电子商务活动中的地位和作用;掌握电子支付的特点与基本原则;了解当前国际电子支付立法特点,掌握电子支付有关法规内容,熟悉国际电子支付的立法特点,掌握我国电子支付的发展趋势。

案例导入

上海银生宝电子支付服务有限公司与闫华、中国建设银行
阜新大众支行合同纠纷案

[(2022)辽 09 民终 1470 号]

基本案情

2018 年 5 月 2 日,皇亦公司与被告银生宝公司签订《电子支付服务协议》,由被告银生宝公司向其提供安全加密、款项收付、在线查询系统、退款等服务。2018 年 7 月 4 日、10 日、16 日、24 日、25 日,原告闫华在国泰金融平台上进行理财投资,陆续通过自己在被告建设银行开设的账户(尾号 312)向被告银生宝公司转账共 9 笔,合计 319 364.41 元,收款户名为"中国银联股份有限公司上海分公司-上海银生宝电子支付服务有限公司"。上述资金在被告银生宝公司系统中的资金结算对应商户为皇亦公司。2018 年 7 月 4 日被告建设银行向原告闫华手机(尾号 9636)发送提醒短信:"20:13 发的验证码 802437,订单号某 0730,支付金额 48 538.70 元,商户名称中国银联股份有限公司上海分公司。任何索要验证码的都是骗子,千万别给!"2019 年 5 月 5 日,中国人民银行上海市分行向原告闫华出具 2019—0701 号《举报答复意见书》,其中关于被告银生宝公司涉嫌违规提供资金结算业务的调查情况包括国泰金融平台非银生宝公司的签约商户。银生宝公司于 2018 年 5 月与皇亦公司签订支付服务协议,签约网址为 www.hy1988.top。商户入网审核时,皇亦公司提供了法定代表人身份证件、营业执照、开户许可证等相关资质材料,银生宝公司留存了相关商户档案复印件。目

前,银生宝公司已经停止了皇亦公司的出入金业务。经查,银生宝公司系根据签约商户支付接口上送的交易指令将资金(包括来信相关订单资金)结算至签约商户开立在银生宝公司的支付账户,并根据签约商户的支付指令将资金划转至其指定的非同名银行结算账户。根据调查情况,银生宝公司存在未对特约商户经营情况进行有效核实、风险措施未落实到位、将签约商户的资金结算至其支付账户及开展支付账户与非同名银行结算账户之间转账业务的问题,违反了《银行卡收单业务管理办法》《非银行支付机构网络支付业务管理办法》的相关规定。银生宝公司在与皇亦公司业务关系存续期间,对商户存在未履行反洗钱义务的情形。

裁判要点

法院认为,第三方支付平台与付款人、收款人之间的关系构成委托代理关系。非银行支付机构主张争议交易为持卡人本人交易或者其授权交易的,应当承担举证责任。银生宝公司系依法取得中国人民银行颁发《支付业务许可证》的非金融支付机构,《支付业务许可证》于2021年12月21日到期,其在收付款人之间提供互联网支付和移动电话支付服务应当符合法律规定并保护当事人合法权益。闫华基于投资目的意图向国泰金融账户转移资金,发起支付指令并传递到自己的开户银行,开户银行在其完成验证后将交易资金划至银生宝公司的备付金账户。虽然闫华与银生宝公司没有直接书面合同,但根据双方的行为,闫华实为银生宝支付平台的客户。双方基于银生宝公司收取资金的代理行为产生民事法律关系,故银生宝公司以闫华未与银生宝公司签约、未在银生宝公司开立支付账户为由主张双方之间不存在合同关系,本院不予支持。根据《非金融机构支付服务管理办法》第二十四条规定:"支付机构只能根据客户发起的支付指令转移备付金。"银生宝公司作为闫华资金转移环节中的第三方支付公司,并未提供证据证明其将投资款项转至皇亦公司账户的行为系基于闫华公司的指示,其与皇亦公司签订的《电子支付服务协议》对闫华没有约束力,其转账行为缺乏事实和法律依据,代理行为超越了代理权限。闫华本意投资国泰金融,钱款却进入皇亦公司账户,造成投资资金损失。根据《非银行支付机构网络支付业务管理办法》第十九条的规定,银生宝公司未能提供证据证明闫华损失系其自身原因造成,应对其损失先行全额赔付。故本院对上诉人提出的上诉请求不予支持。

讨论:1. 依据《民法典》说明第三方支付平台在经营活动中的法律地位。

2. 第三方支付平台与客户之间合同关系如何判定?

6.1 电子支付概述

6.1.1 电子支付的内涵

1)电子支付的概念

根据2005年6月9日中国人民银行公布的《电子支付指引(征求意见稿)》的表述,电子支付是指单位、个人通过电子终端,直接或间接向银行业金融机构发出支付指令,实现货币支付与资金转移。

电子支付的业务类型按电子支付指令发起方式分为网上支付、电话支付、移动支付、销售点终端交易、自动柜员机交易和其他电子支付。

电子支付实质上是以电子计算机及网络为手段,用数字化信息取代传统支付工具,实现资金转移的一种支付方式。它可以从广义和狭义两个方面加以理解。狭义的电子支付主要是指以电子方式,或者称为无纸化方式进行的电子资金划拨业务。而广义的电子支付,除了电子资金划拨以外,还应该包括与电子支付相关的各种业务,如电子货币业务等。

本章讨论的电子支付主要围绕电子资金划拨业务展开,有关电子资金划拨的详细内容在后面介绍,下面我们首先介绍电子支付的主要形式和特征。

2)电子支付的特征

与传统的支付方式相比,电子支付有以下特征。

①电子支付是采用先进的技术,通过数字流转来完成信息传输的,其各种支付方式都是采用数字化的方式进行款项支付;而传统的支付方式则是通过现金的流转、票据的转让及银行的汇兑等物理实体流转来完成款项支付。

②电子支付的工作环境是基于互联网这样一个开放的系统平台之中;而传统支付则是在较为封闭的系统中运作。

③电子支付使用的是最先进的通信手段,如 Internet、Extranet;而传统支付使用的则是传统的通信媒介。电子支付对软、硬件设施的要求很高,一般要求有联网的微机、相关的软件及其他的一些配套设施;而传统支付则没有这么高的要求。

④电子支付具有方便、快捷、高效、经济的优势。用户只要拥有一台联网的微机,便可以足不出户,在很短的时间内完成整个支付过程。支付费用仅仅相当于传统支付的几十分之一,甚至几百分之一。

3)电子支付发展趋势

随着互联网的蓬勃发展,网上购物对于消费者来说已经从一个新鲜未知的事物变成日常生活的一部分,当当、淘宝等网站在很多消费者看来,等同于家乐福、西单图书大厦这些有着实际店面的商家,甚至比他们还要方便。对于办公族来说,去网上商店挑几件商品,通过电子支付的方式结算,再由快递或邮寄送到手上,已经成为一件驾轻就熟的事情。

作为网上购物特征之一的网上电子支付,也得到了越来越多消费者的认同和信任。从我国的情况来看,2004 年 11 月 16 日 CNNIC 在京发布的第二次《中国互联网络热点调查报告》中显示:41.8%的消费者在网上购物时通过网上电子支付的方式进行付款,绝大多数消费者对网上电子支付的安全性和便捷性表示非常满意。

而从美国的情况看,美国技术市场调查公司加特纳公司 2002 年 10 月 9 日公布,截至该年底,使用因特网电子支付方式的美国成年人将达到 22%,高于去年的 16%。这家公司进行的一次调查结果显示,尽管使用因特网电子支付手段仍然缺乏安全保障,但在网上电子付账的人数仍在不断增加。该公司预测,到 2005 年底,在美国成年人中,使用网上账户和电子付账的消费者比例将上升到 45%。

对于众多的网上商家而言,网上电子支付也是个最好的选择。因为其他传统的支付方式如银行汇款、邮政汇款等,都需要购买者去银行或邮局办理烦琐的汇款业务;而如果采用货到付款方式,又给商家带来了一定风险和昂贵的物流成本。因此,电子支付也是发展的必然趋势,是电子商务的要素之一。

6.1.2 电子支付的形式

在传统商务活动中,支付主要采用两种方式:一是票据支付,多用于企业间的商贸过程;二是现金,常用于企业对个人消费者的商品零售过程。在电子商务环境下,传统的支付方式已不适应商务活动电子化的要求,而必须由全新的电子支付方式来代替。由于使用的传输网络、传输协议和支付程序的不同,电子支付的形式也越来越多。这些支付形式可以概括地分为如下三种。

1)电子货币(E-money)

电子货币又称为数字货币(Digital Money),如电子现金(Electronic Cash)、电子钱包等。它是现实世界货币的电子或数字模拟,具有多用途、灵活性、匿名性、快速简便的特点。它把现金数值转换成一系列的加密序列数来表示现实中各种金额的币值。当使用者需要支付或清偿债务时可以通过电子化媒介或方式,将该电子数据直接转移给支付对象。电子货币存储于银行服务器和用户计算机终端上,通过互联网流通。电子货币主要用于小额交易,其优点是可以提高效率和方便用户使用。

2)电子支票(E-check)

电子支票(E-check)是作为纸张支票的电子替代品而存在的,同纸张支票的功能类似。其内容包括有关支票的用户自定义数据以及在纸张支票上可以见到的信息,如被支付方姓名、支付方账户信息、支付金额和日期等。

电子支票既适合个人付款,也适合企业之间的大额付款。使用电子支票付款时,客户手中使用的不再是传统的支票簿,而是电子支票簿。它是一种类似 IC 卡的硬件装置。这个卡片大小的装置中有一系列程序和设备,插入客户的计算机的插口以后,客户通过密码或其他手段激活这个装置,使其正常运作,这个装置就能够像传统的支票簿一样在电脑的屏幕上显示出支票来。客户只需要像填写纸张支票那样在上面填写相应的信息即可。填写完毕,客户的电子支票簿中装有其私人密钥,电子支票簿会自动生成客户的电子签名。同时,像一个信封一样把购货等相关信息封装起来。当客户把这张"支票"通过网络传给商家以后,商家会使用同样的签名技术在支票上进行"背书",并把经过"背书"的电子支票交给自己的开户银行,开户银行通过银行间的清算设备和网络同客户的开户银行进行结算。最后,通知商家钱已经到了商家的账户上,客户的开户银行也会通知客户,支票上的钱已经付给对方。

电子支票根据其处理的类型可以分为两类:一类是借记支票(credit check),即债权人向银行发出支付指令,以向债务人收款的划拨;另一类是贷记支票(debit check),即债务人向银行发出支付指令,以向债权人付款的划拨。

3)卡基支付(Credit Card Based System)

卡基支付是一种以电子信用卡为基础的支付方式,它是通过专用网络或互联网传送信用卡号码来完成支付的。持卡人对其所传送的信息,先进行电子签名,然后将信息本身、电子签名经过 CA 认证机构的认证以后,连同电子证书等一并传送至商家。卡基支付主要包括如下几种形式。

- 账号直接传输形式。即客户在网上购物后把信用卡号码信息加密后直接传输给商家。但要求商家有良好的信誉,否则客户难以放心地将信用卡号码予以告知。

- 专用账号方式。这种支付方式要求商家在银行的协助下核实每一个客户是否为银行卡的持卡人,并且由商家为每一个客户建立一个与银行卡对应的虚拟账户,每个虚拟账户都有一个独立的账号和密码。当客户使用虚拟账户在互联网上付款时,账号和密码在加密后被传输到商家系统,避免在网上直接使用银行卡的卡号和密码,保证了银行卡账户的安全。因而,是一种具有较高安全性的支付方式。

- 专用协议形式。这种方式的关键点是在客户、商家和电子支付服务供应商之间采用一种专用加密协议,把信用卡账号转化为密码。由电子支付服务供应商向其客户和商家免费提供客户端软件。这种软件自动地通知商家把电子订购表格发送给客户,让客户填写姓名和信用卡号码,再通过这种软件翻译成密码发送给商家。由于采用这种具有加密功能的软件及特殊的服务器,商家无法从客户的支付数据中得到信用卡账号的任何信息,保证了支付信息的安全性。

- 安全电子交易(SET)方式。SET(Secure Electronic Transaction)规范是由 Master Card 以及 Visa 两大国际知名的信用卡组织及其一些跨国公司共同开发的安全交易规范,主要用于保障互联网上信用卡交易的安全性。由于安全电子交易规范提供商家和收单银行的认证,确保了交易数据的安全性、完整可靠性和交易的不可抵赖性,特别是具有保护消费者信用卡号不暴露给商家等优点,因此它成为目前公认的信用卡/借记卡网上交易的国际标准,是未来电子支付系统的发展方向。

4）电子资金划拨概念

随着计算机在银行中的应用,银行在一定程度上已能将现钞、票据等实物表示的资金转变成由计算机中存储的数据(data)表示的资金;将现金流动、票据流动转变成计算机网络中的数据流动。这种以数据形式存储在计算机中并能通过计算机网络而使用的资金被形象地称为电子货币,其赖以生存的银行计算机网络系统被称为电子资金划拨系统。在美国,80%以上的美元支付是通过电子方式进行的,每天大约有 2 万亿美元通过联储电汇系统(Fedwire)与清算所银行间支付系统(CHIPS)划拨。

按美国 1978 年《电子资金划拨法》规定,电子资金划拨是不以支票、期票或其他类似票据为凭证,而是通过电子终端、电话、电传设施,计算机、磁盘等命令、指示或委托金融机构向某个账户付款或从某个账户提款;零售商店的电子销售安排、银行的自动提款交易、银行客户通过银行电子设施进行的直接存款或提款等,均为"电子资金划拨"或称"电子资金转移(Electronic Fund Transfer)"。

电子资金划拨系统根据服务对象的不同与支付金额的大小分为小额电子资金划拨系统(又称零售电子资金划拨系统)和大额电子资金划拨系统(又称批发电子资金划拨系统),小额电子资金划拨和大额电子资金划拨并无明确的数量界限,但是由于人们所进行的支付所涉及的范围非常之广泛,很多的电子资金划拨系统已专门化,有的主要服务大额商事交易,有的主要服务小额个人交易。大额电子资金划拨服务于银行及银行客户,划拨资金额度大、数量多,在电子划拨中处于主要地位;小额电子资金划拨系统的服务对象主要是广大的个人消费者、从事商品和劳务交换的工商企业,这些交易活动的特点是交易发生频繁,但交易金额相对较小,一般用银行卡发动交易。

大额电子资金划拨系统主要有:美联储电划系统(Fedwire)、清算所银行间支付系统(CHIPS)、环球银行金融电信协会(SWIFT)、日本银行金融网络系统(BUJ-NET)、瑞士银行间清算系统(SIC)。

由于小额交易活动的多样化要求及实现交易的便利程序设计,小额电子资金划拨系统有多种,常见的主要有自动柜员机(ATM)、销售点终端(POS)、居家银行服务(Home Banking)、自动清算所(ACH)及部分网上银行业务。在美国,目前大约有 1 亿张银行卡在使用中,在中国人民银行的组织下,我国 12 个银行卡工程试点城市的银行卡网络中心已全部投入运行,实现了各发卡行业务联营和设备资源共享,中国人民银行组织各商业银行正式成立了全国银行卡信息交换总中心。到 1999 年底,我国共发行信用卡 8 000 多万张,装备 ATM 近 20 000 台,POS 26 万多台。

电子资金划拨根据发起人不同,可以分为贷方划拨和借方划拨。贷方划拨(credit transfer)是由债务人发起的划拨,即债务人(支付人)向其开户银行发出支付命令,将其存放于该银行账户的资金,通过网络与电信线路,划入债权人(收款人)开户银行的一系列转移过程。借方划拨(debit transfer)是由债权人发起的划拨,即债权人(收款人)命令开户银行将债务人(支付人)资金划拨到自己的账户。现存的用于大额支付的电子划拨系统都是采用贷记划拨方式。

6.1.3 电子支付体系

1)支付体系的概念

支付体系是完成社会支付活动由系列制度安排和相应技术设施支持以及相关组织监督管理保障的,并实现社会经济活动所需求的债权债务关系、资金转移安排的一个有机整体。支付体系是一国经济金融体系的重要组成部分,是重要的金融基础设施。在过去的 20 年,随着科学技术特别是网络信息技术在支付领域不断获得应用,支付体系经历了革命性的大发展。现代支付体系在降低交易成本、提高交易效率、支持经济金融发展、促进经济一体化、密切各类金融市场的有机联系以及转变货币政策调节机制、带动金融创新等方面发挥的作用越来越明显,并且深刻改变着人们的日常支付方式,提高了人们的生活质量。

2)电子支付体系的构成

电子支付体系主要由电子支付服务组织、电子支付工具、电子支付清算系统及电子支付体系监督管理和相关的法规制度等要素构成。

电子支付服务组织是指向客户提供电子支付账户、电子支付工具和电子支付服务的金融机构,以及为这些机构运行提供清算和结算网络服务的组织。电子支付工具是指由提供支付和结算服务的相关机构认可采用的、使用于社会中债权债务关系价值清偿的一种资金转移的电子载体。电子支付系统是为了加快社会资金的周转,满足社会对资金结算和清算需求而形成和建立的一个电子系统,它是市场经济中金融基础设施的重要组成部分。电子支付体系监督管理是为维护电子支付服务组织及其电子支付业务活动实施监督控制的行为。电子支付的法律规章制度是国家和行使支付组织监督和管理职能的人民银行所制定的法律和规章制度,以保障电子支付体系的高效、安全、平稳地运行,维护电子支付清算结算的正常秩序,防范金融风险,保障国民经济持续健康发展。

电子支付体系的各构成部分是密不可分的。电子支付服务组织是电子支付工具和电子支付系统的提供者;各种电子支付工具的要素记载、操作流程和数据信息标准贯穿于电子支付系统处理的全过程,其信息传输和资金结算要得到电子支付系统的有效支持;电子支付体系监督管理则是以电子支付服务组织为机构管理对象,以电子支付工具和电子支付系统为业务目标,是电子支付体系正常运行的重要保障,中央银行发挥规范和维护全社会电子支付体系正常运行的职能作用是通过推广使用电子支付工具和管理电子支付系统而实现的。

3)电子支付体系的地位

电子支付体系是国家经济重要的金融基础设施,是金融体系业务和技术支撑的核心系统。电子支付体系安全、稳定和高效运行是金融体系稳定和社会经济正常运转的基础和前提。支付体系方便、快捷、安全的资金服务与人民生活紧密相连、息息相关。随着经济全球化进程,国际间资金清算结算业务相互融合,我国的电子支付体系也必将成为全球经济资金清算结算体系中的一个重要组成部分,它的安全高效运行,将对全球经济产生重要的影响。

4)电子支付体系的作用

电子支付体系是国家经济金融体系的重要组成部分,通过法规制度和设施安排,向银行业和社会提供资金运行的工具和通道,提供快捷高效安全的电子支付结算服务,满足金融活动和社会经济活动的需要。同时,安全、高效、稳定的电子支付体系对于畅通货币政策传导,密切各金融市场有机联系,维护金融稳定,推动金融工具创新,培育社会信用具有重要的作用。

6.2 电子支付服务组织

6.2.1 电子支付服务组织概述

电子支付服务组织是指向客户提供支付账户、支付工具和支付服务的金融机构,以及为这些机构提供清算和结算网络服务的组织。目前支付服务组织多元化发展,支付服务市场化格局基本形成。随着市场经济的发展、技术的进步和分工的细化,以中国人民银行为核心,银行业金融机构为主体,支付清算组织为补充的支付服务组织体系基本形成,并呈现出支付服务主体多元化、支付服务市场化的发展趋势。

6.2.2 中央银行

1）中央银行概述

中央银行是由政府组建的机构,负责控制国家货币供给、信贷条件,监管金融体系,特别是商业银行和其他储蓄机构。中央银行是一国最高的货币金融管理机构,在各国金融体系中居于主导地位。中央银行的职能是宏观调控、保障金融安全与稳定、金融服务。

中央银行是"发币的银行",对调节货币供应量、稳定币值有重要作用。中央银行是"银行的银行",它集中保管银行的准备金,并对它们发放贷款,充当"最后贷款者"。

中央银行是"国家的银行",它是国家货币政策的制定者和执行者,也是政府干预经济的工具;同时为国家提供金融服务,代理国库,代理发行政府债券,为政府筹集资金;代表政府参加国际金融组织和各种国际金融活动。

中央银行所从事的业务与其他金融机构所从事的业务的根本区别在于,中央银行所从事的业务不是为了营利,而是为实现国家宏观经济目标服务,这是由中央银行所处的地位和性质决定的。

中央银行的主要业务有货币发行、集中存款准备金、贷款、再贴现、证券、黄金占款和外汇占款、为商业银行和其他金融机构办理资金的划拨清算和资金转移的业务等。

2）中央银行的支付结算服务

①提供账户服务。在各国中央银行支付清算的实践活动中,中央银行一般作为银行间清算中介入,为银行提供清算账户,通过清算账户的设置和使用来实现银行间转账。

②运行与管理支付系统。除了提供账户服务以外,中央银行参与和组织行间清算的另一个重要手段即是运行与管理重要的行间支付清算系统。一个稳定的、有效的、公众信任的支付系统,是社会所不可或缺的。中央银行运行的支付系统通常包括账户体系、通信网络和信息处理系统。

③为私营清算系统提供差额清算服务。很多国家存在着多种形式的私营清算组织,而一些私营清算系统尚在实施差额清算,为了实现清算参加者之间的债权债务抵消,很多清算机构乐于利用中央银行提供的差额清算服务,后者通过账户进行差额头寸的转移划拨,即可完成最终清算。

④提供透支便利。中央银行不仅运行管理整个支付系统,还以提供信贷的方式保障支付系统的平稳运行。大额支付系统是中央银行提供信贷的重点,尤其是当大额支付系统所处理的支付指令为不可撤销的终局性支付指令时,中央银行的透支便利更为重要。

3）中央银行在电子支付结算体系中的作用

①作为电子支付体系的使用者。中央银行需要自行交易以转移资金,主要包括通过电子支付体系清算公开市场操作,以实施货币政策;进行政府债券的支付结算(包括发行和兑付)。

②作为电子支付体系的成员。中央银行可以代表自己的客户(如政府部门和其他国家

的中央银行）进行收付。

③作为电子支付服务的提供者。这些服务包括为商业银行在电子支付体系的运作提供结算账户；单独或与其他商业银行、金融机构一起，为电子支付体系提供系统硬件、软件、操作程序或通信网络。

④作为公共利益的保护人。这个作用包含的内容更为广泛支付体系管理者；支付体系的成员的监督者；为支付体系提供管理和计划；仲裁争议和处理赔偿，提供技术标准。另外，还可以作为结算的担保人。

6.2.3　商业银行

1）商业银行概述

商业银行是以经营工商业存、放款为主要业务，并以获取利润为目的的货币经营企业。

①商业银行与一般工商企业一样，是以盈利为目的的企业。它也具有从事业务经营所需要的自有资本，依法经营，照章纳税，自负盈亏，它与其他企业一样，以利润为目标。

②商业银行又是不同于一般工商企业的特殊企业。其特殊性具体表现在经营对象的差异。工商企业经营的是具有一定使用价值的商品，从事商品生产和流通；而商业银行是以金融资产和金融负债为经营对象，经营的是特殊商品——货币和货币资本。经营内容包括货币收付、借贷以及各种与货币运动有关的或者与之相联系的金融服务。从社会再生产过程看，商业银行的经营，是工商企业经营的条件。同一般工商企业的区别，使商业银行成为一种特殊的企业——金融企业。

③商业银行与专业银行相比又有所不同。商业银行的业务更综合，功能更全面，经营一切金融"零售"业务（门市服务）和"批发业务"，（大额信贷业务），为客户提供所有的金融服务。而专业银行只集中经营指定范围内的业务和提供专门服务。随着西方各国金融管制的放松，专业银行的业务经营范围也在不断扩大，但与商业银行相比，仍差距甚远；商业银行在业务经营上具有优势。

2）商业银行的职能

商业银行的职能是由它的性质所决定的，主要有5个基本职能。

①信用中介职能。信用中介是商业银行最基本、最能反映其经营活动特征的职能。这一职能的实质，是通过银行的负债业务，把社会上的各种闲散货币集中到银行里来，再通过资产业务，把它投向经济各部门；商业银行是作为货币资本的贷出者与借入者的中介人或代表，来实现资本的融通、并从吸收资金的成本与发放贷款利息收入、投资收益的差额中，获取利益收入，形成银行利润。

②支付中介职能。商业银行除了作为信用中介，融通货币资本以外，还执行着货币经营业的职能。通过存款在账户上的转移，代理客户支付，在存款的基础上，为客户兑付现款等，成为工商企业、团体和个人的货币保管者、出纳者和支付代理人。以商业银行为中心，形成经济过程中无始无终的支付链条和债权债务关系。

③信用创造职能。商业银行在信用中介职能和支付中介职能的基础上,产生了信用创造职能。商业银行是能够吸收各种存款的银行,利用其所吸收的各种存款发放贷款,在支票流通和转账结算的基础上,贷款又转化为存款,在这种存款不提取现金或不完全提现的基础上,就增加了商业银行的资金来源,最后在整个银行体系,形成数倍于原始存款的派生存款。长期以来,商业银行是各种金融机构中唯一能吸收活期存款,开设支票存款账户的机构,在此基础上产生了转账和支票流通,商业银行可以通过自己的信贷活动创造和收缩活期存款,而活期存款是构成货币供给量的主要部分,因此,商业银行就可以把自己的负债作为货币来流通,具有了信用创造功能。

④金融服务职能。随着经济的发展,工商企业的业务经营环境日益复杂化,银行间的业务竞争也日益激烈化,银行由于联系面广,信息比较灵通,特别是电子计算机在银行业务中的广泛应用,使其具备了为客户提供信息服务的条件,咨询服务,对企业"决策支援"等服务应运而生,工商企业生产和流通专业化的发展,又要求把许多原来的属于企业自身的货币业务转交给银行代为办理,如发放工资,代理支付其他费用等。个人消费也由原来的单纯钱物交易,发展为转账结算。现代化的社会生活,从多方面给商业银行提出了金融服务的要求。在强烈的业务竞争压力下,各商业银行也不断开拓服务领域,通过金融服务业务的发展,进一步促进资产负债业务的扩大,并把资产负债业务与金融服务结合起来,开拓新的业务领域。在现代经济生活中,金融服务已成为商业银行的重要职能。

⑤调节经济职能。调节经济是指商业银行通过其信用中介活动,调剂社会各部门的资金短缺,同时在央行货币政策和其他国家宏观政策的指引下,实现经济结构,消费比例投资,产业结构等方面的调整。此外,商业银行通过其在国际市场上的融资活动还可以调节本国的国际收支状况。商业银行因其广泛的职能,使得它对整个社会经济活动的影响十分显著,在整个金融体系乃至国民经济中位居特殊而重要的地位。随着市场经济的发展和全球经济的一体化发展,现在的商业银行已经凸显了职能多元化的发展趋势。

3）商业银行在电子支付结算中的作用

在电子支付结算的过程中,商业银行的作用是十分重要的。因为在交易的各个环节都离不开银行。首先,在电子支付结算的过程中,商业银行为消费者提供多种多样的支付工具进行选择,包括电子汇款、电子转账、信用卡等,尤其是在现代的支付体系中,支票等纸基支付工具的相对比重下降,而银行卡、汇兑等电子支付工具的相对比重呈上升趋势。此外,支付工具和支付方式创新不断涌现。例如,ATM 和 POS 等终端正在扩展其功能以提供更为广泛的服务;因特网和移动设备(例如手机)成为新的支付渠道;出现了个人在线支付、电子票据提示和支付、电子货币等许多新的支付工具和方式。

其次,在选择利用电子支付工具进行支付时,需要得到银行的授信,银行需要检查买家的账户是否合法,是否具备支付能力,是否拥有支付的额度。只有具备合法的账户,有支付的能力以及足够的支付额度,才能得到商业银行的授信。

最后,在交易结束时,所有的资金划转,账户清算要在银行间的金融专用网来进行。因为金融专用网是银行内部及银行间进行通信的网络,具有很高的安全性。在金融专用网中进行资金清算可以降低资金被窃取、被恶意攻击的风险。

6.2.4 第三方支付服务组织

1）第三方支付服务组织概述

第三方支付服务组织是指具有信誉保障、采用与相应银行签约方式、提供与银行支付结算系统接口和通道服务的能实现资金转移和电子支付结算服务的机构。在通过第三方支付服务组织的交易中，买方选购商品后，使用第三方提供的账户进行货款支付，由第三方通知卖家货款到达、进行发货；买方检验物品后，通知付款给卖家，第三方再将款项转至卖家账户。

第三方电子支付服务组织作为一种新的网络交易手段和信用中介，不仅具备资金传递功能，而且能对交易双方进行约束和监督，较好地解决了长期困扰电子商务支付的诚信环境与安全机制问题，使电子商务的信息流、资金流和物流得以协同运作。

2）第三方支付服务组织的经营模式

目前，第三方支付服务组织主要基于以下两种经营模式。

第一，支付网关模式。第三方支付平台将多种银行卡支付方式整合到一个界面上，充当了电子商务交易各方与银行的接口，负责交易结算中与银行的对接，消费者通过第三方支付平台付款给商家，第三方支付为商家提供一个可以兼容多银行支付方式的接口平台。

第二，信用中介模式。为了增强线上交易双方的信任度，更好地保证资金和货物的流通，充当信用中介的第三方支付服务应运而生，实行"代收代付"和"信用担保"。交易双方达成交易意向后，买方须先将支付款存入其在支付平台上的账户内，待买家收货通知支付平台后，由支付平台将买方先前存入的款项从买家的账户中划至卖家在支付平台上的账户。这种模式的实质便是以支付公司作为信用中介，在买家确认收到商品前，代替买卖双方暂时保管货款。

3）第三方支付服务组织的特点

①第三方支付服务组织采用了与众多银行合作的方式，从而大大地方便了网上交易的进行，对于商家来说，不用安装各个银行的认证软件，从一定程度上节约了成本和简化了操作流程。

②第三方支付服务组织作为中介方，可以促成商家和银行的合作。对于商家，第三方支付平台可以降低企业运营成本；对于银行，可以直接利用第三方的服务系统提供服务，帮助银行节省网关开发成本。

③第三方支付服务组织能够提供增值服务，帮助商家网站解决实时交易查询和交易系统分析，提供方便及时的退款和支付服务。

④第三方支付服务组织可以对交易双方的交易进行详细的记录，从而防止交易双方对交易行为可能的抵赖以及为在后续交易中可能出现的纠纷问题提供相应的证据。

4）第三方支付服务组织在电子支付结算中的作用

在利用第三方支付平台进行电子支付时，首先买家要浏览商家网页，选定商品，然后买方通过自己的账号把购买商品的信息告知卖家，并得到自己的订单号。买家把账号信息与订单信息传送给第三方支付平台，选择支付工具进行支付操作。第三方支付服务组织将消费者的支付信息通过支付网关传递给相关银行，由相关银行检测消费者的支付能力，并将结果传递给第三方组织和消费者。如果消费者具有支付能力，则应付金额被支付到第三方支付服务组织，此时由第三方将支付结果通知卖家，并授权卖家发货。买方收到商品后向第三方确认到货信息，然后第三方组织向卖家放款，双方银行之间进行最终清算。

通过以上的过程可以看出，第三方支付服务组织在电子支付结算中是以买卖双方信赖的中介身份出现的，作为网络交易的监督人和主要支付渠道，第三方支付组织提供了更丰富的支付手段和可靠的服务保证。相对于其他的资金支付结算方式，第三方支付可以比较有效地保障了货物质量、交易诚信、退换要求等环节，在整个交易过程中，都可以对交易双方进行约束和监督。

6.3　电子支付工具的法律问题

6.3.1　电子货币法律制度

电子货币是指在零售支付机制中，通过销售终端、不同的电子设备之间以及在公开网络（如 Internet）上执行支付的"储值"和预付支付机制。电子货币是一种新型的电子支付工具，具有取代纸币或现金的潜力，由此就产生了一系列的法律问题。例如，对中央银行货币政策和监管的影响、个人信息和商业秘密的特殊保护、安全问题、跨国电子货币洗钱等，这些问题正在引起各国中央银行以及相关机构的高度重视，由于电子货币与计算机和网络技术有着密不可分的联系，因此电子货币的法律问题与传统货币的法律问题既有重合，又有全新的领域，改善法律规范不足之局面势在必行。

1）电子货币的定义

1998 年巴塞尔银行监管委员会（BCBS）将电子货币界定为：在零售支付机制中，通过销售终端、不同的电子设备以及公开网络（如 Internet）上执行支付的"储值"和预付支付机制。巴塞尔委员会的定义包含了电子货币中的在线交易和离线交易，是较为准确、完整的电子货币概念。

一般认为，电子货币是指利用计算机网络包括专用网络和互联网来完成交易的具有支付结算功能的货币的总称。国际清算银行在 2002 年 11 月出版的《Survey on electronic money developments》报告中根据载体的不同，将电子货币分为以下两大类：以卡片为基础的电子货币和以互联网为基础或以软件为基础的电子货币。也可以根据具体的支付形式的不同，将电子货币分为 4 个不同的类型："储值卡型"电子货币、"信用卡应用型"电子货币、"存款利用型"电子货币和"现金模拟型"电子货币。

2）电子货币的作用

电子货币作为一种新兴的支付工具，对经济发展、消费理财乃至政府宏观调控都具有积极的作用。

（1）对经济发展的作用

①有利于提高货币的使用效率，加速货币流通，促进商品经济的繁荣。②通过消费信贷功能来刺激消费，有利于经济增长。③有利于社会理财。④有利于加强宏观调控。⑤有利于培植新的产业，加快电子化发展。

（2）对银行业的挑战

①电子货币改变了银行业的服务方式。②改变了银行的业务结构。③改变了银行的经营战略。

电子货币本身就是金融和其他高技术行业的结合体。电子货币的发展，同时也可以推动相关支持产业的进步和发展，甚至培育出很多新兴产业，促进国民经济的发展。相信随着电子货币的发展，必将带动诸多新兴产业，走上蓬勃发展之路。充分利用信息和科技手段把握住金融电子化发展的机遇，把客户的需求和市场竞争的挑战变成动力，努力拓展现代商业银行建设的深度和广度，把银行的业务柜台推向商户、推向网际网络、推向人们生活的各个角落，这是现代商业银行明智的战略选择。

3）电子货币的职能

与传统纸币相比，电子货币具有它独特的性质，至少可以从以下四个方面分析电子货币与传统纸币的区别：①发行主体多元化。②风险程度不一。③流通和使用范围广泛。④防伪技术不同。

各种类型的电子货币其货币的职能都是不变的。如：价值尺度职能；流通手段职能；储存手段职能；世界货币职能；尤其是电子货币的支付手段职能，由于电子货币比黄金、纸币更具支付中介的优势，能将商业信用和银行信用有效地组合在一起，通过信用进行交易，形成可相互抵消的债权债务关系。这是支付工具进步的表现。

4）国外电子货币法律制度的经验

电子货币自从1995年由英国国民西敏寺银行开发出来以后，在各国发展迅猛。以英国为例，截至2011年，英国的电子货币流通量约为2.5亿英镑，占到欧盟地区的30%，远远高于欧洲其他国家。

新加坡可以说是世界上应用电子货币最为成功也最为广泛的国家，其2000年就宣布要在2008年全部改用电子货币，并将电子货币作为政府发行的法定货币，所有商业企业和服务机构都必须接受，否则将面临处罚。目前，新加坡电子货币的交易量占到其所有非现金支付工具交易量的90%。

日本2007年电子货币的应用和推广发生爆发式增长主要得益于电子货币联网通用的开始，即电子货币可以进行跨行业使用。2020年，电子货币和信用卡并驾齐驱，成为日本最重要的两种非现金支付工具。

欧盟就先后颁布了两个专门法令（2000/12/EC指令和2009/110/EC指令）对电子货币

进行专门的监管,对电子货币采取了严格的立法模式。

美国主张应该给予电子货币一个宽松的发展环境,美国将电子货币纳入货币监管的范畴,在原有的监管规则上进行完善使其满足电子货币的监管需要。

5)国内电子货币法律的发展趋势

我国的电子货币虽然起步较晚,但发展速度惊人,从 1993 年建设"金卡工程"开始,以电子货币应用为重点的各类卡基应用系统发展迅速,目前涉及行业包括交通、餐饮、娱乐、旅游、通信、加油站、收费站、社保医疗、水电费等。在我国,电子货币的主要表现形式是电子钱包。电子货币的发展不断满足了使用者的多种需求,实现了经济活动的高效率。因此伴随着电子货币的出现,一系列的法律问题也呈现在我们面前。在我国,1999 年颁布的《银行卡业务管理办法》第七条规定,储值卡属于借记卡范畴,不具备透支功能。

我国在 2004 年颁布了《电子签名法》。《电子签名法》的颁布为以后使用电子货币过程中出现的电子签名提供法律保障。2005 年颁布的《电子支付指引(第一号)》。《指引》主要规定银行与客户在电子支付中的权利义务关系。为电子货币以后在银行间系统流转提供了法律保障,但也并未涉及电子货币的相关问题。2010 年 9 月 1 日实施的《非金融机构支付服务管理办法》(以下简称《办法》)对非金融机构开展支付业务的准入,非金融机构的监督与管理和人民银行工作人员、商业银行、支付机构等各责任主体相应承担的法律责任等进行了规定。主要是人民银行工作人员、商业银行、支付机构等各责任主体对以欺骗手段获得《支付业务许可证》、未按照规定履行的反洗钱义务等应承担的相应的法律责任。

6)我国电子货币立法具有坚实社会基础

我国各种类型的电子货币卡发展迅速,已渗透到日常生活的各个领域,成为人们日常生活中不可缺少的重要组成部分,极大地提升了整个社会的运行效率,有利于刺激消费,减少现金交易。这使得我国电子货币的立法具有相应的社会基础,能够提供丰富、典型的案例供立法者在立法过程中参考,以达到调整现有法律关系并对未来可能的发展情况进行一定程度预判的立法目的。目前,我国电子货币的发行商以第三方支付机构和银行为主。支付宝和财付通是运行网基型电子货币最成功的两家第三方支付机构,现在几乎任何一家从事电子商务的企业网站都会内置支付宝或财付通供顾客作为支付方式;而银行则成功发行卡基型电子货币,即金融 IC 卡。该卡可以加载社保、公交、医疗等功能,实现"一卡通",我国电子货币立法已经具备了坚实的社会基础,立法可以做到有的放矢,目标明确,不会出现为了与国际接轨强行立法后缺少调整对象的尴尬局面。近几年,政府部门(主要是人民银行)出台了相关的规章、办法以期规范电子货币发展。如 2009 年发布的《中国人民银行公告〔2009〕第 7 号》,2010 年制定的《非金融机构支付服务管理办法》,2011 年国务院办公厅转发人民银行监察部等部门《关于规范商业预付卡管理意见的通知》,2012 年制定的《支付机构预付卡业务管理办法》等。从以上介绍可以看出,近几年我国对于电子货币的相关立法日益完善,解决了此前电子货币无法可依的局面。我国目前的总体立法思路是既鼓励电子货币的发展创新,又积极预防电子货币可能带来的风险,符合电子货币本身的发展规律,促进了电子货币的健康发展。

6.3.2　电子票据法律制度

电子票据是诞生在互联网技术在全球普及,各国政府都在大力推广电子商务的背景下的。随着现代金融业电子化的发展,电子票据的功能被一步步拓展,纸面票据和电子票据的差异在慢慢缩小。由于大多数国家在电子立法方面都持积极和开放的态度,因此,将来的票据统一化,将是电子票据的统一。同传统票据相比,电子票据更加方便、快捷与安全。虽然电子票据有种种传统纸质票据无可比拟的优势,却仍然在诸多方面受到限制,比如电子终端的普及,网络安全问题,电子票据权利人对电子票据的接受度等。如何在全球经济一体化的时代背景下,按照市场需求对电子票据进行法律规制,符合票据立法的国际思潮,因此,努力将电子票据推广到实际运行中,建立权威的电子票据法律制度,实现电子票据的自由流通。

1)电子票据的概念与特点

以网络应用为核心的数字化时代的到来,使市场交易中支付结算工具和结算方式发生了深刻的变革。通过电子支付清算系统对资金进行转账和划拨,成为银行支付结算发展的方向。如果说书面票据的出现代替现金支付是市场交易中支付工具与支付方式的第一次革命的话,那么以无形化的电子数据形式代替书面票据支付则是支付结算领域的第二次革命。电子票据被认为是代表未来金融发展方向的最佳支付工具之一。当前与电子票据有关的法律主要包括:电子签名与认证、网络交易安全以及个人信息保密等法律。

电子票据的核心思想就是将实物票据电子化,电子的票据可以如同实物票据一样进行转让、贴现、质押、托收等行为。传统票据业务中的各项票据业务的流程均没有改变,只是每一个环节都加载了电子化处理手段,使我们业务操作的手段和对象发生了根本的改变。与传统纸质票据相比,有明显的优势。

2)我国电子票据的发展历史

电子票据是利用数字信息代替纸质票据的一种电子支付工具。我国很重视电子票据市场的开发,早在2003年6月30日就借助中国外汇交易中心的资源,建立了全国统一的网络化票据市场服务平台中国票据网,为金融机构间票据转贴现、票据回购等业务提供报价、查询服务,标志着我国票据市场电子化开始起步。2004年8月28日,十届全国人大第十一次会议通过了《中华人民共和国电子签名法》,它确定了数据电文的合法性,提出了功能等同原则,明确了电子签名的法律效力。为电子票据业务提供了法律基础。

2005年4月5日,招商银行和TCL集团在深圳签署了"票据通-网上票据"全面业务合作协议,宣布国内首张电子票据问世,拉开了国内票据市场电子化的序幕。该票的开出预示着票据电子化时代已在我国股份制银行全面拉开。

2009年10月28日,由人民银行开发建设的电子商业汇票系统顺利建成并上线运行,标志着我国票据市场迈入了电子商业汇票交易新时期。电子商业汇票系统是依托网络和计算机技术,接收、登记、存储、转发电子商业汇票数据电文,提供与电子商业汇票货币给付、资金清算行为相关服务,并提供纸质商业汇票登记查询和商业汇票公开报价服务的综合性业务处理平台。

我国台湾地区对电子票据的定义较统一、明确和简单。"电子票据是指以电子方式制成之票据,包括电子支票、电子本票及电子汇票。"票据各方关系人在法律上的权利义务,均十分明确,比现有的其他电子付款工具更能得到法律的确认与保障。所以,电子票据应当在我国票据法当中获得一个法律地位,而不必再出台一部新的法律。

3）我国电子票据法制的现状

目前,除了《中华人民共和国票据法》(简称《票据法》)外,我国已出台了《电子签名法》以及其配套实施细则《电子认证服务管理办法》《电子商业汇票业务管理办法》等。这些法律制度弥补了我国信息化领域立法的空白,为我国电子票据立法指明了方向。但仅凭这几部法律还不足以解决电子票据交易中出现的所有问题。

2010年业内人士提出,伴随中国票据市场迅速发展,电子票据、票据影像、支付密码应尽快有其法律"身份"。2009年,人民银行电子商业汇票系统上线运行,商业汇票签发、承兑、转让、贴现、转贴现、再贴现各个环节实现电子化。

现行《票据法》受立法当时政治经济技术环境制约,未确立电子票据、票据影像、支付密码的法律地位,未对新型电子票据业务、票据关系作出前瞻性规定,而中国人民银行发布的《电子商业汇票业务管理办法》等规定,由于法律效力层级不够,难以有效调整电子化票据行为,影响并制约了票据业务、票据市场的发展。中国应尽快修订《票据法》,确立电子票据、票据影像、支付密码的法律地位,对新型电子票据业务、票据关系作出规定,为加快票据业务信息化发展营造良好法治环境。

电子票据交易中各方当事人之间的权利义务关系以及当事人的法律责任是电子票据交易中应规范的核心内容,但这些内容在我国尚属空白。要解决这一问题当务之急便是对我国的电子票据进行立法,明晰适用范围、各主体的权利义务以及责任。只有这样才能有助于人们在从事电子票据交易的过程中做到有法可依,从而进一步推动我国电子票据的繁荣发展。电子票据法律规范的建立不仅要考虑电子票据自身的特点,还应该兼顾现有的法律制度。因此,如何在现有的法律制度的基础上,发展和完善电子票据的法律规则以及采取何种立法模式使新规与旧制之间能够形成和谐的统一体,成为当今迫切需要解决的问题。

为推动电子商务的发展,我国于2005年实施了《电子签名法》,该法为电子票据发展解决了一个核心问题,即确定了电子签名的法律效力和肯定了数据电文法律原件形式,2009年10月16日中国人民银行也颁布了《电子商业汇票业务管理办法》(中国人民银行令〔2009〕第2号),但《票据法》并未紧随其后进行更改。由于电子票据在书面形式、签章、原件等方面已经突破了传统纸质票据的理论范畴,我国原有的《票据法》已无法有效调整电子票据涉及的法律关系,由此导致了电子票据相关主体的法律地位及权利义务模糊不清,相关的权益尤其是消费者权益得不到充分保护。法律的不健全打击了客户办理电子票据业务的积极性,制约了电子票据业务的进一步发展。电子票据交易的无纸化和瞬时性特点,又决定了电子票据业务的经营风险远高于传统业务的风险,制定电子票据相关的法律制度迫在眉睫。

4）构建我国电子票据法律体系

电子票据是一种新型的电子化票据,其借鉴传统票据支付、流通、结算和融资等功能,利用数字网络将钱款从一个账户转移到另一个账户,利用电子数据代替纸张进行资金的传输和储存。电子票据依托于网上银行的在线交易模式,以标准化的格式规范票据的形式,以电子数据的方式来完成各票据主体间资金的流转和自动处理,是无纸化票据。鉴于电子票据的特殊性,在《票据法》中很难详尽地对其进行规范,应在修改增加现行票据法相关规定的基础上,制定相关的配套规范性文件对电子票据法律进行细化。

2009年10月28日,中国人民银行组织建设的电子商业汇票系统(ECDS)正式开通运行,第一批上线的20家机构(包括11家全国性大银行、2家地方性商业银行、3家农村金融机构和4家财务公司)正式接入ECDS办理系统支持的各项业务。ECDS的建立,全面革新了商业汇票的操作模式和制度规则,开创了电子票据业务和电子票据市场的先河,是中国票据发展史上的里程碑,标志着我国进入商业汇票电子化时代,对我国金融市场产生了重大而深远的影响。

5)制定电子票据业务法律制度

为适应先进的网络技术发展,应尽快制定电子票据相关的法律制度,明确电子票据的法律界定,赋予电子签名法律地位,确保电子票据业务合法有效,促进其健康发展。

最后,采取多种措施鼓励和支持电子票据业务发展。一是要加强电子票据业务宣传,提高客户对电子票据的认知度,让更多的社会公众了解电子票据的优越性,主动使用电子票据办理结算业务。二是要给予利用优惠贴现利率,降低电子票据结算费率水平等措施,提高产品的吸引力,加速对电子票据的推广应用。

6.4 电子支付的法律关系

6.4.1 电子支付的当事人及其权利和义务

1)电子支付的当事人

从法律关系的角度来划分电子支付的当事人可分为付款人和受款人。而付款人和受款人要完成电子支付还需要另外两个重要的当事人,即银行(包括发起行、接收行、转发人)和认证机构。付款人和受款人也是银行和认证机构服务的客户。电子支付的当事人见表6-1。

表6-1 电子支付的当事人

当事人	含 义
发起行	指发起电子支付指令的客户的开户银行。
接收行	指电子支付指令接收人的开户银行。接收人未在银行开立账户的,指电子支付指令确定的资金汇入银行。
转发人	指发起行和接收行以外,有资格从事接收、传送电子支付指令或有关电子支付数据交换的机构。
付款人	即电子支付中付出款项的一方,通常为消费者或买方。

当事人	含　义
受款人	即电子支付中接受付款的一方,通常为商家或卖方。
认证机构	即 CA,通过为付款人、受款人和银行提供证书服务,以确认支付各方的真实身份,通常为认证中心或鉴定机构。

以上所称的"电子支付指令",是指客户通过电子终端发出的,要求其开户银行无条件支付可确定金额的货币给确定接收人的命令。电子支付指令与纸质支付凭证可以相互转换,两者具有同等效力。

2）电子支付当事人的权利和义务

2005 年 6 月 9 日,中国人民银行公布的《电子支付指引(征求意见稿)》,对电子支付当事人的权利和义务作了如下规定。

（1）银行的权利和义务

①银行应根据审慎性原则,确定办理电子支付业务客户的条件。

②办理电子支付业务的银行应公开披露以下信息。

- 银行名称、营业地址及联系方式；
- 所提供的电子支付业务种类和收费标准等；
- 客户办理电子支付业务的条件；
- 明示电子支付交易可能产生的风险,提醒客户妥善保管电子支付交易存取工具(如卡、密码、密钥、电子签名制作数据等)的警示性信息；
- 争议及差错处理办法。

③银行应认真审核客户申请办理电子支付业务的基本资料,并以书面或电子方式与客户签订协议。银行应按会计档案的管理要求妥善保存客户的申请资料,保存期限至该客户撤销电子支付业务后 5 年。

④银行为客户办理电子支付业务,应根据客户性质、电子支付业务类型、支付金额等,与客户约定适当的安全认证方式,如密码、密钥、数字证书、电子签名等。安全认证方式的约定和使用应遵循《中华人民共和国电子签名法》《商用密码管理条例》等法律法规的规定。

⑤银行要求客户提供有关资料信息时,应告知客户所提供信息的使用目的和范围、安全保护措施,以及客户未提供或未如实提供相关资料信息的后果。

⑥客户利用电子支付方式从事违反国家法律法规活动的,银行应按照有权部门的规定停止为其办理电子支付业务。

（2）客户的权利和义务

①申请办理电子支付业务的客户应在其按规定开立的账户中,指定办理电子支付业务的账户。该账户也可用于办理其他支付结算业务。客户未指定的账户不得办理电子支付业务。

②客户与银行签订的电子支付协议应包括以下内容。

- 客户指定办理电子支付业务的账户名称和账号；
- 客户应保证办理电子支付业务账户的支付能力；
- 双方约定的电子支付业务类型、交易规则、安全认证方式等；
- 银行对客户提供的申请资料和其他信息的保密义务；
- 银行根据客户要求提供交易记录的时间和方式；
- 争议及差错处理和损害赔偿责任；
- 双方的其他权利和义务。

③有以下情形之一的，客户应及时向银行提出电子或书面申请。

- 终止电子支付协议的；
- 客户基本资料发生变更的；
- 约定的安全认证方式需要变更的；
- 客户与银行约定的其他情形。

（3）电子支付指令收发中各方的权利义务

①客户应按照其与发起行或转发人的协议规定，发起电子支付指令。

②电子支付指令的发起行或转发人应建立必要的安全程序，对客户身份和电子支付指令进行确认，并形成日志文件等记录，按会计档案的管理要求进行保存，保存期限至该客户撤销电子支付业务后5年。

③发起行或转发人应采取有效措施，保证客户发出电子支付指令前能够对指令的准确性和完整性进行充分确认。

④发起行或转发人应确保正确执行客户的电子支付指令，对电子支付指令进行确认后，应能够向客户提供纸质或电子交易回单供客户索取。发起行或转发人对客户的电子支付指令执行后，客户不得申请变更或撤销电子支付指令。

⑤转发人、发起行、接收行应确保电子支付指令传递的可跟踪稽核和不可篡改。

⑥转发人、发起行、接收行之间应按照协议规定及时发送、转发、接收和执行电子支付指令，并回复确认。

⑦电子支付指令需转换为纸质支付凭证的，其纸质支付凭证必须记载以下事项，具体格式由银行确定。

- 发起行（或转发人）名称和签章；
- 付款人名称、账号；
- 接收行名称；
- 收款人名称、账号；
- 大写金额和小写金额；
- 发起日期和交易序列号。

6.4.2　小额电子支付当事方的法律关系

小额电子支付又称消费者电子支付，在电子支付的实施过程中会涉及多个当事方。他们之间存在着多种法律关系，如交易关系、合同关系、债权债务关系、借贷关系、委托代理关系、认证关系等,关于各方当事人的关系,各国法律大多都认为是合同关系。事实上小额电子支付就是通过一组合同来调整所涉及各方当事人之间的法律关系。这些法律关系均是建立在合同关系的基础之上。具体如下。

①付款人与受款人之间是买卖合同关系。付款人之所以进行电子支付,往往是付款人与受款人之间存在买卖合同关系,最普遍的是货物买卖合同的买方指示其开户银行发送货款以履行其货物买卖合同中的付款义务,且卖方同意买方以电子支付方式支付货款。

②付款人和受款人与银行之间都是金融服务合同关系。银行之所以接受付款或受款指令以实施电子支付的付款或受款,是因为前者与银行之间存在着电子支付的合同关系。这是一种格式合同,通常是由银行起草并作为开户的条件交给付款人。

③付款人、受款人和银行与认证机构之间均是证书服务合同关系。认证机构参与电子支付是付款人、受款人和银行能够安全顺利完成电子支付全过程的关键。它为前述各方提供身份认证是通过双方、有偿和格式合同实现的。前述各方申请证书是要约方,而承诺方一般是认证机构。而且,前述各方均有义务接受认证机构的监督管理。

上述涉及客户与银行、认证机构之间的合同一般是标准合同。客户仅有同意或不同意的权利,而无决定合同条款的自由,也就是说:消费者要么接受合同使用银行或认证机构提供的服务,要么不接受此合同。此外,在标准合同中,银行往往利用其决定交易条件的优势地位,制订出有利于自己而不利于消费者的霸王条款。所以,消费者无法在真正平等、自愿、公平的基础上进行协商,合同法中的意思自治原则可能成为泡影。

各国的小额电子资金划拨的实践证明,将小额电子资金划拨各当事方的法律关系完全交由合同法调整,消费者的权益往往难以得到有效的保护,难以令消费者满意。所以在实践中,各国都对小额电子资金划拨所涉法律关系作了必要的管制。可参看英国的 ATM(自动柜员机系统)交易规范和 1999 年 3 月颁布施行的《银行卡业务管理办法》。

6.4.3　大额电子资金划拨的法律关系

1)电子资金划拨的当事人

从资金流的角度把电子资金划拨的当事人大致分为五种人:资金划拨人或发端人(originator)、发端人银行(originator's bank)、接受银行(receiving bank)、受款人或称受益人(beneficiary)、受益人银行(beneficiary's bank),其含义见表 6-2。

表 6-2　电子资金划拨的当事人

当事人	含　义
发端人 (originator)	指在一项资金划拨中第一项支付命令的指令人,发端人也称付款人,一般是债务人;指令人是指向接受银行发出指令之人。
发端人银行 (originator's bank)	如果发端人不是银行,第一份支付命令的接受银行是发端人银行;如发端人是银行,则发端人即为发端人银行。不要求发端人必须事先在发端人银行开户。
受益人银行 (beneficiary's bank)	指支付命令中指定的银行。

续表

当事人	含 义
受益人 （beneficiary）	指资金划拨成功,受益人银行贷记其账户或直接向其支付款项的当事人,也称收款人。
接受银行 （receiving bank）	指令人的指令发往的银行,既非发端方银行,也非受益方银行的中介银行（intermediary bank）。

另外,指令人与接受银行的概念是相对而言的,发端人是发端人银行的指令人,发端人银行为接受银行;发端人银行又是中介银行的指令人,中介银行则是发端人银行的接受银行,依此类推,直至款项最终到达受益人,形成一个资金划拨链。

2）指令人的权利与义务

（1）指令人的权利

指令人有权要求接受银行按照指令的时间及时将指定的金额支付给指定的收款人,如果接受银行没有按指令完成义务,指令人有权要求其承担违约责任,赔偿因此造成的损失。

（2）指令人的义务

①一旦向接受银行发出指令后,自身也受其指令的约束,承担从其指定账户付款的义务;

②需要的情况下,不仅接受核对签名,而且在符合商业惯例的情况下,接受认证机构的认证;

③按照接受银行的程序,检查指令有无错误和歧义;并有义务发出修正指令,修改错误或有歧义的指令。

3）接受银行的权利和义务

（1）接受银行的权利

①要求付款人或指令人支付所指令的资金并承担因支付而发生的费用;

②拒绝或要求指令人修正其发出的无法执行的、不符合规定程序和要求的指令;

③只要能证明由于指令人的过错而导致其他人,包括指令人的责任或前任雇员或其他与指令人有关的当事人,假冒指令人通过了认证程序,就有权要求指令人承担指令引起的后果。

（2）接受银行的主要义务

①在接受了支付命令以后,向受益方银行或某一中介银行签发一项支付命令,其内容应与该接受银行收到的支付命令相一致,且其中应有以适当方式执行贷方划拨所需的指示。当接受银行签发了它自己的支付命令以后,它就成为了该命令的发送方并且承担与该命令有关的发送方的义务。

②收到了有缺陷的指令时,应在规定的期限内通知该指令的发送方,无论接受银行是否接受了支付命令,通知的义务都存在。

③按照指令人的指令完成资金支付。

④就其本身或后手的违约行为,向其前手和付款人承担法律责任。

通常资金的支付从付款人开始,经过付款人银行、中介银行、认证机构、收款人银行等一系列当事人,每一当事人只接受其直接指令人的指令,并向其接受人发出指令,并与他们存在合同上的法律关系。

4)收款人的权利义务

收款人具有特别的法律地位。在电子支付法律关系中,收款人虽然是一方当事人,但由于收款人与指令人、接受银行并不存在支付合同上的权利义务关系,因此收款人不能基于电子支付行为向指令人或接受银行主张权利,收款人只是基于和付款人之间基础法律关系与付款人存在电子支付权利义务关系。在这一点上反映出电子支付与票据支付法律关系类似。

6.5　电子支付的法律责任

6.5.1　电子资金划拨过程的法律特点

1)电子资金划拨的无因性

电子资金划拨(或电子支付)执行过程与票据交易类似,具有无因性,即无论某笔资金交易的基础原因法律关系成立与否、合法与否,银行在按照客户以正常程序输入的指令操作后,一经支付即不可撤销,而无论交易的原因是否合法,哪怕是犯罪分子的洗钱活动,也不能否定电子支付行为本身的有效性。

这种无因性是与维护网上支付的快捷、方便与稳定性密不可分的,充分体现了商法的效率原则。

2)支付指令的要件及认证

根据电子资金划拨的无因性,要求在相关法律中对该指令的形式要件作出规定。例如,在美国《统一商法典》第4A编规定支付指令必须符合以下几个主要条件。

①除了规定资金划拨的时间外,支付指令不得附有任何其他条件。

②指令必须由发送方通过互联网直接向特定的接受银行或其代理人的电子资金划拨系统发出。

③指令中的金额必须是固定或可以确定的。

④支付的受益人为特定的对象。

⑤要求接受银行无条件付款的指令。

指令人代理银行接收到一项付款指令时,除审查该项支付指令是否具备形式要件,还需要对该指令予以认证,鉴别发出支付指令客户的身份的真实性,以防骗取资金。

3)电子资金划拨的完成

电子资金划拨的完成是指一项电子资金划拨何时可以认定业已完成。因为,资金划拨参与行一旦按照指令人的支付指令完成了划拨,该划拨行为就不能够撤回,所以,对电子资金划拨的完成的界定问题,就显得非常重要。

那么,何时认定指令人代理银行已完成了划拨指令呢?联合国国际贸易法委员会《电子资金划拨法律指南》提出了5种比较合理的方案。

①指令人在其代理银行的账户被借记时视为划拨的终结点;

②受益人银行接受划拨指令的时间;

③受益人在其代理银行的账户被贷记时间;

④受益人代理银行向受益人发出其账户已被贷记的通知时;

⑤划拨资金到达受益人账户时。

银行在作为指令人代理银行时,一般将选择第一种方案,一旦代理银行借记了指令人的账户,指令人代理银行对划拨指令的执行在理论上即告完成,指令人从此时起无权要求撤销其支付指令,也无权要求退回划拨的资金。

6.5.2　电子支付的差错责任

2005年6月9日中国人民银行公布的《电子支付指引(征求意见稿)》对在电子支付中发生的差错与承担的责任作了如下规定。

①电子支付业务的差错处理应遵守据实、准确和及时的原则。

②银行和转发人应指定相应部门和业务人员负责电子支付业务的差错处理工作,并明确权限和职责。

③银行和转发人应妥善保管电子支付业务的交易记录,对电子支付业务的差错应详细备案登记,记录内容应包括差错时间、差错记录与处理部门及人员姓名、客户资料、差错影响或损失、差错原因、处理结果等。

④由于银行和转发人保管使用不当,造成客户资料信息泄露、破坏,导致客户资金受到损害,银行和转发人应负相应责任。

⑤转发人或银行因自身系统、内控制度或按协议为其提供服务的第三方服务机构的原因造成电子支付指令无法按约定时间传递、传递不完整或被篡改的,应承担相应责任。因第三方服务机构造成损失的,转发人或银行可根据与第三方服务机构的协议进行追偿。

⑥接受银行出于自身系统或内控制度等原因对电子支付指令未执行、未适当执行或迟延执行,致使客户款项无法按协议约定处理时间准确入账的,应承担相应责任。

⑦非资金所有人盗取他人存取工具发出电子支付指令,并且其身份认证和交易授权通过了发起行或转发人的安全程序,发起行或转发人对该指令进行处理所产生的后果不承担责任,但应积极配合客户查找原因,尽量减少客户的损失。但下列情形除外。

a.使用数字证书和电子签名等作为安全认证方式的;

b.因转发人或银行原因造成客户安全认证数据被盗的。

⑧使用数字证书和电子签名等方式确定客户身份和交易授权的,非资金所有人盗取他人存取工具发出电子支付指令,并且其身份认证和交易授权通过了发起行或转发人的安全程序,如果该数字证书由合法的第三方认证服务机构提供,且第三方认证服务机构不能证明自己无过错的,应承担相应责任。

⑨客户的有关电子支付业务资料、存取工具被盗或遗失,应按约定方式和程序及时通知转发人和银行。由于客户未妥善保管电子支付交易存取工具,且未及时采取补救措施造成资金损失的,如转发人或银行在电子支付交易办理过程中无过错的,对此资金损失不承担赔偿责任。

⑩客户发现自身未按规定操作,或由于自身其他原因造成电子支付指令未执行、未适当执行、延迟执行的,应在协议约定的时间内按照约定程序和方式通知银行或转发人。银行或转发人不承担责任,但应积极调查并告知客户调查结果。银行和转发人发现因客户原因造成电子支付指令未执行、未适当执行、延迟执行的,应通知客户改正或配合客户采取补救措施。

⑪客户按规定已变更或撤销指定办理电子支付业务账户的,如银行已确认该账户被变更或撤销后,仍发生电子支付交易并造成资金损失,银行应承担全部责任。

⑫因不可抗力造成电子支付指令未执行、未适当执行、延迟执行的,银行和转发人不对客户承担赔偿责任,但应当采取积极措施防止损失扩大。因该差错取得不当得利的,应负有返还义务。

6.5.3 小额电子支付的法律责任

1)我国的法律规定

电子资金划拨是利用计算机网络系统来完成的,它是以计算机网络为赖以生存的基础,这就决定了其自身的特点。计算机网络运转是包括各种硬件设备和相应的软件设备在内的技术支持的有机结合,是一个高技术、高风险的领域。一方面,系统在完整性和可靠性上有可能存在重大缺陷;另一方面系统运行时也可能出现差错等。由这些情况所引起的交易中断、延迟、错误等给银行和消费者带来的损失由谁承担应该作出规定。下面以电子支付时银行卡在不同环境下的工作情况和出现故障时的银行和消费者责任划分为中心展开讨论。

根据《银行卡业务管理办法》的规定,各方的责任认定如下。

①商业银行有下列情形之一者,中国人民银行应当责令改正,有违法所得的,处以违法所得一倍以上三倍以下的罚款,但最高不超过 30 000 元;没有违法所得的,按有关法律、规章处以罚款;情节严重的,应当追究直接负责的主管人员和有关直接责任人员的行政责任,情节严重的追究有关领导人的责任:

a.擅自发行银行卡或在申请开办银行卡业务过程中弄虚作假的;

b.违反本办法规定的计息和收费标准的;

c.违反本办法规定的银行卡账户及交易管理规定的。

②发卡银行未遵守本办法规定的风险管理措施和控制指标的,中国人民银行应当责令改正,并给予通报批评。

③持卡人出租或转借其信用卡及其账户的,发卡银行应当责令其改正,并对其处以 1 000 元人民币以内的罚款(由发卡银行在申请表、领用合约等契约性文件中事先约定)。

④持卡人将单位的现金存入单位卡账户或将单位的款项存入个人卡账户的,中国人民银行应责令改正,并对单位卡所属单位及个人卡持卡人处以 1 000 元人民币以内的罚款。

⑤任何单位和个人有下列情形之一的,根据《中华人民共和国刑法》及相关法规进行处理。

a.骗领、冒用信用卡的;

b.伪造、变造银行卡的;

c.恶意透支的;

d.利用银行卡及其机具欺诈银行资金的。

应该说管理办法的制定是一大进步,但还存在如下的问题。

①对消费者权益保护不够。其中许多的规定明显是站在银行的立场上的,而完全忽视了消费者的利益。如第39条规定,发卡银行可凭交易明细记录或清单作为记账凭证。还有持卡人必须对报失前卡及密码丢失的后果全责。也就是,"挂失"应"立即",被"冒用"的损失需"自行承担",甚至挂失后还可能承担责任。这就更谈不上有承担限额的规定,挂失的合理期限等。

②规定很不完善。把对于银行和消费者有重大利害关系的许多问题都忽视了。如并未区分经授权的划拨与未经授权的划拨,这导致的最可能的结果是客户必须对未经授权的划拨后果全额负责。至于交易失败所致损失由谁承担以及在未经授权提取款项的情况下由谁举证等问题,也都没有作出规定。这些漏洞如不填补,势必导致解决银行卡纠纷时无法可依。

2)美国的立法

美国对小额电子支付管制较为严格,有关的法规主要有:联邦《电子资金划拨法》及联邦储备系统理事会颁布的E条例、Z条例等和各州关于电子资金划拨的法律。

美国《电子资金划拨法》为设立电子资金划拨系统中各参加方的权利、义务及责任提供基本框架。下面就以此法为例主要考察以下两个问题。

(1)消费者对未经授权的划拨的责任

《电子资金划拨法》将"未经授权的划拨"定义为:由消费者以外的未获发动划拨实际授权的人所发动的,从该消费者账户划出资金而该消费者并未从该划拨受益的电子资金划拨。由《电子资金划拨法》的规定可以看出,消费者对未经授权的划拨承担的责任分三个等级:

①不超过50美元:一般情况下消费者应对涉及其账户的任何未经授权的划拨承担责任。但是,在任何情况下,消费者对未经授权的划拨承担的责任不得超过50美元。

②不超过500美元:如果金融机构证实,除非消费者未在得知或其他存取工具的遗失或被盗后的两个营业日内或在如长途旅行、住院等可宽限的情况,在根据该情况合理的时间内,报告该遗失或被盗,损失本来不会发生,则消费者的责任最高金额是500美元。

③无限责任:消费者必须在收到载有未经授权划拨的报表后的60天内通知金融机构,否则消费者要对发生在60天以后的任何未经授权的电子资金划拨或账户错误承担无限制的责任。

(2)金融机构的责任

除某些例外,金融机构应当对以下原因造成的全部损失承担责任。

①当金融机构得到消费者的适当指示进行电子资金划拨后未根据账户条件以正确的金

额或适时的方式进行该电子资金划拨。

②因金融机构未根据账户条件,将代收资金存款贷记消费者账户,使该金融机构由于账户资金不足未进行电子资金划拨,而假如该机构已贷记该存款,该账户本来能提供足够的资金划拨。

③当金融机构接到指令,指示其根据账户条件,停止支付从消费者账户划出资金的预先授权的划拨时,该机构未停止支付。

从这些规定可以看出,《电子资金划拨法》对消费者给予特别的保护。但其对金融机构的利益也没有忽视,如让消费者有条件地分担未经授权的划拨带来的损失。这样在二者之间就找到一个利益点,既保护了消费者的利益,又可鼓励消费者及时报告未经授权的划拨的发生或可能发生,从而促进了电子资金划拨服务的发展。

6.5.4　大额电子资金划拨的法律责任

1)假冒指令的责任

盗用资金所有人的密码及相关信息,进行非法划拨是网上支付面临的一大安全隐患。由此产生的损失应该由银行还是客户自身承担责任,对此美国《统一商法典》第 4A 篇中安全程序规则是值得我们借鉴的。

所谓安全程序是指客户和银行约定使用的密码或其他有效的身份认证手段。一般,客户只对其授权的支付指令负责。但是美国《统一商法典》规定:若银行收到的指令经过了安全程序的证实,由这一指令所产生的后果应该由客户承担。客户承担未经授权的支付指令造成的损失,必须满足以下四个条件。

①代理银行与其客户达成协议,约定客户输入支付指令必须经过安全程序确认。

②该安全程序必须具有商业上的合理性。

③银行出于诚实及善意接收支付指令。

④银行遵守了安全程序。

如果银行满足了以上条件,则客户应当承担支付指令相应的后果。但银行如果未能满足以上要求,则必须对该支付指令的后果负责。

2)支付指令不当执行的责任

根据美国《统一商法典》规定银行迟延执行、不当执行或根本未执行支付指令,其应该承担的责任仅限于返还相当于划拨资金的本金和利息以及划拨费用的款项。除非另有约定,银行不承担划拨未能完成造成的间接损失,如划拨人预期可得的利润等。

①划拨失败时的退款保证。当支付指令接收人不当履行支付指令造成划拨失败时,发端方银行及每一家随后的发送银行有权要求其接受银行返还已付的资金。除非在特殊情况下,退款保证不能经由协议改变。

②划拨迟延。对在贷方划拨完成后,即在受益方银行为受益方的利益接受了支付命令以后的迟延,如果受益方银行没有在规定的时间内将资金交由受益方处置,在管辖受益方和银行间关系的法律的范围内,受益方银行应向受益方赔偿。如果迟延发生在贷方划拨完成

前,则在贷方划拨完成后,造成迟延的接受银行必须向受益方就支付命令的金额支付在迟延期间的利息。

③数额差错时的多退少补原则。接受银行执行的支付命令的数额少于其接受的支付命令的数额,但不是扣除手续费用造成的,接受银行有义务对此差额签发一项支付命令。贷方划拨已完成但接受银行执行的支付命令数额多于其支付命令的数额的,接受银行有权依法向受益人索回此项差额。

3）支付指令有错误时的责任

支付指令错误包括三种:支付指令表述有误、支付指令错误和支付指令执行错误。对此,美国《统一商法典》第 4A 篇对这三种类型的错误及相应承担的责任作出了规定。

①支付指令表述有误:支付指令表述有误是指支付指令中存在不一致的信息,如受益人名称有误、受益人名称和账号不符等。美国《统一商法典》第 4A 篇规定,当存在对受益人情况的误述而不能够确定受益人时,受益人代理银行有权不接受指令人代理银行的支付指令,指令人代理银行应该将款项退回指令人。由此造成的利息及其他损失,由指令人自行承担。

②支付指令错误:支付指令错误是指支付指令内容本身存在错误或在传输过程中产生错误。例如将受益人名称写错或重复发出指令等。美国《统一商法典》第 4A 篇规定,指令发送人应该对其支付指令的正确性负责。若因支付指令有误导致了损失,该损失应该由发送人承担。

③支付指令执行错误:支付指令执行错误是指接收指令的一方在执行指令的过程中出现的差错。例如,指令人代理银行重复发出支付指令或将款项支付给错误的受益人等。根据民法上的过错责任原则,支付指令发送人本身无过错,故不应该承担责任,而指令接收人在执行指令的过程中存在过错,应该对损失负责。

4）黑客欺诈时的责任承担

黑客(hacker)是指以电子手段闯入划拨系统进行诈骗的人。黑客欺诈是电子时代出现的新的犯罪形式。应以是否设置"安全程序"的有关规定来解决黑客欺诈时的责任承担问题。这里的"安全程序"中的技术手段、考查标准应依据国情具体确定。如经安全程序核证支付命令正确,即使未经授权,责任仍由发送方承担。但是如未经授权的支付命令是由与接受银行有联系的人的行为造成的,损失由接受银行承担;如未授权的支付命令是由与发送人有联系的人的行为造成的,损失由发送人承担。

6.5.5　电子支付合规要点

根据我国电子商务法的规定,电子支付合规要点如下。

①电子商务当事人可以约定采用电子支付方式支付价款。电子支付服务提供者应当遵守国家规定,告知用户电子支付服务的功能、使用方法、注意事项、相关风险和收费标准等事项,不得附加不合理交易条件。电子支付服务提供者应当确保电子支付指令的完整性、一致性、可跟踪稽核和不可篡改。应当向用户免费提供对账服务以及最近三年的交易记录。

②电子支付服务提供者提供电子支付服务不符合国家有关支付安全管理要求,造成用

户损失的,应当承担赔偿责任。

③用户在发出支付指令前,应当核对支付指令所包含的金额、收款人等完整信息。支付指令发生错误的,电子支付服务提供者应当承担赔偿责任。

④电子支付服务提供者完成电子支付后,应当及时准确地向用户提供符合约定方式的确认支付的信息。

⑤用户应当妥善保管交易密码、电子签名数据等安全工具。用户发现安全工具遗失、被盗用或者未经授权的支付的,应当及时通知电子支付服务提供者。电子支付服务提供者发现支付指令未经授权,或者收到用户支付指令未经授权的通知时,应当立即采取措施防止损失扩大。

本章案例

刺破"互联网+物流寄递+电子支付"犯罪手段的"面纱"

(北京市高级人民法院典型案例 2023.06.20)

基本案情

2021 年 6 月至 7 月间,被告人林某通过网络从马来西亚购买可疑液体 25 瓶,共计 200.89 克并通过 DHL 邮寄到本市海淀区永嘉北路 6 号大唐电信 D 座。经鉴定,上述可疑液体中均含有毒品成分 GHB,其中透明液体含量为 0.005%,蓝色液体含量为 57.7%,棕色液体含量为 54%。林某于 2021 年 7 月 5 日被公安机关抓获,后如实供述了上述犯罪事实。

这是一起采取"互联网+物流寄递+电子支付"非接触手段实施的毒品犯罪案件。随着信息技术和物流行业的迅速发展,毒品犯罪网络化趋势愈加明显。本案中,被告人林某通过网络向上家约购毒品,并通过支付宝向对方支付毒资,最后使用虚假姓名通过国际物流快递渠道收货。之后,将所购毒品信息在其推特账户发布,通过微信群组进行销售,并使用虚假身份邮寄毒品。网上交易过程中使用密语、隐语交流,交易完成后删除聊天记录及转账记录,作案手段隐蔽,加大了侦查取证的难度。

处理结果

法院认为,被告人林某明知是毒品而寄递进境,其行为已构成走私毒品罪,考虑其到案后如实供述自己的主要犯罪事实,以被告人林某犯走私毒品罪,判处有期徒刑一年十个月,罚金人民币二万元。一审宣判后,被告人林某不服,提起上诉,二审维持原判。

本章小结

本章分四个方面对电子支付的有关内容进行了讲述。第一,对电子支付进行了概述。主要包括电子支付的发展趋势、概念、主要形式与特征。同时,介绍了电子资金划拨的概念、分类,国内外有关电子支付的立法及我国电子支付的立法思考。

第二,讨论了小额电子支付的法律规范问题。主要包括电子支付的当事人及其权利和义务、小额电子支付当事方的法律关系、小额电子支付 ATMs 现金卡的规范以及小额电子支付银行卡规范。

第三,讨论了大额电子资金划拨的法律问题。主要包括大额电子资金划拨的当事人及其权利与义务、电子资金划拨过程中的法律问题。

第四,讨论了电子支付中的法律责任问题。主要包括电子支付的差错与责任、小额电子支付各方的责任认定以及大额电子资金划拨中的法律责任问题。

本章习题

1. 简述电子支付的概念、特征及主要形式。

2. 简述电子资金划拨概念、分类。

3. 查阅资料对主要国家的电子支付立法进行综述。

4. 简述小额电子支付当事方的法律关系。

5. 简述小额电子支付中与银行卡有关的各当事方的权利义务。

6. 简述大额电子资金划拨的当事人及其权利与义务。

7. 简述大额电子资金划拨中的法律责任问题。

8. 查阅有关电子支付的案例,并运用所学法律知识进行分析。

第7章
物流配送法律制度

📖 学习目标

本章介绍了物流配送环节的法律基础知识,包括配送所涉及的法律关系、配送合同的相关问题等,重点对配送合同的法律属性进行了探讨。配送主要涉及买卖合同关系和配送合同关系。配送合同不是买卖、仓储、运输、承揽和委托等合同本身,而是将这些合同的某些特点进行有机结合的一种无名合同。配送合同的内容、各主体的权利和义务因其配送服务合同或销售配送合同的类别而有所区别。在配送合同的履行中,对于共同配送下的责任承担、货物的风险承担及配送人行为后果的承担等问题应予以重视。

案例导入

高向阳诉西华县文涛电子商务物流配送公司劳动争议纠纷一案

基本案情

2021 年 5 月,高向阳入职西华县文涛电子商务物流配送有限公司,负责泛区、西夏、黄桥、逍遥、奉母、址坊、玉皇庙区域的快递配送和送菜业务,后来业务范围调整为泛区、西夏、黄桥。高向阳的工资待遇按照配送物品的工作量计算,高向阳工作所用车辆系文涛物流公司提供,高向阳每派送一单业务文涛物流公司支付 0.2 元报酬。双方之间未签订劳动合同,文涛物流公司共计为高向阳发放了 14 个月工资,其中 2021 年 5 月 1 029.8 元、2021 年 6 月 3 576.6 元、2021 年 7 月 3 234.6 元、2021 年 8 月 2 030 元、2021 年 9 月 2 800 元、2021 年 10 月 2 800 元、2021 年 11 月 2 800 元、2021 年 12 月 4 000 元、2022 年 1 月 4 160 元、2022 年 2 月 3 300 元、2022 年 3 月 3 100 元、2022 年 4 月 2 000 元、2022 年 5 月 3 300 元、2022 年 6 月 2 970 元。2022 年 6 月后高向阳离职。2022 年 9 月 6 日,高向阳向西华县劳动争议仲裁委员会提交劳动争议仲裁申请书,同日西华县劳动争议仲裁委员会作出西劳人仲案字〔2022〕58 号不予受理通知书。

裁判理由

法院认为,本案争议焦点为:①双方之间是存在劳动关系,还是货物运输承包关系;②如果双方之间存在劳动关系,上诉人高向阳的诉讼请求是否应当得到支持。

参照《关于确立劳动关系有关事项的通知》中的相关规定:"用人单位招用劳动者未签订书面劳动合同,但同时具备下列情形的,劳动关系成立。(一)用人单位和劳动者符合法律、法规规定的主体资格;(二)用人单位依法制定的各项劳动规章制度适用于劳动者,劳动者受用人单位的劳动管理,从事用人单位安排的有报酬的劳动;(三)劳动者提供的劳动是用人单位业务的组成部分。"本案中,文涛物流公司与高向阳虽符合法律法规规定的劳动关系主体资格,高向阳提供的配送服务亦属于文涛物流公司的业务范围,但高向阳每月并无固定的出勤天数及出勤时间,其工作时间相对自由,且高向阳亦未提供证据表明其受文涛物流公司相应规章制度的约束与管理。由此可知,双方之间不存在人身、组织上的从属性,双方之间是一种比较松散的合作关系。因此,一审法院未认定双方之间存在劳动关系,并驳回高向阳的诉讼请求,并无不当。

讨论: 1. 电商物流中的快递配送行业存在哪些用工形式?

2. 快递小哥的合法劳动权益如何维护?

7.1 物流配送法律概述

7.1.1 物流配送的业务特点

配送是指在经济合理区域范围内,根据用户要求,对物品进行拣选、加工、包装、分割、组配等作业,并按时送达指定地点的物流活动。配送可以理解为特定目的的加工、包装、运输活动的集成,而所谓的特定目的可以是销售或生产。因为配送之后紧接着就是生产或销售环节。由于它是一个综合性的活动,因此配送所涉及的法律问题表现为其他活动中涉及的法律问题的交错。

配送是物流中一种特殊的、综合的活动形式,是商流与物流的紧密结合,包含商流活动和物流活动,也包含物流中若干功能要素。从物流来看,配送几乎包括所有的物流功能要素,是物流的一个缩影或在某小范围内物流全部活动的体现。一般的配送集装卸、包装、保管、运输于一身,通过这一系列活动完成将货物送达的目的。配送的主体活动与一般物流却有不同,一般物流是运输及保管,而配送则是运输及分拣配货。分拣配货是配送的独特要求,也是配送中有特点的活动;以送货为目的的运输则是最后实现配送的主要手段。

从配送的实施形态角度,可表述如下:按用户订货要求,在配送中心或其他物流节点进行货物配备,并以最合理方式送交用户。这个概念的内容概括为以下六点。

①按用户要求进行资源配置的全过程。

②配送实质是送货,是一种有确定组织、确定渠道,有一套装备和管理力量、技术力量,有一套制度的体制形式。所以,配送是高水平送货形式。

③配送是一种"中转"形式。配送是从物流节点至用户的一种特殊送货形式。要做到需要什么送什么,就必须在一定中转环节筹集这种需要,配送必然以中转形式出现。

④配送是"配"和"送"有机结合的形式。配送利用有效的分拣、配货等理货工作,使送

货达到一定的规模,以利用规模优势取得较低的送货成本。

⑤配送以用户要求为出发点。"按用户的订货要求",明确了用户的主导地位。配送是从用户利益出发,按用户要求进行的一种活动,因此,在观念上必须明确"用户第一""质量第一"。配送企业的地位是服务地位而不是主导地位。

⑥"以最合理方式"是考虑到,对于配送者来说,既要以"用户要求"为依据,也要追求合理性,进而指导用户,实现共同受益的商业原则。

7.1.2　配送的概念

依据《中华人民共和国国家标准·物流术语》(GB/T 18354—2001),配送(Distribution)是指在经济合理区域范围内,根据客户要求,对物品进行拣选、加工、包装、分割、组配等作业,并按时送达指定地点的物流活动。

拣选、加工、包装、分割、分组装配等在其本质上均属于流通加工的范畴。在现代物流业中,流通加工往往是由配送中心从事的物流活动,并与物品的运送结合在一起。

由上述配送的概念可知,现代物流业中的配送具有如下几个方面的特殊含义。

1)现代物流配送不是单纯的送货

虽然配送活动的最终目的是将货物送达指定地点,但是,它不同于一般的送货,一般的送货可以是偶然的、不成体系的行为,而现代物流的配送则是有组织的,有确定渠道的,有专门配送装备、设施和专业人员的服务系统。

2)现代物流配送是一种综合化的服务活动

现代物流配送,不仅包括送货,而且还包括拣选、加工、包装、分割、组配等各项作业活动,同时,现代物流配送还以强大的信息系统作支持。因此,现代物流配送是诸多业务活动的有机结合,为客户提供的是一种综合化的服务。

3)现代物流配送是以客户为中心的服务

现代物流配送以客户的要求为出发点,秉承"用户至上"的理念,全心全意为客户服务,在维护客户利益的前提下,赚取配送企业应得利润。

7.1.3　配送的要素

1)备货

备货是配送的准备工作或基础工作。备货工作包括筹集货源,订货或购货。集货、进货及有关的质量检查、结算和交接等。

2)储存

配送中的储存有储备及暂存两种形态,配送储备是按一定时期的配送经营要求,形成的对配送的资源保证。这种类型的储备数量较大,储备结构也较完善。视货源及到货情况,可以有计划地确定周转储备及保险储备结构及数量。

3)分拣及配货

分拣及配货是配送不同于其他物流形式的有特点的功能要素,也是配送成败的一项重要支持性工作。分拣及配货是完善送货、支持送货的准备性工作，有了分拣及配货就会大大提高送货服务水平，所以，分拣及配货是决定整个配送系统水平的关键要素。

4）配装

集中不同用户的配送货物，进行搭配装载以充分利用运能、运力的问题，这就需要配装。通过配装送货可以大大提高送货水平及降低送货成本，所以，配装也是配送系统中有现代特点的功能要素。

5）配送运输

配送运输属于运输中的末端运输、支线运输，配送运输是较短距离、较小规模、额度较高的运输形式，一般使用汽车作运输工具。配送运输由于配送用户多，一般城市交通路线又较复杂，如何使配装和路线有效搭配等是配送运输的特点。

6）送达服务

配好的货运输到用户才算配送工作的完结，因为送达货物和用户接货往往还会出现不协调，要圆满地实现货物运到之后的移交，并有效地、方便地处理相关手续并完成结算，还应研究卸货地点、卸货方式等，送达服务也是配送独具的特殊性。

7）配送加工

配送加工是配送企业在配送系统内，按用户要求，设立加工场所进行的加工活动。这里所说的包装是指对于经过分拣的一个用户所需要的货物，为保持在运送过程中完好无损和便于识别，需要进行重新包装。配送加工这一功能要素具有重要的作用，主要原因是通过配送加工，可以大大提高用户的满意程度。

7.1.4　配送中心

配送中心是一种物流节点，它不以贮藏仓库这种单一的形式出现，而是发挥配送职能的流通仓库，故也称作基地、据点或流通中心。配送中心的目的是降低运输成本、减少销售机会的损失，为此建立设施、设备并开展经营、管理工作。配送中心是从供应者手中接受多种大量的货物，进行倒装、分类、保管、流通加工和情报处理等作业，然后按照众多需要者的订货要求备齐货物，以令人满意的服务水平进行配送的设施。

配送中心是企业商流、物流、信息流的交汇点，承担着各企业所需商品的进货、库存、分拣、加工、运输、送货信息处理等任务。为了能更好地做送货的编组准备，必然需要采取零星集货、批量进货等种种资源搜集工作和对货物的分整、配备等工作，因此，配送中心也具有集货中心、分货中心的职能。为了更有效地、更高水平地配送，配送中心往往还有比较强的流通加工能力。此外，配送中心还必须履行货物配备后的送达到户的使命，这是和分货中心只管分货不管运达的重要不同之处。由此可见，如果说集货中心、分货中心、加工中心的职能还是较为单一的话，那么，配送中心功能则较全面、完整，也可以说，配送中心实际上是集货中心、分货中心、加工中心功能之综合，并有了配与送的更高水平。配送中心作为物流中心中的一种主要形式，有时便称为物流中心。

配送中心的形成及发展是有其历史原因的。由于用户在货物处理的内容上时间上和服务水平上都提出了更高的要求,为了顺利地满足用户的这些要求,就必须引进先进的分拣设施和配送设备,否则就建立不了正确、迅速、安全、廉价的作业体制。因此,大部分企业都建立了正式的配送中心。

7.1.5　配送业务规程

1)货物出库凭证

货物出库(包括过户、转库、取样)必须凭货主开出的货物提单发放。仓库业务人员发货之前要认真核对如下内容:①验证;②验印;③验单;④注意提货期限。

2)备货

①查账卡,对提单;②核对货位、货卡及实物;③按单备货;④及时登账销码(卡)。

3)复核

认真坚持发货复核制度可以防止多发、少发、错发等差错事故的发生,避免由此造成的经济损失。复核要两人次以上。①保管员自查;②复核人员核对各项出库凭证和实物,复核放行。

4)包装整理

①查包装;②防混淆。

5)发运标志

①使用统一印制的发运标记:发货票签或标牌要使用承运部门统一规定的式样,要悬挂式张贴在货物的两侧面上。发货标志字迹要清楚,要挂紧贴牢,防止丢失。②发货前要清除包装上的原有标记:利用旧包装发货的,发货前要将原包装上的标记清除掉,避免错发、串发事故的发生。

6)发运的规定及要求

①办理货物托运及发运;②铁路零担托运,发运;③公路托运、发运;④水路托运、发运;⑤航空托运,发运;⑥邮寄包裹的托运、发运;⑦水陆联运的托运、发运;⑧集装箱运输货物的托运、发运;⑨自提货物的点交和结算;⑩代运货物的发货。

7)登账

①及时登销账目;②整理记账凭证。

8)清理

①清理账务;②清理货场。

9)货物出库质量规定

①物资出库凭存货方的出仓单发货,无正式凭证或不合格约定者,仓库有权拒绝发货,任何人不得私自担保发货。②保管、业务人员必须认真审核出仓单联次,依照仓储合同签订货主提供出仓单样单及印鉴,确认货主及存货方代号。③保管、业务人员必须认真审核货主所开的出仓单上的品名、规格、材质及入库号或车号,要与进仓单内容一致,并不得超发,若

超发应得到货主认可。④提货服务中心审核出仓单，依照货主所签订仓储合同规定或按仓储收费管理办法，收取物资出库吊装费（包括进、出仓储或特殊用工一次性收费）。⑤提货服务中心在物资出库收费过程中，凭出仓单进行微机核对进仓单，指出存货地点及作业机具号，导提员必须引提到位，协助客户及时提到物资。⑥保管员依据已收费的出仓单，方可办理自提、转库或库存物资过户手续。取样物资出库必须在业务科办理取样手续，方可出库。⑦贵重、有色、化工物资实行双人发货制，接出仓单及时与货主取得联系，确认后方可发货。⑧保管员依照出仓单指定物资品名、规格、材质及数量发货，不得超发。对进出库物资应采取相同计量方法。⑨保管员发完后 24 小时内填单，字迹清楚，内容准确。凭证传递及时，微机员、财务员要认真审核出仓单所发品名、规格、材质及数量，及时下账，传递单据，做到账目日清月结，规范业务操作流程。⑩按规定出仓单 3 天内有效，自提换单有效期一天，出仓单提单复核联必须做到及时返回仓运科，要求每天返三次，出仓单一次未提清，续提货不得超 3 天。⑪物资出库复核验货，自提服务中心验货员必须认真审核提单、出门证，复核车载物品名、规格、件数，并复核签字。⑫保卫科门卫应严格执行凭提单先登记进库手续，认真检查出门车载货物与出门证相符，带进库的物资要认真登记，出门销号，出门证、自提车辆随车携带进库物资登记卡要妥善归档管理，严格执行物资出库制度。

7.1.6　第三方物流

1）第三方物流概念

依据《中华人民共和国国家标准·物流术语》（GB/T 18354—2001）规定，第三方物流（Third-part logistics，简称 TPL）是指由供方与需方以外的物流企业提供物流服务的业务模式。

2）第三方物流的特征

因为第三方物流是将工业企业和商业企业的物流分离出来，而交给第三方即物流企业，由物流企业专门行使工业企业、商业企业物流的功能，所以，第三方物流具有与传统的供、需双方之间直接的物流活动不同的特征。

（1）具有专业化的服务功能

第三方物流是一种专业的服务活动。从物流的设计、物流的设施到物流的管理，处处都体现出专业化的水平。

（2）具有个性化的服务特点

第三方物流的经营者是现代物流企业，它拥有专业化的服务设施和人才，如何利用自有资源为客户提供物流服务，应当根据客户提出的不同要求有针对性地提供服务。

（3）具有网络化服务的趋势

物流企业借助现代信息手段，利用合同的形式与其他物流企业结成物流联盟，提高物流服务的效率，降低物流服务成本，从而节省工、商企业物流费用。

（4）具有电子商务化的特点

第三方物流的发展以现代电子信息技术为必要的前提条件。电子信息软件、电子合同、电子信息交流与处理等电子信息技术的使用,是第三方物流不可缺少的服务手段,也为第三方物流的现代化提供了必要的基础。

7.2　物流配送法律关系

电子商务指的是通过互联网进行的各项商务活动,包括广告、交易、支付、服务等活动。物流是指物质实体的流动过程,具体指运输、储存、配送、装卸、保管、物流信息管理等各项活动。对于大多数商品和服务来说物流仍要经由物理方式传输。物流配送开始时是电子商务中的一个部分,但随着信息经济的发展,物流业在社会经济发展中的地位越来越高其作用越来越大,物流已形成了一个独立产业。同时,物流和电子商务也逐渐形成了互构互补互相促进共同发展的关系。配送是一个复杂的过程,常常涉及物流过程中的采购、仓储、运输、包装及加工等环节。因此,在配送环节中涉及的法律关系也比较复杂。供应配送是配送主体与用户合一的一种配送方式,不涉及各配送参与人的外部法律关系。

电子商务物流配送活动涉及三方当事人,即电子商务交易卖方与买方、物流配送商(第三方物流企业);同时也包括三类四种法律关系,即:一、电子商务交易卖方与电子商务交易买方之间的商品买卖关系;二、电子商务交易卖方与物流配送服务商之间的物流配送委托代理关系;三、电子商务交易卖方与物流配送服务商之间的物流配送行纪关系;四、物流配送服务商与电子商务交易买方之间的物流配送服务关系。

7.2.1　电子商务交易双方的买卖合同关系

买卖合同关系主要是针对销售配送而言的。在这种配送形式下,用户实质上是商品购买者(买方),销售企业则是商品的出卖人(卖方),销售企业所提供的配送服务仅仅是作为商品出售的附带服务。在这种类型的配送中,销售企业一般仅与用户订立买卖合同,配送服务则常常作为买卖合同中销售企业的一项重要义务而加以确定。因此,销售企业在出售商品的同时提供配送服务,是其履行合同义务的表现。此外,在销售——供应一体化配送的情况下,如果用户与配送主体分别订立销售合同与配送服务合同,配送主体与用户之间也将形成买卖合同关系。但此时的买卖合同中将不涉及配送,关于配送方面的相关权利和义务,当事人须另行订立配送服务合同加以确定。

合同是指两个或者两个以上的当事人,为实现一定的目的,明确相互之间的权利和义务关系的协议。基于此协议,双方或多方当事人之间所形成的关系就是合同法律关系。合同作为一种特定的法律关系,须要有当事人,当事人所享有的权利,承担的义务和标的三个基本要素,缺少其中任何一项要素,合同就不能成立。

电子商务交易双方的合同法律关系,就是电子商务企业作为交易的一方当事人与其他与之进行交易的当事人之间所形成的合同法律关系。

电子商务的形式虽然具有革命性的意义,但并没有改变其商务关系的本质,在网络上进行的交易依然是买卖,只不过网络成为电子商务活动的载体和实现空间,电子化、网络化是这种商务活动的特征,但商务活动还是商务活动,交易双方的权利义务关系在本质上也没有发生改变。

1)电子商务买卖合同关系的主体

一方为电子商务企业,另一方为与电子商务企业进行交易的当事人(既包括企业,也包括个人和政府)。

2)电子商务买卖合同关系的客体

这是指交易双方权利义务共同指向的对象,或称标的。从电子商务的角度看,标的既可能是实物(如某种商品),也可能是电子信息。

3)电子商务合同买卖关系的内容

任何合同法律关系的内容本质上都体现为双方所享有的权利和所应承担的义务。交易双方的权利和义务是对等的。卖方的义务就是买方的权利,反之亦然。

(1)在以实物为标的物的合同法律关系中,交易双方的权利义务

①在电子商务条件下,卖方应当承担的义务。

A. 按照合同的规定提交标的物及电子单据。提交标的物和单据是电子商务中卖方的一项主要义务。为划清双方的责任,标的物实物交付的时间、地点和方法应在合同中明确,如果合同中对标的物的交付时间,地点和方法未作明确规定,应按照有关合同法或国际公约的规定办理。

B. 对标的物的权利承担担保义务。与传统买卖交易相同,卖方仍然应当是标的物的所有人或经营管理人,以保证将标的物的所有权或经营管理权转移给买方。卖方应保障对其所出售的标的物享有合法的权利,承担保障标的物的权利不被第三人追索的义务,以保护买方的权益。如果第三人提出对标的物的权利,并向买方提出收回该物时,卖方有义务证明第三人无追索权,必要时应参加诉讼或出庭作证。

C. 对标的物的质量承担担保义务。卖方应保证标的物质量符合规定。卖方交付的标的物的质量应符合国家规定的质量标准或双方设定的质量标准,不应存在不符合质量标准的瑕疵,也不应出现与网络广告相悖的情况。卖方在网络上出售有瑕疵的物品,应当向买方说明。卖方隐瞒标的物的瑕疵,应承担责任。买方明知标的物有瑕疵而购买的,卖方对瑕疵不负责任。

②在电子商务条件下,买方应承担的义务。

A. 按照电子商务合同的规定方式支付价款的义务。由于电子商务的特殊性,网络购买一般没有时间、地点的限制,支付价款通常采用信用卡、智能卡、电子钱包或电子支付等方式,与传统的支付方式有所区别。但在电子交易合同中,采用哪种支付方式应明确约定。

B. 按照合同规定的时间、地点和方式接受标的物的义务。由买方自提标的物的,买方应在卖方通知的时间内到预定地点提取。由卖方委托物流企业代理配送的,买方用户应按照承运人通知的期限提取。由卖方自己配送的,买方用户应做好接受标的物的准备,及时接受标的物。买方迟延接受时,应负迟延责任。

C. 对标的物的验收义务。买方接受标的物后,应及时进行验收。规定有验收期限的,对表面瑕疵应在规定的期限内提出。发现标的物的表面瑕疵时,应立即通知物流配送企业或

卖方,瑕疵由卖方负责。买方不及时进行验收,事后又提出表面瑕疵,卖方不负责任。对隐蔽瑕疵和卖方故意隐瞒的瑕疵,买方发现后,应立即通知卖方,追究卖方的责任。

(2)在以信息为标的物的合同法律关系中,双方的权利义务关系

①卖方的义务。

A. 当信息是以有形媒介为载体时,它与标的物为实物时的情形并无多大区别。

B. 当信息以电子传输方式交付时,卖方应保证使信息的买方能有效地支配合同项下的电子信息。实际上就是要保证所出卖的信息达到其"商业适用性",即实现其有效的支付,因此,在交付中还须随附一定的义务。如同有形货物买卖中必须提供使用说明一样,电子信息的交付应将如何控制、访问信息的资料交给买方,使之能有效地支配其所接收的信息,这些义务对于电子信息的交付而言,是必不可少的,而绝非可有可无。比如,在网上提供某一格式的文件,一般应同时提供打开该文件的方式,或直接提供应用软件,或指示取得软件的方式,否则,买方无法对文件内容有效利用。

C. 如果信息附有权利证书,卖方应通过适当的方式予以交付。电子信息的出卖方还应注意除非依交易双方的合同条款,可保留对信息交付后的控制权(如对使用范围、期限、次数等方面限制),否则,将构成侵权,应承担相应的法律责任。

②买方应承担的义务。

A. 信息许可的对价给付义务。即支付信息的使用费。需要特别提出的是,除非合同有特别约定,买方应尽量做到与卖方义务的同时履行,以保护信息权利人的利益。

B. 买方应服从于现存的保密义务。

7.2.2　电子商务物流配送的委托代理关系

配送合同关系是指在配送中,配送主体与用户总是以合同的方式来确定双方的权利和义务,从而形成合同关系。在这些合同中除个别仅涉及买卖合同关系的外,我们将其统称为配送合同,因此建立的关系我们称之为配送合同关系。在配送合同中,配送主体可以仅承担配送义务,也可以具体地承担采购等其他义务。一般而言,物流服务主体是以配送提供者的身份出现在配送合同关系中的。但在一定情况下,物流服务主体可能因自身不拥有配送能力而需要其他物流服务主体为其提供配送服务,所以物流服务主体也可能是配送合同中的用户。但需要指出的是,在我国《合同法》分则及其他法律中尚无明文规定配送合同属于无名合同,因此配送合同所涉及的法律关系可参照合同法分则部分最相类似的规定。由于在配送合同中常涉及仓储、运输、加工等具体问题,因此对于配送合同我们认为其虽然不能具体形成仓储合同关系、运输合同关系及加工合同关系等法律关系,但其具体问题可以参照这些相应的法律关系加以明确。

社会化电子商务的主要内容无非是交易主体之间实现电子交易,以降低成本,扩大市场等,而交易主体的交易商品从形态上看只有两种——有形的实体物品和无形的服务产品。电子商务环境中,交易主体的电子化交易过程是有大量第三方中介参与的,网络中介为交易主体提供低成本的联系交易平台,金融中介为交易主体提供低成本的支付转账环境,而物流配送为交易主体提供低成本的实体物品的转移环境。

电子商务物流配送中的法律关系就是指物流企业作为运输配送中介与交易主体所形成的权利义务关系。由于是实物传递，其法律关系与传统商务环境下的实物传递在法律中并无太大不同。

1）物流企业与电子商务中卖方主体的关系

此时物流企业与电子商务中卖方主体基于委托代理合同而产生相应的权利义务关系，且双方的权利义务是对等的。

（1）物流企业的义务

①提供电子化业务接口，及时准确接收运输指令包括货品位置、数量、送达时间地点等。

②为客户返回一个运输号，客户能在任何时间登录到指定的网站，根据运输号，查询自己的货品目前是到达哪里了。

③提供必要的仓储，使产品的挑选、包装、检测、装配和运输一体化。

④根据卖方的要求，选择适当的运输工具，保证货品迅速、准确、安全送达。

⑤将货品送达信息及时通知卖方。

⑥按照合同约定，为卖方提供维修、退货等递送服务。

（2）电子商务卖方的义务

①托运人（卖方）应向物流企业准确表明收货人的名称或姓名，货物的名称、性质、重量、数量收货地点等有关货物配送的必要情况。需要注意的是因托运人（卖方）申报不实或者遗漏重要情况，造成物流企业损失的，托运人（卖方）应当承担损害赔偿责任。

②货物配送需要办理审批、检验等手续的，托运人（卖方）应当将办理完有关手续的文件提交物流企业。

③托运人（卖方）应当按照约定的方式包装货物。对包装方式没有约定或约定不明确的，可以协议补充，未能达成补充协议的，应当按照通用的方式包装，没有通用方式的，应当采取足以保护标的物的包装方式。托运人（卖方）如违反此义务，物流企业可以拒绝配送。

④托运人（卖方）委托配送易燃、易爆、有毒、有腐蚀性、有放射性等危险品的，应按国家有关危险物品运输的规定对危险物品妥善包装，做出危险标识和标签，并将有关危险物品的名称、性质和防范措施的相关材料提交物流企业。托运人（卖方）违反此规定的，物流企业可拒绝配送，也可以采取相应措施避免损失发生，但由此产生的费用由托运人（卖方）承担。

⑤在物流企业将货物交付收货人（买方）之前，托运人（卖方）可以要求物流企业中止配送，返还货物，变更到达地或将货物交给其他收货人，但应赔偿物流企业因此受到的损失。

2）物流配送代理关系的性质

（1）物流配送代理是一种典型的民事委托代理法律关系

物流配送委托代理关系，按其法律含义，即以被代理人的名义进行的民事法律行为，后果直接归属于被代理人。在物流配送委托代理关系中，电子商务企业将自己的物流配送业务委托给第三方物流企业经营，第三方物流企业以电子商务企业的名义开展物流配送业务，服务于买方用户,第三方物流企业的行为后果直接归属于电子商务企业。

(2)物流配送代理应具合法性

物流业务代理单位必须严格遵守国家的法律、法规和政策,严格执行国家统一的规章制度和标准,维护物流行业信誉,为用户提供优质服务,确保物流配送畅通,并接受电子商务企业的督促检查。但物流企业的这些法定义务并不能改变物流委托代理关系的民事法律关系特点。

(3)物流配送用户(买方)具有主张权利的选择性

物流用户作为物流配送委托代理关系的第三人,可以选择不同的诉讼法院。必须说明的是,物流代理企业与用户发生的关系也就是电子商务企业与用户的关系,因为代理单位是以电子商务企业名义与用户办理物流业务,此时不存在第三人的关系。只有当物流企业与电子商务企业发生纠纷并涉及用户利益时,用户才具有物流配送委托代理关系的第三人的法律地位。

3)物流配送委托代理关系的客体

(1)客体的范围

民事法律关系的客体,是指民事法律关系中权利和义务所共同指向的事物,就是主体享有民事权利和履行民事义务的目标。没有客体,民事权利和义务就失去目标。物流配送民事法律关系的客体包括物、行为和智力成果等三个内容。

(2)客体的例外

如配送客体的丢失、时限的延误等,应从事实上或法律上确定责任的对象。发货人和收货人是基于货物的所有权证明凭证(收据、配送通知单)才有主张诉讼的权利,而没有所有权证明就不可能确认该丢失的货物就是该物流配送法律关系的客体。

(3)抗辩权是对抗请求权的权利

他人向你行使请求权,要你交货或赔偿损失,你有某种理由而加以拒绝,法律也允许你有这种权利,此称为物流企业的抗辩权。

7.2.3　物流配送行纪代理

1)物流配送代理的概念

按照物流配送经营的形式不同,可以将物流配送划分为:销售配送、供应配送、销售—供应一体化配送、代存代供配送、代理配送等。

代理配送又称配送代理,是指配送企业受生产者委托为生产者代销商品的一种配送销售活动。

2)物流配送代理的特征

现代物流配送代理具有如下几方面的特征。

配送企业在组织配送货源的过程中自己不提供货款。

配送企业配送销售活动是受生产企业之托。

配送企业对其所配送的商品不拥有所有权。

配送企业按销售额比例提取佣金,而不能获得销售的经营性收益。

据上述物流配送代理的特征可知,配送代理对配送企业较为有利,配送企业不必积压备货的大量货款,也不必为营销成败承担较大风险,因此,配送代理作为现代物流新兴的一种配送方式,有利于促进现代物流配送业的快速发展,应当受到广泛的重视。

3）物流配送代理的法律含义

（1）物流配送代理的法律性质

在物流配送代理活动中,配送企业是以自己的名义为生产企业销售产品,因此,在法律上,它符合行纪行为的一般特征。生产企业是委托人,配送企业是行纪人。

（2）行纪合同的法律特征

依据我国《合同法》第410条之规定,行纪合同是指行纪人以自己的名义为委托人从事贸易活动,由委托人支付报酬的合同。

行纪合同的法律特征主要有以下几个方面。

①行纪人是以自己的名义办理受托业务。

行纪合同与普通的委托合同不同,在普通的委托合同中,受托人是以委托人的名义进行业务活动,而在行纪合同中,行纪人则是以自己的名义进行业务活动。

②行纪人是在委托人指示的权限范围内办理受托业务。

行纪人办理受托业务,应当遵循委托人的指示和授权,不得随意越权或变更价格。诚然,行纪人在进行行纪活动时,应当充分调动和发挥自己的能动性和优势。

③行纪人必须为委托人的利益而进行行纪业务活动。

虽然行纪人是以自己的名义在进行行纪业务活动,但是,行纪人与第三人之间所发生的行纪业务的法律后果却最终由委托人承担,因此,行纪人必须谨慎地为委托人的利益进行行纪活动。

④行纪合同是有偿合同。

行纪业务具有营业性质,行纪人有权从委托人处获取佣金。而委托合同则不然,有的委托合同则是无偿合同。

⑤行纪人自担费用。

除当事人另有约定外,行纪人为办理委托事务而支出的费用,由行纪人自己负担。这与委托合同不同。

⑥行纪人具有介入权。

依据《合同法》第419条规定,行纪人卖出或者买入具有市场定价的商品,除委托人有相反的意思表示外,行纪人自己可以作为买受人或者出卖人。这表明,行纪人可以作为委托人的买卖关系的相对人。

7.2.4　物流配送服务关系

物流企业（第三方物流）与电子商务买方用户之间的关系是物流配送服务关系,物流企业应当为用户提供迅速、准确、安全、方便和价格合理的配送服务。物流企业是电子商务企业完成电子商务交易的重要组成部分。

物流配送企业的产品就是传递以实物为载体的信息服务。提供便捷、优质的物流配送服务是社会经济发展需要,是保护物流配送用户合法权益的需要,同时,也是物流配送企业生存和发展的需要。

1)物流企业应承担的义务

(1)物流企业应及时通知买方接收货物。

(2)物流企业应按照通知买方的接货时间,准时将货物送达。

(3)如买方就所送达的货物有异议,或提出更换、维修,邮政企业应根据与卖方的协议,负责将货物取回,采取相应措施解决问题。

(4)物流企业应承担由于自己的过失导致货物损失或损毁的责任。

(5)物流企业应为买方提供电子化业务接口,使买方能及时跟踪查询货物运输的途中情况。

2)电子商务买方应承担的义务

①按照电子商务合同的规定方式支付价款的义务。在电子交易合同中,采用哪种支付方式应明确约定。

②按照合同规定的时间、地点和方式接受标的物的义务。由买方自提标的物的,买方应在卖方通知的时间内到预定地点提取。由物流企业代为配送的,买方应按照承运人(物流配送方)通知的期限提取。买方应做好接受标的物的准备,及时接受标的物。买方迟延接受时,应负迟延责任,物流配送方在必要时也可通过提存公证,来履行配送合同。

③对标的物的验收义务。买方用户接受标的物后,应及时进行验收。规定有验收期限的,对表面瑕疵应在规定的期限内提出。发现标的物的表面瑕疵时,应立即通知物流配送方或卖方,瑕疵由物流配送方或卖方负责。买方用户未及时进行验收,事后又提出表面瑕疵,物流配送方或卖方不负责任。对隐蔽瑕疵和卖方或物流配送方故意隐瞒的瑕疵,买方用户发现后,应立即通知物流配送方或卖方,追究卖方的责任。

3)物流配送应依法发展

物流配送服务关系中,电子商务企业是服务商,物流配送企业是代理商,买方用户是消费者。同时受物流法、消费者权益保护法等法律的规范,物流配送用户也享有消费者权利,如①人身财产安全权;②知悉真情权;③自主选择权;④公平交易权;⑤依法获得赔偿权;⑥依法结社权;⑦获得有关消费知识的权利;⑧尊重人格尊严、民族习惯权;⑨批评建议权等。在这里,物流配送用户的权利就是物流配送企业的义务,反之,物流配送企业的权利就是物流配送用户的义务,二者相辅相成。

物流配送服务质量是用户对物流配送服务性能达到持续的满意程度的综合效果。物流配送服务质量评判的标准是用户满意程度。用户满意程度用"用户满意度指数"来表示。

当前,我国物流配送行业整体的服务水平还不高,与广大货主和用户的要求还有相当的差距。提高物流配送服务质量是社会普遍关心的问题。物流行业管理机构必须依法对物流配送服务质量监管,促进服务水平的提高。形成"政府监管、企业自律、用户监督"的管理机制,是物流配送行业管理的重要内容。代理企业既然承担了提供物流服务的义务,就必须要达到物流企业的服务标准和维护物流企业的社会信誉,因此,物流配送单位必须遵守国家和行业管理部门的有关政策、法规。树立以用户为核心改善服务工作的观念。

7.3 我国物流的立法

7.3.1 调整物流的法律概述

物流是涵盖包装、仓储、运输、装卸等商品在时间和空间变换过程的总称,而物流法就是调整因物流活动产生的各种社会关系的法律规范的总称,一切与物流活动有关的社会关系,都可以纳入物流法的调整范围。

由于我国物流实践起步较晚,专门的物流立法没有全面展开,因此物流法是否可以作为一个独立的法律门类未有定论。但是借鉴发达国家已经经过了大量的立法和社会实践,以及由此形成的较为专门全面的物流立法经验,同时物流相关的国际公约也较为成熟,因此笔者认为,可以从专门法的角度对于我国现有物流相关法律进行梳理和分类,并以此为基础提出我国物流立法完善的方向和目标。

1)相关国家的物流立法情况

综合世界各国的物流立法情况,可以看出其主要与国家法律体系以及物流业发展水平相关,概括而言可以分为两类:一类是以日本为典型代表的统一物流法模式,日本作为大陆法系国家,在1990年制定了《物流法》,以该法与相关物流法规配合对物流关系进行综合调整。另一类以美国为代表的英美法系国家,美国没有制定专门的物流法律,而是通过一系列和物流相关的法律法规对物流各环节的社会关系分别调整,主要包括公路交通法律体系、运输法律体系和水运交通法律体系等,其中公路法系统的规定汇编于《美国法典》第23卷,运输法系统的规定汇编于《美国法典》第49卷,水路法规定则分散于多个贸易运输、船舶和航道港口等法律中,加上车辆、机场、航空等相关法律共同构成美国的物流法律体系。

从日本和美国的情况可以看出,由于物流业的本身涉及较为复杂广泛的环节流程和社会关系,即使制定统一物流法的国家也不可能仅仅依靠一部物流法全面调整物流关系,仍需要以物流法为主,相关法律法规为辅实现对物流法律关系的有效规范;同时还需要根据情况变化及时修订和颁布新的物流法规,才能实现物流法律法规之间的协调与互补和对于物流行业的系统性调整。

2)物流法的特征

作为物流行业的专门法,物流法具有以下主要特征:一是专门性,物流法律调整的是物流活动的参加者或当事人之间的法律关系,其核心在于发生了符合法律定义的物流行为,各种专门法律可以有针对性地适用于物流行业中各个环节、各种主体之间不同的法律行为。二是广泛性,物流活动的复杂性和参与者的多样性决定了物流法律对于物流企业、物流合同、物流运输以及其他物流环节的权利义务、行为要件、责任追究和损害赔偿等方面均进行调整。三是系统性,物流法的广泛性决定了所有物流相关法律法规是一个由不同层级、不同类型的法律、法规、部门规章和国家标准构成的整体结构,不同法律的效力、适用范围以及适用顺序不同,但整合而为物流法律体系,从不同层面规范物流活动,保障物流活动的有序进行。

7.3.2 我国调整物流的主要法律

我国物流立法是由一系列物流相关的法律法规对物流社会关系进行调整的形式,因此呈现出较为分散和多样的特点,在内容上分散于海、陆、空运输以及消费者权益保护、企业管理、民商合同等领域,而形式上散见于各类民事、行政法规以及国务院部委发布的通知、规则和管理办法上。通过全面系统梳理物流相关的法律、法规、规章,笔者认为我国的物流法律可以分为总体物流立法和专门物流立法两大类。总体物流立法主要是国务院部委和国家有权机关根据调整物流社会关系的需要,在不同的历史时期制定的、具有效力的法律文件,而专门的物流立法则主要是在过去货物运输时代制定的,以铁路、公路和航空等法律为代表的,调整人员和货物各种运输行为的专门法律法规。

1)总体的物流立法

总体的物流立法是我国在尚无统一物流专门法的情况下,由国务院各部委在职责范围内根据国家社会经济管理需要而制定下发的文件。这类规范性文件的特点是调整专门事项或问题,政策性、指导性强,通过各级政府机关保障其有效落实,执行情况好。我们对 2000 年后的主要文件初步汇总如下,这些文件从国家行政机关的层面规范了物流业的发展基础。

①2001 年 3 月,原经贸委会同铁道部、交通运输部、信息产业部、对外经济贸易合作部、中国民用航空总局六部委联合下发了《关于加快我国现代物流发展的若干意见》;

②2001 年 8 月,交通部颁布实施了《关于促进运输企业发展综合物流服务的若干意见》;

③2002 年 4 月,原经贸委、交通运输部、外经贸部、铁道部、海关总署、国家质检总局六部委联合制定了《加快发展我国集装箱运输的若干意见》;

④2002 年 6 月,外经贸部发布《关于开展试点设立外商投资物流企业工作的有关问题的通知》;

⑤2004 年 8 月,发展和改革委员会、商务部、交通运输部、公安部、铁道部、海关总署、税务总局、中国民用航空局、工商总局九部委联合制定了《关于促进我国现代物流业发展的意见》;

⑥2005 年 8 月,商务部颁布了《关于加强流通法律工作的若干意见》;

⑦2006 年,商务部颁布了《关于做好物流领域吸引外资工作的通知》。

从以上部委通知等文件可以看出,我国物流作为一个新行业的发展是在包括市场准入、市场主体、市场行为、市场秩序、市场调控等方面逐步深入规范调整的一个过程,而其中商务部颁布的《关于加强流通法律工作的若干意见》是一个较为全面系统的行业发展指导性文件,其中明确指出要在 3 到 5 年里,从建立和完善我国统一、开放、竞争、有序的现代市场法律体系出发,推进物流立法实现对社会流通的统一管理。

2)具体物流法律制度

我国物流的具体法律制度,主要指由于物流行业本身的分类、从属于原有货物运输等方面的法律法规的汇总,在物流发展的过程中这些法律仍以独立的形式对物流相关环节起到规范作用,主要包括以下内容。

①公路运输法律法规,以1998年的《中华人民共和国公路法》为核心,包括《汽车危险货物运输规则》《集装箱汽车运输规则》《汽车货物运输规则》等法律法规。

②铁路运输法律法规,以1991年实施的《中华人民共和国铁路法》为核心,包括《铁路货物运输管理规则》《铁路集装箱运输管理规则》等法律法规。

③水上运输法律法规,包括调整国内水路运输的《水路危险货物运输规则》《国内水路货物运输规则》《中华人民共和国内河交通安全管理条例》,以及海上货运的《中华人民共和国海上交通安全法》《中华人民共和国海商法》《中华人民共和国国际海运条例实施细则》等法律法规。

④航空运输方面的法律法规,包括《中华人民共和国民用航空法》《中国民用航空货物国内运输规则》《中国民用航空货物国际运输规则》等法律法规。

7.3.3 调整物流的相关法律

1)市场准入法律法规

物流行业市场主体设立的应遵守的法律主要包括《中华人民共和国邮政法》《中华人民共和国公司法》《中华人民共和国外资企业法》《中华人民共和国中外合作经营企业法》《中华人民共和国中外合资经营企业法》等。

2)物流主体间权利义务的法律法规

主要包括《中华人民共和国民法通则》和曾经的《中华人民共和国合同法》,其中民法通则是物流法律关系作为民事法律关系进行调整的基础,而合同法总则和运输、仓储和委托加工等专篇则分别适用于物流合同在配送运输、仓储保管和增值加工等操作环节的规范要求。

3)物流运送的货物适用的法律法规

主要包括《中华人民共和国民法典》物权编、《中华人民共和国海关法》《中华人民共和国货物进出口管理条例》,以及目前成为社会关注焦点的《中华人民共和国食品卫生法》等。

4)物流具体操作的法律法规

主要包括配送方面的《商品代理配送制行业管理若干规定》,包装方面的《中国包装国家标准》,以及信息方面的法律法规包括《电子签名法》《计算机信息系统安全保护条例》等。

7.4 电子商务快递物流配送模式

电子商务已经深入到普通百姓的生活之中,借助网上销售这种模式,销售商主要通过网络开展在线销售活动,直接面向消费者销售产品和服务,消费者可以通过网络进行购物,完成网上支付。这种模式较好地适应了消费者的现代生活和工作节奏,受到消费者的广泛欢迎。据第53次《中国互联网络发展状况统计报告》,中国网络购物的用户在2023年增长了2 480万人,互联网普及率达77.5%。

自 2000 年以来,中国的市场进入快速发展阶段,电子商务企业大量涌现。开展现代电子商务需要三个基础组成部分,即为顾客提供在线购物场所的商场网站,负责为客户所购商品进行配送的配送系统以及负责客户身份的确认及货款结算的银行及认证系统。现代商务的成功与否主要体现在这三个组成部分的协调完善程度。商场网站的完善是开展电子商务的首要条件,配送商品的配送系统的支持是开展好电子商务的关键,银行及认证系统的权威诚信则是开展好电子商务的重要保障,三者协调统一,缺一不可,共同支撑着电子商务的稳健发展,任何一个环节出现问题都将会严重影响电子商务的发展。作为关键环节的配送系统的发展是保障现代商务保持高效的重要基础,良好的物流配送模式是商家需要认真考虑的问题,也是在中国现状下民营快递企业迅速发展的重要土壤。选择合适的物流配送模式是维护消费者合法权益、促进电子商务持续稳定发展的关键。我国由于所处的地理位置相对分散,因此现实采用的物流配送模式也是多样化的,主要有自建物流配送模式,第三方物流配送模式,混合物流模式和共同配送模式等。

自建物流配送模式是当下中国的一些大规模企业采用的模式,如京东商城、凡客诚品等。在这种模式下,电子商务中的企业或者网站自己组织对自己生产、销售的产品的配送。这些企业或者商家既是销售者,又是配送人。为了保持长久的客户关系以及良好的信誉口碑,这类企业在物流配送上往往会花费较大的配送成本为客户提供优质的服务。第三方物流配送模式是区别于自建物流配送模式的,它是由专业的物流企业承担配送商品或者服务的功能。第三方物流的经营者是现代物流企业,拥有专业化的服务设施和人才,从物流设计,物流的实施到物流的管理都体现了其专业化的水平。这种物流配送模式适应中小电子商务企业或者网站配送的需求,能够满足配送量小,配送点多的需求,极大地节约了企业或者网站的运费成本,同时也促进现在中国微小型商家的发展,是许多淘宝商家选择的物流配送模式。

混合物流模式是指电子商务企业和第三方物流分工合作,共同完成对商品的物流配送服务。这种模式下,电子商务企业组织建立自己的配送中心,对货物进行存储,分拣,出库。这些企业将工厂运送货物到配送中心以及从配送中心运输货物到用户两个环节交给第三方物流企业来完成。这种配送模式极大地提高了电子商务企业根据客户的需求及时调整库存,方便灵活。

共同配送模式是指同种类型的企业为了降低物流成本,实现配送的合理化,共同利用物流资源、物流设施、物流管理进行配送。这种模式下,企业往往组成企业联盟,整合物流信息和资源,相互利用各种配送资源,以完成整个企业联盟的物流配送,降低物流成本。

我国现阶段商务企业正处于发展阶段,中小型企业占绝大多数,而这些企业主要还是选择第三方物流配送模式,将外部的物流配送交由专业的物流配送企业来承担,这样大量的民营快递企业应运而生。巨大的市场需求使得中国民营快递企业异军突起,且从经济发达地区逐步扩展到全国。第三方物流配送模式是市场化的选择,需要予以充分的鼓励。

7.4.1 我国快递业的发展现状

1)快递的概述

快递,又可以称为快捷服务,是指具有相当的时间敏感性,运用先进的通信科技,并以端对端的方式对运送的货物进行整合或者控制的服务。

快递是一种以时间为重要因素的服务,快递业是一个新兴的行业。快递服务需要在一个自由竞争的环境中发展。快递业与传统的邮政业的关系问题一直在进行激烈的讨论,也引起了社会的广泛关注。传统的分类认为邮政服务是由国营邮政企业所专属提供,而快递服务则是由民营企业提供。邮政服务的提供带有广泛的公共利益。但是随着邮政服务企业参与到快递服务这块大蛋糕中来时,邮政服务企业的市场竞争功能得到充分的体现。根据美国国际贸易委员会年对快递业的定义,快递业包括迅速收集、运输与递送下列服务项目:文件、印刷品、包裹及其他物品等,并且在服务提供的过程中得以追踪服务项目之位置并维持控制。邮政企业正越来越多地提供民营快递企业所进行的服务,除了寄送信件外,包裹递送也成为其重要的业务之一。因此简单地以经营主体是国营还是民营来划分邮政服务和快递服务已显得不合时宜。快递企业和邮政快递企业在市场中的竞争对手地位是毋庸置疑的。

2) 中国快递业的发展历程

（1）中国快递业的整体发展历程

中国快递业的发展是一个借鉴的过程,是中国要对外开放、不断地参与国际竞争的结果。

世界上第一家快递企业是年成立于美国的信使公司,后来逐步发展为快递,开创了国内快递业发展的先河。但是中国在 1980 年之后才引进了快递这样一种新的服务理念和服务方式。首先,日本海外新闻普及株式会社与中国对外贸易运输公司签订了中国第一个快件代理协议,中国对外贸易运输公司成为中国第一个经营快递的企业。借着中国改革开放的良好发展势头,大量的跨国快递企业进入中国,但是此时中国关于快递方面的法律法规尚未制定实施,所以这些国际快递企业进入中国都是依照外商投资相关的法律法规,其经营范围也没有受到限制。

1984 年,中国邮政成立了经营速递业务的企业中国速递服务公司。1986 年,我国颁布了第一部《中华人民共和国邮政法》（简称《邮政法》）,明确了邮政专营的范围,即信件及具有信件性质的物品的寄递业务由邮政企业专营。在这样的情况下,国内除此以外的快递企业都没有被纳入到法律规范之中。中国邮政在国际国内的快递市场中都占据着重要位置。

随着中国改革开放的深入,国家的领导方针和政策也在不断地进步,特别是民间鼓励改革开放要加快进行的呼声不断高涨。此时,作为具有地理位置优势以及企业积淀较深的长江三角洲和珠江三角洲更是焕发出前所未有的活力。长三角和珠三角的民营企业迅速兴起,积极地参与到国际分工中去,企业大发展产生了对商业文件、样品、目录等传递的时效性、方便性和安全性的需求。但是并没有跟上这些企业的发展步伐,国有邮政企业以价格偏高、服务体制不完善、市场供给不足而被企业拒之门外。而本土的民营快递企业却在这种背景下迅速发展起来,其因符合市场需求的完善服务而受到青睐,顺丰速运和申通快递分别在珠三角和长三角成立并迅速占领市场。按照中国加入世界贸易组织的相关协议,中国于2005 年 12 月 11 日全面对外资开放了物流和快递业领域。2013 年,《快递市场管理办法》和新修改的《邮政法》同步实施。

（2）中国民营快递企业的发展历程

从总体上讲,中国的民营快递企业的发展是从地位无法得到确认到发展受到严格监管。

从 2011 年 12 月国家邮政局公布的快递服务"十二五"规划中看到,中国现在有国营、民营、外资等不同快递企业的存在,其中民营快递企业的发展尤为迅猛,已占据国内异地快递业务市场份额的 60% 以上。这与民营快递企业成立之初主要抢占同城快递业务不同,民营快递业务随着市场竞争的深化以及自身服务的提高不断壮大,涉及包括同城快递业务、异地快递业务以及跨国快递业务等。在这个过程中,民营快递业务与进入中国的国际快递业务之间的较量却一直持续着。

在 1986 年《邮政法》出台之前,邮政局打压民营快递企业的事件就屡见不鲜。中国邮政以民营快递企业的监管者和竞争者的双重身份出现,既是运动者又是裁判者,本身就无法在监管过程中做到毫无偏私,再加上利益的驱使,民营快递企业的处境更为艰难。国内的多家民营快递公司被当地的邮政职能机关称为"黑快递"而屡遭查处,甚至被处以高达上百万的罚款。被列入黑名单的快递企业面对势力强大的邮政监管往往显得势单力薄,甚至出现将自己的快递业务主动交予递送,并从中缴纳相当于"保护费"的递送费用。

中国民营快递业务发展并不顺利,但是民营快递扩张的势头却从未停止过,快递企业的数量每年都在成倍数地增长。它们在发展过程中不断地扩展业务网络,利用密集的业务网点开展服务,包括采用加盟制的方式,节约扩张成本和时间,使得自己低价格的竞争优势得以继续发挥。

《邮政法》出台之后,邮政专营对快递市场格局产生了决定性的影响。由于法律地位的限制性确定,民营快递企业和外资快递企业的市场地位显得不同。由于专营部分业务,在相关的市场竞争中处于优势地位,政府的扶持偏向也使得国有与民营快递企业的业务竞争处在不公平的环境下。

3) 中国快递业的现状

邮政业发展的"十一五"到"十三五"期间,我国快递业的发展呈现出平稳快速增长的态势,市场秩序逐步改善,服务水平不断提高,总体规模迅速扩大。

中国的快递业基本上形成了以同城快递、异地快递和跨境快递为主的三大市场板块以及以外资企业、国有企业和民营企业为主的三大市场主体。异地快递占据中国快递行业最大的市场份额,其次是同城快递,再次是跨国快递;在异地快递中,主要份额由顺丰速运、申通快递、宅急送等大型国有或者民营企业占有;在同城快递中,主要是由一些地方性的小型企业经营。中国的民营快递企业广泛地参与到异地快递以及同城快递的业务中,与国有企业等进行着角逐较量,其发展势头极其迅速,但同时发展也受到诸多政策和法律环境的制约,无法真正地进行市场竞争,特别是在严格的市场准入,不健全的监管体制,邮政专营业务的垄断等问题,使得众多的民营快递企业发展和壮大显得极为艰难,参与国际化快递行业的竞争脚步也放慢了。

2015 年 1 月 4 日从国家邮政局获悉,"十二五"时期,中国快递业年支撑国内网购交易额突破 3 万亿元。快递业务量和业务收入分别增长 7.8 倍和 3.8 倍,行业收入占 GDP 比重从 0.3% 提高到 0.6%,新增就业岗位 100 万个以上。统计显示,2015 年,快递业务量完成 206.5 亿件,同比增长 48%。最高日处理量超过 1.6 亿件,快递业务收入完成 2 760 亿元,同比增长 35%。2015 年,全国乡镇快递服务营业网点覆盖率提升至 70%,其中江苏、上海、天津实现 100% 全覆盖。

7.4.2　我国民营快递业的外部竞争

由于中国快递市场主要有三大主体，中国民营快递企业面临的竞争主要来自国有快递企业和外资快递企业。其中，外资企业是在中国入世后进入的，在经营国际快递业务方面可以说是畅通无阻，再加上其自身的良好发展足以使其具有很强的竞争优势，因此，政府的相关政策是不会过多地向外资企业倾斜，国家只会按照国民待遇的原则对外资企业予以保护，民营企业在现阶段主营业务范围内不会与外资企业有很大的利益冲突。但是，民营快递企业的经营范围却严格受到国家邮政专营业务的限制，使得民营快递企业与负有邮政专营业务的国有邮政企业在竞争上存在不规范之处。

1）邮政专营的内涵

邮政专营，指通过立法所规定的只能由国有邮政企业独家经营的业务，属于国家邮政专营的业务不允许民营快递企业和外资企业介入。邮政专营的企业是属于国家所有的，执行带有维护公共利益的相关递送业务，与具有市场营利性的递送业务是截然不同的。邮政专营业务规范是按照国际社会关于邮政普遍服务的要求制定的联合国组织承认通信权是人类的一种基本权利。"无论在发展中国家还是在发达国家中，邮政对于企业、组织或者个人都是一种基本的通信方式。"邮政专营信件业务是保护人类通信权的重要方式，也是各国履行普遍服务义务的重要手段。纵观世界各国，建立邮政专营业务似乎成为绝大多数国家通行的做法。这样做的理由通常表现为保障公民基本的权利，维护国家的主权和安全。

2）邮政专营的范围

通观各国，对于邮政专营的范围规范不一，但是都无一例外地涉及信件，包括美国 1978 年颁布的《限制私营递送信件的规定》第 301 节第 2 条第 a 款规定："除美国邮政外，未经允许，任何个人或者企业运递信件的行为都是违法的，要受到相应的处罚。"德国邮政公司专营的领域为以内的信函，其他任何企业和单位不得染指，否则违法。我国《邮政法》第五条规定了由邮政企业专营信件寄递业务。此处信件的具体内涵只在 1990 年颁布的《邮政法实施细则》中有简略的定义，信件即指信函、明信片或者其他具有信件性质的物品，这些信件或者物品只能由邮政企业专营，任何个人和单位不得经营。但是，邮政企业可以决定委托其他企业或者个人经营，其邮政专营的范围可以由国务院另作规定。

我国邮政专营的范围规定主要存在两个问题。首先，对于信件的规定过于原则，具体的标准不够明确。其次，对信件的具体范围作了扩大化的解释，"信函、明信片或者其他具有信件性质的物品"的范围过宽，是不符合我国现代商业发展的现状的。越来越多的商业来往的文书、商业计划等都可以归类到具有信件性质的物品中，快递行业正是在这种商业环境下产生的。

采取这样的规定将产生以下结果：首先，邮政企业可以对其专营的范围作扩大性解释从而形成市场的垄断化经营，构成从事此类快递业务的行政性垄断，从而影响市场的公平竞争。由于许多非邮政快递企业从事了信件寄递业务，按照邮政部门的规定，目前非邮政快递企业的国内快递业务是不符合规定的。其次,这样的规定会限制消费者的通信自由权。消费者在寄递相关的商业文件时,采用非邮政快递企业递送有可能涉嫌违法,不采用非邮政快递企业递送则徒增商业成本,面对这样两难的选择,实质上是严重不符合消费者通信自由权的要求的,是对消费者基本权利的一种侵犯。

面对邮政专营这样"强势"的竞争性条款,民营快递企业在与邮政企业的竞争中处于被动的局面,随时可能因为对专营范围的扩大解释而受到相关监管机构的处罚,自身的业务发展受到限制。中国民营快递企业于 20 世纪 90 年代起家发展到现在,其在国内同城快递业务和异地快递业务方面发展良好,且以低价优势受到市场的欢迎。但由于受到管理水平、扩张模式、资金技术以及运营模式等方面的制约,民营快递企业的发展相对缓慢,与其他国有快递企业和国际快递企业在各个方面还存在很大的差距。

7.4.3　完善物流配送监管体制

1)确定监管体制的原则

所谓监督管理,就是监管者使用一定的权力作用于被监管者,使其行为符合规范,起到治理的作用。实施监督管理的基本要求是监管者与被监管者没有利害关系,被监管者平等地处于监管者的监督之下。要实现公平有效的监督,需要遵循以下原则。

（1）透明化原则

透明化,就是以看得见的、可以预见到结果的方式去实施监督。首先表现在监管规则的透明化,即监管规则的制定讨论应当充分地听取意见,通过的监管规则应当以民众普遍知晓的方式得到传播。

（2）非歧视性原则

监管中不能对被监管的对象采取歧视的对待,对每一个被监管对象一视同仁,以规范的制度来监管,而不能肆意地偏好。对于同样的业务,经营者应采用同样的标准。而要做到这一点,主要是监管者要避免与被监管人存在利益关系,使歧视性对待缺少基本的土壤。

（3）公平竞争原则

市场的监管是以保障所有的市场主体都能公平地参与竞争为前提,在监管的过程中保障公平,使市场主体在同等市场环境下开展竞争。这既是监管者行使监管职能的原则,也是监管者进行监管的根本意义。

2)我国的监管体制存在的问题及完善

我国国家邮政局是邮政业务的监管机构,其监管规则主要是依据《邮政法》第四条的原则性规范来进行的,具体的监管规则的制定由各地的邮政管理机构来组织进行,监管规则的统一性很难得到保障。我国的邮政局与邮政企业有着大概几十年的时间的联系,这种天然的联系使得邮政监管机构要撇开与邮政企业的利益联系显得尤为困难。同时也存在对民营快递企业监管过于严格,对邮政企业的监管则比较宽松的现象。我国邮政监管机构的监管范围既包括针对邮政的普遍服务业务,又包括邮政市场参与主体的竞争性业务。在邮政专营的范围尚不确定的条件下,监管普遍服务的业务范围也是不确定的,往往容易导致邮政监管机构滥用权力,损害快递市场主体的利益。

针对中国的这种邮政监管体制,先天的联系使得邮政监管机构对邮政企业的监管透明性和公平性受到质疑,无法使民营快递企业在透明、非歧视和公平竞争的监管环境下开展业务。邮政监管机构作为国家履行普遍服务义务的监督者,其监督的重点应当放在邮政企业履行普遍服务义务方面。在邮政专营的范围职务外,邮政企业的非竞争性业务和民营快递企业开展的业务都应当处在充分的市场环境中,由市场监管力度更强的政府部门来承担,我国的工商管理局作为企业的监管者,完全可以承担主要监管者的义务。借鉴美国的快递业监管模式,配合相应的交通运输管理部门、环境卫生部门,以及行业协会的自我管理,一定能建立起完善的监督体制,保障快递企业高质量发展。

3)向准则主义模式过渡

(1)采用行政许可的历史条件

我国《邮政法》第五十一条规定,经营快递业务要取得经营许可。中国快递业是国外快递业发展起来后学习借鉴的结果。在发展初期,快递业完全是"摸着石子过河",显得没有规划性,再加上初期资金方面的问题、人才缺乏以及服务设施的完善程度,服务质量不高,出现较多的递送物品的安全问题,使民营快递企业的发展显得极为不规范,出现一些服务质量方面的问题。这时候政府看到了问题所在,采用严格的行政许可方式,意图在快递企业市场不能很好地调节的时候采用政府干预的手段,使快递业在发展初期受到严格的市场法律规范,具有积极的意义。

(2)向准则主义过渡的必要性

随着今年快递市场的充分完善,包括快递业务运营方面的规范的制定,如《邮政法》《快递业务经营许可管理办法》以及国家邮政局关于快递企业兼并重组的指导意见等,快递业内部自律体系建设和规范化经营加强,我国的快递企业呈现出良好的发展势头,特别是近年来快递业从服务质量上积极进行提高,以消费者的服务满意度作为指标,取得了良好的业绩,快速地开拓市场份额。此时,实行严格的许可制成为限制竞争的贸易壁垒。这种壁垒可能从以下两个方面来体现:一是快递企业准入的程序比较复杂;二是《邮政法》第五十三条规定,邮政管理部门应当考虑国家安全等因素来审查快递业务经营许可,还要征求其他部门的意见。这个"安全因素的考虑"完全取决于邮政管理部门的自由裁量,且容易造成权力滥用,使民营快递企业不能进入市场,不利于形成更充分的市场竞争环境。

对于快递企业的进入采用准则主义是各国的趋势,在市场竞争能够有效调节、行业组织或者中介机构能够自律管理的情况下是可以不设行政许可的。快递市场的发展是以消费者的满意度为基础的。我国的快递企业取得邮政业务经营许可的接近20万家,快递从业人员达到450万以上。这样一个充分的市场,完全可以通过消费者自主选择优质的服务去调节。谁能够提供更快捷的服务、更优质的价格,谁就能够占有市场。让企业进入的门槛更加宽松,采用公司法规定的企业设立登记主义,只要符合法定的企业设立条件,办理企业注册登记,即能够进入快递市场。这样就简化了公司设立的程序,同时也减少了政府的过度干预。

采用各国通行的宽进、严管的模式,通过市场的优胜劣汰,使得快递企业在自由竞争的平台上充分发展,培育具有国际竞争力的中国快递企业。

4) 完善物流法律体系

在建设中国特色社会主义市场经济的过程中,市场的发展程度主要与两个方面有关:一方面,要有完善的市场竞争环境;另一方面,要有完备的法律规范,两者相辅相成、缺一不可。良好的法律制度是随着市场的发展不断形成的,而具有先进的预见性的法律制度规范又能促进市场的培育、形成良好的竞争氛围。中国的民营快递业的发展状况不尽如人意,受到多方面因素的影响。如何从制度方面构建快递业的发展,关系到民营快递业的未来。邮政专营范围的缩小,建立完善的监管体制、快递市场准入采用准则主义的方式等,从市场进入和市场监管的角度提出了快递业发展的宏观环境,这是十分重要的制度构建。中国民营快递业伴随着现代电子商务发展起来,未来的业务发展前景会更加宽广,良好的体制是成功的保障。

这些体制的构建归根结底还是要从法律制度上去落实。我国《邮政法》在第六章中规定了快递行业的相关规范,可以说是很大的进步,确立了快递行业的法律地位。但是,《邮政法》也规定了邮政专营、不太公正的监管体系以及严格的市场准入制度的细化条款,这对快递业的发展是很不利的。为了培育更加开放的快递市场,我国的《邮政法》相应的条款应当进行一些修改。包括明确邮政专营的范围且不断缩小该范围,并细化关于邮政专营的规定,使邮政企业的普遍服务业务得以规范,防止肆意地造成民营快递业发展的阻碍。同时监管体系的变化应当是一个长期的过程,这关系到各个部门的利益分化、功能协调,可以逐步完善。长期来看,快递市场准入的许可主义是可以开始向准则主义过渡的,配以完善的监督管理。相信在这样较为开放的市场宏观环境下,快递企业在市场的优胜劣汰作用下,一定会发展得更好、更强大。

本章案例

快递公司"乡下不送货!"声明有效吗?

(潇湘晨报综合典型案例报道)

基本案情

随着互联网的不断渗透和普及,电子商务逐渐成为农村经济发展的重要方向之一,而本案则反映出农村电商"网购容易配送难"的问题。某健身器材公司在京东商城网站经营一家运动旗舰店,小丁网购了一套"健身器材家用多功能举重床综合训练器 SJ 008",价格 650元,运费 0 元,地址为南通启东市东元镇某村某组某号。发货后,小丁接到快递公司电话,被告知"乡下地址不送货,请自己到快递公司提货"。小丁拒绝自己提货,快递公司以"客户拒收"为由将健身器材退回卖家。小丁遂以健身器材公司为被告提起诉讼,要求其按照网上订单的地址送货,并赔偿相应损失。

法院经审理,支持了小丁的诉讼请求,判令健身器材公司按照订单中确认的客户地址即

"南通启东市东元镇某村某组某号"向小丁交付健身器材,并赔偿小丁经济损失100元。

法官说法

2018年出台的《电子商务法》第五十二条规定,快递物流服务提供者在交付商品时,应当提示收货人当面查验;交由他人代收的,应当经收货人同意。同年,国务院出台《快递暂行条例》,着力完善快递服务规则,规范快递秩序,理顺法律关系。条例第二十五条规定,经营快递业务的企业应当将快件投递到约定的收件地址、收件人或者收件人指定的代收人,并告知收件人或者代收人当面验收。

本案中,小丁与健身器材公司之间存在买卖合同关系,虽然健身器材公司所委托的快递公司陈述不负责乡下地址的送货上门、收货人必须到指定地点自取,但健身器材公司在确认订单时乃至发货后,并未告知小丁"乡下地址无法送货",也没有明确如果送货上门要另加运费,因此,健身器材公司不能因为和快递公司之间的合同而推卸向小丁交付货物的义务。

在网络购物已经成为老百姓生活重要组成部分的今天,不仅是在农村,不少城市地区,因快递配送产生的纠纷也时有发生,甚至成为网购行业发展的瓶颈。"双十一快递员日均处理快递超2 000件"无疑证明了繁荣的市场将压力分散到了快递员身上,物流的配送压力和客户送货上门的需求相互掣肘,如何完善物流体系建设、如何在物流服务体验和配送速率之间达到平衡,似乎仍然有着一段漫长的探索之路。然而,站在消费者的角度,"送货上门"似乎是题中应有之义,菜鸟驿站等代收点的出现并不应当湮灭送货上门的服务要约,"快递最后一公里"的难题并不应成为收件人的难题。

本章小结

物流业的发展已经成为社会经济发展的主要推动力之一,在社会流通日益提速的今天,其地位尤其重要。物流业的发展除了要建立一套完善的科学的管理体系和完善的制度,同时还必须有相应的法律法规来保障和约束。但是,我国的物流法制跟不上形势,有些法律法规和规章,已落后于当前信息经济发展的需要,物流业缺少相应的法律依据。因此,应尽快建立一个专业性强的、有前瞻性的现代物流法律体系。

我国经过五十余年的探索和发展,已建立了包括水路运输、公路运输、铁路运输、航空运输、货运代理等方面的运输业的法律规范体系。物流及供应链中,仓储仍是非常重要的环节。因此而产生的仓储保管合同的合法履行问题,便成为物流法规的一个不可缺少的方面。货物在流通过程中,需要经常进行与装卸、搬运相关的操作,专门规范装卸搬运操作或经营活动的法律也是十分必要的。包装是为了在流通过程中保护产品、方便储运、促进销售,而采用容器、材料及辅助物按一定的技术方法加以处理的操作活动,包装法是强制性的技术规范。口岸在国际物流活动的过程中起着非常重要的作用。口岸管理的程序、法律法规对物流活动的顺利进行和物流效率的高低具有巨大的影响。

本章通过对电子商务物流配送活动涉及的三方当事人和三个法律关系的分析,确认在不同法律关系中,各方当事人的权利和义务关系,这是解决物流配送活动中法律纠纷的理论基础,也是明确各方当事人法律责任的司法实践需要。

本章习题

1. 我国为何应尽快建立一个现代物流法律体系？
2. 简述运输业的法律规范体系。
3. 简述仓储合同的特点与内容。
4. 试论装卸搬运的法律有何意义。
5. 试述国际海关制度的规范。
6. 试对电子商务物流配送法律关系进行分析。

第8章
互联网金融法律制度

📖 学习目标

本章重点掌握互联网金融各种商业模式的共同法律特点,熟悉网络借贷的业务风险,加强对其监管,并通过立法达到市场规制;理解众筹融资的经济意义和它的法律操作规则;掌握第三方支付法律关系要点,促进法律制度的完善;了解算法交易的发展趋势,谨慎应用,预防风险。虚拟货币即将进入社会生活,注意监管的重要性。

案例导入

"e 租宝"集资诈骗、非法吸收公众存款案
——借互联网金融名义实施非法集资犯罪

（最高院发布人民法院依法惩治金融犯罪典型案例 2022.09.22）

基本案情

被告人丁宁,安徽钰诚控股集团

被告人丁甸,钰诚国际控股集团有限公司

其他被告人身份情况,略。

被告单位安徽钰诚控股集团、钰诚国际控股集团有限公司于 2014 年 6 月至 2015 年 12 月期间,在不具有银行业金融机构资质的前提下,利用"e 租宝"平台、芝麻金融平台发布虚假融资租赁债权项目及个人债权项目,包装成"e 租年享""年安丰裕"等若干理财产品进行销售,以承诺还本付息等为诱饵,通过电视台、网络、散发传单等途径向社会公开宣传,向 115 万余人非法吸收资金 762 亿余元。其中,大部分集资款被用于返还集资本息、收购线下销售公司等平台运营支出,或被挥霍以及用于其他违法犯罪活动,造成集资款损失 380 亿余元。此外,钰诚国际控股集团有限公司、丁宁等人还走私贵重金属、非法持有枪支、偷越国境。

裁判结果

本案由北京市第一中级人民法院一审,北京市高级人民法院二审。法院认为,被告单位

安徽钰诚控股集团、钰诚国际控股集团有限公司及被告人丁宁、丁甸、张某等 10 人以非法占有为目的,使用诈骗方法非法集资,其行为均已构成集资诈骗罪;被告人王之焕等 16 人违反国家金融管理法律规定,变相吸收公众存款,其行为均已构成非法吸收公众存款罪。二被告单位以及丁宁等被告人的非法集资行为,犯罪数额特别巨大,造成全国多地集资参与人巨额财产损失,严重扰乱国家金融管理秩序,犯罪情节、后果特别严重,应依法惩处。据此,依法以集资诈骗罪、走私贵重金属罪判处被告单位钰诚国际控股集团有限公司罚金人民币十八亿零三百万元;以集资诈骗罪判处安徽钰诚控股集团罚金人民币一亿元;以集资诈骗罪、走私贵重金属罪、非法持有枪支罪、偷越国境罪判处丁宁无期徒刑,剥夺政治权利终身,并处没收个人财产五十万元,罚金人民币一亿零一万元;以集资诈骗罪判处丁甸无期徒刑,剥夺政治权利终身,并处罚金人民币七千万元。分别以集资诈骗罪、非法吸收公众存款罪、走私贵重金属罪、偷越国境罪,对张某等 24 人判处有期徒刑十五年至三年不等刑罚,并处剥夺政治权利及罚金。在案扣押、冻结款项分别按比例发还集资参与人;在案查封、扣押的房产、车辆、股权、物品等变价后发还集资参与人,不足部分继续责令退赔并按照同等原则分别发还。

典型意义

本案是利用互联网金融模式实施非法集资犯罪的典型案例。被告单位安徽钰诚控股集团、钰诚国际控股集团有限公司打着"金融创新"的旗号,依托互联网金融平台,以互联网金融创新、虚拟货币投资、网络借贷等为幌子,以高额利息为诱饵,虚构融资租赁项目,持续采用借旧还新、自我担保等方式进行非法集资活动,是一个彻头彻尾的"庞氏骗局"。本案涉案数额特别巨大,涉及众多集资参与人,造成集资参与人巨额经济损失,严重损害投资者合法权益,严重危害国家金融安全,犯罪情节、后果特别严重,应依法严惩。法院以集资诈骗罪判处被告人丁宁、丁甸无期徒刑,并判处被告单位安徽钰诚控股集团、钰诚国际控股集团有限公司巨额罚金,充分体现了从严惩处的精神。

自 2005 年以来,以 Prosper、Lending Club、Zopa 为代表的 P2P 网络借贷平台开始在欧美兴起,被认为是金融市场开拓了普惠金融和金融民主化的浪潮。

互联网金融的兴起,是金融业务和互联网技术长期融合,发展到特定阶段的产物,同时也显示出传统金融机构应对新兴经济反应不够迅速,开展金融创新上的不足。因此,互联网金融的产生既有技术方面的客观条件,也有内在的经济驱动因素。从目前世界各国互联网金融发展的情况看,互联网金融已呈现出多种商业形式,如互联网银行、网络借贷、众筹融资、第三方支付、网上证券、网上保险、供应链金融、金融搜索、网络金融超市、互联网理财,其余还有虚拟货币、虚拟信用卡等。互联网金融的监管是当前国内外遇到的一个新的挑战,我国金融监管也面临着同样的问题。

互联网金融,是电子金融(e-finance)的范畴,是指借助于互联网、移动网络、云计算、大数据等技术手段在互联网实现的金融活动,包括互联网金融机构、互联网金融交易、互联网金融市场和互联网金融监管等方面。它不同于传统的以物理形态存在的金融活动,它是存在于电子空间中的金融活动,其存在形态是虚拟化的、运行方式是网络化的。互联网金融是信息技术特别是互联网技术飞速发展的产物,是适应电子商务发展需要而产生的网络时代的金融运行模式。这种新兴产业对传统银行的冲击是势在必行的。

互联网金融的热潮以远高于我们预期的速度掀起,使得行业内各个谨慎的从业人员如履薄冰。也许,金融业的坚冰本已开始渐融,但互联网的网状渗透不只会让坚冰裂开一条缝,更会使其以更快的速度粉碎。

8.1 网络借贷的法律规制

8.1.1 P2P 网络借贷平台的内涵与本质

在信息不对称的情况下,正规金融机构常常按照新古典市场的基本原则,基于一次性博弈和匿名交易等假设,要求中小企业提供抵押品或担保,但拥有"软信息"且缺乏抵押品的中小企业常常遭遇金融排斥。近年来,随着网络的普及和网络使用率的上升,网络借贷作为新生事物也悄然出现,在一定程度上解决了个人及中小企业融资难的问题。尤其是在美国2008 年金融危机之后,主导信贷市场的正规金融机构(一些大银行)不断提升资本金充足率,减少不良贷款率,使得市场融资出现低迷。融资的低迷带来了网络借贷迅速发展的高潮。

P2P(Peer-to-Peer Lending)网络借贷,也称点对点信贷,或个人对个人的信贷,来源于P2P 小额借贷。P2P 小额借贷由 2006 年"诺贝尔和平奖"得主尤努斯教授首创,是一种将非常小额度的资金聚集起来借贷给有资金需求人群的一种商业模型,其作用主要体现在满足个人资金需求、发展个人信用体系和提高社会闲散资金利用率三个方面。随着互联网技术的快速发展和普及,P2P 小额借贷逐渐由单一的线下模式转变为线下线上并行,随之产生了P2P 网络借贷平台,该平台主要是出借人通过第三方平台在收取一定利息的前提下,向借款人提供小额借贷的金融模式。全球第一家 P2P 网络借贷平台是成立于 2005 年 3 月的英国Zopa。互联网金融的本质,不是仅仅作为工具提升交易效率和降低成本,而是通过网络征信的方式,拓展金融业服务的目标人群。P2P 网络借贷作为互联网金融的一种模式,可以看出是现代信息科技与民间金融组织形式结合的产物。从本质而言是金融脱媒,也就是说,原本通过中介机构来实现的个人借贷模式逐渐被边缘化,取而代之的则是出借人自行将资金借给 P2P 平台上的任何人。而 P2P 平台的核心作用应该是作为中介,通过一定的交易制度设计为借贷双方提供相应的信息发布、资质判定、撮合等中介服务,不应该参与到借款行为的担保、质押中,更不应成为借款方式中的一个主体,进行吸储和放储行为。简而言之,P2P 网络借贷平台本质是网络化、公开化的民间借贷。

8.1.2 我国 P2P 网络借贷平台的监管

网络借贷从制度环境来看,我国信用体系尚未建设完善,个人信贷更是处于法律边缘;从平台运作实践来看,多为民间中介,品质参差不齐,身份无法验证,平台资质难以界定;从监管的便利性来看,由于平台运作交易虚拟化,风险控制和内控管理均有明显弱化倾向,更有甚者将走向非法集资、网络高利贷、金融诈骗,给监管带来一定难度,也使得监管者有"监管厌恶"倾向;从业务归口来看,目前网络借贷平台均没有将吸储、放贷作为其基本业务,故不在中国人民银行、银监会的管辖范围内。而网络借贷平台在运用互联网技术的同时,主要业务又集中在金融领域,故工信部对其监管也"名不正言不顺"。因此,我国网络借贷仍处于监管的"真空"状态。

作为一种民间借贷形式,起初国内网络借贷平台处于监管"真空",仅依 1991 年《最高人民法院关于人民法院审理借贷案件的若干意见》规定,民间借贷的利息可适当高于银行利率,但最高不得超过同期银行贷款利率的 4 倍,超出部分的利息,法律不予保护。

经党中央、国务院同意,2015 年 7 月 14 日中国人民银行和工信部等十部门联合印发了《关于促进互联网金融健康发展的指导意见》(以下简称《指导意见》),遵循"鼓励创新、防范风险、趋利避害、健康发展"的总体要求,鼓励创新,支持互联网金融稳步发展。《指导意见》明确指出,互联网金融本质仍属于金融,没有改变金融风险隐蔽性、传染性、广泛性和突发性的特点。加强互联网金融监管,是促进互联网金融健康发展的内在要求。同时,互联网金融是新生事物和新兴业态,要制定适度宽松的监管政策,为互联网金融创新留有余地和空间。

2016 年 4 月 12 日,国务院办公厅公布《互联网金融风险专项整治工作实施方案》,旨在鼓励和保护真正有价值的互联网金融创新,整治违法违规行为,切实防范风险,建立监管长效机制,促进互联网金融规范有序发展。总的工作原则是:打击非法,保护合法,明确各项业务合法与非法、合规与违规的边界,守好法律和风险底线。为此,采取严格准入监管、强化资金监测、建立举报和"重奖重罚"制度等有力措施进行治理。2016 年 8 月 17 日,银监会、工信部、公安部及国家互联网信息办公室联合发布《网络借贷信息中介机构业务活动管理暂行办法》(以下简称《办法》),旨在规范网络借贷信息中介机构业务活动,保护出借人、借款人、网络借贷信息中介机构及相关当事人合法权益,促进网络借贷行业健康发展,更好满足中小微企业和个人投融资需求。该《办法》明确定义网络借贷信息中介机构为依法设立,专门从事网络借贷信息中介业务活动的金融信息中介公司。该类机构以互联网为主要渠道,为借款人与出借人(即贷款人)实现直接借贷提供信息收集、信息公布、资信评估、信息交互、借贷撮合等服务。《办法》第十条规定:网络借贷信息中介机构不得为自身或变相为自身融资;不得直接或间接接受、归集出借人的资金;不得直接或变相向出借人提供担保或者承诺保本保息;不得从事股权众筹等业务等。

2017 年,针对具有无场景依托、无指定用途、无客户群体限定、无抵押等特征的"现金贷"业务快速发展,虽满足部分群体正常消费信贷需求,但过度借贷、重复授信、不当催收、畸高利率、侵犯个人隐私等问题十分突出,存在着较大的金融风险和社会风险隐患,国家互联网金融风险专项整治工作领导小组办公室、P2P 网络借贷风险专项整治工作领导小组办公室联合发布《关于规范整顿"现金贷"业务的通知》。

2018 年 9 月 29 日,央行、银保监会、证监会联合发布《互联网金融从业机构反洗钱和反恐怖融资管理办法(试行)》,适用于在我国境内经有权部门批准或者备案设立的,依法经营互联网金融业务的机构。根据这一部门规章,互联网金融业务反洗钱和反恐怖融资工作的具体范围由央行会同国务院有关金融监督管理机构依照法律规定和监管政策确定、调整并公布,包括但不限于网络支付、网络借贷、网络借贷信息中介、股权众筹融资、互联网基金销售、互联网保险、互联网信托和互联网消费金融等。

根据央行发布的 2022 年第四季度货币政策执行报告，互联网金融风险专项整治工作已顺利完成，近 5 000 家 P2P 网贷机构全部停业。严厉打击非法集资，过去五年累计立案查处非法集资案件 2.5 万起。

8.1.3　我国 P2P 网络借贷监管的完善

1）明确监管主体

关于监管，我国向来是"谁审批谁负责"。因此，工商局负责注册并查有没有违法经营，银监局查贷款利率是否违规，公安局查有没有发高利贷，"都想管，又都怕管"的监管格局使得想规范发展的 P2P 网络借贷平台始终面临着政策风险。因此，要规范发展 P2P 网络借贷平台，明确"谁来管"应是最先启动的监管流程。根据 2016 年 4 月 12 日国务院办公厅公布《互联网金融风险专项整治工作实施方案》，P2P 网络借贷平台应守住法律底线和政策红线，落实信息中介性质，不得设立资金池，不得发放贷款，不得非法集资，不得自融自保、代替客户承诺保本保息、期限错配、期限拆分、虚假宣传、虚构标的，不得通过虚构、夸大融资项目收益前景等方法误导出借人，除信用信息采集及核实、贷后跟踪、抵质押管理等业务外，不得从事线下营销。

2）把握管理方式

明确了监管主体后，面临的首要问题就是监管原则。互联网金融的监管以行为监管和金融消费者保护为主，审慎监管将被淡化。因此，在对 P2P 网络借贷平台进行监管时，应准确把握其概念内涵，从概念内涵中把握"怎么管"。目前关于 P2P 网络借贷平台的争论主要集中在平台到底是互联网属性（如拍拍贷）偏多，还是金融属性（如畅贷网等）偏多。事实上，从 P2P 网贷公司所提供的服务来看，主要是提供借款人和放款人资金信息的居间服务。因此，从行为监管和保护消费者的角度出发，为了减少风险，使行业规范发展，P2P 网络借贷平台应专注于中介平台业务。也就是说，要准确监管其业务范围，使其不能介入交易，不能提供担保，不能吸储去放贷。因此，监管部门应从相关管理办法入手，指引并规范借贷平台经营者从若干关键层面做好网络借贷平台的自身建设，抵制各类风险，提高平台的公信力和防风险能力。更进一步，监管部门可以在管理办法的基础上，出台监管细则，从各个层面监督借贷平台的落实情况。

8.1.4　加快网络借贷的法制建设

科学的监管需要寻求操作上的可行性。P2P 网络借贷平台的监管除了要依托监管主体外，还应在环境建设、行业自律、监管措施等方面实现宏观与微观审慎监管的融合与平衡。为此，可考虑以下方面。

1）尽快出台可操作性的法规和细则

在央行《放贷人条例》未推出之前，地方政府监管部门应从监管平台的业务环节入手，以防范风险为目的，尽快出台相关法规，并根据行业的发展，及时应对现实情况出台相关细则，引领行业健康发展。法规和细则的出台,不应流于形式,而应是具体化、可操作的。如在用户识别环节,应对用户身份、资信状况、借款用途、业务范围等进行了解和审核,并应规定在业务关系存续期间及时更新用户的身份信息资料;在资金管理环节,对网络平台滞留资金除有相应的管理条例外(建议规定滞留资金必须由第三方托管),要求网络平台内部建立严格的内控制度,明确资金转账流程,且企业要定期向监管部门报送资产负债表,接受监管部门的监督。

2)细化 P2P 借贷平台的制度建设

一是建立 P2P 网络借贷平台的实名制。P2P 网络借贷平台具有客户注册门槛低、手续简单、转账交易便利快捷等特点,更容易成为不法分子洗钱的渠道之一,因此,实行实名制迫在眉睫。

二是建立 P2P 网络借贷平台的反洗钱机制。网络借贷平台应当承担必要的反洗钱义务,在客户开户、注册阶段充分了解客户的身份资料、行业背景、风险级别,尤其应在客户交易的整个过程中持续予以跟踪和关注,并采取必要措施将用户身份资料和借贷信息保存一定期限,并建立可疑交易报告报送机制,通过信息报告与备案制度、现场和非现场检查制度及信息安全审核制度,在网络环境中方便相关部门及时发现洗钱风险,消除洗钱隐患,遏制洗钱犯罪。

三是建立 P2P 网络借贷的信用评级体系。P2P 网络借贷平台健康发展的关键是控制风险。平台通过自身的规范管理来解决借贷双方信息不对称和基础信用制度设计方面的问题是必要的。鉴于我国目前自然人信用评级制度有待完善,加强网络借贷平台的信用评级体系建设,也应是政府部门监管的重点。建议政府应推出相应的政策措施,尽快与央行征信体系建立联系,实现信用数据共通,从而提升民间信贷活动的安全性、便捷性和规范性,并且民间信贷信用信息也可对央行征信体系起到补充作用。与此同时,政府主管部门或者行业组织应积极探索,将更多小微企业信息及政府部门对企业的管理信用信息,纳入小额信用贷款服务体系,从而进一步完善信用机制,更好地规范小微企业融资行为。

四是建立 P2P 网络借贷平台的安全技术与指标体系。P2P 网络借贷平台的风险易发生在资金转账过程中,需要利用技术手段来解决资金安全问题。政府监管部门应鼓励平台加强安全技术与指标体系建设,加强网络借贷平台数据库和应用层面安全体系建设。或者政府监管部门可参照商业银行的资金安全手段,出台相应的安全指标,采用多种技术手段,保障用户信息安全。

3)加强行业自律建设

2011 年 10 月 17 日,宜信、贷帮、人人贷发起"小额信贷服务中介机构联席会",并发布了《小额信贷服务中介机构行业自律公约》;2012 年 12 月 20 日,国内首家网络信贷服务业企业联盟在上海成立。但这些仅是个别企业自发形成的,尚未形成全国统一的、正规的行业协会。因此,应在此基础上,着手建立全国性的、代表小额信贷服务中介机构共同利益、自律透明性强的行业协会,从而更好地搭建监管部门与企业直接的桥梁,更好地协调、监督行业的行为,促进行业的健康发展。为此,可考虑以下方面:

一是提高财务数据的透明度。目前，国内P2P平台往往仅强调自身平台的安全性，但对于诸如流动性指标、坏账率指标等核心指标往往并不披露。因此，行业协会应要求P2P网贷平台提高财务数据透明度，在不涉及商业机密的情形下，要求P2P网贷平台和专业放款人及时、定期发布与投资者资金安全相关的数据信息。

二是合理界定P2P平台的业务范围。P2P网贷平台本质上应是为借贷双方提供信息服务，不应过多地介入其他业务。因此，行业协会应合理界定P2P平台的业务范围，对其关联性业务进行合理切割，尤其是在合理范围内，将网贷平台业务和担保业务切割，将债权转让模式中的资产评级业务和专业放贷人关联机构的业务进行切割，避免业务的内部循环，从而保持风险审核和资产评级的独立性。

三是加强投资者风险说明工作。行业协会作为自律组织，应要求P2P网贷平台做好投资者说明工作，避免平台为吸引更多投资者而片面夸大其安全性的做法；同时，尽量提高信息的对称性，培养具有风险识别和风险承担能力的合格投资者。

四是加强独立机构的监督管理。行业协会可出台相关规定，要求其会员必须使用独立的第三方支付机构，确保资金交易结算的安全性，切断资金线与业务线的联系，且要求平台不能享有第三方账户中资金的支配权；要求会员必须使用独立的审计机构，定期公布审计结果，尤其是对坏账率和流动性指标等核心指标进行审计，保持信息公开透明；要求会员使用独立的律师事务所，定期审计平台法人状况，检查其债权债务关系，并对其流转文件等留底文件进行抽查、核实；要求会员使用独立的资产评级机构，避免关联风险。

五是加强信息平台建设。协会可针对其会员建立信息共享平台（包括征信和授信）和黑名单公示机制，常态化地对平台信息进行共享和备案。

8.2 众筹融资的法律规制

众筹融资是互联网金融当中非常重要的分支之一，其内涵最能够体现互联网开放、平等、协作、共享的精神。在我国当前金融抑制的背景之下，鼓励众筹融资的发展，对于推进普惠金融，撬动传统金融体系，构建多层次融资格局，鼓励创新创业，缓解中小企业融资难，促进实体经济发展具有重要的现实意义。

8.2.1 众筹融资的法律内涵

法律的变迁总是滞后于社会的发展，"法律从他判定的那一刻起就已经落后了"，由于我国法律体系中缺乏对众筹融资进行专门规范的法律法规，并且在"行政中心主义"指导下的"分散型"立法模式，对"证券"范围又进行了极为严苛的限定，使包括众筹投资合同在内的诸多未经法律明确的"类证券"被排除在《证券法》调整范畴之外，众筹融资不具有金融法上的合法地位。更严重的是，众筹融资在形式要件上与包括非法吸收公众存款、擅自发行股票、债券以及集资诈骗等非法集资类犯罪存在着诸多相似特征，尽管理论界对于"融资目的是否作为犯罪构成要件"以及融资行为"公开性""社会性"的认定上仍存在不小的争议，现实当中，众筹融资平台也通过提高投资者门槛、限定投资者范围、组织形式变通等方式来规避公开发行等法律规定,但非法集资等刑事法律风险还是如同高悬于众筹融资从业者头上的达摩克利斯之剑,严重制约着行业的健康发展。伴随着这一新型融资模式而来的,还包括融资方欺诈、股东权益难以保障、资金管理风险、对商业秘密及个人隐私的侵害、融资平台道德风险等诸多民事法律风险。

通过分析我们发现,无论是刑事法律风险还是民事法律风险,其根源最终都可归结于融资者、投资者和众筹融资平台三方之间的信息失灵。简而言之,融资者与投资者之间、平台与投资者、融资者之间,以及领投人与跟投人之间的信息失灵导致了各种民事侵权、违约法律风险的发生。同样,信息失灵也是非法集资类犯罪的实质要求,是各种非法集资类犯罪负外部性的根源。因此如何消除各主体间信息不对称、信息错误、信息缺失等信息失灵,使双方契约尽可能完备就成为规范众筹融资行业健康发展的关键性问题。

网络声誉机制、行业自律机制及大数据机制等市场机制能够一定程度上消除众筹融资过程中的信息失灵问题。

但在我国当前条件下,上述信息失灵的市场克服机制还存在诸多缺陷:重复博弈机制的消解、对违约者惩戒的刚性不足以及集体理性的有限使网络声誉机制克服信息失灵缺乏力度;由于我国众筹融资行为尚处于起步阶段,众筹行业协会存在着权威不够、能力不足或功能异化、易被大企业俘获等缺陷,依托行业自律来解决众筹融资过程中的信息失灵问题依然任重而道远;大数据的应用在理论上可行,且代表着未来发展的方向,但如何对海量信息进行甄别与筛选,如何实现信息的精准匹配,以及数据(尤其是政府、大企业掌握的大量数据)间的开放与共享等问题没有得到很好的解决,数据割据、信息孤岛、平台数据寡头垄断等问题依然存在。总之,在当前背景下,仅仅依靠网络声誉、行业自律和大数据等市场化机制,并不能完全克服众筹融资中的信息失灵问题。

近十几年来,由于金融诈骗事件不断,投资者损失惨重,美国证券交易委员会多次颁布法案以限制企业的融资,如 2002 年的《萨班斯法案》和 2009 年的《多得弗兰克法案》等。在严格的政策监管下,只有那些信誉良好、盈利能力较强的大企业能在资本市场获得资金,而小企业由于存在较大风险,一般很难从资本市场融资。小企业是美国最为活跃的经济力量,由于资金匮乏,近些年这一重要市场成分不断萎缩,导致资本市场低迷,社会经济凋敝,整体创新能力下降。

2012 年 4 月 5 日,时任美国总统奥巴马签署了《企业振兴法案》(*Jumpstart Our Business Start-ups Act*,简称"JOBS 法案"),旨在通过放松金融监管要求鼓励新兴成长型企业融资,以实现加快经济复苏、创造更多就业机会的目标。《JOBS 法案》颁布后,在美国及全球许多国家引起强烈反响,各国纷纷开始关注法案所涉及的 IPO "减负"和非公开融资改革等问题。

《JOBS 法案》共有 7 个部分,我们特别注意到,其中第 3 部分将"众筹(Crowdfunding)"这种具有显著互联网时代特征的新型网络融资模式正式纳入合法范畴,对以众筹形式开展的网络融资活动,包括豁免权利、投资者身份,融资准入规则、与国内相应法律的关系等方面都作出了具体的规定。《JOBS 法案》以占其约 40% 篇幅的内容提出的"众筹"是一种什么样的融资模式? 将带来怎样的变革? 本书将全面介绍其产生和发展的特点、出现的原因以及给我国带来的创新启示。

8.2.2 众筹的基本定义

1)众筹概念的出现

2006 年 8 月,美国学者迈克尔·萨利文第一次使用了众筹(Crowdfunding)一词。当时他正致力于建立一个名为 Fundavlog 的融资平台,项目发起人可通过在平台上播放视频进行项目融资。迈克尔·萨利文在博客中持续报道工作进度,并用 Crowdfunding 一词解释Fundavlog 的核心思想。同年 9 月,迈克尔·萨利文在维基百科中将其定义为:众筹描述的是群体性的合作,人们通过互联网汇集资金,以支持由他人或组织发起的项目。

2009 年 4 月,以众筹为运作模式的专门网站——Kickstarter 正式上线。网站建立之初便为几个创意项目成功募资。这种独特的融资模式开始引起社会的广泛关注。之后的 2010年 2 月,《麦克米伦词典》网页版收录了 Crowdfunding 一词,定义为:"使用网页或其他在线工具获得一群人对某个特定项目的支持。"

2011 年 11 月,Crowdfunding 作为新型金融术语被收录于《牛津词典》,即"通过互联网向众人筹集小额资金为某个项目或企业融资的做法"。目前,众筹的发展处于初期阶段,虽然未来充满不确定性,但应该可以确定,公众和互联网将是其不可或缺的元素。

2)Crowdfunding 的中文解释

Crowdfunding 出现以后,在我国先后形成了以下几种主要的翻译方法。

①云募资。"云募资"是最早出现的国内译法,它来源于网易科技频道每日一词栏目。该栏目每天报道一则互联网创新事件。2011 年 1 月 11 日,栏目发表了一篇名为《Fundry.com:为软件开发者筹集经费》的报道,介绍澳大利亚一个利用 Crowdfunding 模式帮助软件开发者筹资的网站,其中,编辑飞翔首次使用了"云募资"的译法。

②众筹。"众筹"的翻译来自中国作家寒雨(笔名)。在 2011 年 2 月号的《创业邦》杂志《众筹的力量》一文中,寒雨首次将 Entrepreneur 杂志文章中的 Crowdfunding 一词译为"众筹"。

③密集型筹资。2011 年 4 月 7 日,腾讯公益频道发表文章《权益密集型筹资——开启"共生型"金融新时代》,文中使用了"密集型筹资"的译法,这篇文章翻译自 2011 年 3 月发表于《英国卫报》上名为 Crowdfunding Equity - the New Age of Co-created Finance 的新闻。

此外,还有"密集筹资""大众集资"等不同翻译,以上各种解释在国内各类媒体上都有不同程度的应用。我们看来,在众多不失本意的翻译中,"众筹"相对简练、直接,也体现了Crowdfunding 方式的最主要特征,因此本书倾向于采用"众筹"的译法。2012 年 5 月 16 日,百度百科贴上了"众筹"的词条,那些曾经出现过的其他译法将会为人们理解 Crowdfunding这一融资模式起到重要作用。

8.2.3 国内外众筹网站的分析

2006 年,迈克尔·萨利文发起的融资平台将众筹带入人们的视线。虽然该项目最终失败,众筹的概念和模式却流传开来。2009 年 4 月,美国 Kickstarter 网站诞生,在很短时间内为一些项目成功募集资金,使得众筹这种新兴模式开始受到业界的高度关注。

最初,众筹模式的应用主要来自一些创意工作者如音乐家或艺术家,为了完成艺术作品,他们会向粉丝筹资,粉丝则自愿向自己钟爱的艺术家无偿提供资金。著名摇滚歌手Amanda Palmer 就为自己的新专辑、新书和新旅行募集了 100 多万美元的资金,约有二千多名粉丝提供了资助。随着众筹影响力的扩散及项目的不断成功,越来越多的网站加入这个行列,项目范围也从最初带有慈善性质的募捐向商业化、多领域扩展。

作为新生事物,众筹网站的发展速度值得关注。行业网站 Crowdsourcing. org 报告显示,2011 年底,在线众筹平台已超过 450 个。福布斯发布的文章预测,到 2013 年第二季度,众筹网站数量将达到 1 500 个。由于网站数量增多,行业细分现象已经出现,如网站 Sellan App和 Appsplit 主要为 App 项目开发融资,国内的淘梦网主要为微电影项目融资等。从募资金额看,Crowdsourcing. org 行业报告显示,2011 年众筹网站募资总额为 14. 7 亿美元,预计 2012年将达到 28 亿美元。截至 2013 年 3 月 17 日,Kickstarter 共发起 90 299 个融资项目,总募资目标为 5. 27 亿美元,其中成功募资 4. 39 亿美元,项目成功率为 43. 63%。而据福布斯预测,募资总额在 2013 年将达到 60 亿美元。此外,从发展趋势看,行业内竞争开始出现,抢先占领国内市场、积极开拓海外市场是目前众筹网站的首选之路。2013 年,Kickstarter 将在英国发起项目,而 2008 年在美国成立的 Indiegogo 主要面向国际账户,早已在德国等几个国家拓展了业务。

随着众筹网站在国外的成功,国内同类型网站开始出现。目前,国内众筹网站共十余家,以 2011 年 7 月上线的点名时间和同年 9 月上线的追梦网最为著名。截至 2011 年底,点名时间共发起项目 77 个,结束 52 个,成功项目 29 个,成功率为 55%。其最著名的项目为"单向街书店找 1 000 名主人",总募资额超过 23 万元。追梦网共上线了 85 个项目,失败 22个。其他较为知名的网站还有微电影、众筹平台、淘梦网及来自台湾的 Start Boss、Jack Modo等网站。众筹模式在中国尚处于萌芽阶段,与国外相比,筹资总额及参与者都较少,募捐性质更为明显,行业内还没有出现类似 Kickstarter 的、具有较大影响力的标志性网站。但相信随着国内资本市场日益开放,投资者愈加成熟,众筹网站将以其显著的创新特点成为互联网金融发展的重要方向之一。

8.2.4　众筹网站融资模式及流程

众筹网站通常的融资模式是:项目创建者为项目筹资设定一个目标金额与筹资期限,对于筹资项目,众筹网站一般采取 All or Nothing 机制,即对筹资期限内完成融资目标的项目收取一定比例费用,而未完成者则分文不取。

众筹网站的融资流程通常有六个步骤,如图 8-1 所示。

①设计项目:项目创建者为筹资项目制定融资目标、设定融资期限,为项目的整个融资流程制订可行方案。

②审核项目:众筹网站对申请融资的项目进行审核。网站一般具有严格筛选机制以控制项目风险。通过审核者可在众筹平台上创建项目。

③创建项目:通过审核项目在众筹网站上创建项目主页,主要使用宣传视频、文字叙述

及图片等形式吸引投资者。

图 8-1　众筹网站融资流程

④宣传项目:项目创建者利用社交网络、亲友关系等社会资源宣传项目。项目宣传一般与项目筹资同时进行。

⑤项目筹资:融资时限内,投资者在众筹网站承诺向该项目投资一定数额,并选择回报方式。筹资结束时,若完成融资目标,网站会根据投资者提供的银行账号信息统一转账,网站向项目创建者收取一定比例手续费。若未完成融资目标,则不向投资者收款。网站不收费,项目发起人可等待时机融资。

⑥回报实现:在项目完成后,项目发起人按当初承诺的回报方式为投资者支付相应的报酬。在融资的每一个环节,尤其是审核环节,网站需要制定严格的标准来降低众筹的风险,谨防欺诈现象,保护投资者的利益。

8.2.5　众筹模式的特点和作用

众筹模式得到了从政府至民众的广泛关注和支持,具有与传统融资方式不同的特点和作用。

第一,互联网平台解决了信息不对称问题。信息是金融市场框架的核心,传统金融市场主要通过发行标准化的金融工具,并建立金融中介、信用评级公司等机构收集借款人的相关信息,以解决由于信息不对称带来的逆向选择与道德风险问题。众筹模式利用网络平台传播融资信息,一方面,互联网拥有庞大的用户群,信息传播更为方便、快捷且成本低廉;另一方面,互联网信息交互性强,用户在"推送"信息的同时也能接收信息,借助众筹平台,借款人与投资方可进行高效的交流互动,充分抑制信息不对称。可见,互联网平台是众筹模式开展的基础。

第二,投资者的分散化降低了融资风险。传统融资模式下,投资者数量少,投资金额高,风险也相对集中。众筹模式的核心思想体现在"众"多的投资者,通过互联网平台的无界性,可以在短时间内聚集数量庞大的参与者;而每位投资人的投资额度可以很低,有利于通过分散化的方式降低融资风险。

第三,搭建了民间资本投资的便利平台。传统金融市场中,参与投资的主要是风险承担能力较强的投资者,普通投资者大多通过金融机构参与金融市场。众筹模式为普通群众提供了直接参与金融市场的渠道,有利于实现民间资本与中小企业的高效对接,缓解资本市场资金紧缺而民间资本投资无门的双重问题。

第四,代表了"金融脱媒"的创新发展方向。投资者寻求更高回报与企业对更低融资成本的追求,都要求"非中介化"的融资模式。随着投资者日渐成熟与金融服务的不断创新,"金融脱媒"现象开始出现,这也是经济发展的必然趋势。众筹模式是资金从储蓄者直接流向借款人的便利渠道,代表着未来金融市场"脱媒"的趋势。

众筹模式是近几年伴随着互联网的发展,特别是社交网络的崛起而出现的新生事物,尽管处于雏形,但代表着未来发展的新趋势,其独有的特点为解决中小企业融资难打开了另一扇窗。《JOBS 法案》对众筹模式的认可将会推动众筹的进一步发展。作为全球最大的网民国之一的中国,如能有效利用众筹模式,不仅有助于拓宽中小企业的融资渠道,也将在推动社会进步与健康发展方面起到积极作用。

根据 2016 年 4 月 12 日国务院办公厅公布的《互联网金融风险专项整治工作实施方案》要求,股权众筹平台不得发布虚假标的,不得自筹,不得"明股实债"或变相乱集资,应强化对融资者、股权众筹平台的信息披露义务和股东权益保护要求,不得进行虚假陈述和误导性宣传。股权众筹平台未经批准不得从事资产管理、债权或股权转让、高风险证券市场配资等金融业务;客户资金与自有资金应分账管理,遵循专业化运营原则,严格落实客户资金第三方存管要求,选择符合条件的银行业金融机构作为资金存管机构,保护客户资金安全,不得挪用或占用客户资金。

8.3 第三方移动支付的法律规制

8.3.1 第三方支付概述

1)第三方支付的概念

第三方支付,是在传统的电子支付的模式中引入第三方机构建立的第三方支付平台,由该第三方机构承担资金的保管和清算费用的电子支付模式。

第三方机构是指除了法定的银行等金融机构作为社会提供支付和结算服务的机构外,一些有充足资金保障和信誉保障并得到主管单位——中央银行批准的独立机构。第三方机构用自己的信用做担保,在网络交易中,交易双方之间的货款资金先打入自己账户,等买方和卖方的交易过程完成后再代为支付,最后与其签约的单位以及银行进行结算来完成当事人之间债权债务关系的清偿和自己服务费用的收取。

简而言之,第三方支付就是在网络交易中存在这样一种在线支付平台:其具有一定的信誉保障和资金支持、具有相关的电脑和网络技术、本身不参与交易,在网络交易进行过程中把各个相关银行的网关集成在一起,给网上消费者和商家提供一个支付和收取货款的平台,并按一定货款比例或者定价收取服务费用。

2)第三方支付平台的主要类型

一种产业在其发展的过程中,不同的服务类型或模式总会根据发展的需要应运而生,第三方支付的发展也一样。一般而言,第三方支付平台发展至今,主要类型有独立的第三方网关支付、具备担保能力且具有电子交易平台的第三方支付网关,以及由电子交易平台支持的第三方支付网关这三种类型。

(1)独立的第三方网关支付类型

最早产生的第三方支付服务类型是独立的第三方支付服务模式。独立的第三方支付机构具有独立的法人资格和运营资质,不隶属于任何一家商务公司或任何电子商务平台,也不从事除了网上支付业务外的任何电子商务业务,它通过为不同的电子商务平台提供网上支付服务来收取费用。由于仅仅提供支付服务,这种第三方支付机构的建立相对比较容易,往往只需要有相应的技术支持而无须很强的资金保障,但其缺点在于无法单独运营,而必须依附于相应的网络支付平台。在这种支付模式下,由网络支付平台与相关银行签订服务协议后建立起支付网关,交易双方在网络支付平台中注册账户并提交交易请求后,这种独立第三方支付机构才能通过自己的后台系统处理网上支付指令,再进行最终的资金结算。

(2)具备担保能力的有电子交易平台的第三方支付网关

因为必须具有自己独立的电子交易平台,且通常隶属于某一大型的电子商务公司,这种支付网关与独立的第三方支付机构最大的区别在于:其建立不仅仅需要强有力的技术支持,而且还需要有大量的资金保证,这样才能有资质与国内各大银行签订协议并提供支付网关。由于其有强大的资金后盾,第三方支付机构通常能以自己的信誉充当商家和消费者之间的担保,消费者和商家的资金安全也能得到较好的保证。目前,淘宝网上炙手可热的支付宝以及腾讯网上的财富就是这种模式的典型代表。这种模式在网上支付中最为普遍,也是笔者在本文中探讨的重点。

这种第三方支付模式中货款划拨的步骤主要是:①消费者填写相关信息并确认商品购买后,使用在第三方支付机构注册的账户在相关银行进行货款支付,此时货款只是从消费者的相关银行账户中划拨到第三方的账户中;②货款到达第三方账户以后,由其给商家传递"货款到达,应进行发货"的信息;③消费者检验货品确认无误后,再告知第三方货物到达,此时第三方将货款转至卖家在相关银行的账户,完成整个网上交易的过程。

(3)由电子平台支持的第三方支付网关

随着提供特定商品的购物网站的增多,产生了独立经营的电子平台为了满足自身发展的需求而特地建立的第三方支付平台。这种第三方支付平台只为其隶属的网站服务,而该网站往往资金雄厚,能为其提供强有力的技术支持,所以这种支付平台也逐渐发展并完善起来,而其与上述两种第三方支付机构相比,较为欠缺独立性。

8.3.2 第三方支付中的法律关系分析

电子支付中主要的主体就是网上交易的双方当事人——网上交易的买方和卖方,以及为两者提供支付工具的银行。而第三方支付平台介入其中,与银行签订支付协议,与商家签订支付服务协议,再向消费者提供网上支付业务,扮演着认证机构的角色,取得消费者的信任,同时也解决了目前中国银行卡的壁垒问题。

1)消费者与第三方支付机构的法律关系

消费者与第三方支付机构之间存在着网络服务合同关系。虽然第三方支付机构不参与商家与消费者之间的交易,而只是提供一个交易平台,其与消费者之间也没有任何书面协议,但是实际上第三方支付机构将消费者的货款滞留保存后再转账给商家,给消费者提供了便利,实际上建立了网络服务合同关系。在第三方支付模式的运作过程中,消费者往往是基于对第三方支付机构的信赖而进行网络支付,所以第三方支付机构应当对消费者负有保护义务。

在实践操作中,第三方支付机构应当在网上公布一份网上协议或公告,明确其与消费者之间的权利义务关系,明示对消费者利益保护所作的承诺。承诺内容应涉及以下内容。

(1)确保商家的真实性与资格性义务

第三方支付机构应对与其签订协议的商家的主体资格进行形式审查。消费者基于对第三方机构的信任而与商家进行网络交易,基于此,第三方支付机构应当向消费者保证其平台上的商家是真实合法存在的。不过,这种审查是形式的而不是实质的,也就是说,第三方支付机构只对营业执照、许可证等法律资格进行审查,而对其经营状况、资信状况等不承担任何认证或保证义务。

(2)对消费者注册信息的保密义务

对于在第三方支付平台注册时填写的个人资料涉及的信息,消费者有权要求第三方支付机构为其保密,第三方机构应提供相应的技术保证。如果这些信息需用作其他用途,那么消费者有知情权和选择权,其隐私不得被侵犯。

(3)网上支付安全的保证义务

第三方支付机构应当采取措施保证消费者在相关银行网关输入的支付信息得到安全保障。保证消费者在其平台上支付货款时资料不被泄露、资金安全能得以保证。

2)商家与第三方支付机构的法律关系

商家与第三方支付机构之间通过签订"支付服务协议"建立了服务关系,基于此使得第三方支付机构向消费者提供支付服务。商家和第三方支付机构之间的服务关系是第三方支付这一模式中最重要的关系。商家在其提供商品展示及商家自身情况介绍的网站上,必须明示其在线交易的支付服务是由第三方提供的,而有关货款划拨的具体事项应遵守支付协议的规定。总的来说,由于网上商家是通过在第三方注册后得到销售商品或服务的机会和资格,从其单方面提供的资料消费者是无法判断其真假的,所以其真实性和资格合法性,都必须由其注册的第三方支付平台来保证。

3)银行与第三方支付机构的法律关系

第三方支付机构提供支付服务,必须与银行签订协议来获得银行的支付网关。因此,银行和第三方支付机构之间存在服务合作的法律关系。目前我国国内各大商业银行以及各种有着银行类业务的金融机构大都与第三方支付平台签订协议,为第三方支付机构提供支付网关,不断根据网络交易的发展需求改进自身服务,为第三方支付机构的发展提供必不可少的服务。在第三方支付的过程中,货款实际上是先从消费者的账户到达第三方支付机构的银行账户,再由第三方的银行账户到达商家的银行账户。整个货款的划拨都牵涉第三方支付机构的账户与银行的关系。因此,在此服务合作关系中,银行的主要义务是对消费者银行账户金额的认证,按照第三方支付机构的信息指令完成相关资金的划拨,主要权利是当第三方支付机构的信息指令不正确之时,有权拒绝其划拨请求或者要求其改正错误的支付指令。

8.3.3 我国第三方支付法律规制现状

1) 发展势头良好,作用日益显著

随着电子商务的发展,网上在线支付方式也日益发展壮大起来,在各种在线支付类型中,第三方支付平台由于其安全性、便捷性等特点在网络支付发展中扮演着日益重要的角色。电子支付工具被不断推陈出新,既便利了网络交易的进行,也使得电子支付的交易量日渐增长。不同于以往的电子支付模式的是,第三方支付以信誉和资金担保,更有效地保证了网上交易的商品质量、交易信用,也能更好地解决交易中涉及的货款退还等问题。另外,在出现法律问题之时能更好地保证实名追踪,使得网上交易的安全性大大增长,打消了消费者和商家的顾虑,促进了交易的进行。在整个交易的过程中,第三方支付机构对买卖双方进行监督和制约,在网络时代面对面交易逐渐被在线交易取代的今天,更能顺应时代和经济的发展要求。

从 1999 年首家第三方支付平台产生以来,这一网络支付模式以势不可当的气势发展着。据《中国网络支付行业发展报告》统计,2010 年第三方支付的交易额达到了 8 100 亿元人民币,相比 2009 年的 4 900 亿元同比增长了 65%。而到 2012 年,第三方支付的交易额已达到 16 900 亿元人民币。另外,根据相关统计资料显示,目前国内发展较好的四家支付企业:"支付宝""财付通""银联电子支付""快钱"的支付额占整个支付行业总额的 80% 以上。其中,支付宝占了 50%。国内已经有五十多家电子商务企业开始提供第三方支付服务,而在交易中选择电子支付的企业也越来越多,比例达到了 37.8% 之多。

上述数据统计中不难看出交易量在稳步快速增长,我国相关产业的发展势头锐不可当,这更是需要完善相关法律法规以保证其健康发展。

2) 第三方支付市场竞争的问题

作为网络支付的一种重要模式,第三方支付在近几年以来得到了很大的发展,但是在发展中也存在着诸多问题。在经济领域,无论是何种行业,都有一个从无到有、从起步到快速发展的循序渐进的过程,第三方支付的发展也不例外。而在行业的发展过程中,由于市场经济的滞后性以及竞争的无序性,难免会使得行业的发展过程中出现这样那样的问题。在第三方支付发展的过程中出现的主要问题在于:第一,行业内部自身原因限制了发展。随着电子商务的快速发展,网上购物之风的席卷,众多第三方支付平台也如雨后春笋般发展起来。由于众筹机构资质良莠不齐,行业内部也尚未发展出自身的管理机构,无良好管理的恶性竞争使得相当多的支付企业不仅没有利润可言,甚至在亏本中破产倒闭。第二,银行对支付机构的"打压"和"挤兑"也使得相关行业发展受阻。众所周知,支付行业只要掌握了相应的技术,便有很大利润可循。在利益的驱使之下,原先依靠第三方支付机构技术而开展网上业务的银行也纷纷想跻身进入该行业,各大银行都想分一杯羹的现象,使得专门的支付机构面临着很大的生存危机。没有确定而统一的法律法规对相关的银行或者行业内部的运作提供指导,仅靠行业自身的摸索前行,第三方支付行业想要在市场经济的无序竞争中发展良好将举步维艰,所以,制定和完善相关的法律法规已是刻不容缓的事。

8.3.4　第三方支付法律规制的构建

目前,我国第三方支付机构的法律身份是由判例法在个案中确定的委托代理人,但学术理论上就其普遍意义尚有一定争议。原因在于它不直接参与买卖双方的网络交易,但却与商家、消费者和签约银行之间都存在着法律关系。其面向不特定的公众,提供公共性服务,但因为其营利性特征,所以又区别于公共服务性机构。其虽然从事结算业务和短暂吸收滞留资金的业务,但却不属于金融机构,且也不能单纯地将其归类于网络业务服务机构中。《支付清算组织管理办法(征求意见稿)》中涉及的有关定义指出,第三方支付机构从事的结算业务属于非银行类金融业务,第三方支付机构是金融增值业务服务商,将其纳入到我国金融类机构的监管系统中,明确其在运营过程中的具体权利义务,以及明确对其监管的主体,才有利于保障相关交易人的交易安全,并建立有效的市场准入及退出机制。

根据 2016 年 4 月 12 日国务院办公厅公布《互联网金融风险专项整治工作实施方案》的要求,第三方支付机构必须遵循以下规则。

①非银行支付机构不得挪用、占用客户备付金,客户备付金账户应开立在人民银行或符合要求的商业银行。人民银行或商业银行不向非银行支付机构备付金账户计付利息,防止支付机构以"吃利差"为主要盈利模式,理顺支付机构业务发展激励机制,引导非银行支付机构回归提供小额、快捷、便民小微支付服务的宗旨。

②非银行支付机构不得连接多家银行系统,变相开展跨行清算业务。非银行支付机构开展跨行支付业务应通过人民银行跨行清算系统或者具有合法资质的清算机构进行。

③开展支付业务的机构应依法取得相应业务资质,不得无证经营支付业务,开展商户资金结算、个人 POS 机收付款、发行多用途预付卡、网络支付等业务。

具体而言,构建第三方支付法律规则体系应从以下几方面入手。

（1）注册资本门槛和技术门槛

第三方支付平台发展壮大的原因之一就是其提供了强大的资金保障和信誉保障,取得交易双方的信任,使得网络交易得以顺利进行。所以可以借鉴欧盟的做法,实行颁发营业执照的规定,由专门的机关对其进行资格审查后颁发营业执照,实行市场准入制度。建立相关的市场准入机制,包括设置从业资格申请审核支付以及最低注册资本的限制,增设行业准入时的技术鉴定,完善行业内部的自控和自我监督,以及建立独立账户管理滞留金等。此外,还应规定相关的网络交易时,第三方支付平台完成交易的过程,规定支付机构应达到相应的技术要求层面。

（2）资金保障防止金融风险

另外,如前所述,由于市场竞争优胜劣汰的特点,很多资金不足的小型第三方支付平台在面临破产之际往往悄无声息地"离开"市场,这往往导致其平台上的注册用户的资金得不到安全保障,所以,笔者认为,可以推广工商银行的做法,即在其银行有账户的第三方支付平台必须将上个月交易额的 30% 保留在账户内,在该支付机构面临停业或破产风险的时候,银行将及时向公众发布公告。这样既能避免支付机构擅自挪用滞留金,也能保证网络交易双方的资金安全。

（3）确定一个独立的监管机构

第三方支付平台的出现对于整个电子商务来说具有革命性的意义,仅靠行业内部的监管显然无法达到保护交易安全的目的,因此必须由法律规定一个确定的有独立权力的机构对第三方支付平台进行监管,监督其运作过程中的资金滞留、资金来源及去向等。由于第三方支付机构从事的业务主要属于人民银行组织支付体系下的支付结算业务,主要具有金融机构的性质,因此,笔者认为,将中国人民银行作为监管第三方支付平台的主体最为恰当。当然,有效的监管也离不开银监会和工业和信息化部等相关部门的帮助和支持。而这一监管机构必须具备的特质包括:真正的独立性或者中立性;高度的公信力以及能够独立承担法律责任;具有先进的信息鉴证手段和能力,且不以盈利为目的。

（4）监管机构加强对滞留资金的监督

由于第三方支付平台运营模式的特殊性,交易资金不可避免地会在其账户中滞留,如何确保客户资金安全,防止发生支付危机,是解决第三方支付易出现的法律问题首先需要解决的问题。对滞留在第三方支付平台中的滞留资金,通过法规明确其所有权不属于第三方支付平台,并严格禁止第三方支付平台经手和长期保存滞留资金,将交易的资金和第三方支付机构自己的资金严格区分开来。规定确定一个有一定资质的机构作为监管机构,并要求第三方支付机构在监管机构的银行中开设特定账户,将滞留资金存入该账户中,并明确其中产生的利息的权利归属。这样既可以解决利息在第三方和买卖双方之间的分配问题,又可以有效地禁止第三方私自将交易资金用于自己的运营或者其他目的。

（5）保护消费者的各项权益

消费者在交易中往往属于弱势群体,而由于网上交易的隐蔽性和虚拟性,要消费者"隔空"去判断消费信息的真实性,更是强人所难。这也使得消费者权利的保护在第三方支付的运营过程中显得尤为重要,交易安全、个人资料的保密,以及交易公平等问题都需要法律在设计之初就考虑到。法律应该明确规定第三方支付机构与消费者的法律关系,以及消费者与商家双方之间应该承担的责任、免责范围以及补救赔偿措施等,要求第三方支付平台向消费者信息公开,使消费者能够明确清晰地了解可能产生的风险、争议以及纠纷处理办法。同时,必须通过立法加强对消费者合法权益的保护,在法律中规定第三方支付平台对于消费者及商家个人信息的保密义务,防止处于弱势的消费者的资金和个人信息等合法权益受到侵犯。

（6）完善担保及税收立法

由于第三方支付平台在我国的发展尚不成熟,很多第三方支付平台都不具备应有的资本条件和技术条件,使得相关交易主体的资金很难得到有效的安全保障。完善相应的担保机制,具体措施可以是在准入之时就要求第三方支付平台给予金融担保,不具备资质的机构不得进入行业。在税收方面,应该加快研究制定电子商务税收优惠的财政政策,在税法中增订有关电子交易的税收征收的相关法律条文,针对网络商家分散且不注册登记的特点设计专门法律条文,在扶持和规范产业发展的同时,对于按时纳税的商家实行奖励,对于偷逃税款的商家予以严厉的制裁,以减少偷税漏税的违法行为。

（7）防范洗钱、套现以及网络赌博的法律

在单独制定针对第三方支付平台的法律之外,还应该完善现有的刑事法律和民商事法律,在法律中增设类似"由商业银行承担监管第三方支付机构的账户的义务,在发现有可疑交易时立即向有关部门举报",以此保证在违法犯罪活动出现之后检察机关有迹可循。第三方支付平台的出现要求相关法律的产生,只有有效的法律法规的出现,有力的监管机制的建立,才能保证第三方支付平台这一新兴的网络支付方式有序发展,从而促进我国经济的发展,保证经济建设和法治进程顺利进行。

综上所述,在分析了我国第三方支付平台发展现状的基础上,不难看出良好的法律法规和有效的监管机制的建立已经迫在眉睫。在借鉴美国和欧盟等发达国家和地区的立法和监管经验的基础上,结合我国国情,制定出有针对性的可操作的法律规范,建立一个适应我国经济建设需要的、顺应时代潮流的监管体制,才能给第三方支付平台的发展提供良好的法治环境,从而促进我国网络经济乃至整个国民经济的健康发展。

8.4 算法交易的法律规制

8.4.1 算法交易的兴起

算法交易,也称高频交易,是一种全新的交易方式,在国际资本市场中备受机构投资者青睐,市场份额迅速上升。算法交易的快速发展对资市场总体效率和微观结构影响深远,许多经典金融理论如资产定价、EMH、风险理论等都将因此受到挑战,资产定价、组合投资和风险测度可能因此发生革命性变革。

2010 年 5 月 6 日下午,道琼斯 30 种工业股票平均价格指数盘中暴跌近 1 000 点,导致 Excelon、Boston Beer、Centerpoint 等公司股价瞬间最大跌幅高达 99%,举世震惊,总统下令彻查。美国证券交易委员会和商品期货交易委员会 2010 年 10 月 1 日发布的调查报告称,"闪电暴跌"源于一家交易公司交易电脑在市场饱受压力时自动执行卖出指令,造成市场巨大的连锁反应。此外,类似的情况还曾在伦敦证券交易所、东京证券交易所、马来西亚证券交易所发生过。于是算法交易被推上了风口浪尖,成为理论界与实业界关注的焦点。

算法交易(Algorithmic Trading)最早产生于美国,描述利用计算机自动完成的交易过程。算法交易的产生主要源于通信技术和电子交易系统的发展。20 世纪 70 年代末以来金融市场委托指令流开始出现计算机化,新兴市场大都采用先进的电子交易系统,以手工方式为主的传统交易所也纷纷转向电子化交易系统,为算法交易的产生奠定了基础。算法交易采用数量化分析手段,由计算机根据算法模型决定交易委托的下单时机、委托价格、交易数量与委托笔数等,自动发出指令实现(高频)证券买卖和资产组合管理,无须人工干预。实际上,算法交易在资本市场的广阔领域内得到了广泛而快速的发展,包括股票市场、外汇市场、债券市场、期货、期权与衍生品市场等。

算法交易的快速发展对资本市场影响深远,甚至可能带来一场革命性变革。一个最直观的例证就是算法交易的兴起引发各国交易机构(如对冲基金、证券经纪商等)在地理上向证券交易所靠拢与集聚,即所谓的协同定位现象(Co-Location)。具体而言,算法交易对资本市场的影响主要体现在:首先,算法交易的市场份额快速上升,通过大单分割、隐蔽交易减小了对市场产生的冲击，寻求最佳的交易执行路径，得到最好的报价，可以有效地降低交易成本，因而在股票、期货、外汇、期权和债券市场均得到广泛应用；其次，算法交易引致证券市场微观结构发生显著变化，投资者通过计算机程序发出委托指令，交易程序可以自动决定交易时间、选择委托价格与数量等；再次，算法交易对市场信息效率包括对信息的反应时间、速度、程度等具有显著影响，进而将影响市场的质量与总体效率。最后，算法交易者大量涌现，对资产定价、风险传导、市场监管等各个方面都将产生重大影响。

算法交易风险分析。Lenglet 指出，算法交易可能冲击市场，甚至造成巨大的危机，对现行的监管制度提出了不小的挑战。2010 年 5 月 6 日下午，美国股市"闪电暴跌"，算法交易被推上了风口浪尖，其风险管理问题成为理论界与实业界关注的焦点。Kirilenko 等对 2010年美国股市闪电暴跌的研究表明，高频算法交易者交易模式在市场崩盘时明显不同于传统的做市商，交易行为与价格变化方向高度一致，不愿累积巨额头寸或者承担大额损失，他们的大量交易为基本交易员提供了不必要的流动性，同时将放大价格波动。Biais 和 Foucault证实，高频算法交易能够快速抓住市场机会，提高收益水平，但同时也存在巨大的负外部效应，将促使普通交易者产生逆向选择，而高频算法交易下的均衡投资水平要高于通常情况下的均衡水平，这也是导致闪电暴跌的原因之一。

8.4.2 算法交易与中国资本市场

近年来，算法交易无疑已成为国际资本市场中备受关注的焦点之一。在欧美发达资本市场，投资者利用算法交易程序进行下单的交易量目前已超过 70%。在亚洲金融市场，采用算法交易的主要有东京证券交易所、香港联交所和新加坡交易所。从实践上看，中国在这方面的发展还只是刚刚开始，与欧美市场相比国内资本市场价差更大、流动性更差，发展算法交易的价值更为突出。

从国内来看，算法交易尚处于系统研究和初步试验阶段。国内一些证券、期货公司均高度关注算法交易，个别公司推出了相关的产品。其中较早开展算法交易研发的是国泰安信息技术有限公司，2008 年即开始着手大力研究算法交易，已推出"国泰安算法交易系统 V1.0"，成为国内第一个采用国际主流交易策略的算法交易平台。此外，海通证券开发了"海通彩虹算法交易平台"，国泰君安、华泰联合、中银国际、招商证券、光大证券、宏源证券等也正大力开发算法交易系统。2012 年 7 月，国内券商龙头中信证券宣布购买 Progress Software 公司的 Apama 算法交易平台，从而能够为机构投资者客户提供根据客户需求定制的低延迟、高频算法交易策略。此后不久，广发证券则宣布与美国 Stream Base 公司、Thomson Reuters 公司合作开发基于复杂事件处理技术的算法交易系统，其响应速度预计可达毫秒至百万分之一秒级，将成为国内速度最快的算法交易系统。

针对期货市场，算法交易既能有效降低市场冲击成本，又可用以挖掘套利机会，利用其强大的复杂事件处理功能，有助于对突发事件流实施监控、模式探测并采取相应正确行动，因此国内期货行业很早就高度重视算法交易。特别是随着股指期货的推出，算法交易在国内期货市场中开始流行，美国、英国、我国台湾地区及韩国的众多机构与软件开发公司也积极尝试进军我国期货行业算法交易领域。例如 2012 年 6 月美国软件供应商 Progress 公司宣布向南华期货提供 Progress Apama 算法交易平台,助力其算法交易业务发展。但总体来看,目前国内商品、金融期货交易所对算法交易采取了一种相对谨慎、稳妥的态度,对高频类程序化交易的发展有所限制。

对中国资本市场而言,算法交易还是一个新生的事物,现有的文献中有关算法交易的研究很少。其中,但功伟研究了证券市场中算法交易损失分布和执行风险的建模问题,并分析了中国资本市场的完全信息交易成本。镇磊(2010)介绍了算法交易主流设计思想和常用算法,利用高频数据处理方法提出了一种适合 A 股市场交易规则的交易算法,考察了无交互效应和有交互效应两种情况下交易策略的设计,并利用 A 股市场 10 只股票 2008 年的高频交易数据进行模拟检验,表明该算法在一定的成交概率下能优于市场均价。李心丹与叶武采用计算实验的方法考察了算法交易对执行成本、买卖价差与交易系统的影响。方兆本与镇磊从实证角度研究基于非对称效应 ACD 模型和分时 VWAP 算法在 A 股市场的实际效果。张昶煜基于双向拍卖机制模拟市场,研究 VWAP 和 IS 算法交易策略对投资者交易成本的影响,证实算法交易能够通过减小大额订单对市场的冲击来降低证券市场的波动性,虽然 IS 算法保证了机构投资者的交易能够更快更早地完成,但其绩效表现的波动较大,执行成本的标准差大于 VWAP 算法,执行效果及其稳定性均逊于 VWAP 算法。燕汝贞、李平和曾勇提出一种估计交易策略机会成本的方法,分析同时考虑市场冲击成本和机会成本的投资者在总交易成本最小的目标下制订最优交易策略的问题,证实投资者同时关注市场冲击成本和机会成本时指令提交策略(MIOC)的总交易成本均小于交易量加权平均价格(VWAP)交易策略。

算法交易在中国目前尚处在初级的算法交易和经验判断阶段,基金交易技术和交易水平存在较大提升空间,交易技术和水平的提高可以为基金公司节省巨大的成本,基金之间的交易技术和交易水平差距较大,因此算法交易在我国资本市场具有广阔的应用前景。

此外,在实际部门中,中信证券、海通证券、国信证券、联合证券、宏源证券等不少公司的研究人员已开始关注这个新兴领域,但相关研究报告大多仅限于对算法交易及其在国外发展情况的介绍或评析。

8.4.3 算法交易的评价

算法交易是一种全新的交易方式,发展异常迅速,在整个交易量中所占比重迅速上升,全球的交易所都将算法交易视为重要的增长驱动因素。算法交易不完全依赖于基本分析和技术分析,依靠程序自动实现交易和选时功能。算法交易快速发展对资本市场的定价、风险、流动性、信息传播、组合投资等各个领域都将产生影响,而相关的一些经典理论如微观市场结构、市场流动性、风险传导、组合投资理论等可能因此受到冲击或挑战。而且直到目前,研究人员对算法交易的择时功能、交易成本、收益分布、信息传播、风险传导等问题尚未进行深入研究,对算法交易与资产定价、组合投资关系等问题的研究也才刚刚开始,认识仍较为粗浅。

国内理论界与实际部门对算法交易的关注尚处起步阶段。总的来看,第一,国内尚无从金融经济学和管理学理论的高度全面研究算法交易对资本市场影响的系统文献,对算法交易在中国的适用性也缺乏全面、深入的研究；第二，国内已有的少量研究多是从某一局部或角度考察算法交易的市场影响，结论的可信度与可靠性仍不确定，如算法绩效评估中多数仅涉及 VWAP 算法、时间加权平均价格算法（Time Weighted Average Price，TWAP）、执行落差算法（Implementation Shortfall，IS）等，对其他一些算法及交易模式如统计套利等并未涉及，又如对算法交易的市场影响方面仅涉及对执行成本和交易系统等的影响，有关算法交易下市场效率、组合选择、风险传导与测度等命题的研究仍属空白；第三，中国资本市场的微观结构和运行环境不同于欧美发达国家成熟市场，无做市商制度、T+1、机构投资者比重较低等情形可能对发展算法交易产生影响；第四，国内有关算法交易带来的市场操纵、交易异常、系统风险等的监管问题研究基本上是空白。

中国资本市场起步较晚，但拥有世界领先的电子交易系统，在算法交易方面具有潜在优势，本可以利用先进的技术设施走在世界前列，但由于研究开发落后，国内在算法交易方面才刚刚起步，反而落后于欧美国家。当前国内一些证券、期货公司已开始关注算法交易，个别公司推出了相关的产品，如国泰安信息技术有限公司开发的"国泰安算法交易系统"、海通证券开发的"海通彩虹算法交易平台"，中银国际、招商证券、光大证券、联合证券等也正大力开发算法交易系统。但是多数公司还仅限于对算法交易的引进与介绍，算法策略研究也还停留在最简单的算法层面（如 VWAP、IS 和 TWAP 等）。因此，大力开展算法交易的理论与应用研究，对中国更好地推动算法交易发展具有重要的实际意义。

8.4.4 算法交易的监管

我们主要讨论政府及其他监管者对于高频交易的政策建议，希望通过较为合理的监管政策将高频交易的优势发挥到最大，同时减少高频交易带给市场的冲击。

1）算法交易监管要建立高效交易秩序

要想提出合适的监管措施，首先需要明确监管的目的，而这要从金融市场的作用谈起。金融市场，比如股票市场、期权期货市场等，经过多年的发展，其对于经济发展的意义已逐步凸显。金融市场的主要目的是资金的融通，通过金融资产的买卖在资金需求者和有闲置资金的投资者之间建立起一座桥梁，在这里，市场的买卖双方都可以快速地达成交易，各取所需，加强整个市场中资金的流动性，使得社会经济活动更高效有序地进行。

2）算法交易监管要提高金融市场的弹性

根据金融市场的主要作用，政府监管的目的是确保金融市场的正常运作，提高金融市场的流动性和效率，使其真正成为资金供求双方交易的有效平台。从金融市场的作用来分析高频交易，其既有合意的一面，又有损害金融市场效率的一面。高频交易的合意性主要表现在其通过提高买卖速度，增加了金融市场的即时性。由于其能在第一时间洞悉市场走向并迅速作出反应，并且在市场中存在价格偏离时可以迅速抓住套利机会，使得金融市场的弹性得以提高。同时，在高频交易存在的市场上买卖价差相对较小，这也进一步增加了金融市场的流动性。然而，我们也必须看到高频交易损害市场有效性的一面，由于高频交易者拥有普通投资者不具备的超高速获取信息和准确做出反应的技术，普通投资者在竞争中总是处于劣势。高频交易的主要利润几乎全部进了大券商和大投行的口袋,普通投资者很难在其中分一杯羹,这就挫伤了中小投资者的积极性,降低了金融市场投资者的多元化,也对金融市场的公平性提出了考验。同时,由于高频交易以大额交易为主,一旦操作失误很容易造成金融市场的剧烈波动。2010 年 5 月 6 日,纽约金融市场发生大规模动荡,据很多投资者称,其罪魁祸首就是高频交易。

3)算法交易监管应强制交易信息共享。

政府对高频交易实施监管的目的,一方面是使得高频交易的优势得以保存,让其继续为金融市场提供很强的流动性,另一方面要尽量降低高频交易对市场造成的负面影响,将竞争的不公平性降到最低。基于以上两点考虑,笔者认为政府监管的最优政策是强制高频交易者进行完全的信息公开,加强高频交易技术的普及,使得高频交易这一高科技可以为更多的普通投资者所共用。高频交易的出现是市场电子信息化不断发展的结果,是未来金融交易的一个重要趋势。如果高频交易的技术可以为更多的普通投资者所掌握,不仅会进一步增强金融市场的流动性,提升买卖速度,降低买卖价差,整体提高金融市场的效率,还可以消除高频交易技术仅为大券商所把持而产生的不公平现象,从而使得所有市场参与者都可以使用此项技术在同一平台上进行公平的竞争,进一步增加市场的宽度和深度,确保金融市场高效有序地进行。

4)算法交易监管要提高系统的安全

同时,由于高频交易的操作具有迅速、巨额的特点,一旦操作不当,势必会对金融市场造成很大的波动。因此,监管者应尽量降低高频交易的操作失误所给市场造成的剧烈波动,如通过提高系统的安全性、设立最高最低阈值警报等措施防止高频交易被广泛使用后对金融市场造成的负面影响。需要说明的是,高频交易的强制信息公开政策可能会降低大券商、大投行的超额利润。在执行之初也许会遭到这些利益享有者的反对,不过在此前的几年,这些高频交易的发明者和使用者已经利用这种手段赚取了足够多的利润。他们为研发出这种新技术所付出的成本已经得到了超额回报,同时,如果高频交易在金融市场中被广泛使用,也可以使得这些技术领先者们有动力进行更先进更高效的其他产品创新,进一步提高金融市场的效率和流动性,增强金融市场在经济发展中的重要作用。

本章案例

张某集资诈骗案惩治涉互联网金融犯罪

(广东高院保障"六稳""六保"典型案例)

基本案情

2015 年 4 月至 2017 年 5 月期间,张某伙同王某军等同案人(另案处理),以军创公司从事互联网+金融+实体,拥有实体分公司 40 家、联盟商家 2 500 家,计划在全国成立上千家酒店连锁、进行主板上市等名义吸引投资者。同时还以返了么公司在互联网上推出的"返了么"投资平台投资有高额回报、推出高收益投资理财产品以及购买军创集团股份为名对外宣传,向社会不特定人员非法集资。军创公司、返了么公司获得资金后仅实际投资部分项目,至 2017 年 5 月均出现资金紧张,张某等人无法对集资参与人进行利息分红、返现提现、退还集资款。截至 2019 年 5 月,共有 801 名集资参与人向公安机关报案。经审计,返了么公司及军创公司用于收取上述集资款的账户收入共 3.4 亿元,上述集资参与人实际损失金额为1.3 亿元。

裁判结果

深圳市中级人民法院一审认为,张某伙同他人以非法占有为目的,使用诈骗方法非法集资,数额特别巨大,其行为已构成集资诈骗罪。根据张某犯罪事实、情节和对社会危害程度,依法判处其有期徒刑十三年,并处罚金 40 万元。2020 年 3 月 31 日,广东省高级人民法院二审维持原判。

典型意义

本案系将"庞氏骗局"等传统模式与互联网结合起来实施的非法集资典型案例。该类诈骗犯罪隐蔽性强,受骗人数更多,资金吸收速度更快,社会危害亦更严重,是当前金融犯罪打击的重点。人民法院通过充分发挥刑事审判职能作用,依法严惩该类集资诈骗犯罪,对保障人民群众财产安全、维护金融管理秩序和保障社会稳定具有重要意义。

本章小结

通过本章学习,熟悉了 P2P 网络借贷平台的内涵与本质,重点是要掌握我国 P2P 网络借贷平台的监管问题,如何使其完善,并加快网络借贷的法制建设。掌握众筹融资的法律内涵和基本定义,熟悉国内外众筹网站情况,掌握众筹网站融资模式及流程,理解众筹模式的特点和作用。熟练掌握第三方支付中的法律关系分析方法,促进第三方支付法律规制的构建。算法交易在国内期货市场中开始流行,美国、英国、我国台湾地区及韩国的众多机构与软件开发公司也积极尝试进军我国期货行业算法交易领域。因此要理解算法交易的评价和监管。网络虚拟货币的功能独特,将方便社会生活,但对其风险要严格监管。

本章习题

1. 我国 P2P 网络借贷平台的监管应注意哪些?
2. 试分析众筹融资模式的特点和作用。
3. 试举例分析第三方支付中的法律关系。
4. 你对算法交易有何认识和评价?
5. 试分析网络虚拟货币的风险。

第 9 章
网络虚拟财产的法律保护

📖 学习目标

本章就网络虚拟财产问题在法律属性上进行了分析,确定了其信息产权的新法律属性,并将其统一到我国法律中的财产范围内予以保护。同时根据网络虚拟财产的特点以及常见纠纷形式入手,把握其法律本质,尝试性地寻找一系列的解决方案。而与网络虚拟财产相关的较为完善的法律法规,将成为保障公民财产利益与游戏产业发展的规范。

案例导入

游戏饰品可作为虚拟财产保护
——牛某某诉杭州某科技公司网络服务合同案

(杭州互联网法院〔2018〕浙 0192 民初 3182 号)

案情介绍

杭州某科技公司经营的**GAME 系 STEAM 市场的衍生品,牛某某在**GAME 注册用户。牛某某将其拥有的一批游戏饰品寄存在**GAME 上的"展示柜"中,"展示柜"为**GAME 的账号,同时也是**GAME 在 STEAM 市场上注册的账号。牛某某通过在**GAME 上注册账号,获得使用"展示柜"的资格,**GAME 对于寄存功能并不收费,仅对饰品交易成功收取手续费。2018 年 1 月,牛某某发现其在**GAME 上一批账号("展示柜")被封禁,无法取出相应的游戏饰品,**GAME 未举证证明封禁系 STEAM 市场政策和规则变动引发。2018 年 1 月,**GAME 发布红锁补偿方案(初稿),**GAME 将对玩家的饰品进行一个市场价格估值,并在一定时间段内开放给用户对自己饰品估价的申诉通道。在 2018 年 3 月**GAME 通知游戏玩家有权将所有红锁物品按估价兑换成 C 豆(为**GAME 上的一种积分,可以兑换游戏饰品)。在 2018 年 3 月 20 日后,将开放 C 豆的兑换市场,每天开放一批饰品供用户兑换。牛某某诉请判令杭州某科技公司赔偿因游戏饰品被封禁造成的经济损失共计 320 000 元。

裁判内容

杭州互联网法院经审理后认为:首先,在网络交易中,用户在平台设定的环境下进行活动,活动的自主程度受环境设定的限制,而**GAME 作为平台经营者,熟悉服务器运行,了解交易环境、情况,因此要求其对用户承担严格的安全保障义务。相比于用户而言,**GAME 具备更强的举证能力,因此当用户的利益遭到损失时,**GAME 是否应对用户的损失给予补偿,判断依据是运营商是否违反了应尽的安全保障义务。杭州某科技公司提供的《**网络服务协议》系其单方拟制的格式合同,对不可抗力格式条款应履行提示、说明义务,其未能说明账号被封是"由于 STEAM 平台政策和规则变动所造成的影响",封号原因不明,也未提供证据证明其已经对该不可抗力格式条款履行了合理的提示、注意义务,加之该不可抗力条款免除了杭州某科技公司作为平台运营商应负的责任,故该条款无效。牛某某在**GAME 上注册账号,与运营商杭州某科技公司形成网络服务合同关系,但是因为 STEAM 封号导致牛某某无法取回游戏饰品,故杭州某科技公司应当对牛某某承担违约责任。

其次,游戏饰品因其合法性、有用性、可交易性的特点,具有财产性属性,应当成为法律保护的对象。牛某某账号被封导致游戏饰品不能取出、交易,且账号被封后长达半年的时间内**GAME 与 STEAM 市场经过诸多交涉账号均未能解封,杭州某科技公司主张可解封缺乏有效依据支撑,因此可以认定从封号之日起已经给牛某某造成直接损失。鉴于杭州某科技公司已经构成违约,需要向牛某某承担违约责任,牛某某的游戏饰品为虚拟财产,在杭州某科技公司无法采取恢复原状等补救措施的情况下,其应当采取替代性补偿措施承担违约责任,即赔偿牛某某的直接经济损失。若杭州某科技公司履行全部赔偿责任之后牛某某账号被解封,账号内的游戏饰品应归杭州某科技公司所有。

最后,参考 2018 年 1 月类似游戏饰品在 STEAM 市场成交价格走势图(均价),并考虑交易价格形成中的偶然因素、交易对象的缔约能力等问题,法院判决:酌定牛某某的经济损失为 260 000 元。一审宣判后,杭州某科技公司向浙江省杭州市中级人民法院提起上诉,后双方当事人达成和解。

裁判要旨

游戏饰品因其合法性、有用性、可交易性的特点,具有财产属性,可作为虚拟财产保护。在游戏平台无法采取恢复原状等补救措施的情况下,其应当采取替代性补偿措施承担违约责任,即赔偿玩家的直接经济损失。

讨论:

1.网络平台经营者对网络用户承担安全保障义务的原因是什么?

2.网络虚拟财产的本质属性是什么?

9.1 网络虚拟财产权的含义与特点

网络虚拟财产这一新兴的社会现象,由于学术界与司法界对其法律属性的认识存在分歧,因此导致了针对网络虚拟财产个案的法律适用的争议,尤其自 2003 年"中国网络游戏第一案"——李宏晨诉北极冰案以后,因网络游戏纠纷引起的诉讼不断。但是我国法律,甚至各国法律的规定都相对滞后,不论学理界还是实体法律,都在网络游戏财产方面显露出巨大空白。网络游戏财产问题亟待讨论。

只有从网络虚拟财产相关主体的权利义务关系入手,确认其信息产权的本质属性,才能把握住网络虚拟财产的性质,将其列入我国法律的财产范围内予以保护。

网络游戏自 1999 年正式登陆中国,现在已经形成一个庞大、高速增长的新兴市场,但是因网络虚拟财产而衍生的纠纷更是层出不穷,网络虚拟财产的保护已经是个迫在眉睫的紧迫问题。为了网络游戏业的健康发展,必须加强对网络虚拟财产立法保护,事实上,立法的滞后,在某种意义上已经制约了我国游戏产业的快速发展。

9.1.1　我国法律对财产权的保护

现在保护网络虚拟财产我国现行法律依据主要有宪法和《民法典》。2004 年修正后的《中华人民共和国宪法》(简称《宪法》)第十三条的有关规定:"公民的合法的私有财产不受侵犯。国家依照法律规定保护公民的私有财产权和继承权。"这一合法私有财产的概括规定为民法财产的解释提供了极大的空间。《民法典》第一百二十七条规定,法律对数据、网络虚拟财产的保护有规定的,依照其规定。

网络虚拟财产的保护是私有财产入宪以后一个很现实、很重要的问题,因为这不仅关系到网络游戏玩家和游戏商的利益,还关系到网络游戏的长远发展,关系到我国国民经济的长远发展,我们只有顺应新技术的发展要求,对传统制度做出因时制宜的修改,赋予其新的生命力,在社会各方特别是立法机关的共同努力下才能真正促进对网络虚拟财产的保护。

9.1.2　网络虚拟财产的提出

网络虚拟财产中最具有代表性的就是网络游戏中的虚拟物品或财产。首先,自 1999 年网络游戏在中国登陆以来,以网络游戏为代表的数字娱乐产业在中国呈现快速发展趋势,2003 年市场规模增长 60 倍,全球市场份额超过 350 亿美元,成为与电影、电视、音乐等并驾齐驱的娱乐产业。刚刚公布的《2023 年度中国游戏产业报告》显示,2021 年我国网络游戏市场实际销售收入达到峰值 2 965.13 亿元,2022 年略有回落至 2 658.84 亿元(具体数据如图 9-1)。在这个庞大的产业中,游戏中的装备、虚拟人等虚拟物品成了核心内容,追求升级和高级装备本身就已成为游戏用户参与游戏的一个主要目的。

在互联网编制的虚拟世界中,已经形成了以获取信息、接受娱乐等为目的的用户以及以追求营利为目的,提供各类网络服务的服务商的两大群体,正是因为这两大群体之间的互动,才形成了网络的产业化。而连接这种互动关系的,除了硬件技术条件,还需要一系列以源代码程序为本质的,在计算机内外化为现实的物的特征的虚拟物品或财产。作为普通网络用户,面对无数矩阵组成的源代码不会体验到《黑客帝国》一样精彩,相反只会感到迷惘,而只有通过服务商的网络技术条件将上述源代码在感官上外化为软件形式的网络虚拟财产,才会便于用户使用,从而体现网络生活的便利性。

在中国数千万网络游戏用户参与的百余款网络游戏中,需求惊人的虚拟物品在游戏用

2 036.07　2 144.43　2 308.77　2 786.87　2 965.13　2 658.84

2017　2018　2019　2020　2021　2022

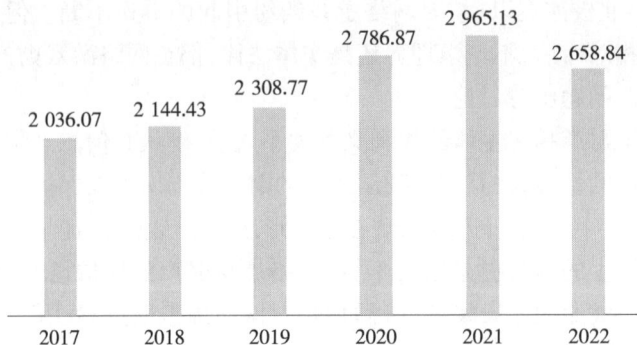

图 9-1　中国游戏市场实际销售收入(单位:亿元)

数据来源:中国音数协游戏工委、中国游戏产业研究院、36 氪研究院

户间,游戏用户和服务商间进行着交易,其价格从数十到上万元不等。虚拟财物虽然是观念上的,但价值却是实际的,被称为虚拟财产。因这种特殊性质的财物纠纷而发生的民事上与刑事上的法律纠纷,也集中表现在网络游戏产业领域,并随着网络游戏产业的规模扩大而逐渐增多。

因此,研究网络虚拟财产,对传统的民法物权、债权、知识产权等理论在互联网时代的发展、补充有所裨益;而且在司法实践上,也对解决众多民事、刑事虚拟财产纠纷有着重要的意义。下面从具有典型意义的网络游戏虚拟财产之角度展开分析,结合国内外的相关法律法规,试图给这种虚拟财产的法律属性定位,并围绕其法律属性,针对各种常见的纠纷形式以及相关的几个问题,寻找技术上的保护和立法及司法方面的救济方案。

9.1.3　网络虚拟财产的含义

我国《民法典》并没有给"网络虚拟财产"下一个定义,而按照常理理解应包括基于互联网的一切具备现实交易价值的与不具备交易价值的虚拟财产,包括 ID、免费的与收费的邮箱、虚拟货币、虚拟装备等。但一般的网络虚拟财产只包括具备现实交易价值的网络虚拟财产,即那些网络用户通过支付费用取得,并在离线交易的市场内可通过交易获取现实利益的虚拟物品。如游戏中的虚拟装备、游戏角色的高等级等。虚拟财产应该定义为数字化的、非物化的财产形式。所谓非物化,如我们拿到一个文件,其价值不是这张纸,而是纸上面的内容。因此,虚拟财产不仅仅专属于网络游戏,而应该包括电子邮件、网络寻呼等,这些一般都属于信息类产品。

网络虚拟财产的无形性表现在网络虚拟财产虽然在游戏中表现为各种各样的武器、盔甲、货币等,但是其存在只是依托于网络,并在网络上产生物品具体化的效果。

在现实中,网络虚拟财产是不具有任何物理形状外观的,并且无法独立存在的。网络虚拟财产的本质乃是存在于服务器中,并流通于网络间的电子数据,它是服务商整个游戏软件的一个组成部分。台湾地区有关规定将网络虚拟财产被定义为电磁记录,更是说明了网络虚拟财产的无形性。正如光、电气等,网络虚拟财产这种电子数据应属于一种无形物。

所以虚拟财产,系指网络电子游戏用户与网络游戏服务商的游戏服务关系存续期间因玩家以支付货币等方式取得上网进行专项活动的权利后,服务商按用户网上活动的不同进展而提供的以数据方式显示在用户页面上的游戏等级、资质标志等数据记录以及用户在此期间使用或处理这些数据记录的权利。

1）网络虚拟财产的发展与存在形态

为了准确把握网络虚拟财产的法律属性,我们有必要了解一下网络虚拟财产的起源、发展以及在现实生活中的存在形态。

2）网络虚拟财产的发展

在早期的互联网世界内,每个用户都通过注册具备了一个或多个 ID,这种 ID 代表了用户在互联网上特定空间内的身份,并且在这种空间中,每个 ID 都具备不可重合性与排他性。如 QQ 的号码,EMAIL 地址,论坛的用户名等。另外在网上论坛 BBS 中,为了鼓励用户发帖评论,论坛设立积分制度,并逐渐从简单的指数化积分转变为各种虚拟货币,而且在 BBS 架构的网络空间内,虚拟财产用户之间可以相互转换。早期网络内的虚拟物品以及服务,对于用户来说大都是免费的,但在商业化的社会里,毕竟没有永远免费的午餐,网络也不例外,追求利润最大化才是网络服务商的根本目的,于是服务商对其提供的 QQ 号码,EMAIL 所占用的空间进行收费（VIP 电子邮箱）,用户只有通过支付一定的费用才能享受到网络服务商所提供的更优质的、多功能的服务,才能得到服务商的授权从而继续使用上面提到的虚拟财产。时下的网络游戏更是网络产业化的代表,网络游戏服务商在网络环境下建立一个虚拟的游戏世界,在这个世界里,由于服务商通常设定了一定的游戏限制,所以网络游戏用户只有通过购买软件客户端（也存在免费的）平台,以点数卡的形式支付费用,连接到互联网上,才能在这个虚拟的游戏世界里长期、继续地在这个虚拟环境的规则下进行游戏。同时,因为服务商往往在虚拟的游戏世界中设定了一些资源相对稀缺的高级装备与等级,所以会调动参与者为了获取高等级,强装备等虚拟财产的参与感与成就感。然而,这部分网络虚拟财产由于其在游戏世界中的稀缺性与高效性,却派生出了在现实生活中的明显的交易价值。

3）网络虚拟财产的存在形态

从上面分析,我们认为网络虚拟财产有广义与狭义之分。广义的虚拟财产为一切具备现实交易价值的与不具备交易价值的虚拟财产,包括 ID、免费的与收费的邮箱、虚拟货币、虚拟装备等;而狭义的网络虚拟财产只包括具备现实交易价值的网络虚拟财产,只包括那些网络用户通过支付费用取得,并在离线交易的市场内可通过交易获取现实利益的虚拟物品。如上文提到的游戏中的虚拟装备、游戏角色的高等级等。狭义的网络虚拟财产,由于具备了现实的利益,所以无论对网络用户、网络服务商或是司法部门来说,虚拟财产已经不可避免地走下网络,成为现实生活中越来越值得关注的问题。

9.1.4 网络虚拟财产的法律特点

1）虚拟财产的无形性

网络虚拟财产的无形性又被人称为虚拟性,"即虚拟财产首先要满足虚拟的特性,这就意味着虚拟财产对网络游戏虚拟环境的依赖性,甚至在某种程度不能脱离网络游戏而存在,当然也正是这一特征使得按照现行的法律难以调整与规范"。这种无形性表现在网络虚拟财产虽然在游戏中表现为各种各样的武器、盔甲、货币等,但是其存在只是依托于网络,并在网络上产生物品具象化的效果。在与网络空间相对立的现实中,是不具有任何物理形状外观的,并且无法独立存在的。网络虚拟财产的本质乃是存在于服务器中,并流通于网络间的电子数据,它是服务商整个游戏软件的一个组成部分。在台湾的法律中,网络虚拟财产被定义为电磁记录,更是说明了网络虚拟财产的无形性。正如光,电气等,网络虚拟财产这种电子数据应属于一种无形物。

2)网络虚拟财产的可转让性

网络虚拟财产的可转让性可以体现在两个方面:一是用户之间自发地相互转让。其形式包括买卖、赠与等,这种转让具有无序性,自发性的特点。二是用户与官方之间的转让。比如新浪为推广其代理的网络游戏"天堂"而打包出售虚拟道具和虚拟财产;UbiSoft 公司在北美地区代理"魔剑"时也曾推出优惠方案使部分玩家可以获得游戏中某些隐藏种族的密码。这些虚拟财物的价格多为数元到数百元不等。此种转让在服务商的安排与组织下,在转让时通常伴随着一系列较为严密的登记、备案程序,所以具备有序性的特点。

3)虚拟财产的价值性

如前所述,网络虚拟财产的价值包括使用价值与交换价值。网络虚拟财产的价值性取决于其可转让性。用户对网络虚拟财产每一次的转让都会伴随着产生一定现实利润的回报。由此也派生出一部分"职业玩家",这些玩家自发地以个人或组织的方式参与到游戏中来,通过将游戏角色锻炼到高等级,或者获取那些稀缺的高级装备之后,将这些高等级的角色、装备等网络虚拟财产在现实中出让,以获取赢利,并成为一种职业。最近由瑞典游戏公司 MindArk 开发的"安特罗皮亚计划"(*Project Entropia*)令离线交易的性质发生了根本的变化,这款游戏无须玩家购买点数或缴纳月费换取游戏时间,下载客户端程序也完全免费。游戏方式则是由玩家通过运营商将真实货币兑换成虚拟货币,再利用虚拟货币在游戏的虚拟社会中从事商业或其他活动,得到的虚拟货币也可以通过 MindArk 兑换成真实货币。这样一来,网络游戏已具备了电子商务的某些特征,虚拟财物的现实价值意义也越来越明晰。"虚拟物品或虚拟财产如果仅仅发生在虚拟空间里也不能成为法律意义上的虚拟财产,只有与现实社会发生了某种联系才有可能被界定为法律上的虚拟财产,这就排除了纯粹产生并存在于虚拟空间的所谓的财产",因此其现实价值不容忽视。

4)虚拟财产的合法性

法律对虚拟财产的客体范围并没有禁止性的规定,所以合法性主要是指取得方式的合法。通过非法方式取得财产,如通过使用外挂获得虚拟财产,通过玩非法游戏积累虚拟财产,则应当是法律所禁止的。2003 年 6 月 26 日,国家新闻出版总署负责人明确表示:互联网络游戏出版经营活动中存在的私服、外挂行为属于非法互联网出版行为,有关政府将按照国家有关法律法规对这种行为坚决予以打击。这是第一次关于游戏外挂问题的官方声明,表明了游戏外挂的非法性。

5)虚拟财产的价值相对稳定性

法律上的财产必须具有一定的稳定性。只有价值相对稳定的财产,法律才有可能进行调整。实现虚拟财产价值稳定的前提是虚拟社区空间相对稳定地存在。因此虚拟财产价值的稳定性主要是对网络游戏运营商的一种要求。以联众财富为例,其取得大致有以下几种方式:①购买会员卡赠送 3 000 财富;②拨打声讯电话购买联众币转换为联众财富等方式。现在 10 万联众财富能兑换人民币 100 元左右,与其严格的取得方式密不可分。如果联众网站改变政策,像边锋等网站一样发放对局费,联众财富的价值必定大幅下降,使财富拥有者的利益受到损害。如果网络游戏服务商对虚拟社区中的各种设定是经常发生变化的,不仅会损害虚拟财物拥有者的利益,也会使法律对虚拟财产的调整无法进行。所以说虚拟财产的价值应该具有相对稳定性。

6)虚拟财产的限制性

对用户来说,网络虚拟财产为债权,这种债权来源于服务商对网络虚拟财产所有权权能的转让,并受到服务合同与服务商所有权效力的双重制约,所以尽管其在一定条件下具备物权属性,但用户的这种权利仍然是要受到限制的。明确这一点,是解决网络虚拟财产纠纷的关键之一。网络虚拟财产作为债权,其限制性显著表现在两个方面。

(1)空间上的限制

由于用户与特定的服务商订立服务合同,所以用户接受服务这个债权只能向特定的合同相对方请求才能得以实现。并且其实现要得力于网络技术条件与服务商技术支持的辅助,就是说网络虚拟财产的作用只能体现在网络上,并体现在特定的游戏中。离开互联网,离开特定的游戏,不管价值多么高的超级装备,也在现实生活中无法发挥其特定的功能。所以网络虚拟财产的价值体现在特定的虚拟架构世界环境中,也就是服务商以互联网为平台,用其服务器构建的虚拟环境。假设这个游戏中的网络虚拟财产脱离网络,或存在另一个网络游戏、或另一个服务器、或其他运营商以及现实生活中都是没有价值的。如果将服务商整个网络游戏产品看作是主物的话,那么网络虚拟财产则属于从物。从物离开主物,将丧失其价值与功能。

(2)时间上的限制

与无期限的所有权不同,因合同而产生的债权是有期限的,债权系法律世界之动态因素,因含有死亡之基因,目的已达,即会消灭。网络虚拟财产作为用户的债权,其存在当然是有期限的,决定用户债权寿命的,乃是用户与服务商的服务合同,按照合同法一般原理,合同终止,债权自然消灭。

7)稀缺性

网络游戏虚拟财产是游戏开发商编写的程序,是计算机的一组数据。网络游戏中的"装备""宝物"等不能被随意地创造或复制,它们是有限数量的,在某种程度上具有稀缺性。

9.2 网络虚拟财产权侵权方式

针对网络虚拟财产相关案例的不断发生,下面将从分析网络虚拟财产的常见纠纷形式入手,结合上文分析的网络虚拟财产之本质法律属性,在相关法律法规相对真空的状态下,尝试探求权宜的解决方案。

9.2.1 虚拟财产被盗引发的纠纷

虚拟财产一旦被盗,用户查找盗窃者往往比较困难,或者虽能找到盗窃者但难以举证,因此一旦发生虚拟财产被盗往往会请求运营商协助提供证据,更多的是直接以运营商没有尽到应尽的安全义务为由将运营商诉诸法院。

9.2.2 虚拟物品交易欺诈引起的纠纷

虚拟物品交易已经非常普遍,因利益驱使也滋生了大量的欺诈行为,比如一方支付价款,而对方不履行移交虚拟物品的义务,或者虽然履行该义务,但与对方支付的对价不相符等。

9.2.3 运营商停止运营引发的虚拟财产纠纷

运营商停止运营原因很多,多数是因经营不善而终止运营,也有恶意终止运营。不管哪种情况都会使得玩家的虚拟财产失去存在的依据和价值,因此往往会引起玩家和运营商之间的纠纷。

9.2.4 游戏数据丢失引起的虚拟财产纠纷

数据的丢失有的并不对虚拟财产带来影响,但也可能会引起有关服务质量方面的纠纷,在此谈及的是数据丢失对虚拟财产产生影响的情形,这种影响可以表现为虚拟物品属性的更改进而影响到虚拟物品的价值,也可表现为虚拟物品的丢失使得玩家的虚拟财产化为乌有等。这些都可能引发玩家和运营商之间的纠纷。

9.2.5 外挂账号被封引起的虚拟财产纠纷

一般而言使用外挂属非法行为,但运营商因玩家使用外挂而封号是否有法律依据? 如果说运营商有权对使用外挂的行为予以惩罚,那么这种惩罚能否延及玩家合法获得的虚拟财产? 事实上的做法是一旦玩家使用外挂,那么账号将被封,与之相连的用户的虚拟财产也等于被完全查封了,因此往往会引起有关的纠纷。还有一种情况就是运营商因判断错误而误封玩家账号,这也会引起纠纷。

9.3 网络虚拟财产保护范围和权利内容

9.3.1 网络虚拟财产法律属性

1)将虚拟财产认定为物权

这种观点认为虚拟财产本质上就是电磁记录数据,应属于无形物,是玩家付出了精力、时间等劳动性投入或者直接通过货币购买而取得的,享有当然的物权。最有代表性的是台湾法务部关于该问题作出的函释,确定网络游戏中的虚拟财物和账户都属存在于服务器的"电磁记录",而"电磁记录"在刑法诈欺及盗窃罪中均可看作"动产",视为私人财产的一部分。这种观点在一定程度上确实符合玩家的利益,利用物权法的相关规范也可以解决一些现实问题,但在理论上却有不妥之处。民法学界通说认为:"物权是民事主体依法对特定的物进行管理支配并享受物之利益的排他性财产权利。""物权是对世权,是指以不特定的任何人为义务主体的民事权利。"我们知道,网络虚拟财产如装备、武器等,在用户取得现实使用前,已经被服务商依托其技术而创造,并作为电磁记录或数据信息的形式保存于服务商所架构的游戏世界中了,在用户游戏离线后,该虚拟财产也仍为服务商一方所保存。所以现实中,用户的局限性在于其只能是在游戏中,在服务商的技术支撑配合下,才具备对网络虚拟财产使用的可能。从上面分析至少可以看出,第一,无论多么贵重的虚拟财产,在用户参与游戏前,已经现实存在,服务商才是虚拟财产的完全的原始的所有权人,即使用户虽然支付一定的时间、精力、费用,也是不能依据对物的原始取得享有所有权的。第二,用户对网络虚拟财产的占有收益处分是有限的,无论如何,只要游戏继续运营,虚拟财产的终极处分权仍在游戏服务商一方。即使用户中止游戏,该虚拟财产也会在一定条件下为服务商收回,并为其他用户所再使用,而虚拟财产本身却并不会产生灭失的后果。由此可见,网络虚拟财产只是感官上观念化的物而已,不管网络虚拟财产有形还是无形,因用户对其的权利不具有物权对世性与完全的支配性的特征,所以对用户来说,不能成为民法上的物。

(1)所有权为原始物权

这就是说,所有权不是从其他财产权派生出来的,而是法律直接确认财产归属关系的结果。在游戏面市前,服务商通过资金、技术、人员的投入开发了包括网络虚拟财产在内的软件硬件游戏环境,这种开发的行为本质上是一种生产,"生产的产品,无论是从自然界直接攫取的,或是利用已经凝聚一定人类劳动的原材料加工制造出来的,其形体,使用价值和价值皆非生产前可比,是一种新物"。生产取得作为物的所有权的取得方式之一,所以服务商依据生产取得游戏软件及维持游戏运行的硬件设施技术包含知识产权在内的游戏产品所有权。由于生产的行为是一种事实行为,其不需要依赖他人的意思表示,所以服务商对游戏软硬件以及其中的网络虚拟财产的权利具备原始性的特征,享有对网络虚拟财产以及整个游戏空间的所有权。有人认为:"用户在参与游戏的过程中付出了精力、时间等劳动性投入或者直接通过货币购买而取得了对网络虚拟财产的所有权。"众所周知,用户在获取网络虚拟财产的使用权之前,网络虚拟财产已经作为电磁记录的形式,作为整个游戏软件的一部分,被服务商所设计出来,并保存于服务商的服务器当中。用户只是基于合同关系,而取得了对网络虚拟财产的使用权能,用户对网络虚拟财产的控制与支配,并不具备所有权的原始性。所以用户不享有对网络虚拟财产的所有权,用户对网络虚拟财产享有的只是类似于由所有权派生出来的债权,这是所有权权能与所有权分离的结果。

(2)所有权为独占权

占有是指人对物事实上的管领,也即实际控制的权能,它是行使其他权能的前提,表现为一种持续的状态。而独占是所有人独占其所有物,独享其所有物的价值与使用价值。在游戏投入运营前,服务商依据生产,取得了游戏空间体系即网络游戏产品的原始物权,于是自然地进入了对游戏产品的独占控制状态。同时,这种独占的控制状态,还延续到游戏的运营当中:因为在游戏的运营维护过程中,毕竟离不开服务商的技术依托与硬件依托。虽然越来越多的用户参与到游戏中来,但是如上文所述,由于网络虚拟财产只保存于服务商的服务器中,用户只能在履行服务合同的过程中,才能取得对网络虚拟财产的使用,而网络虚拟财产却是始终存在于服务商的服务器中,为服务商所占有的。同时用户也不可能将网络虚拟财产与整个游戏世界分离,而独立地取得对网络虚拟财产的占有,如果网络虚拟财产离开其所依存的游戏世界,主要使用价值就必然会灭失。而且只要用户离线,网络虚拟财产的使用权也随之终止。所以服务商的这种独占控制状态并没有通过合同而向用户转移,只是基于盈利之考虑,将自物的使用权依据服务合同暂时、有偿地出让,在网络虚拟财产使用权的层面上为合同所约束,伴随着承担合同之义务。

（3）所有权为完全物权

就对物的支配方面考察,完全物权是一种概括的、全面的、一般的支配权,囊括了占有、使用、收益、处分四项权能。而处分权是指依法对物进行处置,从而决定物的命运的权能,也是公认的区分所有权归属的显著标志。有人认为"在虚拟社会中,玩家处分其财产,或卖或赠;而玩家也可以卖或赠其在虚拟世界中的财产,一些民间网站甚至还提供玩家处分其财产的平台,所以说,虚拟财产的处分权人仍归玩家"。我们知道,服务商在完成游戏的开发,建立网络游戏产品体系之后,在游戏投放市场（与用户缔结合同）之前,享有对游戏产品,网络虚拟财产的圆满处分权。在与用户缔结服务合同后,只是因为合同而转让了所有权的部分权能而已,从而使服务商的所有权受到了一定的限制,而作为整个游戏产品体系的所有权却没有转移给用户。上面的观点将具备所有权的权能的情形与所有权的归属所混淆,并没有仔细区分所有权权能与所有权分离的情形。在离线交易中,用户虽然可以对网络虚拟财产"或卖或赠",并取得一定的经济利益,但是这种买卖或赠与的行为乃是不完全的处分行为,其权利的合法来源是服务商出于利益的需要,依据合同转让的所有权的部分使用权能而已,并且此种权利要受到合同的限制,当这种限制除去后,服务商对网络虚拟财产的物权又回到与用户缔结合同前的圆满状态。最具有说明性的表现是,用户虽然在网络上可以使用网络虚拟财产,也可以在网络上、网络下的交易平台中对网络虚拟财产进行流通性的转让,但是用户不会也不可能作出将网络虚拟财产在游戏世界中消灭的终极处分行为。之所以这样说,一是因为在游戏规则的设定下,用户的技术无法采用规则外的手段实现将网络虚拟财产消灭的后果。二是网络虚拟财产乃是游戏软件的一部分,整个游戏的完整性与平衡性受到知识产权法的保护。

另外,用户在终止合同后,就无权继续使用游戏,但相关的网络虚拟财产所有权并没有消失,那些原有的高级装备等,服务商为了游戏的平衡,不但可以回收利用,而且可以重新创立具备同一性的网络虚拟财产,并让其继续在游戏世界中扮演着重要的角色。同时依照网络游戏的运营惯例,服务商也可以出于商业发展方向变化的需要,对整个游戏环境的设定进行变更,将整个游戏的软硬件设施连同运营权转让给第三方,甚至视市场情况终止游戏的运营,并由此发生对网络虚拟财产法律关系的产生、变更、消灭的法律后果。网络虚拟财产的物理属性乃是电磁记录,属于服务商构建的网络虚拟世界的一个部分,并始终保存在服务商的服务器中,为服务商所占有、处分。只要服务商不破产,游戏不终止运营,即使用户不续费导致合同终止,网络虚拟财产也仍被服务商所持续而牢固地占有。即使在合同终止后,在原合同当事人债权消灭的情况下,服务商还有权授权其他用户依游戏规则取得同样的使用权。从上面可以看出,网络虚拟财产相对整个网络游戏产品体系来说,是从物与主物的关系。所以服务商享有网络虚拟财产是在不设权状态下的完全处分权。

由上面分析可得出这样的结论,服务商依据生产取得,以及独占权,处分权享有对网络虚拟财产的所有权,在用户与之缔结合同后,服务商的所有权并没有转让,而是依据合同,向用户转让了网络虚拟财产的所有权的部分使用权能。所以,网络虚拟财产所有权由服务商所享有。

2)将网络虚拟财产权利认定为债权

"将虚拟财产关系认定为债的关系,虚拟财产仅是玩家得以请求服务商为其提供特定的服务内容的证据,这一债的关系根源于玩家与服务商之间的服务合同关系。""虚拟财产的重点不在于虚拟物品本身,而在于它所反映的服务合同关系。虚拟财产权利就是玩家可以享有由服务商所提供的特定的服务内容的权利。每一个虚拟物品就是一张合同,由玩家占有后即视为合同签订并转变为虚拟财产。"此种观点以网络虚拟财产为中心,在论证了网络用户与网络服务商的权利义务关系的基础上,抓住了网络虚拟财产的法律本质,即用户的权利来源于用户与服务商之间的服务合同关系。用户通过购买或下载客户端,注册 ID,购买点数卡等一系列民事法律行为与服务商缔结了服务合同,从而享有在网络上接受游戏,进行游戏,体验游戏的乐趣的权利,所以这种权利的本质是一种债权。然而,虽然该种观点将网络虚拟财产权定位成债权是正确的,并认为"游戏既然是商业化的,既然是服务型的,那么就必然依赖合同的效力,完全可以用合同关系来解释"。但是,第一,这种观点并没有解决网络虚拟财产的最终归属问题,债权的产生离不开物权,没有物权,债权是哪里产生的呢?第二,如单纯地将之归结为债权,并依双方的基础合同来调整各自的权利义务关系,则显得偏颇。因为现实生活中的网络虚拟财产纠纷,第三人侵权的案件屡见不鲜,单纯地把网络虚拟财产定义为债权,指望依据用户与服务商缔结的合同关系,来一劳永逸地解决所有的网络虚拟财产纠纷,是不现实的。

3)将网络虚拟财产认定为是用户的知识产权

这种观点认为用户在游戏过程中耗费了大量的时间和精力,伴随着智力性的劳动投入,因此可以把虚拟财产权利作为知识产权。但是根据上述分析,虚拟财产在用户参与游戏前,已经存在,而且在形式上,虚拟财产应属于计算机软件的一部分,根据《TRIPS》协议以及我国著作权法,服务商依据创作完成,当然地享有对其设计的计算机软件的著作权。用户参与游戏的行为,并无任何创造性的成分在里面,用户只能依托游戏设定的规则享受游戏的乐趣。简单地说,用户可以在游戏中发现一件虚拟财产,但是不可能遵循规则的同时却超脱游戏规则,发明或创造一项财产。所以网络虚拟财产对用户来说,不会是知识产权。

值得一提的是,每款网络游戏产品,都离不开外在的技术含量,即必须要以计算机软件的形式为游戏的载体;同时也离不开内在的特定游戏情节,即必须要以特定的人物、背景、故事等为游戏的内涵。而无论是游戏的软件还是游戏的内涵，都是服务商通过投入人力、资金、智力劳动而开发出的智力成果，网络虚拟财产也不例外，每个盔甲、武器、货币等，背后都凝结了游戏开发者技术上的编辑与思想上的创造。所以按照国际的通行做法，计算机程序应纳入到《伯尔尼公约》的文学作品的范畴，其作者依创作完成作品而取得作品的著作权。在 TRIPS 协议中，更是实现了对计算机程序的全面保护，TRIPS 协议第 10 条第 1 项规定："计算机程序，不论源代码还是目标代码，应当按照《伯尔尼公约》（1971）规定的文学作品进行保护。"网络游戏产品本质是计算机程序，而网络虚拟财产是网络游戏产品的一部分，所以对服务商而言，对网络游戏产品在有形物的部分，不但具备所有权，而且还在无形物的部分，具备智力成果上的版权。

因此，单纯把网络虚拟财产的法律属性定位于以上某种观点，是不切实际的，需要在深入分析网络虚拟财产各个方面的问题基础上，并整合物权法、债权法，甚至刑事法的相关原理，透过网络虚拟财产的现象，把握其本质，才能全面而有效地实现对网络虚拟财产问题的保护。

4）网络虚拟财产的信息产权性

上述关于网络虚拟财产法律性质的讨论，似乎各有各的道理，但是无论是物权、债权、知识产权都不能很好地解释网络虚拟财产法律属性。是不是人类创造的概念出了问题？难道我们非得用已有的概念来定义网络虚拟财产吗？我们认为应用信息产权的概念来解释和定义诸如网络虚拟财产、软件、数据库、密码、IP 地址、域名等是合适的，可以避免将这些概念归入到知识产权中所遇到的尴尬。

信息产权是信息化社会中各种信息产品的法律化表现，是信息所有者对于自己独创性的脑力劳动成果所享有的权利。它包括知识产权、相关的信息权利以及其他非知识性的信息权利。因此，知识产权只是信息产权的核心组成部分。

1984 年，《香港的知识产权与工业产权》一书中明确地阐述了传统知识产权与信息产权的内在联系和统一性，书中把专利解释为"反映发明创造深度的技术信息"，把商标解释为"贸易活动中使人认明产品标志的信息"，把版权解释为"信息的固定的、长久存在的形式"。我国反不正当竞争法也将商业秘密解释为："不为公众所知悉的，具有实用性，能为权利人带来经济利益的技术信息和经营信息。"

随着知识经济时代的到来，许多新兴的信息资源需要专有保护，但将其纳入传统的知识产权法保护，显然并不合适。因此，必须创设一个新的概念——信息产权。信息产权的外延广于知识产权，但知识产权是信息产权的核心组成部分，信息产权由知识产权和其他专有信息产权两部分构成。同时，以传统的知识产权法为核心，以其他信息产权为补充，构建一个体系完整且适应信息时代要求的产权理论体系，新出现的信息产权和信息资源纳入法律的保护中。

信息产权保护是随着信息产权的产生而产生的。信息产权是传统的知识产权扩大后的内容，是知识产权在网络环境下的延伸，两者是两个不同的概念，信息产权的外延比知识产权更广泛。随着计算机科学的发展，出现了软件、数据库等保护法规，网络的繁荣又促使了链接法（the Law of Linking）、镜像法（the Law of Framing）的出现。

"信息产权"的理论于 1984 年由澳大利亚学者彭德尔顿教授(Michael Pendleton)在其专著作了初步阐述;1987 年,郑成思在《计算机、软件与数据库的法律保护》一书中作了全面的论述。美国加州大学伯克利分校萨缪尔森教授(Pamela Samuelson)1991 年发表的《信息是财产吗?》一文,荷兰海牙 1998 年出版的《知识产权和信息产权》一书和美国缅因州大学李特曼教授(Jessica Litman)1999 年在《耶鲁法学评论》发表的"信息隐私和信息产权"等。

20 世纪 80 年代,有人把世界上进行着的新技术革命称为"第三次浪潮"。从财产及产权法的角度看,"在第一次浪潮的社会中,土地是最重要的财产;在第二次浪潮的社会中,机器取代了土地,成为最重要的财产;在第三次浪潮的社会中,我们仍然需要土地、机器这些有形财产,但主要财产已经变成了信息。这是一次革命的转折。这种前所未有的财产是无形的。""如果说股票是象征的符号,那么信息财产则是象征的象征。这样一来,财产的概念面目全非了……"这是美国社会学家托夫勒 Alvin Toffler 在《预测与前提》一书中的论述。

信息社会中信息的特点,是传递更迅速,对经济、技术及社会的发展起着更重要的作用。信息社会既然已经把信息财产作为高于土地、机器等有形财产的主要财产,这种社会的法律就应对它加以保护,就应该制定"信息产权法"。

在许多发达国家,早在 20 世纪 70 至 80 年代,随着电子计算机的广泛使用而出现了各种保护电子计算机所存储的信息的法律。有些法律已不是原来意义上的知识产权法。20 世纪 90 年代后,西欧率先提出了保护无创造性的数据库的设想,并在 1996 年 3 月以欧洲委员会"指令"的形式形成地区性公约。这样一来,可作为财产权标的的"信息",又大大地增加了一部分内容。为更好地实施以信息化带动工业化、推动信息立法以及使上层建筑符合经济基础发展的要求,树立和确认信息产权的概念是非常必要的。

9.3.2　虚拟财产的价值认定问题

1) 网络虚拟财产属于宪法保护的财产

虚拟财产对于玩家来说体现为一种债权性权利,当然具有一定的价值。我国《宪法》第十三条规定:"公民的合法的私有财产不受侵犯。国家依照法律规定保护公民的私有财产权和继承权。"2004 年,《宪法》经修改后,更是将公民的合法私有财产的保护明确地列入宪法,体现了我国对公民私权的日益尊重与现代文明社会的法治精神。那么,网络虚拟财产作为用户的一种债权,是否可以将其纳入到我国法律体系内的财产概念的外延,决定了司法部门是否可以直接适用我国的法律来实现对用户的网络虚拟财产进行保护。

2) 网络虚拟财产属于民法领域内的财产

《最高人民法院关于贯彻执行〈中华人民共和国继承法〉若干问题的意见》规定:公民可继承的其他合法财产包括有价证券和履行标的为财物的债权等。按照我国《企业破产法(试行)》的规定,破产宣告至破产程序终结前企业的全部财产属于破产财产,因此说,用户的网络虚拟财产作为用户的债权,当然是用户的财产,在我国的现行民事法律体系中,完全可以找到它的位置,司法机关也可以直接适用我国的民事法律,以一般侵权行为法的原理给予保护。

3) 网络虚拟财产属于行政法保护的财产

对《计算机信息网络国际互联网安全保护管理办法》第六条第一款提到的"未经允许进

入计算机信息网络或使用计算机信息网络资源的",第二十条规定由公安机关给予警告,有违法所得的,没收违法所得,对个人可以并处五千元以下的罚款,构成违反治安管理行为的,依照治安管理处罚条例的规定处罚;构成犯罪的,依法追究刑事责任。

4)网络虚拟财产属于刑法保护的财产

首先要明确我国民法中财产概念的外延与刑法概念的外延是不同的。而刑法对公民私有财产之保护而言,最明显的体现是在刑法分则"侵犯财产罪"一章,其侧重保护的是同时具有交换价值与使用价值的双重特征的财产关系,这种财产关系要具备经济学意义上的商品属性。刑法上所指的公私财产"必须是合法所有的、具有经济价值和使用价值的财产"。

其次要明确民法中的财产概念的外延与刑法中的财产概念外延是可以交叉的。如前所述,当民法上的财产具备交换价值的时候,就自然可以成为刑法中的财产,为刑法所保护。

最后要明确网络虚拟财产同时具备使用价值与交换价值,应为刑法所保护。刑法第九十二条规定,公民私人所有财产是指公民的合法收入、储蓄、房屋和其他生活资料,依法归个人、家庭所有的生产资料,个体户和私营企业的合法财产以及依法归个人所有的股份、股票、债券和其他财产。我国刑法条文对财产的概念之定义虽然采取的是列举的方法,但是从第九十二条可以看出,公民的股份、股票、债券这类债权的凭证,因为其可以为公民带来经济上的利益,所以是不难看出,公民的合法债权是受到刑法保护的。那么网络虚拟财产呢? 排除其使用价值,其是否具有交换价值呢? 在此不难发现,网络虚拟财产是用户的一种债权,并且用户对这种债权具有明显的经济利益。从网络虚拟财产的现状来看,游戏用户间存在大量的网络虚拟财产买卖现象,用户间可以对其支配下的武器、盔甲、宝物等网络虚拟财产在现实的市场中进行交易,如根据新浪网2004年5月提供的一份最高成交价格统计显示,在网络游戏中,以人民币为计量单位,"热血传奇"的传送戒指价格为40 000元,屠龙为5 000元;"魔力宝贝"的鼠王最低价格为10 000元;"仙镜传说"的3亿游戏币可兑换人民币1 020元等。就是说,一旦用户在网络游戏中得到上面提到的网络虚拟财产,那么他可以通过交易平台将网络虚拟财产转让给其他用户而获取高额的利润,这对用户来说,显然具有明显的交换价值,并表现出一定的市场价格。因此,用户可以通过将网络虚拟财产这种债权转让的方式来获得现金上的利益,用户对网络虚拟财产的债权同时具备使用价值与交换价值。因此结合前文分析,类似债券一样,在游戏中有形化的网络虚拟财产乃是用户无形之债权的一种凭证。第三方对网络虚拟财产的侵犯,实质是对用户债权的侵犯,因此,对于网络虚拟财产理应归入刑法第九十二条"其他财产"的范畴,并给予足够的保护。

9.4 网络虚拟财产法律制度的建立

既然网络游戏虚拟财产对玩家本质上来说是一种债权性权利,而且这种权利的基础是网络游戏服务合同,最直接的保护方法就是合同保护。比如玩家与游戏运营公司可以在合同中具体地约定双方各自的权利义务,如何对玩家的虚拟财产进行保护的条款,但问题是现今的网络游戏服务合同往往是由游戏运营商单方面拟订,存在一些霸王条款,再加上双方的信息和实力的不对称性,导致合同保护之路也充满了障碍。

9.4.1　虚拟财产法律保护的障碍

从终极意义上来说,司法途径是保护玩家虚拟财产的最有利途径,毕竟司法是保护人民权利的最后一道屏障。但是在现今的语境中,通过司法的途径来保护玩家的虚拟财产存在以下的障碍。

1)立法滞后导致网络司法困难

由于我国是大陆法系国家,必然会有意无意地被"自动售货机"的法治神话所干扰。造成了法官和执法者在具体的网络司法过程中的"等待情结",比如许多的玩家的账号被盗窃,诈骗后,到当地的网络安全检察部门报案,却往往被法无具体规定为由拒绝立案。导致玩家无法启动司法救济程序。法官也往往对于网络游戏纠纷以法律没有明文规定而驳回起诉或者回避玩家提出的诉讼请求。但是殊不知古罗马谚语有云:执法者不得以法无明文规定为理由拒绝司法。原因很简单:因为司法是维护公民权利的最后一道防线。再比如,盗窃玩家的账号、装备是属于网络盗窃罪还是属于非法入侵计算机信息系统罪,非法破坏计算机信息系统罪,或是黑客行为? 它们之间的具体区别是什么? 立法对此都语焉不详。

2)虚拟财产价值认定与司法的非具体化

通过上文的简要论述,我们可以看到对于虚拟财产的认定的方法是存在争论的,是多元的,不确定的,这必然导致司法的非具体化和非精确化。比如,对于网络盗窃行为认定上,对于是否构成盗窃罪,就需要根据被盗游戏装备的具体价值数额确定,若该次盗窃的金额达到数额较大时才构成盗窃罪。而通常盗窃罪涉案物品的价值是依照《最高人民法院关于审理盗窃案件具体应用法律若干问题的解释》(简称《解释》)第五条之规定进行认定,该条明确规定了被盗涉案物品价值数额的具体计算方法。但由于网络游戏装备等虚拟物品系新兴事物,使得该规定对其价值认定并未具体规定。现实中,盗窃者盗窃网络游戏账号或者装备往往用来出卖,而出卖就涉及一定的价格。这就必然涉及对于盗窃网络游戏装备、账号后进行销赃如何具体定罪的问题。根据《解释》第五条第(七)款规定:销赃数额高于按本解释计算的盗窃数额的,盗窃数额按销赃数额计算。据此若被告人盗窃后销赃的,在虚拟赃物价值无法确定的情况下,只能按具体的销赃金额来计算犯罪金额。当销赃金额达到数额较大时,就构成犯罪。而司法机关对盗窃游戏装备却未销赃的案件,因无估价认定规则,不能确定盗窃金额是否达到数额较大,只能宣告无罪。而我们知道网络游戏装备和账号的出售价格往往低于其实际花费的价值,如对于网络盗窃犯罪都按照销赃额来计算犯罪金额,则无论是对打击网络犯罪或是保护玩家利益都是不利的。

3)电子证据与举证责任

对于网络虚拟财产纠纷,玩家面临的一个棘手问题就是举证。通常玩家在提起具体的诉讼请求前要面临着两项基本的举证义务:第一,这个 ID 是不是你的? 第二,ID 上所对应和表征的装备、等级、程度是否是你自己通过合法的途径取得的? 对于第一个 ID 主体的确认问题,应该说并不存在很大的困难,因为一般玩家在加入某款网络游戏的时候,都会拥有相应的静态用户名和密码,而且此用户名和密码是非公开的,并且在注册时需要填写相应的能够证实自己身份的资料,比如电子邮箱地址、电话号码、具体地址等信息。但对于第二个举证问题,通常是令玩家比较头痛的问题,因为玩家在进行游戏过程中的所有数据资料都记录于游戏运营商的主服务器上,而我国相关的除了出于维护网络安全的考虑规定游戏运营商有保存相应记录以备相关机关查用外,并未规定游戏运营商有对玩家的举证进行协助的法定义务。也正因为如此,才导致了大的网络游戏纠纷在玩家要求游戏运营公司提供相应的协助未果的情况下,往往把游戏运营商告上了法庭。笔者认为无论是从财力还是从技术上,情理上,游戏运营公司都应该有协助玩家取得相应的证据的义务,举证责任的分配基本原则就是谁有能力则由谁举证。因此今后相关的网络游戏立法应该对游戏运营商设定相应的举证协助义务。另外对于电子证据的地位问题,现今理论和司法界也没有一个定论,这一切都导致了玩家背负了过重的举证责任。

9.4.2 虚拟财产法律保护制度的构建

如前所述,我国 2004 年《宪法》修正案第十三条规定:"公民的合法的私有财产不受侵犯。国家依照法律规定保护公民的私有财产权和继承权。"这一合法私有财产的概括规定为民法财产的解释提供了极大的空间。而 2020 年颁布的《民法典》第一百二十七条规定,法律对数据、网络虚拟财产的保护有规定的,依照其规定。这是我国立法首次确立"网络虚拟财产"的概念,但并未解释其含义,故需要司法判例来补充解释。

1) 民法对网络虚拟财产的保护

(1) 物权法保护

网络虚拟财产的债权物权化,对解决第三人侵害用户网络虚拟财产的案件是大有帮助的。但是从操作层面来说,无论网络虚拟财产是债权还是物权,对双方来说,实质都是一种财产性的权利,正是这种财产性的权利在不同条件下呈现的不同面貌,才导致了上面提到的债权与物权属性的交叉。同时连接二者,实现物权与债权动态转换的,也是背后的这种现实利益关系。网络游戏进行的过程,就是债权与物权的动态分布的过程,只有把握住利益关系这一连接点,并根据权利之不可侵犯性的普遍原理,结合上面分析的我国法律的财产概念,才能明确网络虚拟财产的债权与物权的双重属性,从而顺利地将网络虚拟财产整合到我国的法律体系内予以保护。

(2) 债权法保护

一般而言,债是指特定当事人之间的一种民事法律关系。我国民法通则规定:"债是按照合同的约定或者依照法律的规定,在当事人之间产生的特定的权利和义务关系。"而"合同是引起债的发生的常见法律事实之一。"就网络游戏用户与游戏服务商而言,用户为了实现参与游戏的目的,必须要通过购买游戏软件,下载客户端,注册 ID 等有偿或无偿的行为向提供网络游戏的服务商表达其参与游戏的意思表示;而服务商正是把提供游戏平台、设计多种多样新奇的游戏情节,以吸引更多的用户参与游戏并实现盈利作为其商业上的出发点与归宿。所以,用户与服务商之间是一种合同关系。

此类合同最典型的表现形式就是服务商在用户正式参与网络游戏中之前,会通过一份格式化的文本客户端协议来约定合同双方的权利义务关系,在协议中通常列举了一系列的责任条款,用户如不接受此协议之约束,则无权使用其游戏。比如某游戏中的条款:"如果你不同意里面的任何一项条款,在购买软件之后的 30 天内你都有权立刻将未使用的软件返还给你买这个软件的地方或者联系××娱乐公司的客户服务部"。因此双方都为此约束。此时在合同所保障的权利义务关系中,用户基于合同效力,享有对服务商交付服务关系的请求权;而服务商则负有向用户交付服务关系,维持游戏系统稳定与安全等的容忍义务。这时无论是用户,还是服务商,都只对特定的对方才享有请求权并承担义务,而不涉及合同外的不特定多数人。

实际上,网络虚拟财产本身在物理属性上只不过是电磁记录,只是因为其在网络中由于软件编码的技术性组合而呈现出比较直观的物理特征而已,"我们也可以把虚拟财产看作是一种具有证明效力的拟制物,它具有类似于票据的性质,因此可以流通"。所以网络虚拟财产这一无形的数据,实际是用户债权的凭证。用户一旦在游戏中取得对某个 ID、武器、盔甲等网络虚拟财产的控制,就应当认为该用户享有了对其控制状态下的网络虚拟财产的债权。虚拟财产是用户债权的凭证,在它背后,实际承载的是用户的债权。

所以网络虚拟财产对用户来说,本质上是债权。"债权是指请求相对人为某种行为(如交货、付款、提供服务)的权利,性质上属于请求权。合同关系上的权利,就是最典型的债权。"并且这种债权是依据基础服务合同所确立,对于这类债权的取得需要用户支付上面提到的对价。

(3)知识产权法保护

有人主张目前以知识产权法来保护虚拟财产,以湖北的张斌律师为代表,他认为虚拟财产属于智力成果,因为其具备新颖性、创造性、可复制性以及需要载体,故应该把其视为知识产权中的著作权来保护,玩家通过购买或练级得到的都只是著作权的使用权,而非独占权和所有权。按照这种理解,虚拟物品属于网络游戏开发商设计的作品,对其拥有所有权,玩家只有使用权,那么玩家是否有权进行虚拟交易呢? 这种完全处分虚拟物品行为是否超越了使用权的权限呢? 张斌律师的这种观点混淆了作为一种智力产品的虚拟物品(按照其观点)和玩家通过付出劳动、金钱而得到的虚拟物品之间的区别,游戏开发商开发的游戏本身有著作权,游戏中的虚拟角色之类的也可能具备了作品的要件,但这种"作品"与玩家通过付出劳动、金钱得到的属性值不同的虚拟角色绝非一回事,盗窃的虚拟角色往往是后者,而后者是根本不能用知识产权法来保护的。

2)行政法保护对策

对于盗窃他人游戏账号,不论是采取何种手段(比如利用黑客工具),在目前民法没有明确保护虚拟财产的情况下,可以通过计算机安全法来解决。根据《计算机信息网络国际互联网安全保护管理办法》第六条第一款"未经允许进入计算机信息网络或使用计算机信息网络资源的"和第二十条规定由公安机关给予警告,有违法所得的,没收违法所得,对个人可以并处五千元以下的罚款,构成违反治安管理行为的,依照治安管理处罚条例的规定处罚;构成犯罪的,依法追究刑事责任。笔者认为这是在目前情况下对利益受到侵害的玩家而言比较可行的救济方法。但是这种救济方法的范围还是非常窄的。

3)刑法保护对策

要通过司法解释扩大民法通则中"财产"的外延。根据上文的论述,仅仅依据合同法难以完全保护虚拟财产,依据《计算机信息网络国际互联网安全保护管理办法》又受到保护范围的限制,盗窃虚拟财产以外的纠纷往往难以解决,知识产权保护也有很大的缺陷,故我们认为真正能从根本上解决与虚拟财产有关的法律问题主要还是依据民法,关键是对于盗窃虚拟财产数额较大的应以刑法来调整。我们可以把网络游戏中的虚拟财物和账号视为存在于服务器上的"电磁记录","电磁记录"在刑法诈骗及盗窃罪中均为"动产",属于私人财产的一部分。盗窃他人虚拟财物的构成犯罪行为,最高可处三年以下有期徒刑。

4)网络游戏专门立法

仅仅通过司法解释扩大民法通则中"财产"的外延还是不够的,因为虚拟财产的法律特征和法律要件,虚拟财产的物权、运营商的责任以及虚拟财产纠纷的解决方式等都难以涉及,而这些也正是实务中最急需解决的问题。而且网络游戏还存在着诸多私服、外挂、虚拟交易平台的规范、网络游戏格式合同治理等问题,所以通过制定一部网络游戏方面的基本法把这些问题系统地解决才是比较彻底的,这也是目前整个网络游戏行业的日益高涨的呼声。

5)网络游戏行政管制

目前可以从以下几个方面来约束和管理虚拟财产:首先,组成一个由相关行政主管部门、游戏开发商、游戏高手等共同参与的机构,制定一套虚拟财产的认定和评估、虚拟财产的合法获取方式等一系列规则和规范,在制度和规则上对虚拟社会和虚拟财产进行规范。其次,加强对游戏行业的管理,强化游戏运营商对玩家虚拟财产的保护意识,并从技术上增强保护能力,从而保护消费者的合法权益。最后,加强对网络玩家的诚信教育,提倡上网实名制。

9.5　虚拟货币的法律规制

网络虚拟货币是用户对发行人的一种证券化了的无记名电子债权凭证,具有小额支付功能和奖励功能。随着互联网的普及和网络游戏产业的迅速发展,网络虚拟货币被大量发行和使用。据不完全统计,目前我国网上流通的网络虚拟货币达十多种,如Q币、Q点、百度币、泡币、魔兽币、天堂币、盛大点券、U币等。以Q币为例,使用者超过两亿人。业内人士估计,国内互联网已具备每年几十亿元的网络虚拟货币市场规模,并以15%～20%的速度增长。以网络虚拟货币销售作为主要收入来源的游戏公司,更是获得了每季度上亿元的财富。

9.5.1　网络虚拟货币的界定

1)网络虚拟货币的法律属性

网络虚拟货币也称为虚拟货币、网络货币、网币等,其定义尚无定论。文化部、商务部《关于加强网络游戏虚拟货币管理工作的通知》(文市发〔2009〕20号)中对网络游戏虚拟货币做了如下界定:"本通知所称的网络游戏虚拟货币,是指由网络游戏运营企业发行,游戏用户使用法定货币按一定比例直接或间接购买,存在于游戏程序之外,以电磁记录方式存储于网络游戏运营企业提供的服务器内,并以特定数字单位表现的一种虚拟兑换工具。网络游戏虚拟货币用于兑换发行企业所提供指定范围、指定时间内的网络游戏服务,表现为网络游戏的预付充值卡、预付金额或点数等形式,但不包括游戏活动中获得的游戏道具。"上述规章界定的只是网络游戏中的网络虚拟货币,但网络虚拟货币并不只限于游戏中使用,有的还可以用于购买其他互联网产品。就广义而言,网络虚拟货币是指由一定的发行主体以互联网(Internet)为基础,以计算机技术和通信技术为手段,以数字化的形式(二进制数据)存储在网络或有关电子设备中,并通过网络系统(包括智能卡)以数据传输方式实现流通和支付功能的网络等价物。本文所探讨的网络虚拟货币是专指由大型商务网站或网络游戏提供商发行的用于完成网上小额支付的工具。从其表现形式来看,网络虚拟货币属于电子货币的一种。

网络虚拟货币可以通过现金、银行卡、网上支付等方式购买,也能通过参与网络游戏或在线时长而获得。它记载在网络服务运营商为用户设立的虚拟账户中,用户享有以网络虚拟货币购买发行人特定网络商品或服务的权利。因此,网络虚拟货币是网络虚拟货币持有人对发行人的电子债权凭证。由于网络虚拟货币细化成了等额的单位份额,且是无记名的,因此网络虚拟货币是证券化了的无记名电子债权凭证。

2)网络虚拟货币的特点

①发行主体为网络服务运营商。目前的各类网络虚拟货币都是由一些大型商务网站或网络游戏提供商发行的,是网络服务运营商为了避免小额现金购买的不便以及银行网络支付的风险而采取的灵活、便捷的服务方式。

②使用范围特定。由于每一种网络虚拟货币仅是一家网络服务运营商推出的用于代表自己所提供的某种商品或服务的个性化数据符号,其价值符号功能首先要面临网络用户认同的问题。网络虚拟货币对于使用者来说具有较大的使用价值,而对于那些对其网络服务内容没有兴趣的人则没有实际意义。因此,则不被接受。网络虚拟货币无法像法定货币一样得到社会的普遍认可。例如,Q币只是在腾讯服务所及的范围内流通,各网络服务运营商发行的网络虚拟货币一般只限于在发行人网站上使用,超出该范围林登币只能在"第二人生"游戏中使用;用来支付QQ秀、QQ游戏、QQ会员、QQ家园、QQ贺卡等具体服务的费用,出了这个圈,就像游戏币出了游艺场、打折卡出了所在商场一样,不再具有等价物的一般交换功能。虽然现实中Q币以其所依托的QQ(即时通信工具)网络用户过亿的优势,拥有较为广泛的使用人群,且较高的商业信用使在部分领域内实现跨服务流通支付功能,但依然无法改变网络虚拟货币流通范围的局限性特征。

③单向流通性。目前除了出现停止服务的情形,几乎所有推出网络虚拟货币的运营商都不提供网络虚拟货币兑换现金的服务。究其原因,一方面是因为网络虚拟货币的发行具有营利性,提供兑换现金服务将使运营商难以实现营利性的目的;另一方面是考虑到网络服务的高技术风险性(如黑客攻击风险、电子数据的篡改风险等),提供兑换服务将会使运营商面临巨大的经济风险。流通方向的单一性使网络虚拟货币的流通,缺少回笼机制,无法形成

金融交易闭环。

3)网络虚拟货币与法定货币的比较

现实法定货币是一种信用货币,网络虚拟货币虽然具有现实法定货币的一些功能,如支付功能,但两者有本质的区别。

①网络虚拟货币的发行是以营利性为目的,由独立网络服务运营商所为的商业行为,而法定信用货币是国家法律规定、由代表国家的特殊机关即中央银行发行,是一种国家行为,目的在于保证国家货币体系、政策的完整与统一。

②网络虚拟货币只是作为等价物的特殊商品(如历史上使用过的贝壳、贵重金属等),而非一般等价物。网络虚拟货币的商品属性大于它的货币属性,只不过是在一定范围具有交换功能的特殊商品。

③网络虚拟货币有一定交换功能,可以无条件用现实货币来交换,但它们本身却不可以无条件地交换现实货币。这说明它们与现实货币的交换条件并非对等。

④现实货币有贵重金属或实物经济作为发行准备,而网络虚拟货币是一种没有任何行准备的信用凭证,它只能用服务商的信用作为担保,因此是一种不可靠的"货币"。

⑤现实货币一般由各国中央银行发行,货币总量由中央银行决定。网络虚拟货币由服务商发行,根据巴塞尔银行监管委员会的界定,电子货币是指通过销售终端、各类电子设备以及在公开网络(如 Internet)上执行支付的储值产品和预付机制。服务商基本上无法控制网络虚拟货币的数量。

⑥基于发行依据和主体身份的不同,网络虚拟货币以企业的商业信用为保障,在小范围内单向流通使用,不具有可逆转性和重复使用性;而法定货币以法律和国家信用为保障,在一国主权管辖范围内强制自由流通,不受使用范围和流通方向限制。从上述种种区别可以清楚地看出,网络虚拟货币存在于一定范围内,不具有一般等价物特性;同时,网络虚拟货币作为网络服务运营商提供的产品,具有商品的基本属性。也就是说,网络虚拟货币更多地表现出的是商品属性而不是信用货币属性。另外,网络虚拟货币也不属于金融资产,因为其不具有金融资产所应具备的流动性、偿还性和收益性等金融资产特性。

9.5.2 网络虚拟货币的功能

网络虚拟货币作为一种等价物而产生,自然有其现实需要。网络虚拟货币能够便利小额支付,吸引网络消费者,促进网络交易和消费,繁荣网络经济。网络虚拟货币的功能主要体现在以下两个方面。

1)小额支付功能

网络虚拟货币是互联网微支付方式的创新。这种微支付方式适应了当前互联网消费群体的消费和支付习惯,促进了虚拟产品和虚拟服务的发展。网上虚拟产品和服务消费的主要特点是交易远程化、价值小、消费频率高、消费群体庞大且以年轻人为主,而现有的以银行等金融机构为主体的支付系统难以满足网上交易的需求,具体体现在如下几个方面。

①网络交易是一种不谋面的远程交易活动。由于目前支付文化和网上支付安全等问

题,导致人们使用银行卡时小心翼翼、疑虑重重,限制了目前主要的银行信用类支付工具在互联网上的普遍使用。

②现有支付方式的支付成本相对比较高,如信用卡支付成本包括可观的手续费、通信费、处理费用和宣传费等,汇兑也需要支付手续费。而通常网络虚拟产品和服务价值比较小,甚至是微额的,用现有支付方式支付使得每次网络交易所产生的支付成本可能大于,甚至远远大于交易标的的价值,很不经济。

③网络虚拟产品和服务交易频率非常高,相应的支付频率也非常高,需要 24 小时的支付动态性支持。相比于网上信息流动的速度和效率而言,网下支付效率与网上交易的时效性不相匹配。

④互联网跨越时空的特性需要跨行业或跨地区,甚至跨越国界的支付手段,现有支付方式通常支付周期长、实时性差、结算效率低。

⑤网上虚拟产品和服务的消费者大多是年轻人(包括未成年人),其中很大一部分是年轻学生,他们经济能力有限,可能没有信用卡,甚至没有银行账户,难以使用现有支付方式进行网络消费。上述表明,适应传统经济的支付模式和支付手段难以适应互联网虚拟产品和服务的特点,不能满足其对支付成本和效率的要求。

网络虚拟货币支付方式是网络服务运营商为适应目前支付环境和网上虚拟产品及服务而采用的支付方式,其本质上是一种预付消费方式,是网络服务运营商给予消费者的一个购货凭证或消费权利信用凭证,是特定网络服务运营商进行特定网络产品预售行为的证券化。网络虚拟货币支付方式的优点是可以充分利用现有的支付渠道包括用现金购买实物卡渠道、通过网上银行转账和银行卡银行渠道、电话和宽带等通信费缴费渠道、网上支付代理等多种渠道,实现多元化的支付,绕开或避免了依赖传统支付组织支付的各种限制和费用高的制约。网络服务运营商通过引入网络虚拟货币作为网络支付的一个中间环节,使支付效率得到很大提高,解决了困扰网络服务运营商在虚拟产品和服务过程中的微额支付问题。

2)奖励功能

网络服务运营商通常通过积分奖励制度吸引大众的注意力,增加网站人气,吸引广告客户,并进而为开展电子商务铺路,而赠送网络虚拟货币即是积分奖励制度的基本手段。以网易 POPO 币为例,网易推出了按在线时长奖励网络用户网易 POPO 币的举措,网络用户可使用 POPO 支付手机短信费用,在网易商城购买实物商品,将之作为网易社区的抵金券等。

9.5.3　网络虚拟货币的风险

1)发行人的破产风险

网络虚拟货币是由网络服务运营商发行的一种货币代用品。网络虚拟货币持有人与发行人之间是一种债的关系:网络虚拟货币的持有人有权按照约定的方式和条件用网络虚拟货币购买相关物品和服务,网络服务运营商则有义务提供相关物品和服务。也就是说,网络用户是先交费后消费,信用基础为网络服务运营商的商业信用。网络服务运营商运营良好则罢,如果运营出现问题导致破产清算,则网络用户持有的网络虚拟货币将在一夜之间灰飞烟灭"现实中的法定信用货币如果超量发行,滥发网络虚拟货币会不会导致通货膨胀？目前学者分歧很大。如同现实社会通货膨胀会导致人民币贬值一般"。由于网络用户数量极为庞大且分散,如何参加破产清算是一个难题。

2）网络虚拟货币的通货膨胀风险

众所周知,会导致通货膨胀、货币贬值、物价飞涨。肯定地认为：网络虚拟货币也不例外。各大网络游戏公司在大量发行网络虚拟货币并从中牟取暴利的同时,也造成了玩家花钱买来的虚拟财产贬值,使玩家的利益受到损害。网络游戏中存在大量的"伪钞制造者",即黑客通过大量的私服外挂私造网络虚拟货币,而这些因素,都成为游戏运营商无法控制网络虚拟货币数量的原因。这样的通货膨胀只会让网民受损,也会让网民丧失代对互联网的信心。一般认为,通货膨胀是"因流通中注入货币过多而造成货币贬值,以及总的物价水平采取不同形式（公开的或隐蔽的）持续上升的过程"。可见通货膨胀的基本特征是货币贬值,物价持续过度上升。在网络虚拟世界,由于虚拟商品大多属于知识产权产品,可以无限量制造（复制）,不会存在商品短缺问题。只要网络服务运营商不提高虚拟产品的价格,即使网络虚拟货币大量增加,也不会拉动虚拟物价上涨。至于像游戏装备因为网络服务运营商的升级而导致其价值下降,则不属于物价上涨的范畴,这好比技术进步导致被替代产品贬值,属于正常现象。但是,当网络虚拟货币可以与现实货币双向自由兑换时,网络虚拟货币的过度发行有可能会导致现实货币的通货膨胀。因为在这种情况下,网络虚拟货币相当于硬通货,如果网络服务运营商不将等量的现实货币作为发行网络虚拟货币的准备,大量发行网络虚拟货币就意味着增加了现实货币的供应量,也就有可能导致通货膨胀。

3）网络违法犯罪风险

目前,虽然网络服务运营商没有承诺提供网络虚拟货币的逆向兑换服务,但网络用户之间可以自由交换网络虚拟货币。特别是一些投机商人和网站,借机专门从事网络虚拟货币的倒卖活动以从中渔利,这都为犯罪分子利用网络虚拟货币和网络平台进行洗钱等违法犯罪活动提供了便利。通过网络虚拟货币进行洗黑钱具有比其他渠道更安全和隐蔽的优势,这是因为：一方面,网络服务运营商对于网络虚拟货币账户的管理没有金融机构那么严格的身份审查,利用网络虚拟货币洗钱可以实现一般通货无法实现的完全匿名交易,第三方无法查找到交易双方的个人信息；另一方面,通过网络虚拟货币洗钱可以以虚拟商品交易为幌子进行包装和掩盖,比通过实物商品交易更简便、隐蔽和安全。所以网络虚拟货币的发展无疑增大了国家反洗钱工作难度,并会进一步诱发上游犯罪。

除了为洗钱行为提供便利外,网络虚拟货币还为销赃、赌博、逃税、网络盗窃,甚至非法集资等违法行为提供了一个较隐蔽的平台。英国防欺诈咨询小组（FAP）曾向政府提交报告,称"第二人生"玩家可以在没有任何限制的情况下在国际间转移资金,并且不会有被查出的风险。此外,该小组还列出"第二人生"中的其他风险,包括信用卡诈骗、身份窃取、洗黑钱和逃税等。FAP网络犯罪工作组主席菲利普森将该游戏称作没有任何外部法律管理的世界。

4）对现实金融体系的影响

目前网络虚拟货币的发行基本上是各自为阵,现代金融体系中,货币的发行方一般是各国中央银行,中央银行负责对货币运行进行管理和监督。尚没有形成统一的市场,因此认为还谈不上对现实金融体系的冲击。但是,如果网络虚拟货币的发展使其形成了统一市场,各种网络虚拟货币之间可以互通互兑,或者网络虚拟货币整合统一,都是以相同标准和价格进行通用,那么从某种意义上来说,网络虚拟货币就是通货,很有可能会对传统金融体系或是经济运行形成威胁性冲击。

2005 年,百度率先出招,先后与盛大、网易、银联、支付宝等 24 家公司签订协议,推出"百度币"作为可以在网络世界使用并且可自由兑换的通货,意欲构筑一个以百度币为中心的网络虚拟货币体系。而 Q 币、网易币已经凭借其雄厚的用户基础及受众的广泛性,部分地充当了"网络虚拟货币硬通货"这个角色。这是一个值得关注的现象。

9.5.4 对网络虚拟货币的监管

从总体上看,我国网络经济、网络游戏尚处在发展期,对当前网络虚拟货币的存在,中央银行可以将其视同邮票及电话充值卡等商品,而不必纳入货币管理范畴。但是,由于网络虚拟货币的发行涉及数量极为庞大的网络用户的利益,因此可以考虑将网络虚拟货币的发行和交易行为以及网络虚拟货币持有人的利益保护纳入监管。

1)明确网络虚拟货币的法律性质

对网络虚拟货币及其发行人有效监管的一个基本前提,就是要有明确的法律依据。目前,对网络虚拟货币的法律性质存在很多争议,法律应该给出一个明确的说法。实践中,因为我国法律尚未对包括网络虚拟货币在内的虚拟财产给予明确的保护,导致虚拟财产持有人的正当利益受到侵害,正常的网络经济秩序也受到严重干扰。目前,一些网络违法犯罪分子盗取账号、网络虚拟货币、游戏装备等虚拟财产,然后拿到网络平台上低价拍卖的情况时有发生,这不仅侵犯了虚拟财产所有者的利益,更影响了相关门户网站、游戏运营商的收益。为此,2007 年 1 月 8 日,网易、盛大、九城、金山、腾讯 5 家互联网企业联合发表《关于联合打击网络盗窃、维护游戏产业健康发展的声明》,表示将联合打击日益猖獗的网络盗窃行为,并同时呼吁国家加快立法保护虚拟财产。因此,本书建议,应通过立法或司法解释明确网络虚拟货币为法律性质为持有人对发行人的无记名的电子债权凭证,甚至可以像无记名证券一样视为动产。

2)对虚拟货币发行和交易的监管

网络虚拟货币是一种预付消费的信用凭证,网络虚拟货币的发行和交易行为涉及广大网络虚拟货币持有人的利益,也涉及国家的金融秩序,因此应当将网络虚拟货币发行和交易行为纳入监管范围。

为了防范网络虚拟货币的风险,2007 年,文化部、公安部、原信息产业部等 14 个部委联合印发的《关于进一步加强网吧及网络游戏管理工作的通知》(文市发〔2007〕10 号)已经规定,网络游戏服务商不得提供以虚拟货币等方式变相兑换现金、财物的服务。

2009 年,文化部、商务部《关于加强网络游戏虚拟货币管理工作的通知》进一步强化了网络游戏虚拟货币发行和交易的监管,如规定从事网络游戏虚拟货币发行业务需经过文化部审批;禁止同一企业同时经营网络游戏虚拟货币的发行业务和交易业务;规定网络游戏虚拟货币的使用范围仅限于兑换发行人自身所提供的虚拟服务,不得用以支付、购买实物产品或兑换其他企业的任何产品和服务;不支持网络游戏虚拟货币交易的网络游戏运营企业,应采取技术措施禁止网络游戏虚拟货币在用户账户之间的转移功能。

①《关于进一步加强网吧及网络游戏管理工作的通知》中,在没有赎回承诺的情况下,网络虚拟货币的出售方应当进行实名注册等。上述规定在一定程度上促进了网络虚拟货币发行和交易的有序化,有助于防范市场风险。但是,上述两个通知中的有些规定仍值得商榷:《通知》中关于网络游戏经营单位发行虚拟货币的总量以及单个网络游戏消费者购买额度的限制,在目前网络虚拟货币只是作为虚拟产品预售,没有限制的必要,应该取消。

②《关于加强网络游戏虚拟货币管理工作的通知》规定:"网络游戏运营企业应当依据自身的经营状况和产品营运情况,适量发行网络游戏虚拟货币。严禁以预付资金占用为目的的恶意发行行为。"此规定中的"适量发行"和"以预付资金占用为目的的恶意发行",由于没有明确认定的标准,因此缺乏可操作性。

③《关于加强网络游戏虚拟货币管理工作的通知》规定:"网络游戏运营企业发行虚拟货币总量等情况,须按季度报送企业所在地省级文化行政部门。"本文认为,网络虚拟货币的发行情况除了应当报主管部门外,还应当在网上公布,以便用户了解和监督网络虚拟货币的具体发行情况,防止发行人的恶意发行。

④《关于加强网络游戏虚拟货币管理工作的通知》规定:"除利用法定货币购买之外,网络游戏运营企业不得采用其他任何方式向用户提供网络游戏虚拟货币。"该规定有过度监管之嫌。网络游戏运营企业以赠与方式适当奖励部分用户的行为应当允许。

2013年12月3日,中国人民银行、工业和信息化部、中国银行业监督管理委员会等五部委联合发布《关于防范比特币风险的通知》,旨在遏止国内相关机构和个人借机炒作比特币及与比特币相关的产品的苗头,保护社会公众的财产权益,保障人民币的法定货币地位,防范洗钱风险,维护金融稳定。该通知明确"比特币应当是一种特定的虚拟商品,不具有与货币等同的法律地位,不能且不应作为货币在市场上流通使用"。为此,该通知要求各金融机构和支付机构不得开展与比特币相关的业务,电信管理机构应加强对比特币互联网站的管理,中国人民银行各分支机构应当加强防范比特币可能产生的洗钱风险,各部门和金融机构、支付机构在日常工作中应当加强对社会公众货币知识的教育及投资风险提示。

2017年9月4日,针对当时国内通过发行代币形式包括首次代币发行(ICO)进行融资的活动大量涌现,投机炒作盛行,涉嫌从事非法金融活动,严重扰乱了经济金融秩序的紧迫局面,中国人民银行、中央网信办、工业和信息化部、工商总局、银监会、证监会、银保监会联合发布《关于防范代币发行融资风险的公告》,明确了代币发行融资活动的本质属性为"一种未经批准非法公开融资的行为,涉嫌非法发售代币票券、非法发行证券以及非法集资、金融诈骗、传销等违法犯罪活动"。该公告再次指明:代币发行融资中使用的代币或"虚拟货币"(比特币、以太坊等)不由货币当局发行,不具有法偿性与强制性等货币属性,不具有与货币等同的法律地位,不能也不应作为货币在市场上流通使用。该公告要求任何组织和个人不得非法从事代币发行融资活动;任何所谓的代币融资交易平台不得从事法定货币与代币、"虚拟货币"相互之间的兑换业务,不得买卖或作为中央对手方买卖代币或"虚拟货币",不得为代币或"虚拟货币"提供定价、信息中介等服务;各金融机构和非银行支付机构不得开展与代币发行融资交易相关的业务;社会公众应当高度警惕代币发行融资与交易的风险隐患;各类金融行业组织应当做好政策解读,督促会员单位自觉抵制与代币发行融资交易及"虚拟货币"相关的非法金融活动。

3)对网络虚拟货币持有人的保护

网络用户数量庞大而分散,属于网络世界中的弱者,需要监管部门提供必要的保护。《关于加强网络游戏虚拟货币管理工作的通知》强化了网络游戏运营企业对网络用户的保护,如规定网络游戏运营企业必须保存用户的充值记录;应采取必要的措施和申诉处理程序措施保障用户的合法权益;用户合法权益受到侵害时,应积极协助进行取证和协调解决;终止服务时,应当以适当的方式赎回发行的网络虚拟货币;不得变更网络游戏虚拟货币的单位购买价格;不得为未成年人提供交易服务;应积极采取措施保护个人信息安全等。但是,上述规定过于原则,缺乏操作性。其主要原因在于国家尚未在法律层面对虚拟财产、个人数据信息进行界定和保护,导致规章难以作出具体规定,因此有必要尽快出台有关虚拟财产,特别是个人数据信息保护的立法。

此外还有一个问题是,当网络游戏运营商破产并终止提供服务时,网络虚拟货币持有人的利益如何保护? 由于各个网络用户持有的网络虚拟货币数量和价值比较小,因此单个持有人显然没有动力参加破产清算。本文认为,虽然各个用户持有的网络虚拟货币数量比较少,但是用户持有的网络虚拟货币总量和价值是比较大的,鉴于单个持有人难以参加破产清算,可以考虑通过立法规定由法院指定代表人,代表所有网络虚拟货币持有人参加破产清算,以维护网络虚拟货币持有人的利益。

互联网企业具有数据挖掘优势,未来应继续运用云计算、大数据、物联网、定位服务等前沿信息技术进行金融服务创新,通过和金融机构合作,或者直接申请网络银行,促进自身服务能力的提升和服务效率的改进;不断强化风险控制,提高电子支付安全性,保护金融消费者的权益。互联网金融产业的兴起也是迎合了世界经济发展的趋势,互联网金融产业仍会是未来一个高增长、高增加值的产业。由其发展所带来的经济效益不可估量。电子化的时代需要电子化的经济模式,互联网金融在未来经济发展中的任重道远。

9.5.5 比特币法律的问题

1)比特币的内涵

2008 年底,比特币在一个外界知晓甚少的密码学讨论小组诞生,之后开始流行。2013年 4 月,雅安大地震发生后,比特币作为慈善捐款的支付方式被壹基金接受而名声大噪,逐渐被国人知悉。然而,作为一种新兴的电子货币,比特币对于大多数人还略显神秘。大部分人对于使用、持有比特币所面临的风险并不知晓,本书探讨比特币存在的法律问题。

(1)比特币的发展

按照维基百科对比特币的定义,比特币(英文为 Bitcoin,简写为 BTC),是一种用开源的

P2P 技术的软件生成的电子虚拟货币。比特币的概念最初由中本聪(日本人,英文名为 SatoshiNakamoto,化名)在 2008 年提出。通俗地讲,比特币是一种可以在现实世界中流通的通过网络进行支付的虚拟货币。然而,比特币又不同于我们通常所理解的电子货币。首先,比特币是去中心化的,其发行量不依赖于任何发行者,比如银行、政府和企业,而仅依赖于算法本身,这就从根本上保证了任何人或机构都不可能操纵比特币的货币总量,人为制造通货膨胀。而传统的电子货币,以 Q 币为例,其发行量完全取决于发行机构——腾讯公司。在比特币体系中,货币的发行量只受算法的控制。

最初中本聪提出的算法严格控制了比特币的发行量,使其能按预定的速度增长,理论上避免了任何人或者机构操纵比特币的可能。其次,比特币同样不同于信用卡、网上银行等,后者只是现有法定货币的一种虚拟支付方式,本身并不是独立的货币,而比特币自身就是被设计出来充当一般等价物的货币,只是它的支付只能通过电子方式。最后,比特币不像普通的电子货币那样,依赖于对现有法定货币的兑换才有价值。比特币被设计为一种独立的货币,像现有的纸币一样,在商品交换中充当一般等价物,而不依赖于与现有货币的兑换以实现其价值,比特币不以政府信用背书,其价值基础源于使用者对其的认可。

(2)比特币的法律地位

人类货币的使用历经了从实物货币到金属货币再到信用货币的漫长过程,货币作为支付手段的功能日益凸显,去商品化趋势非常显著,货币更多地作为一般等价物在商品交换中发挥作用。同时,人们之所以接受信用货币——一种本身无价值的"概念"进行商品交换,也是对其背后的信用的一种认可。追溯货币制度的发展史,从金本位制一直到布雷顿森林体系,世界上全部流通的货币都是直接或者间接地以黄金为背书。黄金的取得却只需付出很低的开采成本。黄金之所以能为货币背书,其效力来源于各国政府和人民对其的认可。然而,由于 20 世纪 30 年代世界经济危机的爆发,各主要资本主义国家先后被迫放弃金本位和银本位货币制度,纸币不再兑换贵金属。到今日,货币的背书形式已由贵金属转为政府信用。一国政府以立法的形式确定本国法定货币,并以其强大的资金实力和政权垄断发行法定货币(Flat Money)。法定货币的价值来自拥有者相信货币将来能维持其购买力,但货币本身并无内在价值(Intrinsic value)。只有在公众相信它会被接受时,法定货币才会生效。

比特币的发行和流通与法定货币的机理相同。首先,在发行阶段,每一个新的比特币的出现类似人类发掘黄金的过程,计算机通过处理特定 64 位的运算,挖掘出比特币,这与人类通过对特定矿藏的筛选得到黄金一样。发掘比特币的发烧友们还形象地为自己起了一个名字——"矿工",发掘的行为就叫"挖矿"。比特币的发掘就好像人们通过淘金获得财富一样。其次,在流通阶段,比特币最主要的作用就是充当商品交换中的一般等价物。就像法定货币一样,人们可以拿比特币进行购物。现行的货币体系,其根基在于人民的信任。若发生政府滥发货币或政府信用危机,则货币失去人民信任,即使政府依旧存在,也难免发生货币体系的崩溃。例如,津巴布韦发生恶性通胀时,人民对法定货币失去信心,转而使用美元,甚至是"汽油票"等物品充当一般等价物。比特币的发行量严格受到算法控制,由整个网络的计算能力背书,由使用者、接受者的信用背书,比特币也有理由成为一种现实意义的"货币"。

（3）比特币的流通特性

综上，比特币具备作为货币应具有的一般特性。如果比特币能够获得更多人的信任背书，并得到主权国家的认可，何尝不可成为一种新型的货币。然而，比特币想要作为一种真正意义上的货币，要走的路还很漫长。首当其冲的就是各国政府、立法机构对其的认可。目前，比特币本身体量较小，还未能引起立法者的关注，但将来其能否为各主权国所接受尚不明了。对于电子货币的发行，各国态度各不相同。欧洲央行发布的报告认为比特币是具有"高度风险"的，应持保守的态度。同时，由于比特币的法律地位不明确，欧洲前沿基金会于2011年7月作出了停止接受比特币捐款的决定。在美国，财政部已将比特币纳入监管范围。一方面，这表现了美国政府对比特币促进黑市交易的担心；另一方面，我们也可解读为：这是美国政府对于比特币事实流通状态的认可。世界上唯一明确认可比特币合法性的国家只有法国，2012年12月，比特币中央交易所（Bitcoin-Central.net）在法国成立，为首家在欧盟法律框架下进行运作的比特币交易所。

2）比特币的法律困局

比特币已逐步走入大众的视野，其接受程度也越来越高。随着使用量的增大，当立法者开始关注比特币，并认为应对其予以规制时，其法律风险成了规制的主要内容。同时，使用比特币面临的法律地位、交易风险、证据效力、管辖、法律适用、政府监管等的不确定性，将导致一系列法律问题。

（1）法律障碍

法律承认是比特币得以流通的前提。我国《中国人民银行法》第十六条明确规定：中华人民共和国的法定货币是人民币。这种排他性规定，否定了在现有法律框架内其他任何形式货币成为法定货币的可能性。如果得不到法律的承认，意味着使用比特币支付的行为并不能受到法律保护，由此，将给持有和使用比特币带来非常高的风险。同时，《中国人民银行法》第二十条和《人民币管理条例》第二十九条规定，任何单位和个人不得印制、发售代币票券，以代替人民币在市场上流通。虽然比特币电子化（非"票券"）、去中心化（没有单位和个人印制和发售）的特性决定了这条法律并不能适用于比特币，但我们从这条法律中可以感受到立法者对于维护人民币是唯一法定货币的决心。比特币若想合法流通，并在发生损害后受到法律的保护，首先面对的问题就是如何获得合法的地位。

（2）信用缺失

当今的国际货物贸易和国内商品买卖体系，已经形成了以银行信用及第三方支付平台信用为基础的交易信用机制，交易双方无须以大量的现金进行货物买卖，只需经过银行转账划款，或通过第三方信用机构，等卖方履行义务后买方再行确认支付。同时，在较大的虚拟社区或者软件系统中，虚拟货币发行者以强大的资金或者良好的商誉为基础，支撑着电子货币在一定范围内的流通。在这样的机制下，交易的风险被大幅降低。然而，比特币的发行和流通环境里并未有第三方信用作为保障，交易安全往往依靠双方的信誉。一旦出现交易一方不诚信的情况，另一方的合法权益无法得到有效维护。特别是在跨境交易中，由于交易跨越不同的司法管辖区域，双方位置遥远，使用并无信用保障的比特币进行交易，卖家无法保证自己发货后买家能如实付款，而买家更无法保证在交钱后卖家能如期发货。这样的交易方式,看似免除了银行的中间盘剥,实质却是在线支付机制的一种倒退。交易双方的行为完全靠信用去约束,一旦发生纠纷,交易双方的权益很难得到保障。

(3)取证困难

使用比特币支付,发生纠纷后取证难主要表现在两个方面:第一,比特币的匿名性注定了受害者在证明自己损失时取证的困难。比特币引人注目的特点之一便是其匿名性。匿名性就像一把双刃剑,吸引了很多用户,但同时也存在着伤害其使用者的风险。在实际支付过程中,由于不进行比特币钱包和其持有者的实名认证,大大加剧了被侵权一方取证的难度,不利于维护合同利益。第二,比特币支付过程的全网络化特点,决定了有关比特币的所有证据只能在网上寻找。由于电子证据本身的脆弱性和我国电子证据法的立法滞后,电子证据的采集和真实性证明具有一定难度。所以,在现有证据法体制下,比特币的证据资格和证据效力受到限制。

(4)被盗后补救难

对于电子货币,主要问题是:防止数据被窃、专用数据保护、安全访问能力等,其核心在于电子货币的安全性。在网络安全堪忧的大环境下,保护电子钱包的安全成为比特币用户的头等大事。不断传出的比特币失窃案件给其持有者敲响了警钟。诚然,其他形式的货币,比如现金、信用卡也存在被盗取、盗刷的风险,但由于纸币的实物性和信用卡有银行交易记录做保障,被盗后的举证也更加容易,追回损失的可能性相对较高,而比特币没有这些优势。另外,由于匿名性,比特币的受害者一方面难以证明被盗钱包与自己的从属关系,另一方面无法追踪被盗钱币的确切流向,使得追回损失变得几乎无从谈起。

(5)管辖和准据法适用困难

发生比特币侵权事件后,案件审理中的管辖权争议也是一个不容忽视的问题。首先,案件发生地点难以确定。比如,在比特币被窃案件中,盗贼可能是通过交易网站窃取,也可能是通过入侵个人电脑窃取,在不同的情形下,作案地点如何确定? 是以入侵者设备所在地确定管辖,还是以被入侵计算机系统所在地确定管辖? 其次,由于各国立法的不同,加之各国对比特币的保护力度的差异,导致法律适用的结果不同。所以,在跨国比特币案件中,准据法的选择也是一个亟待解决的问题。

(6)洗钱与避税

由于比特币匿名性的特点,一直被质疑为洗钱提供了方便。美国国土安全部也因此查封了全球最大的比特币交易所 Mt. Gox 的部分账户进行调查。如果确认比特币地位使其得以合法流通,这种情况将更加无法控制。比特币若想取得进一步的发展,必须澄清和此类违法行为的关系,否则无法得到各国法律的认同。同时,有人对使用比特币产生的税收问题提出疑问。比特币独立的支付系统使其可以避开传统的支付系统进行商品交易,这使得美国税收征收官员担心有人使用比特币逃税。另外,比特币的法律地位并未得到肯定,使用比特币存在税收申报上的困难。

3)比特币现存法律问题对策

(1)比特币立法

一种新的货币形式若想在经济中真正发挥作用,必须首先经过政府的认可,并以法律的形式确定其合法地位。国家通过自身货币组织或以授权的形式垄断了货币的发行权。一般情况下,一国政府只会承认由本国发行的货币,但我们也看到,并非每个国家都使用唯一的一种货币,也存在多个国家使用同一种货币或者一个国家选择别国货币作为法定流通货币的情形,例如,欧元区成员国都使用欧元作为法定货币,西非经济共同体选择了法郎为法定货币,巴拿马选择美元作为法定货币。主权国家放弃自己发行货币的权利,选择使用别国货币,这种做法并非不可取。因为放弃货币发行权以使用更便捷、更统一的支付方式可以更好地促进经济和贸易的发展。例如,欧元促进了欧元区的消费需求、投资需求以及对外出口,同时通过促进技术创新、资本供给和创造劳动就业而增强了欧洲长期经济潜力。更为重要的是,欧元促进了欧元区内市场结构和政策结构的一致性,从而为欧洲经济的持续增长奠定了稳固的基础。那么,符合货币特点并且具有众多优点的比特币,若其地位能得到国家确认,何尝不可充当类似于欧元一样的角色呢?

同时,虽然很多学者支持政府的"排他性地发行货币的权利",从历史上看,对于货币的发行也并非政府完全垄断,对于货币发行自由化的讨论也一直没有中断。哈耶克在他的著作《货币的非国家化》中,认为政府不应该控制货币发行,而应允许私人银行发行货币。弗里德曼在《资本主义与自由》中也强调了货币的发行并不能交由一个集权的中央银行。比特币的出现恰好印证了两位学者的理论,是对现行货币体系的一种尝试性革新。同时,承认比特币的法律地位,也是解决比特币税收申报问题的前提。比特币的出现,并不是意图取代现行的法定货币体系。比特币可以和现行的货币体系平行,成为另一种合法的支付货币。对于比特币来说,以这种方式取得合法地位更加容易一些。承认比特币的法律地位,但也只是将其作为一种辅助式的支付手段,并非要取代原来的法定货币。目前来讲,比特币体量较小,又有支付灵活的特点,作为现有货币支付体系的补充,未尝不可。

我国在确立比特币的法定地位时,需要首先考虑的就是其与人民币的关系。发行比特币,并且允许其流通,意味着增加了一国的货币总量。我们知道,货币作为财富在流通领域的映射,二者总量应当相同,即一国发行的货币总量应当与该国的财富总量相同,超发货币则会引起通货膨胀,短缺货币则会引起通货紧缩。在货币和财富总量相等的地区,比特币加入货币总量的后果是,货币总量增加后超过了财富总量。因此,就会出现通货膨胀的后果。但是,如果经济没有达到充分就业,增加货币供应量并不一定导致通货膨胀。此时,适度的通货膨胀有利于刺激有效需求,促进生产增加就业。所以,将比特币作为一种补充,还不一定导致经济秩序的混乱,还可能对经济的发展起到促进作用。同时,即使在比特币作为法定货币补充而流通的时期,比特币的发行量仍受到算法的严格控制,货币量的增长是可以被预期的,这样,根据货币学派"单一规则"的货币政策主张,这并不会对经济的运行带来扰动。

(2)建立比特币的信用体系

将比特币纳入到现行的信用体系内有利于比特币的健康发展。建立比特币信用体系的方法有两种:①将其纳入到现行银行信用体系,扩大银行的经营业务范围,将比特币作为一个新的币种处理。此举为建立比特币信用体系较为快捷的途径,但一旦引入银行信用,其匿名性、交易成本低的特点将受到挑战;②建立以比特币为基础的第三方信用机构。建立一个独立的以比特币为基础的第三方信用平台将是一个漫长的过程,除非现有大型第三方支付机构愿意引入此项服务。将比特币纳入现行的信用体系,或者建立以比特币为基础的第三方信用机构,将极大地减少贸易中的风险,降低贸易争端和纠纷出现的概率,使贸易更加平稳地进行。在线支付机制正是由于交易信用的建立,才得以发展并对贸易起到极大的促进作用。

(3)建立电子证据保全制度

如果法律认可了比特币,为加快纠纷解决效率,就需要建立电子证据的保全制度。电子证据的保全不同于传统证据,电子证据脆弱性的特点要求我们在保全时具备很高的技术实力。电子证据的保全可以选择拍照、复制、打印等,在实践中我们可能采取其中的一种或几种方式保全,也有可能会用到所有的方式对电子证据进行保全。

在建立比特币的所有权保护制度时,由于比特币的匿名性,即便公安机关立案侦查,也很难获取犯罪嫌疑人的身份信息。在未确定比特币法律地位、未引入信用机制之前,使用比特币的安全性策略应以预防为主,法律并不能起到很好的保护作用。

(4)建立电子货币国际纠纷解决机制

网络的发展极大地促进了全球商品买卖的繁荣,使其更加便捷和安全,比特币作为一种便于全球支付的货币,将更进一步推动这一进程。但是,由于各国立法、管辖规定的不一致,使得使用比特币进行货品买卖需承担很多的法律风险。若是能建立全球统一的电子货币支付纠纷解决机制,统一法律适用和管辖规则,将极大地促进跨国贸易的发展。

建立全球统一的纠纷解决机制,建立在各国对于新型电子货币的认可基础之上。但是,由于各国法律传统、发展程度的差别,对于新事物接受程度有很大的差别。接受程度较高的国家,可能率先由事实认可转为法律认可,接受程度较低的国家,可能会历经一个相对漫长的过程,甚至拒绝新型电子货币的出现。

(5)防止洗钱和避税

将比特币纳入监管体系有利于防止其在洗钱和逃税方面的应用。需要注意的是,比特币只是一种货币,除了比特币,其他任何货币都有可能被用来洗钱。世界上每时每刻都有各种不法的资金以各种方式在各种渠道中流通着,实现着各种不可告人的目的,但是我们并不能因为渠道可能被用以非法目的而将其堵死。另外,不管你使用哪种形式的货币取得收入,依法纳税永远是一个公民应尽的义务。这一点,比特币也不例外。比特币在开始发展的时候遇到了税务支付上的一些问题,但这并不能否认比特币的存在意义。同样的例子是,电子商务刚发展的时候,对税收征管形成了巨大的冲击。经过了多年的发展后,这些问题开始慢慢得到解决。

关于电子商务征税的理论也日趋成熟,各地开始对网店等新型电子商务实体进行试点征税。如果在电子商务的发展初期,因缴税问题而将其扼杀于摇篮之中,岂不是对新生事物的阻挠?所以,税收失控的顾虑并不能构成阻止比特币发展的理由。

比特币作为一种新型的电子货币,当然不能离开管理机构的监管,否则将成为犯罪的温床。然而,监管的目的并不是要扼杀比特币的发展,而是促使公众更加了解比特币,保护比特币使用者的权益,推动比特币的发展。

4)尝试接受比特币

比特币是人类货币发行史上一种全新的尝试,其在发行方式、发行主体、流通方式、支付方式上都和以往的货币有着很大的区别。比特币是人类有史以来第一种较为成功的全电子化货币,极大便利了资金的全球支付,降低了中间费用,对传统货币的发行、支付业务的发展有着很大的启示作用。但是,正因其独创性,在现实生活中,使用比特币还存在着诸多的法律障碍。法律的作用本是规制和调整社会关系,通过法的运行使社会更有序,实现最大多数人利益的最大化。从这一点上,我们对待比特币这样一种新兴的便捷的电子货币的态度应该像是疏而不是堵,将比特币纳入监管,发挥其长处,为人类社会服务。比特币,不论在将来能否真正流通,都是一次伟大的尝试。

本章案例

虚拟货币被盗案:法院承认财产属性,以销赃数额定罪量刑

(21 世纪经济报道　2022 年)

基本案情

2019 年年初,凌某生在广东省云浮市云城区某暂住地处于无业状态,小学文化的他想通过手机"薅羊毛",便在百度上搜索如何破解网络请求包和入侵计算机信息系统的教学。之后,凌某生发现了一个篡改网络请求包内数据的办法,并将这个办法告诉了同住的老乡凌某山。两人遂开始尝试入侵北京某信息技术公司服务维护的某数字资产交易平台系统。

2020 年 10 月份,凌某山在使用凌某生账号时发现了该系统的划转漏洞,通过一个抓包软件在该平台上抓取数据,然后手动将抓取的数据开头添加"-"号发送至平台,就可以看到自己在平台的钱包账户内的虚拟货币增加。据北京某信息技术公司报案材料、系统后台日志显示,2019 年 10 月 16 日,凌某生在上述平台注册账号尝试攻击其维护的系统,持续至 2020 年 10 月 15 日凌晨 4 点成功侵入该系统。后注册凌某山实名账户成功侵入该系统,又陆续注册了 17 个实名账户通过这两人的设备轮流登录对系统漏洞进行攻击,成功后提现。仅 16 日凌晨 2 点到 5 点 15 分期间,两人总计盗取泰达币 62 万个,以太坊 12 687.995 6 个、比特币 149.996 279 27 个。凌某生将盗取的虚拟币的私钥放在一部金色苹果手机里面,存在其堂妹暂住地的保险柜内,此外两人总计变现了约 200 万元人民币,用于购买宝马车等支出。

16 日上午 9 点,公司平台维护人员才发现其所服务的平台发生异常大额提现情况,当时泰达币的售价大概每个 6.7 元人民币,以太坊售价大概每个 2 500 元人民币,比特币售价大概每个 7.9 万元人民币。发现该漏洞后,信息技术公司对该漏洞进行了检修,之后向公安机关报案。通过公司日志,警方锁定了凌某生和凌某山。2020 年 10 月 21 日,公安机关将两人抓获归案。

2021 年 5 月 6 日,朝阳检察院向朝阳法院提起公诉,认为被告人凌某生、凌某山的行为触犯了刑法第三百六十四条的规定,应当以盗窃罪追究其刑事责任,提请法院依法判处。

裁判要点

法院认为,根据央行等部委发布的《关于防范比特币风险的通知》《关于防范代币发行融资风险》等规定,案涉比特币、泰达币、以太坊等虚拟货币不具有法偿性和强制性等货币属

性,不属于货币。"但上述规定未对虚拟货币作为虚拟商品的财产属性予以否定,我国法律、行政法规亦并未禁止比特币的持有和转让";"从性质上看,比特币是一种特定的虚拟商品",因此,虚拟货币具有财产属性,为财产性利益,属于盗窃罪所保护的法益。

法院同时认为,被告人在非法占有目的的支配下,实施了侵入并攻击计算机信息系统的手段行为和盗取虚拟货币后进行变卖获利的结果行为,符合盗窃罪的构成要件,应当以盗窃罪定罪处罚,而破坏计算机信息系统罪只涉及对其手段行为的评价,并未对犯罪行为进行完整评价。其次,法院指出,被告人盗窃虚拟货币的总体价值缺乏权威、中立的评估机构进行认定,故本案不以5 000余万元的平台交易价值来认定二人的犯罪数额,但被告人盗窃虚拟货币后变卖获利200余万元是客观的和现实的,基于事实和法律,本案以销赃数额作为对被告定罪量刑的基础。

最终,法院分别判决被告凌某生和凌某山犯盗窃罪,判处有期徒刑12年,罚金20万元,剥夺政治权利2年,继续追缴违法所得。

值得关注的是,在司法实践中,各地法院对于盗窃比特币的行为认定上是有分歧的。主要有以下两种观点:一种是将比特币认定为财产,符合刑法盗窃罪构成要件的,构成盗窃罪;另一种是认为比特币是一种数据,窃取比特币构成非法获取计算机信息系统罪。该案中的破坏计算机信息系统罪则与非法获取计算机信息系统罪类似。

讨论:1.《民法典》后比特币是否可以定性为网络虚拟财产?
2.计算机信息系统或计算机系统信息能否涵盖虚拟币的法律属性?

本章小结

本章就网络虚拟财产的法律属性进行了分析,确定了其信息产权的法律属性,并将其统一到我国法律中的财产范围内予以保护。同时根据网络虚拟财产的特点以及常见纠纷形式,把握其法律本质,尝试性地寻找一系列的解决方案。中国的网络游戏市场正在迅速地扩张发展。由规模不断扩大的游戏产业带来的一系列法律问题与立法的滞后性之间的矛盾,在网络游戏产业领域内得到了较为明显的体现。比特币是有发展前途的虚拟货币,它对社会将产生深远影响。只有加快网络虚拟财产相关的法律法规的立法步伐,在司法上得到认识上的统一并积极引导,才能全面、有效地调整网络虚拟财产这一特殊的法律关系,使网络游戏产业在法治的轨道内实现平稳、健康的发展。我国的一些学者已经看到了立法保护的必要性:2003年"中国网络游戏第一案"——李宏晨诉北极冰案后,19名律师联名建议全国人民代表大会对虚拟财产立法。而全国人民代表大会的修宪,把私有财产神圣不可侵犯写入宪法,预示着国民私权意识已经觉醒,为网络虚拟财产立法提供了思想基础。不久的将来,与网络虚拟财产这一新事物相关的、较为完善的法律法规一定会应运而生,并成为保障用户利益与实现游戏产业发展的正义标尺。

本章习题

1. 试述网络虚拟财产的含义。
2. 试述网络虚拟财产的法律特点。
3. 你如何认识网络虚拟财产的法律属性。
4. 试述信息产权与知识产权的关系。
5. 试述网络虚拟财产的法律保护。
6. 试分析比特币的未来发展。

第 10 章
网络知识产权法律制度

📖 学习目标

本章重点阐述作品数字化和数字化作品的定性;信息网络传播权的含义和内容;技术措施和权利管理信息的含义和保护方式;网络服务商在著作权侵权中的法律责任认定方法和规则;计算机软件的著作权保护方式和专利权保护方式;数据库的法律保护模式;域名的含义、分类、法律性质、注册和纠纷解决机制;电子商业方法的可专利性。

案例导入

刘某某诉北京搜狗科技发展有限公司侵害文字作品署名权纠纷案
——具有独创性的百科词条属于作品

（北京互联网法院 2020）

基本案情

2018 年 5 月 9 日,原告在参考 9 篇外国文献的基础上,在百度百科发表了"仓鼠亚科"词条的更新版本,署名贡献者为原告。该词条分别从形态特征、栖息环境、生活习性等方面对仓鼠进行了描述。涉案版本相较之前其他网友发表的 5 个历史版本,篇幅大幅提升,体系更加丰富、细致,内容更加翔实、具体。

2018 年 5 月 21 日,贡献者"藤蔓"在搜狗百科上发表了"仓鼠"词条,其内容与原告发表的词条内容高度一致。

2019 年 2 月 2 日,原告向被告申诉,要求将词条贡献者改为原告。协商未果后,原告将被告诉至法院,请求判令被告更改词条署名为原告。被告收到应诉通知后删除了该词条。

裁判要点

一、百科词条是否构成作品

只有具有独创性的词条,才能构成作品。百科词条的编写在体例上往往呈现固定的模板,如果贡献者仅仅把各种素材进行了搬运和罗列,未进行创作性活动,则该百科词条不属于作品。原告在查阅了相关资料后,在自己理解的基础上进行了词条的编写,词条文字部分的个性化表达传递了原告的思想,具备独创性,构成文字作品。

二、百科词条的著作权归属

由于百科词条具有版本随时变化的特点,后来的贡献者可以在前一版本的基础上进行编辑、修改、删除或者再创作,因此在判断某一词条作品的著作权归属时,应充分考查该词条的历史版本,考量该词条中是否存在其他贡献者的创作成果,然后进行综合判断。将原告词条与之前 5 个历史版本进行比对可知,原告版本并非在上述版本的基础上进行的简单加工,而是重新创作所形成的作品。涉案词条署名的贡献者为原告,在没有相反证据的情况下,应认定原告系该词条的作者,享有著作权。

三、被告是否构成侵权

原告要求被告更改贡献者署名已经超出法律规定的"通知—删除"义务。被告作为网络服务提供者对于其用户发布词条的行为,不具有主观过错,且已及时删除涉案词条,不构成侵权。

典型意义

具有独创性的百科词条属于作品。在判断网络百科词条作品的著作权归属时,不应仅以本词条贡献者署名确定,还应充分考量本词条是否包含其历史版本贡献者的创作成果。确认百科词条可以获得著作权保护,可充分激发词条贡献者的热情,鼓励词条作品的持续创作和广泛传播。

计算机网络的广泛应用以及电子商务的飞速发展,给知识产权法提出了许多新的问题。这些问题的解决,要么需要对既有法律规则进行新的解释和适用,要么需要建立新的法律规则甚至制度。而无论是既有规则的新解释,还是新规则或新制度的创建,都是对传统知识产权法的丰富和发展。根据国务院 2021 年制定并发布的《"十四五"国家知识产权保护和运用规划》,国家将进一步完善知识产权保护政策,健全大数据、人工智能、基因技术等新领域新业态知识产权保护制度,研究构建数据知识产权保护规则,完善开源知识产权和法律体系,完善电子商务领域知识产权保护机制。

在著作权领域,数字化作品、计算机软件和数据库扩展了作品的外延,信息网络传播权被认定为作者权利的网络行使方式,技术措施和权利管理信息便利和增强了著作权的保护,而网络服务商在著作权侵权中的责任认定又加深了著作权保护制度的内涵。在商业标识权领域,市场主体的自治性规则创设了域名制度,而在协调域名与传统商业标识(尤其是商标权)的冲突领域,商标法和反不正当竞争法的既有规则不得不做出兼顾公平与效率的新解释。在专利权领域,计算机软件和电子商业方法的可专利性问题则引起了对专利保护范围的重新审视。

10.1　与网络相关的著作权问题

著作权,在英美法系被称为版权(copyright),在大陆法系被称为作者权(droit d'auteur,法语)。两者的区别在于,版权法体系注重保护作者的财产性权利,尤其是复制(copy)的权利,而作者权体系注重保护作者的精神性权利(droit moral,法语),如发表权和保护作品完整权。我国的著作权法属于大陆法系的作者权法体系,它就作品赋予作者人身权和财产权,未经作者许可或无合法理由使用他人作品将构成著作权侵权行为,侵权者应根据著作权侵权责任的认定规则承担相应的法律责任。由此,著作权法的基本内容就包括:著作权保护对象即作品的界定,作者的权利内容及其限制,著作权侵权的责任认定和救济措施。网络的运用及电子商务的发展对著作权法的各个方面都产生了影响,表现在:作品数字化、计算机软件和数据库扩展了作品概念的外延,作品通过信息网络的传播增加了作者权利的行使方式,限制访问或使用作品的技术措施和标明著作权的权利管理信息强化了作者权利的行使保障,而网络服务商的侵权责任则要求对著作权侵权认定规则作出更细致的解释和适用。

10.1.1　作品数字化

作品是在文学、艺术和科学等领域内具有独创性并能以某种有形形式复制的智力创作成果。由此,作品的认定有两个标准:独创性和可复制性。独创性,也称原创性(original),在作者权法体系被解读为作者人格的表达,一方面,它要求作品必须是作者独自创造的智力成果,不能是照搬或抄袭他人的作品;另一方面,独创性对作品的创新高度和艺术价值没有要求,只要是作者独立创作的成果就可以满足独创性的要求。可复制性,是指作品必须能够以某种有形载体予以复制。在作品的外延方面,根据我国著作权法第三条的规定,作品包括文字作品,口述作品,音乐、戏剧、曲艺、舞蹈、杂技艺术作品,美术、建筑作品,摄影作品,电影作品和以类似摄制电影的方法创作的作品,工程设计图、产品设计图、地图、示意图等图形作品和模型作品,计算机软件等。

作品数字化是指利用计算机等电子设备将文字、数据、图像、声音等类型的作品从传统的载体形式转换为二进制数字编码的存在形式,转换的方法包括录入、扫描、数字化录音和录像等。任何作品要在计算机和网络上实现存储、显示、传输和应用,都必须表现为数字形式。如果说作品数字化是指将传统的非数字化作品表现形式转换为数字化形式,那么数字化作品则还包括自始即以数字形式创作完成的作品,比如 Word 文件、数码相片和电脑动画等。作品数字化或者数字化作品给著作权法主要带来了两个问题:将一个传统非数字作品转换为数字作品的过程是否创作了一个新的作品?数字形式的作品是否是可以有形形式复制的作品?前者涉及"独创性"的内涵,后者则针对"可复制性"标准中有形载体的外延。

首先,传统非数字形式作品的数字化并不产生新的作品。有人曾将数字化定性为翻译行为,认为它是将作品从人类语言翻译为机器语言,而根据著作权法,翻译作品是相对于原作品的演绎作品,所以,认为数字化产生了新作品。这种说法已经被否定。一方面,著作权法对"翻译"的定义为"将作品从一种语言文字转换成另一种语言文字",而这里的语言文字是指人类使用的语言文字而不是供机器阅读的代码。另一方面,著作权法上的翻译行为,是译者根据其对两种语言的理解来斟酌文意并选词构句进行的创作行为,因而产生了新的作品。而数字化过程是一个纯粹的机械物理过程,并不包含人的创作成分,因而不符合"独创性"的作品认定标准。

其次,作品数字化是著作权法上的复制行为。除"独创性"标准外,作品认定的另一个标准是"可复制性"。著作权法上的"复制",是指以印刷、复印、拓印、录音、录像、翻录、翻拍等方式将作品制作一份或者多份。通过对法律列举的这些复制行为的归纳就可以得出,数字化(比如,扫描)符合"复制"的内涵。至于数字化作品的载体,如 CD、VCD、DVD、软盘、硬盘等,都是有形式的复制载体。由此,作品数字化就是以有形形式复制作品的行为。

对于作品数字化的这一性质认定,得到司法实践的采纳并已成为国际范围内的共识。1999 年,王蒙等六位作家诉世纪互联通讯技术有限公司著作权侵权纠纷一案中,被告未经原告许可即将原告享有著作权的小说作品上传到其网站上。法院审理认为,作品的数字化只是作品载体形式和使用手段的变化,其本身并不具有著作权法意义上的独创性,因而没有产生新的作品。所以,原告作品经数字化并上传到网站后仍是原来的作品,原告仍对其享有著作权。1996 年缔结的《世界知识产权组织版权条约》(WCT)的议定声明指出,在电子媒体中以数字形式存储受保护的作品,构成《保护文学艺术作品伯尔尼公约》第九条意义上的复制。很多国家的地区也做了相同的认定,比如 1995 年美国的《知识产权与国家信息基础设施》白皮书和欧盟的《关于信息社会的著作权和邻接权》绿皮书。

我国的著作权法制定于 1990 年,作品数字化问题在当时尚未引起重视。但在 2001 年对著作权法进行修改时,立法者也并未将作品数字化加入到复制方式的列举中。尽管著作权法的条文并未明确涉及作品数字化问题,但司法实践已经将数字化认定为作品的复制行为。2000 年公布,2004 年和 2006 年两次修正的《最高人民法院关于审理涉及计算机网络著作权纠纷案件适用法律若干问题的解释》第二条规定,"受著作权法保护的作品,包括著作权法第三条规定的各类作品的数字化形式。在网络环境下无法归于著作权法第三条列举的作品范围,但在文学、艺术和科学领域内具有独创性并能以某种有形形式复制的其他智力创作成果,人民法院应当予以保护"。这一规定旨在将著作权法对作品的保护延伸到数字化形式,值得肯定。但是,该规定也存在问题:混淆了作品的复制形式和表现形式。

著作权法实施条例第二条所针对的,是作品的复制形式(即有形形式复制),而著作权法第三条则是根据作品的表现形式(如文字作品和口头作品)对作品的列举。前述司法解释第二条第一句针对的是作品的复制形式,其提炼内容是:作品包括各种表现形式作品的数字化形式,即作品包括作品的数字化形式。这里存在一个问题,作品是智力创作成果,怎么成了智力创作成果的数字化形式?所以,该句本意的准确表述应是,作品的有形复制形式包括数字化形式。

正是在承认数字化形式是作品的有形复制形式的基础上,前述规定的第二句进而是针对作品的表现形式。该句旨在表明,网络环境下其他表现形式的(即不在著作权法第三条列举范围内的表现形式)智力创作成果,只要符合作品的定义(独创性和可复制性),也应得到著作权法保护。旨在扩展认定作品表现形式的这一规定其实并不必要。一方面,司法解释的制定者似乎认为网络环境下易于产生不同于传统表现形式的作品,其实不然。计算机网络技术主要是丰富了作品的复制形式,即作品数字化,但并没有带来新的作品表现形式。计算机和网络上的作品仍是文字、图片、声音及多媒体等,完全可以归入著作权法第三条所列举的作品表现形式。另一方面,著作权法第三条自身即明确了其对作品表现形式的列举并非穷尽性的,因为该条第(九)项为"法律、行政法规规定的其他作品";而著作权法实施条例

第二条则给作品下了定义,凡是具有独创性并可以有形形式复制的智力创作成果均为作品。这样,行政法规已经确认了其他表现形式的智力创作成果也是作品,前述司法解释就作品表现形式的规定就没有必要。

退一步,就数字化形式作为作品的有形复制形式而言,立法上的体现也并非必要。实际上,数字化与传统复制形式之间并不是并列关系。印刷、复印、拓印、录音、录像、翻录、翻拍等是根据操作方法的不同对复制行为所做的分类,而数字化则应是和这些操作方法所利用的技术手段相并列的。比如,印刷包括铜版印刷和数字印刷等,录音包括电磁录音和数字录音等,翻拍包括胶片翻拍和数字翻拍等。因此,将数字化加入到著作权法第十条第(五)项的做法既不合理,也没有必要。在法律的解释和适用层面将数字化技术与传统复制技术同等看待即可。

10.1.2 计算机软件与数据库的著作权法保护

将计算机软件和数据库纳入到著作权法的保护范围并不是为著作权制度创设了特例,而是适用作品认定标准的当然结果。凡是具有独创性和可复制性的智力创作成果都属于著作权法上的作品,就应当得到保护。但这两类作品所具有的特殊性以及经济政策层面的考虑使得其著作权法保护也具有一定的特殊性。

1)计算机软件的著作权法保护

计算机软件包括计算机程序及有关文档。计算机程序,是指为了得到某种结果而可以由计算机执行的代码化指令序列,或者可以被自动转换成代码化指令序列的符号化指令序列或者符号化语句序列。计算机文档,是用来描述程序的文字资料和图表等,如程序设计说明书、流程图、用户手册等。

与文学艺术领域的作品不同,计算机软件不是供人们阅读欣赏而是通过指令计算机的运行而实现某种物质上的功能。表现形式依赖于文字(源代码和目标代码)而用途在于实现物质上的功能,这一特点为软件的知识产权保护方式提出了问题。就表现形式而言,软件可以作为作品得到著作权法的保护。但著作权只保护表达,不保护思想,这使得软件的实用性功能得不到保护,因为第三人可以用不同的表达方式(表现为新的作品)来使用受保护软件的思想或算法,而这并不会侵犯原软件的著作权。能实现对软件功能性内容保护的主要是专利,因此,除著作权保护方式外,与软件相关的发明也是专利权的保护客体(详见本章10.3.2节)。本节只涉及软件的著作权保护,主要是其区别于一般作品的特殊制度。

1990年的著作权法特意将计算机软件列为作品之一,并鉴于软件作品的特殊性,通过1991年的《计算机软件保护条例》建立了专门的保护制度。2001年,著作权法和《计算机软件保护条例》均被修改,但这种一般法与专门条例相配合的立法模式没有改变。2001年法律修改活动的主要目的是将《与贸易有关的知识产权协议》(即WTO框架内的TRIPs协议)的有关条款纳入国内法。在计算机软件的著作权保护方面,这主要体现在对TRIPs协议第10.1条的执行上,该条规定,计算机软件,无论是源代码还是目标代码,都应作为《伯尔尼公约》(1971年版)意义上的文字作品予以保护。《计算机软件条例》主要做了两项相应修改,一是将对软件作者权利的规定向著作权法的一般规定靠拢,二是将软件作品的保护期从25

年延长到 50 年。

由于计算机软件的功能性用途,《计算机软件保护条例》对其保护范围做了特别的规定:计算机程序的源程序和目标程序为同一作品,条例对软件著作权的保护不延及开发软件所用的思想、处理过程、操作方法或者数学概念等。这即是著作权法上"思想—表达"二分法在软件作品保护领域的体现。

1991 年《计算机软件保护条例》曾将软件著作权登记作为提出软件纠纷行政处理或者诉讼的前提。虽然这一做法的目的在于促进软件登记从而便于权属的确认和证明,但却给权利人的权利保护设置了不合理的条件。本来,著作权的产生不需要任何登记或注册手续,即自动保护原则,其权利的行使也不应当受到强制性著作权登记制度的限制。1992 年《实施国际著作权条约的规定》和 1993 年最高法院的有关通知先后废止了上述规定对于外国和中国软件权人的实际效力,2001 年软件保护条例的修改也对此做了确认。2011 年,伴随国务院对截至 2009 年底尚在施行的行政法规共 691 件进行了全面清理,《计算机软件保护条例》也根据《著作权法》的修订而相应调整了参照条款的编号。2013 年又对著作权侵权罚则做了一次修改。

与文学艺术作品的个人创作不同,软件的创作主要是由软件公司组织工程师集体设计完成,并形成了软件产业。因此,绝大多数软件都是职务作品,软件的作者也通常是法人或者其他组织,而非自然人。软件作品创作和权利主体的特点使人们对精神权利的性质产生了反思,而软件的物质性功能更使得对作者精神权利的限制成为必要。由于计算机和网络应用的普及,软件的使用也遍及各种行业和专业领域,比如会计软件、证券软件、银行软件、生产自动化软件等。这不仅使得为各行业或专业量身定做软件成为必要,而且很多软件在设计完成后仍然需要针对具体的应用环境和需要进行必要的修改或完善。软件保护条例为此做出了两方面的相应法律规定:一是没有将"保护作品完整权"规定为软件作者的精神权利,二是对作者的修改权进行了必要限制。根据软件保护条例第十六条,为了把软件用于实际的计算机应用环境或者改进其功能、性能,软件复制品的合法持有人有权对该软件进行必要的修改;但是,除合同另有约定外,未经该软件著作权人许可,不得向任何第三方提供修改后的软件。番茄花园案中,被告在未经原告微软公司同意的情况下对 Windows XP 操作系统进行了功能方面的调整和情趣化改造。被告如果可以证明其对软件的修改行为属于上述《计算机软件保护条例》第十六条规定的情形,则不会构成对微软著作权的侵犯。但是,如果被告未经微软许可而向第三方提供修改后的软件,那么就构成软件侵权行为。

2)数据库的法律保护

数据库,是按照系统的或有序的方式将有关数据或信息整理编排在一起的集合,比如,以有序方式建立的电话号码簿、求职者的简历库、用于出租或销售的房源信息库等。在知识经济时代,信息的掌握和应用也对生产生活的各个方面发挥着极其重要的作用,而计算机和网络技术极大地提高了数据收集、加工、整理和传输的效率,数据库的建立和应用也更为发达。数据库的法律保护主要有两种模式,传统的著作权保护和新兴的特殊权利保护。

从著作权法的角度看,满足作品独创性和可复制性标准的数据库可以作为汇编作品得到保护。我国著作权法第十四条规定,汇编若干作品、作品的片段或者不构成作品的数据或者其他材料,对其内容的选择或者编排体现独创性的作品,为汇编作品,其著作权由汇编人享有,但行使著作权时,不得侵犯原作品的著作权。可见,就数据库这类汇编作品而言,被汇编的数据可以是作品,也可以是非作品。如果被汇编的数据是作品,那么数据库作者在行使其对数据库的权利时,不得侵犯被汇编作品的著作权。另一方面,汇编人的权利仅及于汇编作品本身,而对被汇编的作品或数据不享有权利。就数据库而言,数据库的作者仅对其数据库的整体享有著作权法规定的各项财产权和人身权,而并不能禁止他人复制或访问数据库中的数据。有关数据库保护范围的这些规定在《伯尔尼公约》第 2 条第 5 款,TRIPs 协议第10.2 条和《世界知识产权组织版权公约(WCT)》第 5 条都有一致性的体现。

在数据库的特殊权利保护(suis generis)方面,1996 年欧盟《关于数据库保护的指令》是该领域最早的立法,该指令将数据库的特殊权利保护制度推广到欧盟成员国。这一特殊权利保护制度的理论基础是,数据库的制作者在数据的收集、整理和编排方面需要花费实质性投资,包括在数据制作数据库过程中付出的人力、技术、财力或其他资源投入,这些投资就是数据库保护的必要性和正当性的基础。根据欧盟的该指令,凡是按系统的或有条理的方式编排而成并且各部分都能被单独访问的集合体是可以得到保护的数据库。数据库制作者享有摘录权(extraction rights)和再利用权(reutilization right)以阻止他人擅自使用数据库的全部或数量上及质量上实质部分的内容。"摘录权"类似于著作权中的复制权,指永久或暂时地把数据库的全部或实质部分的内容转移到另一个媒介上的权利;"再利用权"类似于发行权,指以任何形式向公众提供数据库全部或实质部分内容的权利,包括复制件的发行、出租、在线传输或其他方式传播。特殊权利保护也存在限制和例外:如果数据库已经向公众提供,那么数据库的合法用户就可以不经数据库制作者同意实施以下行为。

①为任何目的,复制或传播数据库内容的非实质性部分;

②为私人目的,复制非电子数据库内容的实质性部分;

③为教学科研目的,复制数据库内容的实质性部分,但要标明材料的来源,使用的内容也不能超出实现非商业性目的所需要的程度;

④为公共安全、行政管理或司法程序的目的,复制或传播数据库内容的实质性部分。

可见,数据库特殊权利保护是对著作权保护的有力补充,一方面,不构成作品的数据库尽管得不到著作权保护但可以得到特殊权利的保护;另一方面,著作权只保护数据库本身而特殊权利则延及数量上或质量上实质部分的内容。但是,数据库的特殊权利保护制度在国际层面尚未达成共识。根据欧盟和美国的提议,世界知识产权组织于 1996 年公布了《关于数据库知识产权条约实体条款的基本建议》,但有关谈判尚未给出结果。

10.1.3　信息网络传播权

根据我国著作权法第十条,作者就作品的原件和复制件所享有的使用权主要包括:复制权、发行权、出租权、展览权、表演权、放映权和广播权等。计算机网络技术的应用,使向公众提供作品的方式也有了新的发展,比如,上载在服务器上的作品可以供不同的公众成员在其选定的时间和地点访问或下载,即公众成员可以选择在线阅读欣赏,也可以选择下载保存。于是,在上述作者的使用权之外又产生了一项新的权利:信息网络传播权。这一权利的性质是网络环境下的发行权与传播权的结合,即通过网络以出售或者赠与方式向公众提供作品的行为。

1996 年的《世界知识产权组织版权公约(WCT)》最早就信息网络传播权作出了规定。根据该公约第 8 条,在不损害伯尔尼公约赋予作者的各项传播权的前提下,文学和艺术作品的作者应当享有以有线或无线方式将其作品向公众传播的专有权,包括以公众中的成员个人选择地点和时间的方式,使公众获得作品的专有权。各国法律对信息网络传播权的规定方式不尽相同。美国以其法律中已有的发行权和向公众传播的权利(公开表演权、公开展示权等)的结合来实现对信息网络传播权的保护,而欧盟则在其《信息社会版权指令》中引入了信息网络传播权,并将其认定为交互性的按需传输权。

我国在 2001 年修改著作权法时,参照《知识产权组织版权公约》的规定引入了信息网络传播权,该权利的具体内容和保护方式则由 2006 年的《信息网络传播权保护条例》进行了规定。根据该条例,除法律、行政法规另有规定的外,任何组织或者个人将他人的作品通过信息网络向公众提供,应当取得权利人许可,并支付报酬;著作权人采取的技术措施和权利管理信息不得被擅自删改或去除(详见本章 10.1.4 节);一般著作权法的法定许可和合理使用制度相应适用于信息网络传播;条例同时对网络服务商的著作权侵权责任作出了规定,引入了"避风港原则"(详见本章 10.1.5 节)。

10.1.4　技术措施和权利管理信息

著作权保护制度需要面对的先天性问题在于,作品复制的快捷与廉价使得盗版行为屡禁不止。计算机技术和网络的发展又使得作品的复制与传播更加简便和经济,利用数字技术和网络所进行的侵权行为也愈演愈烈。因此,在作为事后补救措施的法律责任之外,又产生了阻却侵权行为的事先预警措施:技术措施和权利管理信息。

1)技术措施

技术措施是指著作权人为防止他人非法访问或使用作品而采取的各种技术手段,包括访问密码、电子水印、加密软件等。技术措施是为保护著作权而采取的有关措施,本不在著作权法的保护范围之内,但越来越多的个人或公司对著作权人的技术措施进行解密并通过网络散布,这给著作权人造成很大的损失。为此,技术措施也被纳入了著作权法的保护范围。

1996 年缔结的《世界知识产权组织版权公约(WCT)》和《世界知识产权组织表演和录音制品公约(WPPT)》都对技术措施的保护作出了规定。根据版权公约第 11 条,缔约方应对破解有效技术措施的行为提供适当的保护和有效的法律救济。至于何为"适当的保护和有效的法律救济",公约留给缔约方通过国内法予以规定。欧盟从 1991 年的软件指令开始就在著作权法中规定了对技术措施的保护,目前已经形成了较全面的保护制度。美国则通过 1998 年的《跨世纪数字化版权法》把上述世界知识产权组织两公约(WCT 和 WPPT)中关于技术措施的条款纳入到了国内法中。我国在 2001 年修改著作权法时增加了对于技术措施的保护,著作权法第四十七条规定,未经著作权人或邻接权人许可,故意避开或者破坏权利人为其作品、录音录像制品等采取的技术措施的行为构成著作权侵权,法律、行政法规另有规定的除外。此外,《信息网络传播权保护条例》第四条还针对保护信息网络传播权的技术措施保护做出了专门规定。

在技术措施的保护中，有几个方面的问题需要明确：首先，著作权法只保护能有效阻止他人非法访问或使用作品的技术措施，而不保护仅具有威慑或警示作用的措施。其次，著作权法不仅禁止破解或规避技术措施的行为，而且禁止制造、进口或提供主要用于破解或规避技术措施的产品和装置，也禁止提供破解或规避技术措施的技术或服务。再次，技术措施应具有合法性，只能是防御性的，而不能是攻击性的。1997年江民公司的逻辑锁事件和2008年微软的黑屏事件都属于攻击性技术措施的应用，存在合法性问题。最后，为实现公众利益与著作权人利益的平衡，著作权法对技术措施的使用也设置了限制和例外。比如，根据美国《跨世纪数字化版权法》的规定，以下行为构成技术措施保护的例外和豁免：反向工程，执法和情报活动，加密研究，安全测试，保护个人身份信息，对非营利性图书馆、档案馆和教育机构的豁免以及对广播组织的豁免。

2）权利管理信息

权利管理信息，是指附加于作品复制件或原件之上，用来标明作品、作者及其他权利人、作品使用条件等的信息以及这些信息的代码。正式出版物上的版权页即是一种权利管理信息。在网络环境下，权利管理信息是以数字化形式被嵌入在电子文档里，附加于作品复制件上或当作品向公众传播时显示出来。权利管理信息的主要目的在于明示作者及有关权利人对作品的著作权或邻接权，以便于证明和确认作品的著作权归属、明确作品使用条件及监控作品使用情况。权利管理信息的作用在网络环境下尤其显得必要，因为在网络上，作品的数量之大和传播速度之快使得有关作品、作者和作品使用条件的信息更难以证明，却更容易被去除或删改。这也是需要对数字形式的权利管理信息加强保护的需要。

国际层面上，《世界知识产权组织版权公约（WCT）》和《世界知识产权组织表演和唱片公约（WPPT）》都就权利管理信息的保护作出了规定。根据WCT第12条的规定，缔约国应当提供充分和有效的法律救济，来制止他人在未经授权的情况下删除或改动权利管理信息，如果当事人明知或应知（就民事责任而言）其行为会诱发、导致或掩饰著作权侵权行为；如果当事人明知作品或其复制件的电子权利管理信息已经被非法删除或改动，仍发行、为发行而进口、广播或向公众传播该作品或其复制件，这种行为也应当被制止。WPPT第19条的规定与此相近。美国《跨世纪数字化版权法》除禁止WCT和WPPT两公约所规定的前述行为外，禁止在明知或应知其行为会诱发、导致或掩饰著作权侵权行为的情况下，故意提供或散布虚假的权利管理信息的行为。

根据2001年修订后的我国著作权法第四十七条第（七）项的规定，未经著作权人或者与著作权有关的权利人许可，故意删除或者改变作品、录音录像制品等的权利管理电子信息的，属于著作权侵权行为，法律、行政法规另有规定的除外。2006年的《信息网络传播权保护条例》第五条进而补充规定，通过信息网络向公众提供明知或者应知未经权利人许可被删除或者改变权利管理电子信息的作品、表演、录音录像制品。这些规定将《世界知识产权版权公约（WCT）》和《世界知识产权组织表演和唱片公约（WPPT）》关于权利管理信息的条款纳入了中国法。

10.1.5 网络服务提供者在著作权侵权中的法律责任

互联网用户、网络服务提供者和网络监管机构是与互联网相关的活动中的三个主要主体。尽管互联网用户是网络信息传输的发起者和信息接收者及访问者,但网络服务提供者在信息的存储和传输过程中扮演着技术支持和通道的角色,甚至是重要的网络信息提供者。根据所提供的服务的性质,我们可以将网络服务提供者分为两类。

——网络技术提供者(Internet Service Provider, ISP),包括为网络运行提供基础设施(光缆、路由和交换机等)的网络服务商,为用户提供互联网接入服务及电子邮件服务的网络服务商,为用户提供服务器空间、网上信息交流平台等的网络服务商以及通过名录、索引、引证或超文本链接等提供网上信息搜索服务的经营者等;

——网络内容提供者(Internet Content Provider, ICP),是指收集、选择、编辑信息并通过网络向公众提供的网络服务提供者。

著作权侵权,即侵犯作者的人身权和财产权的行为,人身权侵权行为包括对于署名权、发表权、修改权和保护作品完整权的侵犯,也包括与此相关的去除或删改权利管理电子信息的行为;财产权行为表现为对作者的复制权、发行权、汇编权、信息网络传播权的侵犯,也包括对于著作权人采取的技术措施的规避或破坏。网络环境下的著作权侵权行为表现出更多的复杂性,这不仅因为网络的虚拟性使得对于作品的控制和侵权的监视更为艰难,而且因为网络环境中行为主体的多样性及其间关系的复杂性。除网络用户外,网络服务提供者的著作权侵权责任也在理论和实践中引起很多讨论。由于网络技术服务提供者与网络内容服务提供者在著作权侵权行为中所扮演的角色不同,其侵权责任的认定规则也存在差异。

1)网络内容提供者的著作权侵权责任

如果网络内容提供者向公众提供的信息是受著作权法保护的作品,而该作品提供行为又未得到著作权人的许可,那么该行为就构成著作权侵权行为。在这种通过网络提供作品的行为中,网络内容提供者需先将作品从其计算机或主机上传到网站服务器,然后通过该服务器供公众下载。计算机和网站服务器上的存储行为侵犯了作者的复制权,因为这不可避免地产生了作品复制件;而供公众下载的行为则侵犯了作者的信息网络传播权,此外,被侵犯的还有作者的获得报酬权。本章 10.1.1 节所提到的王蒙等六位作家诉世纪互联通讯技术有限公司著作权侵权纠纷一案中,被告公司通过其网站向公众提供小说下载服务,就是作为网络内容提供者承担著作权侵权责任。

在归责原则方面,我国著作权法没有规定著作权侵权行为的主观要件,因而,原则上应当实行无过错责任原则。网络内容提供者在著作权侵权案件中,是直接实施侵权行为的主体,与非网络环境下的直接侵权人没有差别,因而对其也应当适用无过错责任原则。此外,值得注意的是,有些网站所提供的信息数量大而且种类多,或者网站经营者将信息的搜集、选择和编辑工作都承包给第三方实施,但是,这些情况都不能成为网络内容提供者主张免责的理由,因为,无论信息提供者的经营或管理模式如何,他都有义务以合法的方式从事其经营活动。

最高人民法院于 2020 年 8 月 24 日公布的《关于涉网络知识产权侵权纠纷几个法律适

用问题的批复》（法释〔2020〕9号）释法如下。

一、知识产权权利人主张其权利受到侵害并提出保全申请，要求网络服务提供者、电子商务平台经营者迅速采取删除、屏蔽、断开链接等下架措施的，人民法院应当依法审查并作出裁定。

二、网络服务提供者、电子商务平台经营者收到知识产权权利人依法发出的通知后，应当及时将权利人的通知转送相关网络用户、平台内经营者，并根据构成侵权的初步证据和服务类型采取必要措施；未依法采取必要措施，权利人主张网络服务提供者、电子商务平台经营者对损害的扩大部分与网络用户、平台内经营者承担连带责任的，人民法院可以依法予以支持。

三、在依法转送的不存在侵权行为的声明到达知识产权权利人后的合理期限内，网络服务提供者、电子商务平台经营者未收到权利人已经投诉或者提起诉讼通知的，应当及时终止所采取的删除、屏蔽、断开链接等下架措施。因办理公证、认证手续等权利人无法控制的特殊情况导致的延迟，不计入上述期限，但该期限最长不超过20个工作日。

四、因恶意提交声明导致电子商务平台经营者终止必要措施并造成知识产权权利人损害，权利人依照有关法律规定请求相应惩罚性赔偿的，人民法院可以依法予以支持。

五、知识产权权利人发出的通知内容与客观事实不符，但其在诉讼中主张该通知系善意提交并请求免责，且能够举证证明的，人民法院依法审查属实后应当予以支持。

根据2013年修订后的著作权法第五十三条的规定，未经著作权人、表演者、录音录像制作者许可，通过信息网络向公众传播作品、表演、录音录像制品的，应当根据情况，承担停止侵害、消除影响、赔礼道歉、赔偿损失等民事责任；同时损害公共利益的，可以由著作权行政管理部门责令停止侵权行为，没收违法所得，没收、销毁侵权复制品，并可处以罚款；情节严重的，著作权行政管理部门还可以没收主要用于制作侵权复制品的材料、工具、设备等；构成犯罪的，依法追究刑事责任。

2）网络技术提供者的著作权侵权责任

网络技术提供者在硬件或软件上为互联网上信息的存储、传输和整理等提供服务，而其本身既不提供信息，也不发起信息的传输或传播行为，而从事信息传输和传播行为的是网络用户。在这样一种网络活动关系中，网络技术提供者的著作权侵权责任需要从两个方面考察，一是其技术服务提供行为本身构成著作权侵权行为的可能，二是其在用户通过网络实施著作权侵权行为时的法律责任。

（1）技术服务提供行为的著作权侵权责任

网络技术提供者在信息的传输和传播中起着一种服务中介的作用，其技术服务主要体现在两种行为上："传输通道"与"代理缓存"。

"传输通道"，指网络技术提供者仅作为"通道"为用户的信息传输或传播提供服务，既不发起信息传输或传播行为，也不对所发送的信息进行查看或修改。但是，即便如此，要实现信息的传输或传播，网络技术提供者仍然要在其计算机系统上对被传输或传播的信息进行暂时或永久的存储。如果被传输的信息是作品，那么就不可避免地要制作出作品的复制件，尽管该复制件并不提供给信息接受者之外的人。美国法院通过Playboy案、Netcom案、马洛比案和 DMCA 案等判例认定,在未主动传输、挑选、编辑受指控侵权信息和未超过限定时间的情况下,网络中介服务者不因其系统传输或机器自动复制、暂存了用户侵犯他人版权的信息而承担版权侵权责任。这表明,作为"传输通道",网络技术提供者就在技术上必要的复制行为可以被豁免于著作权侵权责任。我国 2013 年修订的《信息网络传播权保护条例》第二十条和第二十二条分别就网络自动接入服务提供者、自动传输服务提供者和信息存储空间提供者,作为"传输通道"所涉及的必要复制行为进行了有条件的著作权侵权豁免规定。

"代理缓存",是指网络技术提供者将从某个网络信息源获取的信息存储在服务器中,以便用户下次访问该信息时不必重新登录该信息源,其目的是避免或减轻网络拥堵,从而提供网络访问速度。经过代理缓存的信息不仅可以提供给某个曾经访问过该信息的用户,而且也可以提供给其他需要访问的用户。"代理缓存"是网络技术提供者在其服务器上所实施的缓存,区别于用户的终端计算机所自动实施的缓存,因而是网络技术提供者的复制行为。美国的《跨世纪数字化版权法》规定,网络技术提供者不因作品的代理缓存而承担损害赔偿责任,只承担有限的停止侵权责任。与"传输通道"中的复制行为相比,代理缓存所引起的复制行为在技术上具有更多的用途,因而其责任豁免需要更多的条件来限制。我国《信息网络传播权保护条例》第二十一条规定,网络服务提供者为提高网络传输效率,自动存储从其他网络服务提供者获得的作品、表演、录音录像制品,根据技术安排自动向服务对象提供,并具备下列条件的,不承担赔偿责任。

(一)未改变自动存储的作品、表演、录音录像制品;

(二)不影响提供作品、表演、录音录像制品的原网络服务提供者掌握服务对象获取该作品、表演、录音录像制品的情况;

(三)在原网络服务提供者修改、删除或者屏蔽该作品、表演、录音录像制品时,根据技术安排自动予以修改、删除或者屏蔽。

(2)用户侵犯著作权时网络技术提供者的法律责任

在用户通过网络实施的信息传输和传播行为中,用户是主导者,而网络技术提供者仅起着技术上的辅助作用。因此,如果用户实施了著作权侵权行为,网络技术提供者的责任应当是第二位的,而且其责任应当获得限制。这不仅是由用户与网络技术提供者之间的主要和次要关系所决定的,而且,也与网络技术提供者的侵权监控能力和义务相关。一方面,网络技术提供者不具备监控所有网络违法行为的技术能力;另一方面,即使具备,进行这样的监控也需要大量的人力和物力投入,而且会影响到网络运行的效率。这好比,不能让公路的经营者监控所有车辆和行人的违法行为,也不能因为车辆或行人的违法行为而让公路的经营者承担法律责任。但是,如果网络技术提供者参与了用户的著作权侵权行为或者在明知或应知的情况下为用户的侵权行为提供者了帮助,那么网络技术提供者就应当承担直接侵权或帮助侵权的法律责任。

简而言之,基于网络技术提供者的技术中介地位,在由用户实施的著作权侵权行为中,应当根据其主观过错的有无来认定其侵权责任,即适用过错责任原则。这是大多数国家根据网络系统的技术特征和运行模式而采用的归责原则,这种做法兼顾了公平与效率的价值追求。但是,网络技术提供者的过错认定是一个比较复杂的问题,即如何证明其对用户侵权行为的明知或应知。根据美国的司法判例以及基于判例规则的《跨世纪数字化版权法》,一方面,在网络的日常运行中,网络技术提供者应当拒绝为反复实施侵权行为的用户提供服务;另一方面,在侵权行为发生后,网络技术提供者应当在接到著作权人的通知后,及时从其系统中移除侵权信息。

前者是为网络技术提供者设置了一种适当的监控义务,违反这一义务将使技术提供者不能就反复侵权者的侵权行为获得免责,因为技术提供者被推定为应知,从而具有帮助侵权的主观过错。但是,这一监控义务并不应当适用于网络基础设施提供者和网络接入服务提供者,而主要应当适用于电子公告板系统经营者(比如,论坛、聊天室的经营者)。

后者的"警告—移除"机制,被称为"避风港"制度,即网络技术提供者只要按此机制行事,就可以进入限制或免除侵权责任的避风港。但是,该机制的实施要遵循一定的条件要求。首先,著作权人的权利主张通知应当包括其身份证明、著作权权属证明、侵权信息的存在等,否则,其权利主张将不构成有效的通知。其次,网络技术提供者没有对警告进行实质审查的义务,而只承担在接到形式上有效的通知后及时移除侵权信息并通知用户的责任;再次,如果用户认为著作权人主张权利不当,可以向网络技术提供者发出"反通知",用以证明和说明涉嫌侵权的信息的合法性。网络技术提供者应当在接到"反通知"后恢复被移除的信息。在整个程序中,法律对于网络技术提供者的中介地位予以肯定和保障,表现在,网络技术提供者既不必因著作权人的错误警告而向用户承担不当移除相关信息的责任,也不必因用户的虚假"反通知"而向著作权人承担不当恢复侵权信息的责任。只要网络技术提供者依照法律设定的条件履行"警告—移除"程序中的义务,有关损害赔偿的责任均在著作权人与用户之间确定。相反,如果网络技术提供者在接到著作权人的有效通知后,没有及时移除侵权信息,那么就要承担共同侵权的民事责任,因为他在收到通知后就对用户的侵权行为处于明知的状态,因而主观上存在过错。而且,在收到通知后,网络技术提供者有义务协助著作权人对侵权行为进行调查,包括提供有关侵权用户资料等信息。

我国的司法解释和法规也根据上述原则和制度对网络技术提供者的著作权侵权责任作出了规定。《最高人民法院关于审理涉及计算机网络著作权纠纷案件适用法律若干问题的解释》第三条对此做了原则性规定。根据该条,网络服务提供者通过网络参与他人侵犯著作权行为,或者通过网络教唆、帮助他人实施侵犯著作权行为的,人民法院应当根据民法通则第一百三十条的规定①,追究其与其他行为人或者直接实施侵权行为人的共同侵权责任。"参与"属于直接共同侵权,"教唆"和"帮助"属于帮助性共同侵权。《信息网络传播权保护条例》则对"警告—移除"的"避风港"制度做出了具体规定,其步骤和条件依次为。

(一)如果著作权人认为其信息网络传播权被侵犯或者权利管理电子信息被删除或修改,可以向网络服务提供者提交书面通知,要求网络服务提供者删除侵权信息或者断开涉嫌侵权链接。通知书的内容应当包括:权利人的姓名(名称)、联系方式和地址;要求删除或者断开链接的侵权信息的名称和网络地址;构成侵权的初步证明材料。

---

① 该条规定,二人以上共同侵权造成他人损害的,应当承担连带责任。

（二）网络服务提供者接到权利人的通知书后，应当立即删除涉嫌侵权的信息或者断开涉嫌侵权的链接，并同时将通知书转送给用户；服务对象网络地址不明、无法转送的，应当将通知书的内容同时在信息网络上公告。

（三）用户接到网络服务提供者转送的通知书后，认为其提供的信息未侵犯他人权利的，可以向网络服务提供者提交书面说明，要求恢复被删除的信息或者恢复被断开的链接。书面说明的内容应当包括：用户的姓名（名称）、联系方式和地址；要求恢复的信息的名称和网络地址；不构成侵权的初步证明材料。

（四）网络服务提供者接到用户的书面说明后，应当立即恢复被删除的信息或者恢复被断开的链接，同时将用户的书面说明转送权利人。权利人不得再通知网络服务提供者删除信息或者断开链接。

《信息网络传播权保护条例》进而规定了网络技术提供者在"避风港"制度中的责任豁免。一方面，网络服务提供者根据著作权人的警告而断开与涉嫌侵权的信息的链接，不承担赔偿责任；但是，明知或者应知所链接的信息侵权的，应当承担共同侵权责任。另一方面，因著作权人的警告而导致网络服务提供者错误删除涉嫌侵权的信息或者错误断开涉嫌侵权的链接，给用户造成损失的，著作权人应当承担赔偿责任。

10.2 与网络相关的商业标识权问题

商业标识权主要包括商标权和商号权。商标权，即权利人就其注册商标和未注册驰名商标所享有的专有使用权和禁止他人仿冒使用的权利；商号权，也称字号权，即企业对其商号或字号及企业名称所享有的使用权和禁止他人仿冒使用的权利。在网络环境下，一方面，传统的商标权和商号权仍然可以在网站上使用，表现为通过网站对有关产品或服务的广告宣传、许诺销售，甚至网络销售行为（即电子商务）；另一方面，网络也带来了新型的商业标识，如域名、通用网址及网络搜索关键词。尽管这些新型商业标识的知识产权属性尚未完全得到承认，但在网络经济和电子商务如此发达的今天，它们在虚拟世界对产品或企业的识别功能以及商誉承载功能已经非常重要。同时，这些新型商业标志的取得、使用和保护也与商标权和商号权产生了冲突，需要将传统的商标法及反不正当竞争法解释和适用于网络环境，甚至建立新的制度来解决这些新问题。以下将主要介绍域名的注册和争议解决程序。

10.2.1 域名注册制度

互联网上的每台计算机都有一个协议数码地址（IP 地址），用以实现网上定位。为便于记忆和识别，不同的 IP 地址可以用不同的字母和数字等符号的组合来标记，这就是域名（domain name）。例如，清华大学网站的 IP 地址是 166. 111. 4. 100，其域名是 Tsinghua. edu. cn。

域名呈层级结构，分为顶级域名、二级域名、三级域名等。顶级域名又包括国际通用顶级域名（gTLDs）和国家或地区顶级域名（ccTLDs）。国际通用顶级域名是根据所使用领域的不同来设置的,包括.com(商业领域)、.net(网络服务)、.org(组织机构)、.edu(教育领域)、.gov(政府部门)等。国家或地区顶级域名则根据所面向地域的不同,包括.cn(中国)、.fr(法国)、.uk(英国)、.eu(欧洲)、.asia(亚洲)等。二级域名为国家顶级域名之下一级的域名,如.com.cn 为中国的二级类别域名,.bj.cn(北京)为中国的二级行政域名。

域名最初的功能是技术性的,即作为网络协议数码地址的代号,但网络的广泛应用和电子商务的发展使得域名又有了识别性或标志性功能。这也是域名申请注册量不断增长及引发相关问题的重要原因。

任何域名的使用和保护都要以注册为前提。在域名的注册关系中存在三个主体,注册申请人、域名注册服务商、域名注册管理机构。域名注册服务商即接受注册申请并通过签订注册服务协议为申请人提供域名注册并收费的公司,比如,中国万网。域名注册管理机构负责对域名注册服务商进行资质审查、经营授权并监督管理,还负责根服务器的维护运行和域名体系的设计与公告,比如中国互联网络信息中心(CNNIC)。国际通用顶级域名的注册商和管理者基本都位于美国,因为域名制度起源于美国。国家或地区顶级域名以及二级和三级域名的注册和管理都由各个国家和地区的相应公司和管理机构来实现。

除少数类型的域名(如.museum,表示博物馆)和个别国家(如沙特阿拉伯)外,域名的注册基本都是开放性的,即任何组织和个人均可以申请注册,而不必满足任何预设的资质条件。比如,《中国互联网络域名管理办法》第二十四条规定的"先申请先注册"原则就是开放性原则的体现。但是,并不是任何的字符都可以被注册为域名,除了应以英文字母及或其他语言文字、数字、连接符等作为域名组成成分外,各国法律还禁止违反公序良俗的域名注册。《中国互联网络域名管理办法》第二十七条的规定就是一例。域名注册申请人应当提交真实、准确、完整的域名注册信息,并与域名注册服务机构签订用户注册协议。域名注册完成后,域名注册申请者即成为其注册域名的持有者。

与限制和审查域名注册的做法相比,域名注册的开放性原则符合网络发展的需要,也符合法律对公平与效率的价值追求。一方面,由于域名的数量众多,而与每个域名相关的在先权利(比如商标权、商号权、姓名权等)也数量众多,注册服务商无论在技术上还是在人力与财力上都难以进行在先权的检索和审查;另一方面,即便能查到相关的在先权利,就同一个域名会存在多个甚至很多个享有在先权利的主体,比如,就 apple.com 域名而言,在每个国家都可能会有在不同类别的产品和服务上(《商标注册用商品和服务国际分类尼斯协定》有 34 类产品和 11 类服务)拥有商标权的多个主体。但是,同一层级的域名在全球只有一个,法律上难以确定哪个在先权利人拥有注册该域名的权利。因此,只能由在先申请的人获得域名注册。但是,如果注册不当,相关的在先权利人可以通过争议解决程序获得撤销注册或转让域名的救济措施。正因为域名注册服务商既不审查在先权利,也不审查注册申请人所提供的信息资料,注册服务协议中总是规定,域名注册服务商既不参与域名争议,也不为域名注册人的行为承担法律责任。应当说,这样的免责条款是有利于保护域名注册服务商的中介服务者地位和保障域名制度的效率的。但另一方面,域名注册服务协议总是规定,域名注册人接受域名争议解决程序,这就为域名争议解决机制的适用提供了自愿管辖的法律基础。

10.2.2　域名争议解决制度

因域名的注册和使用所引起的争议主要涉及侵犯商标权、商号权及不正当竞争行为,这些争议完全可以通过传统的司法诉讼和仲裁程序来解决。但是,域名争议的案情往往并不复杂,诉讼和仲裁程序显得时间过长和花费过高。而且,域名争议(尤其是国际顶级域名)可以涉及不同国家的诉讼主体,这给案件的管辖和判决的执行都带来了很多麻烦。因此,在网络运营实体及域名注册服务机构的自治性管理模式基础上,一种类似于仲裁的专门的域名争议解决程序应运而生。

在国际层面,1999 年,互联网名址分配公司(ICANN)公布了《统一域名争议解决政策》和《统一域名争议解决政策实施细则》,建立了适用于.com、.net 和.org 等国际通用顶级域名的争议解决机制,世界知识产权组织仲裁与调解中心、亚洲域名争议解决中心等被指定为国际通用顶级域名争议解决机构。

《统一域名争议解决政策》和《统一域名争议解决政策实施细则》规定了国际通用顶级域名争议解决的实体规则和程序规则。根据这两个文件,投诉人向域名争议解决机构的投诉应符合三个条件。

——注册域名与投诉人享有权利的商标相同或者存在能引起混淆的近似;

——域名注册人就其域名不享有权利或合法利益;

——域名被恶意注册和使用。

"恶意注册"可以被以下情形之一(但不限于这些情形)所证明。

——被投诉人注册或获得域名的主要目的是,向作为商标权人的投诉人或者投诉人的竞争对手,以高于域名注册费的昂贵价格出售、出租或者以其他方式转让域名;

——被投诉人注册域名是为了阻止商标权人将其商标注册为对应的域名,并且被投诉人已经屡次实施了此类行为;

——被投诉人注册域名的主要目的在于,扰乱竞争对手的经营活动;

——被投诉人对域名的使用,可能使网络用户误以为投诉人的商标与被投诉人使用域名的网站及其提供的产品或服务存在联系,因而出于商业目的故意将网络用户吸引到自己的网站。

被投诉人可以通过以下情形之一(但不限于这些情形)证明其不存在恶意。

——在收到投诉通知之前,域名注册人就已经出于善意在其所提供的商品或服务上使用或者准备使用该域名或者某个与域名相对应的名称;

——虽然域名注册人并未获得相应的商标权,但其因该域名而为公众所知;

——域名注册人使用域名是出于合法的非商业目的或属于合理使用,并非为了牟取商业利益而误导性地吸引消费者或者贬损有关商标的声誉。

国际通用顶级域名的争议解决程序中,投诉书可以采用纸质形式或者电子形式提交。投诉人应在投诉书中写明争议双方的身份信息和联系方式,论证其投诉满足上述的三个条件及被投诉人的恶意,并提供证据。被投诉人可以进行答辩,证明其域名注册和使用行为不具有恶意。负责对争议做出裁定的专家组可以由一人或三人组成,专家组应在其成立之日起 14 日内做出裁决。在域名争议解决程序期间及程序结束后的 15 日内,涉案域名不得转让给第三人,域名注册组织有权取消违反此规定的转让。投诉人可以得到的救济措施限于撤销或者转让被投诉域名,但不能获得赔偿。此外,域名争议解决程序不具有排斥诉讼、仲裁或调解程序的效力,争议解决程序的任何一方都可以在该程序发起前、进行中或者裁决作出后寻求诉讼或仲裁程序解决同一争议,但应当及时通知域名争议解决机构,后者自行决定是否停止程序。如果域名争议解决机构做出裁决后 10 日内,投诉人或者被投诉人向法院提起诉讼,裁决暂不执行,等待法院判决。

在国家或地区顶级域名及国内二级以下域名层面,很多国家和地区参照世界知识产权组织的《统一域名争议解决政策》和《统一域名争议解决政策实施细则》建立了本国的域名争议解决机制。《中国互联网络信息中心域名争议解决办法》和《中国互联网络信息中心域名争议解决办法程序规则》就是一例。中国国际经济贸易仲裁委员会域名争议解决中心被中国互联网络信息中心(CNNIC)指定为中国的域名争议解决中心。我国域名争议解决的实体规则和程序规则与世界知识产权组织的国际通用顶级域名争议解决基本相同,主要的一点区别在于,根据《中国互联网络信息中心域名争议解决办法》第八条的规定,中国域名投诉人可以就各种名称和标志主张民事权益,而《统一域名争议解决政策》所保护的仅限于商标权。

我国的域名争议解决程序也不排斥通过诉讼或仲裁程序解决域名注册或使用纠纷。《最高人民法院关于审理商标民事纠纷案件适用法律若干问题的解释》第一条规定,将与他人注册商标相同或者相近似的文字注册为域名,并且通过该域名进行相关商品交易的电子商务,容易使相关公众产生误认的,属于商标法第五十二条第(五)项规定的给他人注册商标专用权造成其他损害的行为。《最高人民法院关于审理涉及计算机网络域名民事纠纷案件适用法律若干问题的解释》对非法注册和使用域名行为的认定条件与《中国互联网络信息中心域名争议解决办法》基本相同。但该司法解释是将恶意注册和使用域名的行为定性为对商标、商号或域名等名称标志权益的侵权或不正当竞争行为,救济措施除了撤销和转移域名外,还有损害赔偿。

10.3 与网络相关的专利权问题

10.3.1 电子商业方法的专利保护

商业方法(Business Methods),一般是指在商业、经济、金融等领域的经营和管理方法,比如,保险公司、律师事务所和银行合作,通过保险的形式向银行客户推销日常法律服务。传统上,商业方法一直被排除在专利法保护范围之外,原因不是它不符合作为专利实质条件的"三性"(即新颖性、创造性和实用性),而是因为它不符合"发明"的概念。各国的理论和实践基本一致认为,专利是解决技术问题的技术方案,因此,"发明"的核心认定标准就是"技术性"。对于"技术性"的含义,应当从两个方面来把握。一方面,技术是与科学相对称的,科学理论是抽象的,不具有操作性,但技术是具体的,具有可操作性;另一方面,"技术性"要求发明利用自然规律并直接作用于客观物质。尽管发明都会产生积极的经济和社会效果，但第一效果必须是改变自然的技术效果。各国专利法大都从反面规定了不属于"发明"的情形。商业方法通常被列在"智力活动的原则、计划和方法"这一类"非发明"的领域中。由此，传统的商业方法因为不具有技术性而被排除在专利保护范围之外。

近年来，这个世界各国基本一致的做法因美国实践的转变而产生了变化。1998 年，在 State Street v. Signature 案中，美国联邦巡回上诉法院认定一种银行资产管理方法可以被授予专利，并否定了商业方法是专利保护的例外。该判决同时肯定了美国专利商标局（USPTO）对于商业方法专利审查态度的改变，从定性排除到作为方法专利审查。这一判决为商业方法的专利保护打开了大门，随后，美国专利商标局授予了网上购物系统、网上广告系统等一系列通过计算机和网络实施的商业方法专利。美国的做法引起了国际范围内的广泛探讨，并影响到其他国家和地区的专利授予实践。问题的焦点就集中在电子商业方法的可专利性问题上。

电子商业方法①，就是全部或者部分利用计算机技术完成的商业方法。欧洲专利局认为，由计算机实施的商业方法（computer implemented business methods）是利用确指的计算机、计算机网络或者其他协议性数码程序设备来完成至少某些步骤的商业方法。应当说，这一表述确切地揭示了电子商业方法的内涵。

就电子商业方法的可专利性问题，1999 年，美国专利商标局（USPTO）、日本专利局（JPO）和欧洲专利局（EPO）进行了一项涉及法律与实践的三方比较研究。美国专利商标局和日本专利局分别提出一组假设的商业方法专利申请，双方分别审查后再对结果进行比较；欧洲专利局没有直接参加这一审查比较，而是提交了一份关于电子商业方法专利审查规则的报告。2000 年 6 月公布的比较研究报告得出了美、日、欧三方一致的两条结论：由计算机完成的商业方法必须具有技术性才有可能获得专利保护；只是利用公知的自动化技术将已知的人类交易程序自动化的做法，不具有可专利性。第一条结论是对电子商业方法的专利适格性（eligibility）要求，即对于电子商业方法的专利审查仍要适用"技术性"标准；第二条结论是对电子商业方法发明的创造性要求。此外，研究还揭示了美、日之间的分歧。在权利要求书的审查上，美国专利商标局对于明确性的要求比日本专利局高。在"发明"的认定标准上，美国专利商标局要求商业方法处于技术领域（in technological arts），并且强调技术应被实际应用（practical application）而与现实世界发生联系。实际审查中，美国的"技术领域"条件极易满足，它只要求权利要求获得计算机执行版本的商业方法支持，但"实际应用"条件将多数权利请求排除在"发明"概念之外；日本则对电子商业方法适用于计算机软件相关发明的审查规则，要求对计算机硬件设备的应用做明确描述以使商业方法能在计算机系统上实现。可见，在美国专利商标局看来，"技术性"是一个宽泛的概念，它并不要求发明直接作用于客观物质而只要求其与技术相关，同时，也将具体性理解为与现实世界的直接相关性；日本在计算机软件可专利性问题上的态度相对保守，因为它强调软件的硬件相关性。

---

① 也有人称其为电子商务方法，为同义语。

欧洲专利局也主张对电子商业方法适用计算机实施发明的审查规则，而其审查实践也体现了这一规则。欧洲专利局向第三方研究项目提交的报告指出，对于电子商业方法，应当适用与"由计算机实施的发明"完全相同的审查规则。事实上，从技术层面来看，电子商业方法中计算机技术的直接应用领域是数据处理和通信领域，而商业方法是该计算机技术的间接应用领域。所谓计算机技术在商业方法中的应用其实是数据处理和通信技术在商业领域的应用。而在专利审查中，也就应当从数据处理和通信技术的角度审查该计算机技术的可专利性。在电子商业方法的专利审查实践中，欧洲专利局在遵循上述规则的前提下仍然适用以往判例所确立的技术性标准，即要求电子商业方法所采用的计算机"技术"手段应作用于客观物质以产生技术效果。2000年9月的 *PBS Partnership* 案（T 931/95,8th Sep. 2000.）即体现了这一规则。

应当说，上述对于电子商业方法的审查标准正是专利法理论为适应科技和经济的发展而做出的自我调整。但是，这种调整的方式和幅度的适当性是需要反思的。美国为发明赋予了一个宽泛的"技术性"概念，从而甚至可以涵盖商业方法，只要其实施采用了技术手段并与现实世界相联系。笔者认为这种宽泛的发明概念不可取，欧洲和日本以传统的技术性概念为出发点是合理的，但其制度设计是存在问题的。在电子商业方法专利审查中，应当坚持两条基本准则：专利制度的保护对象应当是作为技术方案的发明，而发明的权利要求也应当是以技术性方案为限。

商业方法尤其是电子商业方法的可专利问题也是国内讨论的热点，而汇丰银行的两项电子商业方法专利也引起了各方面不同的反应。国家专利局2004年10月拟定的《商业方法相关发明专利申请的审查规则（试行）》在很大程度上接近欧洲专利局的审查规则。

总之，"技术性"是发明的必备特征，是专利法对其保护客体的基本要求。技术性特征意味着发明是利用自然规律解决技术问题的技术方案。商业方法本身因为不符合"技术性"认定标准而应被排除在发明之外。电子商业方法的整体也不构成技术方案，因而也不应当被授予专利，但是电子商业方法所采用的计算机硬件和软件相关技术可以被授予专利。

10.3.2　计算机软件的专利保护

由于受美国法的影响，计算机软件长期以来主要通过版权法予以保护（参见本章第10.1.2节）。但是，由于版权的保护效果仅及于"表达"而不能涵盖"思想"，所以，软件产业在不断寻求计算机程序的专利保护。各国专利法也同样在美国法的影响下，逐渐将"涉及计算机程序的发明"纳入了专利法的保护范围，但仍认为"计算机程序本身"不能被授予专利。

从专利法的角度看，计算机程序本身指的是为了能够得到某种结果而可以由计算机等具有信息处理能力的装置执行的代码化指令序列，或者可被自动转让成代码化指令序列的符号化指令序列或者符号化语句序列。计算机程序本身包括源程序和目标程序。涉及计算机程序的发明是指为解决发明提出的问题，全部或部分以计算机程序处理流程为基础，对计算机外部对象或内部对象进行控制或处理的解决方案。

对涉及计算机程序的发明进行可专利性审查，依据是"发明"的定义，尤其是发明的技术性特征,即发明是对技术问题的技术解决方案,需要体现对于自然规律的应用和作用于客观物质的效果。计算机程序本身或仅仅记录在载体上的计算机程序,属于智力活动的规则和方法,是专利法第二十五条第一款第(二)项所规定的不能授予专利的客体。相反,如果一项权利要求既包括智力活动的规则和方法的内容,也包含技术特征,那么就可以被授予专利。必须强调的是,涉及计算机程序的发明的整体,不能是智力活动的规则和方法,其对现有技术的贡献也不能是智力规则性质的,而必须是技术性的。

不能被授予专利的涉及计算机程序的发明除了计算机程序本身,也包括那些涉及计算机程序但整体上仍然是智力活动的规则或方法的方案。比如,利用计算机程序执行的纯数学运算方法或规则;利用统一的翻译中介语,通过人为规定全球语言文字的录入规则,实现对全球语言进行统一方式的翻译转换方法。这类方案都没有运用自然规律,也没有作用于客观物质,因而不具有技术性,不能被认定为发明,从而不能被授予专利。

具有技术性的涉及计算机程序性的发明可以是以下内容。

——通过计算机执行的工业过程控制发明,比如,通过计算机程序精确、实时地控制成型工艺中的橡胶硫化时间,克服现有技术的橡胶模压成型工艺中出现的过硫化和欠硫化缺陷,使橡胶产品的质量大为提高;

——工业测量发明,比如,通过计算机程序实现对液体黏度测量过程的控制,在机器转速、数据采集和测量结果显示方面实现自动化,从而提高液体黏度测量的速度和精度;

——外部数据处理发明,比如,利用计算机程序实现对太空摄像机传回的电子图片进行处理,以增加其清晰度;

——计算机系统内部性能改善的发明,比如,利用虚拟设备文件系统来扩充移动计算设备的存储容量的方法,使移动计算设备能够将服务器上的大容量存储空间用于本地应用。

汉字编码方法及计算机汉字输入方法也属于涉及计算机程序的发明,其可专利性审查也应依据发明的技术性标准。与交通指示信号一样,汉字编码方法属于一种信息表述方法,其解决的问题仅取决于人的表达意愿,采用的解决手段也仅是人为规定的编码规则。所解决的问题、采用的解决手段和获得的效果都没有涉及自然规律的应用。因此,汉字编码方法本身也属于专利法第二十五条所规定的智力活动的规则和方法,不属于专利保护的客体。但是,如果把汉字编码方法与该编码方法所使用的特定键盘相结合,构成计算机系统处理汉字的一种计算机汉字输入方法或者计算机汉字信息处理方法,使计算机系统能够以汉字信息为指令,运行程序,从而控制或处理外部对象或者内部对象,则这种计算机汉字输入方法或者计算机汉字信息处理方法就属于技术问题的技术解决方案,可以获得专利保护。

当然,上述列举并非穷尽性的,对于涉及计算机程序发明的可专利性审查主要还是要依据发明的技术性标准进行,一方面,将智力活动的规则和方法以及纯数学的方法排除在专利保护范围之外;另一方面,不能以含有计算机程序为由否定有关发明的可专利性。但是,涉及计算机程序的发明的专利授予条件越来越宽松,已经是难以阻挡的趋势。

本章案例

京东"双十一"商标无效行政纠纷案

(2021 年 6 月 9 日　北京市高级人民法院)

基本案情

原告:北京京东叁佰陆拾度电子商务有限公司(法定代表人　刘强东)

被告:国家知识产权局

第三人:阿里巴巴集团控股有限公司(简称阿里巴巴公司)

本案的背景是,京东公司申请注册了包括"京东双十一"在内的一系列"双十一"商标,经核准使用在第 35 类"广告、计算机网络上的在线广告";第 38 类"电视播放";第 41 类"教育"等服务上。对此,阿里巴巴于 2017 年 7 月 26 日对上述诉争系列商标提出了无效宣告请求。原国家工商行政管理总局商标评审委员会经审理认为,诉争系列商标与阿里巴巴公司在先注册的"双十一""双十一狂欢节""双 11"等商标构成类似服务上的近似商标,违反了《中华人民共和国商标法》(简称商标法)第三十条的规定,据此裁定:诉争系列商标或予以无效宣告、或在部分服务上予以无效宣告。

京东公司不服上述裁定,在法定期限内向法院提起了行政诉讼。

据媒体报道,根据网传的一张盖有"浙江天猫网络有限公司"公章的通告函称,经阿里巴巴授权,天猫就"双十一"商标享有专用权、受法律保护,其他任何人的使用行为都是商标侵权行为。针对上述通告函,京东在 2014 年 10 月 30 日发布声明,称某电商企业是借法律之名、行垄断之实。之后,包括京东在内的电商平台不再使用"双十一"进行宣传,京东的"双十一"活动全称为"11.11 京东全球好物节"。

在庭审中,京东方面认为,"双 11""双十一"均系每年 11 月 11 日商业促销活动节日的通用名称,作为商标使用在涉案的服务上缺乏商标应有的显著性。阿里巴巴公司的在先商标既缺乏显著性,又在涉案服务上从未实际使用过,因此,诉争系列商标与阿里公司的在先商标不可能造成混淆。被诉裁定关于易使消费者误认为"系列商标"或"源自同一市场主体或具有某种关联"的认定与客观事实严重不符。综上,京东认为诉争系列商标的注册并未违反商标法第三十条的规定,请求法院撤销被诉裁定,并判令被告重新作出裁定。

被告国家知识产权局辩称,诉争系列商标核定使用的服务与各引证商标在服务的方式、服务目的以及服务对象等方面相同或相近,分别属于同一种或类似服务。被诉裁定认定事实清楚,适用法律正确,作出程序合法,请求法院依法驳回原告的诉讼请求,并判令原告承担本案诉讼费用。

阿里方面称,原告在实际经营中非法使用"双十一"标识,使消费者误认为其与第三人的"双十一"品牌存在关联,其行为侵犯了第三人的注册商标专用权,违反了公平诚信的原则,破坏了正常的市场秩序。阿里认为,原告京东与阿里之间存在长期激烈的竞争关系,诉争系列商标的存在会极大破坏阿里"双十一"品牌通过大量投入获得的高知名度,造成相关公众的混淆误认,并对市场秩序和阿里巴巴的良好商誉造成严重破坏,其主观上存在明显"搭便车"的恶意。综上,阿里巴巴认为被诉裁定认定的事实清楚,适用的法律正确,请求判决驳回原告的诉讼请求。

北京知识产权法院指出本案的争议焦点有两点。

一是原告京东公司的"双11.双11及图""京东双十一""双11.双11上京东及图"等诉争系列商标与第三人阿里公司的"双十一""双十一狂欢节""双11"等在先引证商标是否构成相同或类似服务上的近似商标。

二是基于"双十一"作为商标使用是否具备显著性、阿里公司的"双十一"系列在先商标是否具有知名度等,京东公司的诉争系列商标与阿里公司的在先引证商标是否会导致相关公众的混淆误认。

法院认定

经审理,北京知识产权法院认为:

第一,2001 年商标法第十一条第一款第(二)项、第(三)项规定,仅直接表示商品的质量、主要原料、功能、用途、重量、数量及其他特点的;缺乏显著特征的标志不得作为商标注册。《最高人民法院关于审理商标授权确权行政案件若干问题的规定》第十一条规定,商标标志只是或者主要是描述、说明所使用商品的质量、主要原料、功能、用途、重量、数量、产地等的,人民法院应当认定其属于商标法第十一条第一款第(二)项规定的情形。

本案中,诉争商标由汉字及数字组合"双11狂欢节"组成,使用在"电视广播、新闻社"等服务上,容易使相关公众认为其系对服务促销特点的描述或宣传性用语,难以起到商标的识别性作用,缺乏商标应有的显著特征。因此,诉争商标的注册违反了 2001 年商标法第十一条第一款第(二)项和第(三)项的规定。被诉裁定认定有误,本院予以纠正。

第二,2001 年商标法第十条第一款第(八)项规定,有害于社会主义道德风尚或者有其他不良影响的标志不得作为商标使用。

在案证据不足以证明诉争商标"双11狂欢节"标识或者其构成要素可能对我国社会公共利益和公共秩序产生消极、负面影响,因此诉争商标的注册未违反 2001 年商标法第十条第一款第(八)项的规定。

综上,法庭于 2020 年 12 月 9 日宣判:被诉裁定认定事实部分不清,适用法律部分有误,本院依法予以撤销。

后续及终审

国家知识产权局服从原审判决。阿里巴巴公司不服一审判决上诉至北京市高级人民法院。

二审法院认为:本案中,诉争商标由文字"双11"构成,整体易被理解为"十一月十一日",在实际使用中相关公众易将其识别为用于表示某一特定日期。诉争商标指定使用在复审服务上,相关公众难以将其识别为标示复审服务来源的商标,缺乏显著性,属于商标法第十一条第一款第三项规定的情形。

在诉争商标标志本身缺乏显著特征的情形下,应当结合相关证据判断该标志是否属于通过实际使用取得显著特征并便于识别的情形。阿里巴巴公司在本案中提交的证据不足以证明诉争商标在指定复审服务上经过使用已具有较高知名度并与其形成对应关系,能够使相关公众将其作为表示服务来源的标志进行识别,从而获得显著特征。因此,原审判决及被诉决定认定诉争商标的注册违反商标法第十一条第一款第三项之规定并无不当。阿里巴巴公司的相关上诉理由缺乏事实及法律依据,本院不予支持。遂于 2021 年 6 月 9 日宣判驳回上诉,维持原判。

讨论:1. 网络促销活动宣传用语成为商标的条件是什么?
2. 商标的显著性与要求其他标识非相似性的关系如何?

本章小结

计算机技术和网络的应用丰富和发展了传统知识产权法。作品数字化是将作品从传统载体形式转换为电子载体形式的复制行为,不产生新的作品,数字载体属于有形载体。计算机软件是受著作权法保护的作品,但鉴于软件的功能性作用,软件作者不享有保护作品完整权,其修改权也受到限制。数据库的保护存在两种模式:著作权模式和特殊权利模式。只有在内容的选择和编排上具有独创性的数据库才能构成汇编作品,从而得到著作权法的保护,但著作权的效力仅限于数据库本身,而不及数据库中的作品。以欧盟《数据库保护指令》为代表的特殊权利保护模式,则保护所有在数据的搜集、整理和编排方面花费了实质性投资的数据库,无论数据库是否构成汇编作品。数据库制作者享有摘录权和再使用权,以阻止他人擅自使用数据库的全部或数量上及质量上实质部分的内容。但数据库制作者的权利也受到合理使用制度的限制。信息网络传播权是著作权人通过网络向公众提供作品的权利,尤其是以有线或无线方式让公众成员在其选定的时间和选定的地点访问或下载作品的权利。技术措施是著作权人为防止他人非法访问或使用作品而采取的各种有效技术手段。著作权法不仅禁止破解或规避技术措施的行为,而且禁止制造、进口或提供主要用于破解或规避技术措施的产品和装置,也禁止提供破解或规避技术措施的技术或服务。权利管理信息是附加于作品复制件或原件上,用来标明作品、作者及作品使用条件的信息或信息代码。法律禁止故意删除或改变作品的权利管理电子信息,也禁止通过网络向公众提供明知或应知被非法删改权利管理电子信息的作品。从著作权侵权认定的角度,可以把网络服务提供者分为网络内容提供者和网络技术提供者。在网络内容提供者的著作权侵权认定中,应适用无过错责任原则。网络技术提供者作为"传输通道"为用户提供服务时,适用过错责任原则,技术上必需的复制行为不构成著作权侵权;网络技术提供者为用户提供"代理缓存"服务时,有条件豁免损害赔偿责任。在用户实施著作权侵权行为时,通过网络参与或教唆、帮助用户侵权的,应承担共同侵权责任。"避风港"原则可以使履行"警告—移除"义务的网络技术提供者免于承担赔偿责任。域名是重要的网络商业标识,域名注册实行"先申请先注册"的开放原则。因域名的注册和使用产生的争议,可以通过专门的域名争议解决程序处理,该程序快捷高效,但不排斥诉讼或仲裁程序。因恶意注册并侵犯他人在先权利的域名,应被撤销或者转让给权利主张人。电子商业方法,是全部或部分以计算机软件和硬件完成的商业方法,其整体上仍是智力活动的规则和方法,但其所采用的技术手段可以获得专利保护。计算机程序本身也属于智力活动的规则和方法,不符合发明的"技术性"特征,因而被排除在专利法保护范围之外。但能够与其他设备相配合实现工业过程控制、工业测量、计算机内部性能改善或外部对象处理的涉及软件的发明,可以被授予专利。

本章习题

1. 作品数字化是否产生了新的作品?
2. 信息网络传播权的内容是什么,该权利的行使应当受到哪些限制?
3. 如何认定网络服务提供者的著作权侵权责任?
4. 在著作权的权利内容上,软件作者的权利与一般作品作者的权利有何不同?
5. 数据库的法律保护模式有哪些?
6. 域名争议的解决途径有哪些? 域名争议投诉应满足什么条件?
7. 计算机软件和电子商业方式是否可以得到专利保护?

第 11 章
网络人格权的法律保护

📖 学习目标

　　首先概述网络人格权的概念、特征和立法状况;然后重点阐述网络隐私权的法律性质、范围、侵权方式和保护方式的法律制度,如国际网络隐私权立法保护比较、保护模式、我国网络隐私立法体系的基本结构等;介绍了个人信息的法律原则、义务规范、法律保护模式及法律责任;最后讨论了网络名誉权的基本内容、网络名誉权侵权,以及我国网络名誉权保护的现状及其保护制度的完善。

案例导入

小米科技有限公司与重庆天极魅客科技公司诉前保全申请案

（重庆市第一中级人民法院(2020)渝 01 行保 1 号）

基本案情

　　申请人小米科技有限责任公司是以手机、智能硬件和 IOT 平台为核心的互联网公司,是全球第四大智能手机制造商。申请人于 2013 年 9 月正式发布智能电视产品,小米电视 4 系列产品由申请人负责品牌运营和产品销售。2020 年 6 月 9 日 15 时至 16 时 55 分,被申请人重庆天极魅客科技有限公司进行了一场智能电视直播测评,该场直播测评的机型共 4 款,分别为小米 4A、4C、4X 和荣耀智慧屏 X1。在直播进行至 1 小时 48 分左右时,被申请人进行了关于电视后壳的"阻燃测试",具体过程为使用压力喷枪对荣耀智慧屏 X1 以及小米 4A 的后壳进行火焰喷射,测试结果为小米后壳起火燃烧而荣耀后壳未燃烧。在 2020 年 6 月 7 日至 14 日,被申请人在其官方微博中发布包括"一场真正的专业拆机全程回顾"和"一场真正的专业拆机　荣耀智慧屏 PK 小米电视!"在内的 16 个微博视频、文章,累计观看次数超过 240 万。申请人指控被申请人发布的案涉视频和微博内容属于误导性信息,已经在互联网中引起大量转发,导致质疑小米电视质量的话题迅速在互联网发酵,被申请人的行为严重误导社会公众对小米电视质量的评价,损害申请人多年积累的良好商业信誉和商品声誉,造成了难以弥补的重大损失,遂申请诉前行为保全。

裁判结果

重庆市第一中级人民法院审理认为,经营者不得编造、传播虚假信息或者误导性信息,损害竞争对手的商业信誉、商品声誉。本案中,申请人与被申请人的经营范围具有一定的重合性,二者都从事互联网业务,客户群体具有高度的重合性,都具有争夺流量的可能性,故二者具有竞争关系。就案涉视频所涉的对比燃烧试验而言,被申请人在对象选择、试验方法、实验完整性、对比条件等方面均存在问题,极有可能误导消费者。作为一家专门从事专业性的对比工作的专业媒体,被申请人的前述行为难谓正当。被申请人的涉案视频及相关文章在客观上已经导致了大量对申请人涉案电视的否定性评价,极可能降低申请人商业信誉和商品声誉。结合互联网传播速度快、范围广、影响力大的特点,如不及时制止被申请人的行为,将可能继续损害申请人的商业信誉和商品声誉,且该损害将难以弥补。对被申请人而言,要求其删除涉案视频和文章,不影响被申请人"天极网"及其他社交平台的正常经营,对被申请人的影响较小。因此,申请人小米科技有限责任公司对被申请人重庆天极魅客科技有限公司提出的行为保全申请符合法律规定,遂裁定重庆天极魅客科技有限公司立即删除在"http://www.yesky.com"网站中发表的名为"一场真正的专业拆机 荣耀智慧屏对比小米电视"视频;立即删除在其微博上发布的"一场真正的专业拆机全程回顾"和"一场真正的专业拆机 荣耀智慧屏 PK 小米电视!"两篇博文。

典型意义

本案是人民法院依当事人申请采取诉前行为保全措施保护互联网民营企业的典型案例。用户群体以及用户注意力等资源是互联网经营者盈利的关键,部分互联网经营者可以通过新技术或新方法影响互联网用户的注意力,致使其他经营者正常商业活动难以进行或造成其他损失。但由于互联网具有传播速度快、范围广、影响力大的特点,若等待生效裁判认定被诉经营者的行为是否予以禁止,则在案件审理期间,被诉经营者亦可能给受损的经营者造成难以弥补的损失。而受损的经营者作为申请人在起诉前或未获生效裁判文书前申请法院采取行为保全措施,责令被申请人暂时停止被诉侵权行为,则有利于缓解受损经营者维权"举证难、周期长、成本高、赔偿低"的问题,保护经营者利益。本案的裁判有助于强化公众理解诉前行为保全的适用条件和深刻内涵,为民营企业带动市场经济发展提供支撑,有利于营造公平诚信的互联网竞争环境,推动形成保护经营者知识产权的良好氛围。

11.1 网络人格权保护概述

网络人格权问题是民法人格权问题的子问题。为了明晰网络人格权必须首先研究作为民事基本法的《民法典》,而后逐步聚焦于具体网络人格权益。因此,本节将从网络人格权的主要法律渊源和网络人格权保护的范围及类型两方面进行概述。

11.1.1 网络人格权的主要法律渊源

我国 2020 年 5 月 28 日颁布的《民法典》创新性地发展、扩张了人格权的法律规范,开创了人类社会法典化历史的先河。这些规范聚合成《民法典》第四编,包括六章五十一条(第九百八十九条至第一千零三十九条)。人格权独立成编采用通常的总分二元结构,其理论基础是所谓一般人格权与具体人格权的区分。首先是关于人格权的一般规定,包含人格权一般性、共通性的法律规则;然后,在一般规定的指引下分章节细化各类具体人格权的特殊制度规则。通过总分二元结构的设计,《民法典》人格权编创新性地构建了我国人格权制度的完整体系。

在人格权编之外,《民法典》总则编第一百一十条规定了自然人、法人和非法人组织人格权的类型,即自然人享有生命权、身体权、健康权、姓名权、肖像权、名誉权、荣誉权、隐私权、婚姻自主权等权利;法人、非法人组织仅享有名称权、名誉权和荣誉权。而人格权编第九百九十条第二款确认除具体人格权外,自然人享有基于人身自由、人格尊严产生的其他人格权益,即基于一般人格权的开放性或兜底性受保护权益范围。

此外,2021年8月2日通过的《中华人民共和国个人信息保护法》(简称《个人信息保护法》)是对人格权制度体系的重要补充,其第二条开宗明义:"自然人的个人信息受法律保护,任何组织、个人不得侵害自然人的个人信息权益"。当然,尽管我国《电子商务法》颁布生效在先,但相关条文在起草过程中也十分注重与民法典草案及其他相关立法工作相协调。其中《电子商务法》第五条、第二十三条和第二十四条明确了电子商务经营者应当承担个人信息保护义务,以及在用户信息收集、查询、更正、删除以及用户注销的方式和程序方面的具体要求。第二十五条确立了电子商务各相关主体对个人信息、隐私和商业秘密严格保密的义务规则。

11.1.2 网络人格权保护的范围及类型

我国《民法典》人格权编中具体人格权的篇章安排,采取了"物质性人格权—身份型人格权—评价型人格权—自决型人格权"这一原创性的编排模式。其中,物质性人格权作为人的生存基础,包括生命权、身体权和健康权;身份型人格权是表明主体身份的人格权,包括姓名权、名称权、肖像权;评价性人格权所针对的是社会公众对特定权利主体品格、能力、社会影响等所给予的综合评判,包括名誉权与荣誉权;自决型人格权主要包括隐私权和个人信息保护。特别的是,身份型人格权中的肖像权单独一章,盖因肖像权是人格利益商业化利用和许可使用最显著的类型,兼具人格利益与财产利益。

网络人格权保护的范围及类型也由《民法典》相关条款确定,即具体有名人格权与抽象一般人格权的统一。应该看到,网络人格权保护不仅涉及电子商务经营者,更涉及广大消费者、电商第三方辅助机构(如支付、物流等环节)等法律主体。因此,一方面,法人或非法人组织依法仅享有名称权、名誉权和荣誉权;另一方面,作为消费者或顾客的自然人享有全面的人格权及相关利益。《民法典》实施后依然存在的学术争论对当前人格权制度提出挑战:其一认为,法人或非法人组织虽具有拟制人格但不应具有人格权;其二认为,荣誉权不符合人格权属性,应予排除。法人或非法人组织的名称权在商业活动中往往涉及商标权保护问题,前章已有讨论。

鉴于以上法律规定和学说争议,结合与电子商务活动直接相关的人格权类型,本章着重就已基本形成共识的网络隐私权、个人信息保护和网络名誉权三个方面展开介绍和讨论。

11.2　网络隐私权概述

以计算机和网络技术为基础、以多媒体技术为特征的网络时代的来临,极大地扩展了人们交往的范围和空间,打破了作为隐私权屏障的时间和空间的界限。由于网络环境地域性的淡化和用户接触面的无限扩大,信息无限地复制和传播,使得互联网上个人隐私权随时面临着被侵犯的危险,个人数据被多方主体非法收集、储存、使用和传播的现象层出不穷,个人隐私被泄露和被侵犯的事件时有发生。隐私权是公民保持人格独立、平等、尊严、自由以及正常从事社会活动必不可少的条件,确立和保护隐私权是人类文明发展的标志和象征,也成为日益深入人心的观念。在隐私权与信息自由化之间建立利益平衡机制,促进互联网的健康发展,已成为当务之急。

应时而出的《民法典》人格权编不仅明确定义了隐私和隐私权的概念,还规定了对隐私权构成侵犯的各种行为表现或情形,为隐私权的保护提供了具体的规则和依据,也为相关主体提供了行为指引,并努力寻求隐私权保护与维护公共利益之间的价值衡平。《民法典》第1032 条规定:"自然人享有隐私权。任何组织或者个人不得以刺探、侵扰、泄露、公开等方式侵害他人的隐私权"。该条第二款定义"隐私"为"自然人的私人生活安宁和不愿为他人知晓的私密空间、私密活动、私密信息"。第 1033 条列举了除法律另有规定或者权利人明确同意外的侵犯个人隐私权的行为,规定任何组织或者个人不得实施下列行为:(一)以电话、短信、即时通讯工具、电子邮件、传单等方式侵扰他人的私人生活安宁;(二)进入、拍摄、窥视他人的住宅、宾馆房间等私密空间;(三)拍摄、窥视、窃听、公开他人的私密活动;(四)拍摄、窥视他人身体的私密部位;(五)处理他人的私密信息;(六)以其他方式侵害他人的隐私权。以上侵害隐私权的行为不限于电商网络但包含电商网络活动在内。

此外,《民法典》第 1034 条第二款规定:"个人信息中的私密信息,适用有关隐私权的规定"。而《个人信息保护法》中关于个人敏感信息的规定与隐私权范围构成一定程度的重合。

11.2.1　网络隐私权的法律性质

1)隐私权的概念

隐私权已被世界各国公认为一项基本的人格权。现代意义上的隐私权最早产生于美国, 1890 年美国的两位学者路易斯·布兰迪斯(Louis D. Brandeis)和萨缪尔·沃伦(Samuel D. Wrrren)在《哈佛法学评论》上合作发表了题为《隐私权(*The right to privacy*)》的论文。Privacy 的英文原意指的是"独处而不受干扰",在这篇开创性的论文中并未给出隐私权的确切定义,但是其文章将隐私权概括为"不受外界干扰的权利",并指出侵犯隐私权给人们在精神方面造成的创伤比人们在极少数情况下才可能受到的肉体上的痛苦有过之而无不及,指责新闻媒体的有些报道侵犯了个人私生活的神圣界限。

此后在法学领域,由于人们对隐私客体认识存在分歧等原因,关于隐私权的认识也存在很大的不同。美国学者斯通认为,隐私是一种"控制自己信息流通的权利";美国《布莱克法律辞典》认为,隐私权是私生活不受干涉的权利,或个人私事未经允许不得公开的权利;英国《牛津法律大辞典》也做出了与上述相类似的解释。在德国,有学者认为,隐私即私人秘密,泛指一切关于个人的事实和事件的知识,这些知识仅限于某个特定的圈子中的人所知道,并根据客观上应承认的利益和相关人真实的或可推知的意思,对这些知识不应进一步传播。日本《新版新法律学辞典》认为"隐私权是保护免受他人侵犯的私生活和私事秘密的权利"。《世界人权宣言》第 12 条规定:"任何人的私生活、家庭和通信不得任意干涉,他的荣誉和名誉不得加以攻击,人人有权享受法律保护,以免受这种干涉或攻击。"我国台湾地区学者吕光认为:"隐私权是对个人私生活的保护,使每个人能安宁居住,不受干扰;未经本人同意,其与公众无关的私事,不得散布其个人姓名、照片、肖像等非经本人同意,不得擅自使用或刊布,尤其不得做商业上的用途。"

我国将"隐私"作为一个具有严格法律意义的词汇,不过是近十年的事情。在我国,对隐私权的定义,学者们表述各不相同,例如我国学者张新宝认为:"隐私权是公民依法享有的居住不受他人侵扰以及保有内心世界、财产状况、社会关系、性生活、过去和现在其他纯属个人的不愿为外界所知悉的事务的秘密性权利。"王利明认为:"隐私权是自然人享有的对其他个人的、与公共利益无关的个人信息、私人活动和私有空间进行支配的一种人格权。"

虽然国内外学者在隐私权的概念上众说纷纭,然而总结他们的观点,关系到隐私权概念内涵的隐私权保护的客体一般来说包括三个方面:第一,与社会利益、公共利益无关的当事人不愿他人知晓或他人不便知晓的私人信息;第二,当事人不愿他人干涉或他人不便干涉的个人私事;第三,当事人不愿他人侵入或他人不便侵入的私人空间。当事人对一切人的私人信息、个人私事和私人空间的支配性法律保护,是作为精神性权利的隐私权保护的核心内涵。

具体而言,隐私权主要包括以下内容。

①个人生活安宁权。即权利主体能够按照自己的意志从事或不从事某种与公共利益无关或无害的活动,不受他人的干涉、破坏或支配。

②个人生活情报保密权。个人有权禁止他人窃取、披露个人的生活情报资料。

③个人通信秘密权。权利主体有权对个人信件、电报、电话、传真及谈论的内容加以保密,禁止他人非法窃取或窃听。

④个人隐私利用权。权利主体有权依法按自己的意志利用其隐私,以从事各种满足自身需要的活动,如利用自己的经历创作文学作品。

2)网络隐私权的法律性质

当隐私权进入到网络领域时,网络隐私权的法律性质已经不再局限于原有的人格权范畴内,而出现了一些新的变化:

第一,隐私权与知情权的冲突,导致隐私权在一定程度上向社会公共领域进行让渡,以维护私人权利和公共权利之间的利益平衡。传统的隐私权是典型的人格权,而知情权是一个公法上的概念,其基本含义是指公民有权知道其应该知道的信息资料。隐私权与知情权的冲突正是由公民个人权利的不断膨胀和对社会信息的透明要求而引发的,隐私权与知情权的冲突因而又体现为私人权利与公共权利之间的冲突。

在信息化的网络时代,一方面人们基于自身需要,在不妨碍他人自由和社会利益的前提下有权掌握其应该知道的信息;另一方面,人们又日益重视对自身精神性权利尤其是个人隐私权的保护,因而出现了隐私权与知情权的冲突。隐私权与知情权之间的冲突虽然由来已久,但是在信息化条件下两者间的冲突表现得更加激烈。

一般认为,为了公共利益目的,公职人员的某些隐私将受到限制。而公众人物牺牲部分隐私权方面的利益则是一种对于其已从社会大众那里获得的较常人更易得到的物质利益和精神利益的交换。处理普通公民之间的知情权与隐私保护之间的矛盾,应按照权利协调原则,通过一种权利在一定保护范围或程度上做出让步而使另一种权利得到基本满足。作为牺牲部分隐私的补偿,可赋予相关主体以公开权,通过行使这种对个人姓名、肖像、角色及其他信息所拥有的保护、利用的权利,来获得一定的经济利益。这就是利益平衡理论的基本原则,涉及个人隐私的信息有条件地让他人知晓,是为了平衡隐私权与知情权之间的关系,而使得个人对自身私人信息等的支配性,在一定程度上向社会公共领域进行让渡以维护或者获得利益。

第二,从权利性质上看,信息社会中隐私权由传统的人格权利而被赋予了的财产性属性。以隐私权来保护互联网上的个人数据,其根本目的在于维护人们人格尊严和生活安宁,但以数据电文形式存在的个人数据作为隐私权的客体权利,又明显地可以作为一种财产形式和带来财产性收益。作为私人信息的隐私本身能够为商家带来许多商业机会和利益:一方面,商家要想赚钱,就必须真正提供消费者个人需要的商品和服务,即个性化商品或服务,为此商家将会尽可能地搜集到有关消费者的所有信息,包括其隐私;另一方面,虽然隐私具有捍卫人格尊严的价值,但在隐私经济获得极大提升的时候,尤其是当特定的主体认识到其某一隐私信息的经济价值远远大于其所具有的人格利益的时候,他可能就会向他人提供这种隐私信息,或允许他人搜集和使用其隐私信息。可见,在网络时代,网络隐私权虽然表现为人格权,但其已具有了广泛的财产属性。

第三,由被动的支配权转向主动的自决权。传统的隐私权认为隐私权是公民对自己的私生活方面的信息进行独立支配的一种精神性人格权,当个人信息已经成为一种在市场中能够获利的无形财产,而法律仍然只是将之作为一种精神性人格权的客体加以保护时,这对作为个人信息主体的消费者来说是显然不公平的。因此,我们应当在法律中肯定个人信息的财产性,将此种信息隐私权界定为具有财产性质的可由个人信息主体支配的权利,使隐私权的保护更加具体化、实际化、科学化,以更加贴切、精确地保护当事人的隐私,有的学者将隐私权的这种转向称为"资讯自决权"。

资讯自决权是德国联邦法院判决对一般人格权进一步阐释发展而来的,它赋予个人自我保护个人信息资料以阻止政府机构、公司企业等不当收集、处理、传播、利用个人信息的权利,它承认每个人对涉及个人资料提供、利用的过程皆有积极参与和自我决定、以抗拒他人恣意干涉的积极自由权,真正体现了对个人尊严的充分尊重。资讯自决权的提出,使隐私权的内涵正从消极被动的"私生活不受干扰"发展为积极能动的"自己的信息自己控制"。

11.2.2 网络隐私权的隐私范围

私密信息、私密活动和私密空间是传统隐私权的三大基本形式。其后,学术界逐步认为网络隐私权的隐私范围在传统隐私权的三大基本形式基础上应该有所加强和扩大。正因为如此,我国《民法典》结合网络隐私权的特点,将网络隐私划分为私密信息、私密活动和私密空间和私人生活安宁四种类型。

①私密信息是最为重要的一种个人隐私的表现形式,个人信息是指为生成主体所拥有的、足以对该主体构成识别的数据,生成主体是指个人信息被当作数据加以收集的自然人。网络环境下的个人数据所包含的内容较传统隐私的范围广泛,一切与个人有关的、能构成对个人进行识别的信息都属于个人信息的范畴。例如个人的自然情况(身高、体重、生日、性别、种族等)、社会与政治背景(教育程度、工作经历、宗教信仰、哲学观点、政治主张和党派倾向等)、生活经历与习惯(婚姻恋爱史、消费习惯等)和家庭基本情况(婚姻状况、配偶、父母及子女的情况等)等均属于个人数据。

②私密活动是指个人与公共利益无关的、自己又不愿公开的日常生活、交往和通信往来等社会活动。

③私密空间不仅包括身体、桌子、抽屉、文件柜、个人电脑文件、房间和住所等在传统条件下固化的有形空间,而且还包括个人的精神领域。在网络环境下,这些私人领域都抽象成无形空间。

④除上述三类情况外,任何其他侵扰了公民的私人生活安宁、给个人带来主观精神痛苦和经济财产损失的网络言行,都对个人的网络隐私权造成了侵害。

11.2.3　网络隐私权的侵权方式

网络时代的来临从根本上改变了人们的生活方式和生存方式,也使对隐私权的侵害成为易如反掌之事。传统的隐私权法律保护主要是赋予公民个人对于自己隐私的保持权和支配权,禁止他人非法侵扰、知悉、搜集、利用和公开。侵害隐私权的行为虽然具有多样性,但也不外乎是侵入侵扰、监视监听、窥视、刺探调查、干扰披露等方式。然而,计算机和网络的出现打破了人们之间交往的天然屏障,拆除了人为的藩篱,更为重要的是,由于网络空间的虚拟性、即时性、可记录性,使作为现实空间个人隐私权屏障的时间、空间失去了存在的意义,从而使个人隐私权的被侵害普遍化、复杂化,更使隐私权的保护日益困难。

比如,通过网络和计算机技术,对个人信息资料的收集可以在当事人不知情的情况下进行,当事人无法知道并反对这种对私人信息资料的接触和收集行为;自己无法对被收集后的信息资料进行有效控制,也无法防止他人对自己个人信息资料的非法使用;因无法取得被收集而处于他人计算机内的个人信息资料而使自己处于不利的地位,个人对自己的信息资料的权利受到限制;由于错误或者是陈旧的信息资料未能及时更新而对个人造成不利的影响等。具体来说,来自网络空间的隐私权侵害行为主要包括以下几类。

①网络服务商对个人资料的使用和传播。个人数据资料蕴含着巨大的经济价值,网络服务商对其经济价值无疑都有深刻的认识。因此我们经常会遇到,在我们要成为某一网站的网民或者要在其 BBS 上发表自己的观点时首先要做的就是填写个人的基本资料。另外,网站使用具有跟踪功能的 cookies 文件记录下访问者的众多信息,通过这两种途径,网络服务商收集了用户的大量个人资料,这就使得个人资料被不当使用和传播的危险更大。受商

业利益的驱动,不少网络服务商提供各种个人数据信息供租用,更有甚者,将个人信息公然出售。

②电子邮件、网络广告中的隐私侵权问题。从电子邮件上获得用户隐私是一个常用的途径。从发送到收取的整个过程中一个电子邮件要经过几个服务器,在其中任何一个中转点,未加密的邮件信息都很容易被偷看。因此,一些喜欢窥探别人隐私的服务提供商就可以轻而易举地浏览进入其服务器的邮件包。技巧高超的黑客也不例外,他们可以劫持相关服务器来大肆偷看。电子邮件用户之所以收到大量的垃圾邮件,网络公司为获取广告和经济效益,将通过各种途径得到的用户个人信息资料大量泄露给广告商,而后者则通过跟踪程序或发放电子广告邮件的形式来"关注"你。互联网上利用技术措施监看他人的电子邮件更是很普遍的现象,这实际上与私自拆开他人的信件,侵犯他人的通信秘密没什么两样。垃圾邮件也与侵犯隐私权问题直接相关:众多的垃圾邮件不但占用了用户的邮箱资源,更直接侵犯了用户的网络安宁权。

③专门的网络窥探业务。专门的数据采集公司也对网络隐私权带来了极大的威胁。网络业的兴起带来对信息的狂热追求,一些公司看到其中蕴含的巨大商机因而专门从事网上调查业务。对网络进行追踪与监视,在不为使用者觉察的情况下,使用监视与追踪技术产品在多个网站上收集使用者信息的功能,非法监测用户上网习惯,收集访客信息,并进行贩卖,以实现自己的商业目的。

④黑客对个人数据的窃取和传播。在网络技术快速发展的情况下,网络安全问题已成为关注的焦点之一。在网站未能有效地建立安全措施的情况下,黑客侵入他人电脑,攻击他人网站,窃取、传播和篡改个人数据的事例屡见不鲜,对网络中的个人隐私权构成极大威胁。由于看到个人数据信息的巨大商业价值,黑客非法侵入政府部门、公益机构、私营企业的网站,而且也侵入私人的信息系统。造成电子商务网站的客户信息的泄漏、股票信息被窃取及信用卡资料失窃等,对储存在政府或私人机构数据库中的个人数据构成了严重的威胁。

⑤政府对个人数据的收集。当人类社会进入信息时代,日益发达的信息技术使政府对个人信息控制能力大大增强,因而侵犯个人隐私的最大威胁可能来自于政府。现代政府为履行管理国家和社会公共事务的职能,确有必要收集、储存相关方面的个人数据,建立专门的数据库,以提高政府的行政效率,方便管理。但是,当这种大量涉及个人隐私信息的收集、使用不当时,便会极易构成对个人隐私权的侵害,比如通过网络非法监视、非法出卖个人信息等。

11.2.4　网络隐私权保护的法律制度

1)国际网络隐私权立法保护比较

由于各国的国情不同,网络隐私权保护模式各有特点。对世界各主要国家网络隐私权的立法状况及相关其他情况进行比较分析,希望能够有利于我们根据不同的国情对立法进行全面而有针对性的分析,找出适合我国国情的立法模式。

(1)美国对网络隐私权的立法保护

美国不但在传统隐私权的法律保护方面位居世界前列,而且对网络隐私权的保护意识和采取的措施也走到了最前面。

1967年通过《信息自由法》，1974年正式制定《隐私权法》这部法律可视为美国隐私保护的基本法，它规定了美国联邦政府机构收集和使用个人资料的权限范围，并规定不得在未经当事人同意的情况下使用任何有关当事人的资料。20世纪七八十年代又制定了一系列保护隐私权的法律法规，如《公平信息报告法》《金融隐私权法》《联邦有线通讯政府法案》《录影带隐私保护法案》等。1986年颁布了《电子通讯隐私权法案》，成为处理网络隐私权方面的重要法案，它规定了通过截获、访问或泄露保存的通信信息侵害个人隐私的情况、例外及责任、禁止任何人未经授权而故意非法进入电子储存资料系统，禁止向公众提供电子通信服务的供应商将服务过程中产生的通信内容提供给任何未经批准的实体。2000年4月21日，第一部关于网上隐私的联邦法律《儿童网上隐私保护法》正式生效、该法规定，网站在搜集13岁以下儿童的个人信息前必须得到其父母的同意，并允许家长保留将来阻止其使用的权利，网站还必须说明所要收集的内容以及将如何处理其使用的权利。1997年春，康涅狄格州通过消费者隐私权法案。其中对采用电子邮件形式散发广告进行了限制。

除了制定法律，美国还通过报告、文件等方式，为制定更加完备的法律提出各种原因、建议。1995年6月，美国政府信息基础设施小组的个人隐私工作组发表了题为《个人隐私权和国家信息基础设施：提供与使用个人信息原则》的报告，推荐了一系列在信息时代收集、加工、存储和再利用个人数据的个人隐私权原则。1995年10月，美国国家电信与情报管理局在题为《隐私权和全国信息基础设施：保障电信相关个人信息》的报告中，提出预先通知与许可使用的自愿性保障条款。1997年1月，美国联邦贸易委员会公布了题为《迎面全球信息基础设施：保护客户隐私公众工作室》的工作报告，提出预先通知、选择使用、保障安全和获得机会是网上信息公开使用的必要条件。1996年底通过的《全球电子商务政策框架》提出：只有当个人隐私和信息流动带来的利益取得平衡时，全球信息设施上的商务活动才能兴旺起来。1997年4月，信息基础设施项目组信息政策委员会发布的《迎面全球信息基础设施：促进隐私保护的选择》的文件，目的是寻求信息保密、信息完整、信息质量3项价值标准和信息自由流动之间的某种平衡。1999年5月，美国通过《个人隐私与国家信息基础设施》白皮书，阐述了对信息活动中公民个人隐私权进行保护的政策取向。此外，纽约州政府亦就备受争议的网上收集个人资料问题提出新的立法建议，严禁企业收集并共享能够鉴别个人身份的资料。以上各种文件报告、建议加快了立法工作的进程，《儿童网上隐私保护法》就是在这种背景下出台的，而且美国正在着手制定面向电子商务的《电子隐私法》。相信不久就会提出电子商务时代的个人隐私保护法案，弥补只能利用传统隐私权法案保护网络隐私权的不足。

作为判例法国家，美国也通过判例确立了网络隐私权保护方面的一些原则。如在1993年加利福尼亚州 Bounke V Nissan Mortor 公司一案中，确立了电子邮件中隐私保护的一般原则：事先知道公司政策（知道电子邮件可被人查阅）即可视为对隐私无合理期望，且所有者、经营者对本网络的访问不构成截获。1994年 Steve Jackson Games V 美国特勤处一案中明确，国家机构未经授权不得私自阅读或删除私人电子邮件，截获电子邮件数据更需获得法律执行令而非搜查令。

虽然美国相当重视法律的制定,但对于网络隐私权的保护更倾向于业界自律。在全球电子商务规范框架中,美国政府提出的首要原则是"私营部门应起主导作用",美国政府支持私营机构正在进行的自我规范的努力,这一原则在互联网络隐私权保护问题上得到了具体体现。

（2）欧盟对网络隐私权的立法保护

与美国相比,欧盟更注重通过立法来保护个人资料的安全,主张订立严格的保护标准,并通过设立特别委员会,敦促各欧盟成员国以立法的方式保护网络隐私权。其主要文件是：1981 年为了因应经合组织的"关于隐私和个人资料的跨国境流动的保护指引",制定了《关于在自动运行系统中个人资料保护公约》；1995 年 10 月 24 日通过《欧盟个人资料保护指令》,该指令是对 1981 年公约内容的修正；1996 年 9 月 12 日通过《电子通讯数据保护指令》是对 1995 年指令的补充和特别条款,为成员国电信部门处理个人资料提供法律依据；1997 年 4 月,欧盟发表了著名的《欧洲电子商务行动方案》,其中第 4 条原则的目标就是有效地保护消费者隐私权,是对 1995 年指令的补充；1997 年 7 月欧委会为个人资料保护工作所制定的《关于个人资料向第三国传递的第一个指导——评估充分性的可能方式》；1998 年 10 月,有关电子商务的《私有数据保密法》亦开始生效；1999 年部长会议关于互联网隐私保护指引备忘录所规定的"关于在信息高速公路上收集和传递个人资料的保护",以简明扼要的形式概括与重申了 95 年指令的精神,特别是它在互联网上的适用；同时,1999 年欧委会先后制定了《互联网上个人隐私保护的一般原则》《关于互联网上软件、硬件进行的不可见的和自动化的个人数据处理的建议》《信息公路上个人数据收集、处理过程中个人权利保护指南》等相关法规。所有这些文件和法规,为用户和网络经营者提供了清晰可循的隐私保护原则,从而在成员国内有效建立起有关网络隐私保护的统一的法律法规体系,以确保个人资料在成员国之间的自由流通。

以上所有文件中,最有代表性的就是 1995 年《欧盟个人资料保护指令》（简称《指令》）,其详细内容如下。

《指令》规定,欧盟各国必须根据该指令调整或制定本国的个人数据保护法,其调整对象广泛全面,包括：个人数据处理的形式；个人数据的收集、记录、储存、修改、使用或销毁；以及网络上资料的收集、记录、查询、散布等都有规定。

《指令》提出了隐私保护的相关原则：①假设数据只能在特定环境下处理,那么个人数据的持有者应确保对它们的操作符合要求；②为了保护数据,控制者必须施以安全措施；③数据的控制者在进行任何自动处理之前,一般必须注意到独立国家的最高权威,成员国必须保存对操作过程的公共记录；④由于任何非法处理造成了损失,控制者必须为之付出赔偿；⑤进行数据收集时,数据的相关个人有权知悉本人数据,并有权知道关于处理状况方面的信息；⑥除非成员国对数据及相关个人资料有适当的保护,成员国家不能向非成员国传播个人数据；⑦当数据控制者在成员国领土上进行数据处理,或者当其虽然不在联盟领土上,却利用了位于成员国领土内的设备进行处理时,成员国可以应用本国国内法律。另外,当控制者虽不在成员国领土内,但是当其所在地适用国际公共法律时,成员国可借助公共法律应用本国国内法。

在《指令》的行文中,没有禁止有关行业自律,但是依据其所建立的标准,显然在执行与救济环节上,行业自律是不能达到其要求的。

《指令》第25条规定,有关跨国资料传输时,个人资料不可以被传到欧盟以外的国家除非这个国家能够保证资料传送有适当程度的保障。这就意味着《指令》对欧盟有电子交易的他国的网络隐私权保护情况提出要求,将欧盟所确立的标准提升为国际标准。由于美国主要采用行业自律的标准,而欧盟则是统一立法,其标准很难一致,这就对美国形成严重的非关税壁垒。

(3)法国对网络权的立法保护

法国颁布民法典较早,一开始没有对人格权做出一般性规定,也没有对隐私做任何规定。但1970年,《民法典》增补了第九条规定隐私权,该条规定:任何人有权使其个人生活不受侵犯;法官在不影响赔偿所受损失的情况下,应规定一切措施,诸如对有争议财产的保管、扣押以及专业为防止或停止侵犯个人私人生活的其他措施。这表明法国将个人私生活中将隐私确认为受民法直接保护的权利,在其受到侵犯时,法官应依法采取措施防止或停止加害人的侵害行为。但这种保护是笼统而难以操作的。在随后的法律实践中,法国在个人隐私权保护方面没有什么进展,时至今日,也没有针对隐私权的专门立法,对网络隐私权的保护更是无法可依,只能援引《刑法》《新刑法》和《计算机与自由法》中的相关规定。

法国《刑法》规定了对欺骗性访问与欺骗性保存数据的罚则,《新刑法》对故意改变数据和故意引入伪数据进行惩罚。1978年法国颁布了《计算机与自由法》,虽然该法不是保护隐私权的专门法律,但其中的一些规定对网络隐私权非常适用。该法规:①与信息相关的个人有权控制信息的数量、用途,以及进行操作;②数据必须是为了专门及法定的目的才能编入档案,不能用不符合目的的方式使用数据;③所收集的数据必须是准确的,而且要经常更新,负责档案的人有责任检查所登记要素的真实性;④对出身、种族、政治倾向、宗教信仰、健康状况、性习惯、犯罪记录等敏感性数据禁止收集;⑤负责档案的人有责任采取所有必要措施来确保档案的留存及数据的保密;⑥任何人都有信息优先权,即有权知道包含以其本人为对象的数据档案的存在情况,档案制订的目的,负责档案的人身份及其主要职业。

(4)日本网络隐私权的立法保护

第二次世界大战(简称"二战")前,日本民法没有关于隐私权的规定,也没有司法判例。第二次世界大战后,日本修改民法典,确立"个人尊严及两性平等"为民法解释的最高准则,私生活的权利被理解为受民法709条保护的人格权,包括名誉之中。有关隐私权的判例也得到承认。隐私权在日本是受法律间接保护的。

20世纪80年代,日本成立了私生活保护研究会,对网络隐私权保护问题进行了研究,并提出了制定新法律应遵循的基本原则。这些原则是:①限制收集的原则。收集个人资料时,应明确收集目的,把收集资料的内容限定在目的范围之内,必须采用公正合法的手段。②限制利用行为的原则、个人资料的利用,应当限定在收集目的的范围内。③个人参与的原则。应采取措施保障个人能够知道关于个人资料的存在及其内容,并在必要时要求订正。④正确管理的原则,应对个人资料科学管理,采取合理的安全保障措施,防止资料的遗失,损坏、涂改、不正当地流通等危险。⑤责任明确的原则。关于保护和生活,对管理人员应有明确规定。

2）网络隐私权保护模式

通过对世界各主要国家和地区网络隐私权立法保护的比较分析,可以发现,基于"任何对互联网的规制不应阻碍其发展"这一基本原则,加之各国国情的不同,对传统隐私权的认识和保护方式的不同,各国对规范网上个人数据资料的收集使用等行为可能对电子商务和网络发展造成的影响估计也不同,因此在对网络隐私权的保护采取了不同的救济模式,主要有行业自律模式和立法规制模式以及仅起辅助作用的技术保护模式。

（1）行业自律模式

行业自律模式是指由公司或者产业实体制定行业的行为规章或行为指引,为行业的网络隐私保护提供示范的保护模式。美国、新加坡、澳大利亚等国积极倡导和采纳该模式。在实践中,该模式也有许多不同的表现形式:

①网站制定隐私保护政策。

网络隐私权的主要权利内容,在目前情况下得到实现的重要途径是网站隐私权政策,也有人称之为网站隐私权制度或网站隐私权声明、网站隐私权条款等。2000 年 4 月,美国互联网隐私公司和 PC 数据研究公司对 3 万家网站长达 9 个月的调查发现:105 家网站从不将用户的个人信息提供给第三方,也从不在未经用户同意的情况下利用相关信息向用户发送广告等;799 家网站一般在收集用户信息时会明确要求用户就网站是否可以与第三方共享相关信息给予答复,并会在收到肯定答复后向第三方提供用户个人信息;2 580 家网站会在未得到用户同意的情况下向用户发送广告等信息,但只有得到用户明确答复后才会与第三方共享私人信息;2 251 家网站未经用户同意就擅自将私人信息提供给第三方;而余下的22 000 多家网站则根本没有制订任何用户信息保护政策的措施。调查还发现,尽管目前许多网站都已制定用户隐私保护措施,但仍一些网站"上有政策,下有对策"采取各种方式与第三方共享私人信息。

②建设性的行业指引。

不同于网站的单独行为,而是由业界成立网络隐私保护组织或由业界的联盟组织发出建设性的行业指引,要求大家共同遵守。如美国在线联盟是美国的一个产业联盟,它于1998年 6 月 22 日公布了在线隐私指引,适用于从网上收集消费者的个人可识别信息。该指引虽不具有强制执行的效力,但是由于它们具有示范性,被其成员公司和其他行为自律组织广泛接纳。2000 年 4 月,90 多个公司和其他团体组成"网上隐私联盟",该联盟的宗旨是:要求企业告诉用户哪些被收集的数据属于个人处理的范围,并允许他们从中选择。通过这些组织的努力,网络隐私权的保护上了一个新的台阶,但是,由于这些组织的行为没有一个明确的标准、确切的定位和有效的监管,这些行业指引也只是建设性的,在网络各界主体眼里也是仁者见仁,褒贬不一,也就影响了其有效执行。

③自律性规范与第三方认证相结合。

网络隐私权联盟提出了自我规范原则授权第三方机构监督执行原则,凡加入第三机构的商业网站,必须通过这一机构的网络隐私保护合格认证,获得这一机构颁发的易识别的徽章或记号,业界又称之为"保护程度标志化"。这意味着网络隐私认证标志具有商业信誉的意义,是一种特殊的认证标志,而这一机制被认为是建立公众信任、保证自我规范实施的最佳途径。目前,美国国内有许多形式的网络隐私认证组织,最为有名的为 TRUSTE 和 Bonlion 两家。但这一机制旧也有明显不足,一是参与认证的网站数量微乎其微,难以形成普遍影响力,并且网上服务并无义务参加这样的认证机构;二是,认证计划机关执行和救济的制度或者说投诉和争端解决机制均不完善,没有一个明确有效的解决程序,而多以联邦贸易委员会审议为最后退路,但是一方面,联邦委员会并非对于所有类型的网上收集行为具有管辖权,另一方面,由于在网络隐私权保护上无一般性的立法,只能依照旧有的不公平贸易行为原则进行处理,这显然对于消费者和产业都可能产生不利的后果,完全取决于联邦贸易委员会的自由裁量。

（2）立法规制模式

对网络隐私权采用立法保护的模式,欧盟是主要倡导人,在国际贸易中适当推行,并带有一些强制性色彩。这种模式在实践中也有不同的表现形式。

①一般立法模式。

这种模式为欧盟、香港地区、新西兰、中西欧和加拿大等国家和地区采用。它是指制订关于资料隐私保护的综合的一般性规范文件,通过建立一个公共的机构来强制实施综合的网络隐私保护。该机构在各国多为专门的委员会,该委员会监督法律被遵守的情况,并对受害人所主张的违法行为进行调查,如查证属实,则可作出不利于违法者的裁定,并要求其改正网上信息收集行为,同时对消费者予以赔偿。该机构对于资料隐私保护的国际联系和公众教育也负有责任。该模式是绝大多数采取立法规制保护网络隐私的国家所偏好的,不过,对该机构的权限,各国规定差异较大,而且缺乏强制执行的机制,是其缺陷所在。

②特别立法模式。

某些国家不制定普遍的资料隐私保护的法律规则,而在特定领域制定法律,如 VCD 租借记录、金融隐私和医疗记录隐私等。在另外一些国家,特别立法只是用来补充普遍立法的不足,对于特定的信息类别提供更加严格的保护,即采用一般立法与特别立法双轨并行的机制。这种模式的缺点是新的技术发展需要不断引入新的保护标准,而法律的保护总是落后。

（3）技术保护模式

技术保护模式是指随着技术的发展,产生了以技术为基础的商业运用系统,互联网的用户能够使用不同的程序和系统以实现不同程度的隐私保护和通信安全。事实上,技术保护模式是将消费者隐私的希望寄托于消费者自己手中,通过某些隐私保护软件,在消费者进入某个收集个人信息的网站时,该软件会提醒消费者,什么样的个人信息正在被收集,由消费者决定是否继续浏览该网站,或者,由消费者在软件中预先设定只允许收集特定的信息,除此之外的信息不允许收集等。"社会的发展不能单纯依靠技术",技术软件不能取代隐私的法律网架,仅具有辅助保护的作用,不能成为一种独立存在的保护模式。

3）我国网络隐私立法体系的基本结构

我国宪法第三十八条、第三十九条、第四十条关于公民人格尊严、私人住宅、通信自由和通信秘密的保护规定为其他部门法及司法解释保护公民个人隐私留下了广阔的空间。民法、刑法、诉讼法及《未成年人保护法》《统计法》《银行管理暂行条例》等单行法规中都有关于隐私权保护的零散规定。

目前对公民隐私权益的法律保护主要来自最高人民法院的司法解释。如最高人民法院《关于贯彻执行〈中华人民共和国民法通则〉若干问题的意见（试行）》第 140 条规定："以书面、口头等形式宣扬他人隐私，或者捏造事实公然丑化他人人格，以及用侮辱诽谤等方式损害他人名誉，造成一定影响的，应当认为侵害公民名誉权的行为。"

此外，最高人民法院《关于审理名誉权案件若干问题的解答》亦明确指出："对未经他人同意，擅自公布他人隐私材料，或者以书面、口头形式宣扬他人隐私，致他人名誉受到损害的，按照侵害他人名誉权处理。"

最高人民法院《关于确定民事侵权精神损害赔偿责任若干问题的解释》则将隐私作为一项独立的人格利益，不失为立法的一大进步。但是，该解释仍未从法律上确立隐私作为一项独立民事权利的地位，隐私权仍不能与名誉权、荣誉权、肖像权等人格权并列，这不得不说是一种遗憾。解释第 1 条规定："违反社会公共利益、社会公德侵害他人隐私或者其他人格利益，受害人以侵权为由向人民法院起诉请求赔偿精神损害的，人民法院应当依法予以受理。"第 3 条又规定："非法披露、利用死者隐私，或者以违反社会公共利益、社会公德的其他方式侵害死者隐私，其近亲属因此遭受精神痛苦，向人民法院起诉请求赔偿精神损害的，人民法院应当依法予以受理。这些规定是我国目前最主要的处理隐私权纠纷的法律依据。"

可见，迄今为止，我国在隐私权的保护方面还没有专门的法律法规，也没有将隐私权作为一项独立的人格权对待，仅在司法实践中将其归于名誉权中加以保护，或作为一般人格利益的内容之一。然而，隐私权作为一项独立发展的权利，与名誉权虽有密切的联系，在某些情况下可能出现交叉，却是相区别的两个独立领域，二者的主体、性质、调整范围、侵权方式、保护方式都是截然不同的。名誉权所关注的是与民事主体名誉有关的事实表述是否真实及评价是否适当，而隐私权所关注的则是民事主体的私人生活安宁以及私人信息秘密不被侵犯。对隐私权的间接保护无法解决我国在隐私权保护传统领域的难题（如隐私权保护与名誉权保护的交叉及与言论表达自由和新闻出版自由的界限等），更无法面对信息技术的高速发展和电子产品的广泛应用对网络空间个人隐私权提出的挑战。在隐私权保护法律基础与社会环境都还相当薄弱的中国，更谈不上对网络空间的个人隐私权进行完善的法律保护。同时，由于网络本身的开放性、全球性、不完善性，以及人们隐私权法律意识的淡薄，加之隐私权侵权案件的侦查、起诉、取证、审判等方面都存在困难，使公民个人的网络隐私权无法得到基本的法律保护。就我国现状而言，网上消费者既无专门的网络隐私权保护的规定可供适用，也无法求助于传统隐私权的保护手段进行救济。对网络隐私权的保护仅限于国内一些网站形同虚设的隐私保护声明，但这些声明大多内容简单，且不涉及个人资料的使用说明以及相关的安全保证，相反，还附上了许多免责条款，其效果可想而知。

尽管网络隐私属于传统隐私的一种新的补充和扩展形式，但如果没有特别针对网络个人资料保护和利用的法律规定，而仅仅依靠过去的一些立法来保护一般民众的网络隐私权与个人资料，这是远远不够的，上述规定显然无法对其提供充分的保护。为了规范我国计算机信息网络的发展，有关部门曾相继出台了一些规定，其中也涉及网络空间个人隐私权的法律保护问题。例如《中华人民共和国计算机信息网络联网管理暂行规定实施办法》第18条规定:"用户应当服从接入单位的管理,遵守用户守则:不得进入未经许可的计算机系统,篡改他人信息;不得在网络上散布恶意信息,冒用他人名义发出信息,侵犯他人隐私……"《计算机信息网络国际联网安全保护管理办法》第7条规定:"用户的通信自由和通信秘密受到法律保护,任何单位和个人不得违反法律规定,利用国际联网侵犯用户的通信自由和通信秘密。"《全国人大常务委员会关于维护互联网安全的决定》规定:利用互联网侮辱他人或捏造事实诽谤他人及非法截获、篡改、删除他人的电子邮件或者其他数据资料,侵犯公民通信自由和通信秘密的,可以构成犯罪,依照刑法追究刑事责任。

上述规定大都是原则性的,太过于笼统,不便于实际操作,根本无法为网络隐私权提供足够的保护。在网络利用日趋便捷,网络资料储存交换日渐普及的今天,消费者的个人资料和个人隐私如何保护,服务商对取得的个人资料应如何利用和流通,是我国网络和电子商务发展所必须面对的一个重要问题。但是,在事实上承担网络隐私权作为一项互联网新概念的存在和在法律上对其进行确认并加以保护并不是完全等价的,这首先涉及立法模式的选择问题。有人主张选择行业自律模式,但与西方国家相比,我国长期以来对个人隐私权的保护不甚重视,并且不论是商业网站还是公民个人的隐私权观念都很薄弱,这是传统法律文化的历史积淀所致,不是短时间内可以改变的,因此,笔者主张应借鉴欧洲大陆国家的立法规制模式而非美国的行业自律模式。此外,针对有的学者倾向于在不同的法规中对网络个人隐私权进行保护的分散立法体系,有学者认为,我国目前尚无专门的隐私法,因此,保护网络用户个人资料的任务尤为艰巨,网络个人数据和隐私保护的立法所涉问题更为广泛,阻力也更大。若再将网络隐私权的保护依赖于不同的部门立法,不仅会造成体系的混乱和不完善,也会使网络隐私权立法成为一项旷日持久的工作,因此,不宜施行。应该在考虑本国国情的同时,积极关注国际上的立法趋势和立法动态,从中吸收可行的经验措施,形成我国网络隐私立法的一般方式和原则。并逐渐向隐私保护的国际标准靠拢,取得国际协调,争取在电子信息网络建设和发展刚刚起步的时候取得主动。首先应从法律上明确隐私权作为独立民事权利的地位,进而尽快制定《隐私法》,既加强对隐私权的传统法律保护,也重视对信息时代下网络隐私权的调整,建立一套完整的隐私权保护法律体系。

在目前条件不成熟的情况下,当务之急是拟定相关条例、决定或司法解释,填补我国网络隐私保护方面的空白。

11.3 个人信息的法律保护

11.3.1 个人信息的含义

1)个人信息的概念

个人信息,又叫作个人数据信息。是一切可以识别本人的信息的总和,这些信息包括一个人的生理的、心理的、智力的、个体的、社会的、经济的、文化的、家庭的等方面。

从个人信息权和个人隐私权的关系来看,广义上的个人信息,应当包括和个人生活有关的全部信息；而隐私一般是指"不愿被窃取和披露的私密信息"，两者范畴不尽相同，但是有着共同的交集。一方面，网络隐私可以划分为私密信息、私密活动、私密空间和私人生活安宁四种类型，其中私密信息是网络隐私权的最为重要的组成部分，尤其是传统的英美法系国家主张个人信息是一种隐私利益。另一方面，个人信息——尤其是信息化时代的个人信息体现的是一般人格利益，早已突破传统隐私权的范畴，但依然被囊括在基本人格权的框架内。

我国《民法典》定义个人信息为"以电子或者其他方式记录的能够单独或者与其他信息结合识别特定自然人的各种信息，包括自然人的姓名、出生日期、身份证件号码、生物识别信息、住址、电话号码、电子邮箱、健康信息、行踪信息等"。值得注意的是，《个人信息保护法》从个人信息中排除了匿名化处理后的信息。

2）个人信息的构成要素

个人信息的构成要素分为实质要素和形式要素。

（1）实质要素

个人信息的实质要素是指构成个人信息在内容上不可或缺的法律要素，又称个人信息的一般要素。

构成个人信息的实质要素是"识别"。个人信息是可以直接或间接识别本人的信息。能直接识别本人的个人信息，如肖像、姓名、身份证号码、社会保险号码等；不能单独识别本人，当与其他个人信息相结合才能识别信息主体的个人信息，称为间接个人信息，如性别、爱好、兴趣、习惯、职业、收入、学历等。个人信息是一切可以识别本人的信息的总和，这些信息包括一个人的生理的、心理的、智力的、个体的、社会的、经济的、文化的、家庭的等方面。这些方面包括健康情况、犯罪记录、性活动、名誉等涉及人格权的事项，也包括著作和财产等涉及财产权的事项。值得注意的是个人信息并不必然为个人信息本人所知。无论是本人知道的个人信息，还是本人不知道的个人信息，个人信息保护法都给予同等的保护，如被网络服务提供商非法收集的个人信息、医生掌握的绝症患者未知的医疗信息等。

（2）形式要素

个人信息的形式要素是指构成个人信息必须满足的特定形式要素，又称构成个人信息的特别要素。构成个人信息的形式要素有两个：得以固定和可以处理。

①得以固定。

个人信息必须以一定的方式得以固定，也就是个人信息得有载体。这是个人信息的第一个形式要素。从美国 1974 年《隐私权法》和 1990 年《德国联邦个人资料保护法》关于"记录"的规定，可探知法律对个人信息形式要素的要求。美国《隐私权法》第 1 条规定："'记录'是指行政机关所保持的关于个人的信息、信息集合或信息分类，包括但不限于该个人的教育程度、财产状况、医疗记录、刑事记录或职业履历，以及姓名或用以识别该个人的数字、符号或其他属于个人的特别标志，例如指纹、声纹或照片。"德国《联邦个人资料保护法》第 3 条的规定："记录"是指任何出于正式目的的文件，包括图像和声音记录媒体，但不包括非为形成记录部分的草稿和笔记。从以上规定可以推知：记录是指已经收集的个人信息，记录必须有一定的存在媒体包括图像和声音记录媒体，也就是说被收集到的个人信息必须是通过一定载体得以固定的信息。

②可以处理。

个人信息必须以一定的方式得以查阅、检索和进行其他的处理,这是个人信息的第二个形式要素。我国香港 96 条例第 2 条关于个人信息的定义中明确要求:"个人资料"(personal data)必须以可以进行查阅和处理的方式存在。根据自 1998 年 7 月 16 日修正、2000 年 3 月 1 日起生效的《英国资料保护法》第 1 条的规定,个人信息应满足以下条件。

a. 根据能够进行自动化处理的信息以及为了进行自动化处理而进行记录信息;

b. 作为编档系统的一部分或者为了组成编档系统的一部分而记录的信息;

c. 或者是作为可供查阅的记录的一部分的信息。

个人信息的形式要素是从个人信息保护法的保护范围的角度加以规定的。不满足形式要素的个人信息,不能得到个人信息保护法的保护。法律之所以做出这样的规定,主要是出于两个原因:第一,人格保护实质上和数据保护一样是一种信息保护。如果不对个人信息的形式给予限制,那么势必对传统的人格权法造成不必要的冲击。个人信息保护立法的目的在于弥补传统人格权法保护的空白,而不是取而代之。第二,如果将一般的社会上流通的个人信息全部纳入个人信息保护法范围予以保护,容易导致另一个极端,那就是信息禁锢,这和信息社会关于信息流动的基本宗旨相去甚远。因此,就我所看到的范围,尚未发现有国家或国际组织将档案范围之外的个人信息纳入个人信息保护法予以保护的。不符合形式要素的个人信息,不等于不受法律保护,只是不能受到个人信息保护法的特别保护,而可以受到民法和行政法的一般保护。

11.3.2　个人信息保护的法律原则

为了对政府及其他信息处理机构收集和利用个人信息加以实体及程序上的限制,使之免于过度滥用或不当使用而导致伤害,促使行政机关及其他信息处理机构在利用其所拥有的个人信息时提高注意力,并使个人对隐私权的侵害能有获得法律救济的机会,从 20 世纪 70 年代起,欧美各国开始制定有关保护个人信息的法律。1970 年,原西德黑森州制定了《个人信息保护法》。从国家的层次看,1973 瑞典年颁布了《数据库法》,1974 年美国制定了《隐私权法》,法国于 1978 年通过了《计算机与自由法》,1984 年英国制定了《数据保护法》,1987 年芬兰制定了《个人资料档案法》,1990 年日本制定了《关于保护行政机关与电子计算机处理有关部门的个人信息法》,德国 1990 年制定了《联邦资料保护法》,葡萄牙 1991 年制定了《资料保护法》,荷兰 1998 年制定了《资料保护法》,比利时 1992 年制定了《资料保护法》,加拿大 2000 年制定了《个人信息保护和电子文件法案》,日本 2001 年制定了《个人情报保护法》等。我国台湾地区和香港特区也颁布了相关立法,台湾地区于 1995 年公布了《电脑处理个人资料保护法》,香港特区于 1996 年颁布《个人资料(私隐)条例》。时至今日,已经有多个国家制定了个人信息保护法。作为政府信息公开制度的重要内容,各国有关法律对个人信息的保护均体现了以下几项法律原则。

1)公开原则

这一原则包含两方面的内容,一是政府所持有的个人信息必须对本人公开,不得持有秘密的个人记录,个人有权知道政府是否存在有关于他的记录以及记录所记载的内容,并有权要求得到复制品,除非法律有免除公开的规定。二是个人信息记录保管系统不得以秘密的形态存在,关于个人信息的开发、运用及其方针、政策等,必须向全社会公开,以使个人信息能够轻易被查明和利用。日本《个人信息法》第 8 条第 1 款规定,总务厅负责人应在接到下级行政部门呈报的个人信息档案以后,将其分类目录在政府公报上公布。第 7 条第 1 款规定,保管个人信息档案部门的负责人有义务将个人信息目录制作成个人承包信息簿供一般人阅览。美国《隐私权法》也要求政府在建立或修改个人的记录系统时必须在《联邦登记》上公布。

2)信息正确原则

个人信息应符合其利用目的,并且在必要范围内保持其正确、及时和完备。该原则一方面赋予个人对于政府所保存的个人信息有修改该信息内容的权利,个人如果认为关于自己的记录不正确、不完全或者不及时,可以请求制作记录的行政机关予以删除、修改或完整化。另一方面,保持个人信息的政府也负有积极责任,必须保证信息的正确性、及时性和完整性。因为政府如果根据错误的、过时的、片面的个人信息对个人做出不正确的判断,必将损害个人利益。

3)收集限制原则

政府所能收集的有关个人信息的种类必须受到限制,并且政府收集该种信息的方法或手段也必须具备一定的要件。美国《隐私权法》规定,政府收集个人的信息,如果可能导致对他做出不利的决定时,必须尽可能地由他本人提供,避免政府根据第三者提供的错误或存有偏见的信息而在执行职务相关和必要的范围内收集个人的信息。政府对任何个人信息的收集都应采取合法、公正的手段,于适当的场所并通知信息本人或取得本人的同意。

4)目的明确化的原则

个人信息的收集目的应于信息收集时加以明确,其后信息的利用不应与该收集目的之达成相矛盾。日本《个人信息法》禁止在信息处理目的以外的信息利用和提供。瑞典《隐私权保护法》规定,应该为了明确而限定的目的保持个人资料档案,与目的不符的资料,不得装入档案,没有明确的目的,个人资料不得被收集、公开和使用。

5)使用限制的原则

个人信息的使用限制包括持有信息的政府内部使用的限制和将信息提供给外部使用的限制两类。前者是指保持个人信息的行政机关,内部官员执行职务时可以查阅个人的信息,无须征得本人的同意,但只限于职务需要的范围以内使用个人的信息,例如日本《个人信息法》第 4 条明确规定政府保存的个人信息,必须仅限定在完成该部门负责事务范围以内使用。后者是指政府将个人信息向第三者披露或提供给第三者使用时,必须征得本人的同意或有法律的明文依据。

6)信息管理原则

政府应制订合理适当的信息管理方针及业务方法,以保障政府对有关个人信息收集、占有、使用及公开的合法性和正当性,对于参加个人信息制作、保持和使用的政府工作人员,必须制订相应的行为规则以供遵守。同时,为达到个人信息的安全、完整和不被泄露以及防止其他可能产生的危险,政府还必须建立行政的、技术的和物质的安全保障措施。瑞典隐私权保护法规定,必须采取安全措施,保证个人信息不因非法或过失而遭破坏,保证资料不被非法修改或公开。

7)法律救济原则

对政府不依法收集、利用和公开个人信息、侵犯个人隐私权的行为,个人可以请求行政救济和司法救济。日本允许当事人对政府的决定存有异议时可以提出意见,并根据行政不服审查法提出异议申诉,或根据行政诉讼法提起诉讼。美国《隐私权法》规定个人不服行政机关执行隐私权法的行为,可以请求行政复议,也可以对政府提起民事诉讼,请求法院审查政府的决定,对违反法律的行政官员和个人,还可以施以一定的刑事制裁。

我国2021年颁布的《个人信息保护法》确立了利用个人信息的原则,包括应当遵循合法、正当、必要和诚信原则,不得通过误导、欺诈、胁迫等方式处理个人信息;应当具有明确、合理的目的,并应当与处理目的直接相关,采取对个人权益影响最小的方式;应当限于实现处理目的的最小范围,不得过度收集个人信息;应当遵循公开、透明原则,公开个人信息处理规则,明示处理的目的、方式和范围;应当保证个人信息的质量,避免因个人信息不准确、不完整对个人权益造成不利影响;应当对其个人信息处理活动负责,并采取必要措施保障所处理的个人信息的安全。

11.3.3 个人信息保护的义务规范

1)网络个人信息的收集

在现实生活中,大量的个人信息的初步收集仍然是通过纸面媒介记录等手工操作进行的。所谓个人信息收集,依我国台湾地区《电脑处理个人资料保护法》的界定,是指为建立个人资料档案而取得个人资料;依照德国《联邦个人数据保护法》第3条的规定,资料收集是指取得信息主体的个人资料。由此可见,个人信息收集侧重在个人信息"取得"的行为。

因而,网络个人信息收集可以定义为:是指以建立个人信息档案为目的,而取得自然人个人信息的行为。在个人信息保护法领域,收集并不仅仅限于以电脑等自动化的方式实施的收集。

收集是一个以主观目的为要素的法律概念,包括目的要素和行为要素两个方面。

①目的要素是指个人信息的收集需要具备的目的。中国台湾《个人资料保护法》第3条规定,收集指为建立个人资料档案而取得个人资料。根据该法收集的目的要素为建立个人信息档案。

②行为要素是指信息管理者运用一定的条件为获取信息而实施的行为。行为要素包括对信息主体自愿透露自己个人信息的行为的接受。收集个人信息的典型的行为有行政机关依据法定职权和程序要求相对人填写户籍信息,学校要求学生填写学籍信息等。

网络个人信息收集法律关系的收集主体应当严格限定其范围和规范,根据收集信息机关性质的不同,数据收集主体可分为公务机关和非公务机关。

①公务机关收集行为必须限制在职权行为或职责范围内,且遵循必要性原则。公务机关收集网络个人信息资料,必须是法律、法规规定的职权与职责范围内的行为。行政机关与一般的经营主体不同。其他组织和个人对行政机关的监督和约束的力度是很弱的。如果抛弃了防范措施,恐怕难以控制行政机关滥用这些信息资料。

②非公务机关收集主体是指并非依法行使国家公共权力,而收集网络个人信息资料的其他组织或个人。这些主体在收集网络个人信息资料时,一般要遵循以下原则:第一,要经过网络个人信息资料的所有人或合法提供者的同意,由其自愿提供;第二,对于网络个人信息资料的所有人及合法提供者的安全或其他权益没有侵害;第三,已经公开的,对资料的所有人或合法提供者无害且对社会或整个网络环境的发展有利;第四,无害于相关的当事人,为学术研究或科学实验所必需的;第五,有关的法律、法规规定的其他情况。

对于非以营利为目的的,按照现有法规的规定,应履行备案手续。以所收集的网络个人信息资料为基础且以营利为目的的,应当经过有关机关的批准。这些批准部门不仅有工商行政管理机关,而且还有信息管理部门,在条件成熟时还可设立网络隐私权的监督管理的专门机关。

2)网络个人信息的处理

所谓个人信息处理,通常是指个人信息的数据的存储、编辑、变更、检索、删除、传输、封锁以及比对等行为。"处理"主要有以下几种。

①存储。德国《联邦个人数据保护法》第 3 条第 5 项第 1 款规定:"储存,指基于进一步处理或利用之目的,将个人信息纳入、收录或保存于资料媒介。"储存通常是指个人信息收集、输入、处理后的保留。储存以纳入、收录和保存为行为内容。该行为内容含义甚广,包括光学上和听觉上所有信号呈现之形式的纳入、收录和保存,如录音或录影、制作磁带、卡片索引、书面资料或图像等。就作为法律概念的储存而言,其着重点不在于资料的制作,而在于其可能涉及当事人利益的潜在之使用可能性。一般而言个人信息的储存是个人信息进一步开发利用的开始。

②编辑。编辑也称编校,是指对数据和资料的重新编排,包括文件数据的内容、格式、版式的修改等。

③变更。变更是对已储存的个人信息的内容进行的变更,而不包括对个人信息存在形式的改变,如将纸质介质媒介上的个人信息输入计算机,不构成变更。

④检索。检索是指从文件中找出和选择所需个人信息的一种操作。要从大量的个人信息档案中,找出有用的个人信息,一般都要经过检索,因此可以检索成为个人信息有效利用的前提,也是有的国家或者国际组织立法中个人信息得到保护的条件。

⑤删除。作为法律概念的删除是指将已储存的个人信息的全部或一部分清除或抹去,使其不能重现。

变更和删除的共同点是,对个人信息内容的改变;主要区别在于,变更是以新的内容代替旧的内容。而删除仅是对旧有内容的清除,它不涉及个人信息内容的更新问题。变更一般而言是针对错误或者过时的个人信息采取的处理行为，而删除是基于某种目的而将已存在的个人信息清除，使其不得再现，它的处理对象既可能是正确的个人信息，也可能是不正确的个人信息。

⑥传输。传输主要是指将已储存的个人信息以一定方式传递给接收人（第三人）。传输行为包括传送和接收。传送是指将个人信息传递至个人信息接收人的可控制范围内。传送的方式各种各样，包括电话、口头、网络等一切可以传递个人信息内容的方式。接收是指借助一定的工具（如自动化流程）取得对传输人准备好个人信息的支配。而个人信息的跨国传输是一个十分复杂的问题，涉及不同国家的文化和经济因素，以及法律制度的差异。

⑦封锁。封锁是德国个人信息立法的首创的概念，是指采取一定的措施，限制对已储存的特定个人信息的继续处理或利用的行为。最常见的封锁措施如关闭网络服务器、对个人信息进行加密等。德国资料法中对封锁的定义为：指为限制继续处理或利用，而对已储存之个人信息附加符号。

⑧个人信息比对。个人信息比对，又称个人信息计算机比对，或者资料比对、资料匹配，是指两个或两个以上储存个人信息的数据库，为了某种特定的目的，利用计算机程序将数据库内的个人信息进行连接比对。由于处理速度快和储存量大等特点，计算最适合将不同数据库中的海量个人信息进行对比的工作。计算机比对为信息处理节省了大笔经费和时间，提高了工作效率，成为各国政府和民间机构利用信息的重要手段。但对信息主体权利造成的侵害也在无形中加大了。在美国，社会大众对美国政府采取计算机比对处理个人信息有两种相反的意见：有些人认为计算机比对行为是一种极有效率的工具，可以用来侦测社会福利计划中的欺诈、错误；有些人则认为政府透过这样的工具，最后终究会对个人生活进行全面的掌控，因此是对个人隐私的极大侵害。大众的争议引起美国国会的高度重视，美国于1988年通过了《计算机比对行为与隐私保护法案》，对计算机比对个人信息的行为进行规范。

我国《民法典》第1035条规定的个人信息的处理方式包括个人信息的收集、存储、使用、加工、传输、提供、公开等。第1038条规定："信息处理者不得泄露或者篡改其收集、存储的个人信息；未经自然人同意，不得向他人非法提供其个人信息，但是经过加工无法识别特定个人且不能复原的除外。"该条第二款明确："信息处理者应当采取技术措施和其他必要措施，确保其收集、存储的个人信息安全，防止信息泄露、篡改、丢失；发生或者可能发生个人信息泄露、篡改、丢失的，应当及时采取补救措施，按照规定告知自然人并向有关主管部门报告。"

3）网络个人信息的利用

关于个人信息利用的概念，德国法的解释颇具借鉴意义。在德国《联邦个人数据保护法》中，与欧盟将个人信息利用视为个人数据处理的一个环节的观点不同，个人信息利用是指个人信息处理之外的任何个人信息使用行为。根据我国台湾地区许文义先生对德国个人信息利用问题的理解：利用为"任何形式之使用个人数据"，无论是以自动化或人工方式使用，均属之。其规定的重点在于"信息内容"的利用，至于何人、为何目的而利用，或被利用的信息是否已被告知，均非所问。单纯地指出信息记录于某一特定的信息档案中，不属于利用;但是,从某一信息档案中摘录出一部分的个人信息或复制其内容,则应当被认为是个人信息的利用行为。在信息储存机关内或对监督机关的信息公示、以管理为目的的信息传递或信息处理系统的保养、经常以某种方式为信息作内部公告、信息比对、复印或有目的的阅览等均不属于信息的传递而属于信息利用。

关于个人信息利用,我国台湾地区《电脑处理个人资料保护法》认为,是指公务机关或非公务机关将其保有之个人资料档案为内部使用或提供当事人以外之第三人。需要注意的是,该条款中"将保有的个人资料档案提供当事人以外之第三人"归为个人信息利用,但事实上这更是一种个人信息的传递,这样有混淆"个人信息利用"与"个人信息传递"之嫌。个人信息利用,是个人信息收集、处理乃至传递的目的,若无利用之目的,则个人信息的收集、处理及传递过程均会显得多余而没有意义;同时,如果个人信息不予利用,那么个人信息的收集、处理及传递对个人权利的侵害危险将相对小许多。因此,个人信息利用可以说是个人信息遭受侵害的诱因及理由,为避免个人信息遭受恶意侵害之虞,对于个人信息利用则必须有明确的法律基础为依据。

比较法上,个人信息利用的行为准则,最重要的是"一般情况下仅能在个人信息收集的特定目的范围内进行",但是,在涉及重大公共利益或他人重大权益且又为必要的前提下,个人信息可以在特定目的范围外被使用,以平衡社会利益与个人利益。

在利用与收集的关系上,收集是整个个人信息处理过程的开端,也是利用的前提。收集个人信息的特定目的,限制利用的范围。但凡逾越收集目的的利用,无论何种方式,一般而言是违法行为。在利用与处理的关系上,利用应与处理相互区分,因为处理一般不涉及第三方,因而对信息主体的权利侵害的可能性比较小;而利用则可能使个人信息与外界接触,往往对信息主体产生更大的影响。

《个人信息保护法》第 13 条规定:"符合下列情形之一的,个人信息处理者方可处理个人信息:(一)取得个人的同意;(二)为订立、履行个人作为一方当事人的合同所必需,或者按照依法制定的劳动规章制度和依法签订的集体合同实施人力资源管理所必需;(三)为履行法定职责或者法定义务所必需;(四)为应对突发公共卫生事件,或者紧急情况下为保护自然人的生命健康和财产安全所必需;(五)为公共利益实施新闻报道、舆论监督等行为,在合理的范围内处理个人信息;(六)依照本法规定在合理的范围内处理个人自行公开或者其他已经合法公开的个人信息;(七)法律、行政法规规定的其他情形。"

11.3.4　个人信息的法律保护模式

在立法实践中,各国对个人信息的法律保护均有规定,形成了两种保护模式——抽象的个人信息立法保护和抽象规定与示例相结合的个人信息立法保护。

所谓抽象的个人信息立法保护是以一般立法的方式对个人信息做出界定,而没有在法律中予以列示。如德国《个人资料保护法》第 3 条"关于特定或特定之自然人属人或属事的个别资料",德国法中强调"个人关联性"的一般原则,而在具体立法中没有列举何种资料属于属人或属事的个别资料。根据德国法,对不特定主体的资料收集,在无法确定资料关联方的条件下,不是该条所指的个人资料。

所谓抽象规定与例示相结合的个人信息立法保护，是指法律中除了规定个人信息的一般立法保护外，还对其种类作了例示性说明，如欧盟1995年《个人数据保护指令》第2条"指有关识别或足资识别自然人之任何资讯；足资识别之人指直接或间接能予识别者，特别是以参考识别号码或以其身体、生理、精神、经济、文化或社会属性之一项或多项特定因素"。欧盟法中提出了"间接识别"概念，所谓间接识别指该个人资料必须与其他资料相结合才能完成对信息主体形象的勾勒。如教育、职业、健康、财务等情况如果不是与姓名、身份证统一编号等相结合，是不具有"个人关联性"的。日本《个人资讯保护法》第2条规定：本法所称个人信息，为有关生存个人之信息，借由包含于该信息中之姓名、出生年月日及其他记述等得以识别出特定个人者（包含容易借由与其他信息对照结合而识别出特定个人者在内）。可见日本立法中也是将可以"识别数据主体的个人资讯"分为"直接识别"和"间接识别"两种。另外我国台湾地区《电脑处理个人资料保护法修正草案》第二条也规定"个人资料指自然人之姓名、出生年月日、国民身份证统一编号、护照号码、特征、指纹、婚姻、家庭、教育、职业、病历、医疗、基因、性生活、健康检查、犯罪前科、联络方式、财务情况、社会活动及其他的以直接或间接方式识别该人之资料"。

比较而言，德国立法中何谓"个人关联性"并不清楚，其标准应当参照欧盟、日本和我国台湾地区立法来补充，即这种关联既可以是"直接识别"也可以是"间接识别"。

由于我国隐私权观念较为薄弱，而个人信息的控制权更是生疏，例示性规定有利于解释和理解抽象性规定的含义，同时抽象性规定可以避免挂一漏万的情况，所以立法机关在对个人信息的立法保护选择上，应当采取抽象规定与例示主义兼采的方式，即借鉴日本和我国台湾地区的立法方式。我国《民法典》第一千零三十五条规定了处理个人信息应当遵循的原则，即合法、正当、必要原则，并明确了不得过度处理的四个条件：（一）征得该自然人或者其监护人同意，但是法律、行政法规另有规定的除外；（二）公开处理信息的规则；（三）明示处理信息的目的、方式和范围；（四）不违反法律、行政法规的规定和双方的约定。

11.3.5　侵犯个人信息权的法律责任

加强对个人信息权的保护，设置单一责任模式不能有效发挥功能，必须充分运用多种责任形式。应当在我国立法中确认侵犯个人信息权应当承担的行政责任、民事责任和刑事责任。

①行政责任。依法承担行政责任是制止侵犯个人信息权行为的有效方式之一，《个人信息保护法》实施之前，我国在一些部门法或规章中，有一些针对侵犯个人信息权应承担的行政责任的规定，但缺乏系统性：如我国《政府信息公开条例》第三十五条以列举的方式对行政机关包括公开不应当公开的政府信息在内的违反条例的行为，规定了行政机关应当承担的法律责任的内容，包括行政机关内部的责令改正，主管人员和直接责任人员的行政处分承担，以及刑事责任的承担。显然，这里的"公开不应当公开的信息的行为"包括不合法地公开个人信息的政府行为在内，因此该条款的内容可视为侵犯个人信息权所应承担的行政责任。

另外《中华人民共和国治安管理处罚法》第四十二条规定，对"偷窥、偷拍、窃听、散布他人隐私的","处五日以下拘留或者五百元以下罚款;情节较重的,处五日以上十日以下拘留,可以并处五百元以下罚款"。

《个人信息保护法》第六十六条规定:"违反本法规定处理个人信息,或者处理个人信息未履行本法规定的个人信息保护义务的,由履行个人信息保护职责的部门责令改正,给予警告,没收违法所得,对违法处理个人信息的应用程序,责令暂停或者终止提供服务;拒不改正的,并处一百万元以下罚款;对直接负责的主管人员和其他直接责任人员处一万元以上十万元以下罚款"。该法第二款规定:"有前款规定的违法行为,情节严重的,由省级以上履行个人信息保护职责的部门责令改正,没收违法所得,并处五千万元以下或者上一年度营业额百分之五以下罚款,并可以责令暂停相关业务或者停业整顿、通报有关主管部门吊销相关业务许可或者吊销营业执照;对直接负责的主管人员和其他直接责任人员处十万元以上一百万元以下罚款,并可以决定禁止其在一定期限内担任相关企业的董事、监事、高级管理人员和个人信息保护负责人"。第六十七条确认:"有本法规定的违法行为的,依照有关法律、行政法规的规定记入信用档案,并予以公示"。国家机关不依法履行个人信息保护义务的,由其上级机关或者履行个人信息保护职责的部门责令改正;对直接负责的主管人员和其他直接责任人员依法给予处分。

②民事责任。明确个人信息权的民事责任,首先应当明确个人信息权的财产属性。尽管个人信息本身不具有价值,但是在日常生活中我们可以看到,个人信息在某种条件下能够给他人或单位带来一定的经济利益。从经济学的角度看,侵权成本与收益的对比,决定了如果没有财产责任,个人信息权并不能有效阻止侵权行为。侵权人往往是为了一定的经济利益而侵害他人信息权。在信息时代,一切个人信息都具有潜在的商业价值,应该在法律中承认个人信息权的财产属性,这样,以商业目的擅自使用个人信息就是一种侵权行为。如果有了这种法律保护,对于那些侵权者而言,即使他们可以从公开渠道获取个人信息,但未经个人许可,不得基于商业目的使用,否则就是一种侵权行为,就应该承担赔偿责任,这样其侵权成本就会加大,客观上就能够起到预防和减少信息滥用行为的发生。

我国《个人信息保护法》第六十九条规定:"处理个人信息侵害个人信息权益造成损害,个人信息处理者不能证明自己没有过错的,应当承担损害赔偿等侵权责任。""损害赔偿责任按照个人因此受到的损失或者个人信息处理者因此获得的利益确定;个人因此受到的损失和个人信息处理者因此获得的利益难以确定的,根据实际情况确定赔偿数额。"

此外,我国《民法典》第一千零三十六条规定:处理个人信息,有下列情形之一的,行为人不承担民事责任。

a. 在该自然人或者其监护人同意的范围内合理实施的行为;

b. 合理处理该自然人自行公开的或者其他已经合法公开的信息,但是该自然人明确拒绝或者处理该信息侵害其重大利益的除外;

c. 为维护公共利益或者该自然人合法权益,合理实施的其他行为。

③刑事责任。如果我国对泄露个人信息资料的处罚只是停留在行政处罚或民事赔偿,那么违法成本相对较低,就不能形成对个人信息权的有效保护。从我国《刑法》的规定来看,对侵犯公民人身自由、人格尊严规定了"非法搜查罪、非法侵入住宅罪、侮辱罪、诽谤罪"等,

但这些规定都不是以保护个人信息权为目的或为主要目的,侵害个人信息权的刑事责任还是空白。有法学家提出:"采取不正当手段获取信息特别是计算机信息的事件不断发生,对此,虽然可以按有关信息媒体的财产犯来处理,但为了从根本上解决问题,有必要从正面对财产性信息给予刑法的保护。"从法律保护的原则和刑法立法宗旨来看,侵犯他人个人信息权,给他人财产、精神健康、人身安全造成损害,后果严重的,应当承担刑事责任。

在 2008 年 8 月 25 日首次提请全国人大常委会审议的刑法修正案(七)草案中,明确提出要追究泄露、窃取、收买公民个人信息行为的刑事责任。这表明我们在对个人信息权的保护方面,迈出了重要的一步。我国《个人信息保护法》第七十一条规定:"违反本法规定,构成违反治安管理行为的,依法给予治安管理处罚;构成犯罪的,依法追究刑事责任。"该规定呼应了刑事法律的制度性安排。

11.4 网络名誉权概述

11.4.1 名誉权的基本内容

1)名誉的概念和特征

名誉,作为历史范畴,产生和发端于特定的社会历史背景,在千百年传统文化长河中流转,有着其独特的内涵和价值。

"名"在汉语中有命名、说出、名字、功名、名声、名义等意义,可以做动词与名词。"誉"作动词意为称赞,如《墨子经》记:"誉名美也。"作为名词,"誉"是美名之义。在中国古代典籍中,"名"和"誉"均含名誉的意思,指好的声名、好的名声。如《孙子·地形篇》:"故进不求名,退不避罪,唯民是保。"这里的"名",即为名誉之义。

在现代生活中"名誉"通常有两个方面的含义,一是指个人或集团的名声,如"爱惜名誉"。二是指名义上的,如"名誉会员""名誉主席"。

我国学者对作为名誉权客体的名誉,从不同角度做出诠释、加以探讨。在此基础上形成了关于名誉内涵问题的社会评价说、个人和社会评价综合说。

其一,社会评价说。社会评价说从名誉是一种客观社会评价的角度对其进行界定,强调名誉是社会主体所获得的社会评价。

基于这一认识,有学者指出名誉是指根据某人的观点、行为、作用、表现等所形成的关于他的品德、才干及其他素质的社会评价,即对他的社会价值的一般认识。也有学者认为名誉是指社会上人们对公民或者法人的品德、情操、才干、声望、信誉和形象等各方面的综合评价。还有学者强调名誉就是指人们对自然人和法人的品德、才能及其他素质的客观的社会综合评价。

社会评价说以名誉的客观性为其基本认识前提。名誉的客观性指不依赖于被评价主体的主观意识而存在、发展、变化和消亡的各种事实和情况。它表现在以下的几个方面:首先,对一个人名誉的评价是不以被评价者意志为转移的客观情况。名誉是社会不特定主体对特定主体的一种评价,被评价主体无法决定和选择评价主体及评价的内容和方式。其次,对一个人名誉的评价遵循着一定的客观标准。尽管名誉在不同的社会历史背景下存在着一定的差别,但是在特定的时代环境下,基于一国的道德和法律传统下,对于主体名誉的评价标准虽不能规范精确,但也有序可循。再次,判断一个行为是否构成对名誉权的侵害通常较多考虑相关的客观因素。如加害人的行为方式、时间、地点、场合以及受害人在社会上的评价是否被降低等情况。

其二,个人和社会评价综合说。个人和社会评价综合说是以名誉的主观性认识为理论前提的。名誉的主观性指作为名誉主体的个人对于其名誉这一现象的决定性或者影响力。该说在认识到名誉是主体外部对其评价的同时,指出名誉还具有主观的一面,这种主观的名誉被概括为"内部的名誉",而作为外部客观评价的名誉则被称作"外部的名誉",按照这种观点,名誉有两种含义:一是内部名誉,指个人内在的价值,即人格价值本身的评价,如自我评价;二是外部名誉,指个人外在的价值,即人格价值的社会评价,如人的品格、名声或道德的社会评价等。

我国《民法典》明确"名誉"是对民事主体的品德、声望、才能、信用等的社会评价。

名誉作为法律上的概念,具有以下特征。

(1)社会性

名誉是一种社会评价,无论从内容上还是形式上,都具有社会的属性。评价的内容源于特定主体在社会生活中的行为表现,是社会生活的反映。离开公众的社会反映,就无所谓名誉。

(2)客观性

名誉是客观的评价,即外部社会对特定主体的评价,而不是个人的自我认识。名誉的客观性,是基于特定主体而言,即公众的评价相对于特定主体,是外部的、客观的,它取决于主体内在的感情以及对这种外在的认识和判断。

(3)特定性

名誉是公众对特定主体的社会评价,名誉的特定性表现为社会评价的是某个主体,而非某些主体。离开特定的民事主体,就无所谓名誉,也无法进行法律保护。

(4)观念性

名誉虽具有客观性特征,但它的表现形态是观念的形态,存在于公众的观念之中。按照一般的哲学原理,观念形态属于主观的范畴,在这种特定的场合,其客观性是相对于特定民事主体主观认识而言,其评价具有客观的属性。因此,名誉的观念性与名誉的客观性并不矛盾。

(5)时代性

在不同的时代,人的名誉观有所不同。在封建社会,妇女从一而终被视为极大的名誉,而现代社会离婚自由被视之为正当行使权利。但也不应否认名誉观有一定的继承性,勤俭、坚韧、孝顺等在各个时代都认为是好名声。了解名誉的时代性特征,有利于把握名誉的准确内涵。

2)名誉权的概念和特征

名誉权是以名誉为客体的,名誉作为社会评价极易受到伤害,所以需要确认民事主体的名誉权,从而对名誉予以保护。基于对名誉概念及特征的理解,可以认为名誉权是一种由民事法律规定的民事主体所享有的获得和维持对其名誉进行客观公正评价的人格权。

名誉权的法律特征可以概括为以下方面。

第一,专属性。名誉权的专属性有两方面的内容:一是指名誉权是主体所固有的,随着主体的产生而产生,消亡而消亡。二是指名誉权与主体不可分离。名誉权不能被主体所抛弃、转让,也不受他人剥夺,更不能为其他主体所继承。

第二,特定性。名誉是公众对特定主体的社会评价。名誉的特定性表现为认定侵害名誉权的行为必须有侵权行为指向特定的对象。如果指向的是不能够予以具体确定的团体或个体,则无所谓名誉权的被侵犯,也无法对此进行法律保护。

11.4.2 网络名誉权侵权

1)网络名誉权侵权的概念和特征

所谓网络名誉权侵权,是指行为人在网络环境下实施的侵害他人名誉权的行为。有的学者认为,应当从互联网上的侵权行为与发生于其他空间(媒体)上的侵权行为之差异把握互联网上的侵权行为。那么,对于网络名誉权侵权的研究自然也应从其与传统名誉权侵权的差异出发来探讨相关问题。与传统名誉权侵权相比,网络名誉权侵权具有以下几个特征。

第一,侵权表现形式的技术性。

一般认为传统的侵害名誉权的行为有:诽谤、侮辱、无证据而错告或诬告、过失致人名誉权损害的其他行为。可见,传统名誉侵权的表现形式是多种多样的,但是网络环境下的名誉侵权却仅限于以图片和文字表现的诽谤、书面侮辱、发表失实报道等行为方式。此外,侵害网络名誉权的行为也可以通过多媒体文件的方式予以实施,如各种格式的图片、视频、音频文件和 FLASH 等。与此同时,传统名誉权侵权主要是以口头语言、书面语言或者其他具体的行为做出的,而网络名誉权的侵权则主要是依靠各种技术手段实现的,如电子邮件、BBS公告板、个人主页和聊天室等。

第二,侵权行为实施的便利性。

网络名誉权侵权的表现形式,以及需借助各种技术手段实现的特点都使得足不出户的行为人只需轻松地运用手中的鼠标和键盘就可以肆无忌惮地实施网络名誉权侵权行为。这在计算机和网络出现之前,恐怕是难以想象的。但是在当今这个网络时代,行为人不需要深入到实际社会当中就能实施一些侵害他人名誉权的行为。

第三,侵权传播的迅捷性。

网络之所以能"飞入寻常百姓家"的一个重要原因是它具有覆盖面广、传播速度快的显著优点,人们可以通过互联网迅速获悉各方面的信息。任何信息、不分好坏一旦上传到了网络环境中,即刻能以最快的速度被传播。这种传播方式不仅仅是点对点、点对面的传播,几乎是以面对面的方式传播的,其传播速度是现实社会中的"一传十、十传百"所绝对难以比拟的。简言之,互联网的国际性和网络信息传输的迅速性决定了网络名誉权侵权行为传播速度的迅捷性。

第四,侵权影响范围的广泛性。

从传统名誉权侵权来看,侵权言论、侵权信息的传播范围总是有限的,因而侵权影响的范围也是有限的。一般而言,侵权影响的范围主要是权利人和行为人生活的那个社会圈子。但是互联网联通世界各地,网络信息所具有的跨国性、世界性特征使得网络传播影响的范围可能非常广阔。网络信息的接收目标是不确定的,网络活动的参与者不受任何约束,可以自由进行传播交流。于是网上侵权言论就能轻而易举地传递到世界各地,其波及的范围要较传统名誉权侵权广泛得多。

第五,侵权主体的隐蔽性。

在一个开放、自由的交流空间中,网络用户随时都可以参与到各个网站、论坛、聊天室。大多网络用户是通过虚拟 ID 的方式参与网络活动的。如前所述,要确定虚拟 ID 背后的真实主体存在一定的难度。因此,真正致害人往往具有一定的隐蔽性,权利人在行使权利之前往往面临一个侵权责任主体难以确定的问题。

而且实施侵权行为的网络用户分布于网络的各个节点,当中涉及的网络用户数量较多,具体侵权主体不易确定,因此追究名誉侵权责任的难度要较传统名誉侵权大得多。基于此,除了侵权言论的发布者外,侵权言论的传播者和网络服务提供商也可能需要承担相应的侵权责任。

2)网络名誉权侵权的构成要件

最高人民法院 1993 年 8 月 7 日发布的《关于审理名誉权案件若干问题的解答》第 7 条指出,是否构成侵害名誉权的责任,应当根据受害人确有被损害的事实、行为人行为违法、违法行为与损害后果之间有因果关系、行为人主观上有过错来认定。网络名誉权侵权也应包括以下四个构成要件:

第一,有侵害他人名誉权的行为。传统侵害名誉的行为有:诽谤、侮辱、无证据而错告或诬告、过失致人名誉权损害的其他行为。但是,网络环境下的名誉侵权却仅限于以图片和文字表现的诽谤、书面侮辱、发表失实报道等行为方式,这些侵权行为主要是依靠如电子邮件、BBS 公告板、个人主页等技术手段实现的。这些在网络环境下实施的侵权行为都具有贬损他人名誉的性质,并由此造成了他人社会评价的降低。

网络名誉权的特征以及各种网络手段的特点决定了在网络环境下侵害他人名誉权的行为与现实中稍有不同,侵害网络名誉权的具体方式有:第一,指向权利人的真实姓名、现实身份,对其进行侮辱、诽谤;第二,仅指向"虚拟主体",对其背后的民事主体进行侮辱、诽谤。但是,在网络环境下实施侵害名誉权的行为,其实质类同于传统的名誉权侵权,即都是侵害名誉权、降低权利人社会评价的行为,只不过行为人在实施侵害行为时利用了各种新兴的网络工具。关于某一行为是否构成侵害他人名誉权的行为,一般可从三个方面进行考察。

①须有传播散布的行为,即该行为需为第三人所知悉。传播散布之行为是指将损毁他人名誉的观念传达于他人,即权利人之外的第三人。如果行为人在网络环境下指向权利人的真实姓名、现实身份并对其进行侮辱、诽谤,对"第三人知悉"的认定无异于传统名誉权侵权。如果仅指向"虚拟主体"对某一个民事主体进行侮辱、诽谤,则对"第三人知悉"的认定应慎重。

②侵害行为系针对特定人为之。在侵害网络名誉权的两种具体方式中，关于第一种方式，对该侵害行为是否针对特定人的认定等同于传统名誉权侵权。不同之处在于以第二种方式实施的名誉权侵权：当侵害行为是针对一个"虚拟主体"实施时，该"虚拟主体"能否被认定为特定人？如前所述，在同一个虚拟空间之下不可能出现相同的ID，ID在同一个虚拟空间之下是特定和唯一的。在一个ID对应着一个现实主体的情况下，该"虚拟主体"自然是可特定的。因此当侵害行为明确指向的虚拟主体可以特定时，也应当认定为该侵害行为系针对特定人为之。

③传播内容必须有妨誉性，即该内容具有贬损他人名誉、降低他人社会评价的性质。关于传播内容的妨誉性，基本上可参考传统名誉权，但是又必须考虑网络语言的特点。

有些在现实社会中被认为具有妨誉性的文字、图片，可能在网络环境下只是非常普通、随意的交流载体。也就是说对网络环境下传播的侵权信息其内容妨誉性的界定应充分考虑网络语言环境的特点。

上文所述的是以作为的方式侵害名誉权的行为，与此同时某些特殊的以不作为方式侵害名誉权的行为也构成名誉权侵权。目前所认可的特殊情况有。

①行为人有保护他人名誉权的作为义务，违反该义务即为以不作为方式侵害名誉权。

②行为人基于其前行为所产生的作为义务，违反该义务也构成以不作为方式侵害名誉权。ISP所实施的侵害名誉权行为即可归入第二种情形。

第二，该行为造成了权利人名誉权受到损害的事实。

现实损害是认定任何侵权行为都必须具备的要件。侵害名誉权的损害后果包括以下三个部分。

①名誉利益的损害。名誉利益的损害即导致受害人社会评价的降低，是侵害名誉权的主要后果。传统名誉侵权原理认为名誉损害必须以第三人知悉侵权行为为前提，不然就无所谓受害人社会评价的降低。网络名誉权侵权中对于"第三人知悉"的认定，既可以是被网络环境下的其他虚拟主体得知受害人的真实身份，也可以是被受害人所生活之现实社会中的民事主体得知该网络名誉权侵权行为的发生系针对该受害人。此外，当其他网络用户可明确该侵权行为是针对某一特定虚拟主体时或者说当该受害人的网络身份可以被特定时，即使其真实身份未被公开仍可构成"第三人知悉"。

②精神利益的损害。精神利益的损害又称非财产利益的损害，指受害人因名誉侵权行为所遭遇的除了名誉利益外的其他人格利益的损失。简言之，是指名誉侵权行为给受害人所造成的精神痛苦。传统名誉侵权理论认为，对于精神利益损害的认定需考虑加害人的主观状态、加害行为的情节及手段、行为内容的恶劣程度、影响范围的大小等因素。网络名誉权侵权中，关于精神利益损害的确定也需考虑以上因素。

③附带的财产损害。财产损害是指名誉毁损给受害人造成的财产上的损失。财产损失是侵害名誉权的间接后果，往往与受害人的工作性质、经营状况等因素相关。网络名誉权侵权也会给受害人造成一些实实在在的财产损害，比如因名誉毁损而丧失了工作或者一些可得的利益。这和传统名誉侵权并无二致。特殊之处在于，某些网络名誉权侵权行为可能会造成受害人虚拟财产减少的后果。

第三,侵权行为与损害事实之间存在因果关系。

在侵权行为的四个构成要件中,因果关系又是最为复杂的一个因素。由于对网络名誉权侵权的认定需要考虑的因果关系基本上同于传统名誉权侵权,网络环境的特殊性并没有对因果关系理论的具体适用导致任何特殊。

有学者认为,相对于其他民事侵权行为,侵害名誉权的因果关系具有特殊性。这主要表现在,很多违法行为不是直接作用于侵害客体使其出现损害事实,而是经过社会的和心理的作用,达到损害受害人名誉利益和精神痛苦的结果。因此,对于网络名誉权侵权行为中因果关系的认定当然也需要考虑社会的和心理的这一因素,但这种社会和心理因素主要影响的是损害赔偿的大小,对于名誉权侵权构成的认定基本上无影响。

第四,侵权人主观方面存在过错。

所谓过错是指行为人在实施名誉侵权行为时的某种应受非难的主观状态,这种状态是通过行为人实施的不正当的违法行为表现出来的。过错包括主观上的故意和过失,无论行为人是出于故意还是过失,均应承担侵害他人名誉权的后果。过错在网络名誉权侵权中的具体适用,与传统名誉侵权并无区别。

我国《民法典》第 1025 条规定的名誉侵权行为包括:①捏造、歪曲事实;②对他人提供的严重失实内容未尽到合理核实义务;③使用侮辱性言辞等贬损他人名誉。同时,《民法典》要求行为人承担的合理核实义务,应当考虑下列因素:①内容来源的可信度;②对明显可能引发争议的内容是否进行了必要的调查;③内容的时限性;④内容与公序良俗的关联性;⑤受害人名誉受贬损的可能性;⑥核实能力和核实成本。

11.4.3 我国网络名誉权保护制度的完善

1)我国网络名誉权保护的现状

对于网络名誉权的保护,在立法层次上我国在这方面直接规定网络名誉权保护的行政法规和部门规章主要包括以下内容。

1997 年,公安部发布的《计算机信息网络国际联网安全保护管理方法》。该法第 5 条规定,任何单位和个人不得利用国际联网制作、复制、查阅和传播公然侮辱他人或者捏造事实诽谤他人的信息。

2000 年,信息产业部发布的《互联网电子公告服务管理规定》。该法第 9 条规定,任何人不得在电子公告服务系统中发布含有侮辱或者诽谤他人,侵害他人合法权益内容的信息。

2000 年,国务院发布的《中华人民共和国电信条例》。该法第 57 条规定,任何组织或者个人不得利用电信网络制作、复制、发布、传播含有侮辱或者诽谤他人,侵害他人合法权益内容的信息。

2002 年,国务院发布的《互联网上网服务营业场所管理办法》。该法第 12 条规定,互联网上网服务营业场所经营者和上网用户不得利用互联网上网服务营业场所制作、复制、查阅、发布、传播含有侮辱或者诽谤他人,侵害他人合法权益内容的信息。

2020 年,《民法典》颁布以来,名誉权作为人格权的重要组成部分被具体加以规范,网络名誉权法律渊源也因此得以丰富健全。因为《民法典》是民事基本法,任何民商事行为规范均应以其为指引。

2）我国网络名誉权保护的制度完善

我国《民法典》首次以立法方式明确定义"名誉"的内涵，即对民事主体的品德、声望、才能、信用等的社会评价。这一规定弥补了长期以来《民法通则》《民法总则》等民事基本法的笼统表述，并为司法实践提供了更为权威的指示。此外，《民法典》赋予名誉权人有提出异议并请求行为人采取更正、删除等必要措施的权利。这方面在《电子商务法》中的"避风港规则"有所体现。但是，网络名誉权仍需在《民法典》基础上继续完善立法制度。

为加强网络名誉权保护，有学者建议我国应该从以下几个方面采取措施。

①设立网络名誉侵害报案制度，明确各地公安机关对网络名誉侵害的匿名者负有对受害人的告知义务。网络名誉侵害的最大特点是匿名，被侵害人遭受诽谤侮辱一般很难以个人力量查找侵害人。由于缺乏相应规定，受害人通过公安机关查找诽谤人 IP 地址的努力大都不能如愿。而查找发布诽谤信息者的 IP 地址，对各地的公安机关来说，早已是轻而易举的事情。为此，法律应为保护网络名誉权而设立网络名誉侵害报案制度，明确各地公安机关网络管理技术部门有向被害人提供施害人 IP 地址及相关信息的义务。

从法理学分析，法律既然不能规定网络实行实名制，便应当设置暴露匿名诽谤者的措施；从社会学分析，网络既然出现匿名诽谤的信息，便应当有规制匿名诽谤的办法。否则，难以制约日益增多的网络诽谤事实。

②出台网络名誉权保护条例，明确网络服务商与侵权人对网络名誉侵权的法律责任国外关于服务商在网络名誉权保护中的法律责任与注意义务已较明确和规范。我国在这方面的立法与司法实践显然滞后。2000 年 9 月 20 日，国务院《互联网信息服务管理办法》第 13 条规定"互联网信息服务提供者应当向上网用户提供良好的服务，并保证所提供的信息内容合"，第 14 条、第 16 条规定："从事新闻、出版以及电子公共等服务项目的互联网信息服务提供者，应当记录提供的信息内容及其发布的时间、互联网地址或者域名"，违反规定的，"由电信管理机构责令改正；情节严重的，责令停止整顿或者暂时关闭网络"。这些虽然比较具体，有一定的操作性，但对比网络版权保护，在实践中往往捉襟见肘。如具体案件中网络服务商的应尽义务，目前仍不得不适用国务院 2006 年颁布的《信息网络传播权保护条例》中第 13—17 条、第 20—23 条的规定，或是说从这些规定中借鉴和演绎。然而，这些规定显见是针对网络版权的服务商法律责任，并不完全适用于在线名誉侵权案件。这些规定贯彻始终的是过错责任原则，且要求受害人履行事先告知义务。

相对于版权侵害，我国的名誉权侵害起码应适用一种严格责任制度，建议在今后若能出台《网络名誉权保护条例》，应对网络服务商的注意义务做出规定。网络服务商对名誉侵权的注意义务，应包括：A. 有责任采取先进的技术措施防范网络诽谤；B. 有责任对诽谤言论、声像、图画作审查、甄别、告知（对当事人）、报告（主管部门）及认定后之删除；C. 有责任在诽谤事件发生后视情节轻重赔礼道歉、消除影响。我国在一个较长的时间内将网络服务商在名誉侵害中的法律责任混同于网络版权侵权的法律责任，是对被侵害人权益保护的一种不负责任。在被侵害人与服务商的讼争中，个人一般居于弱势，法律的天平应向弱者倾斜。现实生活中，服务商敢于对他人实施诽谤，弱者则动辄遭受各种莫名的伤害。设若司法对服务商适用亚严格责任,也许会产生一定的"寒蝉效应",这对于遏制网络名誉侵权,帮助当事人真正获得司法救济,会产生良好的影响。特别是对于服务商的侵权故意实施严格判裁,相信是确立网络空间的法律权威及防范类似事件发生的必要手段。

③通过司法解释,明确侵害人在线名誉侵权的法律责任及赔偿标准。现代社会,人们经常听到"诽谤罪"这个专有名词,各国刑法也多将诽谤入罪,然而真正将诽谤作为犯罪判决者,却鲜见寡闻。实践中,我国确实未有网络诽谤构成犯罪的先例。

我国《刑法》分则第 4 章"侵犯公民人身权利、民主权利"第 246 条规定:"以暴力或者其他方法公然侮辱他人或者捏造事实诽谤他人,情节严重的,处三年以下有期徒刑、拘役、管制或者剥夺政治权利。"这里虽然将诽谤列入犯罪的范畴,但其形态拘于与"暴力"并列的"其他方法",既未涉及互联网,也未专指名誉毁损;其语言表达,一方面可见我国历来重视人身权利轻视名誉权利的传统,另一方面也反映了我国刑责对网络名誉侵权的忽略。解决这个问题,似可通过最高人民法院的司法解释,明确"其他方法"包括网络诽谤,并对网络诽谤的刑事责任(徒刑、拘役、管制、剥夺政治权利)做出区别。特别是规定什么情况下构成犯罪,可依照刑法有关规定追究刑事责任。

本章案例

蔡继明与百度公司侵害名誉权、姓名权、隐私权纠纷案

(最高人民法院　利用信息网络侵害人身权益典型案例)

基本案情

原告作为政协委员公开发表假日改革提案后,引起社会舆论关注。网络用户于百度贴吧中开设的"蔡继明吧"内,发表了具有侮辱、诽谤性质的文字和图片信息,且蔡继明的个人手机号码、家庭电话等个人信息也被公布。百度公司在"百度贴吧"首页分别规定了使用"百度贴吧"的基本规则和投诉方式及规则。其中规定,任何用户发现贴吧帖子内容涉嫌侮辱或诽谤他人,侵害他人合法权益的或违反贴吧协议的,有权按贴吧投诉规则进行投诉。蔡继明委托梁文燕以电话方式与百度公司就涉案贴吧进行交涉,但百度公司未予处理,梁文燕又申请作"蔡继明贴吧"管理员,未获通过,后梁文燕发信息给贴吧管理组申请删除该贴吧侵权帖子,但该管理组未予答复。2009 年 10 月 13 日,蔡继明委托律师向百度公司发送律师函要求该公司履行法定义务、删除侵权言论并关闭"蔡继明吧"。百度公司在收到该律师函后,删除了"蔡继明吧"中涉嫌侵权的网帖。蔡继明起诉百度公司请求删除侵权信息,关闭"蔡继明吧"、披露发布侵权信息的网络用户的个人信息以及赔偿损失。

裁判结果

北京市海淀区人民法院一审认为,百度贴吧服务是以特定的电子交互形式为上网用户提供信息发布条件的网络服务,法律并未课以网络服务商对贴吧内的帖子逐一审查的法律义务,因此,不能因在网络服务商提供的电子公告服务中出现了涉嫌侵犯个人民事权益的事

实就当然推定其应当"知道"该侵权事实。根据《互联网电子公告服务管理规定》，网络服务商仅需对其电子公告平台上发布的涉嫌侵害私人权益的侵权信息承担"事前提示"及"事后监管"的义务，提供权利人方便投诉的渠道并保证该投诉渠道的有效性。百度公司已尽到了法定的事前提示和提供有效投诉渠道的事后监督义务，未违反法定注意义务。百度公司在 2009 年 10 月 15 日收到蔡继明律师函后，立即对侵权信息进行了删除处理，不承担侵权责任。

由于百度公司已经删除了侵权信息并采取了屏蔽措施防止新的侵权信息发布，蔡继明继续要求百度公司关闭涉诉贴吧于法无据，且蔡继明因公众关注的"国家假日改革"事件而被动成为公众人物，成为公众关注的焦点，出于舆论监督及言论自由的考虑，应当允许公众通过各种渠道发表不同的声音，只要不对蔡继明本人进行恶意的人身攻击及侮辱即可。而"蔡继明吧"只是公众舆论对公众人物和公众事件发表言论的渠道，以"蔡继明"命名吧名只是指代舆论关注的焦点，其本身并无侵害其姓名权的故意，对关闭"蔡继明吧"的请求不予支持。

关于蔡继明诉前要求百度公司提供相关网络用户的个人信息，百度公司依照《互联网电子公告服务管理规定》第十五条未直接向蔡继明提供侵权网络用户信息，并无过错。蔡继明诉讼请求百度公司提供上述信息，百度公司亦当庭表示在技术上可以提供，故蔡继明要求百度公司通过法院向蔡继明提供涉嫌侵权的网络用户信息的诉讼请求理由正当，一审法院对此予以支持。

北京市第一中级人民法院二审认为，百度公司在收到梁文燕投诉后未及时采取相应措施，直至蔡继明委托发出正式的律师函，才采取删除信息等措施，在梁文燕投诉后和蔡继明发出正式律师函这一时间段怠于履行事后管理的义务，致使网络用户侵犯蔡继明的损害后果扩大，应当承担相应侵权责任。根据本案具体情况，百度公司应当赔偿蔡继明精神抚慰金十万元。

典型意义

本案涉及网络服务提供者的责任边界问题，在三个方面具有参考意义：一是通知人通知的方式及效果与网络服务提供者公示的方式存在关系，只要通知人满足了网络服务提供者公示的通知方式，网络服务提供者就应当采取必要措施。二审法院认定原告委托的代理人投诉至原告律师函送达之间这一段期间的责任由百度公司承担，即以此为前提。二是判断网络服务提供者是否知道网络用户网络服务侵害他人权益，不能仅以其提供的服务中出现了侵权事实就当然推定其应当"知道"。三是要注意把握对公众人物的监督、表达自由与侵权之间的界限，实现两者之间的平衡，一、二审法院对删除"蔡继明吧"的诉讼请求不予支持，利益衡量妥当。

本章小结

网络人格权的法律保护包括网络隐私权的法律保护、个人信息的法律保护和网络名誉权的法律保护三个部分主要内容。本章分别从网络隐私权的法律性质、网络隐私权保护的法律制度、个人信息的法律保护、网络名誉权概述和我国网络名誉权保护制度的完善加以阐述。着重对网络隐私权的法律性质、国际网络隐私权立法保护比较、个人信息的含义以及网络名誉权的侵权进行研究。

本章习题

1. 什么是隐私权？试述网络隐私权与传统隐私权的区别与联系。
2. 网络隐私权侵权一般包括哪些侵权方式？
3. 美国网络隐私权立法保护有哪些特点？
4. 个人信息的构成要素有哪些？
5. 简述个人信息法律保护的基本模式。
6. 试述我国如何进一步完善网络名誉权保护制度。

第 12 章
电子商务市场规制

📖 学习目标

本章阐述了电子商务市场垄断和电子商务不正当竞争的法律规制,通过本章的内容,学生应了解电子商务垄断与不正当竞争行为的概念、特点及表现形式。本章对电子商务消费者权益保护的法律问题进行了探讨,并介绍了电子商务行政与行业管理中的法律问题。

案例导入

屏蔽视频广告不正当竞争案

(杭州互联网法院)

案情介绍

原告某信息技术(北京)公司系优酷视频网站的经营者,被告杭州某软件公司开发的某网 App 下载页面显示"某网是目前国内最好用的广告过滤软件,完全免费! 唯一有效拦截全网热门 App 广告(优酷土豆⋯⋯等)"。用户下载某网 App 后,通过步骤引导用户设置广告屏蔽功能,并在首页显示当日屏蔽内容。用户打开某网 App 并启用屏蔽功能后,观看优酷视频时会跳过视频前广告。某信息技术(北京)公司遂向法院起诉,请求判令杭州某软件公司立即停止向互联网用户提供及运营某网 App,赔偿某信息技术(北京)公司经济损失及合理费用共计人民币 106 万元。

裁判内容

一审法院经审理认为:首先,某信息技术(北京)公司因向视频用户播放广告而获取广告收益,杭州某软件公司因吸引观看优酷视频的用户使用某网 App 而获得利益。即便杭州某软件公司暂时无盈利,但是互联网经济是"眼球经济",事实上已经扩张了某网 App 的市场,故二者具有反不正当竞争法规制的竞争关系。其次,关于某信息技术(北京)公司主张的"免费视频+广告"的商业模式是否具有反不正当竞争法所保护的合法权益,法院认为某信息技术(北京)公司为获得视频版权必然会付出相应成本,其向用户提供免费视频的同时在视频片头播放一定时间的广告,据此收取的广告费用既是其经营收入的重要来源,也是其弥补经营成本的重要组成部分。在该种商业模式下,广告与视频节目的结合使网站经营者、互联网用户与广告主之间各取所需,形成有序的利益分配和循环。该商业模式业已成为当前视频网站常见的商业模式之一,并得到了市场的普遍接受。因此,某信息技术(北京)公司据此获得的商业利益应当受到法律的保护,属于具有可诉性的利益。最后,关于杭州某软件公司开发并提供某网 App 的行为是否具有正当性,法院认为虽然由用户下载、安装并运行某网 App,但实现屏蔽优酷视频网站播放页面中的片头广告是某网 App 的主要功能之一,亦是由杭州某软件公司提供相应技术支持和保障。杭州某软件公司作为互联网经营者,对于用户不愿看广告也不愿付费观看视频的心态以及屏蔽视频广告可能对某信息技术(北京)公司经营利益所造成的损害显然明确知晓;杭州某软件公司不仅对其屏蔽优酷视频广告功能进行图文宣传用以吸引用户下载使用,而且在用户下载某网 App 后,通过步骤引导用户设置广告屏蔽功能,并在首页显示当日屏蔽内容,杭州某软件公司已不仅仅是软件的提供者,其实施的不再是简单的帮助、教唆行为,而是利用了不愿付费且不愿看广告的用户作为其实施屏蔽视频广告的载体。因此,杭州某软件公司的行为与屏蔽优酷视频广告建立了直接联系,自然应由杭州某软件公司承担相应法律责任。

综上,一审法院判决杭州某软件公司立即停止通过某网软件屏蔽优酷视频播放页面中出现的片头广告的行为,并赔偿经济损失及合理费用 32 万元。

一审宣判后,杭州某软件公司提起上诉,二审法院判决驳回上诉,维持原判。

裁判要旨

1. 商业模式本身不受反不正当竞争法的保护,但是经营主体基于正当商业模式所获取的合法利益应当受到法律的保护。

2. 屏蔽视频广告软件的开发者及运营者如果有明确的侵权指向、明显的步骤引导,利用网络用户实施侵权行为,系直接侵权。

依据电子商务相关法律法规,我国进一步规范企业行为,维护市场秩序,促进企业间电子商务的相互协作和发展。通过立法明确政府相关部门、行业协会、企业及公众的职责与义务,加强对电子商务从业人员、企业及相关机构的管理,维护电子商务活动的正常秩序。同时,研究制定电子商务监督管理规范,逐步建立虚拟财产、电子合同、网上产品与服务信息的监测体系,加大对网络经济活动的监管力度,防范电子商务各类经营风险,打击电子商务领域中虚假交易、网上诈骗等非法经营以及危害国家安全、损害人民群众切身利益的违法犯罪活动。

12.1 电子商务市场准入制度

各种网站经营的合法性问题曾先后在我国网上经营药品、音像制品、证券业务及发布新闻等领域出现,引起了社会各界及网站与投资者的普遍关注。它直接涉及众多网站的合法性与国家对电子商务管制的态度。目前电子商务的发展过程中,放松政府的管制、给企业以更大的活动范围已成为国际上的共识。

12.1.1　电子商务市场准入登记制度

对于新闻发布、药品经营、证券、保险等需要国家政策允许及相关主管部门审批才能经营的行业,如果在互联网上放松管制降低门槛甚至是完全放开,则必然会带来一些混乱及有损消费者用户权益的情况,所以究竟应如何掌握既为电子商务的发展创造良好的环境与空间,又不至因其无序的发展对社会带来混乱与危害的尺度,看来需要相当完善的认识与成熟的把握。

为确保消费类电子商务的健康发展,在赋予消费者保护自身合法权益的诸多权利的同时,对电子商店的规范经营提出全面的要求也必不可少。在这些要求中,不仅要考虑到技术安全性、充分揭示性,还应结合电子商务的特点,充分考虑消费者的隐私得到保障,售后服务充分兑现及广告宣传不含虚假成分。

2000 年,北京市工商行政管理局就网络经济管理先后在网上发布了 5 个通告,分别是《北京市工商行政管理局网上经营行为登记备案的通告》《北京市工商行政管理局网上经营行为登记备案的补充通告》《北京市工商行政管理局关于对网络广告经营资格进行规范的通告》《关于对利用电子邮件发送商业信息的行为进行规范的通告》和《关于在网络经济活动中》。通告发布前在网上公布、公开征求意见,从而使发布的通告既有针对性,能解决网络经济秩序中存在的问题,又使通告中的管理措施适合网络经济的特点。

我国实行市场进入登记制,经营者要进入电子商务市场实行事先登记制,便于行政部门动态掌握市场基本情况,以便加强监管,规范行业运作。实行事先登记制,可为未来解决税收问题提供前提条件。为提高整体效率,避免对电子商务的发展限制太多,这个登记应实行核准制。北京市工商行政管理局制定的《网站名称登记注册管理暂行办法》《经营性网站备案登记管理暂行办法》及其实施细则的颁布实施就很好地解决了这一问题。

12.1.2　电子商务企业法人的登记管理

我国现行立法允许设立的企业,既有法人企业,也有非法人企业。因此,各类电子商务企业要么依《中华人民共和国公司法》登记注册为公司制企业,要么依《中华人民共和国合伙企业法》和《中华人民共和国个人独资企业法》登记注册为非法人企业(如合伙企业、个人独资企业)。由于我国长期以来对于外商投资企业实行分套立法的思路,《中华人民共和国全民所有制工业企业法》等按照投资者所有制性质分别制定的立法文件依然有效,有些电子商务企业的登记注册还要适用这些按照投资者身份和所有制性质分别制定的法律和行政法规。当然,从长远看,随着我国市场经济体制改革步伐的加快,国内市场主体平等原则的强化,以及外国公司及外国人根据世贸组织规则享有的国民待遇原则的落实,立法者应当抛弃区分投资者身份和所有制性质而分套立法的思路,最终按照投资者责任形式和企业组织形态分别立法。无论是现代企业制度,还是传统企业制度,只要是有效的法律制度,都一体适用于各类电子商务企业。工商行政管理机关应当一如既往地按照企业立法规定的条件与程序做好电子商务企业的登记管理工作,建立与完善对各类电子商务企业的"经济户口"监管体系。

我国《电子商务法》确立了平台经营者的代理管理平台公共事务的准行政职能地位。该法第二十七条规定:"电子商务平台经营者应当要求申请进入平台销售商品或者提供服务的经营者提交其身份、地址、联系方式、行政许可等真实信息,进行核验、登记,建立登记档案,并定期核验更新。"然后,"按照规定向市场监督管理部门报送平台内经营者的身份信息,提示未办理市场主体登记的经营者依法办理登记,并配合市场监督管理部门,针对电子商务的特点,为应当办理市场主体登记的经营者办理登记提供便利"(第二十八条)。此外,电子商务平台经营者应当依照税收征收管理法律、行政法规的规定,向税务部门报送平台内经营者的身份信息和与纳税有关的信息,并应当提示依法不需要办理市场主体登记的电子商务经营者依规办理税务登记。

12.1.3　不同的电子商务市场主体准入政策

电子商务企业有两种类型:一种是采取电子商务交易手段的传统企业,包括法人企业和非法人企业;一种是采取为电子商务交易提供基础设施服务和辅助服务的现代互联网服务商(ISP),主要有互联网联结商(IAP)、互联网内容提供商(ICP)等。其中,ICP 通过互联网为用户提供各种信息服务,如刊播网上广告、代制作网页、出租服务器内存空间、主机托管、有偿提供特定信息内容、电子商务等网上应用服务等。IAP 则在计算机网络传输中提供基础的通信服务,提供客户机与服务器间的连接,以支持用户访问网上信息。

对于采取电子商务交易手段的传统企业而言,传统企业虽然采取了电子商务的交易平台,但仍然是在其核定的经营范围之内开展经营活动,无论是经营的商品或者服务的内容、种类,还是经营的方式(批发或者零售)都未发生变化。因此,不必前往工商行政管理机关办理变更经营范围的登记程序,只需履行域名登记等有关程序。

对于互联网服务商而言,现行立法和政策要求互联网服务商在办理设立登记程序之前,必先前往有关部门(如信息产业部门、文化部门等)履行前置审批程序,然后才能前往工商行政管理机关办理企业设立登记程序或者企业变更登记程序。

我国《电子商务法》第十条规定:"电子商务经营者应当依法办理市场主体登记。但是,个人销售自产农副产品、家庭手工业产品,个人利用自己的技能从事依法无须取得许可的便民劳务活动和零星小额交易活动,以及依照法律、行政法规不需要进行登记的除外。"不过,不需要办理市场主体登记的电子商务经营者在首次纳税义务发生后,应当依照税收征收管理法律、行政法规的规定申请办理税务登记,并如实申报纳税(第十一条)。电子商务经营者从事经营活动,依法需要取得相关行政许可的,应当依法取得行政许可(第十二条)。《电子商务法》第十五条规定:"电子商务经营者应当在其首页显著位置,持续公示营业执照信息、与其经营业务有关的行政许可信息、属于依照本法第十条规定的不需要办理市场主体登记情形等信息,或者上述信息的链接标识。"

12.2　电子商务反垄断的法律规制

12.2.1　电子商务中的垄断

电商平台日益跨市场、跨行业运营的现实特征导致传统以"相关市场"界定为基础的反垄断监管目标落空。反垄断法无法解决数据垄断、屏蔽封锁等非同一市场内的不正当竞争行为。在"相关市场"理论失灵和不正当竞争行为类型有限的制度背景下，需要解决的问题不仅是平台责任是否扩张，更是如何解释超大型平台承担有别于其他平台特定义务的正当性基础。

欧盟逐步认识到超大型电子商务网络平台并非传统意义上的商事主体，而是连接并控制平台内经营者（网店）与网络消费者交易身份、交易行为、交易模式的市场主宰。超大型平台借由平台规模和流量优势，制订的平台规则往往比监管规则更具实际执行力。鉴于此，欧盟委员会在2020年12月提出的《数字服务法》和《数字市场法》，其目的是解决数字市场中超大型网络平台与其他平台之间的竞争力失衡问题，回应欧盟建构"单一数字市场"的发展战略，构建更安全、更开放的数字空间。经过欧盟内部和成员国一系列审议程序，这两部法案于2022年11月1日正式生效。

我国伴随着市场经济的逐步成熟，打破垄断成为保护市场竞争的一个重要议题，如今的垄断也渗透到了电子商务中。互联网"反垄断第一案"是腾讯公司诉掌中无限公司抢占QQ服务器资源。自2005年7月起，腾讯发现移动QQ用户的注册数和营业收入明显下降。经调查，该公司发现，"掌中无限"在网上大规模宣传PICA软件，用户通过该软件可登录到QQ服务器，与其他QQ用户实现免费互联互通，而在此之前，腾讯一直对移动QQ业务收取每月5元的费用。2006年10月，腾讯将"掌中无限"告上法庭，称后者提供的基于手机运行的无线即时通信软件PICA（皮咔），擅自捆绑QQ的服务与QQ、MSN实现互联互通，侵犯了腾讯的计算机软件著作权和财产权，构成不正当竞争。腾讯一位内部人士说："他们从来没有就合作事宜与我们进行任何接触，就擅自单方面进行互联互通。""这简直就是利用我们的服务器资源抢夺用户！"据悉，截至目前，PICA的注册数已达到400多万。

与此相对，掌中无限公司指责，腾讯在即时通信市场拥有74.8%的份额，处于绝对垄断的市场支配地位。"但其在提供的QQ中使用私有通信协议，且不对外公布其协议内容，故意设置了互联互通的技术障碍，显然违反了《电信条例》和《反不正当竞争法》"，"处于垄断地位的腾讯，依托强势市场地位，拒绝互联互通，同时以提高价格、降低服务、打压对手等不正当竞争手段，攫取超额垄断利润，维护自身垄断地位，严重影响了即时通信市场的健康发展"。2006年10月，掌中无限公司向广东省深圳市中级人民法院提起诉讼，请求法院判令腾讯公司停止不正当竞争及垄断行为，限期腾讯公司公开阻碍互联互通的QQ即时通信系统通信协议，并赔偿掌中无限公司经济损失人民币200万元。

广东省深圳市中级人民法院经审理认为，掌中无限公司以兼容方式实现其即时通信产品PICA与腾讯公司同类产品QQ的互联互通，腾讯公司在北京市第一中级人民法院起诉掌中无限公司侵犯其著作权和不正当竞争,掌中无限公司认为该诉讼行为意味着腾讯公司拒绝两种产品的互联互通,滥用市场支配地位,构成垄断并要求腾讯公司公开其通信协议。就市场份额而言,截至 2006 年 6 月 30 日,腾讯公司的 QQ 用户已超过 5.49 亿人,用户数量巨大,因此,在即时通信产品市场,腾讯公司已居于市场支配地位。腾讯公司在即时通信领域居于市场支配地位,主要是基于其巨大的普通 QQ 用户数量,这是腾讯公司多年努力研发经营 QQ 即时通信系统的结果,腾讯公司不存在滥用市场支配地位的行为。当事人双方均经营即时通信产品,在移动即时通信领域构成直接竞争关系,但具体到移动即时通信产品市场领域,当事人双方的市场份额差距并不明显,腾讯公司不居于市场支配地位。掌中无限公司提供的 PICA 移动即时通信产品免费给用户使用,腾讯公司每月向移动 QQ 即时通信产品客户收取 5 元的费用。相比之下,掌中无限公司在价格上处于更有利的竞争地位。我国目前尚无法律明确规定即时通信产品的经营者必须履行互联互通义务,因此,腾讯公司没有履行互联互通的法定义务。当事人双方的产品没有互联互通并没有限制用户的选择权。故掌中无限公司指控腾讯公司从事不正当竞争及垄断行为不成立,法院遂判决驳回掌中无限公司的诉讼请求。

我国反垄断法所规定的经营者具有市场支配地位,是指经营者在相关市场内具有能够控制商品价格、数量或者其他交易条件,或者能够阻碍、影响其他经营者进入相关市场能力的市场地位。行为人具有市场支配地位,总是针对特定的市场范围——相关市场而言,相关市场大小范围的确定是认定构成市场支配地位的前提。对市场支配地位进行界定有三个重要的标准:市场结构、市场行为、市场结果,分别对应经营者的市场份额、市场行为和盈利情况。在认定经营者是否构成市场支配地位时,要综合上述三种因素进行判定。我国反垄断法规定,在认定经营者是否具有市场支配地位时,除了要看经营者自身的市场份额外,还要考虑其他市场主体的市场份额以及它们之间的竞争状况、经营者控制销售市场的能力、其他经营者进入相关市场的难易程度、对该经营者在交易上的依赖程度等因素。

12.2.2　电子商务中垄断行为的法律规制

随着电子商务的快速发展和广泛应用,现行的法规与电子商务实践越来越不相适应。因为竞争在网络经济中扮演的角色不同于传统的市场经济,竞争的表现形式与规则有所修正。垄断行为的认定及价值判断随着社会对利益、效率、公平的需求变化而改变。在网络经济中,反垄断在规范标准、操作权限及程序、效能范围等方面都会有前所未有的改变。

2000 年 6 月,美国联邦贸易委员会建立了一个研究机构,专门来研究和解释电子商务中的竞争法问题。美国联邦贸易委员会于同年 10 月发布了该机构的研究报告。公平贸易局也曾委托经济前沿(Frontier Economics)杂志社进行了一项名为"电子商务与竞争政策的建议"的研究,并于 2000 年 8 月发布。2000 年 10 月,OECD 举行了关于电子商务的小型多边会谈,并向 10 个主权国家的竞争机构提出了书面的建议。

欧盟委员会也不甘落于人后,他们对有关电子商务市场的评估原则进行了发展和完善,并在一系列的会议上发布。与此同时,他们也通过适用《欧盟竞争法》第 81 条和《欧盟并购条例》(ECMR),以通告的形式来获取对这一新兴市场的实践性认识;并且,欧盟委员会积极制定针对 B2B 电子商务交易的反垄断法案。2022 年 11 月 1 日正式生效的欧盟《数字市场法》的立法目标有四方面：其一，依靠"守门人"在单一市场提供服务的企业用户能够获得更公平的商业环境；其二，创新者以及初创企业能够在网络平台上获得进行公平、充分、不受限制的竞争和创新机会；其三，消费者能够自由地选择价格更为合理的网络服务，以及自由地更换网络服务提供商；其四，"守门人"不得对依赖其平台服务的企业用户和消费者采取不公平的限制或交易条件，不得维持或扩大其不正当的竞争优势。

规制电子商务中的垄断，亟待反垄断法的规制。《中华人民共和国反垄断法》已由中华人民共和国第十届全国人民代表大会常务委员会第二十九次会议于 2007 年 8 月 30 日通过，现予公布，自 2008 年 8 月 1 日起施行。中国反垄断法注意研究国际反垄断法的有益经验，在总体框架和主要内容上和大多数国家的反垄断法基本一致，确立了禁止垄断协议、禁止滥用市场支配地位以及控制经营者集中三大制度。同时，中国反垄断法又立足于中国国情，每一项制度都体现了鲜明的中国特色，反映了中国目前经济发展阶段和发展水平、市场竞争状况、市场主体成熟程度等实际情况的要求。中国反垄断法平等地适用于市场主体，即经营者。任何经营者，无论是国有企业还是民营企业，无论是内资企业还是外资企业，在经济活动中都要遵守反垄断法的规定；对违反规定，实施垄断行为的，都要依法追究法律责任。

反垄断法对滥用行政权力排除、限制竞争行为的禁止规定，明确表明国家坚决反对和制止滥用行政权力排除、限制竞争，坚定不移地推进全国统一、公平竞争、规范有序的市场体系建立的决心。需要强调的是，不能将政府及其有关部门为调控经济生活或者对经济活动进行正常管理而采取的措施作为滥用行政权力排除、限制竞争行为来处理。从根本上解决滥用行政权力排除、限制竞争行为的问题，必须靠改革，靠发展，靠市场经济体制的进一步完善，采取综合治理的办法，并通过各方面长期不懈的努力。

在现有立法框架下，制止电子商务中的垄断，也可依据《反不正当竞争法》第 6 条和第 7 条的规定。我国《反不正当竞争法》第 6 条规定："公用企业或者其他依法具有独占地位的经营者，不得限定他人购买其指定的经营者的商品，以排挤其他经营者的公平竞争。"第 7 条规定："政府及其所属部门不得滥用行政权力，限定他人购买其指定的经营者的商品，限制其他经营者正当的经营活动。政府及其所属部门不得滥用行政权力，限制外地商品进入本地市场，或者本地商品流向外地市场。"可见，靠这两个简单的条款，很难有效制止电子商务中的不正当竞争。事实上，反垄断法并非绝对禁止垄断状态本身，而是要杜绝滥用垄断地位，因此反垄断法不会阻碍规模经济的发展；中国市场经济发展中的垄断，包括电子商务中垄断，已经成为桎梏市场经济进一步发展的障碍，反垄断旨在保护市场经济的发展。

2018 年颁布的《电子商务法》第 22 条规定："电子商务经营者因其技术优势、用户数量、对相关行业的控制能力以及其他经营者对该电子商务经营者在交易上的依赖程度等因素而具有市场支配地位的，不得滥用市场支配地位，排除、限制竞争。"该条文为电子商务领域反垄断提供了直接法律依据。2020 年 11 月 10 日，国家市场监管总局发布《关于平台经济领域的反垄断指南（征求意见稿）》公开征求意见，目的是预防和制止平台经济领域垄断行为，加强和改进平台经济领域反垄断监管，保护市场公平竞争，维护消费者利益和社会公共利益。

这份征求意见稿的公布反映出我国平台经济领域反垄断形势仍然紧迫,法律供给尚不够充分;同时也是对国际上数字市场反垄断立法趋势的跟进。

12.3　电子商务反不正当竞争的法律规制

电子商务是现代市场经济的重要组成部分,其市场主体的竞争是不可避免的,也是电子商务健康发展的重要表现。在市场配置资源的过程中,竞争的作用表现为,竞争调节资本和社会经济资源在不同社会生产部门和不同市场主体之间的分配,引起价格波动,价格决定利益分配,进而推动社会生产力的发展和社会经济的增长。在电子商务实践中,通过竞争实现资源的优化配置,实现优胜劣汰,保障电子商务的健康运作。

12.3.1　电子商务不正当竞争的概念和要件

电子商务的发展需要市场主体间的正当竞争,排斥不正当竞争。我国 2019 年修订的《反不正当竞争法》第 2 条规定:"本法所称的不正当竞争行为,是指经营者在生产经营活动中,违反本法规定,扰乱市场竞争秩序,损害其他经营者或者消费者的合法权益的行为。"电子商务实践中,不正当竞争行为表现为经营者在电子商务中采用各种虚假、欺诈、损人利己等违法手段,损害其他经营者的合法权益,扰乱电子商务秩序的行为。

电子商务中,构成不正当竞争应当具备以下要件。

①电子商务不正当竞争行为的主体具有经营性。电子商务不正当竞争行为是经营者的行为。经营者是指从事商品经营或者营利性服务的法人、其他经济组织和个人。必须是经营者实施的竞争行为,不包括市场上处于消费地位的民事主体;电子商务中不正当竞争的主体,必须是参与电子商务的经营者,否则难以在电子商务中实施不正当竞争行为;竞争者两个以上,且行业相同或相近,在经济利益上有利害关系。

②电子商务中不正当竞争所侵害的对象。只有同业经营者才对市场存在争夺,任何一个经营者对市场的占领或扩大,就意味着其他同业经营者的市场相应被占领或缩小。竞争的目标在于争夺市场,争取交易机会。

③电子商务不正当竞争行为具有违法性。电子商务中不正当竞争行为违反了《反不正当竞争法》的规定,既包括违反该法的原则规定,也包括违反该法列举的禁止不正当竞争行为的各种具体规定,还包括违反上述市场交易应当遵循原则的规定。在某些情况下,经营者的某些行为虽然难以被确认为该法明确规定的不正当竞争行为,但是,只要违反了自愿、平等、公平、诚实、信用的原则或者违背了公认的商业道德,也应认定为不正当竞争行为。

④电子商务中不正当竞争行为具有危害性。电子商务不正当竞争行为侵害的客体是其他经营者的合法权益和正常的社会经济秩序。电子商务不正当竞争行为至少有以下几方面的危害性:破坏公平竞争的市场秩序;损害其他经营者的正常经营和合法权益,使守法经营者蒙受物质上和精神上的双重损害,扰乱电子商务秩序和社会经济秩序。

12.3.2　电子商务不正当竞争的种类

经营者在市场交易中,应当遵循自愿、平等、公平、诚实信用的原则,遵守公认的商业道德。不正当竞争是指违反本法规定,损害其他经营者的合法权益,扰乱社会经济秩序的行为。我国《反不正当竞争法》规定了11类与电子商务相关的不正当竞争行为。

1）采用假冒或仿冒等混淆手段从事交易

根据《反不正当竞争法》第六条规定,经营者不得实施下列混淆行为,引人误认为是他人商品或者与他人存在特定联系:

①擅自使用与他人有一定影响的商品名称、包装、装潢等相同或者近似的标识;

②擅自使用他人有一定影响的企业名称(包括简称、字号等)、社会组织名称(包括简称等)、姓名(包括笔名、艺名、译名等);

③擅自使用他人有一定影响的域名主体部分、网站名称、网页等;

④其他足以引人误认为是他人商品或者与他人存在特定联系的混淆行为。

电子商务中,这种不正当竞争行为表现方式很多,如将他人商标、商号、厂商名称或者知名商品特有的名称、包装、装潢移作自己网页的图标,或者将它们设计为自己网页的一部分,足以使人产生混淆。或者经营者在自己网页上将他人的注册商标、商号、厂商名称或者知名商品特有的名称、包装、装潢用作链接标志。当被用作链接的标志具有一定的知名度时,就可能在消费者中产生混淆,并且其知名度越高,产生混淆的可能性就越大。假冒或仿冒等混淆手段使自己经营的电子商务活动与被侵权人的商务活动足以造成混淆,当然构成侵权和不正当竞争。

2）网络虚假宣传

《反不正当竞争法》规定,经营者不得利用广告或者其他方法,对商品的质量、制作成分、性能、用途、生产者、有效期限、产地等作引人误解的虚假宣传。经营者不得捏造、散布虚伪事实,损害竞争对手的商业信誉、商品声誉。

网络虚假宣传,既包括虚假宣传,也包括引人误解的网络宣传两种类型。就宣传的内容而言,包括商品的质量、制作成分、性能、用途、生产者、有效期限、产地等任何一项或几项的虚假宣传或者引人误解。虚假宣传是指商品宣传的内容与商品的实际情况不相符合,如将国产商品宣传为进口商品等。引人误解的宣传是指就一般的社会公众的合理判断而言,宣传的内容会使接受宣传的人或受宣传影响的人对被宣传的商品产生错误的认识,从而影响其购买决策的商品宣传。

3）电子商务中的域名或商标抢注

随着电子商务的蓬勃发展,域名已被广泛地用作一种商业标记,因而承载了很高的商业价值。商家的域名越来越广泛地用于广告宣传中,成为商家在网上拥有一个地盘的标志。尤其,众多商家基于网站在发展电子商务中的巨大潜力而纷纷将自己的商标、商号乃至擅自将其他知名企业的商标、商号作为自己的域名使用注册,以吸引尽可能多的消费者,扩大自己在网上的知名度。域名与商标的恶意抢注是电子商务的突出问题。域名恶意抢注判断的标准在"恶意"上,表现为抢注的域名使用了他人知名度较高的商标或商号;抢注的目的有牟利性质。在某些情况下,域名注册人并无抢注的恶意,而是出于自身原因使用了某个域名,造成与他人商标或商号的巧合雷同。

使用与他人商标相同或近似的域名是否构成商标侵权,要看该商标的知名度和影响力。知名度很低的商标往往少有人去抢注,因为抢注的商业价值几乎不存在,所以将鲜为人知的商标作域名注册使用,定性为商标侵权有些牵强。当然,自己的商标被他人注册为域名在实践中总有诸多不便。将知名度较高的商标抢注为域名使用,势必会在实践中尤其是在电子商务实践中造成混淆,误导客户和消费者,从而给商标权人带来损害,这种行为就构成不正当竞争,侵犯他人的商标权。另外,网站名称同企业形象有着密切的联系,虽然网站名称不等于企业的商号、名称和域名,但网站名称与企业形象密切关联,也会成为他人实施不正当竞争行为的工具。

针对善意在先注册他人驰名商标和恶意抢先注册他人商标为域名而不使用的行为,可以采取扩大对我国《商标法》第38条第4款的司法解释的办法来加以制止,在《商标法实施细则》第41条中新增一款,即第4款"在先将他人注册的驰名商标在国际互联网上申请注册为域名的",明确将这种行为列入侵犯注册商标专用权的禁止性规定中,这样的今后发生与注册的驰名商标有关的域名权的纠纷时就有法可依。

针对善意在先注册他人厂商名称(商号)行为和恶意抢先注册他人厂商名称(商号)而不使用的行为,可以扩大对《企业名称登记管理规定》第27条的解释,将域名抢注行为明确列入"其他侵犯他人企业名称专用权的行为"中。一旦引起纠纷,被侵权人就可以以此为据,请求保护自己的域名权。

针对恶意抢注且用来从事不正当竞争的行为,可以扩大对《反不正当竞争法》第5条的解释,将其中的"市场交易"扩大解释为"有形市场交易"和"虚拟电子市场交易"两种。这样在互联网上将他人厂商名称(商号)注册为域名并从事不正当竞争的行为便违反了《反不正当竞争法》。对于那些利用因特网来从事有损于厂商名称(商号)拥有者商业信誉的不正当广告宣传行为,可以将《反不正当竞争法》第14条"经营者不得捏造、散布虚伪事实,损害竞争对手的商业信誉、商品声誉"修改为"经营者不得通过各种手段和渠道捏造、散布虚伪事实,损害竞争对手的商业信誉、商品声誉"。这样利用广告手段通过互联网这个渠道所进行的不正当竞争行为,就属于《反不正当竞争法》的调整范围,被侵权者就可以借此获得法律的保护。

4)电子商务中的侵犯商业秘密

网络环境下侵犯商业秘密在构成要件、行为表现方面与传统意义上的侵犯商业秘密并无二致,只是往往涉及网络技术上的难题。北京市第一中级人民法院审理过一个在提供网络信息服务过程中侵犯他人商业秘密的案例。原告阳光公司于1995至1996年间分别与上海证券交易所等10多家商品和证券交易所签订了交易行情的采集、转发、经营合同。阳光公司将交易所的行情信息整理汇编,通过卫星广播系统向外转发。被告霸才公司与原告签订了使用阳光公司《SIG实时金融》数据分析格式的合同,约定霸才公司非经原告书面同意,不能以任何方式转发使用SIG格式。后被告违约截取并转发原告《SIG实时金融》信息源,北京市第一中级人民法院认定被告侵犯了原告的商业秘密。

在网络环境下保护网络用户的商业秘密,可采取多种形式和依据不同法律。一方面,网络用户可以通过订立保密合同或在合同中加入保密条款,对商业秘密进行保护。当对方违反合同约定,侵犯了我方的商业秘密时,便可依据合同法的有关规定要求对方承担违约责任。若交易未达成,应根据合同前义务约束双方当事人不使用和不向外泄露商业秘密。这是订立合同时时需要特别注意的。另一方面,网络用户可以依据我国《反不正当竞争法》来保护自己的商业秘密。当自己的商业秘密被人侵犯时,权利人可依《反不正当竞争法》获得民事和行政保护。该法第20条规定,凡侵犯商业秘密,给其所有人造成损害的,应当承担损害赔偿责任,权利人可向法院提起民事诉讼;另外,我国《刑法》第219条还专门规定了侵犯商业秘密罪,必要时,这也将成为网络用户保护自己商业秘密的重要依据。

5）电子商务中的商誉侵权

（1）运用网络广告贬损他人商誉

互联网被人们誉为继报刊、广播、电视之后的"第四媒体",日益成为商家发布商务信息,从事广告宣传的首选方式。据统计,世界上最大的500家公司中已有80%在网上开设了网址来发布公司消息。伴随着上网人数的剧增,我国的众多企业也越来越青睐网络广告。有的通过网络电子出版物发布广告,有的专门建立自己网站发布本企业信息,还有的通过电子邮件来"广而告之"。我国《广告法》在全新的广告形式——网络广告面前显得力不从心,一方面,网络用户在网上作广告往往无须通过"广告发布者",而是自建网站直接广告,《广告法》通过广告发布者来管理广告活动的机制遇到挑战;另一方面,网络广告延及全球,《广告法》的地域性也限制了其广告管理的作用。因此,很多商家利用网络广告从事不正当竞争,随意贬损他人的商品或服务,对自己商品或服务则言过其实,吹得天花乱坠。

（2）电子布告板上的商誉侵权

一是市场主体故意捏造、散布虚伪事实,损害竞争对手的商誉。在"北京市普天新能源技术开发公司诉北京中北高科机电公司不正当竞争纠纷案"中,原告的商标为"狂人",被告的商标为"润宝轻骑兵",双方均属生产有源音箱的经营者。1997年7月,原告在其产品的外包装上使用了"轻骑兵换代产品"的用语,被告因此诉至法院。经法院调解双方达成协议,且原告履行了协议义务。不料,被告在其网站主页上发布消息,称"润宝轻骑兵打假取得重大突破","狂人的无耻做法属于欺骗消费者",并将上述案件的起诉书、调解书制作成网页,使用链接技术与主页相连。无奈原告起诉,法院认定被告的行为构成诋毁原告商业信誉和商品声誉的不正当竞争为。

（3）匿名的网络诽谤

互联网是一个充分自由的虚拟空间,网上发表的信息并不像报刊、广播、电视中的信息那样都是经过缜密编辑、审查和统一的,因此网上的信息难免存在种种问题。有些信息发布者发布信息只图"一吐为快",而不顾后果,加之网上信息可以绝对匿名,所以在网络上随意散布诋毁他人、损害他人商誉的网络诽谤便成为电子商务中的又一顽疾。经营者捏造、散布虚伪事实,损害竞争对手的商业信誉、商品声誉,即商业诽谤,是侵害公民或法人名誉权和荣誉权行为的一种商业化表现形式,是一种典型的不正当竞争行为。

网络环境下的商誉侵权有两个构成要件,即侵权人捏造、散布虚假事实和具有损害竞争对手商誉的主观目的。需要特别注意的是,网络环境下的商誉侵权,以网络为实施侵权行为的工具,而网络与报刊、广播、电视等其他传媒的主要区别之一是传播的范围更加广泛,具有全球性。所以网上商誉侵权往往要比一般意义上的商誉侵权后果更为严重,造成的损失更为巨大。我国《反不正当竞争法》第 2 条的第 1 款和第 14 条均是解决商誉侵权纠纷的起诉依据。

6)网页链接等技术性不正当竞争行为

网页链接,包括超文字链接、图像链接、视框链接等,是互联网及电子商务发展的关键技术之一,它有效地实现了信息共享,方便了读者的查询,同时也成为网站及商家扩大影响、进行广告宣传的有效途径,但链接亦引发了不正当竞争行为。如 1996 年,英国雪特蓝时报起诉雪特蓝新闻报,在发行的电子版报纸中,逐字复制了原告的新闻标题,同时以超文字链接的方式,使读者可以直接链接到原告的网站阅读该新闻。原告认为,被告的这种行为,侵犯了原告的合法权益,造成了原告的经济损失。法院认为,原告之所以建立网站发行电子版报纸,显然是因为看好网络广告的市场。被告未经原告同意,擅自链接的行为,当时虽未造成原告的经济损失,但长期看,必然造成原告的损失,所以判定原告胜诉。

在自己网页上将他人的注册商标、商号、厂商名称或者知名商品特有的名称、包装、装潢用作链接标志。互联网上存储于不同服务器上的文件可以通过文本标记语言链接起来。所谓超文本链接就是网络用户用鼠标点击网页上被称作"锚"的一些字符或图形,另一个网页或网页的另一部分内容就呈现在用户的计算机屏幕上,这种网上文件的转换和跳跃的过程就是"链接"。实践中,由于每个网页的主人都希望自己的网页漂亮动人,因此"锚"也便设计得色彩斑斓,各具特色。行为人未经许可在自己网页上使用他人的商标或者包含了他人商标的域名、网上地址、商号、厂商名称或者知名商品特有的名称、包装、装潢作为链接到其网页的"锚",此种行为是否构成侵权,取决于网上用户能否对设链者及被链接者所提供的商品或服务产生混淆,是否会误认为两者之间存有着某种授权关系或者其他方面的联系。显然,当被用作链接标志的商标、商号、厂商名称或者知名商品特有的名称、包装、装潢具有一定的知名度时,就可能在消费者中产生混淆,并且被用作链接标志的商标、商号、厂商名称或者知名商品特有的名称、包装、装潢知名度越高,产生混淆的可能性就越大。

有些竞争者运用网页的原代码或关键词搭别人的便车,将他人的商标、商号、厂商名称或者知名商品特有的名称、包装、装潢埋置在自己网页的原代码中,当消费者使用网上引擎查找该他人商标、商号、厂商名称或者知名商品特有的名称、包装、装潢时,行为人的网页就会位居搜索结果的前列。有学者称此为"隐形侵权纠纷"。在美国此类一起案件中,被告在自己网页上未使用"可见"的原告注册商标,但却将原告的注册商标埋置在其网页的关键词中,只要用户以原告注册商标为主题通过搜寻引擎查询原告的信息,都被搜索引擎指引到被告的网页。该案最后由法院下永久性禁令禁止被告的此种"埋设"行为。例如,华盛顿邮报、时代周刊诉全面新闻公司案,被告在其网站利用视框链接技术为用户提供原告网站上的新闻与文章,使用者经全面新闻网站到原告网站浏览时,呈现的却是被告的网址、菜单及广告。原告认为被告的行为是一种利用原告网站的内容赚取广告费的不正当竞争行为,因而提起诉讼。后本案以双方和解结案。

我国《反不正当竞争法》第 12 条要求经营者利用网络从事生产经营活动,应当遵守该法的各项规定。经营者不得利用技术手段,通过影响用户选择或者其他方式,实施下列妨碍、破坏其他经营者合法提供的网络产品或者服务正常运行的行为。

①未经其他经营者同意,在其合法提供的网络产品或者服务中,插入链接、强制进行目标跳转;

②误导、欺骗、强迫用户修改、关闭、卸载其他经营者合法提供的网络产品或者服务;

③恶意对其他经营者合法提供的网络产品或者服务实施不兼容;

④其他妨碍、破坏其他经营者合法提供的网络产品或者服务正常运行的行为。

12.3.3 电子商务不正当竞争的法律责任

根据我国《反不正当竞争法》的规定,不正当竞争行为应承担的法律责任包括经济民事责任、行政责任和刑事责任等责任形式。

1)不正当竞争行为的经济、民事责任

《反不正当竞争法》规定经济、民事责任的意义在于保护合法经营者的权益不受损害,以及受到损害时可以得到相应的补偿。

不正当竞争行为给被侵害的经营者造成损害的,应当承担损害赔偿责任,被侵害的经营者的损失难以计算的,赔偿额为侵权人在侵权期间因侵权所获得的利润;并应当承担被侵害的经营者因调查该经营者侵害其合法权益的不正当竞争行为所支付的合理费用。被侵害的经营者的合法权益受到不正当竞争行为损害的,可以向人民法院提起诉讼。

2)不正当竞争行为的行政责任

《反不正当竞争法》规定行政责任的目的在于利用行政处罚的手段使被破坏的市场经济竞争秩序得以恢复。该法规定的行政责任形式主要包括责令停止违法行为、责令改正、消除影响、没收违法所得、罚款以及吊销营业执照等。

经营者假冒他人的注册商标,擅自使用他人的企业名称或者姓名,伪造或者冒用认证标志、名优标志等质量标志,伪造产地,对商品质量作引人误解的虚假表示的,依照《中华人民共和国商标法》《中华人民共和国产品质量法》的规定处罚。

经营者擅自使用知名商品特有的名称、包装、装潢,或者使用与知名商品近似的名称、包装、装潢,造成和他人的知名商品相混淆,使购买者误认为是该知名商品的,监督检查部门应当责令停止违法行为,没收违法所得,可以根据情节处以违法所得一倍以上三倍以下的罚款;情节严重的可以吊销营业执照;销售伪劣商品,构成犯罪的,依法追究刑事责任。

经营者采用财物或者其他手段进行贿赂以销售或者购买商品,构成犯罪的,依法追究刑事责任;不构成犯罪的,监督检查部门可以根据情节处以一万元以上二十万元以下的罚款,有违法所得的,予以没收。

公用企业或者其他依法具有独占地位的经营者,限定他人购买其指定的经营者的商品,以排挤其他经营者的公平竞争的,省级或者设区的市的监督检查部门应当责令停止违法行为,可以根据情节处以五万元以上二十万元以下的罚款。被指定的经营者借此销售质次价高商品或者滥收费用的,监督检查部门应当没收违法所得,可以根据情节处以违法所得一倍以上三倍以下的罚款。

经营者利用广告或者其他方法,对商品作引人误解的虚假宣传的,监督检查部门应当责令停止违法行为,消除影响,可以根据情节处以一万元以上二十万元以下的罚款。广告的经营者,在明知或者应知的情况下,代理、设计、制作、发布虚假广告的,监督检查部门应当责令停止违法行为,没收违法所得,并依法处以罚款。

侵犯商业秘密的,监督检查部门应当责令停止违法行为,可以根据情节处以一万元以上二十万元以下的罚款。

经营者违反规定进行有奖销售的,监督检查部门应当责令停止违法行为,可以根据情节处以一万元以上十万元以下的罚款。

投标者串通投标,抬高标价或者压低标价;投标者和招标者相互勾结,以排挤竞争对手的公平竞争的,其中标无效。监督检查部门可以根据情节处以一万元以上二十万元以下的罚款。经营者有违反被责令暂停销售,不得转移、隐匿、销毁与不正当竞争行为有关的财物的行为的,监督检查部门可以根据情节处以被销售、转移、隐匿、销毁财物的价款的一倍以上三倍以下的罚款。

经营者违反本法第十二条规定妨碍、破坏其他经营者合法提供的网络产品或者服务正常运行的,由监督检查部门责令停止违法行为,处十万元以上五十万元以下的罚款;情节严重的,处五十万元以上三百万元以下的罚款。

当事人对监督检查部门作出的处罚决定不服的,可以自收到处罚决定之日起十五日内向上一级主管机关申请复议;对复议决定不服的,可以自收到复议决定书之日起十五日内向人民法院提起诉讼;也可以直接向人民法院提起诉讼。

政府及其所属部门违反规定,限定他人购买其指定的经营者的商品、限制其他经营者正当的经营活动,或者限制商品在地区之间正常流通的,由上级机关责令其改正;情节严重的,由同级或者上级机关对直接责任人员给予行政处分。被指定的经营者借此销售质次价高商品或者滥收费用的,监督检查部门应当没收违法所得,可以根据情节处以违法所得一倍以上三倍以下的罚款。

3)不正当竞争行为的刑事责任

刑事责任是对违法行为进行的最为严厉的法律制裁,适用于那些对其他经营者、消费者和社会经济秩序损害严重、情节恶劣的不正当竞争行为。对于刑事责任,《反不正当竞争法》只是作了原则规定,确定具体的刑事责任要适用中国刑事法律的相应规定。

12.4 电子商务消费者权益的保护

12.4.1 电子商务消费者权益及保护特点

《中华人民共和国消费者权益保护法》规定,消费者享有安全保障权、知情权、自主选择权、公平交易权、获得赔偿权、依法结社权、获得与消费和消费者权益保护相关的知识权、人格尊严、民族风俗习惯受尊重权和监督权。网络环境下,消费者的知情权、安全保障权受到极大的威胁。消费者权益保护法的特征有以下内容。

①广泛性:每个公民都是消费者,其正当权益都应当平等地受到法律的保护,在我国境内消费的外国人和无国籍人也要得到同样保护。另外,鉴于我国市场实际情况,对个人的生产性消费,特别是农民的农用生产资料消费,也可参照消费者权益法予以保护。

②综合性:消费者权益涉及多个领域,受到多种法律部门及其分支的保护,消费者权益保护法必然要综合反映相关法律规范的要求,如产品质量、计量、广告、价格管理、进口商检、食品卫生,药品管理,标准、商标法等;消费者权益保护的基本法与这些部门、分支法律法规共同调整消费者权益保护关系。

③倾向性:消费者是消费权益保护法的保护对象,总体上讲,消费者与经营者的法律地位平等,每一当事人的权利义务一致,但实践中消费者处于客观不利地位,所以消费者权益保护法对消费者侧重申张权利,而对经营者则侧重强调其义务。

12.4.2　电子商务消费者权益的法律保护

在电子商务消费关系中,消费者客观上处于弱者地位。首先,电子商务消费者是分散的无组织的个人,而电子商务经营者大多数是有组织的法人,有些经营者还拥有专营权,有的消费合同是由经营者确定合同条件的标准合同,对此消费者别无选择。其次,具体的电子商务消费者受到专业知识、消费经验和时间、精力、财力、场合等限制,较难主张和实现自己的消费权利,较易受到经营者不法行为的侵害。因此,国家对电子商务消费者给予特别的保护。当电子商务消费者的权利保护与其他权利保护发生冲突时,应当优先保护消费者的权利,同一纠纷多种法律可适用时,应当先适用消费者权益保护法。

1)电子商务消费者权益的法律保护概述

国际社会对于消费者保护、赢得消费者的信赖在发展电子商务中的作用有着清楚的认识。其中,《经合组织关于电子商务中消费者保护指南的建议》(以下简称《指南》),从以下方面对消费者保护提出了指导性建议:信息透明的、有效的保护;公平的商业、广告及销售行为;在线信息披露;确认过程;支付;争议解决和救济;隐私。

(1)信息透明的、有效的保护

参与电子商务的消费者应该享有不低于在其他商业形式中享有的透明的和有效的保护的水平。政府、企业、消费者及其代表应共同努力以达到这样的保护水平并决定在电子商务的特殊环境中哪些变化是必须采取的。

(2)公平的商业、广告及销售行为

《指南》提出广告行为的一般原则:应根据公平的商业、广告及销售行为而行动,并提出如下要求:从事电子商务的企业应该对消费者的利益予以应有的关注,并应根据公平的商业、广告及销售行为而行动;企业不应有任何虚假陈述和疏忽以及从事可能导致欺骗、误导、欺诈或不公平的行为;企业在向消费者销售、推销或营销商品或服务时,不应有可能导致损害消费者利益的不合理风险的行为;不论何时,企业应以清晰的、明显的、准确的及易获知的方式表述其自身或其所提供商品或服务的信息;企业在涉及与消费者交易有关的政策或行为时应遵守自己的承诺;企业应考虑电子商务的全球性,只要可能,应考虑其目标市场规则的多样性特征;企业不应利用电子商务的特质以隐瞒其真实身份或地址,或不遵循消费者保护的水平或执行机制;企业不应使用不平等的合同条款;广告制作、市场营销行为应同样可确认;广告制作、市场营销应能确认是代表哪一个企业的利益,否则就具有欺骗性;企业作出某种声明后,应当在合理的时期内保证任何明示或默示的声明兑现的陈述;企业应采用并实施有效和易用的程序允许消费者对是否愿意接受未经请求的商业电子邮件进行选择;如果消费者已经表明不愿意接受未经请求的商业电子邮件,这种选择应得到尊重;在许多国家里,未经请求的商业电子邮件受到法律特殊的规定或受自律性规范的约束;企业应对针对于儿童、老年人、严重疾病患者及其他没有能力完全理解他们所面对的信息的人所做的广告及营销给予特殊的注意。

（3）在线信息披露

信息披露是确保交易透明和消费者知情权的重要措施。《指南》从商业信息、商品或服务的信息、交易信息三个方面列出了在线经营者应当披露的信息。在商业信息上,从事于面对消费者的电子商务企业应提供足够多的关于自己的准确的、清晰的、易接受的信息,最低限度应包括以下信息:企业的身份,包括企业的法定名称及用于交易的名称,主要的商业地址;电子信箱地址及其他电子联系的方法或电话号码,以及有效的注册地址和任何相关的政府注册号或许可证号;与企业进行迅速、简便和有效的交流的方式;能适当和有效地解决争议;法律程序的服务;经营场所和法律实施的负责人及执行规章的官员。在商品或服务信息方面,从事面对消费者的电子商务企业对其所售商品或服务应提供准确的和易获知的信息;该信息足以使消费者就是否参与交易作出有依据的决定及使消费者有可能保存这些信息的足够的记录。在交易信息方面,从事电子商务的企业应提供充足的有关交易的条款、条件及成本的信息,以使消费者在充分的信息基础上就是否缔结交易作出决定。

（4）确认过程

在线交易不同于现实交易,《指南》对在线交易过程作了特别的规范:为了避免消费者购买意思的模糊,消费者应该能够在决定购买之前准确地确认他/她想购买的商品或服务;确认并纠正任何错误或修改订单;表达有依据的和明确的购买意愿;并且保留完整及准确的交易记录。消费者还应该能够在缔结交易前取消交易。

（5）支付

消费者应得到易用的、安全的支付体制并被告知该体制给予的安全水平的信息。未经授权或欺诈性使用付款体系的消费者责任受到限制;退款机制是增强消费者信心的有力工具,应鼓励在电子商务环境中发展和使用该机制。

（6）争议解决和救济

对消费者提供良好及时的争议解决方式也是确保消费者信任的重要措施。因此,《指南》在此也特别要求既遵循现行的法律和管辖的体系,同时提出因电子商务对现行体系提出了挑战,应该考虑是否对现存的法律适用及管辖进行修改,或是有差别地适用,以保证在持续增长的电子商务环境下消费者保护的有效性及透明度。在考虑是否调整现有的体系时,政府应寻求保证该体系能给消费者和企业以公平,促进电子商务,使消费者享有不低于其他商业模式的保护水平,并且为消费者提供有意义的公平和及时解决争议的途径以及为消费者提供无不合理费用或负担的补救措施。

《指南》特别提出寻求不会给消费者带来不合理费用或负担的非诉争议解决方式、内部解决机制、自律机制,要求企业、消费者代表和政府应该共同努力来继续使用和发展公平、有效、透明的自律性规范及其他的政策和程序,包括非诉争议解决机制,来处理消费者的申诉,解决企业与消费者之间在电子商务中出现的争议,尤其要注意跨境交易中的问题。

(7)隐私

《指南》提出,企业与消费者的电子商务应该与1980年颁布的"经合组织关于规范隐私保护和个人信息跨境传输的指导原则"所提出的保护隐私原则相一致,该原则已被公认。同时应考虑1998年颁布的"经合组织关于全球网络隐私保护的部长宣言",为消费者提供合适的、有效的保护。

2)电子商务消费者知情权的保护

《消费者权益保护法》规定,消费者享有知悉其购买、使用的商品或者接受的服务的真实情况的权利。消费者有权根据商品或者服务的不同情况,要求经营者提供商品的价格、产地、生产者、用途、性能、规格、等级、主要成分、生产日期、有效期限、检验合格证明、使用方法说明书、售后服务,或者服务的内容、规格、费用等有关情况。上述消费者知情权的实施,是与传统购物方式中的看货、验货或一手交钱、一手交货的即时买卖相配套的。通过网络远距离订货,没有真实地查验货物或没有询问卖主的机会,消费者的知情权很难保障。

欧盟2000年10月31日实施的《消费者保护(远距离销售)规则》,明确规定了远距离销售中经营者或者供货商缔约前的义务:供货商(含货物出卖人和服务提供者)在缔约前应当向消费者提供清晰的、可理解的、确定化的信息,使消费者决定是否购买。该信息应当包括供货商的姓名、地址(需要提前付款的话);货物或服务的规格或描述;货物或服务的价格(包括各种税);运输费用(如果适合的话)支付、交付和履行的各种安排(除非有特殊约定,交付不得超过30日);消费者解除合同的权利(如果适合的话)等。

此外,考虑到网络交易的特殊性,《消费者保护(远距离销售)规则》中还规定消费者的解约权,即供货商履行了上述信息披露义务后,消费者仍享有在七个工作日内解除合同的权利,无须承担任何赔偿责任。如果供货商没有正确履行应承担的信息披露义务,消费者的解约期延长到3个月。消费者必须采用书面形式解除合同,货款已经支付的,供货商应当在30日内退还。对不能解除的合同类型,《消费者保护(远距离销售)规则》也作了规定。

另外,在网上购物中,商家往往采用格式合同以节省消费者的时间,所谓的click-wrap条款:消费者只能点击"接受"或"拒绝",而无讨价还价的余地。在商家规定的格式条款中,往往有许多"霸王条款",如规定商家对运输迟延不承担责任等。因为这些条款往往文字较小,内容又多,因此消费者往往不加细看即表示接受。在发生纠纷时,注意帮助、指导消费者引用《合同法》和《消费者权益保护法》中有关格式合同和消费者知情权的规定,保护其自身的利益。

3)电子商务消费者安全权的保护

目前,我国对电子商务交易中消费者知情权的保护没有明确规定,应当加以完善。

为维护消费者的安全保障权,就应当加强电子商务的安全问题,网络环境中,消费者的安全保障也是令人关注的问题。《消费者权益保护法》规定,消费者在购买、使用商品和接受服务时享有人身、财产安全不受损害的权利。消费者有权要求经营者提供的商品和服务,符合保障人身、财产安全的要求。但是,电子商务交易中,电子的交易信息在网络上传输的过程中,被他人非法修改、删除或重放,包括网络硬件和软件的问题而导致信息传递的丢失与谬误以及一些恶意程序的破坏或导致电子商务信息遭到破坏等电子商务安全问题严重威胁着消费者权益的维护。此外,如何对消费者的身份进行识别,防止他人假冒交易的一方破坏交易也是需要考虑的。

4)电子商务消费者隐私权的法律保护

电子商务环境下,消费者隐私权的法律保护主要表现为防止个人数据的滥用,即消费者对其个人数据的支配权和损害救济权。个人数据的支配权包括知情权,即消费者有权知晓个人数据收集者的性质、经营范围、收集的目的、用途等情况;选择权,即消费者有权选择提供或拒绝提供个人数据,提供哪些个人数据以及用于哪些方面;查询权,即消费者有权获得通畅的渠道进入个人数据库,随时查询其个人数据的收集和使用情况;修改补充权,即当原有的个人数据发生变化时,消费者有权进行修改补充,在原有的个人数据失效时,有权要求删除;保护完整权,即消费者有权要求对其个人数据作为一个整体使用;安全保障权,即消费者有权要求经营者对获取的个人数据采取有效手段保障其安全,防止不当泄露;收益权,即消费者对其提供的有价值的个人数据有权要求给付相应的报酬。个人数据的损害救济权是指消费者个人数据遭到侵犯之后,有权要求停止侵害、恢复名誉、消除影响、赔礼道歉,并有权要求损害赔偿。

为保护电子商务环境下个人的隐私权,各国和地区出台若干规定,如 1996 年欧盟理事会通过的《欧盟电子通讯数据保护指令》等,但是针对消费者的隐私权的保护规定非常少。由美国联邦贸易委员会主持的一项抽样调查发现,在 1 400 个被抽查的网站中,90% 的网站收集访问者的个人数据,只有 14% 的网站告知访问者收集到的信息将被如何使用。因此,对消费者个人数据的法律保护应当得到进一步加强。关于这个问题,已有专章介绍,此处不再赘述。

5)电子商务消费者的自主选择权保护

(1)电子商务消费者的退货权

我国《消费者权益保护法》第 23 条规定:"经营者提供商品或者服务,按照国家规定或者与消费者的约定,承担包修、包换、包退或者其他责任的,应当按照国家规定或者约定履行,不得故意拖延或者无理拒绝。"

然而,在电子商务环境下,消费者退换货的权利却遇到许多新问题,对于这些新问题似乎很难简单地适用原有的法律法规来解决。其中,数字化商品的退换货问题就非常典型。数字化商品的电子商务,包括音乐及影视 CD、软件、电子书籍等,一般都通过线上传递的方式交易,消费者在通过线上传递的方式购买了数字化商品之后,又提出退货的要求,则很可能产生对商家不公平的情形。因为商家无法判断消费者在退还商品之前,是否已经保留了复制件。

与电子商务中消费者退换货的权利相关的问题还有很多,比如,在商品送货上门之后,如果消费者提出非厂商经销商与商品原因的退货要求,相应的配送费用应该由谁来承担?如果是因为网上的商品信息不够充分,致使消费者在收到货物后发现与所宣传的商品不完全符合或存在没有揭示过的新特点,能否视为欺诈或假冒伪劣等而适用双倍返还价款的处罚?如果由于商品本身的特性导致一些特征无法通过网络认识,消费者购买或使用后才发现,双方又无退换货的约定和法律法规依据,能否提出退货的要求,是否会被视为违约?

(2)电子商务消费者退款权

在一般的电子交易中,要经过十几个步骤才能完成一个完全的电子交易,在这些过程中,往往是消费者支付款项在先,商家将货物送到消费者手中在后,而由于我国的电子商务存在安全性不高、支付体系不完善、送货系统效率不高等诸多问题,货物经很长的间隔送到甚至送不到都有可能发生。那么,在这样的情况,消费者的付款能否作为预付款处理就自然成了问题。因为我国《消费者权益保护法》第 47 条明确规定:"经营者以预付款方式提供商品或者服务的,应当按照约定提供。未按照约定提供的,应当按照消费者的要求履行约定或者退回预付款;并应当承担预付款的利息,消费者必须支付的合理费用。"

其他如电子商务中的侵犯人格权、公平交易权、结社权、监督权等不再赘述。

6)电子商务损害责任问题

无论是网上银行、网上购物、网上炒股还是网上服务,安全性、准确性和及时性无疑是最为重要的。尤其在我国电子商务发展的初期,交易安全性与准确性方面发生问题恐怕难以避免。不管错误或服务不能的原因是来自黑客袭击还是系统失误,也不管我们怎样谴责黑客或是抱怨软件的 BUG 不断,责任终归是要有人来承担的,那么应是商家承担风险呢,还是顾客自认倒霉?显然是一个非常敏感的问题。这一问题,从 1999 年沸沸扬扬的计算机千年虫事件,至 2023 年年初拥有二百多万用户的 163 电子邮局中途停止服务等事件,始终是人们关注的焦点。而这一问题在某种程度上的解决,就有赖于人们对电子商务中损害责任的承担问题在法律上的认识。

7)消费者权益的行政保护

国家及各级、各地市场监督局(原国家及地方工商管理部门)长期以来是保护消费者的行政主体。他们通过建立的红盾 315 标识(hd 315)网站接受消费者在线的投诉与举报。2016 年 8 月 8 日,国务院同意建立由原国家工商总局牵头的 22 个部门和单位组成消费者权益保护工作部际联席会议制度。2020 年 4 月,国务院进一步调整完善该机制,成员单位增加到 26 个,主要职能是贯彻落实党中央、国务院关于消费者权益保护工作的决策部署,统筹协调全国消费者权益保护工作;研究并推进实施消费者权益保护工作的重大政策、措施;指导、督促有关部门落实消费者权益保护工作职责;协调解决全国消费者权益保护工作中的重大问题和重大消费事件;组织开展对消费侵权热点和典型违法活动的治理;加大对消费者权益保护法律法规和政策的宣传普及力度;完成党中央、国务院交办的其他事项。

12.5 电子商务市场的监管

面对全新的商务方式,如何正确认识其特点并加以充分利用达到提高经济增长质量和国际竞争力的目的,以及如何适应此新事物对现行政策的挑战,都是政府必须要做的事情。工商行政管理机关是我国政府维护稳定、正常的市场经济秩序,保障市场经济健康发展,鼓励公平竞争,制止商业欺诈的各类不正当竞争行为,保护经营者和消费者的合法权益的重要职能部门,工商行政管理机关作为市场经济秩序最主要的管理系统,是引导、协调、监控诸种经济活动关系及其行为符合市场调节规则,健康、持续发展的关键因素,是政府宏观调控经济的重要组成部分。发挥工商行政管理机关的积极作用,转变传统管理方式,创立全新的监管模式,为进一步推进电子商务领域的稳步、快速发展营造一个更为良好的外部环境。

12.5.1 电子商务管理机构

1)我国信息网络的管理机构

我国于 1996 年 5 月成立的国务院信息化工作领导小组是负责全国信息化工作的议事协调机构,其职责包括负责全国的大型计算机信息网络及国际联网的协调与管理工作,是对我国计算机信息网络进行宏观管理的最高领导机构。信息产业部于 1998 年 7 月成立,行使主管全国信息产业的相关管理职能。此外,中国互联网络信息中心(CNNIC)于 1997 年 6 月成立,并由国务院信息化工作领导小组授权中国科学院计算机网络信息中心运行及管理中国互联网络信息中心。CNNIC 的具体任务包括为我国境内的互联网用户提供域名注册、IP 地址分配、自治系统号分配等信息服务。

根据《中华人民共和国计算机信息网络国际联网管理暂行规定》,国家对国际联网实行分级管理的原则,由国务院信息化工作领导小组负责协调,解决有关国际联网工作中的重大问题,将网络管理及经营机构划分为以下几个层次。

(1)物理信道的管理机构

物理信道是构成计算机信息网络的计算机、通信设备、网络终端以及连接设备的电缆和光缆,也包括卫星信道。我国的国内公用电信网的物理信道以及它为全国所有的物理信道提供的国际出入口信道都由信息产业部管理,其他一些政府部门或行业建立的专用物理信道由该部门或行业自行管理。

(2)互联网络的管理机构

互联网络是指"直接进行国际联网的计算机信息网络",它可能有自己的专业物理信道,但多数使用国家公用电信网物理信道的业务网,其管理机构称为"互联单位",如 CHINANET、CHINAGBN、CSTNET、CERNET 等。

(3)接入网络的管理机构

接入网络指"通过接入互联网络进行国际联网的计算机信息网络",如企业网、校园网和一些商业性服务网络。接入单位,是指"负责接入网络运行的单位",它们要具备的条件包括:是依法设立的企业法人或事业法人;具有相应的计算机信息网络、装备及相应的技术人员和管理人员,具有健全的安全保密管理制度和技术保护措施;符合法律和国务院规定的其他条件。

(4)从事国际联网经营活动的机构

这一部分范围很广,包括 ISP、ICP、搜索引擎、电子商务站点等,在管理上,主要是对 ISP 比较严格,需要取得国际联网经营许可证。在对信道、互联单位、接入网络及国际联网经营者的管理上,我国的《中华人民共和国计算机信息网络国际联网管理暂行规定》中作了一些明确的规定。

2)电子商务经营许可管理机构

ISP 与 ICP 的经营许可问题突出,其中主要是 ICP 的经营许可问题,而这种状态一定持续到《互联网信息服务管理办法》的出台。

在我国针对 ICP 的管理规定中,除上面我们曾提及的以及《互联网信息服务管理办法》以外,还包括《中国公众多媒体通信管理办法》中规定的:"对通过中国公众多媒体通信网向用户提供服务的经营者实行经营许可证制度,对信息源提供者实行申报核限制度,多媒体通信接入服务经营者,同时又是信息源提供者的,只需申办经营许可证。"根据原邮电部的有关解释,计算机信息服务业务、电子信箱业务、电子数据交换、可视图文业务等均属于增值电信业务,原邮电部《从事放开经营电信业务审批管理暂行办法》第六条还规定:"境外的组织及个人和在我国境内的外商独资、中外合资和合作企业,不得投资,经营或参与电信业务。"

其次,ICP 的管理需要信息产业、工商、税务、安全、贸易、新闻出版、文化等各部门的协调配合,从不同的角度履行各自行业管理者应尽的职能,做到既保护了消费者的权益与市场的有序竞争,又不致给 ICP 的发展造成障碍。此外,要达到这样的目的,完全依靠以前的管理方法可能比较困难,因为各个部门都有权管理的情况难免会给企业带来一些麻烦,所以,实现电子化政务与政府的电子化管理也应是前提。目前在 ICP 的管理上,最直接的问题恐怕就是能否将 ICP 作为电信增值服务而需要特定的许可程序的问题。

3)电子商务市场行政管理机关

工商行政管理机关是国家主管市场监督管理和行政执法的职能部门,监管电子商务市场是工商行政管理机关的神圣。工商行政管理机关监管的电子商务主体既包括法人企业,也包括非法人企业;既包括内资企业,也包括外资企业;既包括采取电子商务交易手段的传统企业,也包括现代互联网服务企业(ISP),如互联网联结商(IAP)与互联网内容提供商(ICP)、网吧等。工商行政管理机关监管的电子商务行为囊括了买卖、租赁、教育、医疗、旅游、金融、咨询、中介等各种商事行为。工商行政管理机关应当定位为监督电子商务主体和市场准入合法经营的综合性执法机构。虽然其他行政部门也按照法律和行政法规赋予的行政管理职责对电子商务主体和市场准入享有监管权限,但发挥主导协调作用的应当是工商行政管理机关。工商行政管理机关与其他行政部门之间既严格分工,又相互配合、相互制衡。

工商行政管理机关应当及时运用法定的行政登记权限、行政调查权限、行政处罚权限、行政调解权限,提高电子商务主体的合法性与可信度,确认合法商事行为的效力,坚决制止和反对损害消费者和竞争者利益的不法、不正当行为,为广大电子商务主体创造良好的公平竞争与公正交易秩序,努力培育和维持一个成熟、开放、诚实、公平、统一的电子商务市场。

在我国加入 WTO 之后,随着审批范围的萎缩,登记范围则会逐渐扩张。工商行政管理机关应当强化登记机关的职责,为提高电子商务行为的公信力和透明度,保护善意第三人,降低电子商务的交易成本,推动我国电子商务信用制度的建立,发挥积极作用。

当前,国家工商行政管理机关要抓紧建立电子营业制度、企业网站名称和网址备案制度、电子签名和安全认证制度,确保交易主体和交易关系的真实性、可靠性与安全性。建议以国家市场监督管理总局为核心,构建全国统一的电子商务执法监管网络。

12.5.2　电子商务企业法人的管理

如果我们能够有效解决 ISP、ICP 等面临的这些政策法律问题,实现适当且有益的管理,必将极大地促进 ISP、ICP 等的发展,并在根本上推动我国网络与电子商务事业的发展。

1)建立电子商务企业法人制度

电子商务主体,指以营利为目的,借助电脑技术、互联网技术与信息技术实施商事行为并因此而享有权利和承担义务的法人、自然人和其他组织。广义的电子商务主体,既包括商事主体,也包括消费者、政府采购人等非商事主体;狭义的电子商务主体,则仅指电子商务中的商事主体,即电子商务企业。电子商务企业有两种类型:一类是采取电子商务交易手段的传统企业;另一类是为电子商务交易提供基础设施服务和辅助服务的现代互联网服务企业(ISP),如互联网联结商(IAP)与互联网内容提供商(ICP)、网吧等。

在电子商务的发展过程中,无论是 ISP、ICP 还是电子商务经营者,都一直扮演着非常重要的角色,他们提供接入服务,开发搜索引擎、完善网上内容、开立电子商店,实现电子服务,使广大用户对因特网从陌生到熟悉,从熟悉到变成工作、生活中不可缺少的一部分。并且,随着网络与电子商务的发展,从资讯业、中介服务提供者到大多数的传统企业,不断地会有更多的行业、企业和外国企业加入到这一行列中来,不断地推动电子商务的应用和发展。我国的 ISP、ICP 等,从发展之初到现在,一直面临着许多问题,其中相当一部分与政策法律有关,而这些问题,从某种程度上,可以说是关系到了 ISP、ICP 等的生存与发展,如经营许可的问题、法律责任的问题、版权问题、海外上市问题、外资介入问题等。

2)建立电子营业执照制度

为增强电子商务市场中企业的可信度,有必要推广电子营业执照制度,即工商行政管理机关在办理企业设立登记、颁发书面企业营业执照之时,还应当为每个企业颁发电子营业执照。企业由于住所、经营范围、公司股东等信息的变更,应在一定期限内到工商行政管理机关申请变更电子营业执照。企业信息变更后没有在规定期限内到工商行政管理机关申请变更登记,或者在交易过程中有欺诈行为、不正当竞争行为或者其他应吊销营业执照法定事由的,工商行政管理机关应及时吊销电子营业执照。企业在开展电子商务行为时,必须在网站上展示其电子营业执照,电子营业执照中应详细载明债权人所应当知道的各类信息。在全面强制推开电子营业执照制度之前,工商行政管理机关应当敦促企业及时在网站披露其身份信息,如电话、住所、法定代表人、公司股东等信息。企业在虚拟市场开展商事活动时,怠于或者拒绝履行此类义务的,工商行政管理机关应当责令其纠正,拒不纠正或者实施欺诈行为的,工商行政管理机关应对其予以行政处罚。

3）建立电子签名和安全认证制度

为了确保交易人的真实身份和交易信息的真实性、可靠性，有必要建立电子签名制度和电子签名安全认证制度。电子签名制度注重数据信息本身的安全，电子签名安全认证则强调交易关系的信用安全、保证交易人的真实与可靠。电子签名和安全认证制度与电子营业执照相辅相成，共同强化电子商务主体的真实性与可靠性。安全认证机构的主要职责是，受理数字凭证的申请、管理数字凭证。安全认证机构在履行自己的职责的过程中，负有一定的法律责任。在我国电子商务刚刚起步的历史条件下，加强安全认证机构的责任，会增强整个电子商务交易市场的安全性、有序性与诚信度，也会强化消费者和经营者的信心，从而推动整个电子商务市场稳步健康发展。

4）强化工商行政管理机关职能

工商行政管理机关应当成为监督电子商务主体和市场准入合法经营的综合性执法机构。政府职能部门努力为电子商务主体营造良好的生存环境。要尊重电子商务主体自主自愿的行为，大刀阔斧地削减不必要的政府审批项目，避免通过不必要的审批、办证和收费等行政行为干扰或者限制电子商务主体。尽量发挥市场和法律这些无形的手在引导电子商务主体的基础作用。在大多数情况下，应当允许电子商务主体自主选择其活动内容和行为模式。要维护电子商务主体与相关电子商务主体间的公平竞争秩序。对电子商务主体的行为进行宏观调控，包括政策引导、杠杆引导、信息引导、行政指导和法律监督。促成和帮助电子商务主体享受法定权利和利益，取得最佳的社会公共利益。经济行政机关为了鼓励电子商务主体承担更多的社会责任，而向电子商务主体提供政府补贴、政府奖励等经济利益。

工商行政管理机关的市场监管职责面临严峻挑战。网上交易行为已经打破了传统的行政区域分界线，甚至突破了国界线。工商行政管理机关的监管职权扩大了，执法领域扩大了，但执法难度尤其是取证难度也相应加大了。虽然我国各级工商行政管理机关已经走向电子商务市场，也积累了不少有益经验，但监管行为的特殊性，如高科技性、虚拟性、隐名性、速变性、巨量性等，决定了工商行政管理机关尚不能完全适应电子商务监管的挑战。

12.6 电子商务的行业自律和社会监督

12.6.1 电子商务的行业自律

随着市场经济的发展和政府职能的转变，电子商务行业协会的自我监督、自我管理、自我服务、自我保护、自我教育的职能将愈加重要。重视电子商务企业的自律功能，是美国电子商务主体监管的一个重要特征，也是其电子商务市场得以迅猛发展的一个重要原因。

目前，我国信息产业主管部门牵头成立了各级互联网协会。该协会于2002年3月16日正式签署了《中国互联网行业自律公约》。其他电子商务主体的行业协会也应抓紧组建。行业协会必须角色定位准确，而不应盲目抄袭政府部门的行政职权和工作方式。行业协会要号召本行业的会员企业自觉使其经营活动服务服从法律和商业伦理的根本要求，既要鼓励先进，也要鞭策落后；既要强调本行业的自我保护，也要加强严格自律。自律也是保护。

行业协会要通过制定和实施自律规章,规范本行业的竞争秩序,预防和制止不正当竞争行为,制裁损害消费者权利的行为。自律规章的自律水准理应高于法律,至少不应当低于法律。

应当鼓励电子商务主体的行业协会对电子商务市场主体的信誉开展评级活动,及时通过市场淘汰那些法制观念和伦理观念不高、严重侵害他人合法权益的电子商务市场主体。

当然,工商行政管理机关应采取措施,积极与有关部门协调配合,加强对互联网行业协会等电子商务行业协会的监督指导,规范行业成员企业的行为,促进和保障电子商务市场的快速、持续、稳定、健康发展。

12.6.2 电子商务主体诚实信用

电子商务市场应当成为诚信市场,诚实信用原则强调当事人认真履行法定和约定义务,不侵害他人合法权益;从积极意义上看,诚实信用原则强调当事人在不损害他人利益的前提下积极增加他人的合法权益。狭义的诚实信用原则强调债务人能够如约履行其承担的债务;中义的诚实信用原则强调行为人能够履行其所负的各类法定和约定义务,而不限于履行债务;广义的诚实信用原则强调债务人能够履行其肩负的各类法定、约定义务和伦理义务。本书持广义说。诚实信用原则既是指导市场主体开展电子商务行为的行为指南,也是对电子商务合同和其他经济法律文书予以妥当解释的重要规则,还是指导法院和仲裁机构作出公平裁判的法律渊源。

12.6.3 媒体的监督

舆论监督成本低、覆盖面广、社会影响快而深远。新闻媒体是沟通商家与消费者的快捷高效通道,应当热情地鼓励和支持大众传媒对电子商务主体进行经常而有效的监督。要划清正当新闻监督与不当侵害名誉权的法律界限,既鼓励新闻媒体大胆地对损害消费者权益的观念、行为和制度进行鞭挞,也要避免新闻侵权。为确保新闻监督的有效性,新闻监督可以与工商监管部门的监督、行业协会和消费者个人的监督结合起来。当然,大众传媒也要恪守新闻监督的真实性、客观性、中立性和公正性原则,承担起应有的社会责任。

本章案例

利用手机 App 唤醒策略实施流量劫持不正当竞争案

(杭州互联网法院 2020)

入选理由

本案系首例涉及利用手机 App 唤醒策略实施流量劫持的网络不正当竞争纠纷案件。本案判决积极回应了网络治理中的突出问题,以用户原选定应用目标能否得以实现为切入点,通过对被诉行为对消费者选择权和他人网络产品或服务正常经营的影响程度以及是否符合诚实信用原则和商业道德、是否扰乱市场竞争秩序等方面进行综合评判,明确了互联网新型流量劫持不正当竞争行为的判定标准。本案判决秉持正向的网络治理观,有效规制互联网流量劫持行为,划定技术应用与创新的合理边界,为打造公平有序的互联网竞争秩序提供了司法保障。本案作为惩治网络流量造假的典型案例,被写入最高人民法院两会工作报告(2021 年 3 月),入选全国法院系统 2021 年度优秀案例分析,2021 年度杭州法院知识产权司法保护十大案件等。

案情介绍

原告浙江某网络公司、某(中国)软件公司系"手机淘宝"IOS 系统的开发者、运营者。被告北京某科技公司系某 App 的运营者。两原告通过公证保全发现,在 App Store 下载支付宝,登录后点击"第三方服务"中的手机淘宝,显示"Alipay"想要打开"手机淘宝",点击"打开"跳转至手机淘宝客户端。如果用户下载安装某 App 后再使用支付宝、钉钉、UC 浏览器、Safari 浏览器等访问手机淘宝,弹出的页面则仅显示打开 App 的提示框,且用户只能选择"打开"或"取消",点击"打开"后页面直接跳转至某 App。北京某科技公司在某 App 客户端的"URL Scheme"规则中输入了对应淘宝 App 的协议名称"taobao"。两原告认为,北京某科技公司通过篡改唤醒协议的技术手段,不当使用了淘宝 App 对应的协议名称,强制进行应用间跳转,劫持其平台用户流量,构成不正当竞争,请求判令北京某科技公司停止侵权,刊登声明消除影响并赔偿经济损失及合理维权费用共计 100 万元。北京某科技公司辩称,某 App 系由他人开发与维护,其已尽到相应的注意义务,案涉纠纷源于 URL Scheme 本身技术漏洞,其不构成侵权。

裁判内容

一审法院经审理认为,网络市场应当允许网络经营者在遵循自愿、平等、公平、诚实信用原则下自由竞争用户流量,鼓励经营者开发网络产品和服务,但不能以创新技术为名损害其他经营者的合法竞争权益。在适用《反不正当竞争法》第十二条"互联网专条"认定不正当竞争时,应从以下方面进行分析:一是被诉行为是否利用技术手段干扰他人网络产品或者服务正常运行;二是对于互联网环境下法益损害的判定,应将公共利益、经营者利益和消费者利益进行"三元叠加"予以综合考量,判断被诉行为基于互联网商业伦理是否具有不正当性,从而建立多元化利益主体保护,规范网络竞争秩序。首先,从技术角度分析,URL Scheme 是 iOS 系统应用开发者常用的技术开发协议,主要功能在于识别特定应用软件。北京某科技公司通过自定义唤醒协议的技术手段,在无正当理由的情况下将用户选择淘宝 App 的应用目标自动导引至其所经营的某 App,且用户只能选择打开某 App 或取消。此种应用目标间跳转,就用户而言具有迫使其放弃原定应用目标选择的强制性,就淘宝 App 而言,因不能被用户选择而丧失了实际运行的可能性,妨碍、破坏了两原告网络产品的正常运行。其次,从行为正当性方面分析,网络市场中的 App 应用软件是海量的,每个应用软件被用户主动选择并下载安装是经营者付出积极努力从自由竞争的市场中赢得用户的结果。"taobao"作为淘宝 App 公认的协议名称,具有较高的知名度和识别性,在公众中能形成指代淘宝应用软件的稳定联系。北京某科技公司擅自使用该协议名称,剥夺了用户的知情权和自由选择权,违背了诚实信用原则和公认的商业道德。最后,从损害后果分析,流量是衡量网站和应用软件经济效益的核心指标,流量的本质是用户。两原告经过经营积累已拥有数量众多的用户,积累了在互联网行业中的竞争优势。某 App 网络流量劫持行为会导致两原告的交易机会流失,从而为其创造更多的商业机会,扰乱了公平的网络市场竞争秩序。北京某科技公司未经其他经营者同意,采用技术手段强制进行目标跳转的行为,妨碍、破坏了两原告合法提供的网络产品的正常运行,构成不正当竞争。

综上,一审法院判决北京某科技公司立即停止侵权,赔偿两原告经济损失及合理费用50万元,并刊登声明消除影响。

宣判后,北京某科技公司提起上诉,二审法院判决驳回上诉,维持原判。

裁判要旨

为争夺用户和流量,通过技术手段干扰手机 App 的运行,对网络用户原本选定的其他经营者提供的网络产品或者服务,实施访问或浏览目标跳转,最终致使用户无法选择该经营者提供的网络产品或服务,构成网络流量劫持行为。该行为对用户的网络访问和浏览构成了强迫,剥夺了消费者的知情权和自由选择权,损害了消费者的合法利益,且不当地攫取了原本属于其他经营者的网络流量和商业机会,损害了其他经营者的合法竞争性利益,构成不正当竞争。

本章小结

本章介绍了电子商务市场准入制度的建立,电子商务反垄断的概念和含义,电子商务中不正当竞争行为的特点和种类,以及对电子商务不正当竞争的法律规制。本章还对消费者权益保护的法律制度进行了简要的分析。本章也阐述了电子商务的行政管理和行业管理,包括对因特网服务提供者(ISP)与因特网内容提供者(ICP)、电子商务经营者的市场管理;最后讨论了我国加入 WTO 对我国电子商务市场的影响。工商行政管理机关的市场监管职责的扩大,执法领域的扩大,使执法难度也相应加大。虽然我国各级工商行政管理机关已经走向电子商务市场,但是监管行为的特殊性,如高科技性、虚拟性、隐名性、速变性、巨量性等,决定了工商行政管理机关尚不能完全适应电子商务监管的挑战。

本章习题

1. 简述电子商务市场准入制度。
2. 简述电子商务反垄断的意义。
3. 简述电子商务不正当竞争行为的特点和种类。
4. 简述电子商务消费者的权利保护。
5. 简要分析电子商务市场管理机构的职能。
6. 试论电子商务企业法人的监管。
7. 简述电子商务企业如何做到诚实守信。
8. 简要分析电子商务行业自律与社会监督的作用。

第 13 章
电子商务安全法

📖 学习目标

本章重点阐述当前我国电子商务所面临的各种安全问题,要掌握电子商务安全的基本原则,了解国内电子商务安全的法律责任及法律法规,掌握电子商务网络系统安全、信息安全、交易安全等方面的管理机制,结合相关法律法规制定一套适用于中小型电子商务公司的内部规章制度。本章首先分析了电子商务安全法的基本概况,然后从电子商务的网络系统安全、信息安全和交易安全的规章制度和法律规范等方面详细论述了电子商务安全相关的法律法规。

案例导入

窃取网商平台用户信息,私设子账户贩卖获刑

(温州法院瓯海数据资源法庭　2022)

案件详情

被告人吴某招聘多名客服,利用事先设计好的自动接听程序"撒饵",等有人"上钩",客服就按照固定的话术与这些客户聊天,引诱他们下载并使用"网商易点通"App,从中获取客户的某网商平台账户信息,利用技术手段同时登录客户账号,在其不知情的情况下开通其账户下的子账户,并进行贩卖,购买者利用子账户信息违规上架出售游戏装备等物品,后因诸多用户主账号被封而案发。截至案发,被告人吴某非法开通该平台子账户 8 498 个、出售1 555 个,非法获利共计 224 276 元。

最终,吴某因非法获取计算机信息系统数据罪,被依法判处有期徒刑 3 年 3 个月,并处罚金 3 万元。庭后,瓯海法院数据资源法庭向相关主管部门及该网商平台发送司法建议,建议他们在经营过程中提高数据安全意识,定期检查及修补安全漏洞,通过技术手段加强对子账号功能等涉数据领域的安全防护,杜绝此类涉数据违法犯罪行为。

案例反思

当前,数据已经融入社会各行各业,大数据时代是信息社会发展的必然趋势,但数据被泄露、贩卖的事件层出不穷,数据安全漏洞已经成为阻碍数据资源发展的主要因素之一。本案通过刑事司法裁判规范网络数据应用行为,打击侵害数据安全的违法犯罪行为。对于企业而言,在生产经营中应提高数据安全意识,通过技术手段加强安全防范,定期修补安全漏洞,加强安全管理。对于公民个人而言,应当警惕个人信息数据泄露,同时自觉履行数据安全保护义务,不得窃取或以其他非法方式获取、使用数据,否则将触及法律红线。

数据在实际运用过程中,可能引发涉及政府信息公开、计算机系统安全管理、计算机软件保护、域名管理、数据管理、数据交易等领域的行政争议;交易过程中可能因数据交易的定价、保密问题引发大量合同纠纷及不正当竞争纠纷,还可能因侵害公民个人信息、隐私权、知情同意权等引发侵害人格权益类民事纠纷;大量高价值数据的集中,也易引发不法分子窃取、破坏等犯罪行为,从而引发侵犯商业秘密罪等数据犯罪。这些潜在的纠纷、犯罪行为都将是未来数据资源法庭发展的方向。

13.1　电子商务安全法概述

13.1.1　电子商务安全法基本概况

随着网络技术的发展与信息化基础设施的快速普及,世界各国电子商务行业迅速崛起。然而,在各种影响电子商务发展的因素中,安全性是影响电子商务发展的关键因素。除了使用一些安全技术,还需要建立和完善相关电子商务安全的法律法规,以确保电子商务健康、快速发展。电子商务涉及的法律问题众多,作为未来商务的主要形式,其今后的发展必将出现更多更细致的法律问题。

2002 年 1 月 24 日,在经历了 5 年的起草工作后,联合国第 56 届大会正式通过联合国国际贸易法委员会电子签字法。美国为保证电子商务安全制定的相关法律主要有与网上交易相关法律调整的基本原则、电子支付的法律制度、信息安全的法律制度、消费者权益保护的法律制度等。

我国积极参与国际合作,融合国际电子商务框架,构造适合中国国情的电子商务体系。我国现行的《民法典》对与电子商务相关的数据电文作为合法书面形式的确认、数据电文的到达时间和生效时间、以数据电文订立的合同成立地等相应规定。这些规定说明我国以法律的形式确定了关于电子商务的法律调整,可以说是我国电子商务立法的一个里程碑。实际上,与电子商务安全有关的立法最早可以追溯到 1994 年 2 月 18 日国务院颁布的《中华人民共和国计算机信息系统安全保护条例》,以及其后的《中国互联网络域名注册暂行管理办法》(国务院信息办 1997 年 6 月 3 日颁布)、《中华人民共和国计算机信息网络国际联网管理暂行规定》(国务院 1996 年 2 月 1 日颁布)。但这些相关的立法均为行政法规或规章,法律效力等级较低且规定内容不尽全面。

2016 年 11 月 7 日,第十二届全国人民代表大会常务委员会第二十四次会议通过《中华人民共和国网络安全法》,旨在保障网络安全,维护网络空间主权和国家安全、社会公共利益,保护公民、法人和其他组织的合法权益,促进经济社会信息化健康发展。该法第二十一条规定:国家实行网络安全等级保护制度。网络运营者应当按照网络安全等级保护制度的要求,履行下列安全保护义务,保障网络免受干扰、破坏或者未经授权的访问,防止网络数据泄露或者被窃取、篡改。

①制订内部安全管理制度和操作规程,确定网络安全负责人,落实网络安全保护责任;

②采取防范计算机病毒和网络攻击、网络侵入等危害网络安全行为的技术措施;

③采取监测、记录网络运行状态、网络安全事件的技术措施,并按照规定留存相关的网络日志不少于六个月;

④采取数据分类、重要数据备份和加密等措施;

⑤法律、行政法规规定的其他义务。

该法第十二条规定:"任何个人和组织使用网络应当遵守宪法法律,遵守公共秩序,尊重社会公德,不得危害网络安全,不得利用网络从事危害国家安全、荣誉和利益,煽动颠覆国家政权、推翻社会主义制度,煽动分裂国家、破坏国家统一,宣扬恐怖主义、极端主义,宣扬民族仇恨、民族歧视,传播暴力、淫秽色情信息,编造、传播虚假信息扰乱经济秩序和社会秩序,以及侵害他人名誉、隐私、知识产权和其他合法权益等活动"。

2021 年 6 月 10 日,第十三届全国人民代表大会常务委员会第二十九次会议通过《中华人民共和国数据安全法》(简称《数据安全法》),第二十一条明确"国家建立数据分类分级保护制度,根据数据在经济社会发展中的重要程度,以及一旦遭到篡改、破坏、泄露或者非法获取、非法利用,对国家安全、公共利益或者个人、组织合法权益造成的危害程度,对数据实行分类分级保护。国家数据安全工作协调机制统筹协调有关部门制定重要数据目录,加强对重要数据的保护。关系国家安全、国民经济命脉、重要民生、重大公共利益等数据属于国家核心数据,实行更加严格的管理制度。各地区、各部门应当按照数据分类分级保护制度,确定本地区、本部门以及相关行业、领域的重要数据具体目录,对列入目录的数据进行重点保护。"

2021 年 11 月 16 日,国家互联网信息办公室审议通过《中华人民共和国网络安全审查办法》,第二条明确:关键信息基础设施运营者采购网络产品和服务,网络平台运营者开展数据处理活动,影响或者可能影响国家安全的,应当按照本办法进行网络安全审查。

13.1.2 电子商务安全法需解决的主要问题

网络通信技术、数字媒体技术等促进了世界各国电子商务的迅速发展,电子商务逐渐成为人们进行商务活动的新模式,慢慢发展成为一个新的经济增长点,越来越多的人通过互联网进行商务活动。在中国互联网络信息中心公布的第 19 次中国互联网络发展状况统计报告中显示,中国网民已达 13 700 万人,可见电子商务的春天已到来。电子商务的发展前景十分诱人,但电子商务的安全问题已成为制约电子商务发展的主要瓶颈。CNNIC 2005 年公布的《中国互联网络发展状况统计报告》显示,在目前网上购物最大问题一项中,有 34.3% 的人选择了"安全性得不到保障",在用户选择网上银行最看重的因素中,有 47.5% 的人选择了"交易的安全性"。可见,网上交易的安全性已经成为制约电子商务发展的主要因素。

从电子商务所面临的问题类型来看,电子商务安全法需要解决的主要问题包括以下几个方面。

1)网络系统安全

电子商务的网络安全主要是指计算机和网络本身存在的安全问题,也就是保障电子商务平台的可用性和安全性的问题,其内容包括计算机的物理安全、系统安全、数据库安全、网络设备安全、网络服务安全问题等。

电子商务的快捷和便利对网络安全提出了前所未有的要求,而网络系统中存在的各种安全隐患也成为影响电子商务发展的重要障碍之一。网络系统的安全隐患主要包括黑客的袭击和计算机病毒的传播等。1986 年,我国大陆发现了第一例计算机病毒——"小球病毒"。其后,计算机病毒在全国大范围蔓延开来,给国家造成的损失也越来越大。从国家计算机病毒应急中心日常监测结果来看,计算机病毒呈现出异常活跃的态势。2008 年 10 月,瑞星对 1 万台上网电脑的抽样调查表明,这些电脑每天遇到的挂马网站,高峰期达到 8 428 个,最低也有 1 689 个,去除单台电脑访问多个挂马网站的情况,每天平均有 30% 的网民访问过挂马网站,中国大陆地区已经成为全球盗号木马最猖獗的地区之一。因此,安全的网络环境是电子商务发展的关键,同时电子商务的发展又对网络的安全性提出了更高的要求。

2)信息安全

信息安全问题是指电子商务信息在网络的传递过程中面临的信息被窃取、信息被篡改、信息被仿冒和信息被恶意破坏等问题。比如电子的交易信息在网络上传输的过程中,可能被他人非法修改,删除或重放(指只能使用一次的信息被多次使用),从而使信息失去了真实性和完整性;因网络硬件和软件的问题而导致信息传递的丢失与谬误以及一些恶意程序的破坏而导致电子商务信息遭到破坏;交易双方进行交易的内容被第三方窃取或交易一方提供给另一方使用的文件被第三方非法使用等。自 2004 年下半年以来,网页被篡改事件的发生频率节节上升。据 CNCERT/CC 网络安全工作报告,2004 年网页篡改事件占全年网络安全事件的 46.1% 。仅 2005 年 4 月,国内网页篡改事件数量就达到了 461 起。企业往往是黑客攻击的重点,根据赛门铁克的调查,2005 年企业每天受到攻击的次数从前 6 个月的平均 10.6 次,上升到 13.6 次。金融行业受到的攻击率最高,每 1 万个安全事件中就有 16 个是严重事件。随着网上窃取个人信用资料手段的改进,个人信息安全也面临巨大的挑战。网页仿冒欺骗就是一种盗取密码、信用卡号和其他金融信息等机密信息的方法。截至 2004 年 12 月底,赛门铁克防欺骗过滤器阻塞网页仿冒欺骗企图的次数从 2004 年 7 月平均每周 900 万次上升到平均每周 3 300 万次。

3)交易安全

交易安全问题是指在电子商务虚拟市场交易过程中存在的交易主体真实性、资金的被盗用、合同的法律效力、交易行为被抵赖等问题。比如,电子商务交易主体必须进行身份识别,如果不进行身份识别,第三方就有可能假冒交易一方的身份,以破坏交易,损害被假冒一方的声誉或盗取被假冒一方的交易成果甚至进行欺诈。最新的调查结果显示,全球每天垃圾邮件的发送量已超过百亿,中国互联网用户平均每周收到垃圾邮件数量为 19.94 封,用户每周收到正常邮件(不包括垃圾邮件)为 12.94 封,每年给我国国民经济生产总值造成 63 亿元损失。人们不得不花费大量的时间和精力,甄别和筛选被埋在信息垃圾里面的真正有价值的邮件,还要时刻提防黑客电子邮件病毒的攻击。2005 年,全国手机短信发送量 3 300 亿条,收入 330 亿元,比上年同期增长近 40%,手机短信业务成了创业投资者的金矿,同时,也成为垃圾信息的第二个来源,人们又不得不忍受垃圾短信的骚扰。

同时,在进一步细化合同法有关电子商务的条款的同时,更应在电子支付的确认、网民隐私权的保护及知识产权的网上保护等问题上进行立法研究并尽快完成相关法律的起草工作,以弥补法律框架上的欠缺。我们认为应从以下几个方面进行研究。

(1)电子支付

网络交易必然会涉及网上支付,网上支付即是电子支付,它是我国目前电子商务发展的一个重点。电子支付使传统的货币有形流动转变为无形的信用信息在网上流动,对电子支付及产生的法律问题,我国目前尚无相关的法律予以调整。根据国外的有关经验,电子支付的法律问题的核心是电子签名法。电子签名法有四项原则:技术中立原则、当事人意思自治原则、最大诚信原则、合理推定原则。

(2)网民隐私权的保护

安全和保密是电子商务发展的一项基本要求。网民的隐私权保护又系重中之重。网站、ISP(网络接入服务)或 ICP(网络信息服务)等泄露或不当利用客户的个人信息,造成客户的隐私权的损害事件屡见不鲜。因此,制定相关的法律来确定"在线服务商"的侵权责任势在必行。根据国际惯例,对网上贸易涉及的敏感性资料及个人数据给予法律保护,对违规行为应追究责任。

(3)知识产权的保护

电子商务在国内的迅速普及,使现行知识产权保护制度面临新的更加复杂的挑战。恶意抢注等与域名有关的新型知识产权纠纷已在国内出现,专利、商标等的网上保护日益突出,特别是著作权的保护更是需要更高等级的法律保护或在现行法律的修改稿有所体现。

13.1.3　确立电子商务安全法的基本原则

如何保障电子商务活动的安全一直是电子商务安全领域研究的热点问题之一,电子商务安全法律规章制度确定的基本原则主要包括以下几个方面。

1)确保电子商务的有效性

贸易信息的有效性是开展电子商务的前提,并且网络信息的有效性将直接关系到个人、企业或国家的经济利益和声誉。因此,要对网络故障、操作错误、应用程序错误、硬件故障、系统软件错误及计算机病毒所产生的潜在威胁加以控制和预防,以保证贸易数据的有效性。

电子商务以电子形式取代了纸张,那么,如何保证这种电子形式贸易信息的有效性则是开展电子商务的前提。电子商务作为一种新的贸易形式,网络信息的有效性将直接关系到个人、企业或国家的经济利益和声誉。因此,要对网络故障、操作错误、应用程序错误、硬件故障、系统软件错误及计算机病毒所产生的潜在威胁加以控制和预防,以保证贸易数据在确定的时刻、确定的地点是有效的。

2)保障网络交易的机密性

电子商务作为贸易的一种手段,其信息直接代表着个人、企业或国家的商业机密。传统的纸面贸易都是通过邮寄封装的信件或通过可靠的通信渠道发送商业报文来到达保守机密的目的。电子商务是建立在一个较为开放的网络环境中的,维护商业机密是电子商务全面推广应用的重要保障。因此,要预防非法的信息存取和信息在传输过程中被非法窃取。

3)保证交易信息的完整性

电子商务简化了贸易过程,减少了人为的干预,同时也带来维护贸易各方商业信息完整、统一的问题。数据输入时的意外差错或欺诈行为,以及数据传输过程中信息的丢失、信息重复或信息传送的次序差异等,可能会导致贸易各方信息的差异。贸易各方信息的完整性将影响贸易各方的交易和经营策略,保持贸易各方信息的完整性是 EC 应用的基础。因此,要预防对信息的随意生成、修改和删除,同时要防止数据传送过程中信息的丢失和重复并保证信息传送次序的统一。

4)保证交易的可靠性与不可抵赖性

如何确定要进行交易的贸易方正是所期望的贸易方是保证 EC 顺利进行的关键。在传统的纸面贸易中,贸易双方通过在交易合同、契约或贸易单据等通过书面文件上手写签名或印章来鉴别贸易伙伴,确定合同、契约、单据的可靠性并预防抵赖行为的发生,这也就是人们常说的"白纸黑字"。在无纸化的 EC 方式下,通过手写签名和印章进行贸易方的鉴别已是不可能的。因此,需要在交易信息的传输过程中为参与交易的个人、企业或国家提供可靠的标识。

5)信息服务的即时性

即时性也称即需性,是防止网络信息的延迟或拒绝服务,其目的就在于破坏正常的计算机处理或完全拒绝服务。在电子商务中,延迟一个消息或消除它会带来灾难性的后果。例如你在上午 10 点向在线的股票交易公司发一个电子邮件委托购买 1 000 股 IBM 公司的股票,假如这个邮件被延迟了,股票经纪在下午 2 点半才收到这邮件,这时股票已经涨了 15%,这个消息的延迟就使你损失了交易额的 15%。

6)提高交易的可审查能力

根据机密性和完整性的要求,应对数据审查的结果进行记录。审查能力是指每个经授权的用户的活动的唯一标识和监控,以便对其所使用的操作内容进行审计和跟踪。当贸易一方发现交易行为对自己不利时否认电子商务行为。例如,某股民以每股 12 元购买了 1 000 股后,行情发生了变化,每股价格降到了 10 元,于是该股民否认以前的购买行为。因此,要求系统要有审查能力,使交易的任何一方都不能抵赖已经发生的交易行为。

13.1.4 电子商务安全法的主要责任

1)电子商务安全的行政责任

违反电子商务安全法的行政责任是指电子商务法律关系的主体违反电子商务安全法所规定的义务而构成行政违法所应承担的法律责任。违反电子商务安全法律的行政责任的承担方式,按照承担责任主体的不同而有所差异。国家机关违反电子商务安全法律,主要是按照法定程序进行国家赔偿;国家公务员违反电子商务安全法律,主要是对其进行行政处分,如果给行政相对方造成了损失,在追究责任人的同时,仍然要进行国家赔偿;计算机信息系统的使用单位和其他危害计算机信息系统安全的主体,则主要进行行政处罚。

行政处罚是国家特定行政机关依法惩戒违反行政管理秩序的个人、组织的一种行政行为,属行政制裁范畴。我国于1996年公布的《中华人民共和国行政处罚法》对行政处罚的种类作出了具体规定,主要有以下几种。

(1)警告

警告是对实施轻微违法行为、不履行行政义务的相对人予以的谴责和告诫,是一种影响相对人名誉的预备罚和申诫罚。如《计算机信息系统安全保护条例》第20条、《计算机信息网络国际联网管理暂行规定》第14条、《计算机信息网络国际联网安全管理办法》第20条、第21条都规定了警告的行政处罚。

(2)罚款

罚款是对违反行政法律法规、不履行法定义务的相对人的一种经济上的处罚,即强迫相对人缴纳一定金额款项以损害或剥夺其某些财产权的行政处罚。如《计算机信息系统安全保护条例》第23条、《计算机信息网络国际联网管理暂行规定》第14条、《计算机信息网络国际联网安全管理办法》第20条都有罚款的规定。

(3)没收违法所得

没收违法所得是对生产、保管、加工、运输、销售违禁物品或进行其他赢利性违法活动相对人所实施的一种经济上的处罚。如《计算机信息系统安全保护条例》第23条、《计算机信息网络国际联网管理暂行规定实施办法》第22条等都有没收违法所得的规定。

(4)责令停产停业

责令停产停业是对从事生产、经营活动相对人的违法行为所做的一种行之有效的处罚形式。在电子商务安全法律领域,表现为停机整顿或停止联网。如《计算机信息系统安全保护条例》第20条规定,对某些违反条例的行为可以责令其停机整顿;又如《计算机信息网络国际联网管理暂行规定实施办法》第22条规定,对违反本办法的某些行为,由公安机关责令其停止联网。

(5)扣押或吊销许可证、执照

扣押或吊销许可证、执照是限制或剥夺违反行政法律、法规的相对人特定的行为能力或某项专门权利的行为罚,也称作能力罚。如《计算机信息系统安全专用产品检测和销售许可证管理办法》第21条规定,检测机构违反本办法的规定,情节严重的,取消检测资格;又如《中国公用计算机互联网国际联网管理办法》第15条规定的撤销批准文件也属于这种类型的行政处罚。

(6)行政拘留

行政拘留是对违反行政法律、法规,不履行法定义务的相对人在短期内限制其人身自由的一种严厉的处罚形式。由于限制其人身自由是一种严厉的处罚形式,所以《行政处罚法》规定,只有法律可以设定限制人身自由的行政处罚,并且该处罚只能由特定的机关执行。我国目前的电子商务安全法基本上都是行政法规,不能设定限制人身自由的行政处罚,但是对某些违反电子商务安全法律的违法分子,如果不能做出与其违法行为危害程度相适应的限制人身自由的处罚,不足以制裁违法分子,对被侵害的计算机信息系统的使用者也是不公正的。

(7)法律、法规规定的其他行政处罚

在电子商务安全法律领域,这些行政处罚主要有:通报批评,如在《计算机信息网络国际联网管理暂行办法》第十四条的规定;还有《中国公用互联网国际联网管理办法》规定的停止接入服务等。

我国《电子商务法》第七十九条规定:"电子商务经营者违反法律、行政法规有关个人信息保护的规定,或者不履行本法第三十条和有关法律、行政法规规定的网络安全保障义务的,依照《中华人民共和国网络安全法》等法律、行政法规的规定处罚"。而《网络安全法》第五十九条确定:"网络运营者不履行本法第二十一条、第二十五条规定的网络安全保护义务的,由有关主管部门责令改正,给予警告;拒不改正或者导致危害网络安全等后果的,处一万元以上十万元以下罚款,对直接负责的主管人员处五千元以上五万元以下罚款。"

2)电子商务安全的刑事责任

2000年12月28日,第九届全国人民代表大会常务委员会通过《维护互联网安全的决定》。决定指出,为了保障互联网的运行安全,对有下列行为之一、构成犯罪的,依照刑法有关规定追究刑事责任:侵入国家事务、国防建设、尖端科学技术领域的计算机信息系统;故意制作、传播计算机病毒等破坏性程序,攻击计算机系统及通信网络,致使计算机系统及通信网络遭受损害;违反国家规定,擅自中断计算机网络或者通信服务,造成计算机网络或者通信系统不能正常运行。

为了维护国家安全和社会稳定,对有下列行为之一、构成犯罪的,依照刑法有关规定追究刑事责任:①利用互联网造谣、诽谤或者发表、传播其他有害信息,煽动颠覆国家政权、推翻社会主义制度,或者煽动分裂国家、破坏国家统一;②通过互联网窃取、泄露国家秘密、情报或者军事秘密;③利用互联网煽动民族仇恨、民族歧视,破坏民族团结;④利用互联网组织邪教组织、联络邪教组织成员,破坏国家法律、行政法规实施。

为了维护社会主义市场经济秩序和社会管理秩序,对有下列行为之一、构成犯罪的,依照刑法有关规定追究刑事责任:①利用互联网销售伪劣产品或者对商品、服务做虚假宣传;②利用互联网损害他人商业信誉和商品声誉;③利用互联网侵犯他人知识产权;④利用互联网编造并传播影响证券,期货交易或者其他扰乱金融秩序的虚假信息;⑤在互联网上建立淫秽网站、网页,提供淫秽站点链接服务,或者传播淫秽书刊、影片、音像、图片。

为了保护个人、法人和其他组织的人身、财产等合法权利,对有下列行为之一、构成犯罪的,依照刑法有关规定追究刑事责任:①利用互联网侮辱他人或者捏造事实诽谤他人;②非法截获、篡改、删除他人电子邮件或者其他数据资料,侵犯公民通信自由和通信秘密;③利用互联网进行盗窃、诈骗、敲诈勒索。

利用互联网实施上述所列行为以外的其他行为、构成犯罪的,依照刑法有关规定追究刑事责任。利用互联网实施违法行为,违反社会治安管理,尚不构成犯罪的,由公安机关依照《治安管理处罚条例》予以处罚;违反其他法律、行政法规,尚不构成犯罪的,由有关行政管理部门依法给予行政处罚;对直接负责的主管人员和其他直接责任人员,依法给予行政处分或者纪律处分。

3）电子商务安全的民事责任

《维护互联网安全的决定》规定,利用互联网侵犯他人的合法权益,构成民事侵权的,依法承担民事责任。目前,我国电子商务安全法律责任体系尚未完全建立,现有的法律责任重行政责任和刑事责任,轻民事责任的现象仍然存在。传统交易中为了保证交易安全,一份书面合同一般都要由当事人签字或盖章,法律才确定合同的有效性。而在虚拟的网络环境中进行电子商务交易,合同以电子文本的形式表现和传递,传统的手写签字和盖章无法进行,其信用和身份只能通过电子签名和电子认证等安全保障机制来确认。为了规范电子签名行为,确立电子签名的法律效力,维护有关各方的合法权益,2004年,我国颁布并开始实施《电子签名法》。《电子签名法》赋予了电子签名与普通签名同等的法律效力,但是传统签名与数字签名具有以下不同之处。

①传统签名的唯一性来自签名人的笔迹,是不可复制的,而电子签名的唯一性来自签名人的签名制作数据,复制容易。

②传统签名中根据笔体来确认签名者的身份;在电子签名中,确认签名者的身份可以有很多手段,比如,利用电子手写签名、利用公钥密码学的技术等。

③传统签名中的墨水可以判断签名的时间;在电子签名中,利用一个公正的专业机构提供签名需要的足够精确的时间,并且在整个文件上签名。

④传统签名文件可以分辨出原件和副本;在电子签名中,电子签名和签署的文件都可以复制,而且没有办法分辨出原件和副本。

⑤传统签名文件能够被保存;但在电子签名中,数据电文必须妥善地存放在存储介质中,不可保存的信息不具有法律效力。

⑥传统签名文件可以被安全传输,只有接收者可以看到文件;在电子签名中,通过加密的方式保证安全传输。

⑦电子签名基于它实质是一种数据,因而无法像传统的纸面签名,可以作为证据向法庭提交。

⑧电子签名需要运用计算机系统辨别,而传统的签名只需视觉就可直接进行比较。

13.1.5　电子商务安全的法律制度规范

电子商务是一种全新的贸易方式和商业模式,是未来贸易的发展方向,也是我国实现积极参与国际竞争的需要。但是,侵害消费者合法权益的问题不断出现。电子商务中消费者权益的法律保护存在许多新问题,依据现有的消费者保护法,很难使网上购物消费者的权益得到真正保护,为此需要制定相关法律,以解决在线消费者权益保护问题。电子商务相关法律法规制度的发展比较滞后,在短时间内不可能形成十分完善的法律制度去规范电子商务运行的技术环境。在这里,我们主要选取了国内外一些重要的电子商务安全相关的法律法规和制度进行介绍,以勾勒目前电子商务安全方面法律制度规范的大致情形。

1)国外电子商务安全相关的法律制度规范

欧盟、美国、日本、韩国是制定电子商务法较早且实施较为成功的国家和地区,这些国家和地区通过规定增加交易透明度、最低限度要求消费者个人数据等来保护网上购物中消费者的合法权益,如美国的《全球电子商务纲要》对网络购物规定了具体的市场环境、制度环境、交易环境。

在实施国家基础设施建设过程中,美国政府采取了一系列的措施发展加速信息基础建设。早在 20 世纪 80 年代,美国就制定了《电子通信隐私法案》《信用卡欺诈法》《计算机安全法》《信息安全管理条例》等法律法规;英国于 1984 年制定了《数据保护法》。日本于 2000 年将商业计算机软件等信息产品规定为"信息财产"并受法律保护。在 20 世纪 90 年代,韩国制定了《电子交易法》《计算机软件保护法》等法律。90 年代初期,互联网商业化和社会化的发展,从根本上改变了传统的产业结构和市场运作方式,电子商务出现了前所未有的增长势头。联合国际贸易法委员会在 EDI 规则研究与发展的基础上,于 1996 年 6 月通过了《联合国国际贸易法委员会电子商务示范法》,为各国制定本国电子商务法提供了框架和示范文本。

2)我国电子商务安全相关的法律制度规范

(1)关于网络安全和信息安全的法律制度

20 世纪 90 年代中期至今,我国已出台了一批专门针对网络和信息安全的法律、制度及行政规章,如全国人大委员会 2000 年 12 月通过的《关于维护互联网安全的决定》、国务院 1994 年 2 月 18 日颁布的《计算机信息系统安全保护条例》、1996 年 2 月 1 日发布 1997 年 5 月 20 日修正的《计算机信息网络国际联网管理暂行规定》、1997 年 2 月 16 日由公安部发布的《计算机信息网络国际联网安全保护管理办法》、2000 年 9 月 25 日发布的《中华人民共和国电信条例》《互联网信息服务管理办法》及《网络交易平台规范服务》等。此外,1997 年修订刑法时,增加了第 285、286、287 条对计算机信息系统保护及利用计算机系统对犯罪处罚的条文。我国各级人民法院,也已经受理及审结了一批涉及信息网络安全的民事与刑事案件。

21 世纪以来是我国网络立法较多的时期。据不完全统计,专门针对网络的立法,包括最高人民法院的司法解释,达到几十件,超过以往全部网络立法文件的总和,调整范围涉及网络版权纠纷、互联网中文域名管理、电子管理、网上新闻发布、网上信息服务、网站名称注册、网上证券委托、国际互联网保密管理等许多方面。过去进行网络立法的部门主要是公安部、信息产业部等少数几个部门,2000 年则明显增加,文化部、教育部、国家工商局、中国证券监督委员会以及一些省、市地方政府均在各自职权范围内,颁布了有关网络的法律文件。

这些立法及管理活动对推进我国网络健康发展起到了积极作用。随着《网络安全法》《电子商务法》《民法典》《数据安全法》和《个人信息保护法》及其一系列配套实施法规规章的出台,我国已经初步构建起一个体系化的网络安全规则体。

网络信息安全问题的解决有赖于技术的不断创新,但仅依靠技术手段还远远不够。技术性规范的法律化,以及法律规范特有的制裁机制和补偿机制对网络信息安全的实现是不可或缺的。自国务院发布《中华人民共和国计算机信息系统安全保护条例》以来,迄今已初步形成以行政法规和部门规章为主体包括宪法、法律、司法解释、地方性法规和规章等多层次规范性文件的网络安全管理法律体系。但是我国现行的法律制度在保障网络信息安全方面还存在诸多缺漏,完善相关立法、健全网络信息安全的法律保障系统已是当务之急。当前,我国的电子商务安全法律法规主要分为互联网技术相关的法律法规和互联网提供内容相关的法律法规了两个方面。如《中华人民共和国计算机安全保护条例》《计算机信息网络国际联网安全保护管理办法》《电子认证服务管理办法》《商用密码管理条例》等。

(2)涉及交易安全的法律制度

我国现行的涉及交易安全的法律制度主要有四类:综合性法律,主要是民法通则和刑法中有关保护交易安全的条文;规范交易主体的有关法律,如公司法、国有企业法、集体企业法、合伙企业法、私营企业法、外资企业法等;规范交易行为的有关法律,包括经济合同法、产品质量法、财产保险法、价格法、消费者权益保护法、广告法、反不正当竞争法等;监督交易行为的有关法律,如会计法、审计法、票据法、银行法等。

我国法律对交易安全的研究起步较晚,且长期以来注重对财产静态权属关系的确定和保护,未能反映现代市场经济交易频繁、活跃、迅速的特点。虽然在上述四类法律制度中体现了部分交易安全的思想,但大都没有明确的电子商务交易安全的法律法规。因此,研究并借鉴国外的电子商务法律、规定或规则,立足于我国的本土资源,这为有效构建适宜我国电子商务安全健康发展的法律环境及证据制度所必需。

13.2　电子商务网络系统安全

13.2.1　电子商务网络系统安全

网络应用系统是电子商务最基本的构架,网络安全是实现电子商务的基础,而一个通用性强、安全可靠的网络协议则是实现电子商务安全交易的关键技术之一,它也会对电子商务的整体性能产生很大的影响。随着全球互联网技术的飞速发展和广泛应用,网络安全问题日益突出,全世界信息系统脆弱而导致的经济损失逐年上升。由于互联网相对比较开放,在网上运行的设计和软件又各种各样,难免存在一些安全漏洞,给形形色色的信息破坏之徒以可乘之机,他们充分利用可能存在的安全漏洞窃取机密信息,删改网络系统文件,肆意破坏数据,甚至导致系统崩溃。当前电子商务的网络安全隐患主要表现在以下三个方面。

①系统安全性漏洞:电子商务的构建主要是以系统的软硬件为基础,所以网络故障、操

作错误、应用程序错误、硬件故障、系统软件错误及计算机病毒都会使系统不能正常工作。

②跨平台数据交换引起数据丢失:在同一个电子商务系统中,因为多个操作系统,不同的电脑设备,不同传输物质等兼容性问题所引起的数据丢失。

③人为带来的数据被篡改:电子商务起步不久,安全性措施还不完善,这正是网络攻击的焦点,网络黑客正是利用电子商务中的种种安全漏洞对信息进行修改和窃取,甚至修改系统,对整个系统造成毁灭性的破坏。

④拒绝服务攻击:特别是分布式拒绝服务攻击对网络服务系统进行干扰,改变其正常的作业流程,执行无关程序使系统响应减慢甚至瘫痪,使合法用户被排斥而不能进入计算机网络系统或不能得到相应的服务。

13.2.2　电子商务网络系统安全的基本原则

由于电子商务交易双方是通过互联网进行交易活动,而互联网的开放性和互联性又使其必然存在各种安全隐患。因此,保证网上交易高度的安全性和可信性是电子商务亟待解决的问题。作为全方位的、整体的电子商务网络安全防范体系也是分层次的,不同层次反映了不同的安全问题,根据网络的应用现状情况和网络的结构,我们将电子商务的网络安全性原则分为以下几个方面。

1)物理环境的安全性

该层次的安全包括通信线路的安全、物理设备的安全、机房的安全等。物理层的安全主要体现在通信线路的可靠性(线路备份、网管软件、传输介质),软硬件设备安全性(替换设备、拆卸设备、增加设备),设备的备份、防灾害能力、防干扰能力、设备的运行环境(温度、湿度、烟尘)、不间断电源保障等。

2)操作系统的安全性

该层次的安全问题来自网络内使用的操作系统的安全,如 Windows NT, Windows 2000 等。主要表现在三方面,一是操作系统本身的缺陷带来的不安全因素,主要包括身份认证、访问控制、系统漏洞等。二是对操作系统的安全配置问题。三是病毒对操作系统的威胁。

3)网络的安全性

该层次的安全问题主要体现在网络方面的安全性,包括网络层身份认证、网络资源的访问控制、数据传输的保密与完整性、远程接入的安全、域名系统的安全、路由系统的安全、入侵检测的手段、网络设施防病毒等。

4)应用的安全性

该层次的安全问题主要由提供服务所采用的应用软件和数据的安全性产生,包括 Web 服务、电子邮件系统、DNS 等。此外,还包括病毒对系统的威胁。

5)管理的安全性

安全管理包括安全技术和设备的管理、安全管理制度、部门与人员的组织规则等。管理的制度化极大程度地影响着整个网络的安全,严格的安全管理制度、明确的部门安全职责划分、合理的人员角色配置都可以在很大程度上降低其他层次的安全漏洞。

13.2.3 电子商务网络系统的安全管理机制

1)互联网出入信道的安全监督

省、自治区、直辖市公安厅(局),地(市)、县(市)公安局,应当有相应机构负责互联网的安全保护管理工作。具体工作如下。

①公安机关计算机管理监察机构应当掌握互联单位、接入单位和用户单位的备案情况,建立备案档案,进行备案统计,并按照国家有关规定逐级上报。

②公安机关计算机管理监察机构应当督促互联单位、接入单位及有关用户建立健全安全保护管理制度。监督、检查网络安全保护管理以及技术措施的落实情况。公安机关计算机管理监察机构在组织安全检查时,有关单位应当派人参加。公安机关计算机管理监察机构对安全检查发现的问题,应当提出改进意见,做出详细记录,存档备查。

③公安机关计算机管理监察机构发现含有非法内容的地址、目录或者服务器时应当通知有关单位关闭或者删除。

④公安机关计算机管理监察机构应当负责追踪和查处通过计算机信息网络的违法行为和针对计算机信息网络的犯罪案件,对违反本办法第四条、第七条规定的违法犯罪行为,应当按照国家有关规定移送有关部门或者司法机关处理。

2)计算机信息系统安全专用产品检测和销售许可

国家对计算机信息系统安全专用产品的销售实行许可证制度。《计算机信息系统安全专用产品检测和销售许可证管理办法》(以下简称《检测和销售许可证管理办法》)规定,计算机信息系统安全专用产品,是指用于保护计算机信息系统安全的专用硬件和软件产品。我国境内的安全专用产品进入市场销售,实行销售许可证制度。公安部计算机管理监察部门负责销售许可证的审批颁发工作和安全专用产品安全功能检测机构(以下简称"检测机构")的审批工作,地(市)级以上人民政府公安机关负责销售许可证的监督检查工作。经省级以上技术监督行政主管部门或者其授权的部门考核合格的检测机构,可以向公安部计算机管理监察部门提出承担安全专用产品检测任务的申请。公安部计算机管理监察部门对提出申请的检测机构的检测条件和能力进行审查,经审查合格的,批准其承担安全专用产品检测任务。

检测机构应当履行下列职责:严格执行公安部计算机管理监察部门下达的检测任务;按照标准格式填写安全专用产品检测报告;出具检测结果报告;接受公安部计算机管理监察部门对检测过程的监督及查阅检测机构内部验证和审核实验的原始测试记录;保守检测产品的技术秘密,并不得非法占有他人的科技成果。

公安部计算机管理监察部门对承担检测任务的检测机构每年至少进行一次监督检查。被取消检测资格的检测机构,两年后方准许重新申请承担安全专用产品的检测任务。已经取得销售许可证的安全专用产品,生产者应当在固定位置标明"销售许可"标记。任何单位和个人不得销售无"销售许可"标记的安全专用产品。销售许可证只对所申请销售的安全专用产品有效。当安全专用产品的功能发生改变时,必须重新申领销售许可证。销售许可证自批准之日起两年内有效。期满需要延期的,应当于期满前三十日内向公安部计算机管理监察部门申请办理延期手续。

13.2.4 电子商务网络系统安全的相关法律法规

1)美国网络安全的相关法律

2003 年 2 月,美国正式通过了《网络空间安全国家战略》。该战略分为综述、优先方面、结束语和附录四大部分,对美国网络空间面临的威胁和脆弱性进行了阐述,明确指出制定和实施网络空间安全保护计划的指导方针,提出了五大优先发展方面和 47 项行动建议,并规定了联邦政府有关部门在网络安全保护中的基本职责,也为州和地方政府、私人企业和机构以及普通公民指明了在改善网络安全方面的行动方向。该战略号召美国全民参与到他们所拥有、使用、控制和交流的网络空间安全保护中来,以实现"保护美国关键基础设施免遭网络攻击、降低网络的脆弱性、缩短网络攻击发生后的破坏和恢复时间"三大战略目标。

2002 年 7 月 15 日,美国众议院通过《加强网络安全法》。该法案的内容主要涉及打击计算机犯罪和重组科学技术办公室两大方面。其目的是反击电子入侵,打击计算机恶意攻击,加强网络安全。2002 年 12 月 4 日,美国总统布什签署了一项关于儿童网络安全法,加强了儿童在浏览因特网时的安全防范工作。根据新签署的法律,美国有关部门将建立专门针对 13 岁以下的儿童网站,这些网站不能与其他外部网站相链接,其内容不包含任何有关性、暴力、污秽言语及其他成人内容,但可以设立诸如聊天室等。布什表示,这些网站将会像图书馆里的儿童阅览区一样安全,家长们可以放心孩子在那里浏览网站的内容。

2)我国网络安全相关的法规

为了满足电子商务在网络安全上的要求,我国涉及网络安全的法律、行政法规和规章主要包括以下几方面的内容。

(1)维护互联网安全

2016 年 11 月 7 日,颁布的《网络安全法》作为我国网络安全领域的基础性法律,在网络安全史上具有里程碑意义。对于国家来说,《网络安全法》涵盖了网络空间主权、关键信息基础设施的保护条例,有效维护了国家网络空间主权和安全;对于个人来说,其明确加强了对个人信息的保护,打击网络诈骗,从法律上保障了广大人民群众在网络空间的利益;对于企业来说,《网络安全法》则对如何强化网络安全管理、提高网络产品和服务的安全可控水平等提出了明确的要求,指导着网络产业的安全、有序运行。

2009 年 8 月 27 日,第十一届全国人大常务委员会修订的《维护互联网安全的决定》指出,各级人民政府及有关部门要采取积极措施,在促进互联网的应用和网络技术的普及过程中,重视和支持对网络安全技术的研究和开发,增强网络的安全防护能力。有关主管部门要加强对互联网的运行安全和信息安全的宣传教育,依法实施有效的监督管理,防范和制止利用互联网进行的各种违法活动,为互联网的健康发展创造良好的社会环境。从事互联网业务的单位要依法开展活动,发现互联网上出现违法犯罪行为和有害信息时,要采取措施,停止传输有害信息,并及时向有关机关报告。任何单位和个人在利用互联网时,都要遵纪守法,抵制各种违法犯罪行为和有害信息。人民法院、人民检察院、公安机关、国家安全机关要各司其职,密切配合,依法严厉打击利用互联网实施的各种犯罪活动。要动员全社会的力量,依靠全社会的共同努力,保障互联网的运行安全,促进社会主义物质文明和精神文明建设。

(2)互联网出入信道的管理制度

《计算机网络国际互联网管理暂行规定》中规定,我国境内的计算机互联网必须使用国家公用电信网提供的国际出入信道进行国际联网。任何单位和个人不得自行建立或者使用其他信道进行国际联网。除国际出入口局作为国家总关口外,信息产业部还将中国公用计算机互联网划分为全国骨干网和各省、市、自治区接入网进行分层管理,以便对入网信息进行有效的过滤、隔离和检测。从事互联网业务的单位和个人应当接受公安机关的安全监督、检查和指导,如实向公安机关提供有关安全保护的信息、资料及数据文件,协助公安机关查处通过互联网的计算机信息网络的违法犯罪行为。

互联单位、接入单位及使用计算机信息网络互联网的法人和其他组织应当履行下列安全保护职责:负责本网络安全保护管理工作,建立健全安全保护管理制度;落实安全保护技术措施,保障本网络的运行安全和信息安全;负责对本网络用户的安全教育和培训;对委托发布信息的单位和个人进行登记,并对所提供的信息内容按照规定进行审核;建立计算机信息网络电子公告系统的用户登记和信息管理制度;发现有关规定的违法行为,应当保留有关原始记录,并在二十四小时内向当地公安机关报告;按照国家有关规定,删除本网络中含有非法内容的地址、目录或者关闭服务器。

使用公用账号的注册者应当加强对公用账号的管理,建立账号使用登记制度。用户账号不得转借、转让。涉及国家事务、经济建设、国防建设、尖端科学技术等重要领域的单位办理备案手续时,应当出具其行政主管部门的审批证明,并应当采取相应的安全保护措施。

(3)市场准入制度

《计算机网络国际联网管理暂行规定》规定了从事互联网经营活动和从事非经营活动的接入单位必须具备以下条件:依法设立的企业法人或者事业单位;具备相应计算机信息网络、装备,以及相应的技术人员和管理人员;具备健全的安全保密管理制度和技术保护措施;符合法律和国务院规定的其他条件。

(4)计算机病毒防治管理办法

计算机病毒是指编制或者在计算机程序中插入的破坏计算机功能或者毁坏数据,影响计算机使用,并能自我复制的一组计算机指令或者程序代码。公安部公共信息网络安全监察部门主管全国计算机病毒的防治工作。地方各级公安机关具体负责本行政区域内的计算机病毒防治管理工作。

任何单位和个人不得制作计算机病毒。任何单位和个人不得有下列传播计算机病毒的行为:故意植入计算机病毒,危害计算机信息系统安全;向他人提供含有计算机病毒的文件、软件、媒体;销售、出租、附赠含有计算机病毒的媒体;其他传播计算机病毒的行为。任何单位和个人不得向社会发布虚假的计算机病毒疫情。任何单位和个人应当接受公安机关对计算机病毒防治工作的监督、检查和指导。

从事计算机病毒防治产品生产单位,应当及时向公安部公共信息网络安全监察部门批准的计算机病毒防治产品检测机构提交病毒样本。计算机病毒防治产品检测机构应当对提交的病毒样本及时进行分析、确认,并将确认结果上报公安部公共信息网络安全监察部门。对计算机病毒的认定工作,由公安部公共信息网络安全监察部门批准的机构承担。

计算机信息系统的使用单位在计算机病毒防治工作中应当履行下列职责:建立本单位的计算机病毒防治管理制度;采取计算机病毒安全技术防治措施;对本单位计算机信息系统使用人员进行计算机病毒防治教育和培训;及时检测、消除计算机信息系统中的计算机病毒,并备有检测、消除记录;使用具有计算机信息系统安全专用产品销售许可证的计算机病毒防治产品;对因计算机病毒引起的计算机信息系统瘫痪、程序和数据严重破坏等重大事故及时向公安机关报告,并保护现场。

从事计算机设备或者媒体生产、销售、出租、维修行业的单位和个人,应当对计算机设备或者媒体进行计算机病毒检测、消除工作,并备有检测、消除的记录。

3)系统安全管理制度

为确保系统的安全性,除了采用上述法律规定的限制,还必须建立严格的内部安全机制。对于所有接触系统的人员,按其司职设定其访问系统的最小权限。按照分级管理原则,严格管理内部用户账号和密码,进入系统内部必须通过严格的身份确认,防止非法占用、冒用合法用户账号和密码。建立网络安全维护日志,记录与安全性相关的信息及事件,有情况出现时便于跟踪查询。定期检查日志,以便及时发现潜在的安全威胁。对于重要数据要及时进行备份,且对数据库中存放的数据,数据库系统应视其重要性提供不同级别的数据加密。安全实际上就是一种风险管理。任何技术手段都不能保证100%的安全。但是,安全技术可以降低系统遭到破坏、攻击的风险。决定采用什么安全策略取决于系统的风险要控制在什么范围内。

4)网络经营者的责任

网络经营者包括网络基础设施经营者、接入服务提供者、主机服务提供者、电子公告板系统经营者和信息搜索工具提供者。《计算机信息网络国际联网安全保护管理办法》规定了经营国际互联业务的单位和个人的安全保护责任。如这些单位和个人负责所属互联网的安全保护管理工作,履行安全保护职责,并接受公安机关监管。计算机网络系统运行管理部门必须设有安全组织或安全负责人,其基本职责包括:保障本部门计算机网络的安全运行;制定安全管理的方案和规章制度;定期检查安全规章制度的执行情况,负责系统工作人员的安全教育和管理;收集安全记录,及时发现薄弱环节并提出改进措施;向安全监督机关和上一级主管部门报告本系统的安全情况。每个工作站和每个终端都要建立健全网络操作的各项制度,加强对内部操作人员的安全教育和监督,严格网络工作人员的操作职责,加强密码、口令和授权管理,及时更换有关密码、口令;重视软件和数据库的管理维护工作,加强对磁盘文件和软盘的发放和保管,禁止在网上使用非法软件、软盘。

13.3　电子商务信息安全

13.3.1　电子商务信息安全

从广义上讲，信息安全是指在一定范围内的社会环境下，由信息和网络技术与国家安全因素的相关性所构成的国家安全的一种态势。这种态势描述了国家免受国外信息威胁的能力和以信息手段维护国家综合安全的能力。

1）电子商务信息安全现状

当前，电子商务所面临的信息安全现状不容乐观。据美国网络界权威杂志《信息安全杂志》，从事电子商务的企业比一般企业承担着更大的信息风险。其中，前者遭黑客攻击的比例高出一倍，感染病毒、恶意代码的可能性高出 9%，被非法入侵的频率高出 10%，而被诈骗的可能性更是比一般企业高出 2.2 倍。

调查显示，近年来，我国发生的通过网络进行的电子商务金融犯罪多达 200 起，造成上亿元的经济损失。中国网民对网上交易的最大担心莫过于支付信息的安全问题，超过八成的网民对网上交易的安全性表示担忧。信息安全问题成为困扰网上交易的一大难题。

目前，我国的信息安全研究已经历了通信保密、计算机数据保护两个发展阶段，现正处于网络信息安全研究阶段。通过学习、吸收、消化等手段，已逐步掌握了部分网络安全和电子商务安全技术，进行了安全操作系统、多级安全数据库的研制探索，但由于没有掌握系统核心技术，要开发出有自主知识产权的信息产品困难重重，而基于国外具体产品开发出的安全系统则难以完全杜绝安全漏洞或"后门"。在借鉴国外先进技术的基础上，国内一些企业也研制开发出一些安全产品，如防火墙、黑客入侵检测系统、电子商务安全交易系统、安全路由器等。但这些产品安全技术的规范性、完善性、实用性还存在许多不足，理论基础和自主的技术手段需要发展和强化。

此外，国内不少电子商务企业对网络信息安全意识不强。无论电子商务网络规划设计，还是在网络运行管理和使用中，更多的是考虑效益、方便、快捷，而把安全、保密、抗攻击放在了次要地位，出现了诸如对网络实用性要求多，对系统安全性论证少；对网络设备投资多，对安全设施投入少；在操作技能培训上用时多，在安全防范知识的普及与提高上用时少的短期行为。

2）电子商务信息安全面临的主要问题

（1）电子商务信息存储安全隐患

信息存储安全是指电子商务信息在静态存放中的安全。其信息安全隐患主要包括非授权调用信息和篡改信息内容。企业的 Intranet 与 Internet 连接后，电子商务的信息存储安全面临着内部和外部两方面的隐患。其中，内部隐患主要是企业的用户故意或无意地非授权调用电子商务信息或未经许可随意增加、删除、修改电子商务信息；外部隐患主要是外部人员私自闯入企业局域网，对电子商务信息故意或无意地非授权调用或增加、删除、修改。隐患的主要来源有竞争对手的恶意闯入、信息间谍的非法闯入以及黑客的骚扰闯入。

（2）电子商务信息传输安全隐患

信息传输安全是指电子商务运行过程中，物流、资金流汇成信息流后动态传输过程中的安全。其安全隐患主要包括窃取商业秘密、攻击网站、网上诈骗、否认发出信息等。

（3）电子商务交易双方的信息安全隐患

传统商务活动是面对面进行的，交易双方能较容易地建立信任感并产生安全感。而电子商务是买卖双方通过互联网的信息流动来实现商品交换的，信息技术手段使不法之徒有机可乘，这就使得电子商务的交易双方在安全感和信任程度等方面都存在疑虑。电子商务的交易双方都面临着信息安全的威胁。例如，卖方假冒合法用户名义改变商务信息内容，致使电子商务活动中断，造成商家名誉和用户利益等方面的受损；恶意竞争者冒名订购商品或侵入网络内部以获取营销信息和客户信息；信息间谍通过技术手段窃取商业秘密；黑客入侵并攻击服务器，产生大量虚假订单挤占系统资源，令其无法响应正常的业务操作。用户身份证明信息被拦截窃用，以致被要求付账或返还商品；域名信息被监听和扩散，被迫接收许多无用信息甚至个人隐私被泄露；发送的商务信息不完整或被篡改，用户无法收到商品；受虚假广告信息误导购买假冒伪劣商品或被骗钱财；遭黑客破坏，计算机设备发生故障导致信息丢失。

13.3.2　电子商务信息安全的基本要求

利用互联网开展电子商务，在服务、成本等方面具有很多优点，但由于网络技术本身的特点，在信息安全方面存在很大的风险，欺骗、窃听、病毒和非法入侵都在威胁着电子商务，特别是网上支付和网络银行对信息安全的要求显得更为突出。电子商务对信息安全的要求主要包括以下七个方面。

1）信息的有效性

贸易信息的有效性则是开展电子商务的前提，并且网络信息的有效性将直接关系到个人、企业或国家的经济利益和声誉。

2）信息的保密性

电子商务系统应该对主要信息进行加密处理，防止对信息的非法操作（包括对信息的非法存取以及非法窃取传输过程中的信息等），以避免非法用户获取和解读原始数据。

3）数据的可靠性

电子商务以电子形式取代纸张，所以应当采取一定的措施来保证电子贸易信息的有效。需要对网络故障、操作错误、应用程序错误、硬件故障、系统软件错误及计算机病毒所产生的潜在威胁加以控制和预防，以保证贸易数据在确定的时刻、确定的地点是有效的。

4）数据的完整性

在数据处理过程中，数据输入时的意外差错或欺诈行为可能导致贸易各方信息的差异。此外，数据传输过程中的信息丢失、信息重复或信息传送次序差异也会导致贸易各方信息的不同。因此，要预防对信息的随意改动，还要防止数据传输过程中信息的丢失和重复并保证信息传送秩序的统一。所以,电子商务系统应该提供对数据进行完整性验证的手段,确保能够发现数据在传输过程中是否被改变了。

5)用户身份的鉴别

电子商务系统应该提供通信双方进行身份鉴别的机制。一般可以通过数字签名和数字证书相结合的方式实现用户身份的鉴别。数字证书应该由可靠的证书认证机构签发,签发证书时应对申请用户提供的身份信息进行真实性验证。

6)**数据原发者的不可抵赖性**

电子商务系统应该具备数据原发者的不可抵赖机制,确定要进行交易的贸易方正是所期望的贸易方。因此,要在交易信息的传输过程中为参与交易的个人、企业或国家提供可靠的标识。

7)**合法用户的安全性**

合法用户的安全性是指合法用户的权利不受危害或侵犯,电子商务系统和电子商务的安全管理体系应该实现系统对用户身份的有效确认、对私有密钥和口令的有效保护、对非法攻击的有效防范等,以保障合法用户的安全性。

13.3.3 电子商务信息安全的管理机制

信息网络的全球化使得信息网络的安全问题全球化起来,任何与互联网相连接的信息系统都必须面对世界范围内的网络攻击、数据窃取、身份假冒等安全问题。当前计算机信息系统的建设者、管理者和使用者都面临着一个共同的问题,就是他们建设、管理或使用的信息系统是否是安全的? 如何评价系统的安全性? 这就需要有一整套用于规范计算机信息系统安全建设和使用的标准和管理办法,以使发生在信息系统中的行为都是有权限的行为,并且符合程序控制的要求,所有的过程都有日志记录。

我国目前对于网络信息资源的管理制度主要有两种:分级制度和电子商务安全认证制度。这两种管理制度都是从网络信息资源的安全出发,为了保证网络信息资源的安全而制订的。分级制度是针对所有网络上的信息,而电子商务安全认证制度则在电子商务方面更有针对性。

1)**电子商务信息的分级管理制度**

分级制度是指对于网络信息资源,要明确其信息分类,实行等级安全管理制度。目前,我国网络信息资源根据信息的性质和重要程度划分为三级:A 级是指机密信息资源,实行强制安全保护;B 级是指内部信息资源,实行自主安全保护;C 级是指公共信息资源,实行一般安全保护。此外,应严格区分内部网和外部网,凡涉及内部生产管理或不宜公开的网络要在物理上与公共互联网隔开,堵截黑客入侵内部网。凡涉及机密的资料按有关保密政策传递和存放,严禁与普通资料混存混传。

各单位应当制订信息安全管理制度,对信息进行安全稽核,防止信息被非法增加、删除、修改或复制。网站经营者所发布的信息应具有真实性、完整性和可靠性。为减少信息事故纠纷,对涉及第三方的信息应签署"入网责任书",明确双方权利义务和法律责任,保证信息质量,信息提供者对所提供的信息的合法性与真实性承担法律责任,经营单位承担管理责任。对用户中发生的恶意事件应及时处理,重大事件应及时逐级上报。

2)电子商务安全认证制度

电子商务安全认证制度主要是为了满足四个方面的信息安全要求,即电子商务信息内容的保密技术要求、身份鉴别认证的技术要求、信息内容的完整性鉴别技术要求以及抗抵赖交易活动的安全技术要求,并以此来保障网络的信息安全,消除用户对网络信息安全的恐惧心理,从而放心地在网络完成各种交易的商务活动或事务活动。

从世界各国的电子商务实践来看,认证制度的建设是普遍受到关注的问题。网络交易中消费者对商家信誉的信任只能寄托于身份认证(CA)中心和银行等。其中,身份认证(CA)中心能够核实商家的合法身份,银行则能掌握商家的信誉情况。

在我国,由于认证机构是开展电子商务活动的重要环节,具有高投入、高风险等特点,国家信息化推进办公室对此持十分谨慎的态度,国务院与有关部门和专家已经开始研究起草国家电子商务认证体系和认证机构审批与管理办法。对已经投入运营的认证机构,其本身的安全保密及运行管理,要争取到保险公司的支持,使消费者的利益得到最大、最有效的保护。

13.3.4　电子商务信息安全的法律规范

在电子商务迅猛发展的同时,信息安全也面临着严重的危机和挑战,单纯依靠技术水平的提高很难有效保证电子商务的信息安全。为此,我国出台了一系列关于电子商务信息安全的相关法律规范。除前文已经介绍过的《网络安全法》《电子商务法》《民法典》相关条款和《数据安全法》《个人信息保护法》外,还包括以下几方面的行政规章。

1)计算机信息系统安全保护

根据《计算机信息系统安全保护条例》的规定,计算机信息系统的安全保护,应当保障计算机及其相关的和配套的设备、设施(含网络)的安全、运行环境的安全、保障信息的安全等,以保障计算机功能的正常发挥与计算机信息系统的安全运行。

计算机信息系统实行安全等级保护,安全等级的划分标准和安全等级保护的具体办法,由公安部会同有关部门制订。

计算机机房应当符合国家标准和国家有关规定,在计算机机房附近施工,不得危害计算机信息系统的安全。进行国际联网的计算机信息系统,由计算机信息系统的使用单位报省级以上人民政府公安机关备案。

计算机信息系统的使用单位应当建立健全安全管理制度,负责本单位计算机信息系统的安全保护工作。对计算机信息系统中发生的案件,有关使用单位应当在 24 小时内向当地县级以上人民政府公安机关报告。

计算机信息系统的安全保护工作,重点维护国家事务、经济建设、国防建设、尖端科学技术等重要领域的计算机信息系统的安全。

2)计算机信息网络国际联网的安全保护

1997 年 12 月 30 日,我国公安部发布了《计算机信息网络国际联网安全保护管理办法》

(以下简称《国际联网安全保护管理办法》)。该办法规定,公安部计算机管理监察机构负责计算机信息网络国际联网的安全保护管理工作。公安机关计算机管理监察机构应当保护计算机信息网络国际联网的公共安全,维护从事国际联网业务的单位和个人的合法权益和公众利益。

任何单位和个人不得利用国际联网危害国家安全、泄露国家秘密,不得侵犯国家的、社会的、集体的利益和公民的合法权益,不得从事违法犯罪活动。

任何单位和个人不得利用国际联网制作、复制、查阅和传播下列信息:煽动抗拒、破坏宪法和法律、行政法规实施的;煽动颠覆国家政权,推翻社会主义制度的;煽动分裂国家、破坏国家统一的;煽动民族仇恨、民族歧视,破坏民族团结的;捏造或者歪曲事实,散布谣言,扰乱社会秩序的;宣扬封建迷信、淫秽、色情、赌博、暴力、凶杀、恐怖,教唆犯罪的;公然侮辱他人或者捏造事实诽谤他人的;损害国家机关信誉的;其他违反宪法和法律、行政法规的。

任何单位和个人不得从事下列危害计算机信息网络安全的活动:未经允许,进入计算机信息网络或者使用计算机信息网络资源的;未经允许,对计算机信息网络功能进行删除、修改或者增加的;未经允许,对计算机信息网络中存储、处理或者传输的数据和应用程序进行删除、修改或者增加的;故意制作、传播计算机病毒等破坏性程序的;其他危害计算机信息网络安全的。

用户通信自由和通信秘密受法律保护,但任何单位和个人不得违反法律规定,利用互联网侵犯用户的通信自由和通信秘密。

3)计算机信息网络国际联网保密管理规定

计算机信息系统国际联网的保密管理,实行控制源头、归口管理、分级负责、突出重点、有利发展的原则。国家保密工作部门主管全国计算机信息系统国际联网的保密工作。县级以上地方各级保密工作部门主管本行政区域内计算机信息系统国际联网保密工作。中央国家机关在其职权范围内主管或指导本系统计算机信息系统国际联网的保密工作。此外,各级保密工作部门应当有相应机构或人员负责计算机信息系统国际联网的保密管理工作,应当督促互联单位、接入单位及用户建立健全信息保密管理制度,监督、检查国际联网保密管理制度规定的执行情况。对于没有建立信息保密管理制度或责任不明、措施不力、管理混乱,存在明显威胁国家秘密信息安全隐患的部门或单位,保密工作部门应责令其进行整改,整改后仍不符合保密要求的,应当督促其停止国际联网。

涉及国家秘密的计算机信息系统,不得直接或间接地与互联网或其他公共信息网络相连接,必须实行物理隔离。涉及国家秘密的信息,包括在对外交往与合作中经审查、批准与境外特定对象合法交换的国家秘密信息,不得在国际联网的计算机信息系统中存储、处理、传递。

上网信息的保密管理坚持"谁上网谁负责"的原则,凡向国际联网的站点提供或发布信息,必须经过保密审查批准。保密审批实行部门管理,有关单位应当根据国家保密法规,建立健全上网信息保密审批领导责任制。提供信息的单位应当按照一定的工作程序,健全信息保密审批制度。

凡以提供网上信息服务为目的而采集信息,除在其他新闻媒体上公开发表的,组织者在上网发布前,应当征得提供信息单位的同意;凡对网上信息进行扩充或更新,应当认真执行信息保密审核制度。

凡在网上开设电子公告系统、聊天室、网络新闻组的单位和用户,应由经过相应的保密工作机构审批,明确保密要求和责任。任何单位和个人不得在电子公告系统、聊天室、网络新闻组上发布、谈论和传播国家秘密信息。面向社会开放的电子公告系统、聊天室、网络新闻组,开办人或其上级主管部门应认真履行保密义务,建立完善的管理制度,加强监督检查。发现有涉密信息,应及时采取措施,并报告当地保密工作部门。

用户使用电子函件进行网上信息交流,应当遵守国家有关保密规定,不得利用电子函件传递、转发或抄送国家秘密信息。互联单位、接入单位对其管理的邮件服务器的用户,应当明确保密要求,完善管理制度。

互联单位和接入单位应当把保密教育作为国际联网技术培训的重要内容。互联单位与接入单位、接入单位与用户所签订的协议和用户守则中,应当明确规定遵守国家保密法律,不得泄露国家秘密信息的条款。

4)电子公告服务的信息安全

2000 年 10 月 8 日,信息产业部第 4 次部务会议通过《互联网电子公告服务管理规定》,该规定指出,电子公告服务,是指在互联网上以电子白板、电子论坛、聊天室、留言板等交互形式为上网用户提供信息发布条件的行为。

电子公告服务提供者开展服务活动,应当遵守法律法规,加强行业自律,接受信息产业部及省、自治区、直辖市电信管理机构和其他有关主管部门依法实施的监督检查。上网用户使用电子公告服务系统,应当遵守法律、法规,并对所发布的信息负责。

从事互联网信息服务,拟开展电子公告服务的,应当在向省、自治区、直辖市电信管理机构或者信息产业部申请经营性互联网信息服务许可或者办理非经营性互联网信息服务备案时,提出专项申请或者专项备案。省、自治区、直辖市电信管理机构或者信息产业部经审查符合条件的,应当在规定时间内连同互联网信息服务一并予以批准或者备案,并在经营许可证或备案文件中专项注册;不符合条件的,不予以批准或者不予以备案,书面通知申请人并说明理由。

开展电子公告服务,除应当符合《互联网信息服务管理办法》规定的条件外,还应当具备下列条件:有确定的电子公告服务类别和栏目;有完善的电子公告服务规则;有电子公告服务安全保障措施,包括上网用户登记程序、上网用户信息安全管理制度、技术保障设施;有相应的专业管理人员和技术人员,能够对电子公告服务实施有效管理。

已取得经营许可或者已履行备案手续的互联网信息服务提供者,拟开展电子公告服务的,应当向原许可或者备案机关提出专项申请或者专项备案。省、自治区、直辖市电信管理机构或信息产业部,应当自收到专项申请或者专项备案材料之日起 60 日内进行审查完毕。经审查符合条件的,予以批准或者备案,并在经营许可证或备案文件中专项注明;不符合条件的,不予以批准或不予备案,书面通知申请人并说明理由。

任何人不得在电子公告服务系统中发布含有下列内容之一的信息:①反对宪法所确定的基本原则的;②危害国家安全,泄露国家秘密,颠覆国家政权、破坏国家统一的;③损害国家荣誉和利益的;④煽动民族仇恨、民族歧视,破坏民族团结的;⑤破坏国家宗教政策,宣扬邪教和封建迷信的;⑥散布谣言,扰乱社会秩序,破坏社会稳定的;⑦散布淫秽、色情、赌博、暴力、凶杀、恐怖或者教唆犯罪的;⑧侮辱或者诽谤他人,侵害他人合法权益的;含有法律、行政法规禁止的其他内容的。电子公告服务提供者发现其电子公告服务系统中出现明显属于上述所列的信息内容之一的,应当立即删除,保存有关记录,并向国家有关机关报告。

电子公告服务提供者应当在电子公告服务系统的显著位置刊载经营许可证编号或者备案编号、电子公告服务规则,并提示上网用户发布信息需要承担的法律责任。

电子公告服务提供者应当按照经营批准或者备案的类别和栏目提供服务,不得超出类别或者另设栏目提供服务。

电子公告服务提供者应当对上网用户的个人信息保密,未经上网用户同意不得向他人泄露,但法律另有规定的除外。

电子公告服务提供者应当记录在电子公告服务系统中发布的信息内容及其发布时间、互联网地址或者域名。记录备份应当保存 60 日,并在国家有关机关依法查询时,予以提供。

互联网接入服务提供者应当记录上网用户的上网时间、用户账号、互联网地址或者域名、主叫电话号码等信息,记录备份应当保存 60 日,并在国家有关机关依法查询时,予以提供。

5) 新闻业务的信息管理

国务院新闻办公室、信息产业部 2000 年 11 月 7 日发布《互联网站从事登载新闻业务管理暂行规定》,该规定指出互联网站从事登载新闻业务,必须遵守宪法和法律、法规。国家保护互联网站从事登载新闻业务的合法权益。

国务院新闻办公室负责全国互联网站从事登载新闻业务的管理工作。省、自治区、直辖市人民政府新闻办公室依照本规定负责本行政区域内互联网站从事登载新闻业务的管理工作。

中央新闻单位、中央国家机关各部门新闻单位以及省、自治区、直辖市和省、自治区人民政府所在地的市直属新闻单位依法建立的互联网站(以下简称"新闻网站"),经批准可以从事登载新闻业务。其他新闻单位不单独建立新闻网站,经批准可以在中央新闻单位或省、自治区、直辖市直属新闻单位建立的新闻网站建立新闻网页从事登载新闻业务。新闻单位建立新闻网站从事登载新闻业务,应当依照下列规定报国务院新闻办公室或者省、自治区、直辖市人民政府新闻办公室审核批准:中央新闻单位建立新闻网站从事登载新闻业务,报国务院新闻办公室审核批准。中央国家机关各部门新闻单位建立新闻网站从事登载新闻业务,经主管部门审核同意,报国务院新闻办公室批准。

省、自治区、直辖市和省、自治区人民政府所在地的市直属新闻单位建立新闻网站从事登载新闻业务,经所在地省、自治区、直辖市人民政府新闻办公室审核同意,报国务院新闻办公室批准。省、自治区、直辖市以下新闻单位在中央新闻单位或者省、自治区、直辖市直属新闻单位的新闻网站建立新闻网页从事登载新闻业务,报所在地省、自治区、直辖市人民政府新闻办公室审核批准,并报国务院新闻办公室备案。

非新闻单位依法建立的综合性互联网站(以下简称"综合性非新闻单位网站"),具备规定条件的,经批准可以从事登载中央新闻单位、中央机关各部门新闻单位以及省、自治区、直辖市直属新闻单位发布的新闻业务,但不得登载自行采写的新闻和其他来源的新闻。非新闻单位依法建立的其他互联网站,不得从事登载新闻业务。

综合性非新闻单位网站依照规定从事登载新闻业务,应当经主办单位所在地省、自治区、直辖市人民政府新闻办公室审核同意,报国务院新闻办公室批准。综合性非新闻单位网站从事登载新闻业务,应当具备以下条件:有符合法律、法规规定的从事登载新闻业务的宗旨及规章制度;有必要的新闻编辑机构、资金、设备及场所;有具有相关新闻经验和中级以上新闻专业技术职务资格的专职新闻编辑负责人,并有相应数量的具有中级以上新闻专业职务资格的专职新闻编辑人员;有符合规定的新闻信息来源。

网站申请从事登载新闻业务,应填写并提交国务院新闻办公室统一制发的《互联网站从事登载新闻业务申请表》。综合性非新闻单位网站从事登载中央新闻单位、中央国家机关各部门新闻单位以及省、自治区、直辖市直属新闻单位发布的新闻的业务,应当同上述有关新闻单位签订协议,并将协议副本呈报主办单位所在省、自治区、直辖市人民政府新闻办公室备案。综合性非新闻单位网站登载中央新闻单位、中央国家机关各部门新闻单位以及省、自治区、直辖市直属新闻单位发布的新闻,应当注明新闻来源和日期,并且互联网站登载的新闻不得含有以下内容:违反宪法所确定的基本原则的;危害国家安全,泄露国家秘密,煽动颠覆国家政权、破坏国家统一的;损害国家荣誉和利益的;煽动民族仇恨、民族歧视,破坏民族团结的;破坏国家宗教政策,宣扬邪教和封建迷信的;散布谣言,编造和传播假新闻,扰乱社会秩序,破坏社会稳定的;散布淫秽、色情、赌博、暴力、凶杀、恐怖或者教唆犯罪的;侮辱或者诽谤他人,侵害他人合法权益的;法律、行政法规禁止的其他内容的。

13.4　电子商务交易安全

13.4.1　电子商务交易安全

网络市场是在虚拟环境下进行交易的特殊场所,维护和规范电子商务网络市场对电子商务的快速、可持续发展具有重要的意义。当许多传统的商务应用接入互联网时,通常会出现许多安全方面的问题,如数据保护方法、电子数据交换系统、对日常信息安全的管理等。电子商务的交易安全就是对交易中涉及的各种数据的可靠性和可用性进行保护。

保证交易数据的安全是电子商务系统的关键。由于互联网本身的开放性,使电子商务系统面临着各种各样的安全威胁,目前电子商务主要存在的交易安全隐患有以下几个方面。

①信息泄露:信息被泄露或者透露给某个非授权的个人或实体,这种威胁诸如窃听,搭线或其他更加错综复杂的信息探测攻击。

②完整性破坏:因非法入侵者的入侵,造成交易信息的丢失、修改及破坏。

③服务拒绝:对信息或者其他资源的合法访问被无条件地阻止,可能是攻击者通过对系统进行非法的,根本无法成功的访问尝试而产生过量的负荷,导致系统的资源在合法用户看来是不可使用的,也可能是由于系统在物理上或逻辑上受到破坏而导致业务中断。

④非法使用:某一资源被某个非授权的人或以某种非授权的方式使用。例如,侵入某个计算机系统的攻击者会利用此系统作为入侵其他系统的突破口,交易对象对其交易行为的抵赖。

13.4.2　电子商务交易安全的基本特征

1)有效性

电子商务作为贸易的一种形式,其信息的有效性直接关系到个人、企业或国家的经济利益和声誉。因此,要对网络故障、操作错误、应用程序错误、硬件故障、系统软件错误及计算机病毒所产生的潜在威胁加以控制和预防,以保证贸易数据在确定的时刻、确定的地点是有效的。

2)机密性

电子商务是建立在开放的网络环境上的,维护商业机密是电子商务全面推广应用的重要保障。因此,要预防非法信息存取和信息在传输过程中被非法窃取。

3)完整性

电子商务简化了贸易过程,减少了人为的干预,同时也带来维护贸易各方商业信息的完整、统一的问题。由于数据输入时的意外差错或欺诈行为,可能导致贸易各方信息的差异。此外,数据传输过程中信息的丢失、信息重复或信息传送的次序差异也会导致贸易各方信息的不同。贸易各方信息的完整性将影响到贸易各方的交易和经营策略,保持贸易各方信息的完整性是电子商务应用的基础。因此,要预防对信息的随意生成、修改和删除,同时也要防止数据传送过程中信息的丢失和重复,并保证信息传送次序的统一。

4)可靠性

如何确定要进行交易的贸易方是进行交易所期望的贸易方,这一问题则是保证 EC 顺利进行的关键。在传统纸面贸易中贸易双方通过在交易合同、契约或贸易单据等书面文件上手写签名或印章来鉴别贸易伙伴,确定合同、契约、单据的可靠性并预防抵赖行为的发生,这就是人们常说的"白纸黑字"。在无纸化的电子商务方式下通过手写签名和印章进行贸易方的鉴别已不可能,因此,要在交易信息的传输过程中为参与交易的个人、企业或国家提供可靠的标识。

13.4.3　电子商务交易安全的基本原则

1)保护交易双方权益的原则

这是电子商务交易安全的核心要义。首先必须保护消费者,从消费者的权益出发,以提高消费者的便利性为主。只有保护了消费者的权益,为消费者提供安全、可靠、高效的结算方法,才能获得消费者信任,使电子货币、电子结算、电子商务得到普及健康发展。目前在我国的电子商务交易中为了保护消费者权益已出台了多项政策制度,包括资格认证和商家准入制度、先行赔付机制、确立网络经营者和网络营运商的连带责任制度、确立有利于网络购物中消费者的诉讼管辖原则等。在关注消费者权益的同时也应当关注商家权益,为商家建立稳定的网络平台,立法规范商家落户程序和机制以及实施多项优惠政策加以扶持。

2）确保稳定性原则

要使电子商务交易具有安全性,其中最重要的是确保电子交易系统具有相当的稳定性。电子商务的交易是在线交易,即商品交易是在互联网上进行的,互联网上存在着各种各样的危险:或者是软、硬件的设计而导致的系统失效;或站点上的敏感信息可能会被入侵者偷看;或者使用失误;或者黑客闯入政府或公司的内部网络实施破坏;或者冒充一个合法用户进入网络并对网络实施攻击等。电子商务交易安全还要求确保电子货币结算系统信息处理的有效性和系统运行的稳定性。

3）与国际惯例接轨原则

电子商务的一个最重要的特点是跨国界运作,它以互联网为载体,在世界范围进行网上交易。网络本身所具有的整体性、关联性、动态性的开放式网络的特点,使电子商务的发展已经改变了旧有的法律监管、运营模式,使法律的调整范围不仅局限在三维空间,更可以在电脑网络的第四维空间发挥作用。互联网跨越了时间、空间、国度、语言文化、地理环境、政治法律,通过电脑网络把全世界的交易联系在一起,按照共同的规则运作。1998 年联合国经济合作与发展组织制订了《全球电子商务行动计划》,提出动态电子环境下按规章运行的商业、基本原则、行动计划;美国 1997 年制定《全球电子商务政策框架》,提出制定在互联网上开展活动的"统一商务法规";1997 年欧洲电子商务动议出台。这一系列法律、法规的制定,推动了全球电子商务的发展,电子商务不再是某个国家的内部事务,它已经带动了全球经济的联系与互动。

13.4.4　电子商务交易安全的管理机制

1）电子商务信息服务的授权管理制度

《互联网信息服务管理办法》第六条明确规定,从事经营性互联网信息服务,除应当符合《中华人民共和国电信条例》规定的要求外,还应当具备下列条件。

①有业务发展计划及相关技术方案;

②有健全的网络与信息安全保障措施,包括网站安全保障措施、信息安全保密管理制度、用户信息安全管理制度;

③服务项目属于本办法第五条规定范围的,已取得有关主管部门同意的文件。

从事经营性互联网信息服务,应当向省、自治区、直辖市电信管理机构或者国务院信息产业主管部门申请办理互联网信息服务增值电信业务经营许可证。省、自治区、直辖市电信管理机构或者国务院信息产业主管部门应当自收到申请之日起 60 日内审查完毕,作出批准或者不予批准的决定。予以批准的,颁发经营许可证;不予批准的,应当书面通知申请人并说明理由。申请人取得经营许可证后,应当持经营许可证向企业登记手续。

2）电子商务信用体系

要维护网络市场的秩序,规范消费者和商家的行为均是必不可少的,其中掌握消费者和商家信用情况,建立消费者和商家的信用体系,对于促进网络市场的建设具有重大意义。电子商务信用体系是随着电子商务的崛起而逐步从传统信用体系中演进而来的,是指在电子商务活动过程中,用于收集、处理、查证电子商务参与者信用状况,以及由国家、地方或行业管理部门建立的监督、管理与保障有关成员信用活动规范发展的一系列机制与行为规范的总和。

整个社会的信用意识薄弱决定了网上交易的不可靠性和风险性。除了运用法律的力量、政府的监督和行业组织的协调,必须有一个完善的社会信用体系。对网络购物来说,信用制度建设建议按以下方式操作:由工商管理部门对网站和商家建立信用档案,消费者、先行支付赔付金的网上银行、消协及时将网站和商家在网上交易中存在的欺诈等不诚信行为告知工商部门,工商部门据此客观公正地评定各商家和网站的信用等级。工商部门还应将这些数据及商家的违规事件定时在权威网站发布,从而将信用缺失者的信用记录置于公众监督之下,提高其失信成本。只有建立一个统一的、覆盖面广的信用体系,网上购物才能变得更加轻松和可靠。

此外,要强化公权的监管力量。笔者建议工商行政管理部门应将监管工作从传统市场向互联网领域延伸,调整地域管辖权限,统一协调配合,重点整治电子商务中的突出问题,特别是虚假广告、信息、假冒伪劣等问题,不仅要曝光,更要处理到位,对网络购物中的欺诈及其他犯罪行为,司法机关应积极介入,及时打击,为消费者提供一个安全的网络购物环境。

3) 电子商务安全交易标准

电子商务融计算机技术、通信技术、网络技术于一体,以互联网为基础平台,互动性、开放性、广泛性为其显著特点。由于其开放性与广泛性,必然面临各种安全风险,如信息泄露或被篡改、欺骗、抵赖等。所以,安全问题已成为发展可信赖电子商务环境的瓶颈。因此,简洁、有效的安全协议对电子商务安全而言至关重要。现今,国际上主要通行的两种安全协议:安全套接层协议(SSL)和安全电子交易协议(SET),二者均是成熟和实用的安全协议,但是由于它们的设计目的不同,因此在应用上有很大的差别。安全套接层协议(SSL)是由Netscape公司提出的安全交易协议,提供加密、认证服务和报文的完整性服务。安全电子交易协议(SET)涵盖了信用卡在电子商务交易中的交易协议、信息保密、资料完整及数据认证、数据签名等。所有这些安全交易标准中,SET标准已推广利用信用卡支付网上交易,而广受各界瞩目,它将成为网上交易安全通信协议的工业标准,有望进一步推动互联网电子商务市场。

4) 电子商务安全交易的投诉处理机制

现实生活中,消费者在权益受到侵害的时候可以找消费者权益保护协会出面协调。但网上交易难以受行政手段控制,因此更需要社会力量的参与,消协的作用显得更为重要,而实践中消协对这方面的投诉往往显得无能为力。为此,消协应从消费者利益出发,制定切实可行的格式条款,建立专门的网站,实行在线投诉。当消费者到网站投诉,消协应将投诉资料自动转发到被投诉经销商经营所在地的分支机构,由该机构组织消费者与经销商在网上共同协商解决。这就要求消协不断研究和探讨电子商务方面的原则、规则,将法律赋予自身的职权覆盖到互联网领域,加强处理网上投诉的能力。

必须确立有利于网络购物中消费者的诉讼管辖制度。我国消费者权益保护法对消费者合同纠纷没有作出特别规定，因此在管辖原则上，只能按民事诉讼法的规定，由被告住所地或合同履行地管辖，这一原则显然对发展电子商务是非常不利的。因此，我国对消费者合同纠纷的诉讼管辖应参照美国等地的立法经验，实行消费者所在地专属管辖原则。对于网络侵权纠纷（如隐私权、安全权），也应由侵权行为地或被告住所地管辖改为消费者住所地管辖（因为侵权行为是借助网络完成的，很难确认侵权行为地，其余理由同上）。只有这样，才利于消费者参加诉讼，保护其诉权实现，最大限度地减少其诉讼成本。但是，如果双方在合同的管辖上有协议，应遵守协议，协议无效时要以消费者住所地法院管辖为准。

13.4.5　电子商务交易安全的法律法规

电子商务交易安全的法律保障问题，涉及两个基本方面：第一，电子商务交易首先是一种商品交易，其安全问题应当通过民商法和电子商务法规加以保护；第二，电子商务交易是通过计算机及其网络而实现的，其安全与计算机及其网络自身的安全程度有关，其安全问题可以通过互联网信息安全法律法规加以保护。在我国目前电子商务法律体系还不完善的条件下，我们应当充分利用已经公布的有关交易安全和计算机安全的法律法规，保护电子商务的正常进行，并在不断地探索中，逐步建立适合中国国情的电子商务信息安全的法律制度。我国现行的涉及传统商务交易安全的法律法规制度主要有以下几类。

1）商家准入制度

电子商务交易安全对市场准入提出较高的要求，即对经营者的资格、与网络建设密切相关的诸如网络连接商、信息服务提供商、数字证书认证机构、密钥管理机构等服务机构应当实行严格的审查，确信其具有一定的资信条件、供货能力、运输能力以及健全的售后服务体系等，才允许进入市场交易。为防止网络购物欺诈，杜绝非法信息，必须采取商家准入制度。在这方面，应由国家工商管理部门对商家即经销商的注册资金、产品、产地、质量、价格，公司信誉等方面进行严审，合格后凭准入证进入网络市场。为防止未经审查未获准入证的经销商私自在网站发布信息，网站经营者应当设置自动退出系统，及时删除不法信息。

2）确立网络经营者和网络营运商的连带责任制度

目前在法学理论界关于网络经营者（即网站）与网络营运商（商家）对消费者因网上购物受到的侵害是否承担连带责任争议较大。正是因为争议不一，导致网上购物纠纷发生后，网站与商家互相扯皮，消费者始终讨不到说法。鉴于此，对于侵害消费者合法权益的网上购物纠纷，应由网站与商家对消费者的损失负连带责任。理由是，相对于传统交易，网上交易中消费者面临的风险更大，必须给予更有力的保护消费者在网上订购商品，首先要注册成会员，然后依照网站发布的购物信息选择商品，利用网站平台完成交易。所有这一切都是消费者基于对网站的信任，因为消费者除了信任，无法全面、彻底地调查进入网站经营商品的商家详细信息。因此，网站有义务为消费者把好关，防止不法经销商进入。特别是在找不到商家的情况下，网站更有义务承担全部赔偿责任。当然，网站赔付后不影响其向商家追偿的权利，承担先行赔付义务的网上银行也可根据连带责任有权直接向网站或商家追偿，网站不得拒绝。

3)电子认证安全制度

电子认证主要是指与交易安全的信用的安全,即保证交易人的真实可靠,是组织制度的保证。电子认证机构所提供的服务,包括交易相对人的身份、公开密钥、信用状况等情况。开展电子商务最突出的问题是要解决网上购物、交易和结算中的安全问题,其中包括建立电子商务各主体之间的信任问题,即建立安全认证体系问题;选择安全标准(如 SET、SSL、PKI等)问题;采用加、解密方法和加密强度问题。其中建立安全认证体系是关键。笔者认为,可以借鉴北京市工商局于 2000 年颁布的《关于在网络经济活动中保护消费者合法权益的通告》中规定的试行"网站备案制度"。该通告要求网站所有者要提供包括法人和网站基本情况的备案登记资料,领取并安装电子备案登记标识,网站名称管理要经过申请人查询号名、提交资料、初审、公告四个流程,文明网站的经营权受法律保护。

4)电子支付安全制度

电子支付安全是电子交易安全中最重要的环节,目前主要采用加密保护、线上认证等方式保证电子支付的安全。无论是完全依赖于网络的银行,还是传统银行利用网络开展银行业务,安全问题都是十分重要的。我国的电子商务的普及,首先要解决网络的安全问题。在金融专网和因特网之间设置支付网关,作为支付结算的安全屏障。为了维护电子支付的安全度,可以建立一个先行赔付机构,如设立专门支付赔付金的网上银行,凡到网络从事商品经营的个人或法人,每季度或半年根据其销售额交付一定的保证金(该保证金也应有归还期限)。网上银行对保证金专项管理,专门用于经销商在网上交易中出现侵权问题先行赔付,赔付后由银行向造成侵权的网络经销商追索损失。如果经销商因产品质量或服务问题给消费者造成三次以上侵权,网上银行应将这些情况反馈给该经销商的准入批准机构,由该机构通过网站或其他方式公开曝光。情节严重的,取消其准入证,以惩戒不法电子商务经营者。

5)良好的网络环境

电子商务是在电信网络上发展起来的。电子商务不仅是买卖,也不只是软硬件的信息,而是通过互联网、内部网、外部网,将买家与卖家、厂商与合作伙伴紧密结合在一起,从而消除了时间与空间带来的交易和管理上的障碍。因此,先进的计算机网络基础设施和宽松的电信政策就成为发展电子商务的前提。理想的电子商务环境包括:实现高速带宽;研究各类网络技术和通信协议;开发高性能的数据交换设备和终端设备;研究信息安全技术;开发电子商务应用软件;完成理想的电子商务纠纷解决方案。

6)协同作业体系

在电子商务中,所谓协同作业,包括工商、税务、银行、运输、商检、海关、外汇、保险、电信、认证等部门,以及商城、商户、企业、客户等单位按一定规范与程序相互配合,相互衔接,协同工作,共同完成有关电子商务活动。协调作业体系包括:①有关协调作业部门(不含广大客户)通过专线或 IP 隧道与电子商城互联;②协商制定统一高效的作业规范与程序;③共同制定降低电子商务运行成本的资费政策;④推行实施协调工作(CSCW)。

本章案例

许某某拒不履行信息网络安全管理义务案

（四川省泸州市中级人民法院 2019）

基本案情

2009 年 5 月，被告人许某某与他人共同出资开办了"甲论坛"网站。2011 年前后，其他投资人相继退出后，许某某担任网站负责人单独管理该网站。后因该网站上发布了大量的违法信息，许某某被泸州市江阳区互联网信息办公室（以下简称"江阳区委网信办"）多次约谈并责令限期整改，被泸州市公安局江阳区分局予以警告、责令停止联网和停机整顿，但被告人许某某均拒绝整改，也不履行行政处罚。为逃避监管，许某某授意其聘请的网站管理人员杨忠某联系租用国外的服务器，并先后十六次将被关闭的网站通道重新申请域名开通。

2016 年 8 月 18 日，江阳区委网信办再次对许某某作出责令限期整改通知书，要求许某某对之前已经发布的《×××没错误有失误×××有错误没失误》等有害信息进行删除，并于同月 22 日前书面报告整改结果。许某某拒绝签收通知书，对相关文章也拒不删除。

2017 年 7 月 26 日，江阳区委网信办再次对被告人许某某进行约谈，要求许某某对其网站上登载的违反《互联网信息服务管理办法》规定的几十篇帖文立即删除、马上整改。许某某拒绝在笔录上签字，拒绝整改。同日，泸州市公安局江阳区分局因许某某违反《计算机信息网络国际联网安全保护管理办法》第五条的规定对其作出警告、责令停止联网、停机整顿六个月的行政处罚。许某某仍拒绝签字，不履行行政处罚。

2015 年 3 月 28 日至 2017 年 5 月 22 日，许某某在"甲论坛"网站发布了《×××：给×××之女××××的一封公开信》等 8 篇违法信息。截至 2017 年 8 月 21 日，该 8 篇违法信息的浏览阅读量累计达 73 974 人次，其中从 2017 年 6 月 25 日至 8 月 21 日的浏览阅读增加量约 5 000人次。

2017 年 8 月 21 日，被告人许某某被拘传到案。

案件焦点

拒不履行信息网络安全管理义务犯罪中，"违法信息"与"大量传播"的认定。

法院裁判要旨

法院经审理认为：一方面，江阳区委网信办系依法成立负责辖区内互联网信息管理的行政主管部门，对辖区内互联网信息具有监督管理和行政处罚的职责与职权，对互联网信息是否属于违法信息当然可以作出审查和认定。另一方面，根据国务院发布的《互联网信息服务管理办法》第十五条规定，"互联网信息服务提供者不得制作、复制、发布、传播含有下列内容的信息：（一）反对宪法所确定的基本原则的；（二）危害国家安全，泄露国家秘密，颠覆国家政权，破坏国家统一的；（三）损害国家荣誉和利益的；（四）煽动民族仇恨、民族歧视，破坏民族团结的；（五）破坏国家宗教政策，宣扬邪教和封建迷信的；（六）散布谣言，扰乱社会秩序，破坏社会稳定的；（七）散布淫秽、色情、赌博、暴力、凶杀、恐怖或者教唆犯罪的；（八）侮辱或者诽谤他人，侵害他人合法权益的；（九）含有法律、行政法规禁止的其他内容的。"本院据此对公诉机关指控的 12 篇贴文予以审查，发现其中《×××：给×××之女××××的一封公开信》等 8 篇贴文，均存在损害国家荣誉和利益，或者侮辱、诽谤他人，侵害他人合法权益等情况，依法应当认定为违法信息。

经侦查人员远程勘验，涉案 8 篇违法信息从发布之日起到许某某归案之日止，浏览阅读总量达 73 974 人次，其中 2017 年 6 月 25 日至 8 月 21 日仅 58 天时间内浏览阅读增加量约 5 000 人次，结合涉案 8 篇违法信息的发布时间、特定时间段增加的浏览阅读量、总浏览阅读量等情况综合分析，足以认定许某某在江阳区委网信办于 2016 年 8 月 18 日责令整改而拒不整改之后，已经造成违法信息大量传播的危害后果。

被告人许某某作为"甲论坛"网站的负责人，系网络服务提供者，不履行法律、行政法规规定的信息网络安全管理义务，经监管部门责令采取改正措施而拒不改正，致使违法信息大量传播，其行为已构成拒不履行信息网络安全管理义务罪，应依法追究刑事责任。被告人许某某作为网络服务提供者，在从事信息网络服务职业期间，违背职业应当承担的信息网络安全管理义务，且经监管部门责令采取改正措施而拒不改正，为预防其再犯罪，依法应当决定对其作出一定期限的职业禁止。

四川省泸州市江阳区人民法院依照《中华人民共和国刑法》第二百八十六条之第一款第一项、第五十二条、第三十七条之一第一款、第六十一条之规定，作出判决如下：

一、被告人许某某犯拒不履行信息网络安全管理义务罪，判处有期徒刑一年六个月，并处罚金人民币三万元；

二、禁止被告人许某某自刑罚执行完毕之日或者假释之日起五年内从事信息网络服务职业。

许某某对判决不服，提起上诉。

四川省泸州市中级人民法院经审理认为许某某的上诉理由不能成立，依法驳回许某某的上诉，维持原判。

讨论：1. 网络安全管理义务的性质是公法义务还是私法义务？
　　　　2.《电子商务法》中还有哪些类似义务？为什么？

本章小结

电子商务的安全问题主要表现在三个方面：网络安全问题、信息安全问题和交易安全问题。本章将从电子商务的网络安全、信息安全和交易安全的制度安排和法律规章制度两个方面进行介绍，指明电子商务安全的法律责任所包括的三种责任以及电子商务的安全要素，随后对我国网络系统管理制度和网络管理机构及网络信息法律制度和网络信息管理机构进行阐述，最后探讨电子商务交易安全的法律规制及其原则。

本章习题

1. 简述电子商务安全法主要解决什么问题？

2. 试论电子商务的安全性原则。

3. 简述我国的网络安全管理机制。

4. 简述美国网络安全法律制度的特点。

5. 简述电子商务信息安全的基本要求。

6. 网络经营者应当对电子商务的网络安全承担什么责任？

7. 简述电子商务交易的基本特征及法律机制。

8. 我国现行的涉及交易安全的法律法规有哪几类？

9. 分析《电子签名法》对电子商务安全的保障作用主要体现在哪些方面？

10. 论述如何进一步改善我国电子商务发展环境的主要措施？

第 14 章
电子商务侵权法

📖 学习目标

熟悉电子商务侵权的内涵和我国网络侵权的立法,掌握电子商务侵权主体的行为特点,熟悉电子商务侵权的客体,特别是知识产权和隐私权,掌握电子商务侵权归责原则,运用电子商务侵权行为程序法规则。

案例导入

张某等人诉某商家网络侵权责任纠纷案

（最高人民法院网络消费典型案例）

基本案情

原告张某等人因不满被告某商家的"剧本杀"游戏服务,上网发布"差评",该商家遂在微信公众号发布与张某等人的微信群聊记录、游戏包厢监控视频录像片段、微信个人账号信息,还称"可向公众提供全程监控录像"。张某等人认为商家上述行为侵害其隐私权和个人信息权益,起诉要求商家停止侵权、赔礼道歉及赔偿精神损失等。

裁判结果

审理法院认为,消费者在经营者提供的包间内的活动具有私密性,商家为了澄清"差评",通过微信公众号公开消费者包间内监控录像并称可提供全程录像,构成对消费者隐私权的侵害;商家未经张某等人同意公布其微信个人账号信息,侵害了张某等人的个人信息权益。依据《中华人民共和国民法典》第一千零三十二条、第一千零三十三条、第一千零三十四条、《中华人民共和国个人信息保护法》第四条、第十三条规定,判令商家立即停止公开监控录像,删除公众号文章中"可向公众提供全程监控录像"表述及张某等人的微信个人账号信息,在微信公众号发布致歉声明,并向张某等人赔偿精神损害抚慰金。

典型意义

评价机制在网络消费领域中的作用日益明显,消费者提出批评意见的权利应予保护。

经营者对其因提供商品或服务而获取的消费者个人信息负有保护义务,经营者公开回应消费者"差评"时,应注意不得侵犯消费者隐私权和个人信息权益。本案裁判厘清了经营者澄清消费者"差评"时的行为边界,维护了消费者合法权益,为网络消费信用评价机制的有序运行提供了司法保障。

14.1 电子商务侵权法概述

14.1.1 侵权法的内涵

一般认为侵权行为定义是"行为人由于过错侵害他人的财产或者人身,依法应当承担民事责任的行为,以及依照法律特别规定应当承担民事责任的其他致人损害的行为"。

侵权法起源于早期人类社会的血亲复仇制度,《十二铜表法》规定了对于人身伤害,根据受害部位实行同态复仇,对财产损失规定了相当于实际损失一定倍数的财产赔偿,《阿奎利亚法》颁布后,逐渐确立不法损害他人的一般侵权原则,到优士丁尼法典化时期,最终确立了过错责任原则。

1804 年生效的《法国民法典》和 1900 年生效的《德国民法典》均规定了以过错为中心的侵权行为的归责原则。"过错"是认定侵权责任的核心要件。大陆法系国家以成文法形式规定了侵权行为的认定标准,《法国民法典》规定了侵权责任的三要件,即侵权行为,损害结果及因果关系。《德国民法典》规定了归结侵权责任的四要件,即侵权行为、损害结果、违法性及因果关系,违法性是否作为侵权行为的构成要件构成两国民法典的差异之处。过错责任原则是认定侵权责任的基本原则,违法性的判定以主体存在过错为基础,而人们主观过错的不可揣度性易催生法律责任的不确定性,将由意志因素支配而难以进行精确定位的过错形态交由裁判主体自行作出价值判断妨害了客观的司法公正。

英美法系国家拥有判例法的传统,英国侵权法并未对侵权行为的构成要件作出抽象规定,而是在遵循先例的基础上探寻能平衡个案正义的法则,侵权行为的类型化是基于个案分析的抽象概括出同类要素的结果。英美法系将侵权行为的类型分为四类,即故意类(trespass)、过失类(negligence)、严格责任类及其他类。美国的法律适用程序部分承继了英国的侵权法传统,其侵权行为法重述是区分故意与过失的意志因素、动产与不动产的物权种类、人身与财产的权利类型、归结责任与限制责任的具体划分、救济与抗辩的双重权利保障而进行逻辑化、体系化设计的产物。

我国侵权责任法主要继承大陆法系传统,兼收部分英美法系侵权法规则。从《民法通则》到《侵权责任法》,再到今天的《民法典》,我国侵权法伴随着理论学说和司法实践的丰富和发展而渐臻完善,形成了以过错责任为基础,特殊主体、特殊环境和特殊行为为条件的过错推定责任,进而无过错责任的多元归责逻辑形态。

网络侵权的含义,可以和最基本的一般侵权行为的含义进行对比分析得出,明确其基本的含义,分析出网络侵权的特征。学者对一般侵权行为研究得比较多,综合国内众多学者的研究成果,比较权威的侵权行为定义是"行为人由于过错侵害他人的财产或者人身,依法应当承担民事责任的行为,以及依照法律特别规定应当承担民事责任的其他致人损害的行为"。网络侵权行为与传统侵权行为在本质上是相同的,但实际上"网络侵权"的概念并不是特别准确,如有的学者指出的"互联网是物不是人,物不能实施加害行为对他人造成侵权行为法意义上的损害,自然不能成为侵权的主体"。但是从约定成俗的角度出发,尊重目前学术界和实践中已经形成的概念,有利于法律意识的统一。当然对此概念的理解上,仍然是将网络侵权理解成为民事主体通过网络从事侵害他人民事权利和利益的行为。

网络侵权是指在网络环境下所发生的侵权行为,所谓网络,是指"将地理位置不同,并具有独立功能的多个计算机系统通过通信设备和线路连接起来以功能完善的网络软件即网络通信协议、信息交换方式及网络操作系统等,实现网络中资源共享的系统"。通过侵权行为的含义可总结出网络侵权的概念,即网络侵权更明确的是指"在互联网环境中,利用网络因过错或法律的特别规定而侵犯国家、集体或他人的民事权益而应承担相应民事责任的行为"。这里所说的网络侵权,是发生在互联网网络环境之中,也可以看出网络侵权与其他侵权的本质是相同的,但将通过网络手段完成的侵权行为与其他类型的侵权行为进行区分,其原因在于,利用网络手段侵权行为有自己的特点,而这些特点导致了其法律责任不能为一般侵权行为所包含,所以法律有必要对其作出特别规定。网络侵权责任的相关规则见于《民法典》第七编第三章"责任主体的特殊规定"。该章着重解决的是侵权责任中的特殊责任形态,主要规定了对人的替代责任。其中第 1 194 条至第 1 258 条专为网络侵权而设。

侵权法的使命即在于探索能够在自由与秩序之间达成平衡的支点。侵权法有着深厚的法理底蕴,其以"过错"为核心,以损失为起点,以过错与损害结果之间的因果关系为纽带,形成了认定侵权责任的基本链条,并随着侵权行为构成的复杂化而催生了不同类型的侵权责任形态。

电子商务是以互联网为中心,以商品交换关系为起点,以电子认证、电子支付、电子物流为纽带,形成了商品、资金流、物流共同牵制的现代化的消费模式,并随着信息技术水平的提高而不断发展。利益是引发侵权行为的诱饵,通过电子商务进行的商品交换存在可观的利益,进而诱发了大量的电子商务侵权行为,而其作为特殊类型的侵权行为,除了可以沿用一般侵权行为的基本理论,还有自身的特殊属性。

电子商务违约责任,其恪守合同的相对性原理,以严格责任为责任常态,涉及预期违约、不履行、瑕疵履行等违约责任形态,守约方对违约方享有继续履行、采取补救措施或赔偿损失请求权,但不享有停止侵害、排除妨害、消除危险请求权;网络服务提供商、电子认证机构、电子资金划拨机构、物流运输企业等电子商务主体,对与其没有直接商品买卖合同关系的网络用户,不存在承担违约责任的基础,却有可能基于其过错及自身行为的违法性而承担侵权责任,其作为意定之债,有别于作为法定之债的电子商务侵权责任。而构筑完善的电子商务侵权法体系,即可以进一步强化其法定之债的属性,有效规范电子商务市场的运行,有力遏制电子商务侵权行为的发生。

14.1.2　网络侵权的特征

1）侵权的主体：复杂隐秘

在普通侵权案件中，一般只有或者说明确的有直接侵权人与被侵权人两方当事人，但是在网络侵权中除直接侵权人与被侵权人之外，还存在有可能承担侵权责任的第三方主体，即网络服务提供者。众所周知，在网上人们可以自由使用根据自己爱好所起的名字甚至匿名，这就给实践中侵权人的认定带来了技术难题。因此，很多时候，网络侵权案件的直接侵权人很难认定，甚至根本就无法找到。此时，被侵权人是否能转而要求网站即网络服务提供者承担责任，便成了实践中急需解决的问题。当前的司法实践中由于网络侵权主体复杂隐秘，网络服务提供者已经被卷入大量的网络侵权纠纷中，有些已经被判决承担法律责任。

2）侵害的对象：非物质形态的民事权益

网络空间的虚拟性决定了互联网上侵权所侵害的权益的特殊性。《民法典》第 1 165 条至第 1 167 条确认了三类主观状态下侵害民事权益应当依法承担侵权责任。这些民事权益包括生命权、健康权、姓名权、名誉权、荣誉权、肖像权、隐私权、婚姻自主权、监护权、所有权、用益物权、担保物权、著作权、专利权、商标专用权、发现权、股权、继承权等人身、财产权益。但网络侵权所针对的往往是受害人非物质形态的权益，如对人格权的侵害一般限于对名誉权、隐私权、姓名权、肖像权和人格尊严的侵害，一般不会涉及对具有物质性质的人格权，如生命权、健康权和身体权的侵害，通常也不会涉及对人身自由权的侵害。对受害人非物质形态的民事权益进行侵害，往往会造成其精神损害或经济利益的损失。

3）损害后果：传播速度快和破坏性严重

网络的全球覆盖性，没有了时间和空间的限制，使地球上每一个有网络的角落都实现了沟通，突破了现实生活中仍然存在的地理限制，模糊了领土和国家的界限，加之网络的交互性和实时性使网上信息的传播更加方便快捷。这些会导致网上侵权行为的后果在全世界迅速蔓延，网络侵权后果的波及面非常广，因此，其侵权后果及影响范围也是传统的侵权方式所不可能比拟的，这使得其产生的损害比一般侵权行为要严重得多，而权利人却无可奈何。比如"艳照门"事件，纵是有政府的强力干预，网络侵权传播的速度和侵权后果的严重性，政府对其强力干预的效果微乎其微。

4）司法管辖：难以确定性

侵权行为适用被告所在地法或侵权行为地法是各国法院的普遍做法。但是，互联网将全球的计算机及其网络连为一体构成了一个独特的网络空间，这不同于传统的地理性物理空间，同一侵权行为往往同几个地点相联系，物理位置在网络空间中的意义微乎其微，从而使传统管辖权的基础在网络空间中发生了动摇。

互联网的一个重要优势就在于其可以即时更新，网站上的页面和内容处于不断的更新和维护当中。涉嫌侵权行为的内容有可能因为页面的更新而被其他内容代替。另外，从证据学的角度看，网页上的资料由于其具有可更改性，因此不能够直接下载打印作为证据使用，而是需要由公证机关进行证据保全。网络传播不受地域限制的特征和网站之间的无限链接以及加害行为实施地和损害后果地的认定之困难,给侵权责任法、民事诉讼法以及国际私法都带来了新的挑战:一些案件难以确定侵权行为地,导致法院在行使管辖权方面陷入困境。

14.1.3 电子商务侵权行为基本理论

电子商务侵权行为属于特殊类型的侵权行为,适用于一般侵权行为的基本理论,包括侵权行为认定标准,侵权责任归责原则,侵权行为责任形态均可以对其类推适用,但是,电子商务侵权行为又具有不同于一般侵权行为的独特属性。对于一般侵权行为,可以在区分故意与过失的过错形态,划分物权、债权与知识产权的侵害客体,界定过错责任、过错推定责任、严格责任的责任形式的基础上实现侵权行为的类型化;而对于电子商务侵权行为,则因其自身的特质,是以商品流、资金流、物流为支点,以责任主体为基点,分别界定网络服务提供商、电子认证机构、电子资金划拨机构、物流运输企业的电子商务侵权责任,据此实现电子商务侵权行为的类型化,并在此基础上对电子商务侵权行为的认定标准、归责原则、责任形态等抽象规则进行归纳、概括,进而构筑完整的电子商务侵权行为法体系。

1)电子商务侵权行为认定标准

大陆法系国家的侵权法理论以抽象概括的形式定义了侵权行为的构成要件,电子商务侵权行为作为特殊类型的侵权行为可以类推适用关于一般侵权行为的规定。根据法国的侵权法理论,一般侵权行为成立必须具备三个要件:过错、损害事实、因果关系,网络服务提供商、电子资金划拨机构、电子认证机构、物流运输企业在电子商务活动中,对其具有过错且过错与损害事实之间存在因果关系的侵权行为,应当承担侵权责任;而根据德国的侵权行为"四要件"理论,认定电子商务侵权责任除要具备法国法中的三要件以外,还应符合"违法性"要件,即参与电子商务活动主体的行为违反了电子商务法以及其他组成电子商务法律体系的单行法的禁止性规定,被法律赋予否定性评价。

英美法系国家具有判例法的传统,并未通过成文法形式对侵权行为的构成要件作出统一的定义,而是分别针对具体侵权行为进行具体分析,以遵循先例为原则对相同或类似的案件适用相同的法则,在此基础上抽象概括出故意、过失及其他类型的侵权行为。随着衡平法与普通法相互融合趋势的增强,英美法系国家也通过制定法,如《电子资金划拨法》《电子签名法》等单行法的形式,专门调整与规范特定主体在特定领域的电子商务活动,并以过错责任理论为基础,对网络服务提供商适用免责条款,对电子认证机构适用信赖限额条款,对电子资金划拨机构适用责任限制条款,依此限制电子商务主体的责任范围。

我国学者杨立新认为,电子商务侵权行为属于特殊类型的侵权行为,可以类推适用一般侵权行为的构成要件及归责原则理论。电子商务侵权行为的构成要件包括违法行为、损害事实、因果关系、过错。其中,过错是归结侵权责任的基础性要件,分为主观过错与客观过错,在具体侵权行为中又包括故意、过失,是触发侵权责任的本源;行为的违法性涉及法律的否定性评价,可以依据《电子签名法》《电子支付指引》《电子认证服务管理办法》等进行判定,体现了法律后果的可预见性;损害事实是指侵害了特定的法益,包括人身权益、财产权益及其他类型的知识产权;因果关系是过错与损害后果之间的客观联系,特定的法律上的因果关系,是对行为人依法归结侵权责任的基础。

2）电子商务侵权责任归责原则

侵权责任的归责原则包括过错责任原则、过错推定原则以及严格责任原则。过错责任原则是归责原则体系中的核心原则,据耶林的著名论断:"不是损害,而是过错造成了责任,简而言之,就像化学家所断言的那样,燃烧的不是光亮而是空气中的氧气",过错责任原则是归结侵权责任的一般原则,网络侵权行为一般适用过错责任原则。联合国国际贸易法委员会《国际贷款划拨示范法》对银行迟延划拨及划拨错误的情形规定了过错责任,而《欧盟电子商务指令》对网络服务提供商提供互联网接入服务、信息传输通道服务及信息缓存服务也适用了过错责任原则,此外,美国、新加坡、德国等国家在电子商务单行法中对认证机构、电子资金划拨机构所规定的责任限制条款,均汲取了过错责任原则的基本理念,其在电子商务侵权行为归责原则体系中居于支配地位。

基于电子商务活动的技术性特征,过错推定责任在电子商务侵权领域也得以适用,其归结侵权责任的本质仍然是过错,但通过举证责任倒置的形式分散了责任,类似于英美法系国家所运用的"事实自证规则",赋予事实本身以证明力。我国在《电子签名法》中即对认证机构规定了过错推定责任:电子签名人或者电子签名依赖方因依据电子认证服务提供者提供的电子签名认证服务从事民事活动遭受损失,电子认证服务提供者不能证明自己无过错的,应当承担赔偿责任。电子认证、电子支付、电子物流均具有较强的技术依赖性,适用过错推定责任实现举证责任的转移,能够减少诉讼主体的技术力量不对称给诉讼公正带来的偏差,维系司法公正。

无过错责任在德国法中称为"危险责任",在英美法上则多称"严格责任"。适用无过错责任原则认定侵权责任的基础并非基于行为人的过错,而是从最初的"有损害,就有赔偿"的结果责任理论向"无过错,即无责任"的行为责任理论转变后,基于合理分担风险、保护弱势群体利益、确保社会公正的考量而特设的侵权行为归责原则类型。在电子商务领域,对产品缺陷致人损害的侵权行为适用无过错责任原则。商家通过网络交易平台发布商品信息后,买方选定商品并与之达成电子合同,其便负有权利瑕疵担保义务及质量瑕疵担保义务,对于因产品缺陷造成买方及第三方损失的,即使作为生产者或销售者的商家无过错,也应当承担更换、退货或者退款以及赔偿损失的侵权责任。在电子商务产品责任领域适用无过错责任原则,可以有效地保护消费者合法权益。

3）电子商务侵权行为责任形态

与一般侵权行为相同,电子商务侵权责任形态也分为直接责任与替代责任、单方责任与双方责任、单独责任与共同责任(包括按份责任、连带责任、不真正连带责任、补充责任)。电子商务涉及商品交换以及资金流转的财产关系,直接责任依然构成侵权行为责任形态的常态,而涉及替代责任的领域主要包括法人及其他组织的对其工作人员在执行职务过程中的侵权行为的替代责任、监护人对无民事行为能力人及限制民事行为能力人的电子商务侵权行为的替代责任、雇主对雇员在从事雇佣活动中致人损害的替代责任、被代理人对代理人的电子商务侵权行为的替代责任。在网购群体年轻化、网络信息注册普遍匿名化、网络技术人员能娴熟地利用技术手段操纵公司核心机密的现代电子商务环境下,依法界定直接责任与替代责任尤为必要。

根据侵权人与被侵权人的过错形态,侵权责任可分为单方责任与双方责任,单方责任依据自己责任的原理,根据侵权行为与损害结果之间所存在的单一因果关系将侵权责任归结于加害行为人一方,体现了权责一致的理念,而双方责任的运用主要依据过失相抵原则。过失相抵是与有过失的法律后果,基于被侵权人对损害结果的发生也有过错,侵权行为人得以减轻或免除责任。一项电子商务流程的完成依赖多方主体的参与,因而也划分出多重侵权责任形态,对于电子商务侵权行为,一般由加害行为人承担责任,但如果被侵权人对损害后果的发生也存在过错,如无正当理由取消订单致使交易中断、明知商品有瑕疵但出于低价诱导而购买商品,以及冒用他人的支付工具进行付款的,则需适用双方责任,根据其过错程度及原因力比例减轻或免除侵权人的责任。

依据行为人对损害结果的发生是否存在共同过错,侵权责任形态可以分为单独责任与共同责任,对于单独侵权行为,一般由加害行为人独立承担责任,而对于共同侵权行为,应由有过错的加害行为人共同分担责任。其中,承担共同责任的形式又分为,加害主体之间无共同意思联络的按份责任、基于共同故意的连带责任、能够确定最终责任人的不真正连带责任、真正的责任主体责任能力欠缺时的补充责任。参与电子商务的各机构是独立的,而促成电子商务系统运营的各环节是相互关联的,网络服务提供商发布交易信息的行为,买卖双方达成电子合同的行为,电子支付机构提供交易担保的行为,银行进行资金划拨的行为,物流系统运送商品的行为,买方签收后支付结算的行为,各环节环环相扣,而在关联环节中,电子商务主体基于共同过错而引发的共同责任是普遍存在的。

14.1.4　我国网络侵权的立法

网络侵权是随网络时代的发展而产生的新的侵权类型,我国的网络起步较晚,导致我国这方面的立法开启得较晚,且较为滞后。中国现行的著作权法为著作权人在数字环境下提供了一定程度的保护。比如,1990年制定、2001年修订的《中华人民共和国著作权法》及其《实施条例》为著作权人、邻接权人提供了基本的著作权保护。2000年11月22日,通过的《最高人民法院关于审理涉及计算机网络著作权纠》《最高人民法院关于审理涉及计算机网络著作权纠纷案件适用法律若干问题的解释》(以下简称《解释》),初步建立我国网络侵权的侵权责任制度,主要对网络服务提供者的共同侵权责任、破坏权利人技术保护措施的责任、协助调查义务和侵权责任限制等问题进行规定。该《解释》中对侵权主体的网络服务商分别使用了"网络服务提供者"和"提供内容服务的网络服务提供者"两个概念,但并未对二者加以区别,其体现更多的是对ICP作出规范,针对其他ISP的侵权责任规范很少,而且该条例原则性较强,缺乏可操作性。

2005年5月30日颁布的《互联网著作权行政保护办法》(以下简称《办法》),规定了"通知和反通知"程序制度,在完善网络著作权纠纷司法解释通知制度的基础上,首次规定了反通知制度,使相关程序规定趋于完善。

2006年5月20日,我国在借鉴国内外司法实践的基础上颁布了《信息网络传播权保护条例》(以下简称《条例》)。该条例对ISP侵权责任进行了较为详尽的规定,其中借鉴美国立法的先进之处,对 ISP 责任作出限制,罗列出提供接入服务或传输服务、提供系统缓存服务、提供信息存储空间服务和提供搜索或者链接服务四种服务方式的免责条件。

2010 年 7 月 1 日,《侵权责任法》颁布实施,是我国第一次以民事基本法的高度对网络侵权作出的规定,其中第三十六条规定:"网站服务提供者明知网络用户利用其网络服务实施侵权行为,未采取必要措施的,与网络用户承担连带责任。""网络用户利用网络服务实施侵权行为的,受害人有权向网络服务提供者发出要求删除、屏蔽侵权内容的通知。网络服务提供者得到通知后未及时采取必要措施,对损失的扩大部分与该网络用户承担连带责任。"上述规定显示 ISP 在侵权责任中承担间接责任,适用过错责任原则。特殊情况下适用连带责任归责原则。

2020 年 5 月 28 日颁布的《民法典》设"侵权责任"编,共十章 94 条,其中第十章"责任主体的特殊规定"包括四个条文直接面向网络侵权,即第 1194 条、第 1195 条、第 1196 条和第 1197 条。第 1194 条是网络侵权的一般条款,其宣示:"网络用户、网络服务提供者利用网络侵害他人民事权益的,应当承担侵权责任。法律另有规定的,依照其规定。"而第 1195 条重申并细化了原来《侵权责任法》的相关规定,对"避风港"规则加强限制,即"网络用户利用网络服务实施侵权行为的,权利人有权通知网络服务提供者采取删除、屏蔽、断开链接等必要措施。通知应当包括构成侵权的初步证据及权利人的真实身份信息。网络服务提供者接到通知后,应当及时将该通知转送相关网络用户,并根据构成侵权的初步证据和服务类型采取必要措施;未及时采取必要措施的,对损害的扩大部分与该网络用户承担连带责任。权利人因错误通知造成网络用户或者网络服务提供者损害的,应当承担侵权责任。法律另有规定的,依照其规定"。

《民法典》第 1196 条发展了网络侵权的立法成果,规定:"网络用户接到转送的通知后,可以向网络服务提供者提交不存在侵权行为的声明。声明应当包括不存在侵权行为的初步证据及网络用户的真实身份信息。网络服务提供者接到声明后,应当将该声明转送发出通知的权利人,并告知其可以向有关部门投诉或者向人民法院提起诉讼。网络服务提供者在转送声明到达权利人后的合理期限内,未收到权利人已经投诉或者提起诉讼通知的,应当及时终止所采取的措施。"第 1197 条确认:"网络服务提供者知道或者应当知道网络用户利用其网络服务侵害他人民事权益,未采取必要措施的,与该网络用户承担连带责任。"

14.2　电子商务侵权的主体

电子商务(Electronnic Business)的发展以互联网为媒介,以现代化的物流系统为载体,借助电子数据交换(EDI)技术而发展起来。我国首先将 EDI 技术应用于海关、外贸、交通航运领域,孕育了电子商务发展的雏形。现在,电子商务已经从最初的 B2C 模式向 B2B、C2C、B2G 模式扩散,其涵盖的商品范围辐射至生产、生活的各个领域,并以高效、快捷的交易模式打开了国际市场。然而,由于我国的互联网基础设施建设水平不高、电子商务安全技术保障不力、互联网诚信机制不健全、物流配送体系不完善,电子商务仍然面临诸多的发展瓶颈,致使侵权行为频发。而立法不健全,法律体系不完善,也是制约电子商务发展的重要因素。

侵权主体是指因过错而损害他人财产或人身,依法应承担责任的个人、社会组织或法人,或者虽无过错损害他人的财产或人身,但法定应承担损害赔偿责任的个人、社会组织或法人。在网络侵权中,其侵权行为主体已与传统的侵权主体有明显不同,除网络用户外,还有网络服务提供者(即 Internet Service Provider, ISP)。毋庸置疑,网络服务提供者为互联网的正常运行和发展起到了无可取代的重要作用,也正因为此,在诸多网络侵权纠纷中,网络服务提供者屡屡被卷入其中,成为被侵权人指控的侵权主体。《民法典》第 1194 条将网络侵权主体分为网络用户和网络服务提供者,仅是提及侵权主体的概念,我们怎样细分网络主体对于法律的适用至关重要。

14.2.1 网络用户

网络用户主要是自然人用户,通常被称为"网民"。在网络中,自然人用户指的是接受网络服务的当事人。

网络用户也包括法人用户,任何法人组织只要同时具备网上交易的能力和较好的网上支付工具,能以法人的名义为自己的交易承担相应的法律责任,就可以作为买受人参与网络活动。社会组织如果具备以上法人的特征,也可以成为网络用户。所以网络用户包括,自然人、法人和社会组织。

14.2.2 网络服务提供者

网络服务提供者有广义和狭义之分,狭义的网络服务提供者是指为网上信息交流提供各种信息和中介服务的第三方主体,不包括直接作为信息交流的网络用户。广义的网络服务提供者则泛指网络上的一切信息提供者和中介服务者,不仅包括网络服务商、公益性网站等,也包括上载信息的网络用户。此处的"服务"既包括提供信息服务也包括中介服务。本书使用的是狭义上网络服务提供者的概念,根据其提供服务内容的不同,可以将其分为两大类,即网络中介服务者和网络内容提供者。

网络中介服务者,指为网络提供信息传播中介服务的主体。根据对网上所传播信息实际监控能力的不同,网络中介服务者又可分为两类。

第一类是接入服务提供者(Internet Aeeess Provider, IAP),主要投资建立网站中转站、租用通道和电话线路,以及提供中介服务,包括连线服务、IP 地址分配、交换机服务等。在我国网络接入服务主要由取得相关执照的电信公司提供,中国电信、中国网通、中国移动等均属此类。接入服务提供者对网上信息所起的作用仅相当于一个传输管道,无论是信息提供者发送信息,还是信息获取者访问信息,均通过接入服务提供者提供的设施或计算机系统,经过自动的技术处理过程实现,信息的内容原封未动,对网络信息的合法性没有监控义务,只是实现用户进入互联网的可能,对他人在网络上实施的侵权行为没有主观过错,所以不应承担过错法律责任。因而这类网络服务提供者不是我们网络侵权立法研究的主要对象。

第二类是网络平台提供者(Internet Plat Provider, IPP),指为用户提供服务器空间或为用户提供空间,供用户阅读他人上载的信息或自己发送信息,甚至进行实时信息交流或使用超文本链接等方式的搜索引擎,为用户提供在网络上搜索信息工具的主体。

例如,web 服务器或虚拟主机提供者、电子布告板 BBS（Bulletin Board System）、邮件新闻组、聊天室及网络会议室经营者等。虽然主机服务提供者一般是按照用户的选择传输或接收信息,本身并不组织所传播的信息,但其对网上信息所担当的角色已不仅限于传输管道;在技术上,主机服务提供者可以对信息进行编辑控制。其对网上传输的内容是否有一定的注意义务,是实践中争论的焦点之一;即使没有注意义务,如果侵权受害人向其发出了制止侵权人网上侵权行为的通知,而其不采取措施对侵权行为予以制止的情况下应承担何种责任,实践中争议较大,《民法典》规定的网络服务提供者是否包含此类网络平台基础技术提供者,也是我们研究的重点。

网络内容提供者（Internet Content Provider, ICP）,利用 lAP 线路,通过设立的网站提供信息服务,如凤凰网、YAHOO、新浪网等大网站,小到设立 Web 网页的个人用户,如个人的新浪博客、QQ 空间、人人网主页等。其共同点是自己组织信息通过网络向公众传播的主体,任何人都能成为网络内容提供者,不论是某个网络服务商还是普通的个人用户,只要提供信息向网络发布就属于网络内容提供者。虽然一些网络服务商的主要业务是提供中介服务,但也在自己的网站上发布信息,对于这些信息而言,其就是网络内容提供者。在此情况下,提供内容的网络服务商就与作为个体提供内容的网络侵权者"角色交叉重叠",都是直接侵权责任主体。总之,网络内容提供者因为本身已经对所提供内容进行了整理加工,并完全知晓其所提供内容,如果侵害他人权利,则应构成直接侵权。

综上所述,实际上在网络环境下,作为网络侵权责任的主体的网络服务提供者只有两类,一类是网络平台提供者 IPP,另一类是网络内容提供者 ICP。本书所要探讨的就是网络内容提供者和网络平台提供的信息或平台服务构成对他人合法民事权益的侵害时所应承担的民事责任。

14.3　电子商务侵权的客体

网络侵权行为的对象及其表现形式,按照不同的划分标准,有着不同的分类。根据侵权行为客体的不同,可以分为:

14.3.1　网络侵害人格权

网络侵害人格权主要分为四类。

第一类网络侵害姓名权,在网络中盗用或者冒用他人姓名的情况经常发生,其典型的表现形式就是盗用他人名义发出要约签订电子合同以及伪造他人姓名的电子签章。

第二类网络侵害肖像权,"肖像权,是自然人对自己的肖像享有再现、使用并排斥他人侵害的权利"。根据这一概念,网络空间中肖像权侵权的主要形式有:在网站上刊登未经本人同意拍摄的他人在非公开场合中的肖像;未经本人同意,在网站上使用与发布信息内容无关的他人肖像;未经本人同意,使用他人肖像在互联网上做广告,进行商业宣传,以及未经本人同意的其他不当使用行为。

第三类网络侵害名誉权,无论是网络用户,还是网络内容提供者或者网络平台提供者,都可能利用网络提供的平台,侵害他人的名誉权;另外,网络经营者通过侵害名誉权进行不正当竞争,也常是网络侵害名誉权的侵权行为。

第四类网络侵害隐私权,隐私权是一种人格权,它是指公民所享有的个人私事不为他人知悉或侵扰的权利。网络隐私权是隐私权在网络环境下的延伸,是指自然人在网上享有的私人生活安宁和私人信息依法受到保护,不被他人非法侵犯、知悉、收集、复制、利用和公开的一种人格权;也禁止在网上泄露某些个人相关的敏感信息,包括事实、图像以及诽谤的意见等。网络侵害隐私权主要有以下几种形式:一是非法入侵,未经本人同意,非法侵入他人电脑、电信设施的,侵扰他人的生活安宁;二是非法截取、覆盖,未经同意在他人进行传播信息的过程中,对他人的商业信息进行拦截、覆盖;三是非法窃听、窃取、删除,未经他人同意,利用网络技术窃听他人网络电话或者网络聊天的内容,窃取他人的图片、文字,窃取他人的拨号上网密码,恶意复制删除他人资料等;四是伪造、修改他人私人资料,非法侵入他人电脑、电信设施,恶意伪造、修改他人的资料,以使自己获得非法利益或者不获得任何利益;五是披露,未经他人同意,将他人的网络姓名等个人信息资料予以公开,如最近比较热点的"人肉搜索"问题。对个人信息的非法侵害是网络侵害隐私权的主要表现。

我国目前对隐私权的概念、隐私权的完整内容并未有一致意见,相关的学术研究和立法更是滞后。在这样的现实情况下,一方面,要在未来的民法典中明确隐私权的地位及概念,确立完整的隐私权体系。另一方面,要通过相关的立法建立完整的个人信息保护制度,规定相关侵权人的民事责任。如强制性地要求网站提供隐私保护通告;互联网上的个人信息以不得侵害他人的隐私权为前提可以有条件地使用收集;规定网民有权选择他们的个人信息如何被使用;网站应该有足够的技术保证网民的个人信息安全等。总之,关于网络隐私权的保护问题仍需要进一步的探讨和关注。

14.3.2　网络侵害财产权

基于网络活动的便捷性和商务性,网络侵害财产权的情形较为常见,最典型的是侵害网络虚拟财产。网络侵害财产权主要有以下几类。

第一类侵害信息空间,用于存放在电磁记录的信息空间本质上与作为虚物的电磁记录是一致的,因此对于信息空间的支配性权利表现为将这些电磁记录转化为需要储存的虚物的电磁记录,因此,信息空间本身也是财产,非法侵害网络信息空间,构成侵害财产权。

第二类侵害计算机文件,计算机系统中凡是具有独立性的电磁记录都被称为计算机文件,侵害计算机文件也构成侵害财产权。

第三类侵害网络集合物,网络集合物,是指那些由多种成分或者多个部分相互配合、相互连接形成一个整体的虚拟物,如数据库、包含多个文件的软件等,侵害这些网络集合物,也构成侵害财产权。

第四类侵害其他网络财产,此种侵权包括但不限于用户 ID（Identification）、网络游戏装备、电子邮箱使用权和网络空间使用权等。

14.3.3　网络侵害知识产权

网络上涉及的知识产权问题范围广泛,可以说每一方面的知识产权问题都可以出现在网络上,例如盗版、不正当竞争、窃取商业秘密、专利侵权、商标侵权等。网络侵害知识产权,主要是指侵犯著作权和商标权。

侵犯著作权方面:利用网络侵犯著作权的行为是多种多样的,例如擅自将他人作品进行数字化传输,擅自将他人数字化作品文字化处理,规避技术措施侵犯他人著作权,利用网络侵害音像作品的邻接权,以及侵犯电子数据库、多媒体作品的著作权等。

侵犯商标权方面:当使用他人的商标作为网页上链接的描述,可能会导致消费者的混淆,忽略被链接者的商标以及其他信息,而直接当作链接者享有的商标;某一个网主将他人的商标埋在自己网页的源代码中,虽然用户不能在该网页直接看到他人的商标,但是用户使用搜索引擎查找该他人商标时,该网页就会位居搜索结果的前列,也可能侵犯他人的商标权;对于他人商标相同或相似的域名抢注的行为,也有可能侵犯他人的商标权等。

14.4　电子商务侵权归责原则

14.4.1　传统侵权归责原则

归责原则,是指行为人因其行为和物件致他人损害的事实发生后,应依何种根据使其承担责任,此根据体现了法律的价值判断,即"法律应以行为人的过错还是应以已发生的损害结果为价值判断标准,抑或以公平考虑等作为价值判断标准,而使行为人承担侵权责任"。侵权法的归责原则是侵权法中最为重要的问题,处于侵权法研究的核心地位。它对于侵权责任的分类、举证责任的承担、减轻责任和免除责任的条件、损害赔偿的原则和方法都有极其重要的意义。有学者对于侵权法的归责原则作用作出了科学的界定,"侵权法的归责原则是归责的规则,是确定行为人的侵权民事责任的根据和标准,也是贯穿于整个侵权行为法中对于各个侵权法规范起着统师作用的立法指导方针"。

我国民事责任的归责原则包括过错责任原则、无过错责任原则和公平责任原则三种。学界对此又有不同的学说,主要有一元论、二元论和多元论。我们赞同二元论,它不仅在逻辑上比较周延,在实践中也得到众多专家的支持。《民法典》侵权责任编也是如此规定。该法在第 1165 条和第 1166 条分别规定了过错责任原则和无过错责任原则,过错推定作为过错责任原则的特殊情况,也规定在第 1165 条内。由此,网络侵权属于过错责任。

14.4.2　电子商务侵权归责原则

《民法典》第 1194 条规定:"网络用户、网络服务提供者利用网络侵害他人民事权益的,应当承担侵权责任。"此条体现了网络侵权责任仍以一般侵权的归责原则为基础。而《民法典》第 1195 条规定体现了"避风港"原则特征,即网络服务提供者接到受侵害权利人通知后,应当及时将该通知转送相关网络用户,并根据构成侵权的初步证据和服务类型采取必要措施;未及时采取必要措施的,对损害的扩大部分与该网络用户承担连带责任。该条的意涵表达出网络服务提供商只有在已知情的情形下才为自己"未采取必要措施"之过错而导致的间接侵权承担连带责任。第 1197 条确立了"红旗规则",即网络服务提供者知道或者应当知道网络用户利用其网络服务侵害他人民事权益,未采取必要措施的,与该网络用户承担连带责任。此种连带责任主观恶性更大,应属于过错推定归责。

14.5　网络用户或者网络服务提供者的侵权责任

14.5.1　网络用户、网络服务提供者的单独侵权责任

《民法典》第1194条规定:"网络用户、网络服务提供者利用网络侵害他人民事权益的,应当承担侵权责任。"该款规定了网络侵权行为自己责任规则,即网络用户和网络服务提供者因为自己的过错造成了他人的损害,应当承担侵权责任。该条是一种宣示性条款,又是网络侵权责任的一般规则。应按照一般侵权责任适用过错责任原则。

该条款存在的价值,其作用表现为两点。一方面,它表明本条款所规制的对象须单独承担侵权责任。本款中的"网络用户"与"网络服务提供者"之间是用"顿号"而非"或者"来衔接的,由此说明二者之间是并列关系。因此,不排除网络服务提供者为自己单独实施的网络侵权行为担责的情况。另一方面,本款的存在也是为了引导出后面的规则。由于网络服务提供者与网络用户之间不存在意思联络,其行为必然不同于传统民法上的共同侵权,因此,立法者认为应当予以特别调整,故设置了本条之后三条内容。

14.5.2　网络用户和网络服务提供者的连带侵权责任

《民法典》第1195条规定了被网络侵害之权利人通知网络服务提供者采取删除、屏蔽、断开链接等必要措施的权利以及行使此权利的必要条件。而网络服务提供者接到通知后未及时采取必要措施的,对损害的扩大部分与该网络用户承担连带责任。第1197条确认,若网络用户的侵权行为十分明显,网络服务提供者没有理由不知情的,未采取必要措施就应与侵权行为人承担连带责任。该款的核心内容包括对网络服务提供者适用"提示规则"和"明知规则"。

1)提示规则

提示规则,"网络用户利用网络服务实施侵权行为的,被侵权人有权通知网络服务提供者采取删除、屏蔽、断开链接等必要措施。网络服务提供者接到通知后未及时采取必要措施的,对损害的扩大部分与该网络用户承担连带责任"。这是《民法典》第1195条规定的网络服务提供者的连带责任。对此,有学者将该款规定称为"通知规则",也有学者称为"提示规则"。提示规则的要点是:网络服务提供者不知道网络用户利用其网络实施侵权行为,被侵权人知道自己在该网站上被侵权,有权向网络服务提供者提示,通知其网站上的内容构成侵权,应当采取删除、屏蔽、断开链接等必要措施。网络服务提供者在接到该提示之后,应当按照其提示,及时采取上述必要措施。如网络服务提供者未及时采取必要措施,构成对网络用户实施的侵权行为的放任,具有间接故意,视为与侵权人构成共同侵权行为,因此,就损害的扩大部分,与侵权的网络用户承担连带责任。如果网络服务提供者未经提示,或者经过提示之后即采取必要措施,网络服务提供者就不承担责任,即在国外被形象地称为"避风港"规则。

该规则的目的在于将网络服务提供者与其用户的侵权行为分割开来。如果网络服务提供者满足了避风港条款中的豁免规定,则只有实施直接侵权行为的用户本人需要对其承担损害赔偿责任,而网络服务提供者并不因该用户使用其网络服务而承担侵权责任,从而保护和鼓励互联网行业的健康发展,给予其更为自由的发展空间。提示规则充分考虑了权利人与网络服务商在遏制侵权方面各自的优势:权利人一般均具有丰富的专业知识,且对自己的作品最为熟悉,避风港规则将主动发现和监督侵权活动的责任分配给权利人;而网络服务者能够利用删除、屏蔽等技术手段有效制止侵权行为,因而提示规则要求其应协助权利人制止侵权,这种设计恰恰契合了法律的效率原则。

2)明知规则

明知规则,"网络服务提供者知道网络用户利用其网络服务侵害他人民事权益,未采取必要措施的,与该网络用户承担连带责任"。这是《民法典》第 1197 条规定的网络服务提供者的连带责任。网络服务提供者的明知规则,就是网络服务提供者明知网络用户利用其网络实施侵权行为,对于该网络用户实施的侵权行为其主观上具有放任的间接故意,因而未采取必要删除、屏蔽或者断开链接必要措施,任凭网络用户利用其提供的网络平台实施侵权行为,对被侵权人造成损害。网络服务提供者的这种放任侵权行为的行为,在侵权行为造成的后果中,就有网络服务提供者的责任份额,其应当承担连带责任。

14.5.3 网络服务提供者承担连带责任的性质

第一,网络服务提供者应当与谁承担连带责任? 这个问题是确切的,就是与利用网络实施侵权行为的网络用户。但本条只规定了网络服务提供者承担连带责任,实际情况是利用网络实施侵权行为的网络用户也是连带责任人。如果被侵权人起诉两个被告,即网络服务提供者和网络用户,法院应当一并审理并确定各自的赔偿责任份额。但由于网络侵权行为隐秘性的特点,被侵权人一般只知道侵权的网站,很难确切知道侵权的网络用户是谁,在实践中,被侵权人通常只起诉网络服务提供者,而不起诉或者无法起诉直接侵权人。

第二,网络服务提供者承担连带责任是基于共同侵权吗? 换言之,一方的侵权行为是直接行为,另一方的侵权行为是间接行为,是否构成共同侵权。网络服务提供者的责任,由于实施侵权行为的网络用户的隐秘性,被侵权人不易确定直接侵权人身份的特点,故基于公共政策考量而规定的连带责任。这使被侵权人可以直接起诉网络服务提供者以保护自己的合法权益。而这是给网络服务提供者增加了一个较为严重的责任。

第三,网络服务提供者为何要与实施侵权行为的网络用户承担连带责任? 对此,有的学者解释网络服务提供者因为实施了间接侵权行为。这样界定网络服务提供者承担连带责任的侵权行为的性质是正确的,网络服务提供者对侵权行为没有采取必要措施的行为是一个间接行为,并非直接侵权。

第四,网络服务提供者负连带责任,就要涉及赔偿责任份额的问题。对此,应当根据责任大小确定。因为网络服务提供者的行为属于间接行为,因而其承担责任的份额不是主要责任份额,必然是次要责任,并且应当根据网络服务提供者的行为的原因力和过错程度,确定适当的赔偿份额。并且网络服务提供者在承担了连带责任之后,有权向利用网络实施侵权行为的网络用户追偿。

在把握网络侵权原则的要点的同时,也应理顺此原则所包含的法律精神,否则将会对互联网的发展和公众利益造成严重影响。理解和解释《民法典》侵权编的基点是:第一,实行依法原则。确定网络服务提供者自己承担的责任,尤其是确定网络服务提供者的连带责任,都必须严格依照《民法典》第 1195 条规定进行。第二,实行慎重原则。网络服务提供者对网络用户实施的侵权行为承担连带责任,本身就不是网络服务提供者自己的责任,仅仅是因为自己没有采取必要措施而将其视为与网络用户的行为构成连带责任,是为网络用户承担侵权责任的间接侵权行为,因此,确定该连带责任应当慎重。第三,实行保护原则。由于网络侵权行为的特殊性,在公民合法权益的保护和互联网产业的发展二者之间发生冲突的时候,仍需要作出利益的平衡。保护原则首先是保护好网络服务提供者的合法权益,维护互联网事业的正常发展。其次是保护好网络的言论自由阵地,保护好网络用户的言论自由。

这两个保护是相辅相成、互相促进的。如果过于限制网络服务提供者的行为自由,对其施以苛刻的侵权责任,既损害了互联网事业的发展,同时也会严重限制网络言论自由,阻碍互联网职能作用的发挥,最终限制的是公民的权利。

14.6 电子商务侵权行为程序法

程序公正与实体公正共同捍卫着司法公正,同时,司法公正与司法效率的有益结合共同促成了司法公正,而特殊行为领域需要特殊法律规则的介入,以修复与平衡特定的社会关系。对于电子商务侵权行为,特殊的司法管辖权规则与特定的涉外电子商务侵权行为法律适用规则可以有效维护司法公正,而合法的司法取证及技术规则与高效的在线 ODR 争端解决机制可以有力保障司法效率,但由于受到客观技术水平的限制,再加上新生的网络空间不断更新的代码与口令程序,常常令实体空间的规则与制度在网络空间望尘莫及,因此,创设网络空间的特殊行为规则,完善电子商务侵权行为程序法体系,仍然是摆在我们面前的难题。

14.6.1 电子商务侵权行为司法管辖权体系

电子商务开启了高效、快捷的消费模式,而与此同时,利用钓鱼网址、木马攻击等欺诈手段实施的侵权行为也层出不穷,而司法管辖权的界定是救济被侵权人的损失、保障被侵权人的诉权的前提。对于一般侵权行为,由侵权行为地及被告住所地法院管辖,而网络的虚拟性及匿名性导致侵权行为地及被告住所地难以确定,使得电子商务侵权行为司法管辖权的界定陷入困境。对此,《最高人民法院关于审理涉及计算机网络著作权纠纷案件适用法律若干问题的解释》作了专门规定,网络著作权侵权纠纷案件由侵权行为地或者被告住所地的法院管辖,侵权行为地包括实施被诉侵权行为的网络服务器、计算机终端等设备所在地,对难以确定侵权行为地及被告住所地的,原告发现侵权内容的计算机终端等设备所在地可以视为侵权行为地,从而为确定网络空间侵权行为的司法管辖权设定了特殊规则。

该司法解释关于网络著作权侵权行为司法管辖权的确定规则带有一定程度的技术性。对于网络著作权侵权行为,作品的上传、下载均通过互联网在线完成,界定了网络服务器所在地,即可以找到对应的网络服务提供商,由该网络服务器所在地法院行使管辖权,一方面便于查清案件事实,另一方面可以通过案件的公开审理实现对法院地居民的教育功能。然而一般参与电子商务活动的被侵权人并不精通计算机专业知识,对网络服务器的概念尚不明晰,再要求其确定网络服务器所在地法院并行使诉权,无疑对其附加了更高的诉讼成本。而对于网络钓鱼、黑客攻击等侵权行为,被告实施被诉侵权行为的计算机终端设备所在地等侵权行为地往往无法确定,需要运用域名解析等技术手段通过网址等信息获取 IP 地址,并通过 IP 地址确定与其对应的空间地理位置,进而确定侵权行为地或被告所在地,这同样要求高超的计算机操作水平,不方便被侵权人提起诉讼。

另外,该司法解释是关于网络著作权侵权的专门规定,而电子商务的交易客体涉及更广范围的商品与服务,对于著作权义务的其他侵权行为,能否适用该司法解释尚不明确。而参与电子商务活动的主体也不仅是网络服务提供商,还包括电子认证机构、电子支付机构及物流运输企业,在网络环境下,当上述主体作为被告时如何确定司法管辖权,《民事诉讼法》及相关的司法解释也未作出明确规定。同时,该司法解释并未对原告所在地法院规定优先管辖权,而对于涉网侵权诉讼,原被告双方往往不在同一个城市,由原告向被告住所地或侵权行为地法院提起侵权之诉,要花费高昂的诉讼成本,再加上难以确定侵权行为地及被告住所地,原告常常会选择放弃诉讼,这不利于对原告的诉权保障,也妨害了司法公正。

14.6.2 电子商务侵权行为证据及技术规则

电子证据的真实性、完整性、原始性是判定其证明力的标准,目前,各国在电子商务法中均肯定了电子证据的证明力,我国在新修订的《中华人民共和国刑事诉讼法》中也将电子证据列为法定的证据类型,赋予其与物证、书证及其他形式的证据以同等程度的证明力。电子证据作为独特的视听媒介,其不同于一般的实物证据,能够掌控电子商务操作系统的一方具有举证优势,而举证之所在,败诉之所在,虽然抽象的归责原则体系锁定了证明责任及证明标准,但是通过证明责任的重新分配可以实现事实本身的证明力与证据的证明力之间的均衡,以矫正的正义实现司法公正,我国在《电子签名法》中即规定了电子认证机构的过错推定责任。

电子商务活动具有较强技术依赖性,对匿名的电子商务侵权行为司法管辖权的确定,对诉讼程序中电子证据证明力的判定,均要求司法人员具有较高的信息技术操作水平,运用专业的信息加密技术、域名解析技术、电子认证技术等技术手段对证据进行认证与判定,方能达到民事诉讼所要求的高度盖然性标准,这无疑对现有的司法技术提出了更高的要求。而对于匿名加害行为,要求被侵权人对诉讼的提起、对损害事实的证明、对证据的收集与论证,也需要较高的信息技术操作水平,在加害行为人即时断开网页链接、瞬时篡改交易记录、实时销毁电子证据的情况下,获取证据的技术难度、判定事实的技术强度、认定责任的技术力度,均对现有的司法诉讼模式提出了更高的技术要求。司法取证与鉴定程序的合法性是判定电子证据证明力的重要标准,是衡量程序公正的标准之一,尤其是对于网络钓鱼、黑客攻击等电子商务侵权行为,高端的司法取证手段及鉴定技术是依法查清事实、归结责任的必要手段。

我国现行的计算机取证及司法鉴定体制不健全,而司法取证及鉴定技术水平与电子商务相对发达的国家相比还存在一定差距，也没有专门的技术组织对网络空间发生的侵权行为进行专项法律援助，因此，在电子商务侵权纠纷发生后，被侵权人的诉权保障面临困境。另外，虽然电子证据的证明力已经在诉讼中得到了肯定，但是取证及鉴定的技术难度始终是制约电子证据充分发挥其证明效力的桎梏，没有高端的司法技术水平作后盾，即无法充分展开对电子证据的认定与质证，达不到认定事实清楚的证明标准，进而影响审判公正。

14.6.3　电子商务侵权行为争端解决机制

电子商务的运行以互联网为载体，而现行的诉讼模式仍然以法院地实体审理为主，新型的电子政务尚未拓展至司法诉讼领域，法院并不在线受理纠纷，异地取证以及对发生法律效力的判决与裁定的承认与执行仍然通过委托形式进行，类似国外的"电子法庭"尚未启动，致使对于诉讼成本高昂的侵权纠纷，被侵权人会自动放弃诉讼，从而导致严重妨害司法公正。严格的程序规则凸显了国家与法律的强制力，而过于严苛的程序规则将使正义被束之高阁，普通民众难以企及。信息产业的飞速发展要求与之相应的法律制度做出合理的调整，顺应互联网带动电子商务飞速发展的趋势，构建新型、高效的替代性争端解决机制即十分必要。

仲裁是及时、高效解决商事领域法律纠纷的先锋，特别是在涉外民商事领域。而我国现行的仲裁程序仍然以仲裁机构的实体仲裁为主，未设定专门的在线仲裁规则，对在线仲裁机构的组建、在线仲裁规则的制定、在线仲裁裁决的承认与执行以及在线仲裁程序的技术要求等均停留在理论研究层面，并未以此为基础形成高效的电子商务在线仲裁制度。而随着电子商务的国际化发展，侵权纠纷中出现了诸多涉外因素，如果没有完善的在线仲裁制度，将无法与国际先进的仲裁理念相接轨，也无法切实推进在线仲裁制度的施行。

目前，我国的在线 ODR 争端解决机制还处于不断完善的过程之中。2004 年 6 月，中国电子商务法律网、北京德法智诚咨询公司发起设立"中国在线争议解决中心"，提供在线 China ODR 信息交换平台，当事人可以登录其网站登记案件，申请在线和解或在线调解，是中国首家全面提供在线争议解决机制的提供商（ODR Provider）。但是，在线 ODR 争端解决机制尚未形成完善的体系结构，没有相应的履行保障机制，也缺少完善的技术保障措施，未能发挥其低成本、高效率的优势。电子商务打开了消费市场，使商品的价格更透明，交易程序更加快捷，为了避免这种低成本优势被高概率的侵权行为所侵蚀，就需要不断完善电子商务侵权行为争端解决机制，为电子商务的发展提供有效的法治保障。

14.6.4　涉外电子商务侵权行为法律适用规则

网络无国界，但运用司法程序解决互联网空间发生的侵权行为却触及国家司法主权，网络的互通性与国家主权的独立性催生了客观的法律适用冲突。根据传统的冲突法理论，侵权行为适用侵权行为地法，而在网络环境下，侵权行为发生地与侵权结果发生地均具有不确定性，因此"侵权为地"理论在网络空间的适用即面临困境。我国的《涉外民事关系的法律适用法》也仅规定了对于一般侵权行为适用"侵权行为地"理论，并未针对网络环境下涉外侵权行为的法律适用作出特殊规定，因此，在难以准确界定侵权行为地的情况下，即缺少相应的冲突规范用以确定应当适用的准据法。因此，如何适当援用国际私法领域的冲突法理论,克服"侵权行为地"理论在网络空间的适用困境,即成为我国确定涉外电子商务侵权行为的法律适用规则所面临的问题。

"意思自治原则"是确定涉外民商事关系法律适用的重要原则,在适用司法诉讼程序解决纠纷时,当事人有权就解决纠纷所应适用的法律进行协商选择。但当事人意思自治的范围仅限于对实体法的选择适用,对于解决纠纷所应适用的程序法,当事人并没有选择权,应当适用法院地法。同样,在仲裁程序中,也适用"司法权理论"对当事人意思自治的范围进行限制,当事人仅有权就仲裁员的选任及仲裁规则的适用作出选择,仲裁程序仍然适用仲裁地的程序法。然而,随着在线 ODR 争端解决机制的构建及完善,纠纷的解决需要借助于互联网,在电子法庭及在线仲裁模式下,法院地及仲裁地均被特定的 IP 地址所替代,如何在经济全球化发展趋势下探寻维护国家司法主权独立的司法体制,能否适用"理论"将当事人意思自治的范围扩大到对程序法规则的选择适用,是我国完善电子法庭、在线仲裁等在线 ODR 争端解决机制的过程中应予考虑的问题。

本章案例

祺悦口腔门诊部与北京百度网讯科技有限公司、钱某网络侵权责任纠纷案

（重庆市大渡口区人民法院）

基本案情

原告重庆大渡口祺悦口腔门诊部(以下简称"祺悦口腔门诊部")是一家在重庆区域规模较大的口腔门诊,在业内具有良好的口碑。2017 年 8 月,北京百度网讯科技有限公司(以下简称"百度网讯公司")为了精准定位地理位置和商户信息,将原告门头及商户信息收录入其所有的百度地图进行展示。用户在百度地图软件搜索"祺悦口腔门诊",可通过导航到原告处就诊。2019 年 1 月下旬开始,原告发现通过导航来门诊部就诊的客户明显减少,遂登录百度地图搜索"祺悦口腔门诊部",发现原告店铺首页及商户相册均是带有丧葬用品的图片。原告认为百度网讯公司应有义务对原告在百度地图上的商户信息和形象进行维护,出现丧葬用品的图片是导致原告客户数量减少的直接原因。原告认为其权利受到损害,遂起诉至法院。

裁判结果

重庆市大渡口区人民法院在开庭审理过程中针对原告所提交的相关证据进行审查时发现,在百度网讯公司所有的百度地图 App 上传或更改图片必须是经过实名认证的用户。经原告当庭要求,法院责令百度网讯公司对实际侵权人予以披露,并通过披露的手机信息,依法调取了实际侵权人钱某的身份信息。祺悦口腔门诊部以钱某系直接侵权人为由,申请追加钱某作为共同被告参加诉讼。2020 年 12 月 10 日,钱某到庭应诉称因前往祺悦口腔门诊部就诊时,诊所人员服务态度不好,导致其未就诊而离去,遂打开百度地图 App 找到该门诊部上传了丧葬用品图片泄愤。经与原被告双方充分沟通后,法院主持双方进行了调解,由钱

某上传道歉信图片至原告祺悦口腔门诊部在百度地图的商户相册或评论区,并给予原告相应的赔偿。

典型意义

本案是个人利用 App 侵害企业网络侵权责任纠纷的典型案件。互联网侵权纠纷案件具有匿名性的特点,在起诉时往往很难找到实际侵权人,同时网络提供方对网络用户又具有保密义务,不能擅自提供涉嫌侵权的网络用户信息。要平衡两者之间的利益关系,原告可以通过向人民法院提出请求的方式,由人民法院责令网络服务者提供涉嫌侵权的网络用户姓名等信息。网络服务者拒不提供的,人民法院可以依据相关规定进行处罚。本案中,人民法院根据祺悦口腔门诊部的申请,责令百度网讯公司提供涉案侵权用户姓名等信息的方式,找到实际侵权人。通过人民法院主动释法说理促使双方最终达成调解,保障了当事人的合法权益,有效化解了矛盾纠纷。同时也教育当事人网络空间并非法外之地,网络生活也必须依法而行。

本章小结

通过本章学习,我们熟悉了电子商务侵权的概念,掌握了电子商务侵权主体的行为特点,了解了电子商务侵权的客体,特别是知识产权和隐私权,尤其是掌握电子商务侵权归责原则,为电子商务侵权诉讼奠定了基础。现代电子商务活动涉及多种类型的交易客体,侵权行为所侵害的客体也呈现多样性。对于侵害名誉权、肖像权的人格权侵权行为,加害人除赔偿被侵权人的物质损失以外,还需承担精神损害赔偿责任,因此电子商务侵权行为还需向精神损害赔偿责任领域进行深入。另外,网络游戏的兴起丰富了人们的精神生活,而对于 Q币、信用点等网络虚拟财产,尚没有专门立法对其价值加以保护,致使窃取、破坏网络虚拟财产的侵权行为无法得到有效的法律控制,因而对于网络虚拟财产的物权法保护还需作进一步的研究。而电子商务侵权行为除了类推适用一般侵权行为的基本理论,还需对其适用特殊规则进行专项立法,这又要求侵权法理论研究的不断深入来推进立法的不断完善。

本章习题

1. 试述电子商务侵权的概念和特点。
2. 试述电子商务侵权主体的分类。
3. 分析电子商务侵犯知识产权的规制。
4. 论述电子商务侵权归责原则。
5. 以案例说明电子商务侵权诉讼程序。
6. 如何在电子商务活动中保护自己的隐私权?

第 15 章
电子商务犯罪

📖 学习目标

通过本章的内容,学生应当了解电子商务犯罪概念与分类,掌握电子商务犯罪构成特点,熟悉电子商务犯罪形态和电子商务关联犯罪。了解网络电子商务犯罪的现状与发展趋势及国际组织重视对网络犯罪的惩罚措施。本章重点掌握网络犯罪的特点和网络犯罪的构成理论、熟悉网络犯罪的种类与特点,以了解网络犯罪的法律对策和国际组织对网络犯罪的防治措施。

案例导入

黄杰明、陶胜新等非法利用信息网络案

(最高人民法院网络犯罪活动罪典型案例 2019)

基本案情

2017 年 7 月至 2019 年 2 月,被告人黄杰明使用昵称为"刀剑阁"的微信,在朋友圈发布其拍摄的管制刀具图片、视频和文字信息合计 12 322 条,用以销售管制刀具,并从中非法获利。被告人陶胜新、李孔祥、陶霖、曾俊杰在微信朋友圈发布从他人微信朋友圈转载的管制刀具图片、视频和文字信息,数量分别为 6 677 条、16 540 条、15 210 条、5 316 条,用以销售管制刀具,并从中非法获利。

2018 年 5 月至 7 月,宋雨林(已判刑)先后三次通过微信联系陶胜新,购买管制刀具。陶胜新通过微信与黄杰明联系,由黄杰明直接发货给宋雨林,被告人陶胜新从中赚取差价。宋雨林购得刀具后实施了故意伤害致人死亡的犯罪行为。黄杰明违法所得人民币 329 元,陶胜新违法所得人民币 858 元。

裁判结果

江苏省盐城市滨海县人民法院判决认为:被告人黄杰明、陶胜新、李孔祥、曾俊杰、陶霖利用信息网络,发布有关销售管制物品的违法犯罪信息,其行为已构成非法利用信息网络

罪。被告人黄杰明、陶胜新归案后,如实供述自己的犯罪事实,构成坦白,且认罪认罚,依法可以从轻处罚。被告人李孔祥、曾俊杰、陶霖自动投案,如实供述自己的犯罪事实,构成自首,且认罪认罚,依法可以从轻处罚。以非法利用信息网络罪分别判处被告人黄杰明、陶胜新有期徒刑八个月,并处罚金人民币一万元;被告人李孔祥、曾俊杰、陶霖有期徒刑七个月,缓刑一年,并处罚金人民币一万元。同时,禁止被告人李孔祥、曾俊杰、陶霖在缓刑考验期内从事网络销售及相关活动。该判决已发生法律效力。

讨论:1.非法利用信息网络罪的犯罪构成要件是什么?

2.电子商务经营者如何预防网络犯罪?

15.1　电子商务犯罪概述

2004 年 8 月 28 日,《中华人民共和国电子签名法》在第十届全国人民代表大会常务委员会第 11 次会议上获得通过,标志着我国电子商务法治时代的真正到来。2018 年《电子商务法》的颁布使电子商务活动有了专属的法律文件和制度框架,并为学科建设奠定了重要基础。伴随经济发展的全球化和网络发展的全球化,我国电子商务领域存在巨大商机和利润的诱惑,因而电子商务领域犯罪数量在急剧上升。电子商务秩序是电子商务的活动规则,没有正常的电子商务秩序,电子商务主体的合法权益得不到保障,就会严重影响电子商务发展的社会公众基础。因此,建立和维护正常的电子商务秩序,对保障我国电子商务发展起着至关重要的作用。电子商务犯罪严重侵害电子商务秩序,同时给现行刑事法律体系带来许多新的问题。

电子商务是开放性数字网络上的经济活动,不仅包括电子商务交易方之间的交易活动,还包括网络通信服务商、金融结算机构、认证机构和其他主体之间与电子商务相关的各种活动。电子商务犯罪是发生在电子商务活动过程中侵害电子商务秩序的犯罪,不仅包括发生在电子商务交易过程中的犯罪,如电子商务领域的信用卡诈骗罪、诈骗罪、合同诈骗罪和非法行医罪等,而且包括电子商务企业经营管理、商品广告、售后服务等活动中的犯罪,如电子商务领域的侵犯著作权罪、侵犯商业秘密罪等。

我国惩治危害电子商务秩序犯罪的法律根据主要是《中华人民共和国刑法》(简称《刑法》)中涉及的电子商务的若干法条、《电子商务法》《关于维护互联网安全的决定》和最高人民法院、最高人民检察院颁布的有关司法解释。由于我国现行的电子商务刑事立法体系尚不完备,对于某些严重危害电子商务的行为甚至找不到可以适用的法律,亟待立法完善。

15.1.1　电子商务领域犯罪概念

电子商务犯罪定义为:在电子商务领域中扰乱电子商务秩序、有危害性,触犯刑事法律以及应受刑罚处罚的行为。研究电子商务领域犯罪首先要弄清它的含义,确定其内涵和外延。我国刑法分则和1997 年"两高"公布的《刑法》罪名表中,不存在电子商务领域犯罪这样的类罪或者个罪,它是在信息时代电子商务活动中出现的,具有某些共同特性的诸多犯罪的集合,同时它又严重侵害电子商务这一重要的经济活动,因而有必要作为一类犯罪进行研究。

　　犯罪是属于一定历史范畴的社会现象,有些犯罪在各个社会时期都存在,如暴力犯罪、性犯罪,有些犯罪只在特定的社会环境下产生,电子商务领域犯罪只在电子商务应用环境中产生,并随着电子商务发展不断变化。电子商务领域犯罪包含多种具体犯罪,具有以下基本特征。

　　①严重危害电子商务秩序是电子商务领域犯罪的内容和范围。被侵犯的电子商务秩序不是某一种社会关系,而是发生在电子商务活动中的若干社会关系的集合。在这一社会关系的集合中,既有国家利益,如国家对电子商务的管理控制权,也有社会利益,如网络通信服务安全关系每一个网络用户的利益,还有个人利益。电子商务领域犯罪与电子商务领域违法违规行为的区别,在于其具有严重的社会危害性,阻碍着正处于发展关键阶段的电子商务。

　　②电子商务领域犯罪在行为方式上表现为利用电子商务计算机信息系统的特性。电子商务信息系统主要指用于电子商务活动的计算机系统,包括企业、个人和其他社会组织使用的计算机信息系统以及相关的网络通信设备。利用电子商务信息系统特性有两层含义:一是利用其技术特性,包括计算机系统特性、网络通信系统特性、计算机数据的技术特性等等;二是利用电子商务信息系统应用功能,如销售网站推销商品、广告宣传、竞价拍卖、售后服务功能,电子商务认证系统身份认证功能等。对以上两种特性,犯罪行为人至少会利用其中之一,不利用两者中任何一种特性的,如炸毁电子商务认证中心、砸毁电子商务网站计算机信息系统设备等行为,不是电子商务应用环境下特有的行为,不属于电子商务领域犯罪行为。但是,行为人利用电子商务信息系统的技术特性,使用物理方法破坏电子商务信息系统某部分,如抽拔系统元器件、截断网络通信线路,破坏电子商务信息系统功能的,应当属于电子商务领域犯罪。

　　除以上两个基本特征外,电子商务领域犯罪还具有空间、时间上的大跨度性。即这类犯罪的行为与犯罪的结果往往不是同时发生,而是有相当长的时间间隔,在空间上大多不在同一地方,甚至远隔千里。

　　根据以上分析,电子商务领域犯罪是电子商务时代产生的,具有若干共性的一类犯罪,这类犯罪中各具体犯罪的特性可能不同,但是都应具有利用电子商务信息系统特性和严重危害电子商务发展两个基本特征,或者说,电子商务领域犯罪是指利用电子商务信息系统特性危害电子商务正常秩序,具有严重社会危害性的行为。需要说明的是,这里对电子商务领域犯罪所下的定义不是刑法学意义上的定义,刑法学意义上的犯罪应该具有严重的社会危害性和刑事违法性两个基本特征,而电子商务领域犯罪是短时间内发展起来的一类犯罪,其中有的行为有刑法条文规定,如故意传播计算机病毒危害电子商务计算机信息系统的行为,有的则没有,如以破解他人软件产品反侵权措施为常业的行为等,虽然后者具有严重的社会危害性,由于刑事立法的滞后,却不构成犯罪,不能进行刑事处罚。因此,本书定义的电子商务领域犯罪是犯罪学意义上的定义。研究电子商务领域犯罪,不仅要研究刑法已有规定的犯罪,还要研究刑法没有规定的犯罪,以推动电子商务领域刑事立法的完善。

　　电子商务领域犯罪与计算机犯罪有密切联系,但不是同一个概念。因此,可以说,电子商务领域犯罪是计算机犯罪的最新发展,是一类特殊的计算机犯罪,它具有计算机犯罪的基本特征,同时具有自身的特点。电子商务领域犯罪是计算机犯罪发展的主要趋势,应当作为研究的重点。

15.1.2　电子商务领域犯罪的特点

纵观国内外电子商务领域犯罪的态势,其具有发案数量迅速增加、社会危害性日趋严重、新形式犯罪日益增多等特点。2005 年,全国有 9 100 多个网站被恶意篡改并报案,其中政府网站 2 027 个;2006 年 1 月,又有 391 个政府网站被恶意篡改。所以,电子商务给各国经济增长方式带来巨大变革的同时,也对传统社会关系下的民商事立法和刑事立法提出难题。电子商务领域的安全与犯罪问题给我国刑法予以了巨大的冲击,对我国刑法提出了有力的挑战。2007 年初"熊猫烧香"病毒事件再一次给我们敲响了警钟。电子商务犯罪日益猖獗,必须研究电子商务犯罪的特点。

①犯罪主体多样化。商务活动的电子化促进了大批中介机构的产生,从民法角度来看,他们是市民社会形成的标志之一,从刑法角度看,他们都可能构成犯罪主体。这些主体主要有金融服务中介商、网络经营服务商(ISP)、网络内容服务商(ICP)、电子认证机构(CA)、网络电子市场营运商(其中包括 EDI 网络连接中介商、网上电子市场营运商、网上大批发商、网上专卖专营店营运商、网上外包资源营运商、网上拍卖行等)。而且,内部人员犯罪可能性大。电子商务系统通常具有较好的安全性,外部人员单凭计算机技术破解电子商务安全防护措施比较困难。而电子商务系统内部人员实施犯罪,成功的可能性就要大得多,如认证机构的工作人员利用工作之便,窃取秘密信息后而实施犯罪。另外,电子商务内部管理着数额极为庞大的社会财富,如果技术防范欠缺,管理疏漏,有些人可能铤而走险,实施犯罪。

②低成本低风险。一是从社会经济学、制度经济学角度讲,电子商务犯罪可谓典型的低投入、"高产出"(破坏性大)犯罪。1998 年 11 月 2 日下午 5 时 1 分 59 秒,美国康奈尔大学的计算机科学系研究生,23 岁的莫里斯(Morris)将其编写的蠕虫程序输入计算机网站。在几小时内导致因特网堵塞。这个网络连接着大学、研究机构的 155 000 台计算机,使网络堵塞,运行迟缓。二是犯罪成本的低风险性。由于犯罪人不在现场,使侦查不易实现,使因犯罪可能付出的代价降低至最低点,甚至有时为零风险,遏制、打击之,却须消耗相对大得多的反犯罪成本。由此也刺激了犯罪的增加。

③高智能高技术。犯罪行为人的智商一般都较高,普遍具有先进的技术设备、手段和措施作保障,并有高科技人才作支持。现代电子商务系统都比较注重安全问题,行为人必须具有较高的专业水平,才能洞悉网络的缺陷和漏洞,运用丰富的电脑及网络技术,借助四通八达的网络系统及各种电子数据资料等信息发动攻击,进行破坏。

④共同犯罪居多。电子商务是多个社会部门分工协作组成的严密体系,单个人实施犯罪是很困难的,多个部门的内部人员相勾结,或者电子商务系统内部人员和外部人员相勾结作案,完成犯罪的可能性较大。

⑤犯罪证据难获取。电子商务犯罪往往利用网络的技术特点,采用超常规的方式来作案,这是它与传统刑事犯罪最大的区别。对某些高明的黑客而言,其作案证据可通过预先安

装好的、作案完毕便自动运行的、抹平证据的程序来抹去。如此一来，即便是具有高超计算机技术知识的行家，要想捕获此类作案人都十分困难。例如 2000 年 2 月 7 日至 9 日，通过邮包炸弹瘫痪了著名网站的作案者，就在短时间内抹平了该作案痕迹，逃之夭夭，以致美国官方至今也未曾捕获到操作该案的全部黑客。

⑥犯罪具有隐蔽性。电子商务犯罪基本上通过程序对一些无形的信息和数据进行操作，这使破坏性程序能很好地隐藏在操作系统中，只有在特定的时刻和特定的条件下才被激活执行。电子商务犯罪的侵权行为地之间通常空间距离较远，这也增强了其隐蔽性。例如，通过远端登录（Telnet）可以从自己家里的电脑透过网络登录到别人的电脑上去，照样可以使用自己的指令操纵别人的电脑。惠普（HP）在中国香港的公司，被一个人从中国台湾地区用远端登录（Telnet）的方式上线，更改了香港的惠普（HP）里面的地图，后来，法官根据那一张图片的所有者是日本公司而不是中国香港公司而结束了该案件。参与者的身份虚拟化，任何人都可以戴着假面具将自己推上网。其犯罪的隐蔽性主要表现在：作案范围一般不受时间和地点限制，可以在任何时间、任何地点到某省、某市甚至某国作案；犯罪人对犯罪结果发生的时间可以随心所欲地控制；作案时间短，长则几分钟，短则几秒钟；犯罪不留痕迹，没有特定的表现场所和客观表现形态，不易识别，不易被人发现，不易侦破。

⑦犯罪危险影响区域广。网上数字世界，本来就是以光速传递数字信息的 byte 高速世界，因而互联网上的犯罪结果往往瞬间即成、稍纵即逝并能很快蔓延、危及世界各地。如震惊世界的网络病毒——尼姆达。2001 年 9 月 17 日，尼姆达病毒首先在美国出现，经过 18 日晚上一晚上的传播，在日本、中国香港、韩国、新加坡和中国内地等地区都收到了受到感染的报告。到 19 日，超过 150 000 家公司受到感染，包括 Siemens AG（西门子），使其在它的网络受到渗透之后，被迫关闭服务器。

⑧犯罪具有连续性。这类犯罪具有相当高的重复犯罪的可能，因隐蔽性强，风险较小，多次犯罪累计造成的社会危害可能达到十分严重的程度。另外，犯罪行为人多为高科技人员，智商一般都较高，社会危害性不直观，犯罪行为人罪恶感小，犯罪成功有一种心理上的满足感，因而继续以身试法。

⑨高犯罪黑数。互联网虚拟空间的特性，决定电子商务犯罪的较高的犯罪黑数。原因有三：一是利用计算机信息系统开展电子商务，业务处理的速度快，行为人的犯罪行为被快速的计算机信息处理所掩盖，犯罪行为不容易被发觉；二是行为人大多是内部人员，容易销毁作案痕迹；三是由于公众对电子商务安全性存在疑虑，对于已发案件，有些单位担心报案会影响自己安全经营的信誉而隐匿不报。

⑩犯罪危害大。网络上任何有意或无意的攻击，都可能造成网络上成千上万台计算机瘫痪。尤其是在网络空间中实施的涉及经济利益性犯罪，其非法获利在客观上造成的损害通常较大。一次恶劣的电子商务领域的计算机犯罪就可能给国民经济和社会稳定造成严重危害。2023 年，全国计算机信息系统的病毒感染率为 70.51%，其中危害最大的属密码被盗，占调查总数的 27.14%。传统的犯罪一般只局限于一时一地，针对的是特定的犯罪或者一定范围内的不特定多数，网络犯罪则可能造成全世界的网络受到破坏，甚至有可能连行为人自身都无法预计或控制其破坏。

15.1.3　电子商务领域犯罪的分类

根据不同的标准,可以把电子商务领域犯罪分为不同的种类。

1)根据犯罪主要侵害的社会关系分类

根据电子商务领域犯罪主要侵害的社会关系,可以分为电子商务犯罪和电子商务关联犯罪、危害电子商务计算机信息系统安全的犯罪三类。

电子商务犯罪的特点是发生在正常电子商务活动过程中,利用电子商务系统特性侵害各种社会关系,如电子商务领域的信用卡诈骗犯罪、侵犯著作权犯罪、盗窃商业秘密犯罪和诈骗犯罪等。电子商务犯罪随着电子商务的发展不断扩展其范围,新形式的犯罪不断增加,新的法律问题不断产生,给传统刑法体系予以全面冲击,电子商务犯罪问题是电子商务刑事立法和理论研究的重点。

电子商务关联犯罪的特点是,虽然不发生在正常电子商务活动过程中,但与电子商务活动有着紧密联系。与电子商务犯罪相似,电子商务关联犯罪在行为方式上表现为利用电子商务系统的特性。电子商务关联犯罪带来了大量新的法律问题,也是电子商务刑事立法和理论研究的重点。

危害电子商务计算机信息系统安全的犯罪,主要侵犯的是电子商务计算机信息系统安全管理秩序。电子商务计算机信息系统是电子商务运作的物质技术基础,是电子商务正常运作的基本保障。电子商务计算机信息系统安全主要包括有效性、保密性和完整性,根据这类犯罪侵犯电子商务计算机信息系统安全性的不同方面,可以进一步分为破坏计算机信息系统功能的犯罪、非法侵入计算机信息系统的犯罪、破坏计算机信息系统中数据的犯罪。

危害电子商务计算机信息系统安全的犯罪发案较多、影响较大,通常具有高智能性和高技术性,是一类重要犯罪。

2)根据犯罪主体进行分类,可以分为自然人进行的犯罪、单位形式的犯罪

①自然人进行的犯罪可分为两种:一是单个自然人进行的犯罪。其特点是单个行为人不与其他人或组织合谋,仅凭自己的技术和设备危害电子商务的行为。由于受个人技术水平、犯罪工具等条件所限,这类犯罪的社会危害性并不十分严重。但是,也有例外,如2000年2月,行为人使用"拒绝服务"计算机程序造成若干大商业网站瘫痪,经济损失严重。多个犯罪人事先没有结成一定组织,而合谋进行具体犯罪的,属于若干自然人进行的共同犯罪。二是有组织犯罪。其特点是若干行为人组成具有一定形式的组织,合谋、协作进行电子商务领域犯罪。这类犯罪中,各犯罪人事先经过合谋、演练,在具体犯罪中分工协作,破坏能力超过单个犯罪人破坏力的简单相加。

②单位形式的犯罪是指犯罪人不是某个自然人、犯罪组织,而是公司、企业、社会团体等单位。现代企业大多使用计算机系统进行经营管理,在日益激烈的企业竞争中,有些企业使用不正当手段进行竞争,利用技术手段攻击竞争对手的计算机信息系统,干扰正常工作或侵入他人计算机信息系统窃取商业秘密。

需要指出的是,虽然不存在一个国家对另一个国家的犯罪,但是,在实际生活中存在以国家形式进行的危害他国电子商务的行为。冷战结束后,全球间谍战的主战场转移到广阔的计算机网络空间,主要目标是各国商业领域,如 1995 年春在美国与日本进行的关于豪华轿车进口问题的激烈谈判中,美国的中央情报局和国家安全局曾窃听日本汽车业高级主管和贸易官员的谈话,向美国谈判代表提供了情报。

15.1.4 电子商务犯罪的形式

2006 年 7 月 19 日,中国互联网络信息中心(CNNIC)在北京发布的《第十八次中国互联网络发展状况统计报告》报告显示,截至 2006 年 6 月 30 日,我国网民人数达到了 1.23 亿人,与去年同期相比增长了 19.4%,其中宽带上网网民人数为 7 700 万人,在所有网民中的比例接近 2/3。电子商务将传统的商业交易活动转移到互联网运行平台上后,超越时空低成本、快节奏的优势使其成为各国经济发展新的增长点,代表着未来商务的发展方向。互联网是一把双刃剑,在为人类造福的同时,也为高科技犯罪提供了新的有效手段。计算机犯罪、网络犯罪伴随计算机及通信科技发展和应用而产生,半个世纪以来愈演愈烈,自 20 世纪 90 年代以来,越来越多地发生在电子商务领域,成为各国电子商务发展的巨大阻碍。

电子商务犯罪中的具体犯罪多,而且随着电子商务的进一步发展,其范围将进一步扩大。这些犯罪中,有些犯罪只是在犯罪形式、犯罪方法上有所改变,采用计算机、网络技术手段或者利用电子商务系统的功能实施犯罪行为,一般没有产生新的法律问题,在刑法适用上不会发生困难,如电子商务领域的非法经营罪、损害商业信誉、商品声誉罪等;有些犯罪带来了新的法律问题,但是在现行法律体系内仍然可以依法处理,如电子商务领域合同诈骗罪,虽然利用在互联网络签订电子合同的方法进行合同诈骗是新的法律问题,但是,《民法典》的合同编依然把数据电文规定为合同书面形式的一种,行为人通过电子商务进行合同诈骗的,可以依据刑法中合同诈骗罪的相关条款与合同法律的相关规定进行定罪量刑;有些犯罪是电子商务发展中新出现的犯罪,超出了现行刑事法律的范围,司法实践中对这些犯罪适用刑法存在困难,这类犯罪是本章研究的重点。

1)电子商务制造、传播谣言的犯罪

2007 年初,互联网和手机短信谣言此起彼伏,例如:猪肉携带一种化脓性脑炎病毒;广州第八医院隔离数十人,疑是禽流感或非典;海南香蕉有"SARS"病毒,这是继 2007 年 3 月"蕉癌"谣言风波之后,发生的又一起谣言事件。手机短信谣言是在特定的环境下,以手机短信为媒介进行传播的受众关注的事物、事件或问题的未经证实的阐述。手机短信谣言的分类有多种方式与角度,从造谣者的动机来看,有攻击性、牟利性、煽动性之分;从造谣和传谣者的主观程度来看有故意性和无意性之分;按照产生的影响有宣传性、牢骚性、误解性、攻击性、牟利性之分。此次短信谣言后果危害性很大,造成严重经济损失。如果短信谣言危害造成的严重,造成大量人口的无序流动、恐慌、抢购风潮、商品滞销、市场混乱等,可按刑法规定的扰乱市场秩序罪论处;如果危害了国家安全,应按刑法第一百零六条判刑,即 5 年以上有期徒刑。

2)电子商务诈骗犯罪

一是电子商户诈骗的犯罪。电子商务使陌生的人们之间能够简便地进行商务活动,也

使商务诈骗更加难以追究,国内外电子商户可能以电子商务交易为幌子,骗取被害人财物,不履行或者不按合同规定履行交货义务。二是盗用合法商户电子商务身份证行骗的犯罪。在电子商务过程中,客户和商户不能直接见面,客户只能凭借商户的电子商户身份证,来判断商户能否履行合约。行为人如果盗用合法商户的电子身份证,就可以假冒合法企业的名义,骗取广大被害人的财物。在美国联邦贸易委员会 2001 年公布的"扫荡网络诈骗"的报告中,网上拍卖名列榜首,占总数的 78% 之多。全球著名招聘网站 Monster. com,2003 年曾向数百万求职者发出警告,有人在网站发布虚假招聘广告。

3)伪造或盗用账户的犯罪

一是伪造支付账户的犯罪。电子商务交易中,结算机构都要确认网上支付账户是否有效和是否有足够支付交易的电子资金。电子商务认证机构根据结算机构的判断向商户发出交易能否进行的信息。如果行为人使用计算机技术方法等手段,非法修改结算机构的计算机信息系统中的相关数据,非法虚设网上支付账户,就能够达到欺骗结算机构检查,骗取财物的目的,使金融机构遭受损失。二是盗用支付账户的犯罪。网上支付账户是客户进行电子商务消费的金融工具,目前保护客户网上支付账户的安全措施,一般是设置账户密码,或者使用公私密钥加密和消息认证等手段,但是这些安全保密措施可能被他人破解,从而导致客户账户里的资金被盗用。

4)非法侵入和破坏电子商务计算机信息系统犯罪

电子商务是建立在计算机信息基础设施基础上的、高度自动化、分工合作高度密切的在机系统,系统的正常运行有赖于计算机信息系统的安全正常运行,犯罪人如果非法侵入、散布破坏性病毒、逻辑炸弹或者放置后门程序犯罪,破坏电子商务计算机信息系统,这种计算机网络犯罪行为以造成最大的破坏性为目的,入侵的后果往往非常严重,对电子商务活动的巨大破坏有目共睹,会造成电子商务秩序的混乱,给国家电子商务的稳定发展和交易各方利益造成严重损害。现在,计算机病毒特别是"蠕虫"病毒越来越复杂化,几小时就能传遍全世界,因此遭受的损失能达到几百万甚至几亿美元。FBI 调查发现,每周至少有 50 个新计算机病毒产生。2000 年 5 月从菲律宾释放出来的"I LOVE YOU"蠕虫造成全世界网络用户和公司数亿美元的损失。

5)侵犯电子商务秘密的犯罪

电子商务依靠公私密钥、消息认证、数字签名等方法保护交易各方之间的商业信息,电子商务系统中的这些商用密码信息和商业信息中有相当一部分是商业秘密,甚至是国家秘密。行为人违反法律规定,通过非法手段,针对网络漏洞对网络进行技术入侵,侵入网络后,主要以偷窥、窃取复制商业秘密,给被害人造成严重的损害。

6)非法截获复制数据商品的犯罪

数据商品包括计算机软件、数据库和服务信息等。在电子商务系统中不仅用于传输交易各方之间的信息,还可以传送数据商品。由于 INTERNET 具有开放性,并且计算机数据容易被复制,数据商品在互联网络上传输的过程中,可能被他人非法截获或者复制,给权利人造成严重的损失。

7）电子商务逃税的犯罪

是否对电子商务征税，世界各国的态度不同，当时，美国克林顿政府认为"不应该对全球电子商务征收关税"，而多数国家只同意不向电子商务征收歧视性关税和税收，却不认为互联网络网应当成为"全球的免税商店"。电子商务的重要特征是网络化、信息化和虚拟化，这一特征使得电子商务活动可以隐蔽地跨地区、跨国界进行，通过网络完成交易，而后直接将货物运送给买方，如果交易的是数据商品，商品的递送都可以通过互联网络完成。无论是跨境交易还是国内网上贸易，都可能被犯罪人用于逃避国家关税和税收征管。

8）贩卖违禁物品的电子商务犯罪

在网络上贩卖的违禁物品、管制物品包括枪支、毒品等。2000 年 10 月 12 日，台湾地区警方破获一起利用网络跨国订购、走私大麻的案件。当月 9 日，台北市一邮局在验关时发现一包由美国旧金山邮寄到台北张姓男子的快件，其中夹寄了近 300 克大麻，也有少量新型毒品"power"，其效力和"摇头丸"类似。经调查，该男子于当月 2 日上网向美国某知名网站订货，以刷卡付费方式购买大麻，以逃避警方的监视。

9）电子商务合同诈骗罪

电子商务一般必须通过签订合同来实现，因此合同诈骗成为电子商务中的主要犯罪形式。首先可能是客户诈骗。客户使用他人的账户，或使用他人电子签名签订合同，购买了商户的货物；或客户没有实际履行能力首先履行小额合同或部分合同履行合同的方法，诱骗当事人继续签订和履行合同。

10）电子商务非法经营证券的犯罪

自 2006 年 1 月起，长春市王秀杰以"带头大哥 777"名义在网易开设博客，非法经营证券投资咨询业务。2007 年 1 月起，王秀杰又在腾讯网站设立 QQ 群，向群友收取"咨询费"。截至 7 月 3 日，招收会员超过 900 人，涉案金额上千万元。王秀杰等当事人利用互联网开展的非法经营证券业务行为，违反了《中华人民共和国证券法》未经国务院证券监督管理机构批准不得经营证券业务的规定，构成了擅自非法经营证券业务的行为。"带头大哥 777"等 11 起利用互联网非法经营证券业务的案件，作出取缔这些非法业务的决定。根据已查清的违法违规事实，证监会拟对有关当事人作出责令停止、依法取缔、罚款的行政处罚，并已将涉嫌犯罪的案件和线索移送公安机关，依法追究其刑事责任。自诩为"股民保护神"的"带头大哥 777"王秀杰已于 2007 年 7 月 24 日由吉林省长春市人民检察院以涉嫌非法经营罪批准逮捕。

为应对日益增长的电子商务犯罪，国际社会早已开始着手与电子信息网络相关的立法工作，在初步建立有关电子信息网络标准化统一规则的同时，也在积极地开展预防和打击电子商务犯罪立法方面的工作，法国、美国、欧盟、澳大利亚、日本等国在这方面起步较早。目前，我国尚缺乏健全的电子商务犯罪法律体系，对电子商务犯罪的打击缺乏力度。相关法律又往往过于概括与宏观，可操作性不强，难以对网络犯罪形成真正的制度化打击与防范。

根据电子商务领域犯罪目前的发案特征，电子商务领域犯罪在以下领域将更加严重：

①金融领域的犯罪,特别是信用卡伪造、诈骗、盗用犯罪;②电子商务欺诈犯罪;③电子商务领域的侵犯知识产权的犯罪;④盗窃商业秘密的犯罪;⑤侵犯消费者网上个人数据及其隐私的犯罪;⑥网上兜售、传播色情物品、信息的犯罪;⑦电子商务认证欺诈犯罪。

15.1.5 电子商务犯罪构成特点

根据以上对电子商务犯罪现状和原因分析,电子商务犯罪构成呈现出以下特点。

①犯罪主体多元化,年轻化。随着计算机技术的发展和网络的普及,各种职业、年龄、身份的人都可能实施网络犯罪。在网络犯罪中,特别是黑客中,青少年占的比例相当大。网络犯罪主体的年轻化与使用电子计算机者,特别是上网者年轻人占较大的比例及年轻人对网络的兴趣和猎奇心态有很大的关系。此外,网络犯罪的主体既可以是自然人,也可以是法人或非法人组织。法人或非法人组织往往聚集一些精通电子商务和互联网交互原理的专业技术人员,犯罪能力和危害性更强。网络的发展给企业发展电子商务带来了新的生机,企业法人为了争夺新的市场空间从事特定网络犯罪也呈上升态势。

②犯罪心态多表现为以牟利为目的,或者出于其他与经济利益直接相关的目的动机。如利用金融网络系统窃取金融机构资金、利用电子商务进行诈骗、利用国际电子资金过户系统进行洗钱等,都是牟利型的犯罪。但是,也有为不正当竞争目的进行的犯罪,如窃取竞争对手商业秘密、侵犯著作权等,还有为避免经济损失而泄露证券内幕消息,进行证券内幕交易等犯罪。

③危害行为多种多样,且都表现为充分利用电子商务计算机信息系统特性。电子商务犯罪的具体危害行为有多种,共同特征是行为人在实施这类犯罪过程中,一般不会侵犯计算机信息系统安全,反而希望计算机信息系统能够正常工作,以利于按照行为人的指令实现犯罪意图。当然,在行为人实现犯罪的主要目的后,不排除为毁灭罪证、干扰侦查进行的破坏计算机信息系统安全的行为。

④危害电子商务秩序的犯罪侵犯的法益有多种,既可能是单位、个人的财产权、保守秘密权,也可能是单位、个人的名誉权,又可能是国家管理电子商务的正常秩序。

15.2 电子商务犯罪形态

15.2.1 电子商务信用卡诈骗罪

我国打击电子商务领域的信用卡诈骗犯罪的刑事法律条文主要是《刑法》第287条和第196条。《刑法》第287条关于"利用计算机实施金融诈骗……或者其他犯罪的,依照本法有关规定定罪处罚"的规定和《关于维护互联网安全的决定》,是认定利用电子商务领域的信用卡诈骗犯罪的法律前提,行为人在电子商务活动中实施信用卡诈骗犯罪的,依据我国《刑法》第196条信用卡诈骗罪定罪量刑。

信用卡诈骗罪,是指以非法占有为目的,利用信用卡进行诈骗活动,达到法定数额或者具有法定情节的行为。本罪分为基本罪和派生的重罪与极重罪三种构成类型。

1）基本罪的构成要件

本罪的基本罪是结果犯，由一般主体、直接故意、选择危害行为、特殊犯罪结果、被害法益 5 个要件构成，它们的具体内容和形式分述如下。

（1）一般主体

本罪的主体是一般主体，指年满 16 周岁且具有刑事责任能力的人。单位不能构成本罪。

（2）直接故意

本罪在犯罪心态表现为故意，而且只能是直接故意。直接故意内容的一般犯罪目的是：明知自己进行信用卡诈骗会给他人财产和国家信用卡管理秩序造成严重危害，而故意实施这种行为并且希望危害结果发生的心理态度。间接故意和过失不构成本罪。除了以上一般犯罪目的，还必须有特殊犯罪目的，即非法占有他人资金。

（3）选择性危害行为

行为人实施信用卡诈骗，具体表现为下列四种并列选择行为。①用伪造的信用卡。指使用伪造的信用卡购买商品、在银行或自动柜员机上支取现金以及接受服务等。根据我国发行信用卡的各有关银行规定，申请信用卡的用户，都应在发卡银行设立相应的账户，并存入一定数额的信用卡起用金。使用伪造的信用卡，由于没有起用金，如果使用得逞，就使特约商户经济上受到直接损失。②使用作废的信用卡。所谓使用作废的信用卡，是指使用因法定原因失去效用的信用卡。在一些信用卡管理不太完善和技术落后的地方，从银行传递信用卡挂失的申请到特约商户收到银行的止付令，常常需要较长的时间，这段时间差就成了不法分子的作案时间由于持卡人已经挂失而特约商户又未接到银行命令，因而给发卡银行造成损失。③冒用他人的信用卡。指行为人非法以持卡人的名义使用信用卡骗取财物或服务。如使用拾得的信用卡，使用代他人保管的信用卡，骗取他人信用卡并予以使用等。如果持卡人将本人信用卡借给亲朋好友使用，这是经持卡人同意的，虽然也是一种违规行为，但不构成本罪。④恶意透支。所谓恶意透支，是指持卡人以非法占有为目的，超过规定限额与期限透支，经发卡机构催还后仍不归还的行为。根据中国人民银行的规定，人民币信用卡透支的额度，个人普通卡为 1 000 元，单位普通卡为 5 000 元。善意透支和恶意透支的区别在于，前者是先用后还，在法定期限内还本付息，后者是以非法占有为目的，根本就不想归还透支的资金。

（4）特殊犯罪结果

本罪是结果犯，只有利用信用卡诈骗取得的财物达到数额较大程度，才构成犯罪。根据 1996 年 12 月 16 日最高人民法院《关于审理诈骗案件具体应用法律的若干问题的解释》（以下简称《解释》）规定，使用伪造的信用卡、使用作废的信用卡、冒用他人信用卡诈骗或恶意透支 5 000 元以上的，属于数额较大。在无新的司法解释时，可参照这一规定认定。如果数额不是较大，则不构成犯罪。

（5）被害法益

本罪的被害法益是复合的，即国家对信用卡的管理制度和他人的财产所有权。

2)重罪的构成要件

本罪的重罪构成要件,是指罪行在符合基本罪构成要件的基础上,诈骗"数额巨大或者有其他严重情节"的行为。诈骗"数额巨大"和"其他严重情节"是构成重罪的两个选择要件,只要具备其中一项,重罪便可成立。根据前述司法解释规定,使用伪造的信用卡、使用作废的信用卡、冒用他人信用卡诈骗或恶意透支在5万元以上的,属于数额巨大。在无新的司法解释时,仍可适用这一规定。至于何为"其他严重情节"待有权解释作出规定。

3)极重罪的构成要件

本罪的极重罪构成要件,是指罪行在符合基本罪构成要件的基础上,诈骗"数额特别巨大或者有其他特别严重情节"的行为。诈骗"数额特别巨大"和"其他特别严重情节"是构成极重罪的两个选择要件,只要具备其中一项,极重罪便可成立。根据前述司法解释规定,使用伪造的信用卡、使用作废的信用卡、冒用他人信用卡诈骗或恶意透支在20万元以上的,属于数额特别巨大。在无新的司法解释时,仍可适用这一规定。至于何为"其他特别严重情节",有待有权解释作出规定。

根据《刑法》第196条和第287条规定,利用计算机犯信用卡诈骗罪基本罪的,处5年以下有期徒刑或拘役,并处2万元以上20万元以下罚金;犯重罪的,处5年以上10年以下有期徒刑,并处5万元以上50万元以下罚金;犯极重罪的,处10年以上有期徒刑或无期徒刑,并处5万元以上50万元以下罚金或者没收财产。

15.2.2 电子商务诈骗罪

1)电子商务领域诈骗犯罪的发展现状

随着互联网络技术及应用的发展,网上购物人数和金额与日俱增。全球至少有1.2亿人进行过网上购物,1999年美国节日购物潮中网上购物额高达70亿美元,是1998年节日期间网上购物额的两倍多。有观察家预言,网上年消费额将从1999年的150亿美元猛升至2003年的780亿美元。同时,电子商务交易的商品日益丰富、交易方式日趋多样,如商业网站的网上拍卖活动为商品销售开辟了广泛的市场,也为用户获取物美价廉的商品提供了新的机会;网上大学如雨后春笋般迅速出现,为求学者提供远程教育的机会,自己也获得丰厚的回报;金融证券行业参与电子商务,通过网络接纳客户、办理各种业务,不仅扩大了客户市场、增加业务处理能力,而且大幅度降低了交易成本、优化了服务质量。

庞大的电子商务市场蕴含着巨大的经济利益,吸引大量客户涌入,其中不少是盲目的随大流者,这是电子商务领域诈骗犯罪产生的重要条件和原因。以网上拍卖为例,美国网上拍卖市场增长迅速,市场研究公司Forrester Research估计,2000年美国网上拍卖生意额会由两年前的14亿美元,上升至61亿美元,估计到两年后将会超过120亿美元,增幅达一倍。但是,网上拍卖诈骗问题亦随之而来,美国联邦贸易委员会1999年接到10 700宗有关网上拍卖的投诉,是1997年的100倍,联邦贸易委员会副主席保罗说,超过一半有关互联网的投诉是网上拍卖诈骗。eBay商业网站是美国著名的大型商业网站,2000年首季该网站发生的诈骗个案就超过2 100多宗。其他种类的电子商务诈骗犯罪如网上证券销售诈骗、网上大学诈骗、网上基金会诈骗等也十分猖獗,而且这些诈骗犯罪行为与传统形式的诈骗犯罪截然不同,具有新的犯罪形式和特点。目前,电子商务领域诈骗主要表现为以下几种行为方式。

①网上拍卖诈骗;②网上大学诈骗;③冒充电子商务交易方诈骗他人财物;④网站诈骗国际电信资费;⑤建立网上基金会,诈骗他人财物;⑥网上销售证券诈骗;⑦利用中奖信息诈骗他人财物等。

2)诈骗罪的概念和犯罪构成

我国打击电子商务领域诈骗犯罪的刑事法律条文主要是《刑法》第 287 条、第 266 条。《刑法》第 287 条关于"利用计算机实施金融诈骗……或者其他犯罪的,依照本法有关规定定罪处罚"的规定和《关于维护互联网安全的决定》,是认定利用电子商务领域诈骗犯罪的法律前提,行为人在电子商务活动中实施诈骗犯罪的,依据我国《刑法》第 266 条诈骗罪定罪量刑。

诈骗罪是指以非法占有为目的,采用虚构事实或者隐瞒事实真相的方法,骗取公私财物,具有法定数额或者其他法定情节的行为。本罪分为基本罪和派生的重罪、极重罪三个构成类型,它们的构成要件如下:

(1)基本罪的构成要件

本罪的基本罪是由一般主体、直接故意、选择性危害行为、特殊犯罪结果、特殊犯罪对象、被害法益 6 个要件构成。

①一般主体。

本罪的主体是一般主体,即已满 16 周岁具有刑事责任能力的自然人。在《刑法》修改以前,由于诈骗罪罪名单一,有关司法解释曾经规定,对"以单位名义实施诈骗","诈骗所得归单位所有"的行为,实行单罚制,即只追究单位直接负责的主管人员和其他直接责任人员的刑事责任。修改后的《刑法》已将经济诈骗从诈骗罪中分解出去,另规定为若干新罪名,从而形成普通诈骗罪与特殊诈骗罪的竞合关系本罪是普通诈骗罪由于现行《刑法》对单位诈骗行为另有规定,所以本罪的主体不包括单位。

②直接故意。

本罪在主观方面表现为直接故意。直接故意的一般犯罪目的是明知自己实施诈骗行为会侵害他人财产权的严重后果,而希望这种危害结果发生的心理态度。间接故意和过失不构成本罪。除了一般犯罪目的外,还有非法占有公私财物的特殊犯罪目的。

③选择性危害行为。

本罪在客观方面表现为诈骗行为。所谓诈骗行为,是指虚构事实或者隐瞒真相,使财物所有人或管理人信以为真,"自愿地"交出财物的行为。虚构事实和隐瞒真相,是本罪行为的两种并列选择行为形式,只要实施其中一种行为,便可构成本罪。所谓虚构事实,是指捏造全部或部分虚假的事实,骗取被害人的信任,使其"自愿地"交出财物;所谓隐瞒真相,是指故意对被害人掩盖客观上存在的事实,使被害人受哄骗,产生错觉,"自愿地"交出财物。表面上看,被害人交出财物似乎是"自愿"的,其实这是由于行为人的欺骗行为所引起的,如果被害人了解事实真相,绝不会将财物交给对方,所以"自愿地"交出财物并非被害人的真实意思表示。

本罪规定了两种选择性的行为方式，即虚构事实或隐瞒真相，但没有规定危害行为的具体方法，也就是说，可以使用各种行为方法实施本罪的犯罪行为。在电子商务领域，行为人大多利用电子商务计算机信息系统的应用功能，如商业网站的拍卖服务、电子公告栏服务等。

④特殊犯罪结果

本罪的特殊犯罪结果是诈骗财物数额较大。至于何谓数额较大，最高人民法院于 1996 年 12 月 16 日《关于审理诈骗案件具体应用法律的若干问题的解释》中规定，个人诈骗公私财物 2 000 元以上的，属于"数额较大"。各省、自治区、直辖市高级人民法院可根据本地区经济发展状况，并考虑社会治安状况，在 2 000 ~ 4 000 元的幅度内，确定本地区执行"数额较大"的起点标准。这一司法解释虽然是在《刑法》修改前作出的，但有新的有权解释时，仍可参照适用。

⑤特殊犯罪对象

本罪的特殊犯罪对象是合法所有的公私财物。

⑥被害法益

本罪侵犯的法益是公私财物的所有权。

（2）重罪的构成要件

本罪的重罪构成要件，是指在罪行符合基本罪构成要件的基础上，数额巨大或者有其他严重情节的行为。"数额巨大"和"其他严重情节"是构成重罪的选择要件，只要具备其中一项，重罪便可成立。根据前述司法解释，所谓"数额巨大"是指个人诈骗公私财物 3 万元以上。各省、自治区、直辖市高级人民法院可根据本地区经济发展状况，并考虑社会治安状况，应在 3 万 ~ 5 万元的幅度内，确定本地区执行"数额巨大"的起点标准。在无新的有权解释时，仍可适用这一司法解释。至于何为"其他严重情节"，有待司法解释作出规定。在无新的有权解释时，根据刑法理论联系司法实践经验，我们认为，"其他严重情节"可界定为：诈骗数额在 15 000 万元以上，又具有下列情形之一的：①诈骗集团的首要分子或者共同诈骗犯罪中情节严重的主犯；②惯犯或者流窜作案危害严重的；③诈骗法人、其他组织或者个人急需的生产资料，严重影响生产或者造成其他严重损失的；④诈骗救灾、抢险、防汛、优抚、救济、医疗款物，造成严重后果的；⑤挥霍诈骗的财物，致使诈骗的财物无法返还的；⑥使用诈骗的财物进行违法犯罪活动的；⑦曾因诈骗受过刑事处罚的；⑧导致被害人死亡、精神失常或者其他严重后果的；⑨具有其他严重情节的。

（3）极重罪的构成要件

本罪的极重罪构成要件，是指在罪行符合基本罪构成要件的基础上，数额特别巨大或者有其他特别严重情节的行为。"数额特别巨大"和"其他特别严重情节"是构成极重罪的选择要件，只要具备其中一项，极重罪便可成立。根据前述司法解释，所谓"数额特别巨大"是指个人诈骗公私财物 20 万元以上。所谓"情节特别严重"是指诈骗数额在 10 万元以上，又具有前述重罪构成"其他严重情节"所列 9 项情形之一的行为。

根据《刑法》第 287 条和第 266 条规定，犯本罪基本罪的，处 3 年以下有期徒刑、拘役或者管制，并处或者单处罚金；犯重罪的处 3 年以上 10 年以下有期徒刑，并处罚金；犯极重罪的，处 10 年以上有期徒刑或者无期徒刑，并处罚金或者没收财产。

15.2.3 电子商务侵犯著作权罪

1）电子商务领域侵犯著作权犯罪发展现状

计算机、网络技术应用在文化领域,首先表现为创造出了多种新作品,有绚丽多彩、构思奇特的网页,有"网虫忠爬梯子"留下的网络文章,有功能强大的计算机软件和游戏软件等等。其次,为传统文化提供了新的表现形式和传播方式,作品表现形式不再是单一的某种媒体形式如文字或图片,而是以多媒体形式展现在用户面前,互联网络成为承载文化作品的第四种媒体,能将数字化作品在一瞬间传遍全球,用户获取这些文化作品不再是被动地接受,而是主动地选择,实现个人化的文化传播。总之,计算机网络技术的广泛应用促成了人类文化领域的一次革命。

这次文化领域的革命使各种作品大量涌现,使电子商务文化市场迅速发展起来,但同时,电子商务领域侵犯著作权犯罪也日益严重,主要有以下几种形式。

①商业网站提供免费下载他人版权软件服务;②盗版软件公司通过电子邮件倾销盗版软件;③商业网站提供 MP3 音乐免费下载;④商业网站抄袭他人网页;⑤商业媒体侵犯文字作品著作权;⑥计算机软件的非法破密。

为打击电子商务领域侵犯著作权犯罪,世界各国纷纷制定法律。美国1997年通过了禁止电子盗窃法,该法律规定非营利性散布他人著作权作品的行为可能构成犯罪,任何人只要分发价值超过2 500美元的10件或10件以上拥有版权的作品,都可能被判监禁长达三年和罚款25万美元;德国巴伐利亚州地方法院曾裁定,从互联网上复制音乐为非法行为,提供音乐复制操作功能的网络服务公司将受处罚;加拿大议会对联邦复制权法进行了修改,对非法复制计算机软件的案犯最高可处以2万加元的罚款。

2）侵犯著作权罪的概念和犯罪构成

我国打击电子商务领域侵犯著作权犯罪的刑事法律条文主要是《刑法》第287条和第217条。《刑法》第287条关于"利用计算机实施金融诈骗……或者其他犯罪的,依照本法有关规定定罪处罚"的规定和《关于维护互联网安全的决定》,是认定利用电子商务领域侵犯著作权犯罪的法律前提,行为人在电子商务活动中实施侵犯著作权犯罪的,依据我国《刑法》第217条侵犯著作权罪定罪量刑。

侵犯著作权罪,是指以营利为目的,未经著作权人或与著作权有关的权益人许可,复制发行其作品,出版他人享有出版权的图书,未经录音录像制作者许可复制发行其制作的音像制品,或者制售假冒他人署名的美术作品,违法所得达到法定数额,或者具有法定情节的行为。本罪分为基本罪和派生的重罪两种构成类型。

（1）基本罪的构成要件

本罪的基本罪由选择主体、直接故意、复杂危害行为、特殊犯罪时间、特殊犯罪后果、特殊犯罪对象和被害法益7个要件构成,它们的具体内容和形式分述如下。

①选择主体。

本罪的犯罪主体是选择主体,即年满16周岁且具有刑事责任能力的人或者一般单位。

②本罪的犯罪心态表现为直接故意。

直接故意内容的一般犯罪目的是:明知自己实施侵犯他人著作权的行为,而故意实施这种行为并希望危害结果发生的心理态度。间接故意和过失不构成本罪。本罪除以上一般犯罪目的外,还必须有特殊犯罪目的,即具有营利的目的。

③复杂危害行为。

侵犯著作权的行为,有如下四种并列选择的行为方式:a. 未经著作权人许可,复制发行其文字作品、音乐、电影、电视录像作品、计算机软件及其他作品。复制和发行两种行为必须同时具备才能成立本罪。b. 出版他人享有专有出版权的图书。c. 未经录音、录像制作者的许可,复制发行其制作的录音、录像。d. 制作、出售假冒他人署名的美术作品。由于法律对制作、复制等侵权行为的具体方法、手段未作特别限制,因而利用计算机也可以实施上述各种危害行为。

在电子商务领域,以上四种行为都可能发生,只是在方法、手段、经历的过程上有较大差异,行为人既可以把传统的实物介质作品数字化后,在互联网络环境中传播他人的版权作品,也可以把网络上的数字化作品附着在实物介质上,在传统流通环境中传播。

④特殊犯罪时间。

本罪的特殊犯罪时间是在著作权有效保护期限内,如果行为发生在著作权保护期以后,不构成本罪。

⑤特殊犯罪后果。

本罪是结果犯,构成本罪必须是违法所得数额较大或者有其他严重情节。所谓数额较大,根据最高人民法院1998年12月11日发布的《关于审理非法出版物刑事案件具体应用法律若干问题的解释》,是指个人违法所得在5万元以上20万元以下,单位违法所得数额在20万元以上100万元以下。所谓其他严重情节,是指有下列三种情况:a. 因侵犯著作权曾经两次以上被追究行政责任或者民事责任,两年内又实施前述侵犯著作权行为之一的;b. 个人非法经营数额20万元以上,单位非法经营数额在100万元以上的;c. 造成其他严重后果的。

⑥特殊犯罪对象。

本罪的犯罪对象是他人依法享有著作权的作品。

⑦被害法益。

本罪的被害法益是他人的著作权和与著作权相关的权益。所谓著作权,指公民依法对文学、艺术和科学作品所享有的各种权利的总称。其中包括著作人身权和著作财产权。人身权指作者对其作品依法享有的发表权、署名权、修改权和保护作品完整权;著作财产权主要指使用作品的权利和获得报酬的权利以及许可他人使用作品并由此获得报酬的权利。所谓与著作有关的权益,指传播作品的人对他赋予作品的传播形式所享有的权利,也即著作邻接权。包括出版者、表演者、电台、电视台和录音录像者的权利。

(2)重罪的构成要件

本罪的重罪构成要件,是指罪行在符合基本罪构成要件的基础上,违法所得数额巨大或有其他特别严重的犯罪情节的行为。根据前述司法解释,所谓违法所得数额巨大,指个人违法所得数额在20万元以上,单位违法所得数额在100万元以上。所谓有其他特别严重情节,指具有下列情形之一:①个人非法经营数额在 100 万元以上,单位非法经营数额在 500 万元以上的;②造成其他特别严重后果的。

根据《刑法》第 287 条、第 217 条和第 220 条规定,利用计算机犯本罪基本罪的,处 3 年以下有期徒刑或者拘役,并处或者单处罚金,犯重罪的,处 3 年以上 7 年以下有期徒刑,并处罚金。单位犯本罪的,对单位判处罚金,并对其直接负责的主管人员和其他直接责任人员,依照个人犯本罪的规定处罚。

15.2.4 电子商务侵犯商业秘密罪

1)电子商务侵犯商业秘密罪的概述

电子商务侵犯商业秘密犯罪是世界各国普遍的犯罪现象。20 世纪 80 年代以来,由于计算机及网络技术的广泛应用,利用计算机实施窃取商业秘密或泄露商业秘密的犯罪案件也不断出现。随着经济体制改革的深入,我国有些公司和企业为了自身的利益,不通过正当手段去开拓市场,而采取侵犯其他公司、企业商业秘密的手段,进行不正当竞争。在公司和企业的计算机信息系统中,存在着大量不为公众所知的商业秘密。公司和企业的计算机信息系统在管理商业秘密中发挥了重要作用。在市场经济条件下,商业秘密意味着利益和财富。商业秘密的信息一旦被他人非法获取、披露或使用,就会给商业秘密的权利人造成重大的损失。计算机技术的发展,能够给权利人提供了商业秘密的有效管理、使用手段,同时又给不法分子提供了侵犯他人商业秘密的新方法。利用计算机实施侵犯商业秘密罪,与传统的犯罪方法相较,其主要表现和基本特点如下。

(1)电子商务侵犯商业秘密罪的行为方式

①利用电子商务计算机系统窃取商业秘密。行为人利用计算机技术窃取企业计算机系统中的商业秘密的犯罪方式有多种,如乘企业人员的疏忽,非法操作计算机系统,复制系统中的商业秘密;通过计算机互联网络,破解企业内部网络的安全系统,即采用所谓黑客手段,非法侵入计算机信息系统,窃取系统中的有关资料;采用计算机窃听的方法,从企业内部人员的日常言谈和交往中,非法获取商业秘密等。

②利用电子商务计算机系统披露非法获取的商业秘密,或者违反约定披露商业秘密。借助于计算机网络等计算机技术,行为人能够便利地披露他人的商业秘密,造成巨大的经济损失,如行为人出于报复或者其他目的,在计算机互联网络中的电子公告栏上公开商业秘密;或者出于牟利的目的,采用发送电子邮件、复制商业秘密数据方法,将商业秘密非法转让给他人使用等。目前,我国的公司、企业一般都使用计算机进行管理,其中有不少单位计算机信息系统已同互联网连接,因而利用计算机披露商业秘密的案件时有发生,特别是在互联网络上披露权利人的商业秘密,严重侵害了权利人商业秘密专有权,给他人商业利益造成巨大损害。

(2)电子商务侵犯商业秘密罪的特点

①犯罪隐蔽性强。计算机信息系统中的商业秘密一般都处于特别的安全防护措施的保护之下,行为人利用计算机窃取商业秘密一般通过非法侵入计算机信息系统、越权操作、设置黑客程序等技术手段来完成,由于这些窃密过程在计算机信息系统内部完成,并且行为人

能够有意消除操作记录,因此,犯罪不易被发觉,犯罪人的真实身份难以查清,从而使犯罪具有较强的隐蔽性。

②犯罪危害性大。行为人窃取、披露商业秘密往往被其竞争对手获取,给被害人造成极为不利的局面。由于利用计算机侵犯商业秘密隐蔽性强,犯罪人难以被发觉,容易造成公司、企业商业秘密的多次、大量被窃取和泄露,给被害人带来惨重损失,甚至导致破产,因而其社会危害性极大。

2)电子商务侵犯商业秘密罪的犯罪构成

《刑法》第287条关于"利用计算机实施……其他犯罪的,依照本法有关规定定罪处罚"的规定,是认定利用计算机实施本类犯罪的法律前提,但是具体行为必须符合《刑法》219条规定的侵犯商业秘密罪的构成要件;如果不能同时满足其全部构成要件,不能构成本罪。齐备侵犯商业秘密罪的构成要件,是确认利用计算机实施侵犯商业秘密罪的根据。

侵犯商业秘密罪,是指违反国家商业秘密保护法规,侵犯他人商业秘密,给商业秘密权利人造成重大损失的行为。本罪具有基本罪和派生的重罪两种构成类型,它们的构成要件分述如下。

(1)基本罪的构成要件

①犯罪主体。本罪是选择主体,个人或单位均可构成。犯本罪的自然人是一般主体,但通常是合同约定负有保密义务的当事人和本公司、企业知悉或掌握商业秘密的人;犯本罪的单位,法律未作规定。

②主观方面。本罪在主观上表现为故意。指明知是权利人已采取保密措施加以保护的商业秘密,而故意实施侵犯企业秘密的行为。明知或者应知自己的行为是侵犯商业秘密行为,而非法获取、使用或者披露他人的商业秘密的,以侵犯商业秘密罪论。无论行为人出于何种动机、目的,均不影响本罪的认定。

③客观方面。本罪在客观方面有两个构成要件:首先,实施了侵犯他人商业秘密的行为。这种危害行为表现为下列三种形式:a. 以盗窃、利诱、胁迫或者其他不正当手段获取权利人的商业秘密。实施这种行为的人,一般是商业秘密权利人的竞争对手,希望通过这些不正当手段获取对方商业秘密,使对方丧失竞争优势,提高自己的竞争地位,属于不正当竞争。b. 披露、使用或者允许他人使用前项手段获取的权利人的商业秘密。此行为具有两个特征:一是行为人必须已经通过盗窃、利诱、胁迫或者其他不正当手段获取了权利人的商业秘密。二是又实施了披露、使用或者允许他人使用这些商业秘密的行为。c. 违反约定或者违反权利人有关保守商业秘密的要求,披露、使用或者允许他人使用其所掌握的商业秘密。此行为也具有三个特征:一是行为人通过合法途径掌握了权利人的商业秘密:二是行为人按照与权利人的约定,或者按照权利人有关保守商业秘密的要求,承担保守这些商业秘密的义务;三是违反这些约定和保密要求,向第三人披露、自己使用,或者允许第三者使用这些商业秘密。实施这类行为的人,通常是与拥有商业秘密的企业订立许可使用合同的一方当事人,也可能是本企业内部因工作关系知悉商业秘密技术人员、管理人员。只要实施了上述任一行为,即可构成本罪。其次,本罪是结果犯,侵犯商业秘密的行为必须给权利人造成重大损失。所谓重大损失,是指经济上的重大损失,包括在竞争中处于不利地位、产品大量积压、营利性服务

严重受挫、减少盈利、增加亏损等。

④犯罪客体。首先,本罪侵犯的直接客体是商业秘密的专有权。商业秘密一经使用即可取得财产利益,因而商业秘密权是一种财产权。其次,本罪的犯罪对象是商业秘密。根据刑法第 219 条的规定:"商业秘密,是指不为公众所知悉,能为权利人带来经济利益,具有实用性并经权利人采取保密措施的技术信息和经营信息。"它具有以下特征:a. 信息性。b. 经济性。c. 实用性。d. 保密性。

如果某些信息已为大家所知悉,不具有秘密性质,或者权利人没有有效采取保密措施而使他人通过正常渠道了解到信息内容,都不属于商业秘密范围。

(2)重罪的构成要件

本罪的重罪构成要件,是指罪行在符合基本罪的构成要件的基础上,造成特别严重后果的行为。至于什么是"造成特别严重后果",目前尚无有权解释,根据刑法理论联系司法实践,一般是指给权利人的生产经营造成特别重大的经济损失或者导致公司、企业破产等。

15.3 电子商务关联犯罪

15.3.1 电子商务关联犯罪概述

电子商务关联犯罪是传统犯罪在电子商务发展中的衍生物,它与电子商务相关,但不发生在正常电子商务活动过程中。电子商务关联犯罪与电子商务犯罪的特征相似,如行为方式上表现为利用计算机信息系统特性,犯罪心态多表现为以牟利为目的,或者出于其他与经济利益相关的目的动机等;它与电子商务犯罪的区别在于,这类犯罪不发生在正常电子商务活动中,但是必须以电子商务应用为前提。

电子商务的发展产生了新形式的社会活动和新形式的财富,这些社会活动和财富的出现及其对社会的影响,强烈冲击着现有的社会组织体系,包括法律体系。电子商务关联犯罪是伴随这些新事物产生而产生的新法律问题,深入研究电子商务关联犯罪,必须首先了解这些新生事物的基本情况。

1)电子货币

电子货币是信息技术新发展和金融业激烈竞争的产物。一般认为,电子货币是电子结算系统中账户资金的电子记录,它不同于纸币、硬币,也不同于本票、汇票、支票等金融票证,是一种新的财富形式。

电子货币具有以下基本特点:①控制管理的多主体性电子货币同时为两个以上不同主体管理控制。多个主体依据一定的协议共同分享电子货币的使用权,从而实现对电子货币的共同控制,同时,任何一方都不是排他地完全控制电子货币。②无形性。③流通环境的特定性。

由于电子货币具有不同于传统货币的特殊性,与电子货币相关的法律问题必然具有特殊性。

2)网上营销

互联网络是一种方便快捷的新型信息交流途径,当它用于商业目的时,就开创了一种新的商业模式——网上营销。网上营销不仅包括为销售货物所进行的商务信息交换,还包括利用互联网络传送计算机数据类商品,这种全新的商业活动方式具有联系范围广、快捷及时、成本低廉等优点,不仅大量出现在正常电子商务交易活动中,也为非法交易所青睐,如网上销售违禁物品、网上推销淫秽或者其他有害信息等。

目前互联网络上存在大量非法网上营销行为,给我国刑事法律体系带来了新的法律问题。

3)电子代理人

电子代理人是美国《统一计算机信息交易法》中的概念,是指在没有人检查的情况下,独立采取某种措施,对某个电子信息或者履行事务作出反应的某个计算机程序或者其他手段。在实际生活中,大量电子商务活动,如要约的提出、合同的签订履行等,都由这种电子代理人来执行,电子代理人的性质、行为特点、法律地位对相关法律问题有重要影响。

4)网络服务提供商的责任问题

网络服务提供商(Internet Sewice Provider, ISP)是指从事互联网络信息服务的单位。网络服务提供商的责任问题,就是他人利用互联网络实施违法犯罪时,网络服务提供商(包括IAP和ICP)是否承担责任的问题。我国立法应规定网络连接服务提供商(IAP)无须为第三方的行为承担民事或刑事责任;网络信息服务提供商(ICP)应当承担担保责任;对明知或已被通知他人利用其计算机信息系统实施犯罪的,应当承担相应的刑事责任。

电子商务关联犯罪包含多种具体犯罪,而且随着电子商务的发展将继续增加。这些犯罪带来的一些新法律问题可以在现行刑事法律体系内解决,而有些犯罪在适用法律时则面临困难甚至无法可依。本节将对电子商务关联犯罪中频繁发生、法律问题比较突出的两种犯罪进行研究。

15.3.2 电子商务盗窃犯罪

1)电子商务领域盗窃犯罪的发展现状

计算机、网络等信息技术给现代社会以深刻的影响,在电信、金融等两个领域表现得更加突出。在电信业,不仅固定电话、移动电话、传呼和卫星通信等业务都实现了计算机、网络控制管理,新发展起来的互联网络业务完全建立在计算机和网络技术基础上。在金融业,计算机、网络技术推动了金融电子化进程,尤其突出的是信用卡等与电子资金相关业务迅速发展起来。目前,我国信用卡服务范围已经由各家银行各自独立的城域范围发展到全国范围内"金融联"系统,信用卡功能也越来越强,逐步实现了全国范围内的取款、消费、转账等功能,金融电子化加快了资金流动速度,通过电子资金过户系统,能够在极短的时间内完成跨地域的资金流动。另外,金融电子化还产生了各种各样的电子现金(emcash)、电子钱包等电子化金融工具,并在社会上逐步推广和应用起来。

电子商务时代,电子资金、电子信息等新形式的财富产生并得到广泛的应用,上网浏览信息、购物等新的社会活动不断产生，并日益成为人们日常工作、生活中的一部分。与此相关的盗窃犯罪活动也随之衍生并日益严重起来。电子商务领域盗窃犯罪与传统的盗窃犯罪不同，主要表现为以下几种行为方式。

①利用技术手段非法获取他人电信号码并非法使用；

②盗用个人的电信账号和密码；

③盗用公用信息网络服务（这类行为有两种形式，一种是盗用合法网络用户电信服务，另一种是盗用电信企业电信服务。）；

④利用计算机盗窃金融机构的电子货币；

⑤非法充值电信卡并使用等。

2）电子商务盗窃罪的概念和犯罪构成

我国打击电子商务领域盗窃犯罪的刑事法律条文主要是《刑法》第 287 条、第 264 条、第 265 条、第 196 条第 3 款、第 253 条第 2 款。《刑法》第 287 条关于"利用计算机实施……盗窃……或者其他犯罪的，依照本法有关规定定罪处罚"的规定和《关于维护互联网安全的决定》，是认定利用电子商务领域盗窃犯罪的法律前提，行为人在电子商务活动中实施盗窃犯罪的，依据我国《刑法》第 264 条、第 265 条、第 196 条第 3 款、第 253 条第 2 款规定定罪量刑。此外，《最高人民法院关于审理扰乱电信市场管理秩序案件具体应用法律若干问题的解释》第 7 条和第 8 条规定，将电信卡非法充值后使用，造成电信资费损失数额较大的和盗用他人公共信息网络上网账号、密码上网，造成他人电信资费损失数额较大的，以盗窃罪定罪量刑。

盗窃罪，是指以非法占有为目的，盗窃公私财物数额较大、多次盗窃，或者以牟利为目的盗接他人通信线路、复制他人电信号码，或者明知是盗接、复制的电信设备、设施而使用，具有法定数额或者法定情节的行为。本罪分为基本罪和派生的重罪、更重罪和最重罪四个构成类型。

（1）基本罪的构成要件

本罪的基本罪是一般主体、犯罪故意、选择性危害行为、特殊犯罪后果、特殊犯罪对象和被害法益 6 个要件构成，具体内容和形式如下。

①一般主体。本罪的主体是一般主体，指年满 16 周岁具有刑事责任的自然人。

②犯罪故意。本罪在主观方面表现为直接故意。直接故意的一般犯罪目的是，明知自己在实施盗窃行为，会严重侵害他人财产权，并希望这种结果发生的心理态度。除了一般犯罪目的外，本罪还要求有非法占有公私财物的特殊犯罪目的，如果是盗接他人通信线路、复制他人电信号码或者明知是盗接、复制的电信设备和设施而使用的，必须以牟利为目的。

③选择性危害行为。本罪的危害行为表现为 6 种选择性行为方式：一是以非法占有为目的盗窃公私财物的行为；二是以非法占有为目的多次实施盗窃行为；三是以牟利为目的盗接他人通信线路、复制他人电信号码，或者明知是盗接、复制的电信设备、设施而使用的行为；四是盗窃信用卡并且使用的行为；五是将电信卡非法充值后使用；六是盗用他人公共信息网络上网账号、密码上网。这 6 个要件只要具备其中一项，都可能构成盗窃罪。上述 6 种

选择性行为的共同特点都是"秘密窃取"。"秘密窃取"是盗窃行为的基本形式，也是本罪与其他侵犯财产罪相区别的主要特征。所谓秘密窃取，是指行为人必须采取自认为不被财物所有人或保管人知道的方法，将财物取走，至于客观上是否为被害人所知或觉察，不影响本罪的成立。如果在行窃时被人发觉进而公然夺取或使用暴力，盗窃行为就转化为抢夺行为或抢劫行为。秘密窃取的方法是多种多样的，通常表现为撬门破锁、翻墙入院、扒窃掏包、顺手牵羊等。在传统盗窃行为方式中，盗窃行为的实施将导致被窃财物在空间上发生位置移动，但在电子商务时代，可以在不取走原物的情况下达到窃取经济利益的目的。如利用计算机等高科技设备，通过破解密码、篡改数据、下载信息、盗接通信线路、复制电信号码等手段，就能盗窃电子货币、有价计算机数据（如计算机软件）、电信服务。

④特殊犯罪后果。本罪的特殊犯罪后果是盗窃公私财物"数额较大"。根据最高人民法院 1998 年 3 月 10 日发布的《关于审理盗窃案件具体应用法律若干问题的解释》的规定，所谓数额较大，是指个人盗窃公私财物价值人民币 500～2 000 元以上。各省、自治区、直辖市高级人民法院可根据本地区经济发展状况，并考虑社会治安状况，在这一数额幅度内确定本地区的具体数额标准，并报最高人民法院备案。"数额较大"是成立本罪的法定选择要件。如果盗窃数额不是较大，又不符合其他选择要件的，不能认为是犯罪。上述司法解释又规定：盗窃公私财物接近"数额较大"的起点，具有下列情形之一的，可以追究刑事责任：a. 以破坏性手段盗窃造成公私财产损失的；b. 盗窃残疾人、孤寡老人或者丧失劳动能力人的财物的；c. 造成严重后果或者具有其他恶劣情节的。

行为人没有盗窃数额较大财物，而有"多次盗窃"情节的，也可能构成本罪。根据上述司法解释，所谓多次盗窃，是指一年内入户盗窃或者在公共场所扒窃三次以上的行为。因此，凡是多次盗窃数额没有达到"数额较大"的起点，又不符合上述三个限制条件的，不能以犯罪论处。如果行为人"多次盗窃"，最后一次盗窃构成犯罪，其在一年以内的前几次盗窃数额累计达到"数额巨大或者有其他严重情节""数额特别巨大或者有其他特别严重情节"等条件的，应当分别认定为盗窃罪的重罪、更重罪或极重罪。

以牟利为目的盗接他人通信线路、复制他人电信号码或者明知是盗接、复制的电信设备、设施而使用的行为是本罪的选择性行为方式。成立选择要件法律在主观方面有特别要求，即必须是法律规定的"以牟利为目的"或者"明知"。根据前述司法解释，所谓"以牟利为目的"，是指为了出售、出租、自用、转让等牟取经济利益的行为。如果行为人盗接他人通信线路、复制他人电信号码不是"以牟利为目的"，或者不知是盗接、复制的电信设备、设施而使用的，不能认为是犯罪。行为人在一年内多次实施本选择要件的行为，如果犯罪数额累计达到"数额巨大或者有其他严重情节""数额特别巨大或者有其他特别严重情节"的，应当分别认定为盗窃罪的重罪或更重罪。所谓"明知"，是指认识到所使用的电信设备、设施来源不正当。

⑤特殊犯罪对象。本罪的犯罪对象是公私财物，包括国有财产、劳动群众集体所有财产、公民个人所有财产、多种所有制经济成分混合组成的法人、非法人的社团的财物。作为本罪对象的财物，必须是具有一定经济价值且可为人力所控制、支配、转移、使用的财物，包括有形财物、无形财物和有价服务。根据《刑法》第 196 条第 3 款、第 210 条第 1 款和有关司

法解释,本罪侵犯的对象主要有如下几种:a. 动产(包括金融资金、现款、物品等)、不动产上可与之分离的附属物(如房屋上的门窗)、文物等;b. 有价支付凭证、有价证券、有价票证、信用卡等;c. 电力、煤气、天然气等;d. 通信线路、电信号码、有价计算机数据等;e. 增值税专用发票、可以用于骗取出口退税、抵扣税款的其他发票等。不能为人力所控制、支配的财物,不能成为盗窃罪的对象。此外,盗窃枪支、弹药、爆炸物、国家秘密、商业秘密、公文、证件、印章、尸体等行为,因其侵犯的客体不同,刑法另规定为其他罪名,所以不能认定为本罪。

⑥被害法益。本罪侵犯的法益是公私财产所有权。

(2)重罪的构成要件

本罪的重罪构成要件,是指罪行在符合基本罪构成要件的基础上,"盗窃公私财物数额巨大或者有其他严重情节"的行为。盗窃"数额巨大"和"其他严重情节",是构成重罪的两个选择要件,只要具备其中一项,重罪便可成立"数额巨大"和"其他严重情节",前述司法解释有明确规定。

(3)更重罪的构成要件

本罪的更重罪构成要件,是指罪行在符合基本罪构成要件的基础上,"盗窃公私财物数额特别巨大或者有其他特别严重情节"的行为。盗窃"数额特别巨大"和"其他特别严重情节"是构成重罪的两个选择要件,只要具备其中一个,更重罪便可成立。"数额特别巨大"和"其他特别严重情节",前述司法解释有明确规定。

(4)最重罪的构成要件

本罪的最重罪构成要件,是指罪行在符合基本罪构成要件的基础上,有下列情形之一的行为:①盗窃金融机构,数额特别巨大;②盗窃珍贵文物,有严重情节的。根据前述司法解释盗窃金融机构是指盗窃金融机构的经营资金(应当包括电子资金)、有价证券和客户的资金等,如储户的存款、债券、其他款物,企业的结算资金、股票,但不包括盗窃金融机构的办公用品、交通工具等财物的行为;"数额特别巨大"是指人民币在 3 万~10 万元以上的。"盗窃珍贵文物,情节严重",主要是指盗窃国家一级文物后造成损毁、流失,无法追回;盗窃国家二级文物三件以上或者盗窃国家一级文物一件以上,并具有下列情形之一的行为:①犯罪集团的首要分子或者共同犯罪中情节严重的主犯;②流窜作案危害严重的;③累犯并造成其他重大损失的。

根据我国《刑法》第 287 条、第 264 条、第 265 条、第 196 条第 3 款和《关于审理扰乱电信市场管理秩序案件具体应用法律若干问题的解释》的规定,犯本罪基本罪的,处 3 年以下有期徒刑或者管制,并处或者单处罚金;犯本罪重罪的,处 3 年以上 10 年以下有期徒刑,并处罚金;犯本罪更重罪的,处 10 年以上有期徒刑或者无期徒刑,并处罚金或者没收财产;犯本罪最重罪的,处无期徒刑或者死刑,并处没收财产。盗窃未遂,情节严重,如以数额巨大的财物为盗窃目标的,以盗窃罪(未遂)定罪量刑。

15.3.3 电子商务制作、贩卖、传播淫秽物品的犯罪

1)电子商务领域制作、贩卖、传播淫秽物品犯罪的发展现状

"色情"一词源于希腊文 Pome,意味着足以挑逗起顾客性欲的题材。国外有关色情作品

的立法存在两个问题,一是判断色情的标准,一是色情作品是否对社会有害,各国对这两个问题的不同态度,导致这些国家立法和司法上的差异。我国《刑法》规定了制作、贩卖、传播淫秽物品罪(刑法规定的淫秽物品包含色情作品),对于制作、贩卖、传播淫秽物品的,无论淫秽物品是否涉及儿童,以及消费者是否为成年人,都可能构成犯罪。在传统的色情作品相关犯罪中,色情作品表现为文字、绘画、相片和电影形式,进入 20 世纪 90 年代后,借助于计算机、网络和多媒体技术,色情作品以电子数据形式在互联网上迅速传播起来。互联网空间不同于陆地疆域,网上电子数据信息能迅速流传于世界各国,任何国家都难以有效控制。目前互联网已经成为色情服务行业最重要的"行销"平台之一,美国一项新的研究调查报告预测,在未来五年内色情网站的营业收入将会出现三倍以上的增长,比其他种类的互联网信息提供业增长率高出许多。巨额的网络淫秽信息交易背后,是给社会道德风尚和未成年人成长教育造成的恶劣影响。我国一项调查显示,在参与调查的 3 000 名大中学生中,曾光顾淫秽信息网站的 46%,淫秽信息网站传播的内容多是畸形、变态的性行为,严重毒害青少年,容易导致青少年性犯罪的发生。

这些在互联网络上贩卖、传播的淫秽物品大多为色情图片和文字,有的还提供色情影像、动画和声音,提供这些色情物品的行为人大多是以收取信息服务费,或赚取广告资助费为目的。目前在互联网络上制作、复制、出版、贩卖、传播淫秽物品的犯罪主要有以下几种行为方式。

①设立色情淫秽信息网站,收取色情信息服务费;

②设立淫秽色情信息个人主页,借以发布他人的广告,赚取广告资助费;

③不以营利为目的,在互联网络传播淫秽物品。

2)制作、贩卖、传播淫秽物品犯罪的概念和犯罪构成

我国严禁在互联网络上制作、复制、出版、贩卖、传播淫秽物品(包括成人淫秽色情物品和儿童淫秽色情物品)。《计算机信息网络国际联网管理暂行规定》第 13 条规定,"从事国际联网业务的单位和个人……不得制作、查阅、复制和传播妨碍社会治安的信息和淫秽色情等信息";我国《刑法》还将在互联网络上制作、复制、出版、贩卖、传播淫秽物品的行为规定为犯罪。我国打击电子商务领域制作、复制、出版、贩卖、传播淫秽物品犯罪的刑事法律条文主要是《刑法》第 287 条、第 363 条第 1 款、第 364 条第 1 款、第 366 条。《刑法》第 287 条关于"利用计算机实施……盗窃……或者其他犯罪的,依照本法有关规定定罪处罚"的规定和《关于维护互联网安全的决定》,是认定利用电子商务领域制作、复制、出版、贩卖、传播淫秽物品犯罪的法律前提,行为人在电子商务活动中实施制作、复制、出版、贩卖、传播淫秽物品犯罪的,依据我国《刑法》第 363 条第 1 款、第 364 条第 1 款、第 366 条规定定罪量刑。

(1)制作、复制、出版、贩卖、传播淫秽物品牟利罪的概念和犯罪构成

制作、复制、出版、贩卖、传播淫秽物品牟利罪,是指以牟利为目的,制作、复制、出版、贩卖、传播淫秽物品,具有法定情节的行为。本罪是选择性罪名,在司法实践中应当根据具体案情,选择适用或并合适用。本罪分为基本罪和派生的重罪、极重罪三个构成类型,它们的构成要件分述如下。

①本罪的构成要件。

本罪的基本罪是由选择主体、直接故意、选择性危害行为、特殊犯罪对象、被害法益 5 个要件构成,具体内容和形式如下。

a. 选择主体。本罪的主体是选择主体,可以是个人也可以是单位。个人是一般主体,指年满 16 周岁具有刑事责任能力的自然人;犯本罪的单位法律未作限定,即任何单位均可构成。

b. 直接故意。本罪在主观方面表现为直接故意,其直接故意的一般犯罪目的为明知是淫秽物品而予以制作、复制、出版、贩卖、传播的心理态度。除一般犯罪故意外,本罪还必须以牟利为目的。至于是否获利或获利多少,不影响本罪的成立。

c. 选择性危害行为。本罪在客观方面表现为制作、复制、出版、贩卖、传播淫秽物品五种行为,行为人只要实施其中一种行为,便可构成犯罪。所谓制作,是指生产、录制、摄制、编写、绘制、印刷等行为。所谓复制,是指通过翻印、复印、复录等方式对已有的淫秽物品进行仿造的行为。所谓出版,是指出版单位以合法名义编辑、印刷、发行淫秽书刊和音像制品的行为。所谓贩卖,是指批发、零售、倒卖等销售淫秽物品的行为。所谓传播,是指通过播放、出版、出借、邮寄、携带和网络传输等方式,致使淫秽物品流传扩散的行为。以上五种行为都可以利用计算机技术实施。

d. 特殊犯罪对象。本罪的犯罪对象是淫秽物品。所谓淫秽物品,是指具体描绘性行为或者露骨宣扬色情的淫秽性的书刊、影片、录像带、录音带、图片以及其他淫秽物品。

e. 被害法益。本罪侵犯的法益是国家对文化市场的管理秩序和社会善良的道德风尚。

从《刑法》第 363 条第 1 款的规定来看,本罪的基本罪是行为犯,只要行为人实施了制作、复制、出版、贩卖、传播淫秽物品的行为,除情节显著轻微、危害不大的以外,都构成犯罪。以上规定对犯罪数额、情节和危害后果不做要求,似乎显得过于严酷,为了弥补立法上的这一疏漏,最高人民法院在 1998 年 12 月 11 日《关于审理非法出版物刑事案件具体应用法律若干问题的解释》第 8 条第 1 款中,在犯罪数额上作了具体规定。

②重罪的构成要件。

重罪构成要件是指符合基本罪构成要件的基础上,情节严重的行为。这里的"情节严重",上述司法解释作了明确规定。

③极重罪的构成要件。

极重罪是指在符合基本罪构成要件的基础上,情节特别严重的行为。所谓情节特别严重,根据上述司法解释第 8 条第 3 款规定,是指制作、复制、出版、贩卖、传播淫秽物品的犯罪数量(数额)达到成立重罪犯罪数量(数额)的 5 倍以上。

根据《刑法》第 287 条、第 363 条和第 366 条规定,个人利用计算机犯制作、复制、出版、贩卖、传播淫秽物品牟利基本罪的,处 3 年以下有期徒刑、拘役或者管制,并处罚金;犯重罪的,处 3 年以上 10 年以下有期徒刑,并处罚金;犯极重罪的,处 10 年以下有期徒刑或者无期徒刑,并处罚金或者没收财产。单位利用计算机犯本罪的,对单位判处罚金,并对直接负责的主管人员和其他责任人员,依照个人犯本罪的规定处罚。

(2)传播淫秽物品罪的概念和构成

传播淫秽物品罪,是指不以牟利为目的而传播淫秽物品,情节严重的行为。本罪是独立的构成类型,由选择主体、犯罪故意、单一危害行为、特殊犯罪对象、被害法益、酌定构成要件6个构成要件组成,其具体内容和形式分述如下。

①选择主体。

本罪的主体是选择主体,即个人和单位均可构成。实施本罪的个人是已满16周岁且具有刑事责任能力的自然人,实施本罪的单位法律未作限定。

②犯罪故意。

本罪在主观方面表现为故意,但不具有牟利的目的。至于行为人出于什么动机和其他目的,均不影响本罪的成立。

③单一危害行为。

本罪在客观上表现为传播淫秽的书刊、影片、图片、音像制品或者其他淫秽物品的行为。所谓传播,主要指出借、播放、展示、赠送、散发、交换、讲解等行为,但这种行为必须是针对公众实施或者公共场所实施。法律对传播的方法、手段未作限制。因而传播行为既可以公开实施,也可以是秘密进行。

④特殊犯罪对象。

本罪的犯罪对象是淫秽物品。

⑤被害法益。

本罪侵犯的法益是社会治安管理秩序和良好的社会风尚。

⑥酌定构成要件。

本罪除符合上述构成要件外,还必须是"情节严重"的行为。所谓情节严重,根据上述司法解释第10条第1款规定,是指向他人传播淫秽的书刊、影片、影碟、图片等出版物达300~600人次以上或者造成恶劣社会影响的。

根据《刑法》第287条、第364条第1款和第4款、第366条规定,个人利用计算机犯传播淫秽物品罪的,处2年以下有期徒刑、拘役或者管制;单位利用计算机犯本罪的,对单位判处罚金,并对直接负责的主管人员和其他责任人员,依照个人犯本罪的规定处罚。向不满18周岁的未成年人传播淫秽物品的,从重处罚。

15.4 危害电子商务计算机信息系统安全的犯罪

1998年3月6日,我国成功完成了第一笔互联网上电子商务交易,电子商务便迅速发展起来,电子商务领域犯罪更是层出不穷,表现形式是多种多样的,并具有极其复杂的特征。为此,我国《刑法》第285条确立了"非法侵入计算机信息系统罪"。

15.4.1 非法侵入特定计算机信息系统罪

1)非法侵入计算机信息系统罪的概念和构成

非法侵入计算机信息系统罪,是指违反国家规定,侵入国家事务、国防建设、尖端科学技术领域的计算机信息系统的行为。本罪是单一的构成类型,由下列四个方面的要件构成。

（1）犯罪主体

本罪的主体是一般主体，指年满 16 周岁且具备刑事责任能力的自然人。实施构成要件危害行为的人，必须具有一定的计算机知识和操作技能。这种行为人在国际上被称为黑客。如本书第四章第一节所述，黑客分为技术挑战性、戏谑取趣性和捣乱破坏性三种类型。无论哪种黑客，只要侵入国家事务、国防建设、尖端科学技术领域的计算机信息系统，都可能构成本罪，然而，如果行为人侵入系统之后，又进行其他捣乱、破坏活动或者窃取系统中的信息，则与其他计算机犯罪发生重合或牵连，在这种场合应当从重罪处罚。

关于单位可否成为本罪主体的问题，学术界存在不同的观点。《刑法》第 30 条规定："公司、企业、事业单位、机关、团体实施的危害社会的行为，法律规定为单位犯罪的，应当负刑事责任。"根据该条规定，只有法律明文规定单位可以构成犯罪的，单位才能成为该罪的主体。由于《刑法》没有规定单位可以成为本罪主体，因而本罪的主体只能是自然人。

（2）主观方面

本罪在主观方面由两个要件构成：首先，只能表现为直接故意：即明知是国家事务、国防建设、尖端科学技术领域的计算机信息系统，自己无权进入这种系统，而仍然有意侵入。由于国家事务、国防建设、尖端科学技术领域的计算机信息系统均有较强的安全防护机制，行为人如果不使用技术手段经过认真研究，根本就不可能侵入这些重要领域的计算机信息系统，这就说明本罪只能由直接故意构成。

其次，具有"黑客"动机。指行为人侵入国家事务、国防建设、尖端科学技术领域的计算机信息系统，是出于对这三种计算机信息系统的一种好奇心理和探知狂癖，或者挑剔该信息系统安全防护措施的漏洞和软件编程的毛病，借以显示、炫耀自己的计算机才能，或者搞恶作剧戏谑取趣，甚至出于一种报复社会的变态心理等。如果不是出于这种"黑客"动机，不能构成本罪，但可能构成其他犯罪。这种"黑客"动机，是本罪与其他计算机犯罪相区别的重要标志。

（3）犯罪客观方面

本罪在客观方面有两个构成要件：首先，"违反国家规定"是本罪的特定犯罪前提。所谓违反国家规定，主要是指违反《中华人民共和国计算机信息系统安全保护条例》《计算机信息网络国际联网安全保护管理办法》和《中华人民共和国保守国家秘密法》等法律、法规、规章和命令。如果行为人访问计算机信息系统没有违反国家有关规定，即访问是合法的，或者经过国家事务、国防建设、尖端科学技术领域主管单位领导授权进入计算机信息系统的，不能构成本罪。

其次，行为人实施了非法侵入国家事务、国防建设、尖端科学技术领域的计算机信息系统的行为。所谓"侵入"，是指非法或越权"访问"计算机信息系统。这里所说的"访问"，是指对一定计算机信息系统进行探问并与之交流；这里所说的"交流"，是指信息的输入与输出。没有输入就没有输出，这是计算机信息系统的特性。所以，访问计算机信息系统，就是有目的地对一定计算机信息系统进行探问和操作的过程。为了维护信息安全，国家事务、国防建设、尖端科学技术领域的计算机信息系统，都设置了严密的访问控制机制。所谓控制机制，亦称安全防护体系，是指禁止和控制非法用户进入计算机信息系统，防止其浏览目录，打开文件、进行操作的一系列"协议"、加密措施和其他技术防护手段的有机整体。因此,非法侵入计算机信息系统的行为,通俗地说,是指未经允许,采取破密解码等技术手段,突破、穿越、绕过或解除特定计算机信息系统的访问控制机制,擅自进入该系统窥视偷览信息资源的行为。

从访问权限看,侵入行为可分为内部侵入和外部侵入两种:前者是指合法用户越权访问计算机系统资源的行为,即入侵者在被侵入的系统有一定的访问权限和合法的账号,但未经授权对无权访问的系统资源进行访问;后者是指非法用户访问计算机信息系统资源的行为。

(4)犯罪客体

首先,本罪侵犯的客体是复杂客体,包括国家对计算机信息系统的安全管理秩序、国家的保密制度和国家事务、国防建设、尖端科学技术领域的正常活动。随着计算机信息技术的发展和普及,计算机作为一种最先进的生产力,在国家管理、社会管制、工农业生产、商业营销、国防军事、教学科研、交通通信、金融证券、社区服务等方面都得到了广泛的应用。目前,我国很多单位和部门都建立了自己的计算机信息系统,确保其正常运行,对保障国家安全、经济发展和社会进步具有极其重要的作用。为了维护国家利益,确保国家安全,刑法对国家事务、国防建设、尖端科学技术领域的计算机信息系统实行特殊的保护。因为,这三个领域的计算机信息系统被非法侵入,便存在着国家事务、国防建设、尖端科学技术重要数据被破坏和丢失,敏感信息被泄露的严重危险性;如果这种危险性一旦演变为现实损害,必将引起灾难性的连锁破坏,造成难以弥补的重大损失。为了防患于未然,刑法严禁任何非法侵入这三个领域的计算机信息系统的行为;违者,必须按本罪追究刑事责任。

其次,本罪的行为对象只能是国家事务、国防建设、尖端科学技术三个领域的计算机信息系统。为维护国家的安全和利益,保障改革开放和社会主义建设事业的顺利进行,国家对这三种计算机信息系统实行特殊保护,禁止任何人非法入侵。如果非法侵入的不是国家事务、国防建设、尖端科学技术三个领域的计算机信息系统,不构成本罪,但有可能构成其他犯罪。

2)非法侵入计算机信息系统罪的认定

(1)罪与非罪的界限

认定行为是否构成本罪,主要从如下两个方面加以把握:首先,行为人非法侵入的必须是国家事务、国防建设、尖端科学技术领域的计算机信息系统,才能构成本罪;如果非法侵入的不是这三个领域的计算机信息系统,而是其他计算机信息系统,可以给予行政处罚,但不构成本罪。其次,行为人对自己侵入的国家事务、国防建设、尖端科学技术领域的计算机信息系统,必须有明确的认识,才能构成犯罪;如果确实不知自己所侵入的是这三个领域的计算机信息系统,不能以犯罪论处。

(2)本罪与不纯正的计算机犯罪的界限

纯正的计算机犯罪,是指利用信息科学技术,针对计算机信息系统而实施的犯罪,本罪和破坏计算机信息系统功能罪、破坏计算机信息系统数据或应用程序罪、制作或传播计算机病毒等破坏程序罪均属此类;所谓不纯正的计算机犯罪,是指《刑法》第 287 条规定的利用计算机技术,非法侵入计算机信息系统,实施金融诈骗、盗窃、贪污、挪用公款、窃取国家秘密或者其他犯罪。无论是纯正的还是不纯正的计算机犯罪,其共同点都是利用信息科学技术实施犯罪,但是,本罪与不纯正的计算机犯罪的区别在于:①犯罪对象的范围不同。本罪仅限于侵入国家事务、国防建设、尖端科学技术领域的计算机信息系统,而后者则不限于这三个领域的计算机信息系统。②犯罪目的不同。行为人实施本罪的目的是偷阅计算机信息系统中存储的信息,了解、剖析其系统运行的功能,而后者则具有其他犯罪目的。③客观方面的表现不同。本罪只是非法侵入计算机信息系统,不再实施其他犯罪行为,而后者则通过侵入计算机信息系统,进一步实施其他犯罪行为。因此,如果非法侵入计算机信息系统,进而又实施其他犯罪的,应当根据《刑法》第 287 规定,依照刑法有关规定定罪处罚,不实行数罪并罚。

(3)关于本罪是否存在未完成形态问题

本罪是行为犯。行为犯可分为两类:一类是举止犯,指行为人只要着手实施刑法分则规定的构成要件的行为,就成立既遂犯;另一类是过程犯,指行为人实施并完成刑法分则所规定的构成要件的行为,才成立既遂。因此,对于行为犯的即成犯来说,只有犯罪的既遂形态,而不存在预备犯、未遂犯和中止犯这样三种犯罪的未完成形态。但对于过程犯的行为犯来说,只有当构成要件的危害行为实施终了,犯罪才告完成。由于从着手实行构成要件的行为到行为实行终了,其间通常有一个较为复杂的动作过程,在此过程中行为人可能自动放弃犯罪,也可能因行为人意志以外的原因犯罪未能得逞,从而存在犯罪未遂和犯罪中止。

3)非法侵入计算机信息系统罪的刑罚适用

根据《刑法》第 285 条的规定,犯非法侵入计算机信息系统罪的,处三年以下有期徒刑或者拘役。

4)2020 年《刑法》修正案的发展

《刑法》修正案在第 285 条的基础上,根据计算机信息系统安全犯罪的新特点,发展出两项新型犯罪罪名,补充为原第 285 条的第 2 款和第 3 款,如下。

第 2 款,"非法获取计算机信息系统数据、非法控制计算机信息系统罪",指违反国家规定,侵入前款规定以外的计算机信息系统或者采用其他技术手段,获取该计算机信息系统中存储、处理或者传输的数据,或者对该计算机信息系统实施非法控制,情节严重的,处三年以下有期徒刑或者拘役,并处或者单处罚金;情节特别严重的,处三年以上七年以下有期徒刑,并处罚金。

第 3 款,"提供侵入、非法控制计算机信息系统程序、工具罪",指提供专门用于侵入、非法控制计算机信息系统的程序、工具,或者明知他人实施侵入、非法控制计算机信息系统的违法犯罪行为而为其提供程序、工具,情节严重的,依照前款的规定处罚。

并指明,单位犯前三款罪的,对单位判处罚金,并对其直接负责的主管人员和其他直接责任人员,依照各该款的规定处罚。

15.4.2 破坏计算机信息系统罪

1)破坏计算机信息系统罪的概念

破坏计算机信息系统罪,是指违反国家规定,对计算机信息系统功能或计算机信息系统中存储、处理或者传输的数据和应用程序进行破坏,或者故意制作、传播计算机病毒等破坏性程序,影响计算机系统正常运行,后果严重的行为。包括以下几种。

①破坏计算机信息系统功能;

②破坏计算机信息系统中存储、处理或者传输的数据和应用程序;

③故意制作、传播计算机病毒等破坏性程序,影响计算机系统正常运行。

2)本罪的犯罪构成

（1）主体要件

本罪的主体为一般主体,即年满16周岁具有刑事责任能力的自然人均可构成本罪。实际能构成其罪的,通常是那些精通计算机技术、知识的专业人员,如计算机程序设计人员、计算机操作、管理维修人员等。

（2）犯罪客体

本罪所侵害的客体是计算机信息系统的安全。对象为各种计算机信息系统功能及计算机信息系统中存储、处理或者传输的数据和应用程序。

（3）主观要件

本罪在主观方面必须出于故意,过失不能构成本罪。如果因操作疏忽大意或者技术不熟练甚或失误而致使计算机信息系统功能,或计算机信息系统中存储、处理或者传输的数据、应用程序遭受破坏,则不构成本罪。至于其动机,有的是显示自己在计算机方面的高超才能,有的是想泄愤报复,有的是想窃取秘密,有的是想谋取利益等,但动机如何,不会影响本罪成立。

（4）客观要件

本罪在客观方面表现为违反国家规定,破坏计算机信息系统功能和信息系统中存储、处理、传输的数据和应用程序,后果严重的行为。根据本条规定,包括下列3种情况。

①破坏计算机信息系统功能。即对计算机信息系统功能进行删除、修改、增加、干扰,造成计算机信息系统不能正常运行。所谓计算机信息系统,是指由计算机及其相关的和配套的设备和网络、设施构成的,按照一定的应用目标和规则,对信息进行采集、加工、存储、传输、检索等处理的人机系统。其功能多种多样,如进行文件编辑、采集、加工、存储、打印、传输、检索或者绘图、显像、游戏等,可用于不同行业、不同目标。同行业、不同目标的计算机系统其具体功能又会有所差别,如航空铁路售票、气象形势分析、预测、图书、报刊管理、企业经营管理等。无论用于何种行业或者用于何种目的,只要对其功能进行破坏即可构成本罪。破坏计算机信息系统的方法,包括对功能删除、修改、增加、干扰等具体行为,其中,删除是指将计算机信息系统应有的功能加以取消,既可以是取消其中的一项,也可以是其中的几项或者全部;修改是指将计算机信息系统的功能部分或者全部地进行改变,或者将原程序用另一

种程序加以替代,改变其功能;增加是指通过增加磁记录等手段为计算机信息系统添加其原本没有的功能;干扰则是通过一定手段如输入一个新的程序干扰原程序,以影响计算机系统正常运转,行使其功能。

②破坏计算机信息系统中存储、处理或者传输的数据和应用程序。所谓数据,在这里是指计算机用以表示一定意思内容或者由其进行实际处理的一切文字、符号、数字、图形等有意义的组合,所谓计算机中存储、处理、传输的数据,则是指固定存储中计算机内部随时可供提取、查阅、使用的数据,或者已经进入计算机正在进行加工、处理以及通过线路而由其他计算机信息系统传递过来的数据。所谓计算机程序,是指为了得到某种结果而可以由计算机等具有信息处理能力的装置执行的代码化指令序列。或者可被自动转换成代码化指令序列的符合化指令序列或者符合化语序列,至于计算机应用程序则是指用户使用数据的一种方式,是用户按数据库授予的子模式的逻辑结构,收发室对数据进行操作和运算的程序。对计算机信息系统的数据、应用程序进行破坏,是指通过输入删除、修改、增加的操作指令而对计算机信息系统中存储、处理或者传输的数据和应用程序进行破坏的行为。

③故意制作、传播计算机病毒等破坏性程序,影响计算机系统正常运行。所谓破坏性程序,是指隐藏于计算机信息系统中的数据文件、执行程序里能够在计算机内部运行,对其功能进行干扰、影响的一种程序。计算机病毒,作为一种破坏性程序的典型,是指编制或者在计算机程序中插入的破坏计算机功能或者毁坏数据,影响计算机使用,并能自我复制的一组计算机指令或者程序代码。所谓制作,是指创制、发明、设计、编造破坏性程序或者获取技术制作破坏性程序的行为。所谓传播,则是指通过计算机信息系统含网络输入、输出计算机病毒等破坏性程序,以及将已输入的破坏性程序软件加以派送、散发等行为。

破坏行为必须造成严重后果,才能构成其罪。否则,如果没有造成危害后果或者虽有危害后果但不是严重后果,即使有破坏计算机信息系统的行为,也不能构成本罪。所谓造成严重后果,主要是指造成重要计算机信息系统如国家事务、国防建设、尖端科学技术领域的计算机信息系统破坏的;造成计算机信息系统功能部分或全部丧失,严重影响工作或者造成重大经济损失的,致使秘密、重要数据、资料、信息毁弃,造成严重损失的;出于恐怖等违法犯罪目的,造成恶劣影响的等。

3)法律责任

犯本罪的,处五年以下有期徒刑或者拘役;后果特别严重的,处五年以上有期徒刑。

附《中华人民共和国刑法》相关条款:

第 286 条:违反国家规定,对计算机信息系统功能进行删除、修改、增加、干扰,造成计算机信息系统不能正常运行,后果严重的,处五年以下有期徒刑或者拘役;后果特别严重的,处五年以上有期徒刑。

违反国家规定,对计算机信息系统中存储、处理或者传输的数据和应用程序进行删除、修改、增加的操作,后果严重的,依照前款的规定处罚。

故意制作、传播计算机病毒等破坏性程序,影响计算机系统正常运行,后果严重的,依照第一款的规定处罚。

15.4.3 拒不履行信息网络安全管理义务罪

2020年《刑法修正案》第286条之后,增加了第286条之一条文,确立了一项新罪名"拒不履行信息网络安全管理义务罪"。其要件特征为:网络服务提供者不履行法律、行政法规规定的信息网络安全管理义务,经监管部门责令采取改正措施而拒不改正,有下列情形之一的,处三年以下有期徒刑、拘役或者管制,并处或者单处罚金。

(一)致使违法信息大量传播的;

(二)致使用户信息泄露,造成严重后果的;

(三)致使刑事案件证据灭失,情节严重的;

(四)有其他严重情节的。

单位犯前款罪的,对单位判处罚金,并对其直接负责的主管人员和其他直接责任人员,依照前款的规定处罚。

有前两款行为,同时构成其他犯罪的,依照处罚较重的规定定罪处罚。

15.4.4 利用计算机实施的犯罪

原第287条确立的"利用计算机实施的犯罪"规定:利用计算机实施金融诈骗、盗窃、贪污、挪用公款、窃取国家秘密或者其他犯罪的,依照本法有关规定定罪处罚。

2020年《刑法修正案》在此基础上具体化为两个新罪名,原法条成为"利用计算机实施犯罪的提示性规定",即概括性规定。第287条之后,增加了第287条之一和第287条之二,分别确立了两项新罪名,即"非法利用信息网络罪"和"帮助信息网络犯罪活动罪"。

第287条之一,"非法利用信息网络罪",指利用信息网络实施下列行为之一,情节严重的,处三年以下有期徒刑或者拘役,并处或者单处罚金。

(一)设立用于实施诈骗、传授犯罪方法、制作或者销售违禁物品、管制物品等违法犯罪活动的网站、通信群组的;

(二)发布有关制作或者销售毒品、枪支、淫秽物品等违禁物品、管制物品或者其他违法犯罪信息的;

(三)为实施诈骗等违法犯罪活动发布信息的。

单位犯前款罪的,对单位判处罚金,并对其直接负责的主管人员和其他直接责任人员,依照第一款的规定处罚。

有前两款行为,同时构成其他犯罪的,依照处罚较重的规定定罪处罚。

第287条之二,"帮助信息网络犯罪活动罪",指明知他人利用信息网络实施犯罪,为其犯罪提供互联网接入、服务器托管、网络存储、通信传输等技术支持,或者提供广告推广、支付结算等帮助,情节严重的,处三年以下有期徒刑或者拘役,并处或者单处罚金。

单位犯前款罪的,对单位判处罚金,并对其直接负责的主管人员和其他直接责任人员,依照第一款的规定处罚。

有前两款行为,同时构成其他犯罪的,依照处罚较重的规定定罪处罚。

15.5　泄露公民个人信息罪

2009 年 2 月 28 日,第十一届全国人民代表大会常务委员会第七次会议通过的《刑法修正案(七)》第 7 条增补了侵犯公民个人信息安全的犯罪,包括出售、非法提供公民个人信息罪和窃取、非法获取公民个人信息罪两个罪名。这一规定对于惩治我国当前日益严重的非法提供、非法获取等侵犯公民个人信息安全的危害行为,保护公民的合法权益,提供了重要的刑法依据。

《刑法修正案七》(草案)规定:"在刑法第 253 条后增加一条,作为第 253 条之一:国家机关或者金融、电信、交通、教育、医疗等单位的工作人员,违反国家规定,将本单位在履行职责或者提供服务过程中获得的公民个人信息,出售或者非法提供给他人,情节严重的,处三年以下有期徒刑或者拘役,并处或者单处罚金。窃取、收买或者以其他方法非法获取上述信息,情节严重的,依照前款的规定处罚"。

15.5.1　本罪的犯罪构成

1)本罪的犯罪主体

本罪的犯罪主体是自然人。根据法律的明文规定,限定为医疗、电信、金融等主动掌握公民个人信息的单位中的工作人员。

2)本罪的主观方面

本罪的主观方面表现为故意,即行为人明知是公民的个人信息,而故意实施侵犯公民个人信息的行为。过失不构成本罪,如果信息掌有者过失提供信息给他人,或合法地提供信息给第三人,而第三人又非法使用的,对信息的掌有者不应追究责任。且笔者认为构成本罪需要以谋取一定的非法利益为要件,此处的利益不仅限定于经济上的利益。理由有二:①本罪的客观行为方式决定的。具体而言,出售是一种典型的以获利为目的的行为;就其他行为方式而言,如果行为人不是为了获取某种利益,是不会无缘无故地购买、窃取或以其他方式获取别人的信息的。②该罪刑法规定的法定刑是三年以下有期徒刑或者拘役,并处或者单处罚金。而纵观本章犯罪,在量刑上,本章现有的 38 个罪名中,只有第 239 条绑架罪,第 240条拐卖妇女儿童罪、第 244 条强迫职工劳动罪、雇用童工从事危重劳动罪等 5 个罪名存在罚金刑,而从这 5 个罪名中不难发现他们行为的目的具有一个共同点:获取非法利益。因此,可以认为,本罪也是以获取非法利益为目的要件的。

3)本罪的客体

本罪规定于刑法第四章,侵犯公民人身权利、民主权利罪中。由此可知其侵犯客体是公民的个人信息所有权和使用权。本罪侵犯的对象是个人信息。笔者认为它应该具有以下特征:①信息性。即这些信息本身是一种信息资料,记录和包含了个人某些方面的情况。②一定的经济性。个人信息虽然不像商业秘密的经济性那么明显,但是一旦被利用,行为人是可以获取一定的利益的。③保密性。这些信息不为公众所知悉,只限于少数人知道。如果某些信息已为大家所知悉,就不再具有秘密性,不是本罪保护的对象。

4)本罪的客观方面

首先,实施了侵犯公民个人信息的行为。这种危害行为根据修正案具体表现为以下3种方式:①出售个人信息。关于这点司法实践中较好认定。②将个人信息非法提供给他人。关键是"非法"如何认定,就目前我国的立法来看,只存在民法中的有关个人隐私的保护条款,因此,我国亟待制定相关法律来具体规制这种行为。③窃取、收买或者以其他方法非法获取公民个人信息。窃取即秘密获取,收买是与前款的出卖相对应的。只要实施了上列一种行为,即可构成本罪。其次,本罪是结果犯,指侵犯个人信息的行为必须达到情节严重的程度。关于情节严重如何认定,笔者认为可以从几个方面予以界定:信息登记单位(特别是国家机关)的工作人员,大量出售个人信息的;非法兜售个人信息造成严重财产损失的;造成恶劣的社会影响,对当事人的信息安全、个人生活和人身安全产生影响的;对国家安全以及社会民生造成影响的。就具体案件而言,要根据主客观相统一原则并结合个案的具体情况来认定。

15.5.2 刑事责任

情节严重者将以非法获取公民个人信息罪追究刑责,窃取或者以其他方法非法获取上述信息,情节严重的,依照前款的规定处罚。

按照法律规定,即使是要对侵犯公民个人信息的行为进行刑罚制裁,也要以"违反国家规定"为前提,因此,如果要判断国家机关或者金融、电信等部门是否构成"出售、非法提供公民个人信息罪",首先要判决他们是否"违反了国家规定"。所以,必须为国家机关或者金融、电信等部门建章立制,制定相应的配套法律、法规,我们才能更好地判断他们的行为是否构成犯罪。

只有制定相应配套的保护公民个人信息的法律、法规,司法机关才能在保护公民个人信息和打击侵犯公民个人信息上如虎添翼。

本章案例

秦峰非法控制计算机信息系统案

(重庆市丰都县人民法院)

基本案情

2017年以来,被告人秦峰利用"养鸡场""25000"等木马程序,非法控制位于深圳市南山区南头街关口路的深圳市鑫山网络科技有限公司(南新网吧)的服务器及客户端计算机共计123台,用于"挖矿"获取虚拟货币"门罗币"盈利。2017年9月25日,被告人秦峰被抓获归案后如实供述了上述事实,且已赔偿深圳市鑫山网络科技有限公司人民币5 800元并获得谅解。被告人秦峰自愿认罪认罚,并签署具结书。

裁判结果

重庆市丰都县人民法院经审理认为,被告人秦峰违反国家规定,采用向他人的计算机信息系统植入木马程序的方式对计算机信息系统实施非法控制,非法控制计算机信息系统达123 台,情节特别严重,其行为已构成非法控制计算机信息系统罪,应当追究其刑事责任。鉴于被告人秦峰到案后能如实供述其罪行,自愿认罪认罚并签署具结书,赔偿被害人损失且获得谅解,对其从轻处罚。判决:被告人秦峰犯非法控制计算机信息系统罪,判处有期徒刑三年,缓刑三年,并处罚金人民币一万五千元。

典型意义

本案系非法入侵并控制他人计算机系统进行"挖矿"牟利,严重扰乱计算机网络管理秩序的典型案例。网络技术的高速发展催生了虚拟货币,但虚拟货币的使用或取得均须遵守法律法规对货币管理、网络管理的相关规定。"挖矿"是获得部分种类虚拟货币的重要方式,但不得通过非法入侵或破坏国家、他人计算机系统的途径来提高"挖矿"效率。本案中,被告人通过植入木马程序,非法远程控制他人多台计算机用于"挖矿"获取虚拟货币盈利,属于使用网络技术手段在网络空间领域从事违法犯罪活动的典型表现,其行为严重损害他人经济利益,破坏网络空间安全秩序。依法判处被告人相应刑罚,严厉惩治此类犯罪,有利于维护网络空间安全、稳定的秩序和环境,体现了人民法院依法行使审判权积极参与网络空间治理的职责作为。

本章小结

本章阐述了电子商务犯罪的现状与发展趋势,国际组织,如欧盟各成员国的司法部部长批准了一项新的法律,对各成员国在网络犯罪的定义和惩罚措施方面的法律进行了协调。本章分析了网络犯罪的特点,如犯罪成本低、传播速度快、传播范围广,以及犯罪行为复杂、隐蔽性强、犯罪倍数高、取证困难、不易侦破等。也分析了网络犯罪的构成、阐述了网络犯罪的种类与特点,最后讨论了网络犯罪的法律对策以及国际对网络犯罪的防治措施。

本章习题

1. 试述网络电子商务犯罪的现状与趋势。
2. 试述网络犯罪的特点。
3. 试述网络犯罪的构成。
4. 试述网络犯罪的种类与特点。
5. 试述网络犯罪的法律对策。
6. 试述国际对网络犯罪的防治措施。

第 16 章
电子证据与纠纷解决

📖 学习目标

理解和掌握电子证据的概念、法律地位和分类;熟练运用电子证据规则分析个案并判断其证明力;了解电子商务非诉讼纠纷解决机制、诉讼管辖权以及域内域外法律冲突解决原则等知识。

案例导入

印度尼西亚 D 公司诉深圳 IC 公司等买卖合同纠纷案

(前海法院涉外涉港澳台商事审判典型案例)

基本案情

印度尼西亚 D 公司和 c(中国香港)公司于 2012 年底成立买卖合同关系,由 c(中国香港)公司向印度尼西亚 D 公司提供电脑。D 公司分两次支付货款,c(中国香港)公司收取货款后却未能按照约定如期供货,后 D 公司提出解除买卖合同关系并且要求退还货款,但双方协商至 2014 年 9 月仍然未能达成一致意见。D 公司认为深圳 C 公司与 c(中国香港)公司系人格混同的关联公司,应共同承担责任,故向前海法院提起诉讼。在诉讼中,印度尼西亚 D 公司提交了电子邮件作为证据。

裁判结果

法院认为,承认电子数据证据的法律地位是社会经济发展的需要。本案电子邮件打印件作为电子数据的表现形式,虽然没有公证机关公证,但与证人证言,以及印度尼西亚 D 公司提供的电子邮件、银行申请表、确认信函等证据相互印证,形成充分的证据链,构成事实上的真实性和完整性的证据认证体系,依此可以确定印度尼西亚 D 公司与 c(中国香港)公司之间存在涉案货物买卖关系,双方均应按约定履行各自的义务。深圳 C 公司作为 c(中国香港)公司的唯一股东,不能证明 c(中国香港)公司财产独立于自己的财产,应对 c(中国香港)公司的上述债务承担连带责任。法院判决确认解除买卖合同关系,深圳 C 公司、c(中国香港)公司向印度尼西亚 D 公司返还其支付的货款。

典型意义

随着"一带一路"建设深入推进,我国与"一带一路"共建国家和地区之间的国际贸易活动越来越频繁,且国际区际间的经济纠纷较多涉及电子证据问题。由于电子数据的高科技性、无形性、多样性、开放性、易变形等物理特点,单独的电子证据难以独立作为认定案件事实的依据,其对案件事实的证明程度来源于公证和专家意见,或来源于可靠的认证系统。本案通过证人证言以及其他证据形成的证据链,认定电子证据的证据资格和效力,准确认定案件事实,鼓励和支持通过互联网方式开展国际贸易。同时,依法认定境内公司与境外公司人格混同,有效保障域内外商事主体的合法权益,积极保障"一带一路"建设顺利进行。

16.1 电子证据概述

电子信息的存在与取得方式的飞跃使证据学研究乃至证据立法面临诸多考验。在证据信息化的大趋势下,以计算机及其网络为依托的电子证据在证明案件事实的过程中起着越来越重要的作用。

人们对电子证据的逐步关注,不仅源于证据的表现形态以数据电文的形式全新展现出来,还源于人们在司法及诉讼实践中遇到的诸多障碍和困难,电子证据无论是其归属类别,还是对其的取证实践,抑或是其发挥证明力的证据规则,都与目前在司法实践中普遍运用的证据有很大不同。

第一,在证据理论上,需要确定电子证据的证据类型归属,确定电子证据究竟是属于一种新的证据类型,还是从属于传统的证据类型,抑或是传统证据新的表现形式。

第二,电子证据取证的技术手段和取证程序之间的矛盾解决。电子证据作为以数据电文形式存在的证据,对其正确、完整、及时地提取需要一定的技术手段;但由于其证明力的发挥以发现证据存在为前提,以确保其真实性为基点,而对于证据真实性的渴求与对其隐蔽性的揭示冲动必然导致技术手段超过限度使用,从而突破传统取证程序的限制,可能对公民的合法权益(如隐私权)造成侵害。对于这种电子证据在取证上存在的矛盾应在发现真实的手段与提取证据的程序正当性之间的平衡中予以解决。

第三,判断电子证据证明力证据规则的缺失。由于以数据电文形式存在的电子证据在真实性上存在的突出问题,造成即使取得电子证据后也不能充分发挥其证明能力。这主要是由于现行法律中原有证据规则先天的不完善,同时对于电子证据这种新形式证据的审查判断也没有建立相应的认证规则。

16.1.1 电子证据的概念

对于一种新生事物的内涵及外延的概念界定,不同的学者往往会给出不同的定义,对于概念界定分歧的由浅至深的探讨过程,表现在语言表述上,就是越来越接近事物外在形态的本质表征的过程。电子证据的概念界定也符合这一特点。

从国内对电子证据的定义来看，大致包括以下几种方法。

第一，等同式定义法。等同式定义法是在我国电子证据的研究初期所提出的描述性的定义方法，见 1998 年白雪梅所著的"电子证据中的法律问题"一文。其认为："网上证据即电子证据，也被称为计算机证据，是指在计算机或计算机系统运行过程中产生的以其记录的内容来证明案件事实的电磁记录物。"该定义正确把握了电子证据是"证明案件事实的电磁记录物"，但是其将网上证据、电子证据和计算机证据等同，而网上证据、电子证据和计算机证据在内涵和表现形式上都有着明显的区别。电子证据的外延涵盖了计算机证据，而网上证据又是计算机证据的范畴之一，电子证据的内涵和外延明显涵盖了网上证据和计算机证据的范畴。

第二，功能式定义法。昊晓玲在"论电子商务中的电子证据"把电子证据定义为"是以通过计算机存储的材料和证据证明案件事实的一种手段，它最大的功能是存储数据，能综合、连续地反映与案件有关的资料数据，是一种介于物证与书证之间的独立证据"。功能定义法，其较好地表明了电子证据在证明力方面的特征，但却忽视了其在电子技术方面的独有特征，从而可能导致电子证据与同样具有相类似特征的视听资料并无二致。

第三，形式定义法。以电子证据存在的形式将其界定为以数字的形式保存在计算机存储器或外部存储介质中、能够证明案件真实情况的数据或信息。与此相类似的定义为："以数字化方式生成和存储的且对其收集、审查必须以电子计算机相关技术为依托的，能证明案件事实的全部或部分的那些材料为电子证据。"对于形式定义法，电子证据不仅包括数字形式而且包括模拟制式的，因此这种界定不合乎现状。事实上，从广义上讲，数据电文的方式所存在的电子证据包括：电介质、磁介质、光学设备、计算机或类似设备在生成、发送、接收、存储信息时信息所可以表现的所有形式。

第四，扩张式定义法。有学者将电子证据作了扩大化解释，认为"电子证据是指以储存的电子化信息资料来证明案件真实情况的电子物品或电子记录，它包括视听资料和电子证据"。在扩大化定义方式中，由于使用了"电子化"方式而使该定义具有一定包容性，但在定义的后半部分将现行证据种类中的一种，即视听资料与电子证据相并列，这一方面混淆了电子证据的内涵界定与其在法律上定位的关系；另一方面，视听资料与电子证据实际上存在交叉。因为目前法律定义中的视听资料主要包含录音、录像资料，其信息的存储以及传输等也都采取电子运动手段。录音、录像既可以采取模拟信号方式也可以采取数字信号方式；而在根据前文中电子证据的表现形式，电子证据中也是存在这两种信号模式的，如计算机等数字设备中，以不同的二进制数字组合代表不同的脉冲，表达不同信号、信息的存储、传输采取数字信号，其波形离散、不连续。而传统的电话、电视、录音、录像等都采取模拟信号进行通信，不应以存在交叉的两者相并列作为同一概念的组成部分。

尽管从概念的内涵和外延等角度考量，这几种关于电子证据的本质属性和对象范围的描述仍有认知上的差异，我们还是能够在一定范围内达成共识：首先，电子证据的产生、存储和运输离不开计算机技术、存储技术、网络技术的支持。其次，经过现代化的计算工具和信息处理设备的加工，信息经历了数字化的过程，转换为二进制的机器语言，实现了证据电子化。"电磁记录物""数码信息""计算机存储的材料""电子数据"等用语实际上正说明了电子证据的独特存在形式。再次,电子证据是能够证明一定案件事实的证据,这是其作为诉讼证据的必要条件,因此,不能把保存在计算机及其外围设备中的数据都当作电子证据。

世界上第一部单独为电子证据制定的立法文件——加拿大《统一电子证据法》,对电子证据的定义通过对"数据""电子记录""电子记录系统"三个术语的定义对电子证据进行界定。该法第一条(a)款规定"数据"是指数据或概念的任何形式的表述。并在评注中进一步指出"数据"的定义确保该法适用于保存在电子记录中的无论是数字、事实还是思想的任何形式的信息。该法第一条(b)款规定,"电子记录"是指保存在电脑系统或其他类似装置的任何媒介上,能够被个人和计算机系统以及其他类似装置浏览或察觉的数据。在该法第一条(c)款中规定,"电子记录系统"包括数据被保存或记录的计算机或其他类似装置,和有关电子记录和保存的程序,即产生电子记录的系统,通常包括所有记录或电子记录如何被生成和保存的程序,如物理或电子的入口控制、安全属性、检验规则、保留或毁坏日期表。该法使记录保持系统的可靠性与证明特定记录的真实性相关。电子记录系统也被认为是电子证据的一部分,这个定义应该是比较科学的。

在此之前,联合国国际贸易法委员会 1996 年通过的《电子商务示范法》和美国《电子商务示范法》中的有关条文中也体现了对电子证据内涵的认识和倾向。联合国国际贸易法委员会通过的《电子商务示范法》第 5 条规定:"不得仅以某项信息采用数据电文形式为理由而否定其法律效力、有效性和可执行性。"可以推知,《电子商务示范法》中被认为是可接受的证据形式的数据电文、电传、传真信息就是其对电子证据的内涵的界定。

因而从广义上讲,电子证据可囊括所有通过电子手段(由模拟信号或数字信号系统支撑的)产生的证明材料。不过,从我国诉讼法所规定的证据体系以及认知、研究的便利的角度出发,从狭义上理解电子证据更为适宜。即电子证据是通过计算机进行交易或其他行为的过程中留存在计算机及其他类似装置中的或以计算机可读的形式存在的电子记录以及产生电子记录的计算机及类似装置的真实性的事实。就目前而言,电子证据可涵盖保存在计算机或其他类似装置中的电子数据;保存在可移动的电磁或光学的介质上的电子数据(比如,早期计算机中使用的磁带,以及我们现在经常使用的软盘,可存性光盘);电子邮件;电子数据交换中的信息;音轨(类似 CD 的格式);数字化图画和录像(比如储存在 MPEG、JPEG、GIF 格式中的数据);数字化音频文件(如储存在 MP3、WAV 或其他格式中的电子数据):语音邮件等形式的证据。

16.1.2　电子证据的法律地位

目前在电子证据研究过程中,争论最为激烈的恐怕是电子证据的法律地位问题,即电子证据应归于现有证据种类中的哪一类,电子证据是否要作为一种单独的证据种类而存在的问题。我国学者先后提出了"视听资料说""书证说""物证说""鉴定结论说""混合证据说"和"独立证据说"等观点。前期争论主要集中在前两种观点,现在对于后两种观点也有了较多学者支持。

1)视听资料说

电子证据属于视听资料的一种,在早期几乎为通说,且至今仍为大多数学者所接受,这恐怕与视听资料的历史成因大有关系。在我国第一部诉讼法，即 1979 年的《中华人民共和国刑事诉讼法》中，没有将视听资料作为一种独立的证据，但是后来为了解决录音、录像等新型证据材料的归类问题，在 1982 年的《民事诉讼法（试行）》中首次规定了视听资料这一新的证据种类，并把录音、录像、计算机存储资料等划归其中。这也许就是为什么目前仍有许多学者支持将电子证据视为视听资料之一的主要原因。

另外，有学者还总结了几点理由予以支持，如电子证据如同视听资料皆可显示为"可读形式"，因而也是"可视"的；视听资料与电子证据在存在形式上有相似之处；存储的视听资料及电子证据均需借助一定的工具或以一定的手段转化为其他形式后才能被人们直接感知；两者的正本与副本均没有区别等。

针对视听资料说，也有学者予以反对。其理由大致为：将电子证据中文字的"可视"和视听资料中的"可视"混在一起没有充分的理由；将电子证据视为视听资料不利于电子证据在诉讼中充分发挥证据的作用，因为视听资料系间接证据等。

有学者认为上述观点存在片面与不足。依照前者，在电子商务活动中当事人通过 E-mail、EDI 方式而签订的电子合同属于连续的声像来发挥证明作用的视听资料，显然有些牵强；对于后者，简单依据《民事诉讼法》第 69 条就断定"视听资料系间接证据，故主张电子证据系视听资料将面临重大法律障碍"，显然过于轻率。

也有学者认为，将电子证据归入视听资料的范畴，无异于削足适履，并不符合联合国《电子商务示范法》的精神；倘若按此主张立法，我国在司法实践中将会碰到许多与各国不相吻合、不相适用的法律问题。

2）书证说

书证，是指以文字、图画、符号等表达的思想内容来证明案件事实的资料。其与电子证据的相同之处就在于两者都以表达的思想内容来证明案件的事实情况。基于这一相同点，有学者提出了"电子证据系书证"，该观点在国外的立法实践论证和国内众多学者的推波助澜下，其声势已盖过"视听资料说"，并似乎已被多数学者所接受。

支持者提出了大致如下理由：普通的书证与电子证据的记录方式不同、记载内容的介质也不同，但却具有相同的功能，即均能记录完整的内容；电子证据通常也是以其代表的内容来说明案件中的某一问题，且必须输出、打印到纸上（当然也可显示在屏幕上），才能被人们看见、利用，因而具有书证的特点；我国《合同法》第 11 条规定："书面形式是指合同书、信件及数据电文（包括电报、电传、传真、电子数据交换和电子邮件）等可以有形地表现所载内容的形式"，据此也可以推断出电子证据系书证的一种；各国立法上尝试的功能等同法亦在填平传统书面形式与电子证据之间的鸿沟。

针对书证说，学者们提出了反对意见：外国法律文件的规定，不能成为在我国进行简单类比类推的当然理由；书面形式并不等同于书证，某一事物若属于书面形式则不一定得出其就是书证；主张电子证据应归为书证很难解决法律对书证"原件"的要求问题；功能等同法并不能解决电子证据的定性问题；"书证说"难以圆满回答计算机声像资料、网络电子聊天资料的证明机制问题。

3）物证说

在我国，主张电子证据系物证的学者不多。有学者指出，物证有狭义物证与广义物证之分。狭义物证是以其存放的地点、外部特征及物证特性等起证明作用的物品和物质痕迹。广义的物证是指一切实物证据。电子证据属于广义物证的范围。也有人指出，电子证据在不需要鉴定的情况下属于书证，"但有时也可能需要鉴别其真伪，故也可能成为物证"。

4）鉴定结论说

将电子证据归为鉴定结论，这是极少数学者的看法。它主要是从转换的角度得出的结论。如有的学者认为："如果法院或诉讼当事人对电子数据的可信性有怀疑，可以由法院指定专家进行鉴定，辨明其真伪，然后由法院确定其能否作为认定事实的根据。"

对此，反对者认为：根据我国法律的规定，鉴定是具有专门知识或专门技能的人，接受委托或聘请，对案件中某些专门性问题进行分析、判断的一种诉讼活动，其得出的结论意见即鉴定结论。鉴定的目的是解决案件中某些关系是否存在、某些事实或现象的真伪、某些事实的有无、某些事实的程度及某些事实的因果等问题，而这些需要鉴定的关系、事实或现象等通常已是可采用的证据，只是还需要以鉴定的方式判断其是否可采信。在电子证据被许可采用之前，是不存在对可信度进行判断的问题的；换言之，只有在电子证据已被采用的前提下，才需要专家就其真伪进行分析判断，才需要法院依据专家的鉴定结论确定其是否能作为认定事实的根据。因此，"鉴定结论说"有其不妥之处。

5）混合证据说

"混合证据说"认为电子证据是若干传统证据的组合，而非独立的一种新型证据，也非传统证据中的一种。有学者将电子证据分为四类，即书证、视听资料、勘验检查笔录和鉴定结论证据。另有学者认为："在我国一时还难以通过证据立法对证据的'七分法'进行修正的情况下，将其分别归为电子物证、电子书证、电子视听资料、电子证人证言、电子当事人陈述、关于电子证据的鉴定结论以及电子勘验检查笔录无疑是最合理的选择。"

6）独立证据说

鉴于电子证据种类划分的复杂性和其本身的特殊性，并参考国外的电子证据立法，有学者提出，将电子证据作为一种独立的证据种类，以适应电子证据在司法中日益增长的新形势。

有学者从有利于电子商务法律环境的角度出发，提出："电子证据显然有其自身区别于其他证据的显著特征，它的外在表现形式亦是多媒体的，几乎涵盖了所有的传统证据类型，把它塞入哪一类传统证据都不合适。而所有电子证据均是以数据电信为交易手段的，从商事交易的现实需要来说，完全有理由将其作为一种新类型证据来对待，确立起电子证据自身统一的收集、审查、判断规则，为电子商务关系的法律调整提供一个完整的法律平台。"

但是，反对者也提出了自己的观点，有学者认为，"电子证据同七种传统的证据相比，并未创造一种全新的证明机制，如果说有所不同则仅是外在形式的不同。'独立证据说'虽然在一定程度上是为了强调电子证据的重要性，但难免有过于轻率之嫌"。

针对现在争论较多的"混合证据说"和"独立证据说"两种观点比较而言，"混合证据说"在不改变现有证据分类的基础上，比较巧妙地处理了电子证据的定位，因而颇具理论价值。

从现行民事证据分类基础上来评价"混合证据说"，可以认为它比"视听资料说"更显合理，思路也更精巧，但在司法实践中具体操作性欠佳。

目前正得到越来越多的学者的支持立法上把电子证据作为一种独立的证据类型来对待。支持"独立证据说"的学者持以下观点。

第一，将电子证据作为一种独立的证据类型符合现行证据分类方法。中国现行证据分类方法主要根据各种证据的不同特性。电子证据虽然与其他现有证据有共通之处，但更多表现出不同之处，如电子证据的高科技性、隐蔽性、复合性等，并且由于上述特点才是电子证据的本质特征，所有这些特征都无法被现行证据类型所涵盖。

第二，电子证据作为独立证据种类具有现实的需要性。计算机技术和网络的日益普及，人们的工作生活都电子化了，尤其是在经济领域中电子商务欣欣向荣，大有取代传统贸易成为未来贸易的发展方向之势。随之而来的是网络纠纷，特别是电子商务纠纷将大量出现在司法领域。在这些纠纷处理之中，电子证据往往会成为关键的证据。而我们的诉讼法证据的分类缺乏适当的时代性和前瞻性，不能及时反映科技的发展和社会实践的变化，对电子证据属于哪一种类的证据并没有明确的规定，导致在司法实践中处置此类电子证据法律依据不足。与此同时，通过以上对电子证据的分析可知，电子证据是一种较为特殊的新证据。它和传统的书证、视听资料分别有相似点，但综合分析却具有其独特性，如科技性、多样性等。电子证据可以涵盖书证、视听资料，却不可能简单地被某一种类证据所概括。比如那些综合了文本、动画、声音等多种形式的电子证据又该如何区分呢？此外，将电子证据作为独立的证据种类，有利于建立一套适合电子证据自身特点的证据统一收集、审查、判断规则，以满足此类司法实践的需要。如在电子证据的审查、判断中，法官就需要依法指派或聘请具有专门计算机方面知识的人士对电子证据真实性进行鉴定，依据鉴定结论作出判断，而在其他证据的审查、判断中，专家鉴定证据并不是必需的。

第三，将电子证据作为一种独立的证据类型能较好地解决与现行证据制度的冲突。如前所述，不论是将证据归入视听资料，还是归入书证，都会产生诸如"原件与复制件""直接证据与间接证据""无纸化与有纸化"等方面的冲突。而将电子证据作为独立的一种证据，就能很好地解决上述问题。并且这种方法在立法技术上也相对简便，仅需对中国现行证据类型清单中加列"电子证据"一项，再辅之以一些电子证据专门认证规则，就能达到很好的效果。从而避免了大面积修改现行证据法律制度的不便，并能有效保证现行法律的连续性、稳定性和权威性。首先，《民事诉讼法》第六十三条规定了书证、物证、视听资料、证人证言、当事人的陈述、鉴定结论、勘验笔记等七种证据种类，并未将电子证据作为独立的证据种类规定在内。但事实上，以上七种的证据种类是对当时已有的证据形式所作的分类，是在法律上对证据这一"能够证明案件的真实情况"的性质所作的进一步解释。现有的法律规定并不能成为禁锢证据种类发展的法律依据。其次，我国的立法较为宽松，不存在类似英美法中传闻规则最佳规则对证据的严格限制，只要把电子证据作为一种新的证据种类列入证据体系，就可解决其法律地位问题。况且，立法有滞后性的一面，任何法律都不可能穷尽生活中的内容，需要随时代发展和社会需要作出调整修正。视听资料就是一个具有代表性的例子。当时我国证据学中并没有视听资料的证据种类，但随着视听技术的发展和普及，司法实践中不断遇到视听资料,需要其证明案情。最终,视听资料为法律所肯定,成为法定证据的一种。

第四,将电子证据作为一种独立的证据类型符合中国入世后法律国际接轨的客观要求。《联合国国际贸易法委员会电子商务示范法》(以下简称《示范法》)虽然仅是法律草案,没有国际法的效力,但因该机构在世界范围内的权威性,《示范法》实际上已成为各国电子商务立法的示范文本,其规定在很多国家实际上已被国内法转化为有法律约束力的法律条文。"经济全球化"的客观要求是法律的全球化,这一点在电子商务活动中表现得更加明显。因此,参照《示范法》的规定来制定中国的电子证据法律制度,实际上是为了与国际惯例接轨的需要。

16.1.3　电子证据的分类

①以电子证据存储的系统为标准进行区分,电子证据可分为存储在计算机系统中的电子证据和存储在类似计算机系统中的电子证据。

存储在计算机系统中的电子证据,是指存储于计算机系统之中,即数据是人为输入或者计算机系统自动生成的,采用电磁技术或者光存储等现代计算机存储技术存储于计算机的存储介质上,并且能够通过计算机真实、形象地再现其记录内容的一类电子证据。这些证据资料经常表现为:电子文档,即人为输入的并存储在电脑硬盘(包括便携式可移动硬盘)、软盘、优盘、数据卡、记忆棒等各种电脑用存储设备中的文件,这些文档可以通过打印或电脑屏幕显示出来,例如电子邮件,电子图片、电子动画、多媒体资料、存储的网页等;计算机系统自动生成并记录的文件,例如服务器的日志记录、计算机操作系统的日志记录等。

存储在类似计算机系统中的电子证据。电子数据除了可以记录在计算机系统中,还可以存储在其他类似计算机系统之中。例如数码相机所照的照片,在转储入计算机之前,就是以数字的形式存储在相机的存储棒之中的;再比如手机短信,也是存储在计算机系统之外的。在民事诉讼的很多案件中,这些证据对于事实的认定起到了关键的作用,但仔细追究起来,它们又很难被归入传统的七种证据形式之中,而且这种数据除了存储方式与上述第一类电子证据有差别外,其他特征几无二致。所以,此类证据也应归入电子证据之列。

②以电子证据表现形式不同为标准进行区分,可分为文本证据、图形证据、数据库证据、程序文件证据和多媒体证据。

a.本文证据。本文证据是指通过计算机文件处理系统形成的文件来证明案件事实的证据。文本证据由文字、标点、表格、各种符号或其他编码文本组成。在民事诉讼中,不同类型的文字处理软件生成的文件不能兼容,使用不同代码规则形成的文件也不能直接读取。所有这些软件、系统、代码连同文本内容一起,构成了文本证据的基本要素。

b.图形证据。图形证据是指由计算机专门的软件系统辅助设计或辅助制造的图形数据来证明案件事实的证据。通过图形人们可以直观地了解非连续性数据间的关系,使复杂的信息变得生动明晰。

c.数据库证据。数据库证据是指由计算机内的数据库来证明案件事实的证据。数据库是由若干原始数据记录所组成的文件。数据库系统的功能是输入和存储数据、查询记录以及按照指令输出结果,它具有很高的信息价值。

d. 程序文件证据。程序文件证据是指由计算机内的程序文件来证明案件事实的证据。计算机是进行人机交流的工具,软件就是由若干个程序文件组成的。在民事诉讼中,许多案件事实是靠程序文件来证明的。

e. "多媒体"证据。"多媒体"证据是指通过集合了文本、影像、图片、声音、图画等多种形式的复合媒体文件,来证明案件事实的证据。多媒体通常通过扫描识别、视频捕捉、音频录入等综合编辑而成。在民事诉讼中比较形象、直观,使人一目了然。

③以电子证据形成过程中所处的环境为标准,可分为数据电文证据、附属信息证据与系统环境证据。

所谓数据电文证据,是指数据电文正文本身,即记载法律关系发生、变更与灭失的数据,如电子邮件、电子数据交换(EDI)的正文。

所谓附属信息证据,是指对数据电文生成、存储、传递、修改、增删而引起的记录,如电子系统的日志记录、电子文件的属性信息等,它的作用主要在于证明电子数据的真实性,即证明某一电子数据是由哪一台计算机系统在何时生成的、由哪一计算机系统在何时存储在何种介质上、由哪一计算机系统或 IP 地址在何时发送的,以及后来又经过哪一计算机系统或 IP 地址发出的指令而进行过修改或增删等。

所谓系统环境证据,是指数据电文运行所处的硬件和软件环境,即某一电子数据在生成、存储、传递、修改、增删的过程中所依靠的电子设备环境,尤其是硬件或软件名称和版本。

这三种证据在民事诉讼中所起的证明作用是不一样的。数据电文证据主要用于证明法律关系或待证事实,它是主要证据;附属信息证据主要用于证明数据电文证据的真实可靠,它像用于证明传统证据保管环节的证据一样,必须构成一个完整的证明锁链,表明每一数据电文证据自形成直到获取、最后到被提交法庭,每一个环节都是有据可查的,也构成一个证据保管链条;系统环境证据则主要用于在庭审时或鉴定时显示数据电文的证据,以确保该数据电文证据以其原始面目展现在人们的面前。这种分类法告诉我们,一份理想的电子证据应当具有三大部分,我们在收集电子证据时应当同时收集三个部分,以确保得以构成一个完整的统一体。

④以电子证据运行系统环境为标准,可分为封闭系统中的电子证据、开放系统中的电子证据与双系统中的电子证据。

所谓"封闭系统",可以概括为由独立的某一台计算机组成的计算机系统不向外界开放,用户相对固定,即使多台计算机同时介入数据交换过程,借助监测手段也可以迅速跟踪查明电子证据的来源。典型的"封闭式环境"如银行内部管理系统中,银行系统的员工一般都固定自己的终端电脑来进行内部网数据交换。这时,判定哪一台电脑实施了违规操作非常简单,困难的问题是确认"人"的问题,即通过传统查证方法查找"行为人"。

而"开放系统"则可概括为由多台计算机组成的区域网、城域网和校园网络系统,其特点是证据来源不确定。

至于"双系统",则是"封闭系统"与"开放系统"的合称,并不是说某一计算机系统有时是封闭系统,有时又变成了开放系统。如果某一种电子证据不仅经常在"封闭系统"中出现,而且也经常在"开放系统"中出现,那么可将这种电子证据称为"双系统中的电子证据"。常见的有 EDI 证据与电子签名等。传统的电子数据交换是在一个封闭的计算机系统进行的,故传统 EDI 主要属于封闭系统中的电子证据;而现代的电子数据交换则多是在互联网上进行的,故现代 EDI 基本属于开放系统中的电子证据,俗称开放 EDI。电子签名现在主要用于对因特网上的商务文件进行审核确认的目的,同时也有用于封闭计算机网络,甚至单一计算机的,如对数码照片通过电子签名方式进行确认以防止伪造等。将这些电子证据单列为"双系统中的电子证据"进行研究,有利于进行个体比较,寻找差异与共性。

在计算机网络出现之前,计算机基本上都是以单一的系统方式运行,属于封闭系统;随着计算机网络的出现,电子证据依存的系统逐渐走向开放。将电子证据区分为封闭系统中的电子证据、开放系统中的电子证据与双系统中的电子证据,在民事诉讼中的意义在于确定了证据调查的思路。由于封闭系统的相对人是确定的,故案件发生后可以直接查找"行为人",即谁实施了篡改数据的行为或者发出要约的行为等;而开放系统的相对人是不确定的,故必须首先根据开放系统的电子证据,查出是哪一台计算机或哪一个 IP 地址发出了实施了篡改数据的行为,或者发出要约的行为等,而后才能对应找"行为人"。此外,"封闭系统"下电子证据以计算机本身存储、显现的证据为主,"开放系统"下的电子证据,往往主要体现为第三方即网络服务器所存储、显现的证据,"双系统"下的电子证据则要视具体的系统环境而定。显而易见,开放系统与双系统中的电子证据,在可采性与证明力方面,都要较封闭系统中的电子证据复杂得多。从这个角度来说,这一分类最大的优点在于简化人们对电子证据的认识。

⑤以电子证据形成的方式为标准,可分为电子设备生成证据、存储证据与混成证据。

所谓电子设备生成证据,是指完全由电子计算机或类似设备自动生成的证据。这一种电子证据的最大特点是,它是完全基于计算机等设备的内部命令运行的,其中没有掺杂人的任何意志。如平常我们凭信用卡在自动取款机(ATM)上取款时,自动取款机对所输入密码是否正确、取款的时间与数额等的记录,即属此类。如果把相关的计算机等设备比喻成一个证人的话,那么该证据就是基于该"证人"本身的知情而得出的,因此它根本不发生英美法系所说的传闻问题。

所谓电子设备存储证据,是指纯粹由电子计算机等设备录制人类的信息而得来的证据,如对他人电话交谈进行秘密录音得来的证据,又如由人将有关合同条文输入计算机形成的证据等。在这一过程中,如果把相关的计算机等设备也比喻成一个证人的话,那么此证据就是由该证人"道听途说"而来,故它必须通过英美法系统传闻证据规则的检验。当然,这种"道听途说"相比真正证人的"道听途说"而言,要可靠一些,不会掺杂行为人的主观好恶。对此类证据证明力大小的判断,除了要考虑计算机等设备的准确性外,还要考虑录入时是否发生了影响录入准确性的因素等。

所谓电子设备混成证据,即计算机存储兼生成证据,是指由电子计算机等设备录制人类的信息后,再根据内部指令自动运行而得来的证据。如财务人员将收支各项明细输入计算机后,计算机再自动计算收支总额,最后得出当天、当次的收支明细表以及账面余额等,即属于此类证据。由于这类证据兼有上述两种证据的性质,因此对其可采性和证明力的认定均要复杂得多。

16.2 电子证据效力的认定

16.2.1 电子证据的收集

收集证据是民事诉讼的首要环节。只有收集到确实、充分的证据,才能使自己居于有利的诉讼地位。电子证据存储于虚拟的空间,在收集上可能会有一定的困难。电子存储介质的特点,决定了电子证据非常容易被清除和修改。一个能够熟练操作计算机的人只需按动键盘,就可以消除电子证据。在这种情况下,要想取得有效的证据实属不易。目前在美国成立了诸如"计算机紧急反应小组""高科技犯罪侦查组织""国家基础建设保护中心""电子前线"等许多专事收集电子证据的组织。它们的基本任务就是协助收集隐藏在虚拟空间中的证据,服务本国的诉讼活动。在我国,实际上司法机关对电子证据的调查取证以及保全也是一个难题,主要表现在以下四个方面。

首先,法官缺乏计算机知识和技能是调查取证的现实难点。在现阶段中只有少数人员能解释程序设计语言指令、读懂计算机的信息存储。因此,可能出现不具备计算机知识的审判人员收集不到证据,甚至收集之后也会因各种防不胜防的原因而破坏这些重要的证据。

其次,是技术上的难题。有的当事人比较精通计算机,他们会对收集电子证据工作设置一定的障碍,采取一定的技术手段将数据加密或是隐藏,或将非法数据转化为合法的形式,无形中加大了证据收集的难度。

再次,是当事人的权益问题。计算机系统中不可避免地储存有诸如商业秘密、个人隐私之类的内容,法官在调查取证的同时,必然要深入了解有关计算机系统的内部资料,这样当事人为了维护自己的利益,就会在有意无意中对司法机关的调查取证工作加以阻碍。

最后,是计算机互联网给调查取证带来巨大的困难。计算机技术的发展,使人们的信息交流跨越时空,加快了交流的速度,增大了信息量。尤其是目前网络化情况下,收集和提取计算机中的电子证据更加困难。

收集电子证据应遵循以下原则。

①合法性原则。合法性原则是指证据的收集要依照法律规定的程序和方法进行,这不仅关系到能否收集到客观、充分的证据,而且关系到公民的人身权利和民主权利能否得到保障,同时也关系到该种电子证据能否被采用。证据调查人员在收集电子证据的过程中,不得使用欺骗、引诱等非法手段,收集电子证据时,并要严格依照法律规定的手续、步骤进行,对于涉及国家秘密、商业秘密、个人隐私的内容应当保密。

②适时原则。适时原则一是指及时,二是指同时。及时是指要把握关键时机,将最能证明案件真实情况的场景或人物的言行记录下来;或将有关电子证据收集起来,以免时过境迁,再难取得有力的证据。同时是指电子证据的形成要与案件事实的发生同时进行,既不能事先制作,也不能事后制作。否则将违背证据的真实性原则而不能被采用。

③真实原则。真实原则要求收集电子证据必须实事求是,既要客观,又要全面。所谓客观,是指证据调查人员收集电子证据时,要尊重客观事实,而不能先入为主,随意取舍,更不

能用伪造或编辑等手段弄虚作假、歪曲事实,收集的证据要求内容连贯、前后衔接,而不能断断续续、前后矛盾。所谓全面,是指证据调查人员要尽可能地收集一切能够反映案件情况的电子证据。从范围上看,既要收集能证明案件主要事实的电子证据,也要收集能证明案件次要事实的证据;从内容上看,既要注意收集有利于原告的电子证据,也要注意收集不利于原告的电子证据。只有坚持客观性,才能做到全面性;同时,只有坚持全面性,才能保证客观性。只有客观、全面地收集,才可能获得真实可靠的电子证据。

④科学原则。科学原则首先体现为电子证据的收集必须通过具备有一定科技知识或操作技能的人使用科学技术设备才能得以进行。其次,还体现在收集电子证据需要科学的方法。收集证据要求认真仔细,如收集的声音、图像要清晰可辨,如果模糊不清,就不能作为证据使用。

16.2.2　电子证据的认定和审查

电子证据的认定实质上对电子证据的证明力大小进行认定或者审查。证据的证明力即证据的证明价值,是指由法官对证据的可信性和关联性加以审查所产生的对案件事实的证明效力。证据的证明力反映了某项证据与案件主要事实之间的关系;同时也反映了某项证据对待证事实产生证明作用的效果。在民事诉讼中,衡量某种证据证明力之强弱,主要考查两个因素:一是该证据事实与主要案件事实的关系,即该证据与待证事实的关联程度,证据与主要案件事实的关系越近,即该证据是用于或能够证明案件主要事实(我国传统证据法理论认为案件的主要事实是指构成法律要件的事实)的,则其证明力越强;二是该证据事实对待证事实的说明程度。证据事实对待证事实的说明程度,应根据证据材料记载案件事实的准确性、完整性,以及和其他证据的印证情况进行综合考量。

1)审查提供电子证据的主体

提供电子证据的主体一般有以下四种。

一是依职权进行调查、侦查活动的司法人员。鉴于电子证据的特点,一般当事人很难专业地提取、固定电子证据,比如一封电子邮件的提取,仅将其内容进行简单地复制肯定是不行的,还必须提取它的传送等光靠邮件内容不能发现的信息。而非专业性的操作可能影响电子证据的证明力,甚至会使电子证据丧失证据资格;即使当事人有能力相当专业地完成取证工作,但是,他们通过什么途径、以什么名义要求技术和经济实力强大的网络服务提供商(ISP)来配合当事人的取证工作呢? 而没有 ISP 等机构的配合,往往很难准确完整地收集到某些电子证据。特别是在以 ISP 为被告的诉讼中,这种情况更加明显。这时由人民法院进行调查收集实属必要。

二是无意中收集到电子证据的其他公民。由于这样的公民收集的技术、时间、地点、范围有限,故对这样的电子证据应主要审查它是否客观、全面;该公民与案件有无利害关系:是不是保持中立和独立;他提供电子证据的动机、目的等。

三是为维护自己利益的当事人。当事人为维护自己利益,可能会故意制造某些电子证据。故对这类电子证据,可参考香港《诉讼证据条例》的规定,审查其是否是在"正常情况"下产生的,即该电子证据是否由正常主体在正常期间正常行为中产生的。那些为诉讼目的而故意制造出来的电子证据是不能反映客观事实的,应当予以排除。

四是根据法律规定或当事人约定保存电子证据的第三人,如保存电子邮件、电子合同的网络服务中心。对这样的人,除了审查他是否独立、中立,还要审查他是否确有法律或当事人的授权。根据1995年3月最高人民法院的司法解释,未经对方当事人同意的私自录音是不能作为证据的。而电子邮件、电子合同之类的电子证据常常会涉及个人隐私、商业秘密等,因而从法理上讲,没有双方约定或法律规定而由第三人存贮的电子证据是不能作为证据的。在我国,这方面的立法似乎只有广东省制定了《对外贸易实施电子数据交换暂行规定》,规定记录发生争议时以该中心提供的信息为准。

2)审查的内容

对内容的审查,我们可借鉴联合国贸法会制定的《电子商务示范法》的规定电子证据应具备完整性、可靠性、可读性。从生成、储存、传递、保护几个途径进行审查。

①审查电子证据的来源包括审查电子证据的形成、审查产生电子证据的软件或系统是否可靠和审查电子证据是来自单机还是网络。

②审查收集电子证据的途径。子证据的收集过程是否合法。一方面要审查司法机关在收集和提取电子证据的过程中是否遵守了法律的有关规定;另一方面要审查电子证据是以秘密方式还是以公开方式收集和提取的。司法机关以秘密方式收集和提取电子证据是否经过授权,是否符合法定的秘密取证程序等。

③审查电子证据的内容。对于当事人提供的电子文件,要全面进行审查,看有无剪裁、拼凑、伪造、篡改等,对于自相矛盾、内容前后不一致或不符合情理的电子证据,应谨慎对待,不可轻信。

④审查电子证据载体的质量。电子证据是技术性很强的证据材料,其真实性和证明力与技术设备的质量和性能有关。只有借助于高灵敏度、高性能、高质量的技术设备,才能获得高度真实和能证性强的电子证据。

⑤审查电子证据的客观性、关联性和合法性,查明电子证据之间、电子证据与传统证据之间、单个证据全案证据之间有无矛盾、是否吻合。对证据的审查判断不外乎是对证据"三性",即证据的客观性、关联性和合法性的审查。电子证据的审查判断也不例外,只不过因电子证据所具有的不同于其他证据的特性,审查的角度不同而已。

16.2.3 电子证据的规则

美国的《统一电子交易法案》和加拿大《统一电子证据法》等都在法律体系中设置了电子证据规则,以专门电子证据立法的形式,明确规定了电子证据的收集、审查判断等问题。相较国外的专门电子证据立法,我国在电子证据方面的法律规制明显滞后。以一般证据法上的证据规则,在信息网络的环境中加以适用和完善应该成为制定我国电子证据相关规则的基本解决思路。

按照某些学者的观点,认为证据法上的证据规则一般包括采纳证据规则、采信证据规则等部分组成。采纳证据规则又包括以下几个方面。

①非法证据排除规则。即违反法律规定收集或提取的证据。如何对待非法证据,世界

各国在立法上或司法实践中有着不同的做法。我国现行的《中华人民共和国刑事诉讼法》仅对取证方法做出了禁止性规定而没有就非法证据排除问题做出明确规定,换言之,只是列举了一些非法证据而没有规定是否排除。虽然最高人民法院和最高人民检察院的有关司法解释就非法证据排除问题做出了补充规定,但是仍然不够具体明确。

②传闻证据排除规则。其是英美法系国家的重要证据规则,而且在一些大陆法系国家中也有类似的规定。目前,我国的法律还没有就传闻证据规则做出具体的规定,只是在学理上有所阐述。根据传闻证据规则,证人在法庭以外所做出的陈述一般都不能在诉讼中采纳为证据,可以采纳的情况属于传闻证据排除规则的例外。设立传闻证据排除规则的理由主要在于:第一,传闻证据有误传或失实的危险,可能影响司法的实体公正。第二,采纳传闻证据实际上剥夺了对方当事人的质证权,会影响司法的程序公正。在目前我国证人出庭率极低的状况下,设立传闻证据排除规则具有重大的现实意义。

③意见证据排除规则。其基本要求是:证人只能向司法机关陈述其知晓或了解的案件事实情况,不能对案件事实进行推测、分析和评价,不能提供个人对案件情况的意见。换言之,带有意见性质的证人证言一般不能采纳为诉讼中的证据。确立意见证据排除规则的理由主要有两个:其一,普通证人没有提出结论性意见的专门知识,其意见往往带有主观片面性,可能干扰或影响法官或陪审员对案件事实的正确判断;其二,对于案件中一般事实问题的认定不需要专门知识,法官或陪审员完全有能力自己做出判断,无须证人提供意见。然而,在有些情况下,意见证言是不易排除或不宜排除的,因此意见证据排除规则也有例外。

④品格证据规则。所谓品格证据,是指能够证明一个人的品性、性格、行为习惯等特征的证据。品格证据既包括良好品格的证据,也包括不良品格的证据。诉讼活动中使用的品格证据一般涉及以下内容:第一,关于某人在工作单位或社会上之名声的证据;第二,关于某人特定的行为方式或社会交往方式的证据;第三,关于某人以前有劣迹或前科的证据。

⑤有限采纳规则。证据的"有限采纳规则"亦可称为证据的"部分可采性规则",是英美法系国家证据法中关于证据可采性的一个重要规则。按照这个规则,某些言词或实物证据只能为某个限定的目的而被采纳为证据。例如,某证人先前的矛盾性陈述可以用来对该证人进行质疑,但是不能用来认定案件事实;某证据可以采用,但是只能针对一方当事人而不能针对另一方当事人。在英美法系国家的司法实践中,"有限采纳"的证据多用于对证人的质疑,包括证明某证人身上存在着感觉缺陷,证明某证人的精神状态有问题,证明某证人曾经做出过与其法庭证言相矛盾的陈述等。

采信证据的主要规则包括以下内容。

①补强证据规则。补强证据规则是指法律明确规定某些种类的证据对案件事实的证明力不足,不能单独作为证明案件事实的根据,必须还有其他证据佐证,因此又称为佐证规则。

②证明力优先规则。是指司法人员在对证明同一案件事实但相互矛盾的证据进行审查认定时应该遵循的优先采信规则。根据有关的司法证明理论和司法实践经验,证明力优先规则可以包括以下内容:第一,原生证据的证明力大于派生证据的证明力;第二,直接证据的证明力大于间接证据的证明力;第三,经过公证的书证的证明力大于其他书证的证明力;第

四,按照有关程序保存在国家机关档案中的书证的证明力大于其他书证的证明力;第五,物证及其鉴定结论的证明力大于其他言词证据的证明力;第六,与案件当事人没有亲友关系和利害关系的证人证言的证明力大于有上述关系的证人证言的证明力。司法人员在具体案件中比较两个证据的证明力时,必须注意证明对象和证据内容的一致性。

③心证公开规则。法官在决定是否采信证据的时候必须享有一定的自由裁量权,即所谓的"自由心证"。所谓心证公开,就是说,法官认证的结论和理由应当向当事人乃至社会公开。心证公开可以有两种表现方式:其一是在法庭审判中的公开,即通过法官的当庭认证等活动表现出来的心证公开;其二是在判决文书中的公开,即通过法官在判决文书中说明采信证据的理由所表现出来的心证公开。由于对证据的真实性和证明力的评断和认定往往在庭审之后进行,所以判决文书中的公开实际上是心证公开的主要方式。

有的学者认为,电子证据规则的完善应着眼于相应证据采信规则的完善(即关于电子证据证明力评价的规则体系)。由于证据裁判主义作为事实认定的方法需要通过自由心证的方式实现其目的,但该原则在相应规范证明力规则的支持下亦可以弥补事实裁判者心证过程中可能产生的任意性的缺陷。因此,自由心证可以说是证据裁判主义得以实现的最佳路径,而证据裁判主义又从一定程度上克减了自由心证所可能出现的任意性。在这种互动关系过程中,电子证据规则的完善还需要关注如何评价电子证据的证明力大小,并与相应证据采纳规则相结合,才能形成完整的电子证据规则体系,体现证据裁判主义的应有之义。同时,在电子证据出现后证据裁判主义内涵也更加丰富,正如有学者所指出:今日刑事审判不应再只重自白,而应重视物证,亦即科学证据。而所谓证据裁判主义,于今日法科学应用之时代,应改称为科学证据裁判主义。

16.3　电子商务的纠纷解决

16.3.1　ODR——电子商务非诉讼纠纷解决机制

随着互联网的飞速发展,网络中形形色色的争议也急骤增多。网络空间具有全球性、虚拟性、管理的非中心化和高度的自治性等特点,网络空间争议的解决也因此而具有不同于离线争议的特殊要求,效率、成本和便利成为网络空间争议解决方式的首要价值因素。而地域的遥远、语言和文化的差异、法律适用的艰难、管辖权确定的复杂性和判决承认和执行等问题是传统诉讼在解决日益增长的网络空间争议过程中所面临的主要障碍,这些问题也将大大增加在线交易成本。于是人们开始考虑用对法院诉讼的替代性争议解决方法(Alternative Dispute Resolution, ADR)来为在线争议提供更快、更方便、费用更低的解决方案,且这种替代性争议解决机制也应是网络化的、高效的及可以实现与电子商务对接的。互联网既是争议产生的渊源地,也应是争议解决的归宿地。ADR 在互联网环境下利用互联网提供的各种手段进行时就被称为在线争议解决机制(Online Dispute Resolution, ODR), ADR 解决离线争议的原则和法律也基本适用于在线争议。

ODR 是利用互联网进行全部或主要程序的各种争议解决方式的总称,主要包括在线仲裁(Online Arbitration)、在线调解(Online Mediation)和在线和解(Online Negotiation)等方式,仅利用网络技术实现文件管理功能,程序的其他部分仍采用传统离线方式进行,不属于 ODR 范畴。ODR 将网络资源充分引入争议解决方法中来,网络资源具有下列三种新的因素:利用全球任何地方的人力资源、电脑处理程序以及实现信息交流传播的电子速率传输,这就使 ODR 可以在任何国家、聘用任何国籍的仲裁员或者调解员、通过任何语言解决争议,具有快速、费用低廉、便利等网络空间争议解决所必需的各类重要价值因素。在网络虚拟世界,ODR 对于建立互联网中的信赖关系是非常必要的,有利于实现双赢的争议解决方式,越来越受到国际组织和世界各国的重视。

1) ODR 的发展回顾

在 2000 年以前,网络科技使用于纠纷解决程序之上仅止于电子邮件、在线聊天室或是远距离视频会议的使用。学者对于在线解决争议机制,称之为 Online ADR,很少有人将其称为 ODR。中国学者对此问题的认识更是持续到 2000 年以后。此时的 ADR 与 ODR 根本没有本质的区别,因为网络科技对于 ADR 的功能,就如同电话、传真对于 ADR 的功能。这一观念是在 2001 年美国学者 Ethan Katsh 在提出了第四方的概念后发生了重大改变。在 2003 年前后,中国大陆地区的学者在探讨这一问题时也开始认识到 ODR 的独立性。这里的第四方,是指协助争议当事人及仲裁人或调解人解决纠纷的网络科技。第四方概念的产生使得 ODR 里当事人间的关系不同于 ADR 的三角关系,而成为一种四方形或矩形的架构,ODR 四方形架构的提出使我们重视网络科技在纷争解决程序里的功用,让我们很严肃地去思考怎么样利用网络科技来加速纠纷的解决。

网络科技给我们提供了一个虚拟的空间,在虚拟空间里,我们可以设置网站,利用网站提供纠纷解决的服务,这个服务是二十四小时在线开放,当事人在任何时候、任何地点,只要有上网的设备,都可以找到解决纠纷的相关信息。虚拟空间的出现,对于 ODR 的独立是最重要的关键点,当事人在这里可以进行任何与信息交换有关的活动或行为,对于纠纷解决必要的信息,可以通过网站快速及便利地交换,网站里可以建构不同的信息互动模式,使所有当事人进行更有效率的互动,网站空间更可以轻易地分割,做各种不同目的的使用。虚拟空间的特性,使当事人之间能够不受空间及时间的限制,把争议的解决带离于实体世界之外,避免了时间及空间所带来的不便,可以进行更有效率的互动,形成及影响纠纷解决提供的方式。

早期大部分出现的 ODR 网站大都分布在北美地区,而嗣后欧洲及亚洲地区亦开始发展 ODR 相关网站,澳大利亚司法部在 2003 年委托澳大利亚墨尔本大学国际争议解决中心对提供 ODR 服务的网站进行数据收集及分析所得结果显示,1996 年以来提供 ODR 服务的网站有 43 个在美国,欧洲有 20 个,4 个分布在加拿大,澳大利亚第一个 ODR 出现在 2002 年。中国通过依托中国电子商务法律网、中国电子商务协会政策法律委员会,已于 2004 年 6 月成立了第一个专门的在线争议解决机构"中国在线争议解决中心",并开通了网站。与此同时,中国国际经济贸易仲裁委员会(贸仲委)网上争议解决中心也开通网站,提供域名和网址争议的在线仲裁及非诉解决服务。

2) ODR 的服务内容

(1) 在线协商

在线协商是利用网络环境进行协商。此种方式是不可缺少的服务,虽然争议当事人可以很方便地自行通过电子邮件、MSN、电子聊天室、电子论坛以及远距离视频等进行争议解决的讨论,但是现行 ODR 网站除了提供争议双方程序通知及管理的服务,它还会使用一些类似于沟通工具的电脑程序及加密软件供争议当事人进入使用,提供给纠纷当事人更机密、更安全且更便利的协商环境,例如 SquareTrade 所使用的协商软件。SquareTrade 提供一个虚拟的空间,并附上一些在线工具给 eBay 的使用者进行争议的直接协商。任何一个人在 eBay 的网站上找到 SquareTrade 的链接,然后向其申请在线协商服务,SquareTrade 受理其申请后,便会通知他方当事人参加协商,如果双方同意以协商的方式解决争议,SquareTrade 便会安排事件,提供虚拟空间,给予密码通知双方当事人进入虚拟空间。利用在线工具进行线上协商,争议双方当事人可以利用精心设计的网页及程序实现充分的沟通。

(2) 在线调解

在线调解服务网站依照其电脑程序自动化的程度,可以分为以下三类:第一,完全自动化程序的在线调解。在线调解服务网站诸如 Cyber-settle 和 SettlementOnine,它们的调解程序完全是以在线环境方式进行的,并且是完全针对金额方面的单纯争议,通过电脑程序自动化的辅助,完全没有自然的调解人的介入就可以达成争议的解决。第二,由调解人介入的半自动化在线调解。SmartSettle 利用其设计的与众不同的在线调解程序以及功能十分强大的电脑软件,使得它所提供的在线调解服务可以让中立的调解人通过网络介入调解。它使用多阶段的过滤筛选的调解程序,即混用在线协商、自动化调解程序以及专业有经验的调解人介入的半自动化程序,使得争议获得迅速而有效的解决。第三,利用在线调解并混用传统沟通方法以解决网络上及非网络上争议的网站。有些提供在线调解服务的公司,诸如 InternetNeutral、SquareTrade 等都已经在网络上设立网站,利用网络科技去加速纠纷解决。这些网站资讯交换的渠道是来自于电子邮件、聊天室、视频会议等。通常网站受理了申请人的在线申请,填写一些电子表格,表格内会有系统使得当事人表明争议情形及可接受的结果范围,这些信息会转给非常有经验的在线调解人,在线调解人分析了申请人所填写的资讯后,他会利用在线工具通知争议相对人是否愿意进行在线调解,如果其愿意,那么他会填写网站准备好的格式化调查争议表格,传送给网站及在线调解人。有了这些资料,在线调解人可以迅速了解双方当事人的冲突所在,并可以快速地处理争议甚至即刻解决。

(3) 在线仲裁

关于在线仲裁的问题,目前有影响的是虚拟仲裁人计划与网域名称争议解决办法统一政策。第一,虚拟仲裁人。这是一个早期的在线仲裁实验性计划,在 1996 年,主要由美国仲裁协会、国家自动化资讯研究中心以及虚拟法学会合作设置的。其最初的目的在于为提供连线服务中与客户间的纠纷提供解决途径,其主要是在申请及答辩格式化电子书面填写完全并传送给虚拟仲裁人,由其决定受理后 72 小时作出仲裁判断,提供迅速及最终的纠纷解决方案。但目前此种方式受理的案件很少。第二,网域名称纠纷解决方法统一政策。网域名称的注册由网际网络名称与号码分配组织(ICANN)所掌管,而 ICANN 对于网域名称的注册申请不进行实体审查并采用申请在先的取得方式常常导致纠纷的发生,大量此类纠纷十分需要迅速、经济及便利的纠纷解决机制。世界知识产权组织根据美国商务部所颁布的关于网域名称及网址的管理白皮书,自1998年进行了相关问题的研究,并于1999年8月及10月公布"网域名称争议解决方法统一政策"及"网域名称争议解决方法统一政策规则"作为解决网域名称注册争议的准则,并规定将网址争议交由经IACNN认可的机构进行仲裁。其中,IACNN选用了在线仲裁,他被证明是第一个成功的、超国家的ODR系统。目前,获得IACNN认可的机构有4个,分别是纽约的CPRInsitute、香港的香港国际仲裁中心(HKIAC)、明尼苏达州的国家仲裁论坛(NAF)、日内瓦的世界知识产权组织仲裁与调解中心。

(4)在线申诉

在线申诉被很多非营利性机构如政府机关、消费者保护团体所采用,这些非营利性机构常常会制定某种电子商务公平交易准则或者是消费者隐私保护政策,对于同意采用及遵守其所制定的公平交易准则及消费者隐私保护政策的在线商店或者公司,可以在其交易网页内放置认可遵守公平交易的标志,以获得消费者的青睐。比较著名的是美国商业促进会(CBBB)将其申诉服务延伸至网络上所设置的BBB online Program发展在线申诉服务的网络商家,可以在其网页内标示BBB online的认证标识,提升消费者的信任,网页上有BBB online的认证标识的网络商家,如果与消费者发生纠纷,消费者可以向BBB online这个网站填写电子化表格提出申诉,BBB online在受理消费者的申诉后,就会调查该交易网站是否遵守BBB online所制定公正交易准则,以及隐私权保护政策。

3)处理争议的类型及效果

现行ODR所处理争议事件的类型主要有家事争议、网域名称注册争议、消费者争议及保险理赔争议等,而近两年ODR网站则关注提供在线甚至非在线消费者争议事件的解决服务。解决在线所发生的争议,当然是ODR出现及发展的主要动力所在。许多ODR网站的设立,主要是针对解决因在线活动所产生的争议,比如说Square Trade主要是针对eBay拍卖市场所产生的争议,IRISMédiation是对于因特网联机服务所发生的纷争,eBay系用于解决电子商务争议,但是也有许多ODR网站兼提供非在线争议解决服务,甚至专注于提供非在线争议的解决,比如保险理赔争议的解决。在1996年以来的ODR网站里,有33个网站针对在线及非在线争议,提供解决争议的服务,有21个仅对在线争议提供解决争议服务,而有23个是对非在线的争议提供解决争议服务。值得注意的是,实时的争议解决服务,是建立网络交易信心的关键,基于这样的需求及认识,提供消费者争议处理的服务,成为近来ODR服务里最主要的领域。总的来说,使用ODR解决争议,也可以获得非常高的成功率,如SquareTrade有高达85%的案件可以通过直接协商程序解决,其余的未达成解决合意的案件,SquareTrade还提供调解人或仲裁人协助争议的解决,WebAssured在所属会员申请解决争议的案件中,可以获得95%成功率,IRIS Médiation在其运作的第一年,就达成了87%的成功率,由上可知,ODR的使用可以非常有效地解决争议。

4)ODR 面临的主要法律问题

由于ODR是由ADR演化而来的,ODR会产生若干与ADR相同的问题;与此同时,由于网络自身的一些特性，ODR也会产生一些新的法律问题，归纳起来主要有如下几点。

（1）管辖权问题

传统的ADR中，无论是仲裁还是调解，它们的管辖权基础都是当事人对解决争议方式所达成的合意。ODR的主要手段正是仲裁和调解，所以，ODR的管辖权理所当然来源于当事人的同意。与传统ADR不同的是，ODR管辖权条款一般可分为两个层次：一是在线销售商和ODR网络服务商（ISP）签订的管辖协议；二是在线销售商和消费者之间选择ODR的协议，这两个协议结合起来构成了ODR管辖权的来源。著名的SquareTrade网站即实行一种网站徽章程序的电子商务自律规范。而世界最大的网上销售商Amazon.com利用ODR解决争议的管辖权选择条款是这样规定的："由于你以任何方式访问Amazon.com或通过Amazon.com购买商品所产生的争议将被提交到SquareTrade.com进行在线仲裁，除非在某种程度上，你侵犯了或可能会对Amazon.com的知识产权进行侵犯，Amazon.com将在华盛顿地区的任何州法院或联邦法院起诉，你须同意这些法院的排他性管辖权。根据本协议提起的仲裁将根据美国仲裁协会现行的仲裁规则进行仲裁。"从以上两个例子可以看出，与其他的电子合同条款相同，ODR的管辖权选择条款一般也是格式条款，消费者只能被动地表示同意或不同意，从这个角度来看，在线销售商对ODR模式的采用起主导作用；另一方面，ODR解决争议的范围也并非针对所有的网上民商事争议，主要还是用来解决B2C的电子合同所产生的争议，当争议涉及侵犯知识产权问题时，用户倾向由法院行使排他性管辖权。从本质上讲，ODR的管辖权来源与传统的ADR相比并无二致，都是来源于当事人双方的合意，只是由于它们面临的环境不同，合意的表现形式有些差别。

再如www.asia-steel.com的ODR条款是这样拟订的："交易会员之间或交易会员与服务会员之间的争议和投诉将根据交易条例迅速解决。除非会员间已有合约，所有会员间的争议应通过友好协商和谈判迅速解决，如不能解决，将通过如下途径之一寻求解决：①网上综合调解机制（由iChinalaw.com赞助）；②网上协调（由iChinalaw.com赞助）；③网上仲裁（由iChinalaw.com赞助），如会员选择诉讼方式，本公司的服务会员iChinalaw亦可提供法律中介服务。"从该条款可以看出，会员之间产生争议时，www.asia-steel.com要求利用其提供的ODR服务来解决争议，由于争议双方当事人都是www.asia-steel.com的用户，只要他们成为网站的会员，自然就视为接受上述ODR管辖条款。这样的管辖权无疑是合格的。

（2）实体法律适用问题

有的学者认为，采用ODR模式可以避免当事人因法律适用问题产生分歧，因为可以直接适用商人法来解决争议。商人法由体现于或源于国际公约、贸易惯例、习惯及公平、有效和合理交易之概念中的统一法所构成。它广泛适用于中世纪地中海的航海者和商人之间，成为商人自治解决其争议的一个有效手段。一般认为，商人法具有几个显著的特征：①它超越国界，普遍适用于各国商人；②它不是由专业法官来掌握而是由商人自己选出来的法官来掌管的；③它程序较为简单，而且不拘泥于形式；④它强调按公平合理的原则来处理案件。因为商人法来源于商人自身交往形成的习惯和惯例，并把公平作为解决争议的首要原则，所以，对于同样具有民间性并注重衡平当事人之间利益的ODR模式具有重要意义。随着国际贸易的发展，商人习惯法在国际商事交易中的适用，不仅是必要的，而且是可能的。

尤其是在解决国际民商事争议的实践上,商人习惯法的适用是大势所趋。在国际商事仲裁领域最有影响的巴黎国际商事仲裁院从 1998 年 1 月 1 日起实施的仲裁规则第 17 条绕过了法律冲突规则,而由仲裁庭直接决定它认为应当适用的准据法。这里所使用的法律规则,显然是广义上的法律规则,特别是商人习惯法。而一些国际商事仲裁规则中的按照公平合理原则解决争议的规定显然也是指商人习惯法。

网络空间也是一个具有独特习惯和惯例的社区,随着各国加强网络立法,网络社区正逐渐形成一些统一的具有网络法性质的习惯和惯例,并有可能缔结网络方面的国际公约。我们认为,传统的商人法一方面可以继续适用于现代的电子交易中,同时,ODR 模式也可选择适用某些产生于网络社区新的习惯和惯例去解决争议。

有的学者认为,ODR 既然是由 ADR 演化而来,ODR 的法律适用就可以照搬 ADR 的做法,即 ODR 适用的准据法由双方当事人确定,该种做法在目前占统治地位。尤其是在国际商事仲裁实践中,意思自治原则成为公认的处理各国法律冲突的基本原则。例如,1961 年《欧洲国际商事仲裁公约》第 7 条第 1 款对此作了明确规定:"当事人可以通过协议自行决定仲裁员解决争议所适用的法律",按各国国际私法普遍认可的当事人意思自治原则,当事人可以选择仲裁适用的法律。但在许多情况下,当事人可能难以就应适用的准据法达成合意,在这种情况下,只能由仲裁庭决定应当适用的准据法。这时会出现一个问题:仲裁员决定的准据法可能是仲裁地法,而在 ODR 模式下,仲裁地乃至调解地都是空缺的。而且,即使当事人根据意思自治原则确定了解决争议的准据法,实践中可能会因为当事人自由选择的准据法并不包含 ODR 实际所需的一切规则。在此情况下,根据国际私法理论,仲裁地法将作为第二位的准据法在解决争议时发挥作用。对于这个问题,我国有的学者提出可以用意思自治原则和最密切联系原则来确定仲裁地。另有人提出以提供服务的计算机所在地为仲裁地的主张,即所谓的"lex loci sever"。考虑到互联网的基本技术特征,它可以认为是一种弱性联结因素,但依此确定仲裁地是不妥的。因为当事人对仲裁地有明确的意思表示时还好说,如果没有明确表示依最密切联系原则确定仲裁地,仲裁庭应从诸多有联系的场所中择定仲裁地,考虑案件与该仲裁地是否有最密切、最重要的关系。另外,企业和用户之间的电子商务合同模式(B2C)由于涉及消费者权利保护,法律选择条款的有效性常常是有争议的。

在电子商务时代,各国一方面大力促进电子商务的发展,另一方面致力于消费者权益的保护。如经合组织(OECD)的消费者政策委员会起草的一份指南指出,在考虑是否需要对现有法律框架进行修改时,"各国政府应当寻求确保该框架中企业和消费者之间的公平,方便电子商务,使消费者享有不低于其他商业形式所提供的保护水平,使消费者切实享有公平及时的争议解决和无不当的成本和负担的救济"。欧盟亦持类似观点。由此可见,当事人意思自治原则在电子商务中的适用范围是很有限的。调解和仲裁以其灵活性和自治性,允许仲裁员/调解员经双方当事人授权,在认为适用严格的法律规则会导致不公平结果或者不能解决争议的情况下,不依严格的法律规则,可以适用国际商人法甚至依抽象的公平标准去解决争议,这在很大程度上可以避免法律选择时准据法的落空。但是,一旦当事人选择了确定的准据法,只要该准据法不违反仲裁地的强制性规则,仲裁员/调解员就应当尊重当事人的意思自治,而不能罔顾当事人的意思表示,直接去适用某一法律;如果当事人既未选择实体法律,相关的国际商人法也不存在时,可以适当考虑适用仲裁地法;仲裁地以当事人的明示选择为准,如果没有选择,仲裁庭可依最密切联系原则确定。

(3)在线仲裁裁决的承认和执行问题

在线仲裁是ODR中比较正式的纠纷解决方式。对通过交涉、调解不能解决的争议,可使用在线仲裁。对于ODR处理结果的执行问题,各国尚无统一做法。在美国,如果当事人同意接受在线仲裁裁决的约束,法院通常会依据美国宪法中的完全诚信条款(the Full Faith and Credit Clause)执行该裁决。由于ODR只是ADR在网络环境下的一种发展,在线仲裁裁决在美国获得像一般仲裁裁决那样的执行力是不困难的。

有的学者认为,网上仲裁裁决一般只对争议双方有拘束力,而无司法执行力。所以,严格说来,它不同于传统的经济仲裁或国际商事仲裁,因为它目前还不能被《关于承认和执行外国仲裁裁决的公约》(以下简称《纽约公约》)所容纳。然而,虽然《纽约公约》要求仲裁协议是书面的,提交法院的仲裁裁决必须是经适当认证的原件或复印件并附以同样方式提交的仲裁协议才是可执行的,但以网络通信方式出具的仲裁协议(包括仲裁协议和合同中的仲裁条款)和裁决应该能为法院所接受。因为,网络通信文件是否符合《纽约公约》第2条第2款的书面要求,实质上是一个公约条款的解释问题。为适应网上国际商事仲裁的实践,应当对该条款的书面要求作扩大解释。《纽约公约》第2条第2款包含了两种书面协议形式,一种是合同中的仲裁条款或双方签字的协议书,另一种是包含在互换信件或电报中的仲裁协议。十分清楚的是,《纽约公约》将包含在互换信件或电报中的协议方式规定进去就是为了适应国际贸易中以信件、电报方式缔结合同的实践,其意图在于尽量增加达成仲裁协议的可能性而不是相反。考虑到当时的通信技术情况——电报是商业通信最快捷的方式,它代表了当时投入商业应用的最现代化的通信技术,应该说,法律起草者们不排除以未来更先进的技术手段缔结协议的可能性。实质上,随着技术的发展,法律制定者在定义"书面"时已经越来越多地考虑技术发展趋向。所以,ODR中网上仲裁裁决的承认与执行完全可以根据《纽约公约》得到实施;另一方面,即使网上仲裁不为《纽约公约》所容纳,也不能否认其仲裁性质,因为它在本质上与传统各国的仲裁制度是一致的,只是形式和手段不同而已。另外,以业界自律为基础的运行机制也是保障ODR裁决得以执行的重要手段。目前,在网络空间提供各种选择性纠纷解决服务的几乎都是私人性的非营利机构。大量的企业通过网站徽章(WebSeals)、信任标记(Trustmark)、网上商业行为规范(Code of Online Business Practices)等业界自律机制,自愿将自己与消费者之间的争议交给ODR服务者处理,并承诺执行ODR的处理结果,如果当事人不执行处理结果的话,可能会受到来自业界的制裁。比如,若干ISPS可能联合起来采取措施以促进ODR处理结果的执行,不执行ODR处理结果的当事人会被他们一起封杀,使之无法从事电子商务,而不能进行电子商务活动的当事人在经济全球化竞争中将处于劣势。这种措施在实践中已经被采用了,如e-Bay.com将会对不执行ODR处理结果的用户施以制裁。如果用户拒不执行处理结果,他可能受到e-Bay.com两次警告;两次警告后如果仍未执行处理结果,将被暂停用户资格30天;30天期满后如果还未执行的话,该用户资格将被永久终止,也即该当事人将永远不能通过e-Bay.com进行任何活动。当然,如果该用户对处罚不服的话,可以填一个表格向e-Bay.com申诉。所以,ODR处理结果的承认和执行并非不可解决的问题。

(4)ODR 模式解决争议的效果问题

以鼠标对鼠标(mouse-to-mouse)的争议解决方式(ODR)在解决争议时能否起到面对面(face-to-face)的 ADR 的效果,学者们有不同看法。有些学者认为,当事人通过电子手段进行的信息交流不可能替代面对面的交谈,调解员实际上也不可能将其在现实空间所具有的调解技巧应用于网络空间。而且,因为双方当事人提交的意见可以随时反复查看,加上缺乏面对面的交流,电子邮件和讨论板的非人身性可能使当事人之间产生更深的敌意。在网络空间中,由于不能运用视觉效果、语言效果和肢体语言等物理手段,调解员如何在当事人之间建立信任也是个难题,尤其在当事人之间具有不同文化背景时,这个问题表现得更加突出。譬如,在一个当事人分属中美两国的争议中,能否协调好两国当事人在文化心理上的差异对调解成败至关重要。美国文化看重个人权益,强调个体权利的重要性并常把诉讼看成维护自身利益的手段;而中国更重集体和谐性,一般把诉讼视为万不得已才使用的救济方式。所以,中国商人在争议发生时更愿意和对方友好协商,而不愿公开与对方当事人进行诉讼对抗。即使不得不向对方主张自身权益,一般也采取较缓和的方式,以尽力维持双方的合作关系。因此,虽然 ODR 有许多便利之处,但缺少了调解员和当事人可资利用的日常商务活动中所蕴含的文化信息。从这个角度来看,在线交流所传递的信息很容易被曲解,可能会使当事人之间的分歧进一步扩大。文化上的细微差别在现实中尚且很难把握,想依靠网络媒介圆满解决跨国争议当然就更加困难。对于这个问题,并无较好的解决办法。不过,对从事ODR 的调解员/仲裁员加以培训可使他们在从事业务时更熟练地掌控争议解决进程,尽量减少误判。

(5)ODR 的安全性和保密性问题

要使 ODR 为人们广泛接受,必须由政府和私人部门合作制定官方标准保障信息的安全性和保密性,才能保证消费者能信任该争议解决方式。我们知道,安全性和保密性是 ADR固有的特性,ODR 作为 ADR 的发展同样必须具备这两种特性。在 ODR 中,当事人应当明确他和调解员/仲裁员之间所交流的信息应该保密,如果没有一方当事人明示的同意,调解员/仲裁员也不能将他所知悉的信息泄露给另一方当事人。在传统 ADR 中,可以采取某些限制来保障信息的安全性和保密性,比如说,可以把当事人提交的文档锁在柜子里并当面贴封或者调解时把当事人分隔在不同的房间,由调解员居中传达意见,消弭分歧,最终实现和解而不至于泄露当事人的商业秘密。然而,在网络空间,当事人提交的争议请求、答辩意见以及证据等都可能被无数次复制并可以在数分钟内在全世界范围内散发,网络黑客病毒等也会威胁到信息安全。这些问题对商业信息的安全性和保密性提出了很大的挑战,其解决有赖于网络安全技术的进一步突破,不断加强信息安全保障。比如,Squaretrade. com 就为用户提供了免费加密的电子邮件软件以及有密码保护的聊天室和讨论板等。

5)我国发展 ODR 争议解决模式的必要性及存在的问题

在我国,替代性争议解决机制(ADR)有着悠久的历史传统,并在社会文化中存在着对它的价值认同,并非完全是西方商人社会的"舶来品"。在中华人民共和国成立前我国农村地区,因民间山林、水利、农田、家事等纠纷,多先约定共同请一位当地声望较高的士绅在一个中立的第三方家中,在听取双方完全陈述并作查证与调解之后,作出裁断意见,绝大多数事端即可得到平息,裁断意见也能被自觉履行。

然而,近年来,随着对法治的崇尚,调解之类的传统解决纠纷方式开始受到冷遇甚至否定。但是,在全球电子商务环境下,以地域和国家主权概念为基础的司法机制,在解决迅速发展的电子商务所引起的大量纠纷面前,不得不面临一系列复杂的法律、经济问题。这一系列问题在发展 B2C 模式电子商务中,显得尤为突出。在 B2C 模式下,商家面对的是全球的消费者。因此,其间发生的纠纷可能牵涉多国的法律,不同法域的管辖,完全陌生环境下的诉讼,以及远远超出交易本身的费用和时间。这一切将极大影响 B2C 电子商务中消费者和企业进行全球电子商务的信心。在这种情况下,发展一种适合电子商务发展的争议解决模式刻不容缓。从电子商务全球化的特征以及我国已经加入 WTO 的背景来看,我国企业要走向世界,面对全球统一市场和消费者,必然要走电子商务的道路,无论是新兴的网络公司,还是传统企业莫不如此。因此,我国必须给全球消费者提供便宜、公正、方便的争议解决途径,保护消费者的利益,不得不向传统的调解和仲裁等替代性争议解决机制回归,可以说,ODR 是我国发展电子商务必须面对的问题。

在我国,ADR 主要有两种形式,即调解和仲裁。从目前来看,最有可能与国际流行的 ODR 接轨的是与仲裁相结合的调解,即把网上仲裁和网上调解结合起来解决争议。但这在我国可能会遇到一个难以克服的法律障碍:我国《仲裁法》上只规定了机构仲裁,而没有规定临时仲裁。这不能不说是立法上的一个缺憾。现实中许多从事 ODR 业务的网络服务商严格说来并不能算作仲裁机构,如果当事人通过我国非仲裁机构的网站解决争议的话,裁决可能不会得到承认和执行。当然,《纽约公约》中规定的承认与执行外国仲裁裁决既包括常设仲裁机构作出的仲裁裁决,也包括临时仲裁庭作出的仲裁裁决。我国法院执行的外国仲裁裁决也包括由临时仲裁庭作出的裁决。所以,在《纽约公约》框架内的外国临时仲裁裁决可以在我国得到承认和执行,这显然不能满足大量的非涉外电子商务的需要,也造成了中外当事人之间的不平等。因为如果外国当事人与中国当事人就某一民商事纠纷约定在国外由某国外的 ODR 网络服务商进行调解和仲裁,在调解不成功的情况下需要作出仲裁裁决,该裁决毫无疑问是临时仲裁裁决,倘若该临时仲裁裁决按照约定的仲裁规则作出了中方败诉的裁决,如果中方当事人未能自动执行这一在《纽约公约》缔约国境内作出的裁决,则外方当事人即可依照《纽约公约》向中方当事人所在地的中级人民法院申请强制执行该裁决。中国法院应当依据《纽约公约》的规定进行审查,如果裁决不存在其第 5 条规定的情形,法院就应该承认该裁决的效力,并予以强制执行。

再者,如果当事人约定在中国由某个 ODR 网络服务商进行临时仲裁,作出了外方败诉的裁决,则外方当事人既可以根据我国《仲裁法》的规定,以当事人在仲裁协议中没有约定仲裁机构为由,向裁决地中级人民法院申请撤销该裁决,也可以在中方当事人向该外方当事人所在地法院申请执行该裁决时提出抗辩:根据裁决地法——中国《仲裁法》第 18 条关于当事人在仲裁协议中没有约定仲裁机构为由,该仲裁协议无效,而根据无效仲裁协议作出的仲裁裁决不能得到执行地法院的承认和执行。可见,根据我国目前的《仲裁法》,ODR 解决争议之便利很难为中外当事人所共享,我国当事人既难以从事 ODR 业务,又难以利用 ODR 解决跨国电子商务争议。这对我国企业参与全球竞争无疑非常不利。

对这个问题有两种途径来解决。

其一,在我国仲裁法律制度中确立临时仲裁制度,承认中立的、私人纠纷解决企业存在和发展,并允许他们通过业界自律手段来增强自己解决纠纷的能力,并由人民法院保障 ODR 处理结果能够得到执行,这种方法可以随着电子商务的发展而逐渐显示威力。

其二,在我国可由仲裁机构开展 ODR 服务,即开展网上仲裁和调解。如中国国际经济贸易仲裁委员会成立了"域名争议解决中心",目前已获得国内外域名管理机构的授权,作为域名争议解决机构,以"网上仲裁"的方式,负责解决中文域名争议、通用网址争议、国际通用顶级域名争议。这种方式可以避开现有法律障碍,因为当事人在仲裁协议中选择了常设仲裁机构,只是调解和仲裁在网上进行而已,但这显然不是一个最终的解决办法,因为这使得当事人的选择范围大大地缩小了,由众多技术完善的网络服务商提供的 ODR 服务不能被选择。所以,为了完善我国国际仲裁的法律制度,就应当在对《仲裁法》进行修订时,规定临时仲裁的法律制度。当然,我国对临时仲裁没有规定,可能有其他的考虑,如仲裁解决争议的方法尚未深入人心,仲裁员的素质也有待于进一步提高等。然而,从促进我国 ODR 事业的发展和中外当事人对等的角度出发,我国法律应当规定临时仲裁的法律制度。

总之,在电子商务环境下,ODR 是一种便宜、高效、公正的纠纷解决机制,它对电子商务的发展,构筑一个使消费者充满信心的电子商务平台具有重要意义。我国在新经济发展日新月异之际,应积极采取对策,培育自己的在线争议解决机制(ODR)。

16.3.2　电子商务民事诉讼管辖权

无论是传统民事纠纷,还是电子商务民事争端,诉讼是最基本的法律救济途径。而一旦进入诉讼程序之后,哪些法院具有管辖权就是我们首先要考虑的问题。管辖权涵盖了司法机关的一切作为,也是法院与司法人员审判案件权利的来源。除非法院具有管辖权,否则其所作之决定将无法律上的效力。

1)传统民事诉讼管辖权的相关规定

长期以来,确立管辖权的原则都是由各国的国内法和国际私法加以规定的,具体有以下几种。

(1)地域管辖原则

根据管辖权与纠纷涉及的主体、客体和内容的空间联系的具体表现形式不同。主要有:当事人的住所地、经常居住地、主要营业所在地、诉讼标的所在地、行为地(包括行为发生地和行为结果地)。

第一,当事人住所地。住所是当事人固定的居住场所。其日常生活起居多发生于此地,此地的影响也不言而喻。从方便送达和便于取证的角度出发、被告住所地被多数国家认为是首要的管辖基础。德国、瑞士、荷兰、日本等传统大陆法系国家均采用此原则。我国也不例外,我国《民事诉讼法》第 22 条第 1 款即规定:"对公民提起的民事诉讼,由被告住所地人民法院管辖。"

不过,当事人的住所地并非仅指被告住所地而言,还应包括原告住所地。原告住所地作为管辖基础也被有些国家在特殊情形下采用。这主要是从便于诉讼的角度考虑,我国《民事诉讼法》第 23 条也规定了 4 种情况可由原告住所地人民法院管辖。

第二,引起纠纷行为的发生地。由引起纠纷行为的发生地的法院管辖,不仅方便双方当事人的诉讼,而且有利于及时保存证据,便于公正、及时地解决纠纷。这一原则主要用来解决因行为方式而产生的管辖权冲突问题,以构成法律关系的法律行为作为对象。它来源于"场所支配行为"这一古老的习惯法规则,其作用由最初产生时的可以解决行为方式要件发展为可以解决不同性质的行为实质要件,具体包括合同的缔结地、合同的履行地、侵权行为的发生地、侵权行为的结果地、婚姻关系的缔结地等。

第三,诉讼标的物和争议的财产所在地。诉讼标的就是诉讼当事人争议的财产,标的物和争议的财产所在地是双方当事人讼争的标的物和财产所在的地方。诉讼标的处于一国领域内的事实是各国行使管辖权的重要基础,而且诉讼标的物和财产往往还与诉讼中有关制度的实施密不可分(如诉讼保全、判决的执行),因此,以争议的标的物和财产所在地确定地域管辖,这是很可以理解的。

（2）国籍管辖原则

国籍管辖原则即把当事人(原告、被告均可)的国籍作为确定法院管辖权的基础。国籍是个人隶属于一个国家的一种法律资格,是他与这个国家稳定的法律联系,是他享有该国保护的法律依据。在现代社会中,自然人、法人、航空器、船舶都应具有且只能具有一个国籍。由 1804 年拿破仑法典创立的法国-拉丁体系,包括以《法国民法典》为蓝本的一些西欧国家,如比利时、荷兰、卢森堡、西班牙、葡萄牙等基本上采取以国籍确定管辖权的原则。过度扩张国籍管辖会与管辖权的国际协调原则冲突,把本国法院的管辖权凌驾于别国主权之上,对外国人采取歧视态度。容易受到其他国家的批评。

（3）意思自治原则

在两种情况下当事人的意志可以成为管辖基础:一种是双方当事人达成协议,把他们之间的争议提交某一国法院审理,该国法院便可行使管辖权。美国《标准法院选择法》第 2 节规定了州法院受理当事人协议提交案件的四个条件。英国法院对这种案件则没有自由裁量的余地,必须行使管辖权。中国《民事诉讼法》也规定,涉外合同或者涉外财产权益纠纷的当事人,可以用书面协议选择与争议有实际联系的地点的法院管辖。另一种是被告接受管辖。一国法院对接受管辖的被告享有管辖权,这是国际上普遍承认的原则。1951 年海牙《国际有体动产买卖协议管辖权公约》第 3 条规定,如果被告到某缔约国的法院出庭应诉,应被视为已接受法院的管辖。此外,被告人提出答辩状、通过律师出庭辩护、提出反诉等行为也被视为对管辖的接受。

综上所述,可以看出,当事人的住所、国籍、财产所在地、行为所在地以及意志均可以成为某国法院对涉外民商事案件的管辖基础。在这些管辖基础上,都有一个明确的特点即可确定性与相对稳定性。在网络中,由于其全球性及管理的分散性,造成一个难以克服的问题,即管辖基础的难以确定性以及对传统管辖权的挑战。

2）电子商务环境下传统民事诉讼管辖理论面临的困境

从诉讼法角度看,管辖权基础指一国法院有权审理民商案件的根据。由于国际上还未形成普遍接受的管辖权原则,因此各国主要以国内法的形式分别规定各自法院的管辖权,当事人的国籍、住所、协议、财产地等联系因素作为管辖权基础在立法与实践中应用得非常普遍。但是由于互联网的出现,网络空间的虚拟性、全球化、非中心化打破了主权疆域的界限,使法院的管辖权面临诸多困境。以地域、行为和联系为基础的管辖权标准,要想适用于电子商务案件中,则需要进行变革和重新定位。

(1)使以"地域"为基础的管辖权标准动摇

网络对司法管辖权最大的冲击来自于它对地域管辖的挑战。在现实的国际社会中,一旦人们跨越国界,便能意识到各地域的法律并不相同,也较容易知道在不同的法律环境下如何去遵守当地的法律。但是,网络使得人们通常在并不知道或不可能知道对方所处地理位置的情况下相互传递信息和进行交往。在互联网环境下,某一次具体的网上活动可能是多方的,网络交易的双方当事人可能位于不同的国家,而接收或传送双方讯息的服务器则可能在另一个国家,活动者分处于不同国家和管辖区域之内,这种随机性和全球性使几乎任何一次网上活动都可能是跨国的。

网络空间本身无边界可言,它是一个全球性系统,无法将它像物理空间那样分割成许多区域,它不具有与物理空间一一对应的关系。就网络空间中的活动者而言,他根本无视网络外地理边界的存在,一旦上网,他对自己所进入和访问的网址是明确的,但对该网址所对应的司法管辖区域则难以查明和预见。判断网上活动发生的具体地点和确切范围已经很难了,将其对应到某一特定司法区域之内就更难了。这种情况不仅会影响司法管辖权的确定,而且会产生大量的管辖权冲突。

此外,在网络案件中,被告与法院地的地域联系因素可能很少。也就是说,被告有可能不是法院地国家的国民,或在法院地国无住所,或在法院地国无可供扣押的财产,甚至被告人从未在法院地出现过,因此在诸如此类的网络案件中,如果仅只是通过网络所构筑的超越一国界线的虚拟世界中的某些虚拟因素,显然是无法成为国际私法上的管辖权根据。同时,在国际民事诉讼中涉及的管辖权问题,也很难援用传统的管辖权规则加以确定,从而为法院在确定管辖权问题上带来困难与挑战。

(2)使以"行为"为基础的管辖权标准陷入困境

以"行为"为基础的管辖即行为地管辖,这种管辖主要基于被告人在法院地所实施的行为,如"侵权行为地""商业活动地"等。就行为而言,一方面网上行为的非单一性加大了确定管辖法院的难度。比如,一个位于 A 国的甲在网上发表一篇诽谤在 B 国的乙的文章,严重损害了乙的名誉。毫无疑问,甲的行为构成了侵权。但该文章是通过位于 C 国的服务器发送到互联网上的,世界各地包括 B 国在内的任何人都可能随时读到这篇诽谤性文章。在这种情况下,何为侵权行为地? 何为损害发生地? 哪个国家的法院具有管辖权? 如果以传统的侵权行为地为依据来确定管辖权,那么任何一个国家都可以对它行使司法管辖权,这显然是不合适的。

另一方面,网上行为的"数字化"不仅改变了传统的行为方式,同时也为国家的管辖权提供了一个新的对象。例如电子商务的出现,人们可以在网上进行合同谈判和电子付款。如果涉及的产品是软件、照片、电影、音乐、小说等数据信息,还可以在网上交货。电子商务的发展带来了一种新型的无形"货物"——信息产品。由于这种货物或服务是靠直接在不同传输路径的流动来实现的,并且是不可视的,因此对这类产品或服务的规范会产生一些变化。这些信息本身就具有一定的经济价值,可以视为一种新型的财产类型。例如,在知识产权领域,针对域名和商标之间的冲突,域名的商业价值就得以凸显。有学者甚至认为域名可以被当作一种新型的"可被执行的财产"。这种新型财产类型的出现,使得传统管辖权的行使对象也相应的发生变化,具体来讲,网络空间中的信息及其服务,将成为法院管辖的一种新对象。

(3)使以"联系"为基础的管辖权标准发生分歧

以"联系"为基础的管辖权是指只要所涉及的人、事或者物与法院地有合理的或有意义的联系,行为地法院就有管辖权。这种联系一方面给予法院在涉外民事管辖权问题上广泛的裁量权,另一方面又试图对法院管辖权的行使予以一定的限制。在美国,"联系"说被用作判定法院管辖是否正当的一个基本标准。在以网络为基础的联系中,何种程度的联系足以使法院具有管辖权? 比如,在网上制作一个网页是否可以被认为与任何可以看到该网页的国家或者地区发生了"联系"? 又如,在网上刊登广告的行为可否被视为与其所接触到的地方有商业关系? 在司法实践中,众说纷纭,标准不一。

3)对几种管辖权新理论的评述

由于网络空间的全球性、虚拟性和网络管理的非中心化,传统的地域管辖原则受到了前所未有的挑战。理论界不断演化出了第四国际空间理论、新主权论、技术优先管辖论、原告所在地法院管辖论等理论。

(1)第四国际空间理论

"第四国际空间"理论又称"管辖权相对论",是以美国斯坦福大学 Oarrel Menthe 博士为代表提出的,他的主要观点为:网络类似于南极洲,太空和公海这三大国际空间之外的第四国际空间。因此应该在此领域内建立不同于传统规则的新的管辖权确定原则,通过比较与类推,他得出"网络空间也应该接受默认的国际惯例,即类似支配其他三个国际空间的惯例,通过制定相应的特定制度的条约来解决司法管辖权的问题。任何国家都可以管辖并将其法律适用于网络空间的任何人和任何活动,其程度方式与该人或该活动进入主权国家可以控制的网络空间的程度和方式相适应。网络空间内争端的当事人可以通过网络的联系在相关的法院出庭,法院的判决也可以通过网络的手段加以执行。

该理论抓住了虚拟环境的无国界、非中心化等特点,提出了问题的根本解决只能通过制定相应的国际条约,通过国际协调来解决。这无疑是非常正确的,但是网络管辖权相对论又希望以技术为标准,来解决网络技术本身带来的困境,将各国对作为整个网络空间的管辖权的大小由各个国家接触和控制网络的范围来决定,这无疑是以经济实力为后盾的"技术霸权"的体现,是符合发达国家的利益的,但是却是对其他技术落后国家司法主权的一种剥夺。而且由于国际社会之上没有一个立法权威来制定相应的规定来认定"在什么情况下一国对网络的接触和控制达到了可以行使管辖权的程度",因此在实践中必然只能由法官自由裁量,这必然使得判决带有法官很大的主观性和随意性。有可能导致世界上任何国家都对一个网上行为主张管辖权,这只能使得网络案件的管辖权问题变得更加棘手。

（2）新主权论

该理论又称"网络自治论"，主要观点为：对于网络争议，应该摆脱传统的地域管辖的观念，承认网络虚拟空间就是一个特殊的地域，并承认在网络世界与现实世界中存在一个法律上十分重要的边界，若要进入网络的地域，必须通过屏幕或密码，一旦进入网络的虚拟世界，则应适用网络世界的网络法，而不再适用现实中各国不同的法律。"网络成员间的纠纷由 ISP 以仲裁者的身份来裁决，并由 ISP 来执行，网络空间将成为一个全球的新的市民社会，它有自己的组织形式，价值标准，完全脱离政府而拥有自治的权力，它的最终趋势是发展为"网络大同世界"。

"新主权理论"网络空间的新颖性和自治独立性，对现实的国家权力持怀疑和防范的态度，担心国家权力的介入会妨碍网络的自由发展，他们试图以网络的自律性管理来替代传统的法律管辖，以自我的判断和裁决来代替国家的判决和救济。从维护网络发展的角度来看，这种理论是有价值的，但是所谓的"网络法只是行业道德和技术标准的混合物，尽管行业道德和技术标准可能在一定的程度上影响法律，但他们永远不能替代法律。同样自律管理也无法替代公力救济。"网络大同世界"的观点只是现实世界中人们的"大同世界"观念的网络化而已，过于理想化。

（3）技术优先管辖论

这一观点主要是指在国内的管辖中，由于网络发展的不平衡性，使得一些大城市的网络发展明显快于其他地方，我国一些发达地区网络技术比较先进，有能力处理有关的技术问题，因此应当由这些城市和地区优先管辖案件。该理论在网络初期发展中可能有方便审理、加快提高审判水平的优点，但从根本上看是不利于网络的进一步发展的，同时也有失公平、公正，同样不可取。

（4）原告所在地法院管辖论

该理论认为，对于网络侵权案件，由于侵权行为地难以确定，因此不宜也不能按照侵权行为地原则决定对案件的管辖权。而且，以被告住所地确定管辖虽然可行却不合理。因为在网络侵权案件中，被告往往与原告相距甚远，如果生硬地适用"原告就被告"的原则，将给受害人寻求司法救济制造障碍，不利于保护受害者的正当权益。因此，对网络侵权纠纷，应当且只能由原告所在地法院管辖。

4）管辖权的重构

（1）协议管辖得到国际社会的一致认可

当事人协议选择解决争议的法院在传统的商事领域得到了国际社会的一致认可，在电子商务领域也得到了普遍的认同。美国的 UCITA 第 110 条肯定了当事人选择法院的权利，欧盟的《条例》也没有改变 1968 年布鲁塞尔公约有关协议管辖的规定。而且在海牙国际私法会议的日内瓦和渥太华会议上，各国也对当事人协议选择管辖法院达成了一致意见。

协议管辖作为意思自治原则在司法管辖权中的扩张，不仅体现了对当事人的尊重，而且可以减少管辖权冲突。承认当事人协议选择管辖法院的权利，实际上是允许当事人根据案件所涉及的各方面情况，选择在他们看来最合适、最方便的法院来处理案件，这样就排除了与案件有关的其他国家的法院管辖权。另外，协议管辖有利于实现诉讼公平和效率。协议管辖融合了原、被告双方的意志,可以防止原告单方面挑选法院,即防止因原告的故意设计而给被告造成的不必要的负担和困难。协议管辖还可消除管辖权、程序规则以及其他问题的不确定性,从而大大提高通过诉讼解决争议的效率。但各国为了防止意思自治泛滥而可能产生的弊端,都在立法和实践中对其进行一定的限制。UCITA 第 110 条排除了当事人的选择不合理、不公平时协议管辖的效力。欧盟不仅排除了当事人选择不公平时协议管辖的效力,而且要求当事人的选择要有书面证明。

(2)管辖权本位主义再度扩张

在国际民商事领域,各国从本国利益出发,竞相扩大本国法院的管辖权。在新兴的电子商务领域,管辖权本位主义再度扩张,其主要表现在以下几个方面。

第一,采用弹性管辖权标准来主张本国法院的管辖权。在近年的电子商务案件中,弹性管辖权标准得到了最大限度的推广。尤其是在美国,"最低限度联系"标准以其灵活性、包容性和软性特征,使得美国法院不必拘泥于传统的硬性规则,而是根据具体案情作出符合网络案件特性和本国需要的管辖权判断,并进而形成了一些判例和规则。在权衡"最低限度联系"标准时,网址的特性(交互性或被动性)、管辖地所在州与争议的利害关系的深浅,甚至访问网址的数量等都将构成美国法院行使管辖权的重要因素。另外,弹性管辖权标准在海牙国际私法会议的讨论中也得到了响应,有一些委员在确定侵权行为管辖权问题上认为应该考虑重力中心说和最密切联系原则。

第二,在 B2C 合同中,各国都侧重于对本国消费者的保护,消费者住所地这一管辖标准得到了许多国家的首肯。实际上,不论电子商务比较发达的美国,以及相对落后的欧盟都十分强调对本国消费者的保护。

第三,传统属地管辖权标准含义的多样化。由于网络空间所具有的独特性,许多传统的管辖权标准的含义将发生变化。如就合同签订地而言,就可能被理解为信息发出地、信息收到地、信息所经过的 ISP 所在地;而信息发出(收到)地又可以被理解为发出(收到)信息的计算机所在地、发出(收到)信息者的住所地、发出(收到)信息的网址所在地等。某一管辖权标准如此多样化的含义在传统的冲突法中是很难想象的,而在现在的司法实践中却成为现实。中国 2000 年 12 月 21 日起施行的《最高人民法院关于审理涉及计算机网络著作权纠纷案件适用法律若干问题的解释》就力图使"侵权行为地"的含义尽量广泛,其第 1 条规定:"网络著作权侵权纠纷案件由侵权行为地或者被告住所地人民法院管辖。侵权行为地包括实施被诉侵权行为的网络服务器、计算机终端等设备所在地。对难以确定侵权行为地和被告住所地的,原告发现侵权内容的计算机终端等设备所在地可以视为侵权行为地。"

(3)许多新的管辖权标准将得以确立

由于网络空间所具有的与物理空间所不同的特性,一些新的管辖权连结因素将可能因此而产生。

例如,有学者就认为,在没有统一的有关互联网的国际法的情况下,各国在理论上可以对处于其领土上的网址及这些网址的内容适用其本国法。而且,网址、服务器所在地等连结因素已在美国的司法实践得以运用。一般来说,一个新的事物的产生总会对所涉及的规则、制度带来一些新的变化,因网络和电子商务的出现而产生的新的管辖权标准,也具有一定的必然性。

16.3.3　国际电子商务法律冲突的发展趋势

1）连接点的嬗变

现代冲突法立法,在确定连接点上趋于灵活、多样和弹性化,电子商务冲突法更加深化了这一特性。尽管由于网络空间的特殊性,传统连接点受到前所未有的挑战和冲击,但这并不意味着发生在网络空间的案件没有可以选择的连接点。对于网络案件来说,连接点的确定不仅十分必要,而且将会发生一些重要变革。

①主观性连接点将发挥重要作用,对其限制逐渐减少。

对于电子商务争议,在新的连接点尚未得到各国立法认可以前,要选择一个能较好地适用于电子合同的法律,既不能通过机械的立法一蹴而就,也不能由法院自作主张地实现,而允许当事人就他们之间的电子商务争议的法律适用达成协议,无疑是解决问题的最好办法。

抛弃"合理联系"标准,减少对当事人意思自治的限制将成为主观性连接点发展的一个重要特征,但意思自治原则将依然受适用于在线交易的强行法如消费者保护法、产品责任法的限制,这在前述美国、欧盟以及 OECD 的立法文件中均有所体现。

②连接点所体现的法律与地域的联系将相对薄弱化,连接点弹性化的倾向将更加明显。连接点作为把冲突规范中"范围"所指的法律关系与一定地域的法律联系起来的纽带或媒介,反映了该法律关系与一定地域的法律之间存在着内在的、实质的联系或隶属关系。就电子商务,特别是就在线交易而言,由于网络空间与物理空间不具有对应关系,当事人上网的位置具有很大的随意性,信息在网络中的行进路径也难以确定,连接点所反映的法律与地域之间的联系相对薄弱。值得指出的是,这种"薄弱"是相对于物理空间而言的,但就网络案件来说,依然会强调连接点所指向的法律与地域的紧密性。连接点所体现的法律与地域之间联系的相对薄弱化以及网络空间的虚拟性,也将促进连接点的软化处理。

③传统属地性、属人性连接点将继续适用,但许多连接点的内涵和外延将需要重新界定,连接点的含义呈多样化趋势。

网络空间的虚拟性以及与物理空间的非对应性,使得发生在网络空间的案件与发生在物理空间的案件有着重要的区别。但需要注意的是,发生在网络空间的案件依然要由现实中的法院来解决,网络案件的主体也是物理空间的人,网络法律关系的最终结果也可以在物理空间得以显现,因此,在网络空间尚没有自治规则或自治规则难以适用的情况下,法官最终要以传统的法律意识来识别网络案件的法律事实,并最终适用物理空间中某一国家或地区的法律。而法官在进行识别时,一方面,传统的连接点的含义已根深蒂固,而且具有适用的必要性;另一方面,又不得不考虑网络环境的特殊性。在虚拟与现实的交融中,对连接点的解释必将多元化,即连接点除其具有传统的含义外,还增加了在网络环境下它所应具备的含义。

就"侵权行为地"的含义而言,在网络侵权案件中,就可能会突破传统的侵权行为实施地和侵权结果发生地的二分法,考虑丰富其内涵和扩大其外延,如 2000 年中国最高人民法院的《解释》就规定,侵权行为地包括实施被诉侵权行为的网络服务器、计算机终端等设备所在地。对难以确定侵权行为地和被告住所地的,原告发现侵权内容的计算机终端等设备所在地可以视为侵权行为地。这一界定无疑超出和改变了传统的侵权行为地的内涵和外延,侵权行为地的含义呈多样化。

④对同一法律关系的不同方面进行分割将进一步细化,对电子商务的不同部分或不同环节将规定不同的连接点。

2）冲突规范的发展

①规则趋向——在现代灵活的法律选择方法框架内发展定型化的电子商务冲突规则。现代冲突法立法,趋向于灵活化、弹性化,但并没有在"灵活化"和"弹性化"的大潮中完全抛弃传统冲突法的理念。即使是"当事人意思自治原则"和"最密切联系原则",依然是传统与现代、灵活与稳定相结合的表述。在复杂多变的电子商务法律关系中,电子商务的冲突法规则依然会在灵活的法律选择方法的框架内趋向定型化。

②价值取向——在形式正义向实质正义发展的走势中,实质正义将备受关注,对弱势群体利益的保护将是电子商务冲突法立法的一个重要特色。

互联网使电子商务多了许多随意性、复杂性,这就要求冲突法在应对复杂多变的电子商务法律关系时,连接点所体现的不应是单一性与确定性,而应是多元性、灵活性和变动性。在互联网法律冲突案件中,对理想化的"一致性"的目标追寻,将成为一种徒劳,形式正义将在电子商务中再度失落。在立法尚不健全的情况下,人们必将更多地关注个案的公平与公正,实质正义将是电子商务冲突法追寻的重要目标。

另外,互联网的出现为外国法的查明带来了极大的便利,而外国法查明的便利将为法官对电子商务案件进行"结果选择"提供更大的可能性。法官在掌握了案件所涉及的客观事实后,可以通过互联网查明所涉各国的法律规定,并在比较分析后,根据公平和公正的需要,确定案件的法律适用。"结果选择"将可能从一种理论上的探索转化为一种法律选择的现实。电子商务冲突法对实质正义的追求,不仅体现为对个案处理的公正和公平,而且体现为对社会弱势群体的保护。

③立法基础——从国家利益优先向国际社会利益保护优先转换的过程中,国际社会利益保护的观念将得到大大提升,电子商务冲突法的统一化将得到加强。

电子商务的全球性特点使其在冲突法制度方面必将更加深入地体现这一趋势,一国的法律遵循某些国际社会公认的准则成为客观要求。个人以至国家为有关电子商务法律行为时,都应考虑到不损害国际社会的共同利益。国际社会利益保护将会得到前所未有的关注和发展。首先,注重国际社会利益保护是电子商务的内在需求。电子商务是经济全球化的产物,而且正是由于它的兴起促进了经济全球化的加速。电子商务作为一种新的贸易方式,已经成为国际贸易中不可分割的一部分。

随着各国电子商务市场日渐成熟,相关国际私法问题将会越来越多,国际协调与合作的范围将会不断扩大,水平将会不断提高,达成一致的冲突法规则、制定统一的冲突法条约将是电子商务冲突法发展的重要趋势之一。

3）准据法的变革

电子商务所适用的准据法在重构过程中将呈现如下特点。

第一,电子商务实体法的趋同化和统一化的趋势更加明显。

电子商务实体法的趋同化和统一化,既有利于有关电子商务的法律冲突的解决,也为电子商务准据法的确定提供了物质基础。

电子商务实体法的趋同化,主要是指各个不同国家,在进行电子商务实体法立法时,相互吸收、相互渗透,从而趋于接近甚至趋于一致的现象。其表现形式是在国内法律的创制和运作过程中,越来越多地涵纳国际社会的普遍实践与国际惯例,并积极参与国际法律统一的活动等。

第二,电子商务的自治规则将在规范电子商务活动方面发挥重要作用。

在网络的发展中,许多不成文的网络规则实际上发挥了相当程度的网络规范作用。随着网络的商业化及普及化,大量使用者涌入网络社会并将其在现实世界中所接受的法律观念与制度有意无意地移植到网络空间中,这些受到移植的法律观念、法律制度,逐渐形成多数网络使用者所认同的网络习惯法与网络礼仪(netiquette),成为许多网络社区形成的基础。就像商人习惯法的产生和适用一样,这些网络习惯法,由于是网络空间活动主体自发形成的一些规则,将在规范电子商务活动方面起到重要的作用。特别是在私人利益和公共利益的平衡被打破,而政府的角色并非不可替代以前,网络空间的自治规则可能更受当事人的欢迎和喜爱。

第三,在准据法的选择中,公法适用的可能性增加。

在传统的国际私法中,尽管适用外国公法性质的法律不乏其例,有些国家在立法上也作出过规定,有的学者还特别对经济法这一明显具有公法性质的法律部门域外适用的可能性进行了分析,但在互联网中,公法适用的机会将大大增加。由于互联网的虚拟性和全球性,网络上的大量信息可能泥沙俱下、鱼目混珠。由于各国历史背景和文化传统的不同,有些信息在一些国家是违法的,而在另一些国家则可能是合法的。如果以这些信息为交易对象,必将涉及各国之间公法的冲突,公法的选择适用将成为冲突法的一个重要任务。

另外,在电子商务的财政税收、反垄断法的效力、电子商务的认证等方面,都将涉及各国公法的规定,并可能引发公法适用的冲突。在电子商务中所涉公法冲突大量增加的情况下,不管适用哪一国的法律,其结果都是导致公法在电子交易活动中适用的概率增大。因此,我们认为,在电子商务准据法的选择中,公法适用的可能性将增加。

本章案例

林某与北京某网络公司网络服务合同纠纷案

(广州中院电子商务纠纷典型案例)

基本案情

2011 年 12 月 27 日,林某与北京某网络公司签订《"行业门户"产品及服务合同》,约定由网络公司为林某建立"www. zhongxxx. net/国际文化网",合同履行过程中林某认为网络公司存在以下违约情形:网络公司没有为其建立 3G 手机互联网网站;没有在 8 个城市做公交广告;没有给林某 1 000 个会员会籍;点击率没有达到前十位;没有协助办理 WAP 经营性许可和备案;没有如约对林某进行重点扶持。故向法院起诉请求确认涉案合同已经解除,并判令网络公司向其全额退款 60 000 元及利息。

裁判结果

法院经审理认为,合同主要内容为建立"www. zhongxxx. net∕国际文化网",网络公司已履行该义务。关于建立 3G 手机互联网是因林某未取得行政许可并备案导致网页最终无法通过 WAP 接入互联网,故网络公司不构成违约;关于没有做公交广告、没有给林某会员会籍、点击率没有达到前十位等问题,双方并没有在合同中具体约定;关于对林某的"重点扶持"问题,只有合同上的手写字迹,不能视为双方已达成一致意见。因此驳回林某全部诉讼请求。

法官点评

涉案合同为商事合同,当事人从事商事行为应依法依约履行义务、行使权利,林某败诉的主要原因在于他没有将双方协商过程中的口头约定、承诺通过书面形式固定下来,又没有相应证据证实他要求已得到对方确认,在对方已履行合同主要义务的情况下,林某行使解除权没有法律依据,自然得不到法院支持。

本章小结

本章综合目前最新的学术观点,主要包括电子证据概述、电子证据效力的认定和电子商务的纠纷解决三部分内容。分别从电子证据的概念、电子证据的法律地位和电子证据的分类三个方面阐述了电子证据的概念;从电子证据的收集、电子证据的认定和审查电子证据的规则三个方面阐述了电子证据效力的认定;从 ODR——电子商务非诉讼纠纷解决机制、电子商务民事诉讼管辖权和国际电子商务法律冲突的发展趋势阐述了电子商务纠纷解决相关的研究焦点问题,以期对目前电子证据与纠纷解决问题的研究有一个较为全面的介绍。

本章习题

1. 什么是电子证据?
2. 电子证据包括哪些种类?
3. 电子证据能否成为独立的证据类型? 为什么?
4. 电子证据的收集原则有哪些?
5. 简述电子证据审查的主要内容。
6. 简述电子证据采纳规则和采信规则之间的区别和联系。
7. 什么是 ODR? 包括哪些类型?
8. 电子商务民事诉讼管辖权的基本原则是什么?
9. 国际电子商务冲突规范有哪些发展趋势?

参考文献

[1] 赵旭东.中华人民共和国电子商务法释义与原理[M].北京:中国法制出版社,2018.

[2] 电子商务法起草组.《中华人民共和国电子商务法》条文释义[M].北京:法律出版社,2018.

[3] 郭锋,等.中华人民共和国电子商务法法律适用与案例指引[M].北京:人民法院出版社,2018.

[4] 赵旭东.电子商务法学[M].北京:高等教育出版社,2019.

[5] 刘颖.我国电子商务法调整的社会关系范围[J].中国法学,2018(4):195-216.

[6] 杨立新.电子商务法规定的电子商务交易法律关系主体及类型[J].山东大学学报(哲学社会科学版),2019(2):110-120.

[7] 崔聪聪.论电子商务法的调整对象与适用范围[J].苏州大学学报(哲学社会科学版),2019,40(1):79-85.

[8] 刘瑞祥,徐子雯.论《电子商务法》的价值扩大化[J].黑龙江工业学院学报(综合版),2021,21(8):134-138.

[9] 赵鹏.平台公正:互联网平台法律规制的基本原则[J].人民论坛·学术前沿,2021(21):75-84.

[10] 熊世坤.浅析电子商务背景下民商法的应用与创新[J].法制与社会,2021(24):187-188.

[11] 电子商务法起草组.中华人民共和国电子商务法条文研析与适用指引[M].北京:中国法制出版社,2018.

[12] 赵旭东.电子商务法学[M].北京:高等教育出版社,2019.

[13] 王泽钧.电子商务平台经营者的界定:结合《电子商务法》第九条的分析[J].人民法治,2018(20):23-27.

[14] 钱玉林,钱坤.互联网交易平台经营者的法律地位[J].扬州大学学报(人文社会科学版),2018,22(3):15-22.

[15] 孙颖,袁也然.电子商务平台经营者特殊法律地位及其义务性质再界定[J].中国市场监管研究,2019(7):26-32.

[16] 杨立新.电子商务法规定的电子商务交易法律关系主体及类型[J].山东大学学报(哲学社会科学版),2019(2):110-120.

[17] 杨立新.网络服务提供者在网络侵权避风港规则中的地位和义务[J].福建师范大学学报（哲学社会科学版），2020(5)：138-147.

[18] 汪倪杰.论网络服务提供者安保义务的边界及其构造：以《民法典》网络侵权规则的解释论为视角[J].法治研究，2022(1)：102-117.

[19] 郑佳宁.电子商务市场主体的认定与规范[J].东方法学，2023(2)：46-60.

[20] 黄薇.中华人民共和国民法典合同编释义[M].北京：法律出版社，2020.

[21] 王红霞，孙寒宁.电子商务平台单方变更合同的法律规制：兼论《电子商务法》第 34 条之局限[J].湖南大学学报（社会科学版），2019，33(1)：137-144.

[22] 张良.我国民法典合同法编格式条款立法研究[J].四川大学学报（哲学社会科学版），2019(1)：133-140.

[23] 李伟伟.电子商务合同中的重大误解：以网络标价错误为例[J].财经法学，2019(2)：144-160.

[24] 王利明.正确适用民法典应处理好三种关系[J].现代法学，2020，42(6)：3-16.

[25] 杨薇钰.电子商务视角下电子合同透视分析[J].商场现代化，2020(11)：40-42.

[26] 庞敏.论电子合同法律规制的完善[J].河北农机，2020(3)：95-96.

[27] 余文皓，吕西萍.电子商务格式合同规制研究：以电商平台为视角[J].法制与经济，2021，30(12)：83-88.

[28] 薛军.电子合同成立问题探析[J].法律与适用，2021(3)：25-33.

[29] 赵旖超.我国电子合同中格式条款立法规制[J].合作经济与科技，2021(18)：184-185.

[30] 葛智慧，屈茂辉.电子合同成立时间研讨：以《民法典》第 491 条第 2 款与《电子商务法》第 49 条为中心[J].时代法学，2022，20(5)：42-51.

[31] 何家弘.电子证据法研究[M].北京：法律出版社，2002.

[32] 何家弘.证据学论坛-第十六卷[M].北京：法律出版社，2011.

[33] 葛婷.在线电子合同签订的存证证明力探析[J].科技与法律，2018(1)：38-44.

[34] 钟澄，田佳平.电子商务视角下电子证据规则研究[J].深圳职业技术学院学报，2018，17(2)：40-44.

[35] 蔡虹，夏先华.电子签名证据真实性的多维检视：保真、鉴真与证明[J].湖南社会科学，2019(5)：61-70.

[36] 崔建远.论外观主义的运用边界[J].清华法学，2019，13(5)：5-17.

[37] 刘青哲.电子商务中电子签名人的法律责任研究[J].山西青年职业学院学报，2020，33(2)：80-83.

[38] 赵鸣，徐祺.可信第三方电子签约服务平台研究[J].电子商务，2020(12)：50-51.

[39] 周雪.论电子签名的功能与效力[J].甘肃高师学报，2021，26(4)：135-138.

[40] 邢爱芬，付姝菊.中国电子签名立法与实践问题研究[J].科技与法律（中英文），2022(3)：14-23.

[41] 黄宝洁，王聪，陈玉娟.基于云计算环境下的电子签名服务[J].信息技术与信息化，2023(7)：28-31.

［42］索雷斯.大数据治理［M］.匡斌,译.北京:清华大学出版社,2014.

［43］王菲.网络交易监管的法律问题研究［J］.法制与经济,2018(2):112-114.

［44］秦勇,徐溯.论网络交易中消费者权益的法律保护［J］.山东科技大学学报(社会科学版),2018,20(2):68-73.

［45］任永静.网络团购合同中的违约责任问题研究［J］.当代经济,2019(2):148-151.

［46］王芳.浅谈微商环境下消费者权益保护［J］.商业经济研究,2019(8):190-192.

［47］张家骥,付蕊.网络交易平台店铺转让的法律问题［J］.厦门大学学报(哲学社会科学版),2019(3):157-164.

［48］吴梦丽.网络互动对微信团购社群购买意愿的影响［J］.合作经济与科技,2020(1):78-82.

［49］王芷晴,黄历,彭思,等.电子商务网络团购的研究:以"聚划算"为例［J］.产业与科技论坛,2020,19(24):273-274.

［50］孟卫军,陈海盛.我国网络交易信用治理的主要问题及对策［J］.科学发展,2023(8):76-81.

［51］刘怡琳,范成博.网络食品交易第三方平台法律风险防控探析［J］.河北开放大学学报,2023,28(5):35-38.

［52］上海市普陀区市场监管局课题组.网络交易平台"大数据杀熟"的治理问题探究［J］.中国市场监管研究,2023(10):24-29.

［53］罗培新,吴韬.非授权交易中第三方支付机构的法律责任［J］.华东政法大学学报,2017,20(3):83-89.

［54］陈圆圆,秦小楠,田洪云.网上支付安全研究［J］.商场现代化,2018(15):36-37.

［55］李苑.移动支付的法律关系构成及责任分析［J］.商场现代化,2019(4):94-95.

［56］刘竞杰.中国电子支付市场发展研究［J］.时代经贸,2019(30):13-14.

［57］高瑞含.浅析电子支付安全问题［J］.数字通信世界,2019(2):137.

［58］杨立新.电子商务交易中电子支付服务损害赔偿责任及其规则［J］.中州学刊,2019(2):45-56.

［59］黄尹旭.平台经济用户的责任规则重构:基于未授权支付的研究［J］.华东政法大学学报,2022,25(3):80-90.

［60］张红艳.电子支付的安全及发展研究［J］.现代营销(信息版),2020(1):223.

［61］吴金坛,徐照晔.数字货币和电子支付［J］.上海信息化,2021(6):14-18.

［62］刘玲玲,陈晓玲,李贺南,等.电子支付领域的研究热点分析［J］.吉林大学学报(信息科学版),2022,40(6):1045-1049.

［63］郑德群.论未经授权电子支付损失分配规则:兼论《电子商务法》第57条的完善［J］.财经理论与实践,2023,44(2):154-160.

［64］范健,王建文.商法论［M］.北京:高等教育出版社,2003.

［65］郭渐强,陈荣昌.网络平台权力治理:法治困境与现实出路［J］.理论探索,2019(4):116-122.

［66］杨立新.电子商务法规定的电子商务交易法律关系主体及类型［J］.山东大学学报（哲学社会科学版），2019（2）：110-120.

［67］杨铮."互联网＋商贸流通＋金融"的跨界融合发展模式研究［J］.商业经济研究，2019（7）：13-15.

［68］郭超.电子商务环境下物流企业管理创新模式分析［J］.营销界，2020（12）：60-62.

［69］吴迪.电子商务物流法律关系分析［J］.中国物流与采购，2020（1）：76-77.

［70］於贤淑.《民法典》视野下行纪人介入权制度研究:兼论我国行纪制度的发展困境及对策［J］.佳木斯大学社会科学学报，2021，39（2）：40-43.

［71］应武伶.电商平台法律关系思考:以服务协议和交易规则为视角［J］.宜春学院学报，2021，43（1）：25-29.

［72］伊新，吴瑕.电子商务环境下物流管理创新策略［J］.中国储运，2022（11）：70-71.

［73］朱飞.电子商务环境下现代物流业体系完善策略探讨［J］.商业经济研究，2023（18）：99-101.

［74］李婷.电子商务环境下物流管理创新对策探究［J］.商场现代化，2023（24）：48-50.

［75］杨晓叶.刍议电子商务环境下JDC物流管理创新发展路径［J］.中国集体经济，2018（22）：105-106.

［76］张幼文.经济安全:金融全球化的挑战［M］.北京:高等教育出版社，1999.

［77］冯辉.网络借贷平台法律监管研究［J］.中国法学，2017（6）：221-239.

［78］丁国峰.P2P网贷平台异化经营的法律规制［J］.上海财经大学学报，2017（4）：105-117.

［79］余玲.论我国众筹融资的风险及其法律规制［J］.法制与社会，2017（12）：93-94.

［80］石贤平，陈东，李悦榕.P2P网络借贷平台的担保问题及其法律规制［J］.哈尔滨商业大学学报（社会科学版），2018（6）：116-128.

［81］刘澈，蔡欣，彭洪伟，等.第三方支付监管的国际经验比较及政策建议［J］.西南金融，2018（3）：42-47.

［82］董新义.网络借贷平台的民事责任［J］.国家检察官学院学报，2019，27（2）：19-33.

［83］都红雯、朱晓东.中外股权众筹融资法律规制比较分析及启示［J］.杭州电子科技大学学报（社会科学版），2019，15（2）：11-18.

［84］马长山.智慧社会背景下的"第四代人权"及其保障［J］.中国法学，2019（5）：5-24.

［85］唐波，李秦.系统性金融风险监管主体制度改革的国际实践与借鉴［J］.湖南社会科学，2019（6）：86-94.

［86］曾贞.网络金融治理视域下第三方支付风险及规制路径探讨［J］.商业经济研究，2021（22）：189-192.

［87］王磊.第三方支付平台监管:进展、问题与完善建议［J］.价格理论与实践，2021（8）：28-34.

［88］王怀勇.金融科技的算法风险及其法律规制［J］.政法论丛，2021（1）：105-116.

［89］吕桐叕.人工智能时代程序化交易监管的制度完善［J］.现代经济探讨，2023（2）：

122-132.

[90] 林旭霞.虚拟财产权研究[M].北京:法律出版社,2010.

[91] 潘淑岩.网络虚拟财产继承法律制度研究[M].北京:中国政法大学出版社,2017.

[92] 最高人民法院民法典贯彻实施工作领导小组.中华人民共和国民法典侵权责任编理解
与适用[M].北京:人民法院出版社,2020.

[93] 瞿灵敏.从概念到规则:网络虚拟财产权利的解释选择[J].现代法学,2018(6):43-53.

[94] 高郦梅.网络虚拟财产保护的解释路径[J].清华法学,2021,15(3):179-193.

[95] 康娜.数字经济下虚拟财产的立法进路:基于《民法典》第 127 条与保管合同的视角
[J].山东大学学报(哲学社会科学版),2021(5):49-58.

[96] 杨立新.民法典对侵权责任保护范围的准确界定:对《民法典》第 1164 条含义理解的进
一步厘清[J].兰州大学学报(社会科学版),2021,49(1):1-9.

[97] 谢潇.网络虚拟财产的物债利益属性及其保护规则构造[J].南京社会科学,2022(9):
89-99.

[98] 段存帅.《民法典》视角下狭义网络虚拟财产的法律性质及保护[J].河北企业,2023
(10):151-154.

[99] 郭晓红.网络虚拟财产的法律性质界定及保护[J].盐城工学院学报(社会科学版),
2023,36(5):28-32.

[100] 黄薇,王雷鸣.《中华人民共和国著作权法》导读与释义[M].北京:中国民主法制出版
社,2021.

[101] 北京市高级人民法院知识产权庭.著作权法原理解读与审判实务[M].北京:法律出
版社,2021.

[102] 熊志海,李嘉斌.数字化作品电子数据保全问题研究[J].重庆理工大学学报(社会科
学),2019,33(2):87-95.

[103] 司晓,曹建峰.欧盟版权法改革中的大数据与人工智能问题研究[J].西北工业大学学
报(社会科学版),2019,39(3):95-102.

[104] 宁园.网络服务提供者著作权侵权中的双重注意义务[J].重庆大学学报(社会科学
版),2020,26(5):156-166.

[105] 李文婧.网络服务提供者在著作权侵权中的责任探析[J].出版广角,2021(9):43-45.

[106] 生明君.现代数据库法律保护研究[J].传播与版权,2022(1):121-124.

[107] 袁锋.新技术环境下信息存储空间服务提供商"避风港规则"完善研究:兼论《信息网
络传播权保护条例》第二十二条的修订[J].中国出版,2022(5):46-50.

[108] 王迁.复制权与信息网络传播权的关系[J].湖南师范大学社会科学学报,2022,51
(2):1-9.

[109] 黄梦颖.网络服务提供者侵权责任认定新解:以直接获得经济利益为视角[J].重庆广
播电视大学学报,2022,34(1):35-40.

[110] 郑闽,朱紫轩.论网络服务提供者的注意义务[J].南方论刊,2023(9):72-74.

[111] 王丽婧.数字化时代数字网络作品版权法律规约探析[J].传播与版权,2023(10):

111-114.

[112] 杨立新.人格权法[M].北京:法律出版社,2011.

[113] 葛江虬.论网络虚拟名誉及其民法保护[J].河南大学学报(社会科学版),2017,57(4):1-11.

[114] 谢珺.论网络环境下"隐私权"与"个人信息"的法律定位[J].新闻爱好者,2017(2):50-53.

[115] 宗栋.网络名誉权的法律保护[J].人民论坛,2019(3):94-95.

[116] 潘亚楠.论网络人格权的法律保护[J].法制与经济,2019(4):157-160.

[117] 王军,蒋佳臻.网络空间的隐私保护及治理研究[J].新闻爱好者,2019(7):36-38.

[118] 赵春兰.民法典背景下网络侵害人格权的救济机制[J].浙江万里学院学报,2021,34(1):39-45.

[119] 卢家银.网络个人信息处理中必要原则的涵义、法理与适用[J].南京社会科学,2021(12):118-125.

[120] 张新宝.互联网生态"守门人"个人信息保护特别义务设置研究[J].比较法研究,2021(3):11-24.

[121] 王锡锌.个人信息国家保护义务及展开[J].中国法学,2021(1):145-166.

[122] 丁道勤.《电子商务法》平台责任"管道化"问题及其反思[J].北京航空航天大学学报(社会科学版),2018,31(6):1-6.

[123] 叶逸群.互联网平台责任:从监管到治理[J].财经法学,2018(5):49-63.

[124] 朱理,曾友林.电子商务法与竞争法的衔接:体系逻辑与执法展望[J].中国社会科学院研究生院学报,2019(2):104-112.

[125] 刘权.网络平台的公共性及其实现:以电商平台的法律规制为视角[J].法学研究,2020,42(2):42-56.

[126] 李翔宇.新消费模式下电子商务平台监管转型的路径探析[J].互联网天地,2021(1):53-58.

[127] 张俊英,韩佳凝.网络交易消费者权益保护机制构建及优化路径[J].消费经济,2021,37(4):45-52.

[128] 赵霞.请求权竞合视域下电子商务平台"二选一"行为的三元规制路径及其完善[J].法律适用,2021(10):153-166.

[129] 戴龙.论我国《电子商务法》竞争规制条款的适用[J].法治研究,2021(2):149-160.

[130] 李嘉欣.论电子商务市场准入与退出机制[J].中国市场,2021(26):174-175.

[131] 蓝寿荣.消法视角下的电子商务平台安全保障义务[J].政法论丛,2023(2):37-46.

[132] 刘晔华.网络交易安全与民商法保护相关性的研究[J].中小企业管理与科技(下旬刊),2017(8):105-106.

[133] 刘金瑞.合理设定网络平台经营者对第三方应用的数据安全管理责任:关于《数据安全管理办法(征求意见稿)》第30条的修改完善建议[J].中国信息安全,2019(6):88-91.

[134] 涂泽宁.民商法保护在网络交易安全中的作用探析[J].法制与社会,2020(33):185-186.

[135] 林洹民.电商平台经营者安保义务的规范解读与制度实现[J].现代法学,2020,42(6):195-209.

[136] 陆青.电子商务平台经营者安全保障义务的规范构造[J].浙江社会科学,2021(11):70-79.

[137] 李毓瑾.网络平台经营者侵权责任初探:以安全保障义务为视角[J].山西青年职业学院学报,2021,34(2):59-62.

[138] 周雪.论电子签名的功能与效力[J].甘肃高师学报,2021,26(4):135-138.

[139] 张文艳.现代互联网背景下电商法律规则及适用性探析:评《互联网法律实务指南》[J].中国科技论文,2023,18(5):582.

[140] 胡苏楠,宋玮.电子商务信息安全现状与发展趋势研究[J].商展经济,2023(20):47-50.

[141] 邱文严.电子商务信息安全管理体系建设与发展:评《电子商务与信息安全》[J].中国安全科学学报,2023,33(3):230.

[142] 最高人民法院侵权责任法研究小组.《中华人民共和国侵权责任法》条文理解与适用[M].北京:人民法院出版社,2016.

[143] 薛军.民法典网络侵权条款研究:以法解释论框架的重构为中心[J].比较法研究,2020(4):131-144.

[144] 郑鹏.网络服务提供者"避风港"的"中立"前置要件研究[J].北方法学,2020,14(4):32-41.

[145] 熊琦."算法推送"与网络服务提供者共同侵权认定规则[J].中国应用法学,2020(4):125-136.

[146] 薛姝.论我国网络侵权领域的新变化:以《民法典》中三个网络侵权术语为视角[J].法律适用,2021(11):58-69.

[147] 郑佳宁.电子商务平台经营者的私法规制[J].现代法学,2020,42(3):166-179.

[148] 徐可.网络侵权归责体系中认识要件的起源与嬗变[J].福建师范大学学报(哲学社会科学版),2020(4):158-168.

[149] 毕文轩.《民法典》视阈下新型网络服务提供者知识产权侵权责任研究[J].法律科学(西北政法大学学报),2023,41(5):55-68.

[150] 任安麒.网络服务平台算法推荐的著作权侵权认定规则[J].北京航空航天大学学报(社会科学版),2023,36(3):190-198.

[151] 孙莹,周宏宇.算法推荐背景下网络服务提供者的侵权认定:全国首例算法推荐案评析[J].时代法学,2023,21(5):18-29.

[152] 郑远民,陈大山.论利用信息网络侵害人身权益中人格权禁令的适用[J].南华大学学报(社会科学版),2022,23(3):97-105.

[153] 刘军.网络犯罪治理刑事政策研究[M].北京:知识产权出版社,2017.

［154］李小草.《电子商务法》电商平台知识产权保护规定的法体系适用研究［J］.法律适用，2020（13）：124-135.

［155］江溯.论网络犯罪治理的公私合作模式［J］.政治与法律，2020（8）：38-52.

［156］单勇.论互联网平台的犯罪控制义务［J］.现代法学，2022，44（3）：66-81.

［157］王华伟.网络空间正犯与共犯的界分：基于特殊技术形态的考察［J］.清华法学，2022，16（3）：131-148.

［158］单勇.数字社会走向前端防范的犯罪治理转型：以《中华人民共和国反电信网络诈骗法（草案）》为中心［J］.上海师范大学学报（哲学社会科学版），2022，51（3）：58-66.

［159］王燃.网络犯罪治理中第三方网络平台的转型与规制［J］.北京航空航天大学学报（社会科学版），2023，36（1）：61-63.

［160］李延舜.刑事数据调取中网络服务提供者的角色定位及关联义务［J］.法学，2023（1）：151-163.

［161］洪刚.数字平台犯罪治理责任的检视与完善［J］.法律适用，2023（10）：70-80.

［162］孙道萃.网络犯罪时代刑法行为理论研究［J］.法学杂志，2023，44（6）：90-104.

［163］杜春鹏.电子证据取证和鉴定［M］.北京：中国政法大学出版社，2014.

［164］张竞丹.网络知识产权案件的管辖权规则完善［J］.中州学刊，2017（12）：67-70.

［165］王畅，范志勇.互联网金融案件中电子证据制度的适用［J］.法律适用，2018（7）：109-115.

［166］汤国风.我国电子商务纠纷诉讼管辖权问题研究［J］.山东农业工程学院学报，2018，35（2）：83-84.

［167］刘志军，王宁.大数据环境下电子数据取证技术研究［J］.科技视界，2019（36）：24-26.

［168］戴士剑.电子证据科学性初探［J］.湖南大学学报（社会科学版），2020，34（3）：123-131.

［169］杨锦帆.基于区块链的纠纷解决机制研究［J］.陕西师范大学学报（哲学社会科学版），2021，50（4）：163-176.

［170］陈如超.电子证据审查判断的模式重塑：从混合型审查到分离型审查［J］.河北法学，2022，40（7）：46-72.

［171］刘品新.论电子证据辩护［J］.社会科学辑刊，2023（6）：90-101.

［172］龚善要.电子证据区块链存证的功能厘清与实践应用［J］.大连理工大学学报（社会科学版），2023，44（5）：111-119.